17

世界で一番やさしい
2×4[ツーバイフォー]住宅

第2版

2×4 Contents

第1章

なぜ2×4住宅なのか

2×4工法の導入の背景

KeyWord 001

Point

◐ **ツーバイフォー工法（2×4工法）は地場産業としての住宅、地域密着型の住宅産業からの脱却、合理的な住宅生産の担い手として導入された**

木造住宅を森林の立ち木を伐採して建てることは世界共通の考え方といえ、それぞれの地域に適した工法が発達してきた。

地域密着型の住宅産業

日本での木造建築の工法が在来工法である。しかしこの工法は、確立された仕組みではなく、それぞれの大工が徒弟制度の中で「流儀」に基づき継承される工法であった。これは住宅産業がそれぞれの地域特性に対応しながら、住まい手の要望を生かす合理的な建築の仕組みとなり、「地産地消」の地域に密着した産業であった。

住宅産業構造の変化

第2次世界大戦後の旺盛な経済成長は、都市部への人口集中を招き、住宅産業の変化に結びついた。この需要に対応するためには、小規模な地域密着型の仕組みではない大量生産の仕組みをもった住宅産業へ変化が求められた。これが住宅メーカーと呼ばれる人たちの台頭に結びついた。当初の住宅メーカーは地域密着型の工務店を束ねて需要に対応しようというもので、合理的な大量生産を指向した他の産業の発展とは異なるものであった。

合理的な工法への必要性

旺盛な需要を満たす住宅メーカーの台頭は、消費者の支持を得て発展した。しかし、大工・工務店に頼るだけの仕組みでは、生産性の向上や品質の均一化・差別化などの進歩速度は遅く、より合理的な住宅生産の仕組みが求められた。

その結果、鉄骨や木質の工場生産を前提とするプレハブ住宅と呼ばれる住宅生産の仕組みが始まり、一方、アメリカの住宅生産の合理的な仕組みであるツーバイフォー工法（以降、2×4工法）の日本への導入が図られた。

住宅着工戸数と2×4住宅着工戸数の推移

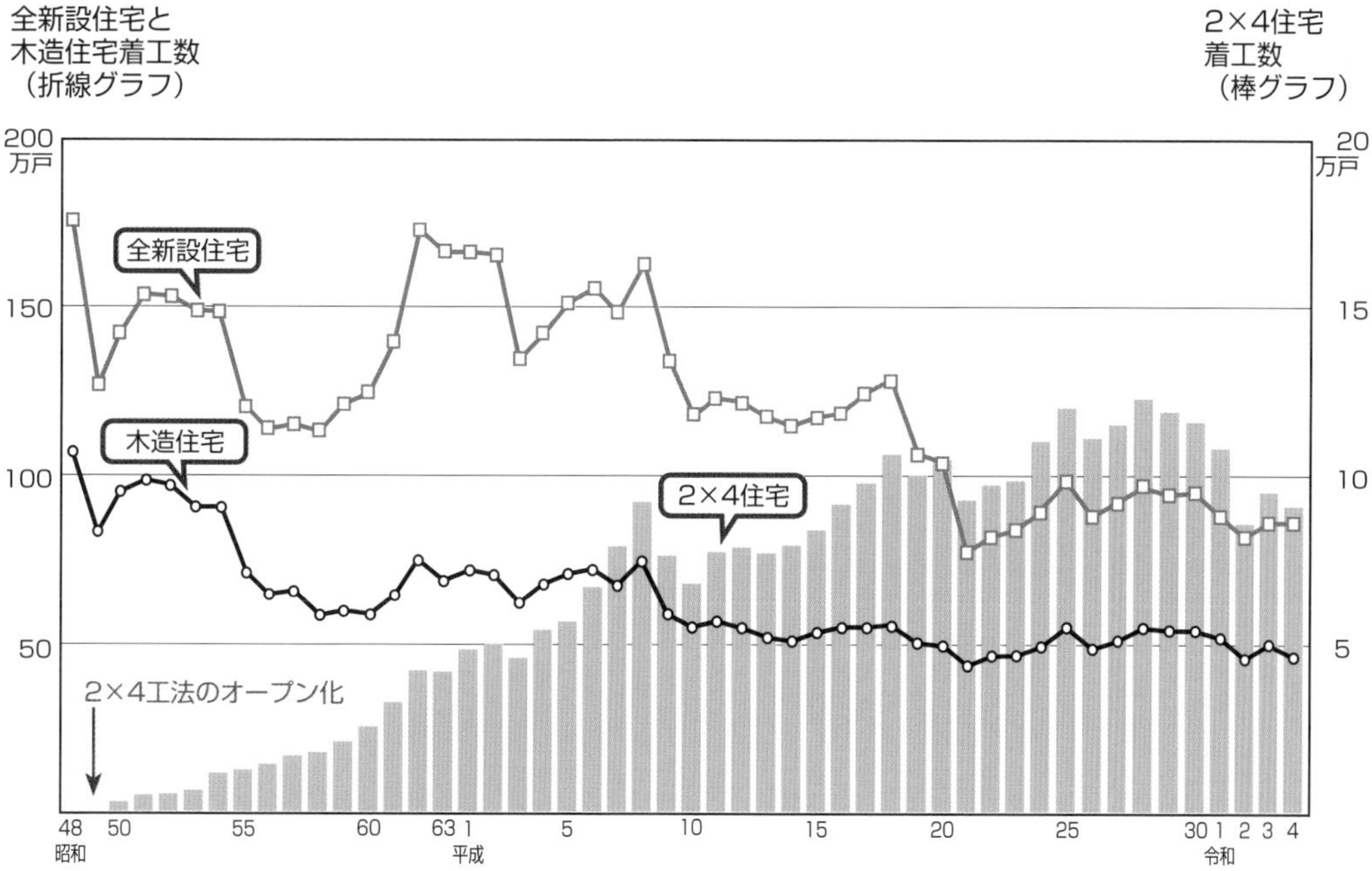
全新設住宅と
木造住宅着工数
（折線グラフ）
2×4住宅
着工数
（棒グラフ）
200
万戸
150
100
50
20
万戸
15
10
5
全新設住宅
木造住宅
2×4住宅
2×4工法のオープン化
48
昭和
50
55
60
63 1
平成
5
10
15
20
25
30 1
令和
2
3
4

2×4住宅は昭和49（1974）年にオープン化されて以来、着実に着工数を増やしてきており、平成24年度で11万459戸である。同年の全住宅着工数は89万3002戸で、約12.4%が2×4住宅である。

注1）グラフは国交省、日本ツーバイフォー建築協会の資料を基に作成。昭和49年から昭和53年までは建設省（当時）が建築確認ベースで調べた結果で、昭和54年から昭和62年までは日本ツーバイフォー建築協会が会員対象に調査した実績。

旧木下家別邸
1912年に竣工されたとされる日本に現存する最古の2×4住宅。神奈川県大磯町所有。国登録有形文化財でもある　写真提供：大磯町

なぜ2×4工法なのか〈1〉導入と在来工法との違い

KeyWord 002

Point

- 2×4工法と在来工法の違い
- アメリカ・カナダからの2×4工法の導入
- 導入時の評価と日本への定着

2×4工法と在来工法の違い

2×4工法は、戦後、アメリカで生産性を高めるためにプラットホーム工法に改良された〈KW004〉。その結果、建物の外観や内外の仕上げに違いがあっても、アメリカ・カナダでは同じような施工方法で合理的に住宅建設ができるようになった。

日本の柱・梁の軸組と筋かいで構成される在来工法は、合板などの面材を張った木質パネルを組合せて躯体を構成する2×4工法（木質プレハブ工法もこういった考え方）と、この点が大きな違いになる。

日本への導入

昭和40年代に合理的な北米の2×4工法を導入しようという動きが起こり、1974（昭和49）年に枠組壁工法としてオープン化された。当時は、今では一般的な構造用合板や石膏ボードといった面材も特殊な利用でしかなく、構造材の輸入もドル高の為替により高コストであった。

そのため、コスト的なメリットよりも生産性や住宅の性能といった観点から注目され導入されたといえる。

導入時の評価と日本での定着

当初は、タウンハウスや住宅都市整備公団（現都市再生機構）の建売り住宅など、まとまった建築群の建設にこの工法は活用され、住宅金融公庫（現住宅金融支援機構）も融資制度や仕様書などを整備した結果、工法の合理性などが広く認識された。住宅メーカーにとっても個々の住宅の各種性能が高く、ばらつきやクレームも少なく、施工管理も容易な工法として認識された。

そして円高による輸入構造材の価格低下や部材の供給体制が整備され、多くの住宅供給業者が標準的な工法として採用するようになった。

在来軸組工法の基本構成

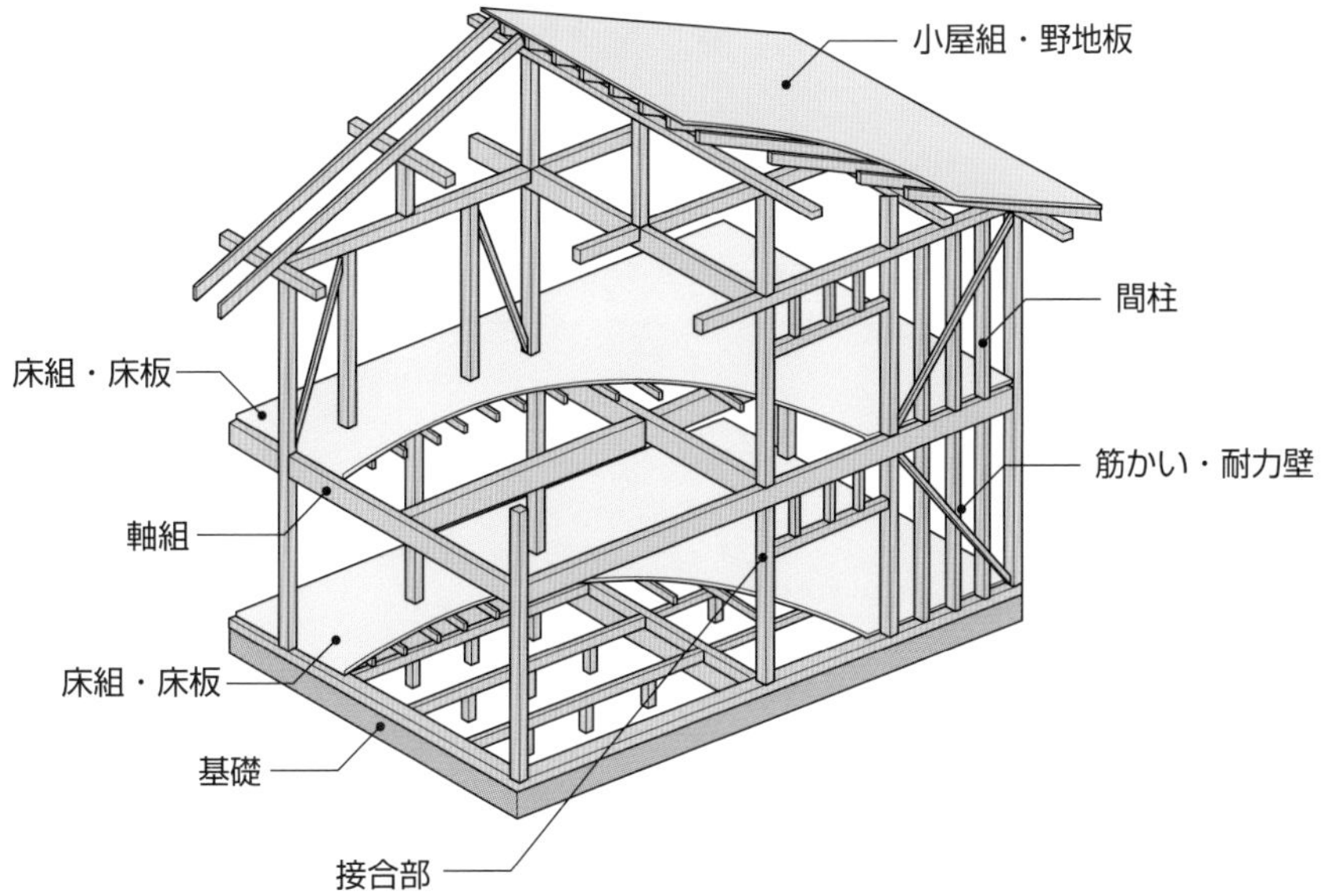
小屋組・野地板
間柱
床組・床板
筋かい・耐力壁
軸組
床組・床板
基礎
接合部

2×4工法の基本構成（プラットホーム工法）

2×4工法の住宅群の例

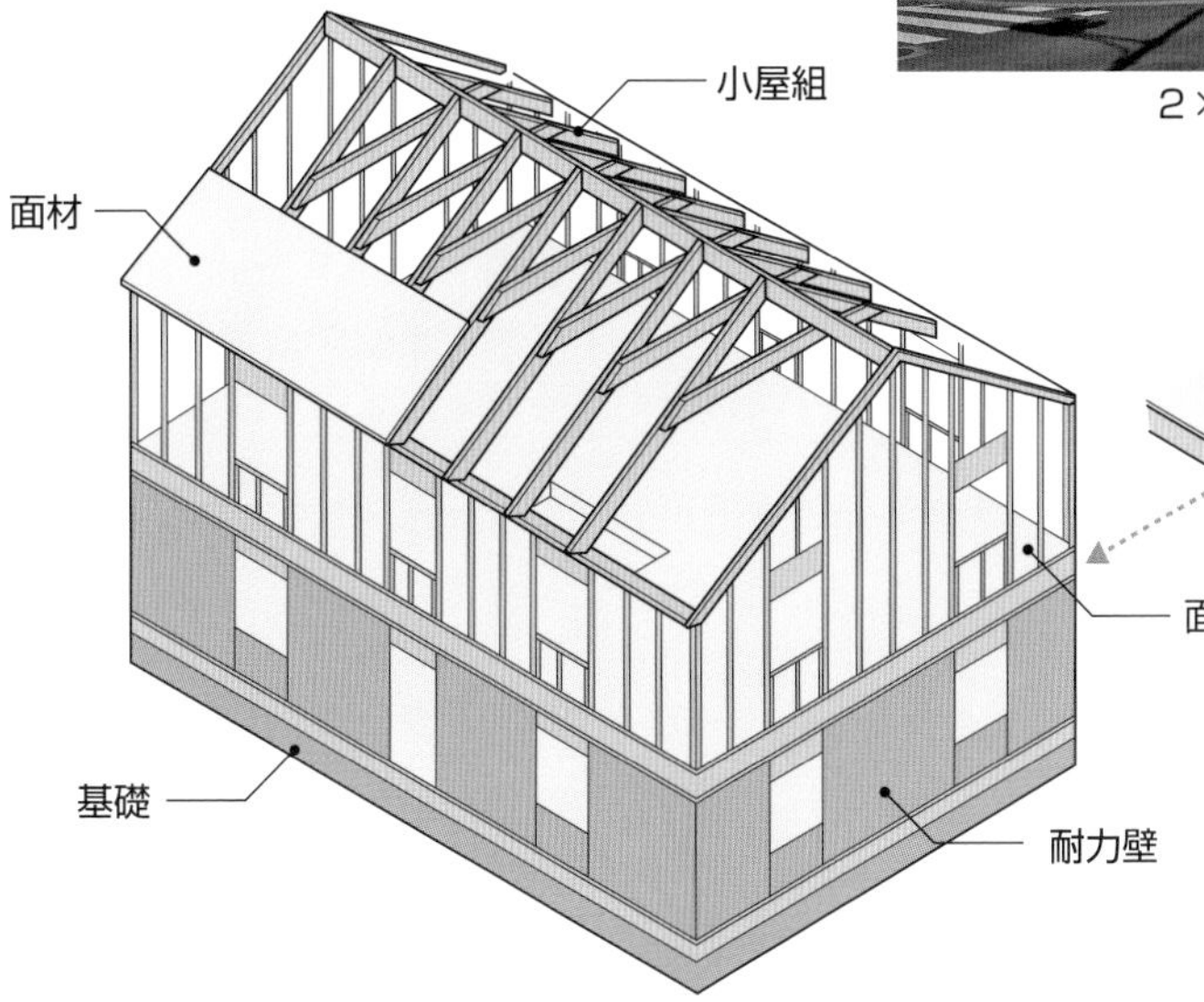
小屋組
面材
面材（床）
基礎
耐力壁

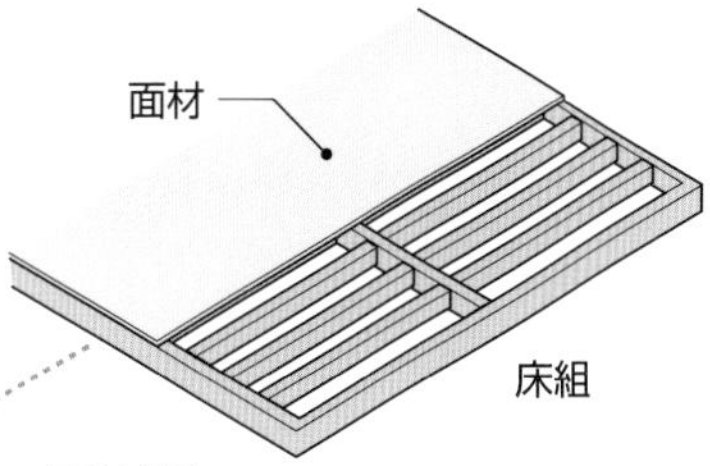
面材
床組

なぜ2×4工法なのか〈2〉優れている諸性能

KeyWord 003

Point

- 耐震性能
- 防火・耐火性能
- 気密・断熱性能、気密と結露対策

耐震性能

地震国の日本にとって、建物の耐震性は最重要課題である。在来工法がおもに筋かい等によって地震・風といった水平力に抵抗するのに対し、２×４工法は構造用合板などの面材を木枠に釘などで留め付けた耐力壁が抵抗する。

また、合板を根太に直接釘で打ち付けた床組は、高い剛性をもち、水平力を耐震壁に有効に伝える役割をもつ。

防火・耐火性能

木造の防耐火性能は可燃物である木材を石膏ボードなどの不燃物で被覆することで確保する。また、躯体内部の延焼を防ぐためファイヤーストップ材（気密の気流止めにもなる）と呼ばれる火炎の拡散を防ぐ木材が適切に配置されることで、高い防耐火性能をもつ。

気密・断熱性能

在来工法は、胴差や梁・根太などの横架材を積み重ねて床などをつくる。そのため、こういった組合せ部分の隙間が気密性確保へは障害となる。２×４工法では、床と壁のジョイント部分は、根太と上枠・頭つなぎで隙間は生じないので、気密性は高い。壁にはグラスウールなどの断熱材が充填されるため断熱性能も高く、複層ガラスなどと併用することで、高い断熱性能をもつ。

気密と結露

２×４住宅の気密性は壁体内結露などに結びつく恐れがあるが、内壁側から壁体内へ湿気が入らないように措置し、断熱材を充填すれば、壁体内の結露はほとんど生じない。小屋組内部には厚い断熱材の外側に換気のための空間が設けられるが、この部分で通気経路が確保されないと、夏季には高温結露が小屋裏に生じるおそれがある。

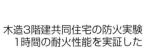

2×4工法で優れている性能

耐震性能

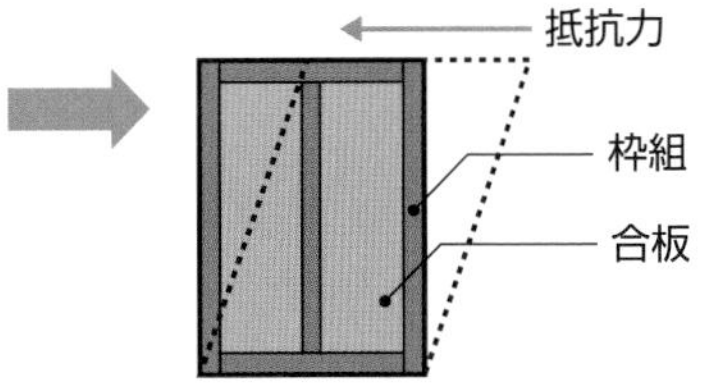
抵抗力
枠組
合板

合板と木枠による耐力壁

防火・耐火性能

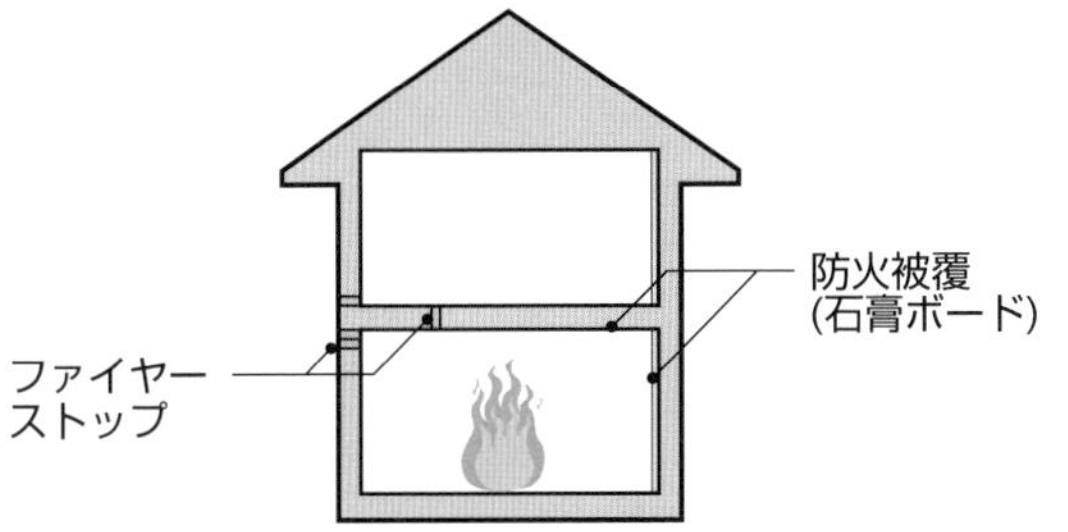
防火被覆
(石膏ボード)
ファイヤー
ストップ

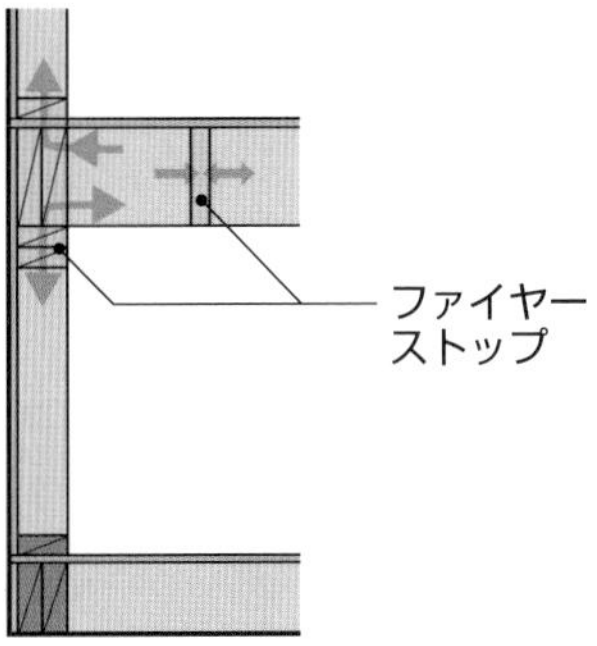
ファイヤー
ストップ

気密・断熱性能、高温結露

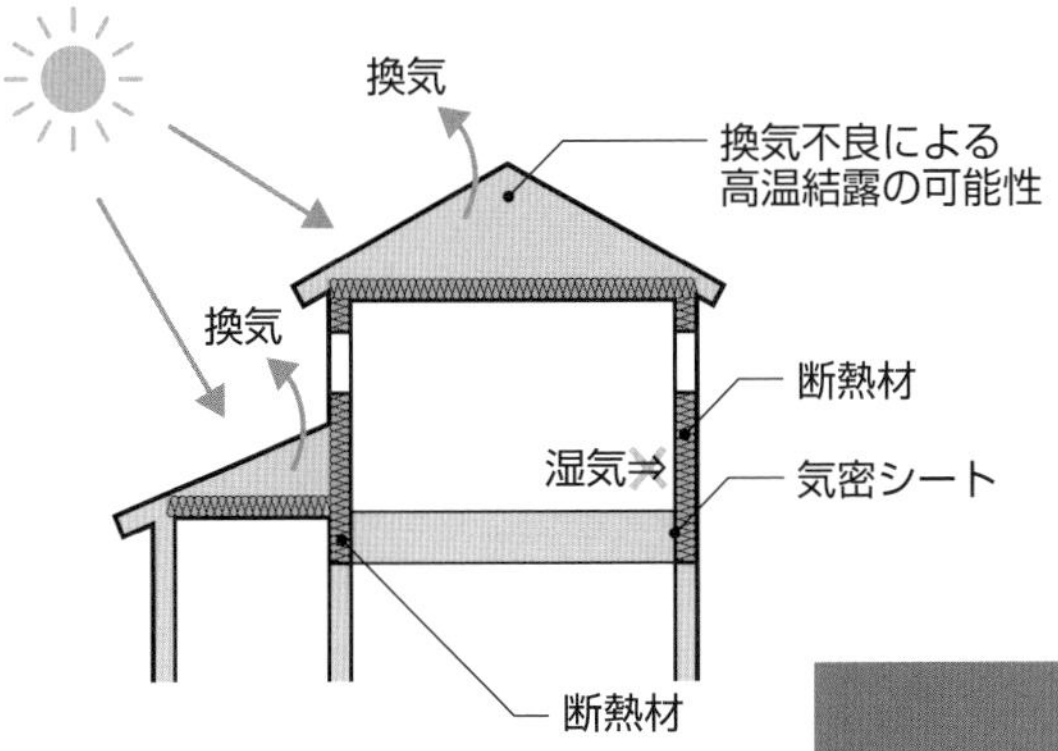
換気
換気不良による
高温結露の可能性
換気
断熱材
湿気⇒
気密シート
断熱材

木造3階建共同住宅の防火実験
1時間の耐火性能を実証した

2×4工法はどのように生まれたか

KeyWord 004

Point

◐ アメリカの移民の歴史
◐ アメリカの初期（17 ～ 18 世紀）の住宅
◐ 2×4工法の歴史と発展

◓アメリカの移民の歴史

1492年のコロンブスによるアメリカ大陸発見の後、本格的な定住植民地を1565年にスペインがフロリダに設けた。

その後、イギリスやオランダ、フランス、ドイツなどの諸国も17世紀には次々と植民地を築き新天地を目指した。そして東部の13州がイギリスから独立（1776年）したことがアメリカ合衆国発展のもとになった。

◓アメリカの初期の住宅

初期の植民地では、手に入りやすい丸太を使って柱や梁を架け、草葺の外壁や屋根の家を建てた。石や土を固めて積み上げ、木造の小屋組で屋根を葺いた家や丸太を使ったログハウスもあった。

その後、イギリスの影響を受けた梁と柱による架構（ポストアンドビーム工法）に、間柱と土塗り壁による外壁を設け、耐久性を高めるために下見板を張ったり煉瓦や石を積んだりしたことで、次第に架構と表面の仕上げが分離して考えられるようになった。

◓2×4工法の歴史と発展

1830年代にシカゴのG・W・スノウが現在の2×4工法のもとになったバルーンフレーム工法と呼ばれる工法を開発し、骨組の施工を簡便なものにしたが、これは機械による製材と釘の大量生産によることが大きい。現在の2×4工法であるプラットホーム工法（Light Frame Construction）は第2次世界大戦後の住宅需要に対応するために開発された。規格材の組合せで、より高い生産性と性能を実現できる工法といえる。

また、この躯体を覆う外壁や屋根などの表層のバリエーションで、さまざまな様式の住宅が簡単に実現できる。

ヨーロッパ各地の住宅から影響を受けた2×4住宅

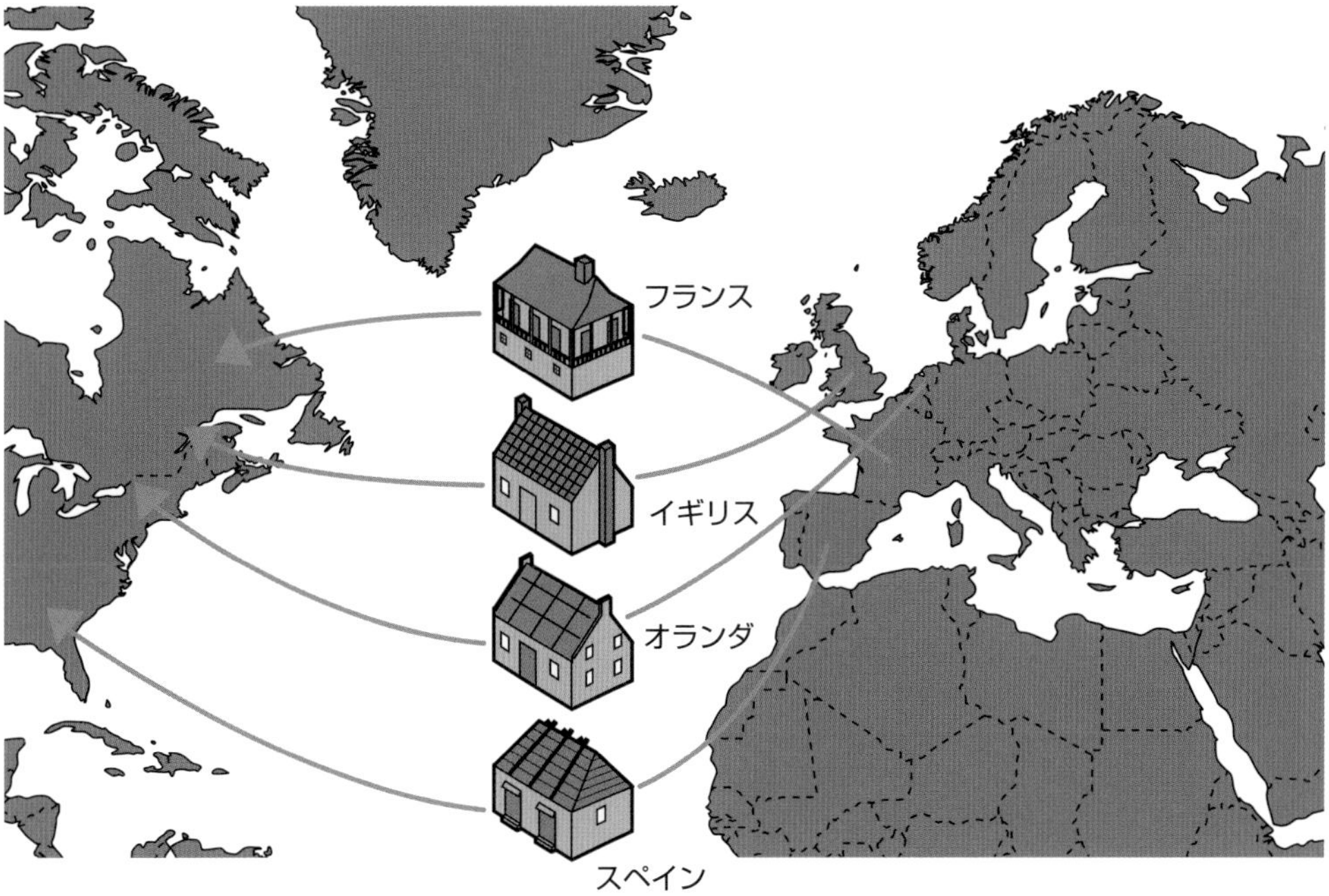
フランス
イギリス
オランダ
スペイン

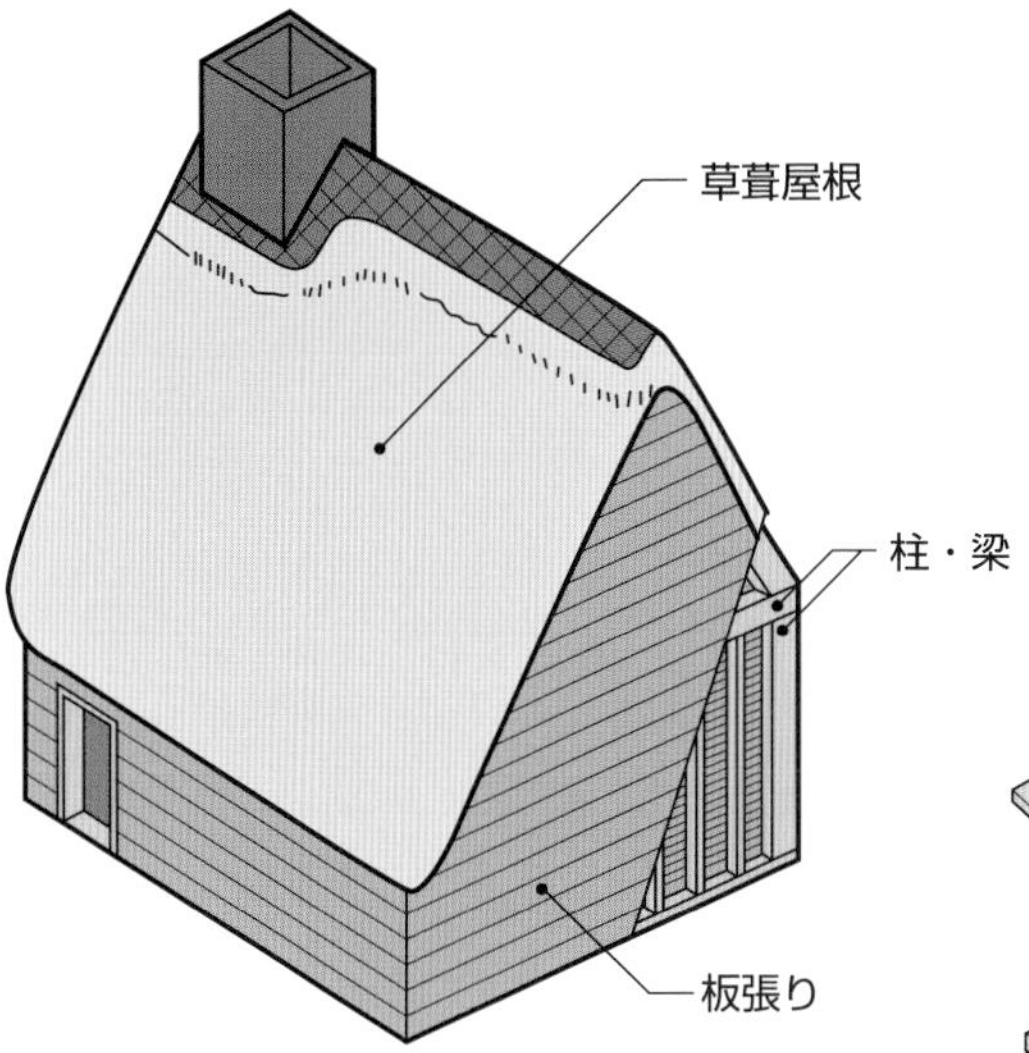
草葺屋根
柱・梁
板張り

初期のアメリカの住まい

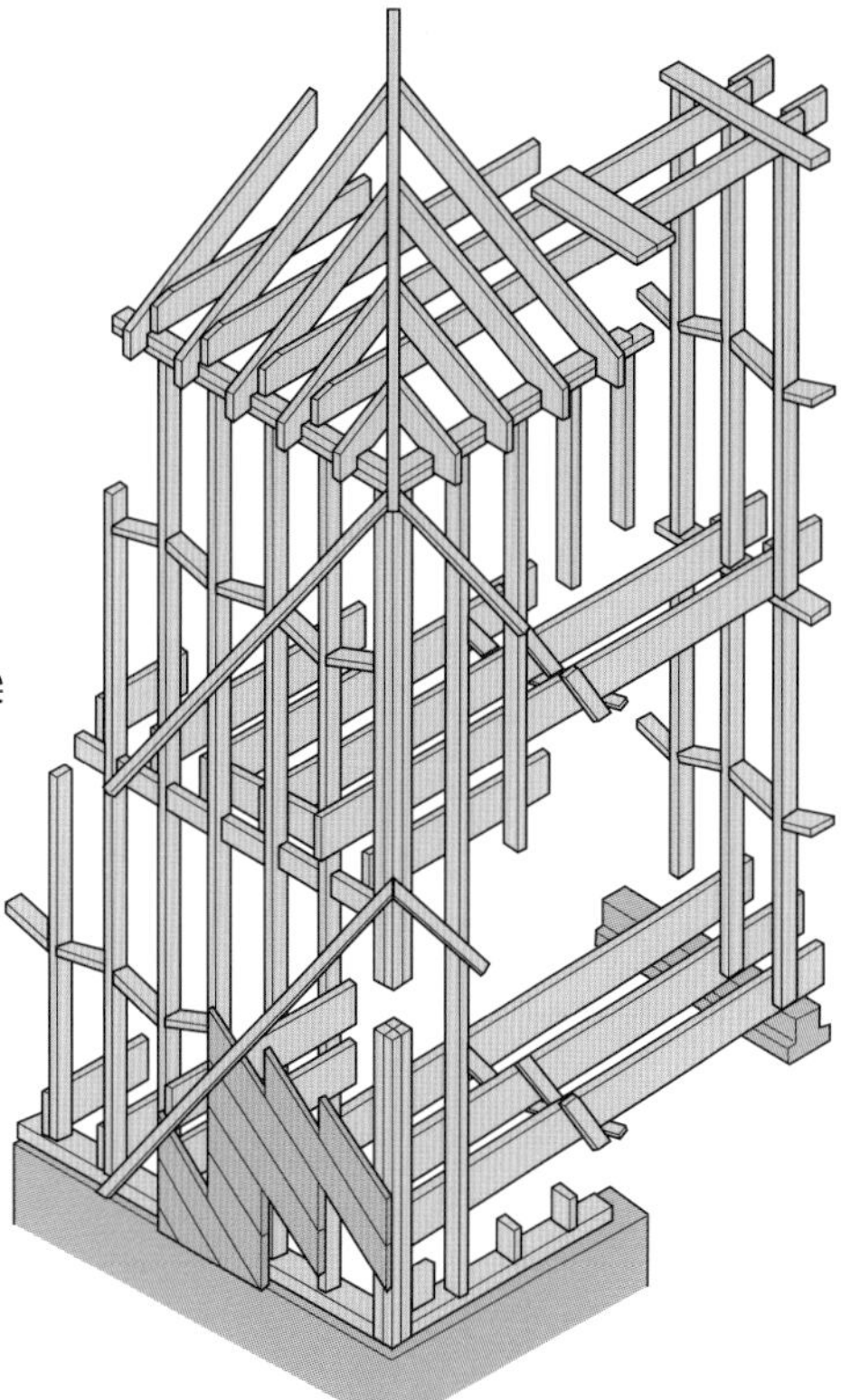

バルーンフレーム工法

2×4工法の日本への導入と普及

KeyWord 005

Point

- 2×4工法の日本への導入と試行建設
- いくつかの試行建設を通じて与えた影響
- 2×4工法の普及と定義

日本での試行建設

2×4工法（枠組壁工法）は、おもにアメリカ・カナダで改良されてきた工法として、導入時期やそれ以降、いくつかの試行建設がカナダ・アメリカ政府の協力で行われ、普及に貢献した。

オープン化に先立ち、ランバーなどの製材品を輸出するカナダ政府は、大使館職員のための住宅（連棟のタウンハウス）を2×4工法で建てた。

これは日本での建設をカナダからの職人や建材を使いながら行い、広く広報活動を行うことで、オープン化以降の普及をスムーズに行おうとするものであった。

エポックとなる試行建設

オープンから12年後に、今では当たり前の準防火地域での3階建て住宅を建築可能とするために、アメリカ政府の働きかけでサミットハウスが試行建設された。これは、アメリカ人による3階建ての建築技術やLVLやOSB、I型ビームなどのエンジニアードウッドの紹介が行われた〈KW054,057〉。さらに6年後の1992年には、3千㎡の木造3階建て共同住宅がアメリカ政府の働きかけで建設され〈KW047〉、木造の60分準耐火構造の先駆けとなった。

2×4工法の普及と定着

当初の建築基準法では、都市不燃化政策への木造住宅の寄与は少ないと考えられてきた。それがアメリカやカナダからの働きかけが契機となり、木造による3階建てや大規模な建築物も、建築基準法の改正によって性能さえ満たせば耐火建築物の建築も可能になった。

また、輸入住宅などの普及もあって、約50年で年間着工戸数が11万戸を超えるまでになった〈KW001〉。昨今の住宅着工戸数の減少も言われているが、一定の評価を受けて定着した工法となった。

第1章
第2章
第3章
第4章
第5章
第6章
第7章

2×4工法の試行建設の実例

1973年に完成したカナダ大使館館員住宅（タウンハウス）

配置図

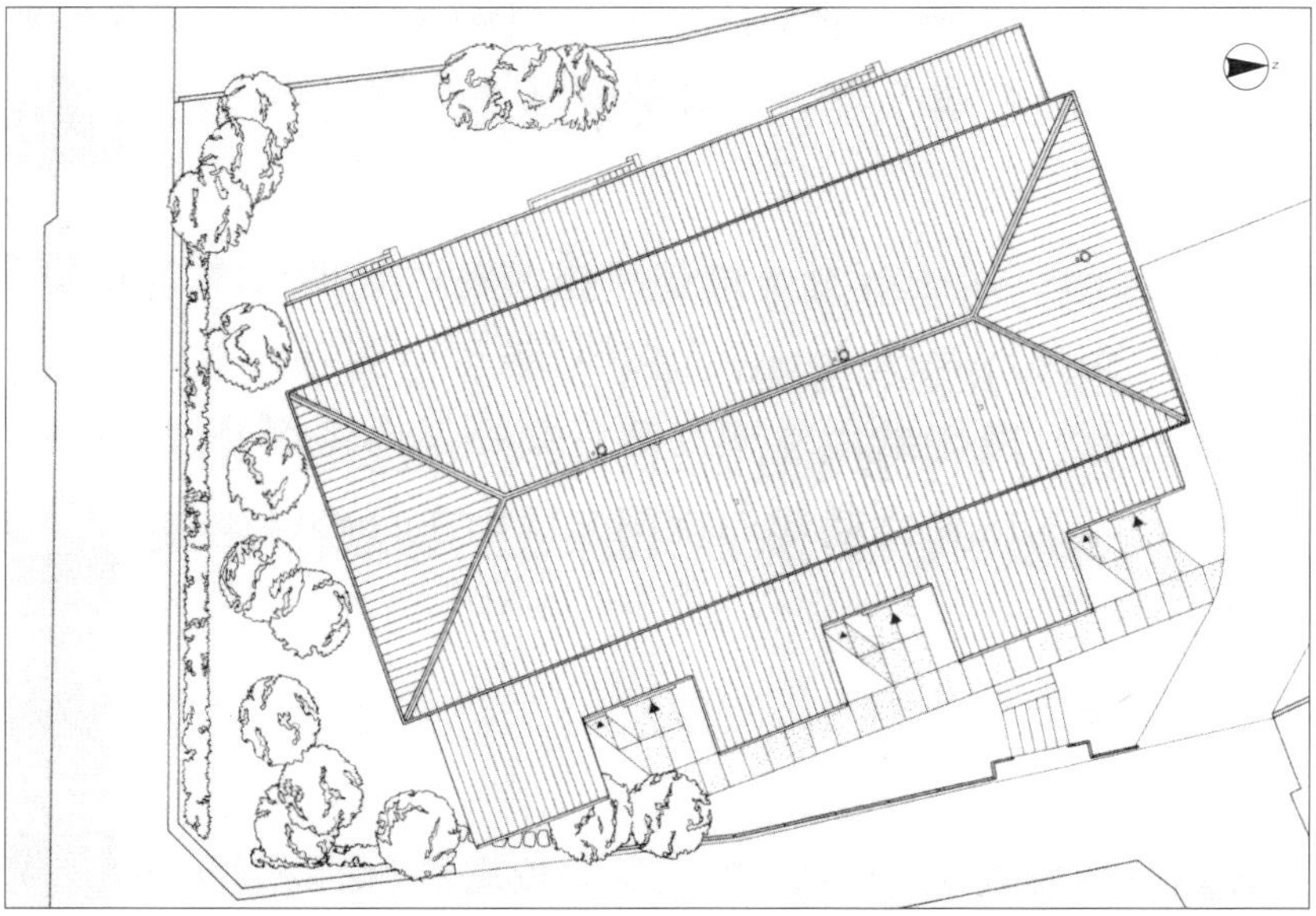

東立面図

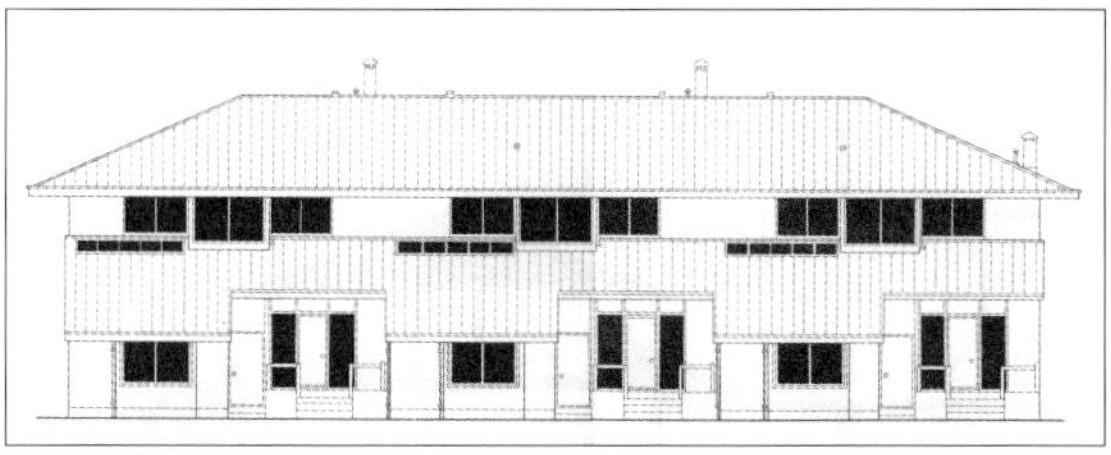

北立面図

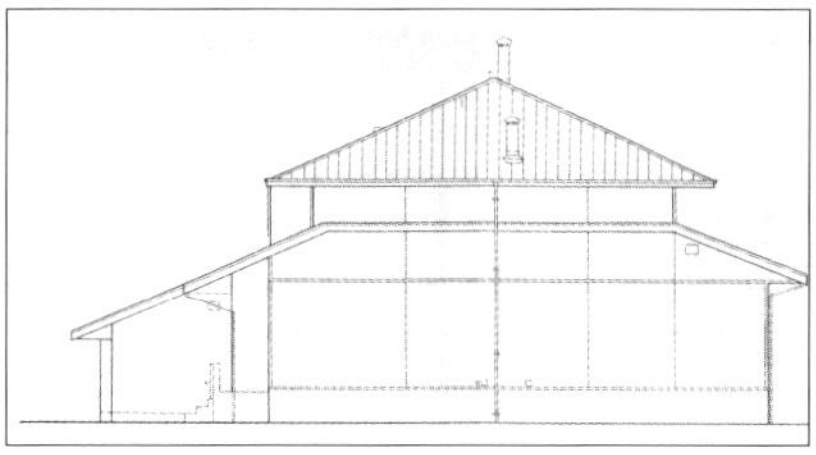

オープン化に先立ち、カナダから職人などを招き、実際の2×4工法の施工についてデモンストレーションを行った。当時のカナダの施工技術や建材の使い方など幅広く紹介し、オープン化以降、スムーズな技術普及が可能となるように意図されたプロジェクト

1986年に完成したサミットハウス

準防火地域での木造3階建て住宅の建築を可能にする建築基準法の改正に先立ち、米国政府の行った3階建てデモンストレーションプロジェクト
2×4工法の高い各種性能の紹介以外に、大規模な2×4工法の施工技術やLVLやOSB、Ｉビームなどの新しい木質材料も紹介された

2×4住宅と輸入住宅

KeyWord 006

Point

- 輸入住宅導入の背景
- システム導入としての輸入住宅
- 一定の評価を得た輸入住宅
- 輸入住宅の課題と住宅産業への影響

輸入住宅が注目された背景

円高が加速した1990年前後から、安価な輸入建材を活用した輸入住宅が注目された。これは、2×4工法がオープン化されてから15年以上経過し、住宅ストックも世帯数を超え、住宅の量から質への転換と建設コストの内外価格差（2倍以上といわれた）解消を図ろうとするものであった。

質を向上させるための施工方法やプランニング技術の導入、優れた建材の活用、建設コストの低減など輸入住宅の導入への期待が集まった。

輸入住宅の導入

神戸のSVヴィレッジは、住宅地の環境をはじめ、住宅のプランニング、部資材、施工方法などトータルに北米から導入し実現しようとする試みであった。消費者をはじめ関係者からも高い注目と評価を得て、住宅金融公庫現住宅金融支援機構）の融資や輸入促進の立場からの通産省の支援もあり、一定の戸数が建設されるようになった。

しかし、日本の910㎜を基準にしたモジュール体系と、面材の施工モジュール（アメリカの場合は16インチ）を基本にした考え方とのギャップは大きく、一部の場合を除き、そのままの形では定着しなかった。

輸入住宅の課題と影響

円高による安価な建材を輸入しても、海外と同じような施工方法・生産性が日本の仕組みでは実現できなかったことで大幅な建設コスト削減は実現できなかった。

しかし、輸入住宅のもつ高断熱・高気密といった性能や住宅の環境を含めたデザイン性、合理的な部材部品などが参考になり、日本の住宅産業に多くの影響を与え、部材価格の低下や建設コスト削減に多くの影響を与えた。

輸入住宅のおもな導入先

輸入住宅のデモプロジェクト

神戸のSVヴィレッジ街景

電柱と塀のないオープンな空間が広がりを感じさせる街並み景観を演出する。クルドサックによる道路形状が北米の住宅らしさを表現している

神戸のシアトルバンクーバー（SV）ヴィレッジの配置図

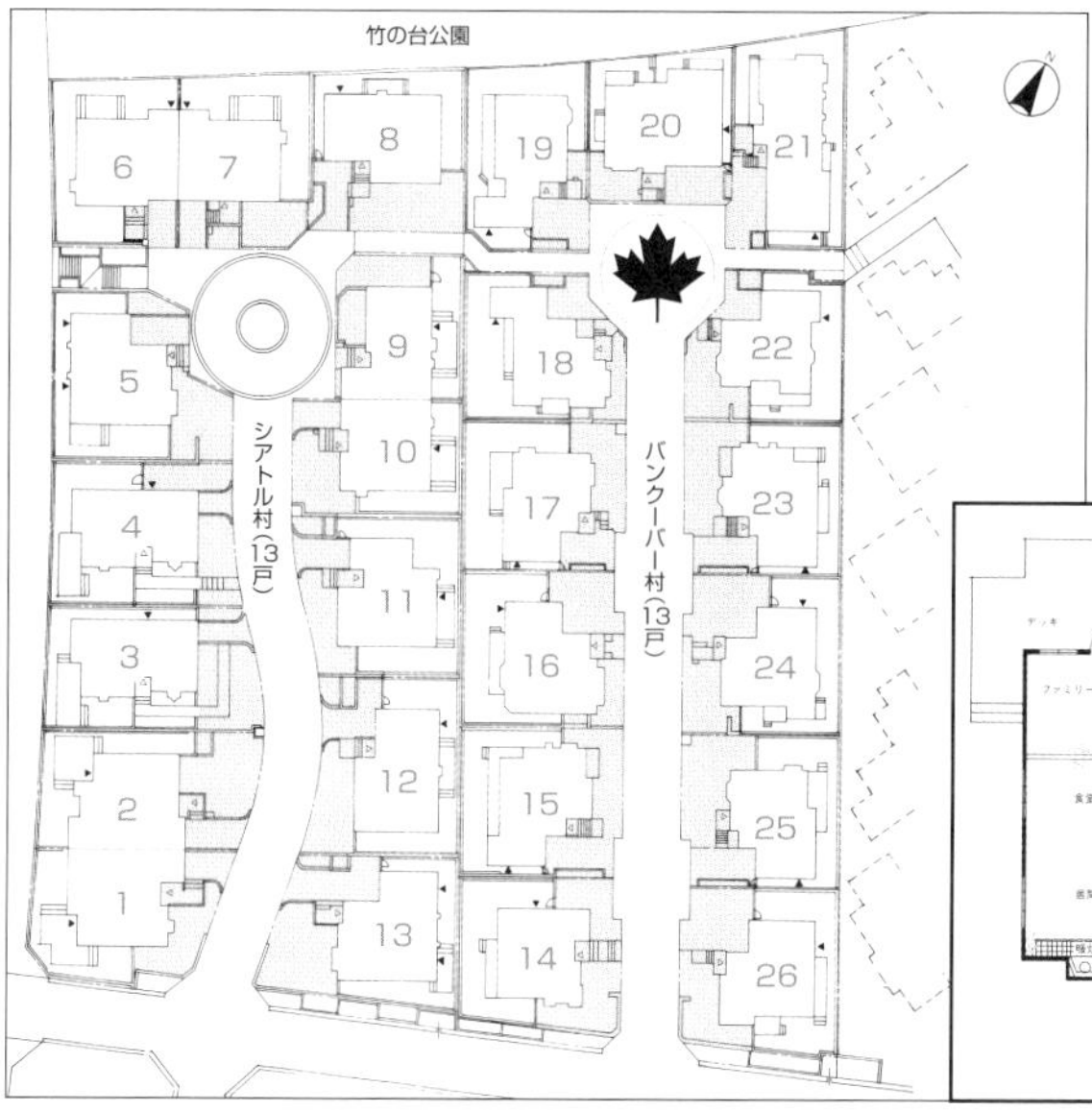

住宅の外観

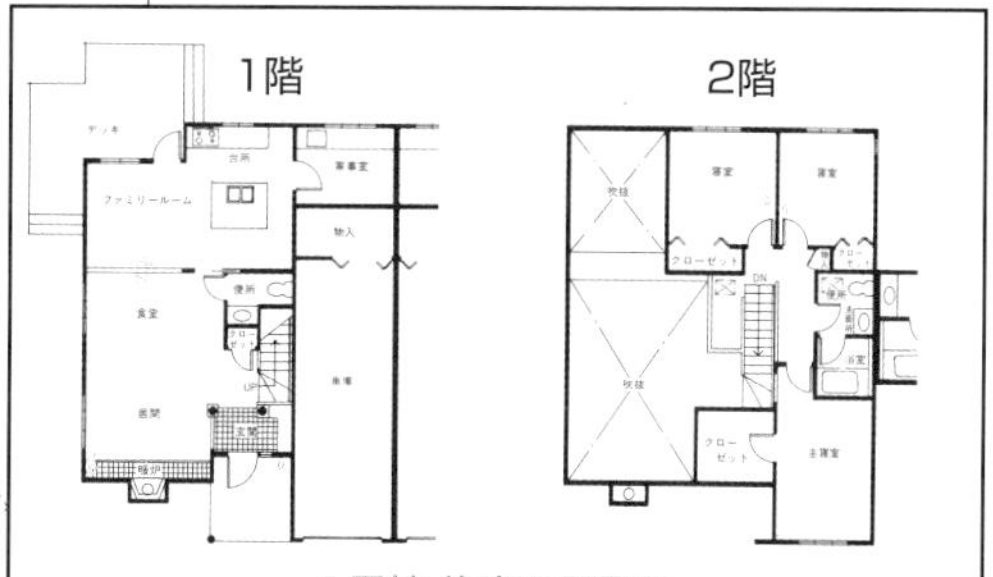

1号棟 住宅の間取り

定着した2×4住宅のメリットと課題

KeyWord 007

Point

- 住宅建設のバリエーションとして定着した2×4工法
- 小さくなってきている他の工法との性能や施工効率の優位性
- さまざまな工夫による魅力のバージョンアップ

住宅産業における2×4工法

住宅着工戸数では、在来工法が最も多く、次いでプレハブ工法（RC・S・木造）、2×4工法で、2×4の約50年の発展の間に、在来工法は減少し、プレハブ工法には大きな変化はない〈KW001,010〉。

今後も、このバランスは大きく変わらないものと考えられ、2×4工法は住宅建設のバリエーションの1つとして一定の位置を確立したものといえる。

2×4工法の優位性の低下

2×4工法のもつ特徴が理解され、アメリカで発達した工法が日本に定着した。しかし日本の住宅産業では在来工法を中心に複数の工法が混在し、当初の2×4工法の性能や施工性などの優位性が、在来工法でも2×4工法を参考にした技術開発が行われた結果、その差は小さくなってきている。

2×4工法の可能性と課題

木質壁構造である2×4工法は、一定の大きさのボックス空間を組合せるため、このボックスが成立する必要がある。一方、自由なプランニングでは、オープンな空間や大開口、吹き抜けなどさまざまな要素が盛り込まれ、このボックスの成立とプランニングのバランスをうまくとる必要がある。本書ではこういった工夫の事例を第7章で解説している。

在来工法に2×4工法の要素が取り込まれたように、壁構造である2×4工法にも、軸組的な要素を取り入れることによって大空間や大きな開口が実現できる。Iビームのような新しい構造用材料も大空間をつくるうえでは有効な建材といえ、こういった建材の活用や構造的な工夫によって、魅力的な2×4工法による空間が実現できるようになった。

2×4工法の特徴を取り入れた在来工法（合理化工法）例

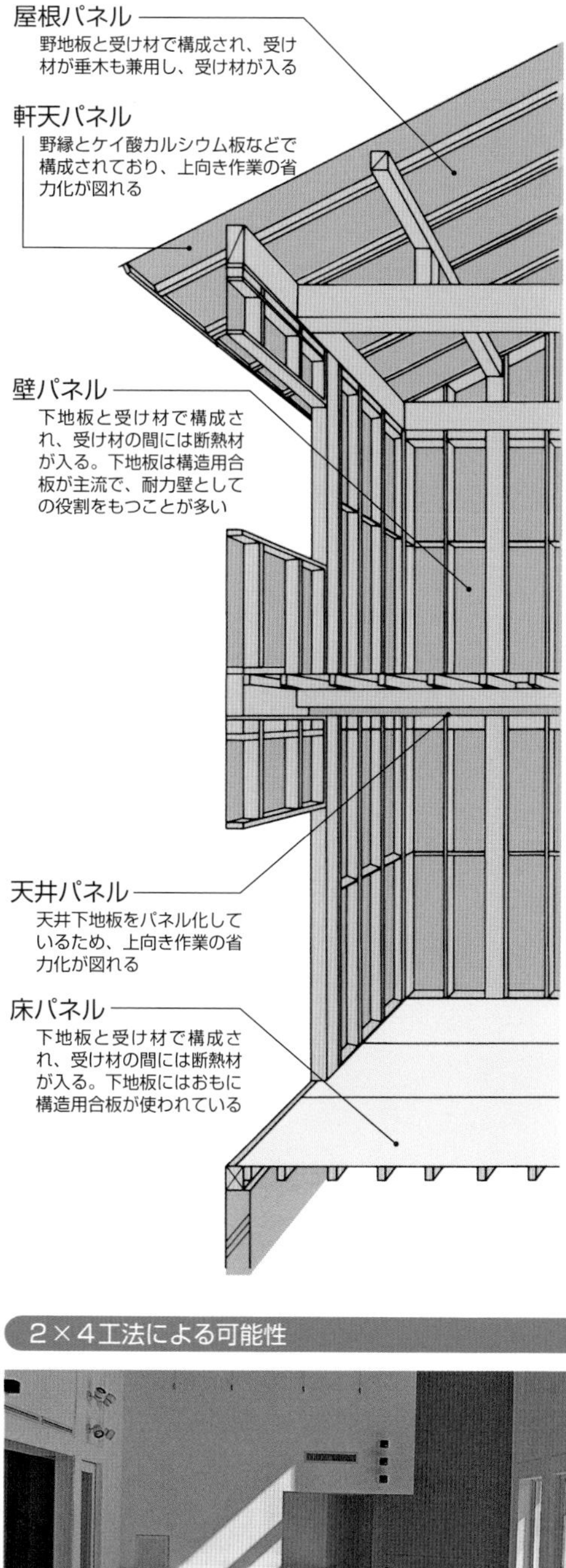
屋根パネル
野地板と受け材で構成され、受け材が垂木も兼用し、受け材が入る
軒天パネル
野縁とケイ酸カルシウム板などで構成されており、上向き作業の省力化が図れる
壁パネル
下地板と受け材で構成され、受け材の間には断熱材が入る。下地板は構造用合板が主流で、耐力壁としての役割をもつことが多い
天井パネル
天井下地板をパネル化しているため、上向き作業の省力化が図れる
床パネル
下地板と受け材で構成され、受け材の間には断熱材が入る。下地板にはおもに構造用合板が使われている

2×4工法を参考にして各部位をパネル化し、合理化を図った在来工法例

2階部分の壁パネルの取付け例

床パネルの取付け例

2×4工法による可能性

2×4工法による大空間の実現

Super House
スーパーハウス（木造3階建共同住宅）

2×4とはどんな工法か〈1〉建築的側面

KeyWord 008

Point

◐ バルーン工法からプラットホーム工法へ
◐ 数少ない製材断面の種類
◐ 合理的な生産システム

1830年代、アメリカのシカゴでバルーン工法として開発され、その後、20世紀半ば以降には現在の2×4工法のベースとなるプラットホーム工法として完成した。

アメリカで発展したこの工法はライトフレームコンストラクションと呼ばれているが、日本では2×4（ツーバイフォー）工法と呼ばれている。これは、日本に1974年に導入された当時、使用される製材は2インチ×4インチの断面材が多く使われていたため2×4工法と名付けられたと言われている。アメリカでは2×4工法とは呼ばれていない。日本で正式には「枠組壁工法」と呼ばれている。〈Column1〉

一般的に使用される製材断面寸法は1辺が2インチで他辺は4インチから12インチと小断面で軽量な材料が使われている。1本の材料が軽量であることで、大型機械の手を煩わさなくても、現場において加工から組立てまでが可能となる。

製材断面（木口）の4コーナーにはアールの面が取られているのは、目違いを確認して調整する目的もあるが、本来の目的は人が素手で製材を握ったり肩に担いだりした時に人に優しくするためにそのような加工がなされていて、まさにハンディさを売りにしているものである。また、使用される製材の断面種類が少なく、大量生産につながり、設計から加工、組立てまでの合理的なシステムで、素人にでも建てられる工法である。

日本でも、このプラットホーム工法のもつシステムが生かされ、狭小宅地でも、1階プラットホームが完成すると、そこが1階壁や2階床部材の作業場として活用される優位性が評価され、現場加工を前提とする工法として発展していった。しかし、近年になり作業労働条件の社会的変化によって、工場でのパネル生産も増えている。

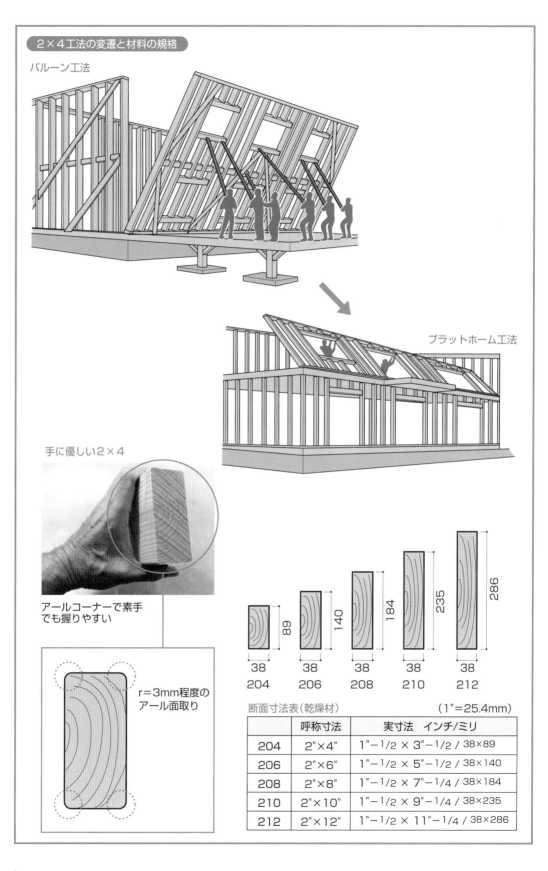

2×4工法の変遷と材料の規格

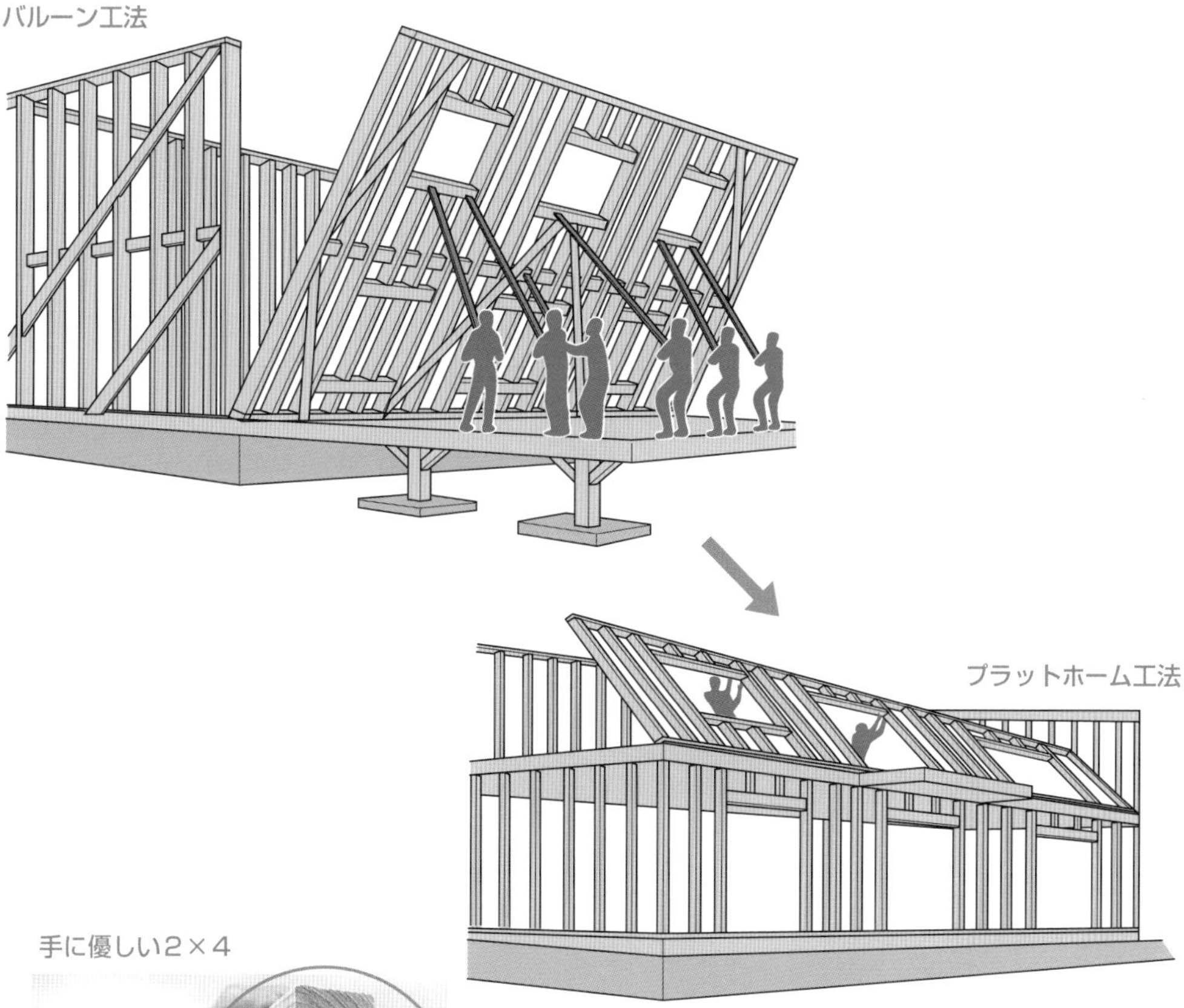
バルーン工法
プラットホーム工法

手に優しい2×4

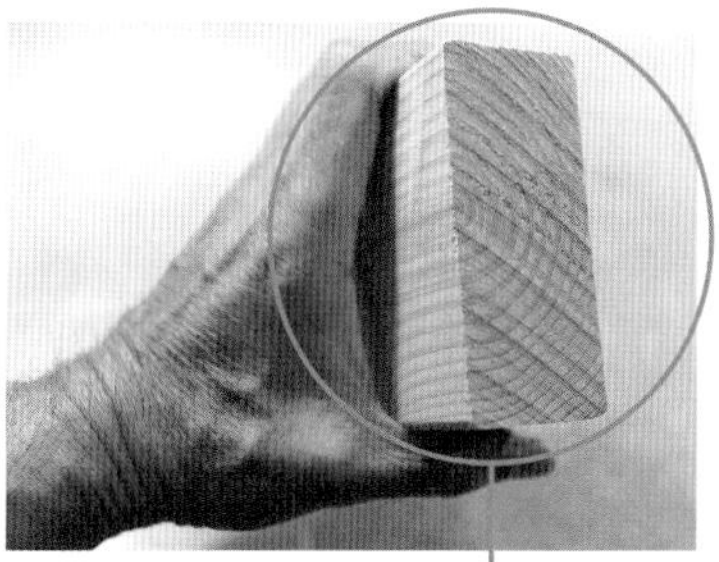

アールコーナーで素手でも握りやすい

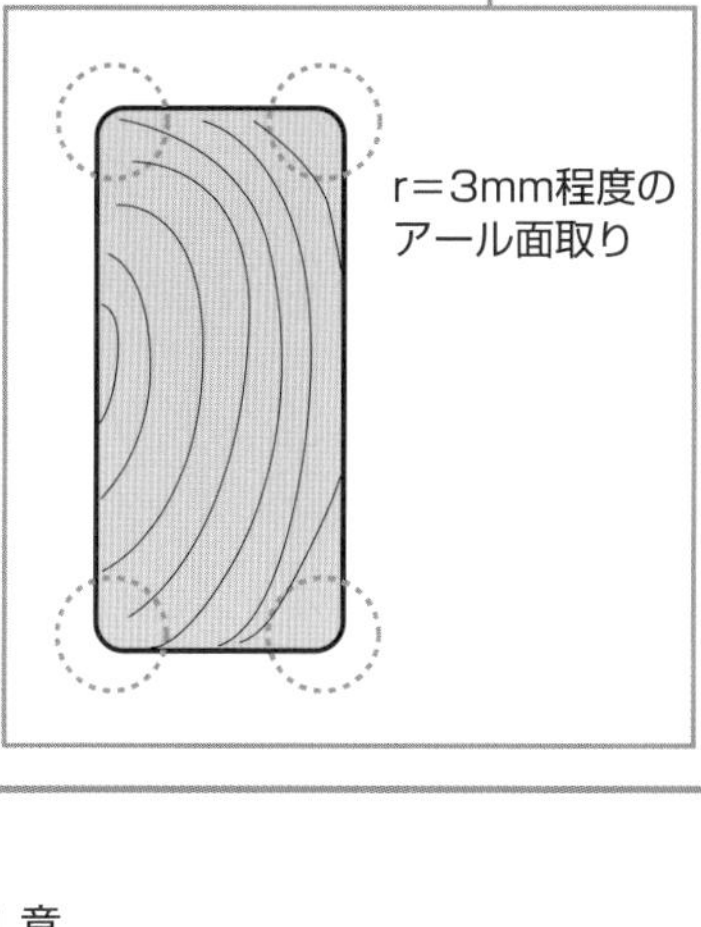
r=3mm程度の
アール面取り

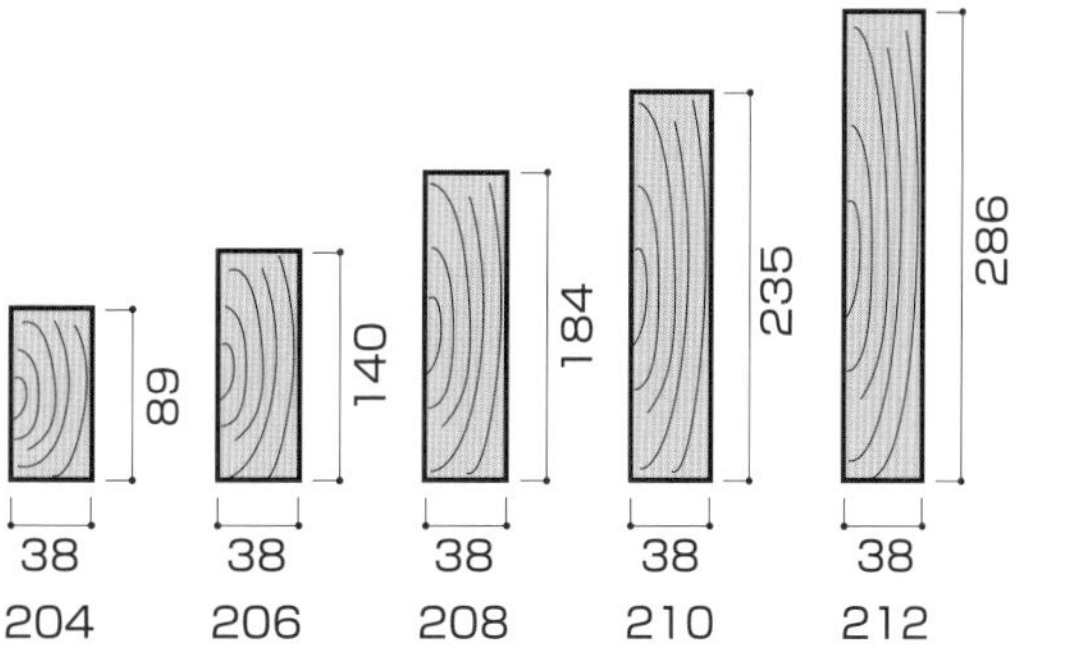
89
140
184
235
286
38
38
38
38
38
204
206
208
210
212

断面寸法表（乾燥材） (1"=25.4mm)

	呼称寸法	実寸法　インチ/ミリ
204	2"×4"	1"−1/2 × 3"−1/2 / 38×89
206	2"×6"	1"−1/2 × 5"−1/2 / 38×140
208	2"×8"	1"−1/2 × 7"−1/4 / 38×184
210	2"×10"	1"−1/2 × 9"−1/4 / 38×235
212	2"×12"	1"−1/2 × 11"−1/4 / 38×286

2×4とはどんな工法か〈2〉構造的側面

KeyWord 009

Point

- 2×4工法と在来軸組工法の構造比較
- 面剛性を確保するダイヤフラム

2×4工法は日本における正式名称の「枠組壁工法」のとおり、製材で枠組をつくり合板等の面材を張り付けて、床、壁、屋根面の6面によって構成される空間をつくる構造方法である。

日本の伝統的な在来工法は柱梁工法(軸組工法)であって、屋根を支えるために柱を建てて、必要な部分に壁を設置して、残りを開口部としている。一方、2×4工法は壁式工法なので、床、壁、屋根面の6面をつくり、壁にあっては必要な部分に開口部を設置する。開口部をポジティブに捉えるかネガティブに捉えるかの違いといえる。これは、礎石建築文化による壁式構造からくるもので、窓を英語で「WINDOW」というのも、壁に必要な風「WIND」の通り道を後から開けるところから由来している。

床、壁、屋根面は枠組材に合板等の面材を釘で張り付けてある。これによって、それぞれの面は釘によって固定された面材が、その平面形状を維持しようとする抵抗力「ダイヤフラム」によって、構造体を形成することとなる。これが2×4工法の構造的な基本である。

前述したように、使用される製材の断面は比較的小さなものであるが、その部位における荷重条件において、部材の間隔を調整することによって、1部材当たりの負担力を確認して、安全性を確保する。

また、小断面の材料であっても、戦国武将毛利元就の「三本の矢」の故事にあるような、1本で足りなければ、必要に応じて2本、3本と合わせることによって、構造上必要な耐力をつくり上げることができる仕組みをもっている。

この部位に、どれだけの荷重がかかり、この部材がどれだけの荷重に耐えられるから、何本の本数が必要かの考えは、現在の2×4工法に通じるところがある。

2×4工法と在来軸組工法の違い

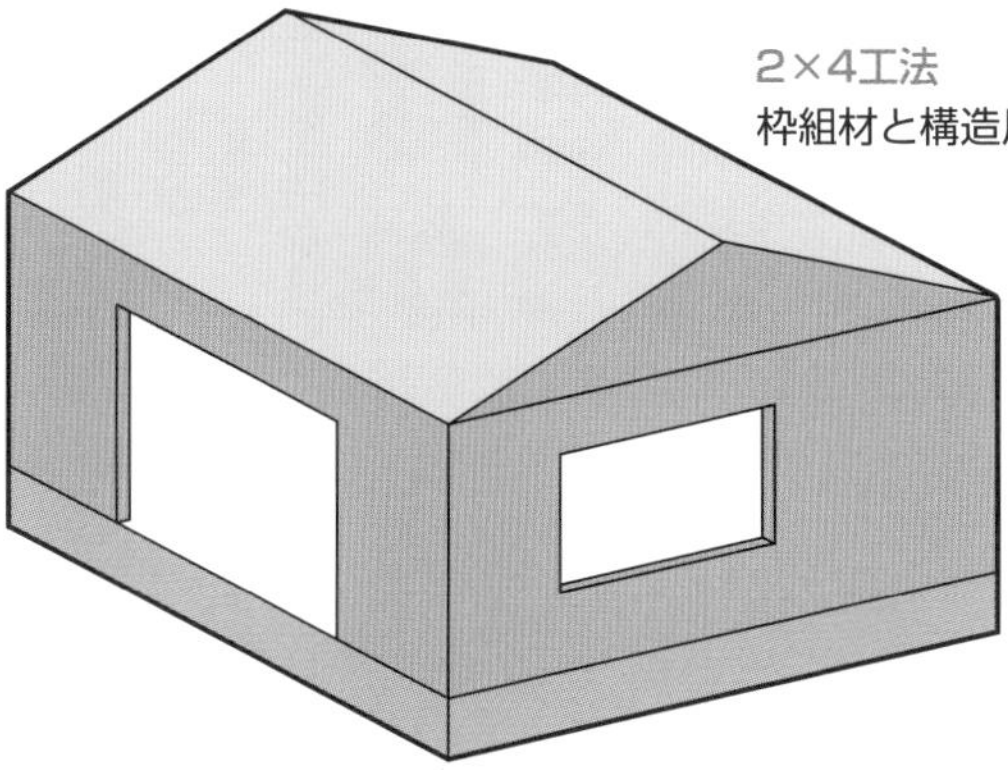
2×4工法
枠組材と構造用面材で構成される

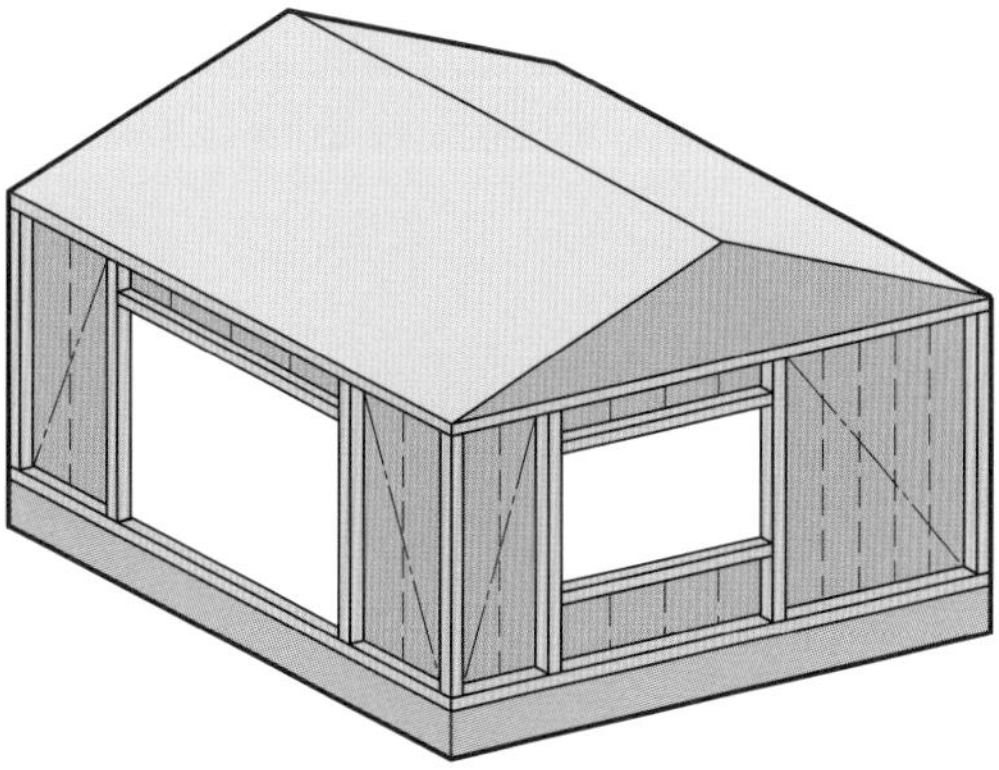
在来軸組工法
土台、柱、梁、桁と筋かいで構成される

構造用製材の断面寸法および断面性能

寸法形式	実断面 ※ b×h (cm)	断面性能		
		断面積 A (cm²)	断面係数 Z (cm³)	断面2次モーメント I (cm⁴)
204	3.8×8.9	33.8	50.2	223
206	3.8×14.0	53.2	124.1	869
208	3.8×18.4	69.9	214.4	1,973
210	3.8×23.5	89.3	349.8	4,110
212	3.8×28.6	108.7	518.0	7,408

※乾燥材（含水率19%以下）

合わせ梁（2枚合わせ、3枚合わせ）

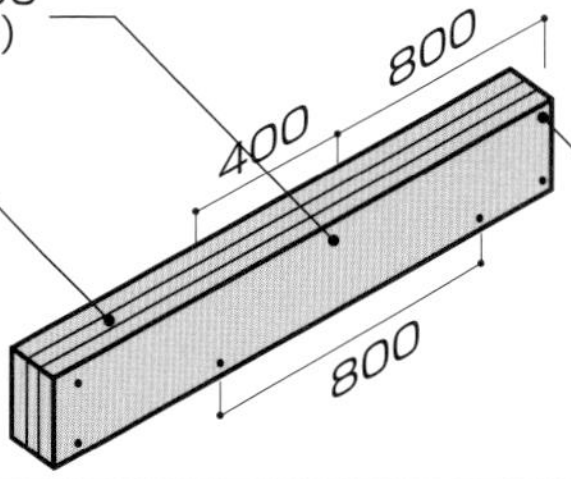
両端からCN90F@400
（千鳥打ち）
3枚合わせ床梁
400
800
800
両端から
2-CN90F

2×4工法とプレハブ工法とは何が違うか

KeyWord 010

Point

◐ オープン工法とクローズド工法

◐ ２×４工法は構造体の生産システム

◐ 工場生産とパネル化

プレハブ工法とはプレ・ハブリケイション工法の略語である。前もって工場等で大方の部材を加工して組合せ、現場に持ち込み、現場で大型機械を使用して組立てをする工法をいう。

日本では、大手のハウスメーカーがそれぞれ開発した多種多様なプレハブ工法がある。これらの大半は建築基準法に定められる木造や鉄骨造の一般工法の範疇になく、それぞれの会社が独自に認定を受けた、その会社独自の特別工法であり、その会社しか施工できない工法で、このようなものを「クローズド工法」と言う。

これに対して２×４工法は「オープン工法」である。１９７４年に一般工法となって、誰もが利用できる工法となった。これがいわゆる２×４工法のオープン化と言われるものである。

もとより、２×４工法は構造体の生産システムであるので、プレハブ工法と比較するのは難しい。本来、現場加工を前提として発展してきた工法であるが、現場労働環境の変化等によって、近年は、工場において、床、壁、天井や屋根の部位ごとに運搬可能なサイズにパネル化をして、現場で組立てをするパネル工法が多く見られるようになってきた。

これだけを見るとプレハブ工法と見間違えるかもしれないが、あくまでも構造体のパネル化であって、プレハブ工法とは基本的に異なっている。

２×４工法は、アメリカとカナダでは年間百万戸を超えて建築されており、日本においても建築戸数は年間十万戸にも達している。

日本とアメリカの間では生産システムのモジュールが尺単位とフィート単位との相違はあるが、基本的な部分での２×４工法システムはほぼ同じシステムである。つまり、北米と日本で、合計年間百数十万戸の２×４工法住宅がオープン工法で建築されている。

新規着工戸数の推移比較

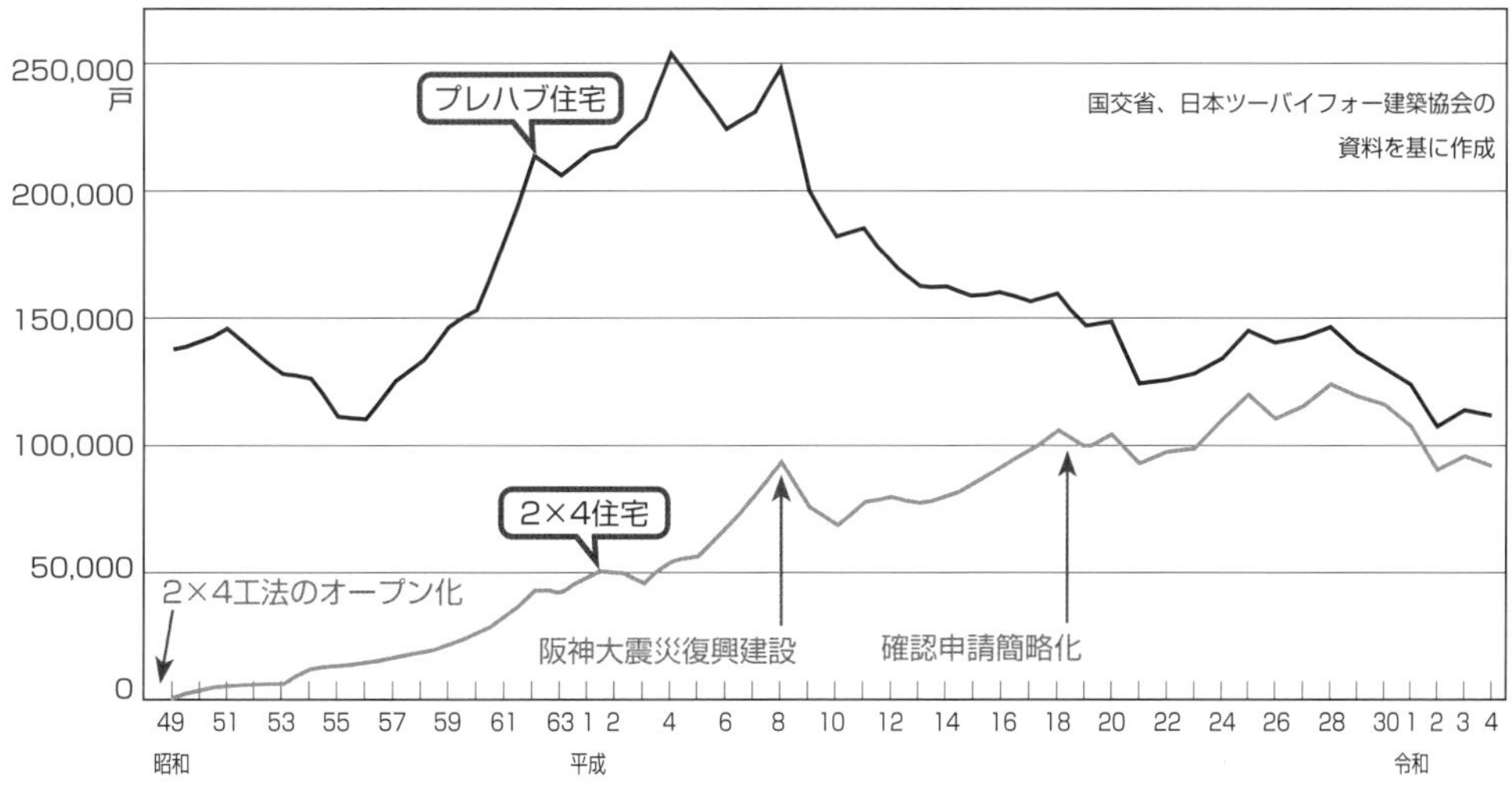
250,000戸
200,000
150,000
100,000
50,000
0
プレハブ住宅
2×4住宅
2×4工法のオープン化
阪神大震災復興建設
確認申請簡略化
国交省、日本ツーバイフォー建築協会の資料を基に作成
49 51 53 55 57 59 61 63 1 2 4 6 8 10 12 14 16 18 20 22 24 26 28 30 1 2 3 4
昭和
平成
令和

パネル工法の留意（注意）点

パネルどうしの接合

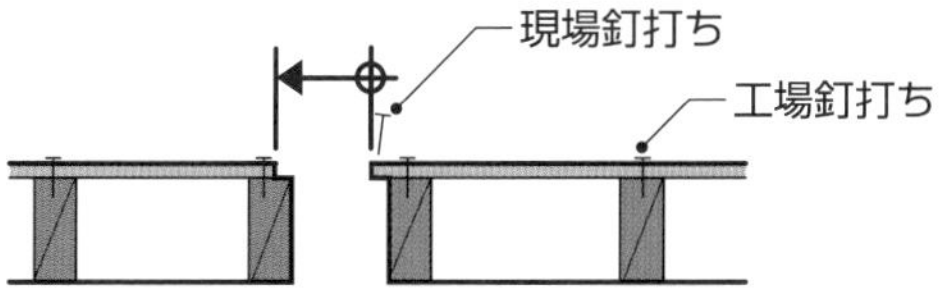
現場釘打ち
工場釘打ち

頭つなぎを60cm以上重ねる

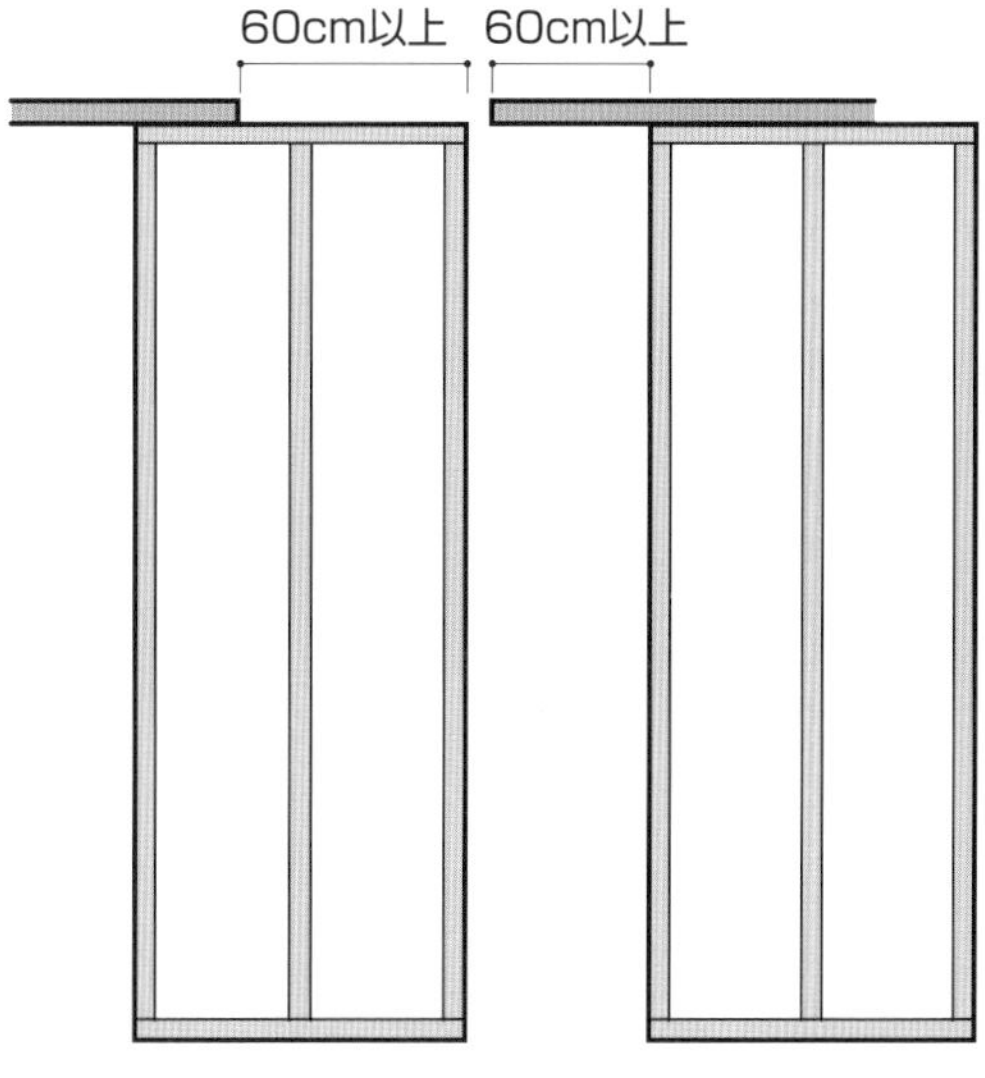
60cm以上 60cm以上

パネル出隅の接合

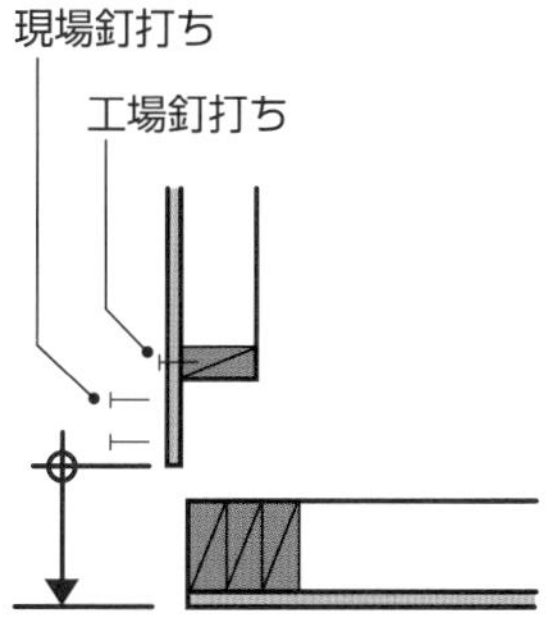
現場釘打ち
工場釘打ち

左右のパネルをあと張り合板で張る

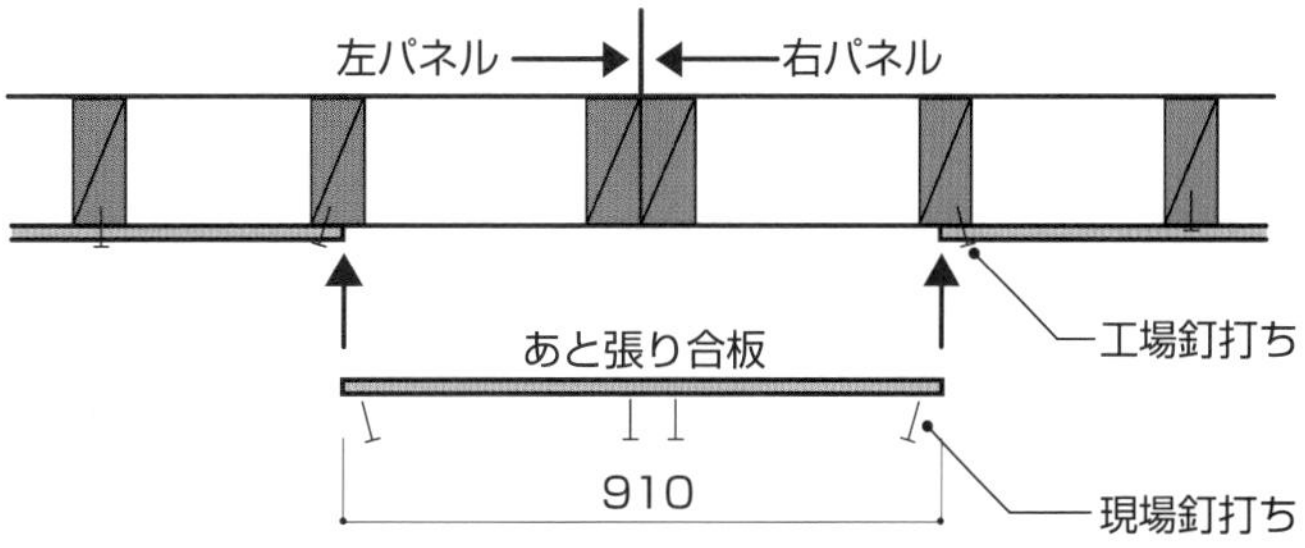
左パネル
右パネル
工場釘打ち
あと張り合板
910
現場釘打ち

2×4工法の考え方・つくり方

KeyWord 011

Point

- 作業スペースとしてのプラットホーム
- 鉛直荷重の流れ
- 躯体工事期間の短縮化

アメリカ・カナダにおいてはプラットホーム工法とバルーン工法が存在していた。日本の2×4工法は、プラットホーム工法が技術的ベースとして導入されていて、前述したように壁式工法である。

2階建てを例に組立ての構成を説明すると、鉄筋コンクリート製基礎の上に、土台、1階床枠組、1階壁枠組、2階床枠組、2階壁枠組、小屋組（天井根太面と屋根面）の順序で下から積み木のごとく積み上げていく工法である。

構造力学的に力の流れを見ると、図で見てとれるように、積み上げられた方向とは逆に、固定荷重（自重）と積載荷重を合わせた鉛直力が上の方から下の方へ、屋根垂木、壁たて枠、床根太、土台、基礎へと流れていくのがわかる。これは設計者にとっても構造計画を進めるうえで役立つことである。

建築材料のストックスペースの少ない日本の建築現場では工事工程順に必要な部分の材料を順次搬入して、プラットホームと呼ぶ床面をつくり、そこを作業スペースとして、壁の枠組材加工や組立、面材張付けを行い、建て起こして、その上の階の作業へ移行していくことになる。

一般的に、40坪の2階建て住宅の場合、現場加工組立てで、着手して野地合板が終わり屋根防水紙の施工終了するまで、1週間から10日程度の工期を必要とする。日本の柱梁の在来工法では上棟した次の日あたりには屋根防水が終了し、雨仕舞いができて、木材を工事期間中できるだけ雨に当てない工夫がなされてきている。

2×4工法であっても、所詮、木造であるので、構造体工事期間中にあまり雨に濡らさない方が良いとする考え方から、工場でパネル化をして、現場では機械を使用して短期間に組立てを行うパネル工法にする考え方もある。

作業スペースのプラットフォーム

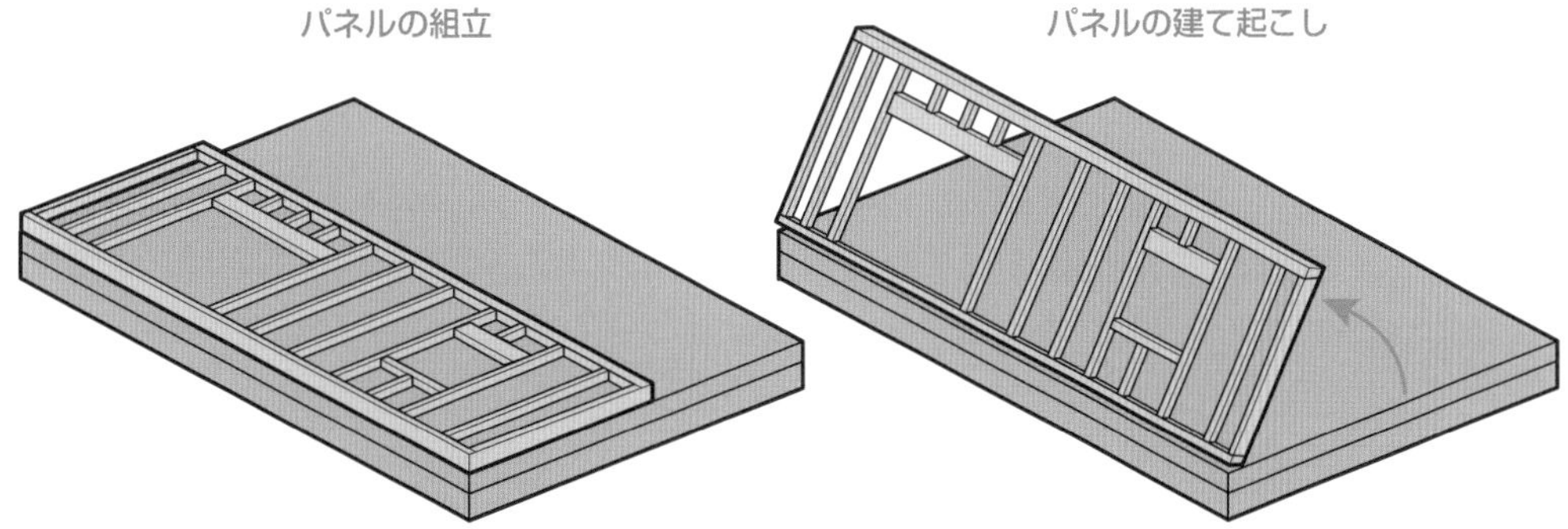
パネルの組立
パネルの建て起こし

荷重の流れ

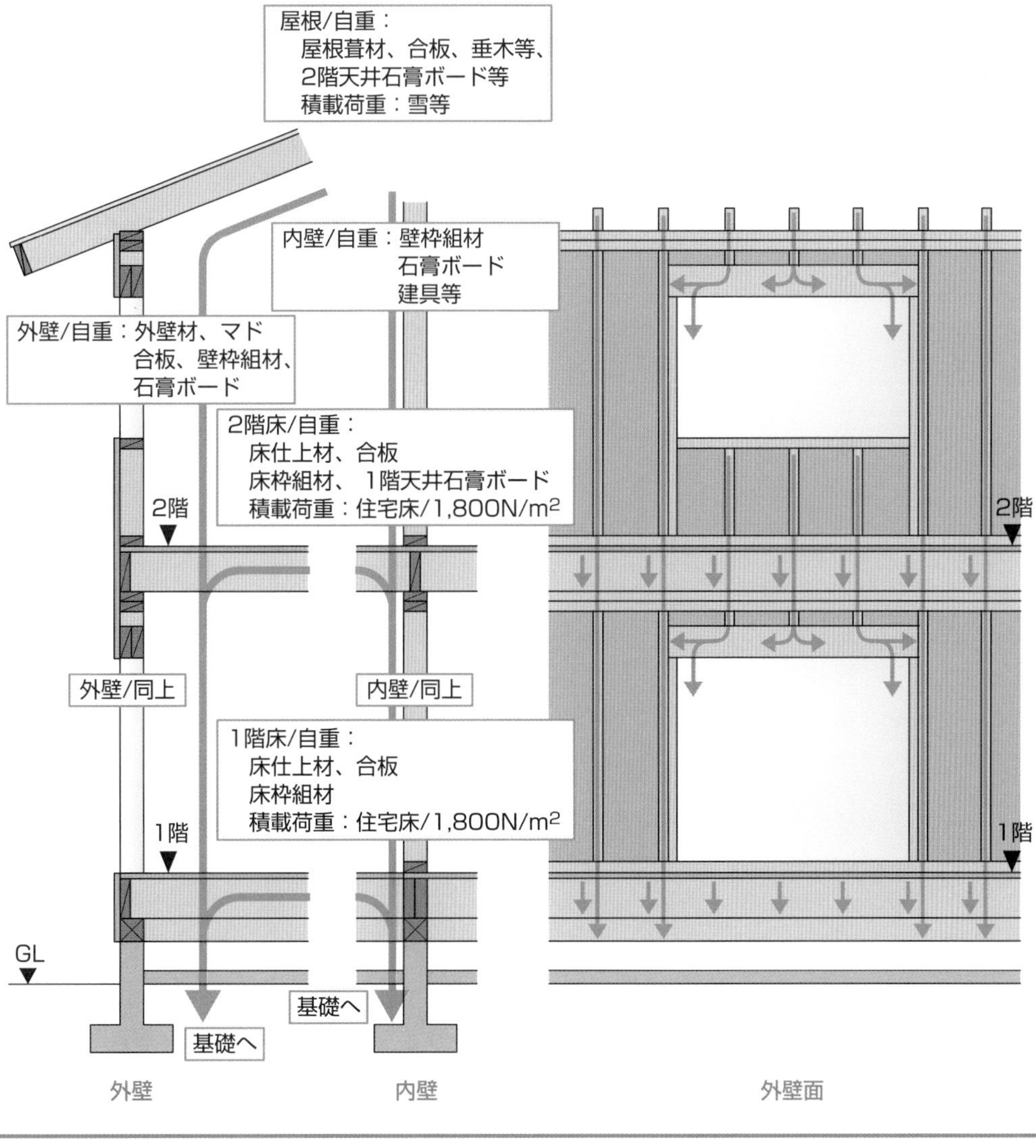
屋根/自重：
屋根葺材、合板、垂木等、
2階天井石膏ボード等
積載荷重：雪等
内壁/自重：壁枠組材
石膏ボード
建具等
外壁/自重：外壁材、マド
合板、壁枠組材、
石膏ボード
2階床/自重：
床仕上材、合板
床枠組材、 1階天井石膏ボード
積載荷重：住宅床/1,800N/m2
2階
2階
外壁/同上
内壁/同上
1階床/自重：
床仕上材、合板
床枠組材
積載荷重：住宅床/1,800N/m2
1階
1階
GL
基礎へ
基礎へ
外壁
内壁
外壁面

2×4工法の部位・部品の構成

KeyWord 012

Point

- 基礎、土台と床枠組の構成
- 壁枠組の構成
- 小屋組（垂木方式）の構成

2×4工法の部位・部品の構成について説明する。

土台

土台は鉄筋コンクリート製基礎にアンカーボルトによって緊結される。防腐処理材の4×4材が主流であるが、1階の壁が2×6材の場合は4×6となることもある。

床枠組

床枠組は床根太と構造用合板等の面材によって構成される。床根太サイズは、スパン、樹種、等級、床根太間隔によって、住宅金融支援機構のスパン表または構造計算によって決定する。設計によっては、1階のベタ基礎の土間コンクリートの上に直接床を仕上げ、1階の床枠組を省略することもある。

壁枠組

壁枠組はたて枠、上枠や下枠等と構造用合板等の面材によって構成される。

壁枠組の高さは、その階のほぼ天井高さとして設計され、標準的には2450㎜である。壁枠組の高さが3.8mを超える場合はたて枠に2×6材を使用しなければならない。

小屋組

小屋組は垂木と構造用合板等の野地板によって構成される。

垂木サイズは、屋根葺き材料の重量や建設される地域区分により想定される積雪量から、住宅金融支援機構のスパン表または構造計算によって決定する。

小屋組方式の中で、垂木方式は簡易的なトラス構成になっていて、屋根頂部の棟木板は梁的な曲げ抵抗を受けておらず、天井根太は単なる天井材の下地ではなく、トラスの下弦材としての引張力を負担する。

2×4工法らしい小屋組である。

標準的な矩計図

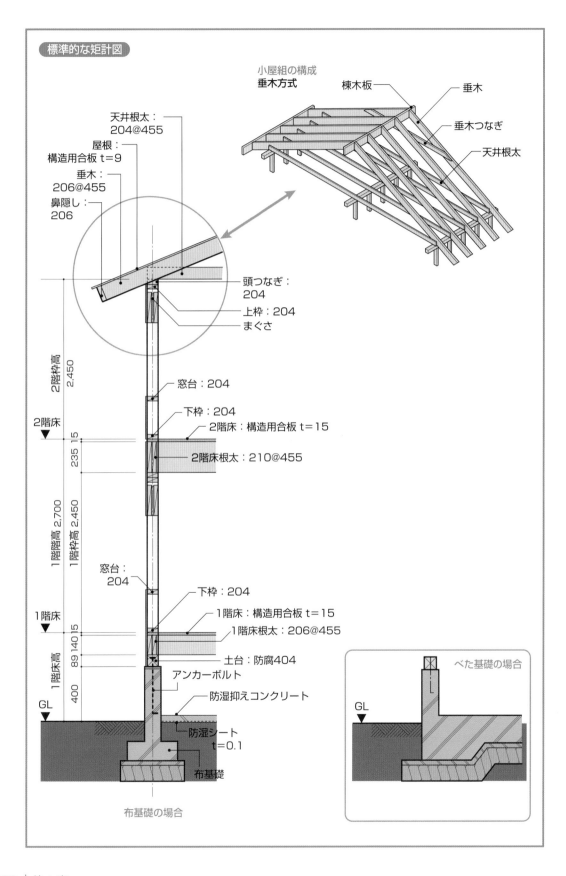

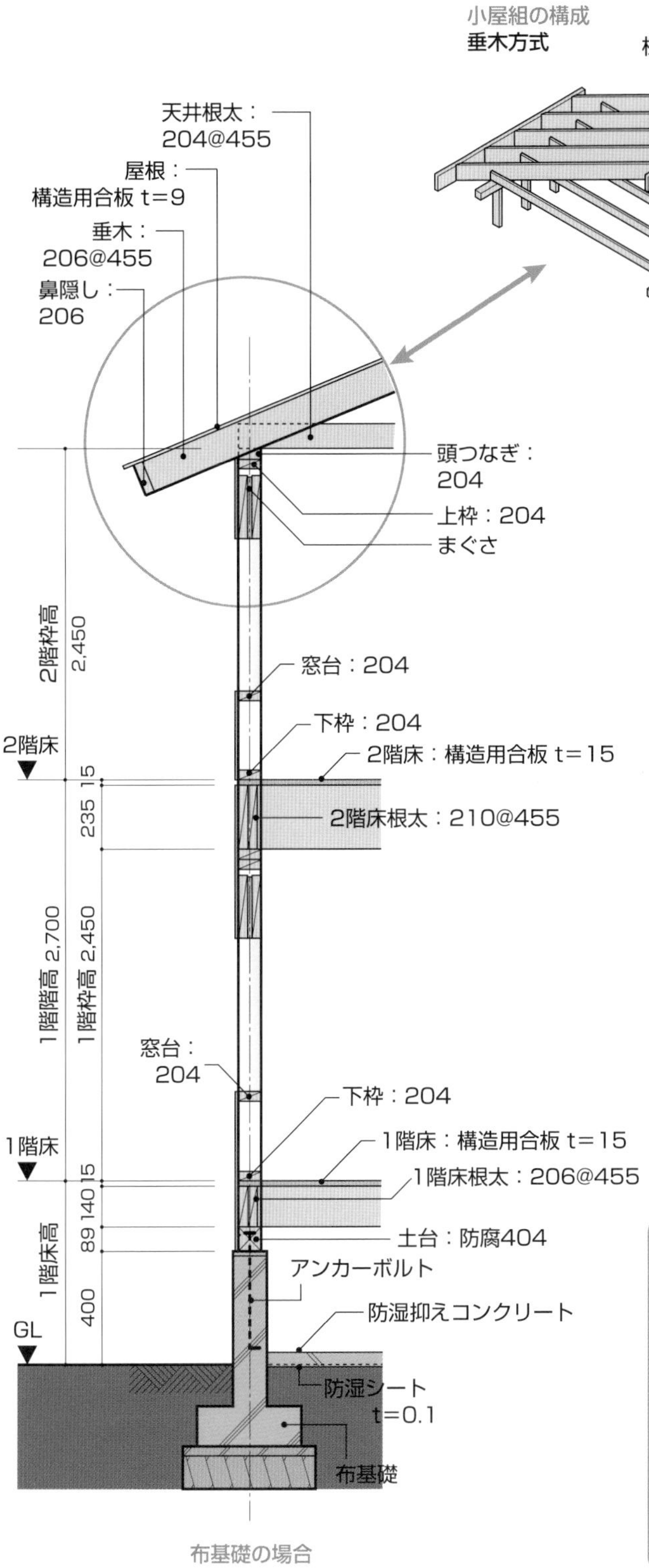
小屋組の構成
垂木方式
棟木板
垂木
垂木つなぎ
天井根太
天井根太：
204@455
屋根：
構造用合板 t=9
垂木：
206@455
鼻隠し：
206
頭つなぎ：
204
上枠：204
まぐさ
2階枠高
2,450
窓台：204
下枠：204
2階床
2階床：構造用合板 t=15
15
235
2階床根太：210@455
1階階高 2,700
1階枠高 2,450
窓台：
204
下枠：204
1階床
1階床：構造用合板 t=15
15
140
1階床根太：206@455
89
土台：防腐404
1階床高
400
アンカーボルト
防湿抑えコンクリート
GL
防湿シート
t=0.1
布基礎
布基礎の場合

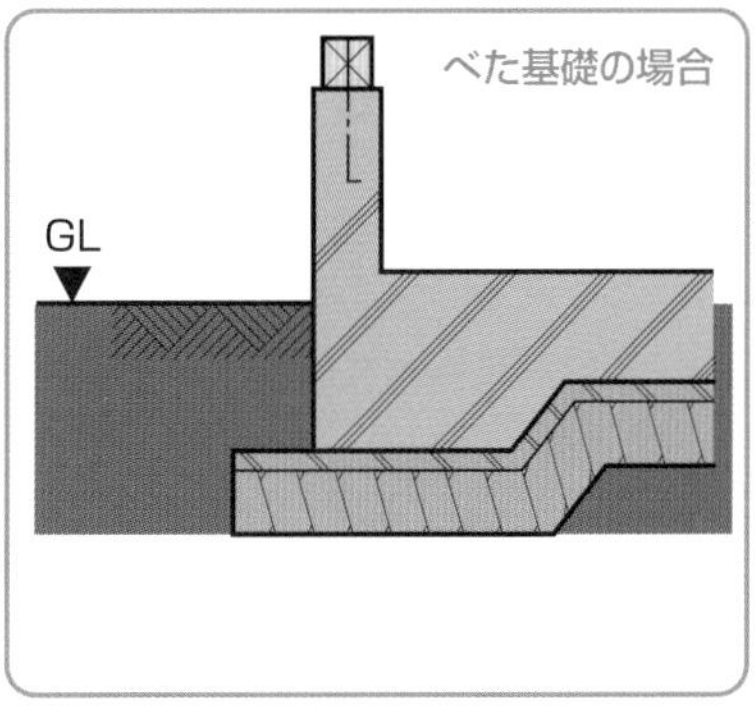
べた基礎の場合
GL

2×4工法の部位・部品の緊結

KeyWord 013

Point

◐ アンカーボルトとホールダウン
◐ ハリケーンタイ（帯金物）
◐ ハリケーンストラップ（あおり止め金物）

2×4工法のそれぞれの部位は、基礎の上に土台、1階床枠組、1階壁枠組、2階床枠組、2階壁枠組、小屋組の順に積み重なっている。台風時の風圧力で屋根面に発生する吹き上げ力や地震時の耐力壁下部に発生する浮き上がり力は、部位間の釘のみの引抜耐力で抵抗するのは無理である。よって、それぞれの部位間には必要耐力によってさまざまな接合金物が用意されている。

◓ アンカーボルト

鉄筋コンクリート製布基礎に埋め込まれて土台を緊結して、水平せん断力と浮き上がり力に抵抗する金物である。

◓ ホールダウン

アンカーボルトに類似するが、端部は基礎に埋め込まれて土台と1階床枠組を貫通して1階壁枠組のたて枠に緊結する金物である。浮き上がり力に抵抗し、アンカーボルトとは異なり直接1階壁枠組から基礎へ力を伝達させる。

また、1階壁枠組と2階床枠組を貫通して2階壁枠組を緊結する中間階用のホールダウンもある。これは今後、発展の期待がある、3階、4階建てには必須アイテムである。

◓ ハリケーンタイ

ハリケーンとはアメリカでの熱帯性低気圧のことで、日本では台風にあたる。ハリケーンの強風時に発生する浮き上がり力に対して、土台、1階床枠組、1階壁枠組、2階床枠組、2階壁枠組の部位間を緊結する帯状の金物で、このように名付けられている。日本では帯金物と呼ばれている。

◓ ハリケーンストラップ

日本ではあおり止め金物と呼ばれ、帯状の金物が捻られた形状をし、小屋組の垂木と壁枠組とを緊結するもので、台風時に軒先の吹き上げを防止する。

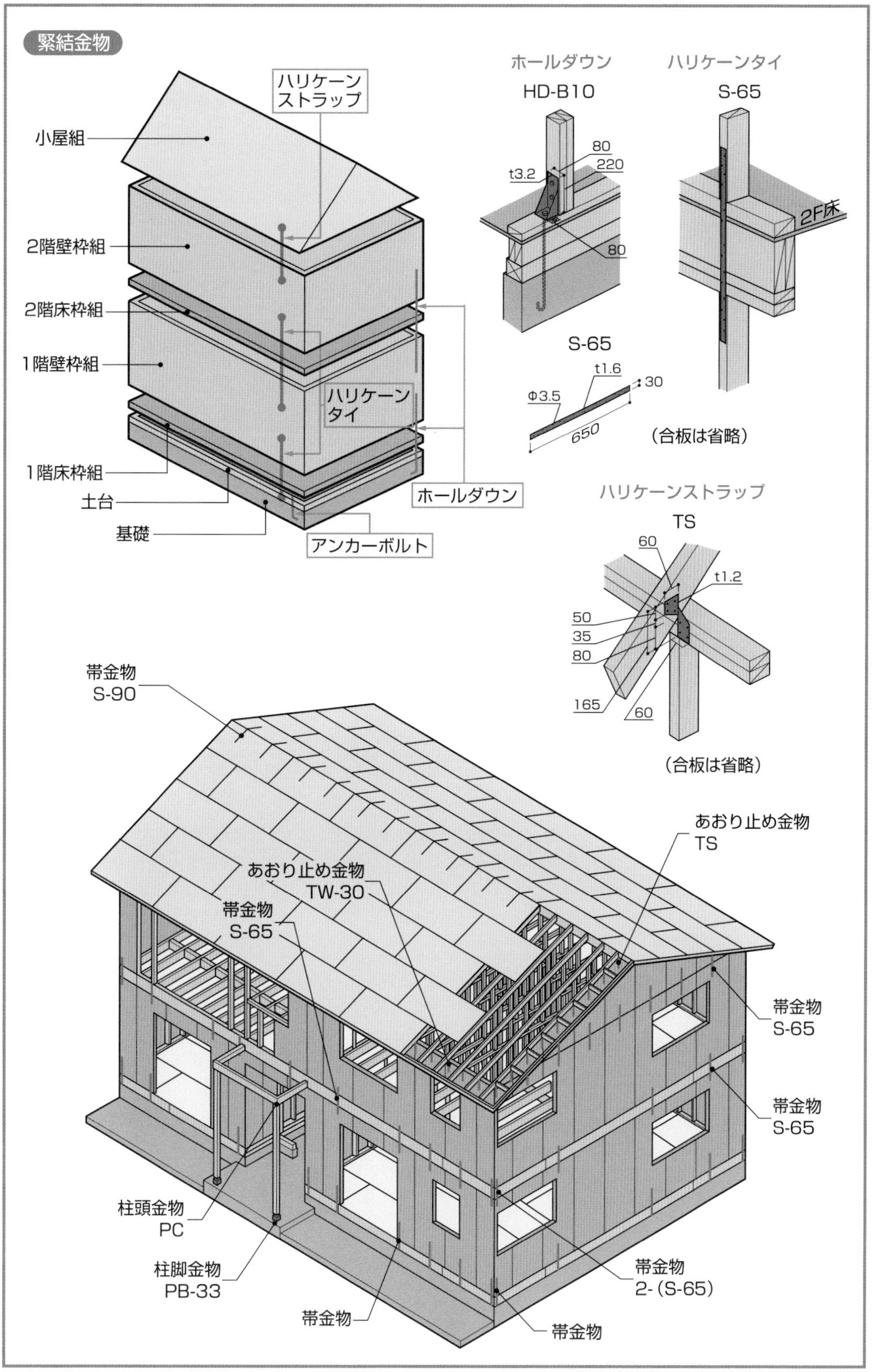
緊結金物
ハリケーンストラップ
小屋組
2階壁枠組
2階床枠組
1階壁枠組
ハリケーンタイ
1階床枠組
土台
基礎
ホールダウン
アンカーボルト
ホールダウン
HD-B10
80
220
t3.2
80
ハリケーンタイ
S-65
2F床
S-65
t1.6
30
Φ3.5
650
(合板は省略)
ハリケーンストラップ
TS
60
t1.2
50
35
80
165
60
(合板は省略)
帯金物
S-90
あおり止め金物
TS
あおり止め金物
TW-30
帯金物
S-65
帯金物
S-65
帯金物
S-65
柱頭金物
PC
柱脚金物
PB-33
帯金物
2-(S-65)
帯金物
帯金物

Column 1

2×4住宅を理解するための用語【番外編】

■ ツーバイフォー（2×4）工法と枠組壁工法

この工法、本家本元では「Wood - frame construction」と呼ばれているが、なぜ日本ではこの2つの名称で呼ばれるようになったのだろうか。

この工法が1974（昭和49）年にオープン化された時に正式名称として採用されたのが「枠組壁工法」で、当初は枠を組むことが重要な構成要素だとして「枠組工法」という案が有力だったようだが、木造構造界の重鎮、故杉山英男氏が「壁」も重要な構成要素であるとの提言もあり、最終的に「枠組壁工法」となったらしい。

このあたりの経緯は杉山氏が書いた雑誌『住宅と木材』の連載「杉山英男の語り伝え・ツーバイフォー物語」（96年12月号～97年12月号）に詳しい。

では、ツーバイフォー工法は。いわれはフレームをつくる際にもっとも使われている2インチ×4インチ材が「ツーバイフォー」と呼ばれていたからである。ただ、工法名としては誰が言い始めたのかははっきりしない。杉山氏も連載でこのことに触れていたが、はっきりしたことはわからない。

今回、連載で杉山氏に言い出しっぺと名指しされた方に、当時の話を伺ったが、やはりはっきりしたことはわからなかった。「ツーバイフォー」という呼び方はオープン化前からランバー材を輸入していた木場の若手木材関係者が言い始めていたらしい。恐らく、木材関係者から拡がった「ツーバイフォー」という呼び方が工法名につながったのであろう。

■ モノコック（monocouque）

この本の中に何度も登場する言葉「モノコック構造」。モノコック構造とは、飛行機の機体や自動車、電車の車体のように、外側の部分やいくつかに分かれた塊が構造体となっているものをいう。

2×4工法も床や外壁などがメインの構造体となっているので、飛行機や電車などと同じようにモノコック構造ということができる。動物に例えて、柱や梁で保たせる在来軸組工法を脊椎動物、堅い甲羅や外皮に覆われた甲殻類を2×4工法といえば、イメージとしてはわかりやすいかもしれない。

モノコック構造は中に柱がないので、間仕切りなどの自由度が高くなる反面、構造体の大きさや外壁の開口部などの取り方に工夫が必要になってくる。

なお、「モノコック」とは、フランス語で「1つ」という意味の「mono」に貝殻の意味の「couque」を合わせた言葉である。

■ ダイヤフラム（diaphragm）

「ダイヤフラム」のもともとの意味は横隔膜や振動板。鉄骨造では、梁の応力を柱や他の梁へ伝達したり、仕口の局部変形防止のために柱の仕口に取り付けられる「鋼板」のことをいう。

2×4工法でも、枠組が水平荷重によって変形するのを防止するために構造用合板を張っているが、この一体となった構造を「ダイヤフラム」と呼んでいる。床組では側根太が曲げ応力を、構造用合板がせん断応力を負担しており、壁の構造用合板とスタッドの関係も同じことが言える。これまでいろいろな実証実験や、地震災害などの結果を経て、このダイヤフラムの考え方による構造形式の有効性が立証されている。

第2章

2×4工法の仕組み

2×4工法に特徴的な用語

KeyWord 014

Point

◐ **枠組が特徴である2×4工法の床、壁、小屋についての基本的な用語**

2×4工法はアメリカ・カナダで発展した工法であるため、直接、英語をそのまま翻訳した名称を使用している。ここでは、告示によって使用されている用語を示す。

在来工法ではなじみのない部材もあるので、床枠組、壁枠組、小屋組それぞれの基本構成を図で示し、基本的な用語を解説する。

床枠組

床枠組では土台の上に根太を組んで、その上に構造用合板を張っていく。根太はスパンの大きさによってサイズが決められている。根太のいちばん外壁側を側根太とよび、側根太の内側に添えているのが添え側根太である。根太の間にはころび止めを入れて、根太の座屈変形を防止させている。

他に特徴的な部材としては、端根太、端根太ころび止め、合板受けなどがある。

壁枠組

壁枠組は上枠と下枠の水平材に鉛直材のたて枠で構成される。

開口部では上部で梁の役割をするまぐさとそれを受けるまぐさ受けで構成される。壁枠組の連結材としては頭つなぎがある。

2×4工法では枠材とそれに張る構造用合板が釘で緊結されることで、構造的な耐力を保つよう計算されている。

小屋組

小屋組には垂木方式、屋根梁方式、トラス方式、束建て方式の4種類がある。

図では2×4工法でもっとも合理的な架構法の垂木方式の部材について解説している。

垂木方式は斜材の垂木と水平材の天井根太によってトラスとしての三角形が構成されるものである。

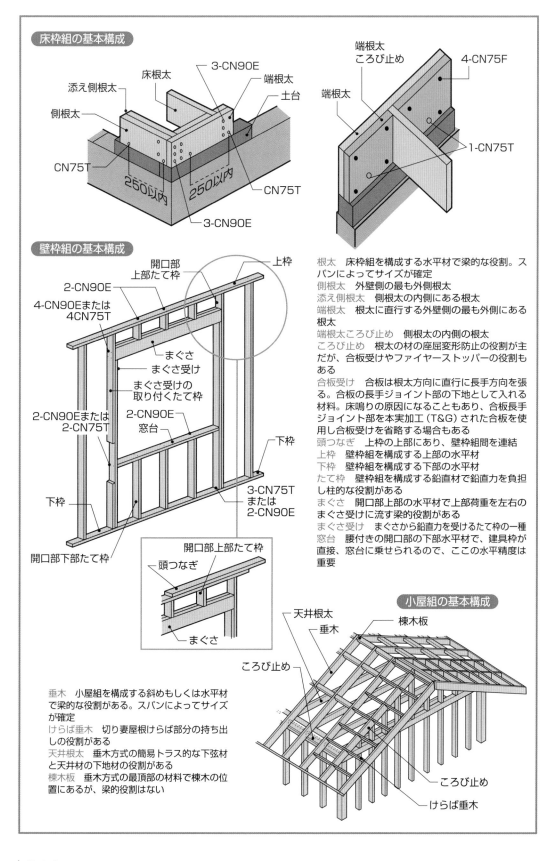

床枠組の基本構成

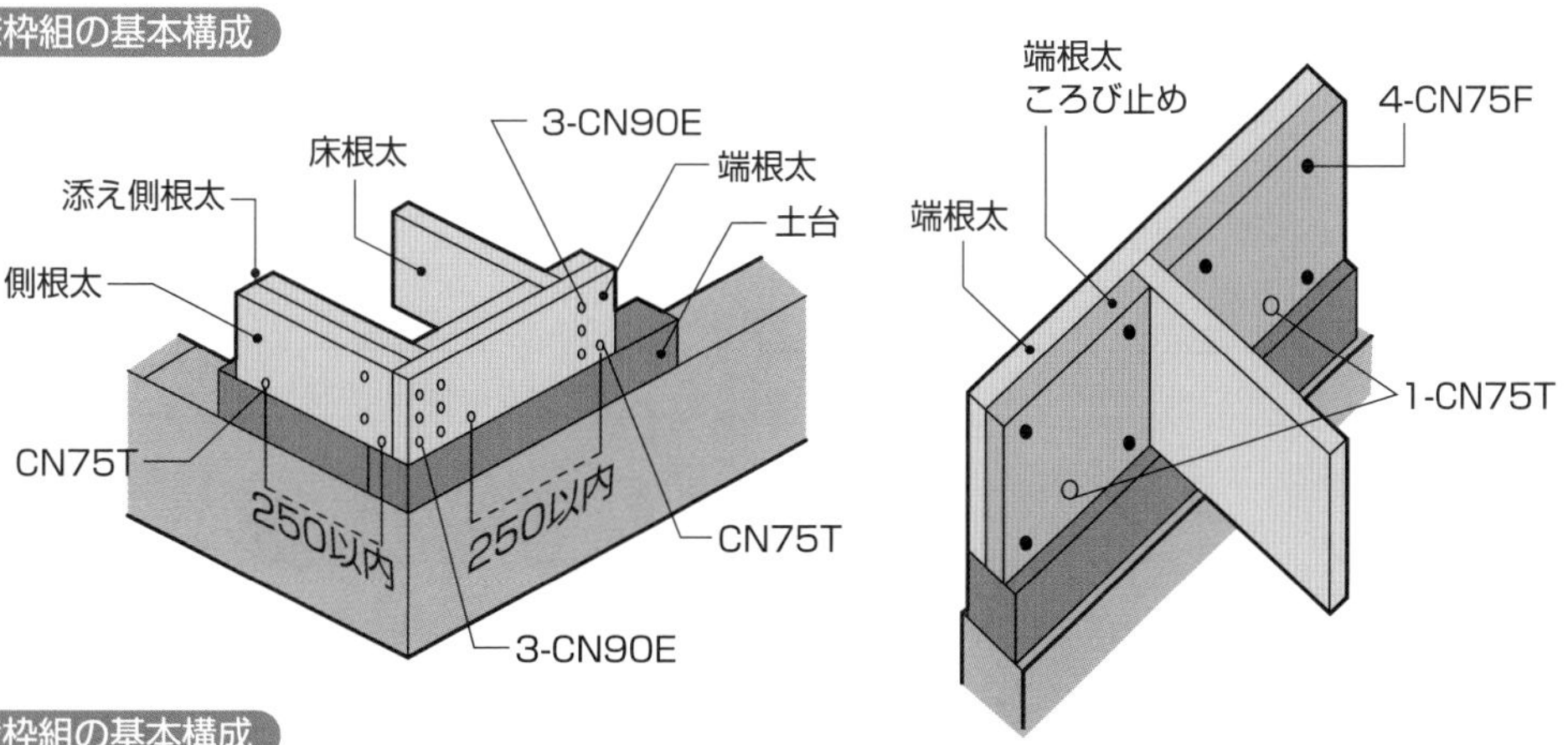

添え側根太
側根太
床根太
3-CN90E
端根太
土台
CN75T
250以内
250以内
CN75T
3-CN90E
端根太
ころび止め
4-CN75F
端根太
1-CN75T

壁枠組の基本構成

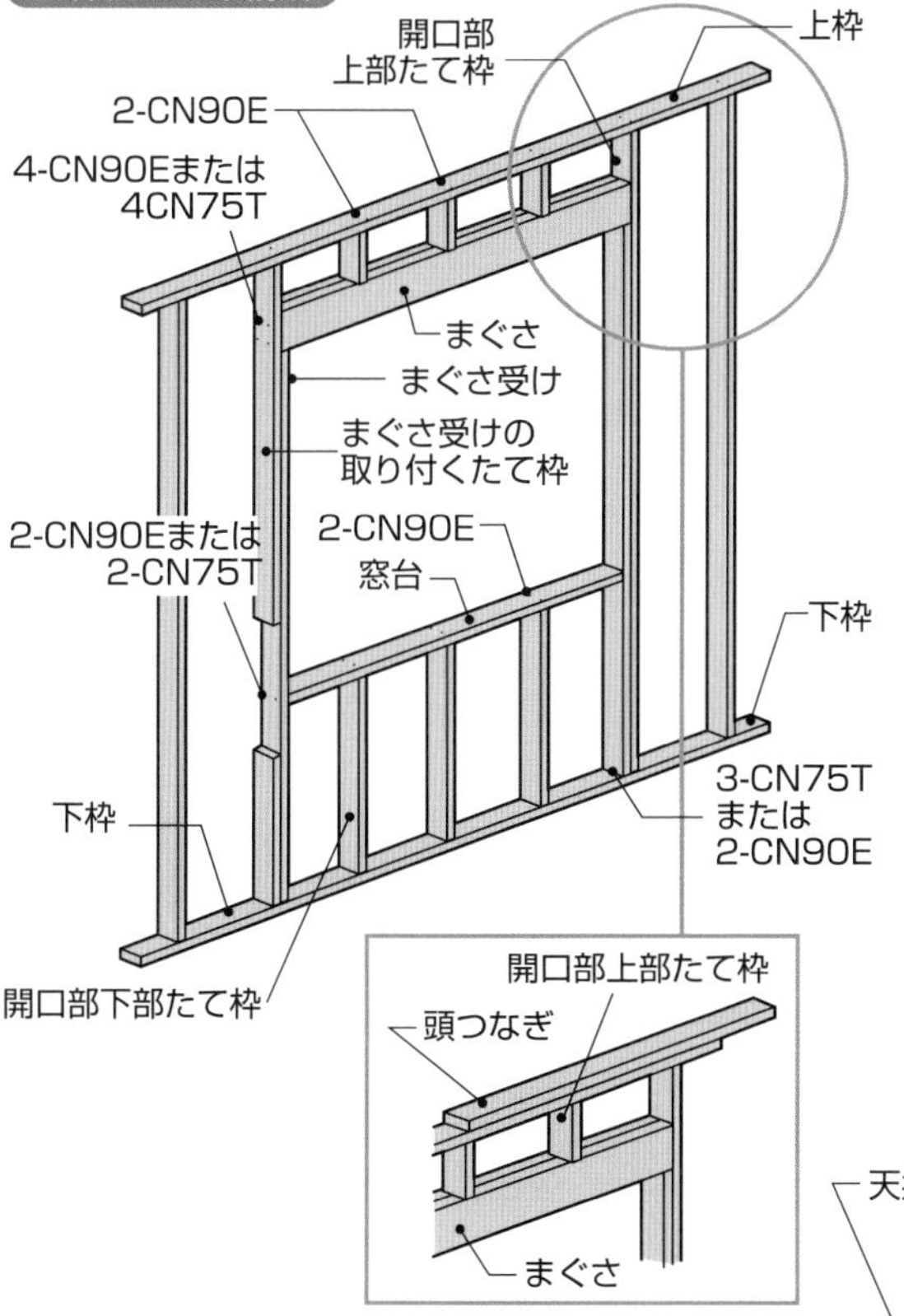

開口部
上部たて枠
上枠
2-CN90E
4-CN90Eまたは
4CN75T
まぐさ
まぐさ受け
まぐさ受けの
取り付くたて枠
2-CN90Eまたは
2-CN75T
2-CN90E
窓台
下枠
3-CN75T
または
2-CN90E
下枠
開口部下部たて枠
開口部上部たて枠
頭つなぎ
まぐさ

根太　床枠組を構成する水平材で梁的な役割。スパンによってサイズが確定
側根太　外壁側の最も外側根太
添え側根太　側根太の内側にある根太
端根太　根太に直行する外壁側の最も外側にある根太
端根太ころび止め　側根太の内側の根太
ころび止め　根太の材の座屈変形防止の役割が主だが、合板受けやファイヤーストッパーの役割もある
合板受け　合板は根太方向に直行に長手方向を張る。合板の長手ジョイント部の下地として入れる材料。床鳴りの原因になることもあり、合板長手ジョイント部を本実加工（T&G）された合板を使用し合板受けを省略する場合もある
頭つなぎ　上枠の上部にあり、壁枠組間を連結
上枠　壁枠組を構成する上部の水平材
下枠　壁枠組を構成する下部の水平材
たて枠　壁枠組を構成する鉛直材で鉛直力を負担し柱的な役割がある
まぐさ　開口部上部の水平材で上部荷重を左右のまぐさ受けに流す梁的役割がある
まぐさ受け　まぐさから鉛直力を受けるたて枠の一種
窓台　腰付きの開口部の下部水平材で、建具枠が直接、窓台に乗せられるので、ここの水平精度は重要

小屋組の基本構成

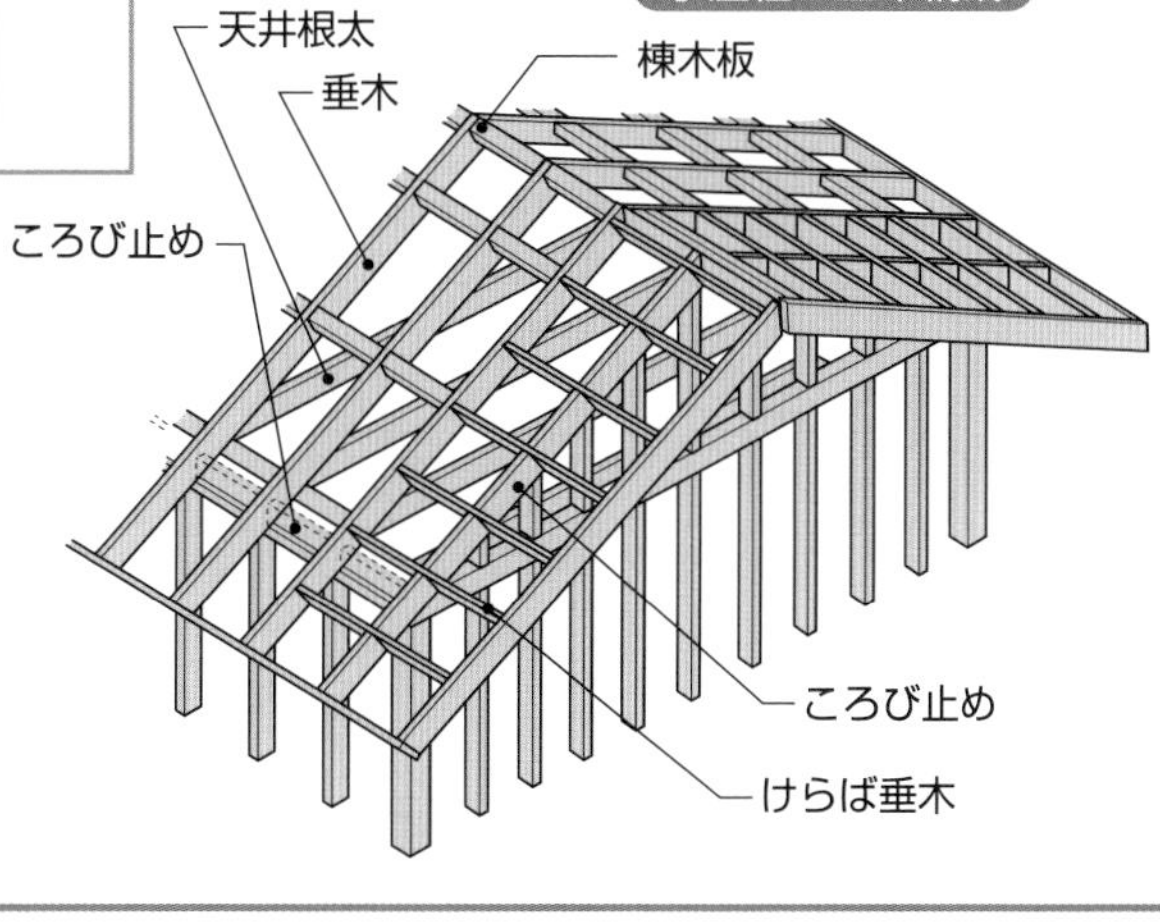

天井根太
垂木
棟木板
ころび止め
ころび止め
けらば垂木

垂木　小屋組を構成する斜めもしくは水平材で梁的な役割がある。スパンによってサイズが確定
けらば垂木　切り妻屋根けらば部分の持ち出しの役割がある
天井根太　垂木方式の簡易トラス的な下弦材と天井材の下地材の役割がある
棟木板　垂木方式の最頂部の材料で棟木の位置にあるが、梁的役割はない

2×4工法の材料と仕組み

KeyWord 015

Point

- JASとJISの規格による構造用面材
- 緊結部分の釘打ちスケジュール
- 構造安全性の高い構造体システム

枠組壁工法は昭和49（1974）年、当時の建設省の告示として制定されて、一般工法としてオープン化された。比較的、自由度が高い従来の在来軸組工法に対して、基準や規格が厳しいと言われていた工法であったが、現在は平成13年国土交通省告示第1540号として、技術的基準が定められている。

枠組材は枠組壁工法構造用製材の日本農林規格（JAS）の構造部材ごとに規格が定められている。

また、構造用合板等の面材に使用される構造用合板、構造用パネル（OSB等）、パーティクルボード、ハードボード等は、日本産業規格（JIS）や日本農林規格（JAS）のそれぞれの材料規格に適合するものとしなければならないとある。

近年、枠組材や構造用合板等で日本農林規格（JAS）以外のものについて、アメリカ、カナダやオーストラリアの格付規格に適合する資材にも国土交通大臣が通則的に認定しているものもある。

2×4工法に使用される釘にあっては、JISに定められたものを使用する他、告示には、緊結する部分に緊結の方法として釘の種類と釘の本数（釘の間隔）、さらに、1カ所当たりもしくは1m当たりの要求される許容せん断耐力が表示されている。その他、接合金物も（財）日本住宅・木材技術センターが規格基準を定めてから、それらと同等品の性能のものを使わなければならない。

2×4工法は、この国土交通省告示によって構造的な仕様がしっかりと定められて、また、基準から外れた場合は、構造計算によって安全性を確認することができる構造体システムになっている。基準どおりにつくられた2×4工法の性能は、それ以上もそれ以下もない。構造体が構成され、最も合理的なシステムである。

構造用合板等の面材の規格（一部抜粋）

材料の種類	規　　格	規格番号
構造用合板	構造用合板の日本農林規格（昭和44年農林水産省告示第1371号。以下「構造用合板規格」という）に規定する特類	JAS第1371号
構造用パネル	構造用パネルの日本農林規格（昭和62年農林水産省告示第360号。以下「構造用パネル規格」という）に規定する1級、2級、3級または4級	JAS第360号
パーティクルボード	JIS A5908（パーティクルボード）－1994に規定する18タイプ、13タイプ、24－10タイプ、17.5－10.5タイプまたは30－15タイプ	JIS A5908

床枠組の緊結する部分と緊結の方法

	緊結する部分		緊結の方法			許容せん断耐力
			釘の種類	釘の本数	釘の間隔	
(1)	床根太と土台または頭つなぎ		CN75	2本	–	1,100N / 1カ所
			CN65	3本		
			BN75			
			BN65	4本		
(2)	端根太または側根太と土台または頭つなぎ	地階を除く階数が3の建築物の1階	CN75	–	25cm以下	2,200N/m
			BN75		18cm以下	
		その他の階	CN75		50cm以下	1,100N/m
			BN75		36cm以下	
(3)	床版の枠組材と床材	床材の外周部分	CN50		15cm以下	2,800N/m
			BN50		10cm以下	
		その他の部分	CN50		20cm以下	2,100N/m
			BN50		15cm以下	

壁枠組の緊結する部分と緊結の方法

	緊結する部分		緊結の方法			許容せん断耐力
			釘の種類	釘の本数	釘の間隔	
(1)	たて枠と上枠または下枠		CN90	2本	–	1,000N / 1カ所
			CN75	3本		
			BN90			
			CN65			
			BN75			
			BN65	4本		
(2)	下枠と床版の枠組材	3階建ての建築物の1階	CN90	–	25cm以下	3,200N/m
			BN90		17cm以下	
		その他の階	CN90		50cm以下	1,600N/m
			BN90		34cm以下	
(3)	上枠と頭つなぎ		CN90		50cm以下	1,600N/m
			BN90		34cm以下	
(4)	たて枠とたて枠またはまぐさ受け		CN75		30cm以下	2,200N/m
			BN75		20cm以下	
(5)	壁の枠組材と筋かいの両端部		CN65	下枠、たて枠および上枠2本	–	1,100N / 1カ所
			BN65	下枠、たて枠および上枠3本		

小屋組の緊結する部分と緊結の方法

	緊結する部分		緊結の方法			許容せん断耐力
			釘の種類	釘の本数	釘の間隔	
(1)	垂木と天井根太		CN90	3本	–	2,400N / 1カ所
			CN75	4本		
			BN90	5本		
			BN75			
(2)	垂木と棟木		CN75	3本		1,700N / 1カ所
			BN75	4本		
(3)	垂木、天井根太またはトラスと頭つなぎ		CN75	2本		1,100N / 1カ所
			CN65	3本		
			BN75			
			BN65			
(4)	垂木またはトラスと屋根下地材	屋根下地材の外周部分	CN50	–	15cm以下	2,600N/m
			BN50		10cm以下	
		その他の部分	CN50		30cm以下	1,300N/m
			BN50		20cm以下	

CN釘：2×4用の太め鉄丸釘　BN釘：2×4用の細め鉄丸釘（現在ではあまり用いられない）
釘の種類の記号はJIS A5508（釘）－1992に規定する規格を表す

2×4住宅が釘でもつワケ

KeyWord 016

Point

- 緊結部分の釘打ちスケジュール
- CN釘とBN釘の違い
- CN釘のせん断耐力

２×４工法は釘と金物で構成されていると言っても過言ではない。在来軸組工法の木材接合部のかま継ぎやほぞ差しのような仕口加工をせずに、釘と金物で接合されている。

これは、釘と金物と木材の接合部の強度計算や耐久性を検証したうえでの仕様であり、平成13年国土交通省告示第１５４０号に示されている。

木材と木材（合板等も含め）を釘で止めた場合の接合の抵抗力は、釘の打ち込み方向と同じ方向の引き抜き抵抗と直交方向のせん断抵抗がある。２×４工法の構造的基本は釘のせん断抵抗力が大きな役割を果たす。

CN釘とBN釘

木材に使用される釘はさまざまな種類があるが、２×４工法の木材部分に使用される釘はＣＮ釘（コモンネイル／２×４用太め丸釘）である。ＢＮ釘（２×４用細め丸釘）もあるが、細くてせん断強度が劣るため、現在ではあまり用いられない。

その他、全般的にはシージングボード用のＳＮ釘、石膏ボード用のＧＮ釘、亜鉛メッキされている金物用のＺＮ釘等が使用される。釘の他にねじも使用されるようになった。

CN釘のせん断耐力

ＣＮ釘のせん断耐力は釘の長さと打ち付けられた木材の樹種によって異なる。釘の許容一面せん断耐力は樹種がＳＰＦの場合、ＣＮ50で220Ｎ、ＣＮ65で270Ｎ、ＣＮ75で330Ｎ、ＣＮ90で400Ｎと定められている。また、釘の打ち方の違いによるせん断耐力の軽減率も定められている。その長さは打ち付ける板厚の2.5倍以上必要である。

告示第１５４０号において、主要な部位の部材と部材を緊結する部分に必要とされるせん断耐力を満足する緊結の方法が定められている。

告示による釘打ちスケジュール

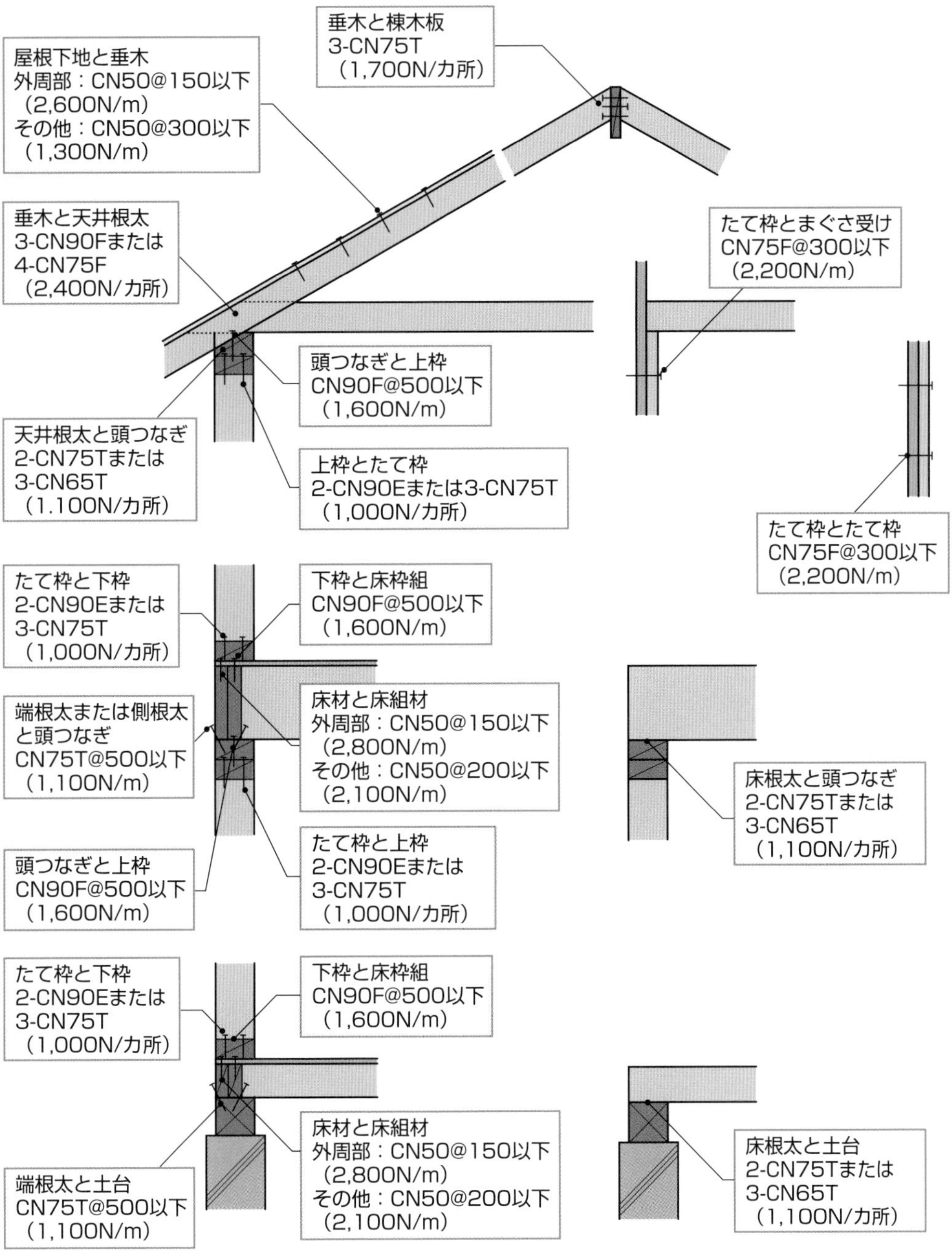

2×4住宅が細い材料でもつワケ

KeyWord 017

Point

- 見掛け等級評価から強度等級評価へ
- 木材の圧縮力、引張り力、曲げ力、せん断力とヤング係数が定められている
- スパン表の利用で使用部材が決定できる

2×4工法に使用される木材は、農林省告示第600号にある枠組壁工法構造用製材の、日本農林規格の認定材料を使用しなければならない。一般的にはJAS認定材料と呼ばれている。

ここでは、木材の基準強度としての圧縮力、引張り力、曲げ力、せん断力とヤング係数が定められている。つまり、木材が強度等級区分されているわけである。

見掛け等級評価と強度等級評価

2×4工法が導入されて、木材を見てきれいなものが良い木材という今までの日本における評価「見掛け等級」から、強いものが良い木材という「強度等級」に変化してきた。これは、従来の木造住宅が構造計算をすることが大変に難しかった点に、光明が差し込んだと言える。

今までは使用する木材がどの程度の耐力があるかわからないので、計算のテーブルにも載らずに、経験と勘によることが多かったのが在来工法の実情であった。設計者にとって、2×4工法で使用する木材がどの程度の耐力があるのかがわかるようになったので、部材に必要な強度のものを選定できるようになり、また、構造計算ができるようになった。

スパン表の利用

住宅金融支援機構（旧住宅金融公庫）で長年かかってまとめられた枠組壁工法住宅工事共通仕様書のスパン表を利用することによって、使用する部材の樹種、等級、サイズ、使用する間隔を、さまざまな条件のもとにおいて決定できる。

これは、2×4工法の設計者にとってバイブル的な存在で、簡易的な構造計画ができることとなり、2×4工法発展の一助となったが現在は廃止されている。〈column3,KW046〉。

製材の強度等級（建設省告示第1452号による）

樹種グループ	樹　種	区　分	等　級	基準強度（単位：N/mm²）				
				圧縮（Fc）	引張り（R）	曲げ（Fb）	せん断（Fs）	ヤング係数× 10^3
S Ⅰ	D.Fir-L	甲　種	1 級	22.2	16.2	24.6	2.4	11.67
			2 級	19.2	15.0	21.6		10.69
S Ⅱ	Hem-Fir	甲　種	1 級	20.4	15.0	23.4	2.1	9.81
			2 級	18.6	12.6	20.4		9.12
	S-P-F	甲　種	1 級	18.0	12.0	22.2	1.8	10.00
			2 級	17.4	11.4	21.6		9.61

材料の規格

	構造部材の種類	規　　格	
(1)	土台、端根太、側根太、まぐさ、垂木および棟木	甲種枠組材の特級、1 級、2 級、もしくは MSR 製材 化粧張り構造用集成柱 構造用単板積層材の特級、1 級、2 級 甲種たて継ぎ材の特級、1 級、2 級 構造用集成材	
(2)	床根太および天井根太	(1) に掲げる規格 JIS G 3302（溶融亜鉛めっき鋼板および鋼帯）の鋼板および鋼帯 JIS G 3312（塗装溶融亜鉛めっき鋼板および鋼帯）の鋼板および鋼帯 JIS G 3321（溶融 55%アルミニウム－亜鉛合金めっき鋼板および鋼帯）の鋼板および鋼帯 JIS G 3322（塗装溶融 55%アルミニウム－亜鉛合金めっき鋼板および鋼帯）の鋼板および鋼帯	
(3)	壁の上枠および頭つなぎ	耐　力　壁	(1) に掲げる規格 甲種枠組材の 3 級 乙種枠組材のコンストラクション、スタンダード 甲種たて継ぎ材の 3 級 乙種たて継ぎ材のコンストラクション、スタンダード
		耐力壁以外	(2) に掲げる規格 甲種枠組材の 3 級 乙種枠組材のコンストラクション、スタンダード 甲種たて継ぎ材の 3 級 乙種たて継ぎ材のコンストラクション、スタンダード
(4)	壁のたて枠	耐　力　壁	(3) の耐力壁に掲げる規格（構造用集成材規格の非対象異等級構成集成材を除く） たて枠用たて継ぎ材
		耐力壁以外	(3) の耐力壁以外に掲げる規格 たて枠用たて継ぎ材
(5)	壁の下枠	耐　力　壁	(3) の耐力壁に掲げる規格 乙種枠組材のユーティリティ 乙種たて継ぎ材のユーティリティ
		耐力壁以外	(3) の耐力壁以外に掲げる規格 乙種枠組材のユーティリティ 乙種たて継ぎ材のユーティリティ
(6)	筋かい	(3) の耐力壁に掲げる規格（構造用集成材規格の非対象異等級構成集成材を除く） 下地用製材の 1 級	

（注）上記の材料の規格にかかわる表記は国土交通省告示第1540号（平成13年10月15日制定）に基づくものである。

2×4住宅が合板でもつワケ

KeyWord 018

Point

- 合板は建築物の外枠を構成し、構造に重要な働きがある
- 床下地、屋根下地は平面構成に根太・垂木と一体になり、構造要素となる
- 壁下地、耐力壁は立面構成になくてはならない

面材の構造用合板は2×4工法の主要構造部材で床・屋根・外壁の下地材として使われ、石膏ボードは内壁の下地材として使われる。建築物は部位で構成されている。屋根・床組、壁組、土台・基礎などだ。屋根・床組、壁組の構成はそれぞれ製材が釘（CN釘）で組立てられ面材が取付けられる。部位どうしは釘、プレート金物、ボルトで接合する。すべてが構成されモノコック構造ができあがる仕組みである。

構造に常に働いている力は長期応力といい、屋根、床荷重と積載荷重がある。屋根の垂木、母屋、束、小屋梁、屋根まぐさ、床の根太、床梁、床まぐさ、大引き、床束、壁のスタッドが応力を受けている。短期に受ける荷重は、地震と風がある。地震は地盤から土台や壁の揺れとなり、床面の剛性があるため上階に揺れを平均に伝達している。風は上階からそれぞれが受けた力が、床面の剛性があるので同じく平均に下階に伝達する。その力は途切れなく最終的に地盤に伝達する。途中で途切れない計画とする必要がある。

壁面材の合板は鉛直方向のスタッドの座屈止めの働きをする。2インチ（短辺）の方向では合板と釘の抵抗でたわまない。水平力の曲げモーメントで生ずるせん断力は合板が抵抗し、スタッドに鉛直の軸力として伝達する。それを介在するのは釘のせん断力、引抜き力である。下階に伝達するのは釘、プレート金物およびボルトである。どれも欠かすことができない。基準を超えることがある時は、構造計算により安全性を確かめて設計できる。

床と屋根材の合板は根太や垂木の働きを隣の材を含めて助けるため許容応力度は1・25倍に増倍できる。水平力を建築全体に同じ変位に伝達する床の平面剛性は合板がなくてはならない。合板と2×4製材と釘がダイヤフラムを構成しモノコック構造となる。

2×4住宅の枠組材と合板の働き

枠組、合板、釘を介した力の流れ

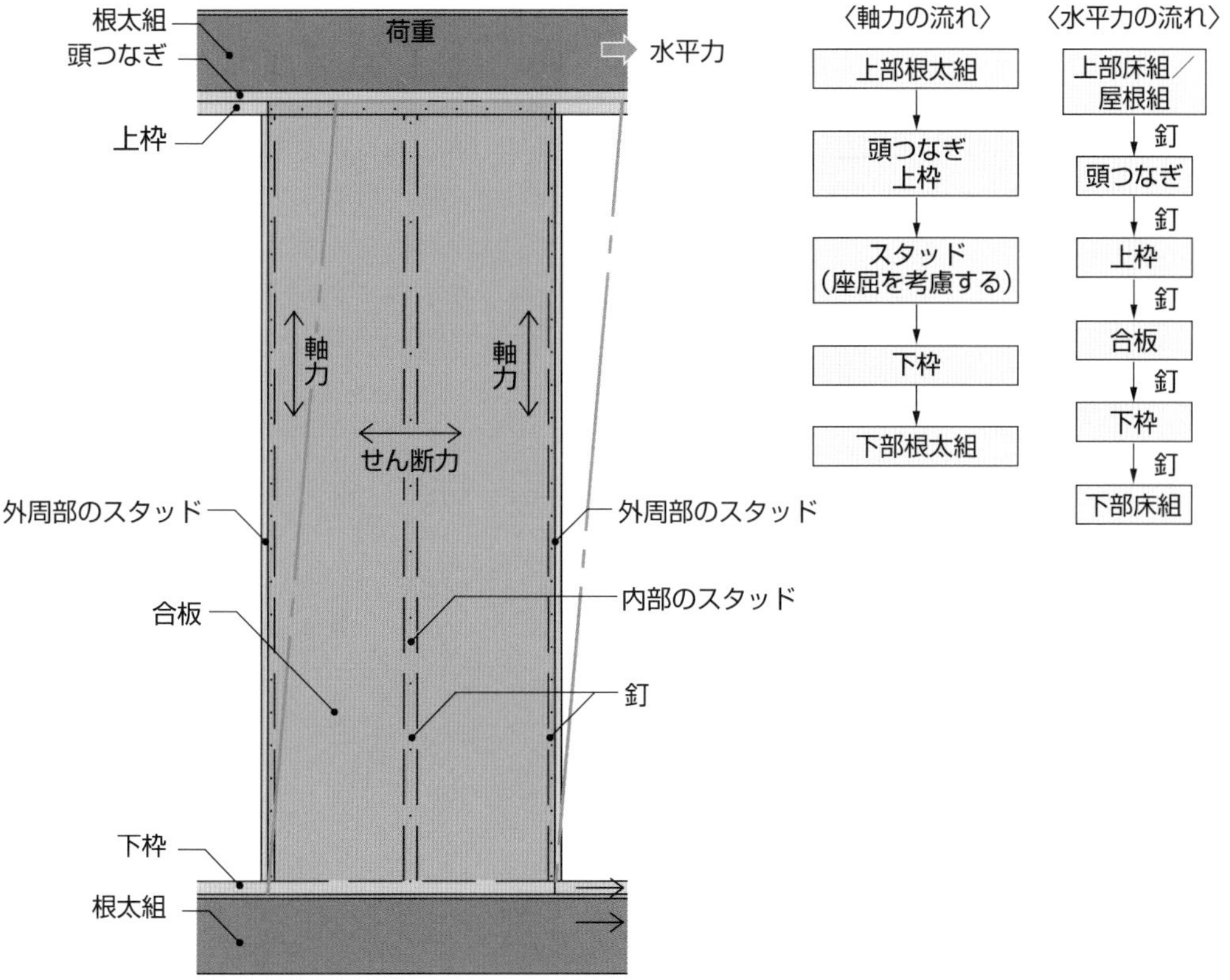

根太組
頭つなぎ
上枠
荷重
水平力
軸力
軸力
せん断力
外周部のスタッド
外周部のスタッド
合板
内部のスタッド
釘
下枠
根太組
〈軸力の流れ〉
上部根太組
頭つなぎ
上枠
スタッド
(座屈を考慮する)
下枠
下部根太組
〈水平力の流れ〉
上部床組／屋根組
釘
頭つなぎ
釘
上枠
釘
合板
釘
下枠
釘
下部床組

床版(根太と合板)

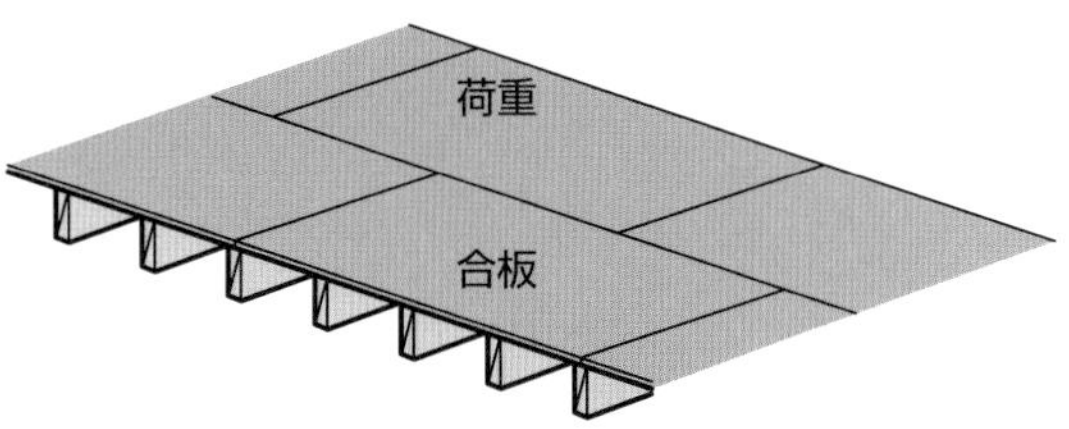

荷重
合板

- 合板は隣の材まで荷重を影響させることにより、許容応力度を増大することができる
- 床版の剛性ができ力を分散できる

壁組(スタッドと合板)

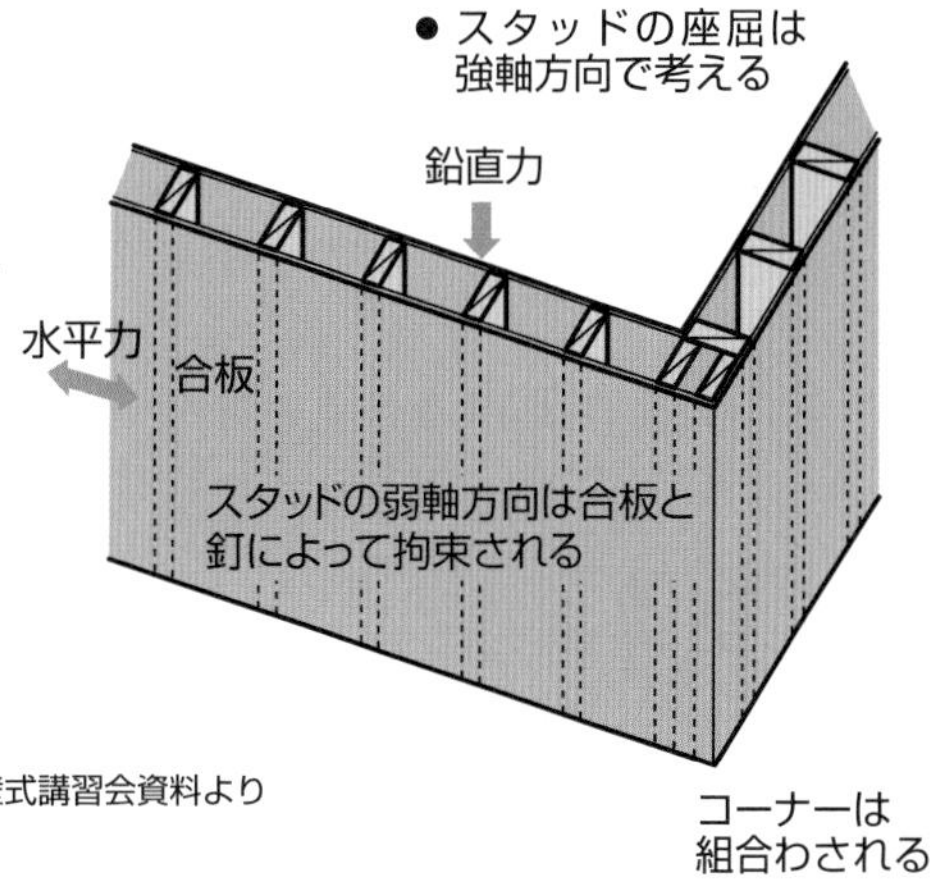

● スタッドの座屈は強軸方向で考える
鉛直力
水平力
合板
スタッドの弱軸方向は合板と釘によって拘束される
コーナーは組合わされる

釘の一面せん断耐力　　枠組壁工法計算プログラム2×4壁式講習会資料より

釘接合部の長期許容一面せん断耐力(N)　　250年相当

釘の種類	胴部の径(mm)	基準値(N)		
		D Eir-L	Hem-Fir	S-P-F W.Cedar
CN50	2.87	250	240	220
CN65	3.33	310	290	270
CN75	3.76	380	360	330
CN90	4.11	450	430	400

2×4住宅が地震に強いワケ

KeyWord 019

Point

- 壁パネル、床パネルの面構造による一体のモノコック構造で地震に対抗する
- ダイヤフラム理論による強度の実証

2×4は、規格に製材された枠組材に、構造用合板等の面材を釘打ちした床パネルや壁パネルで構成する箱形の面構造である。

この釘と金物でしっかりと一体化された6面体のパネルの集まりが建物を支え、航空機や車体に採用されているモノコック構造と同様に、建物全体が一体となり、地震や台風に対して非常に高い強度を発揮する。

この構造システムは2×4工法のふるさとであるアメリカで、「ダイヤフラム理論」として実験・検証が行われ、その有効性が立証されてきた。

壁と床、壁と屋根、壁と土台と基礎が部位相互に釘や金物によって緊結されており、屋根および床構面は十分に強固で一体となっていれば1つの梁として考えられ、地震や風による水平力は梁のせん断作用によって水平力と平行に配置されている壁の上端に加わり、壁をせん断しようとして基礎に流れていく。

床や屋根パネルの水平構面が十分に剛であるために、地震力や風圧力といった水平力が作用した時に外力を各所の耐力壁に分散させ、建物全体で抵抗する働きをする。

また、壁パネルのような鉛直構面は、地震や風に対して、建物の変形や倒壊を防ぐ働きをする。

このように床パネルや壁パネルが一体となり、地震に強い構造となっている。

1995年兵庫県南部を襲った阪神・淡路大震災では、震度7の大都市直下型地震のために、10万棟以上の家屋が全壊という甚大な被害を受けた。

その壊滅的な状況の中で、2×4住宅はほとんど被害を受けることがなかった。このことが、「2×4住宅は地震に強い」という事実を一般の人を含め広く認識させるきっかけとなっている。

床パネル・壁パネルで構成された6面体の面構造

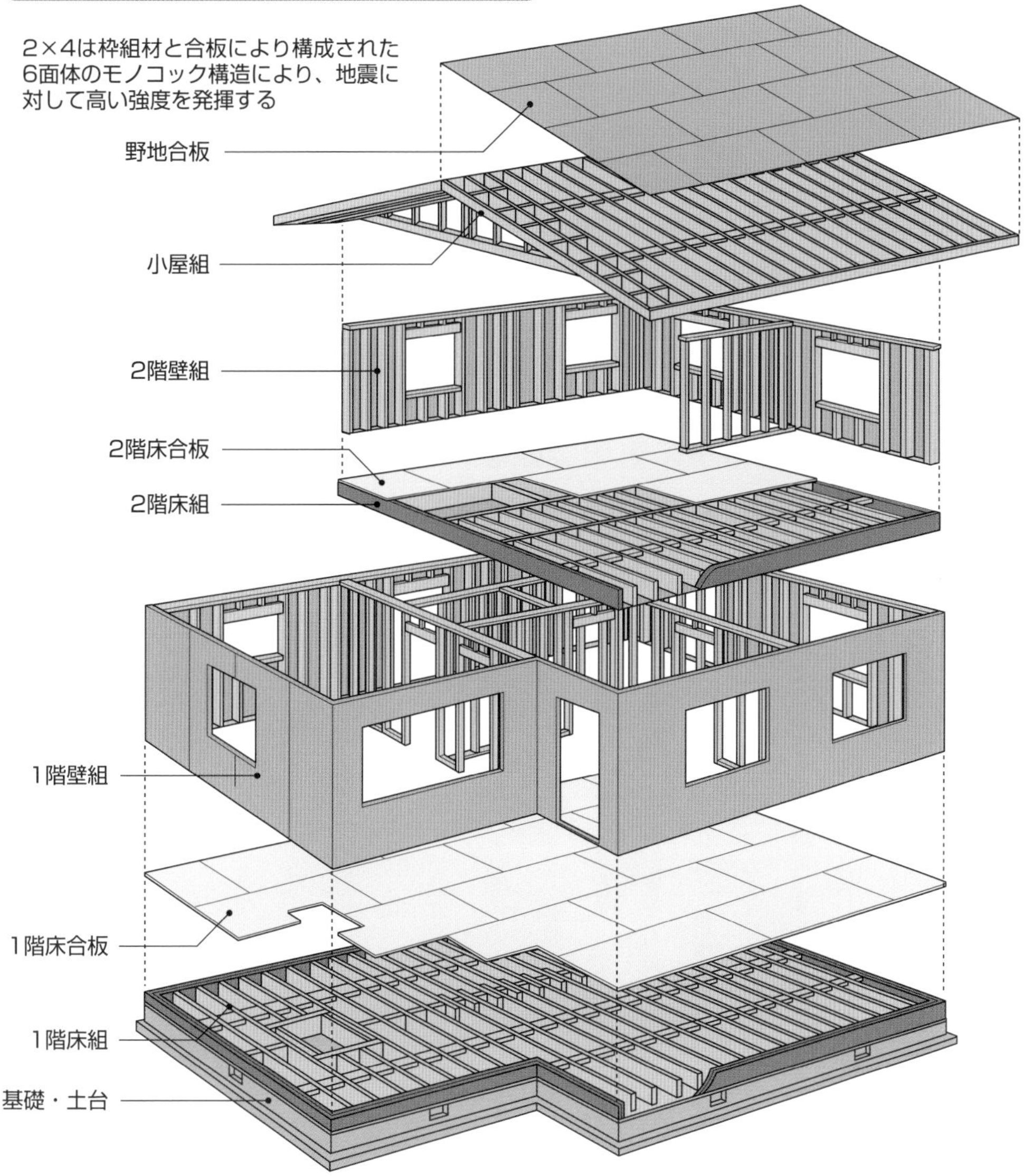

ダイヤフラム理論による地震力・風圧力の流れ

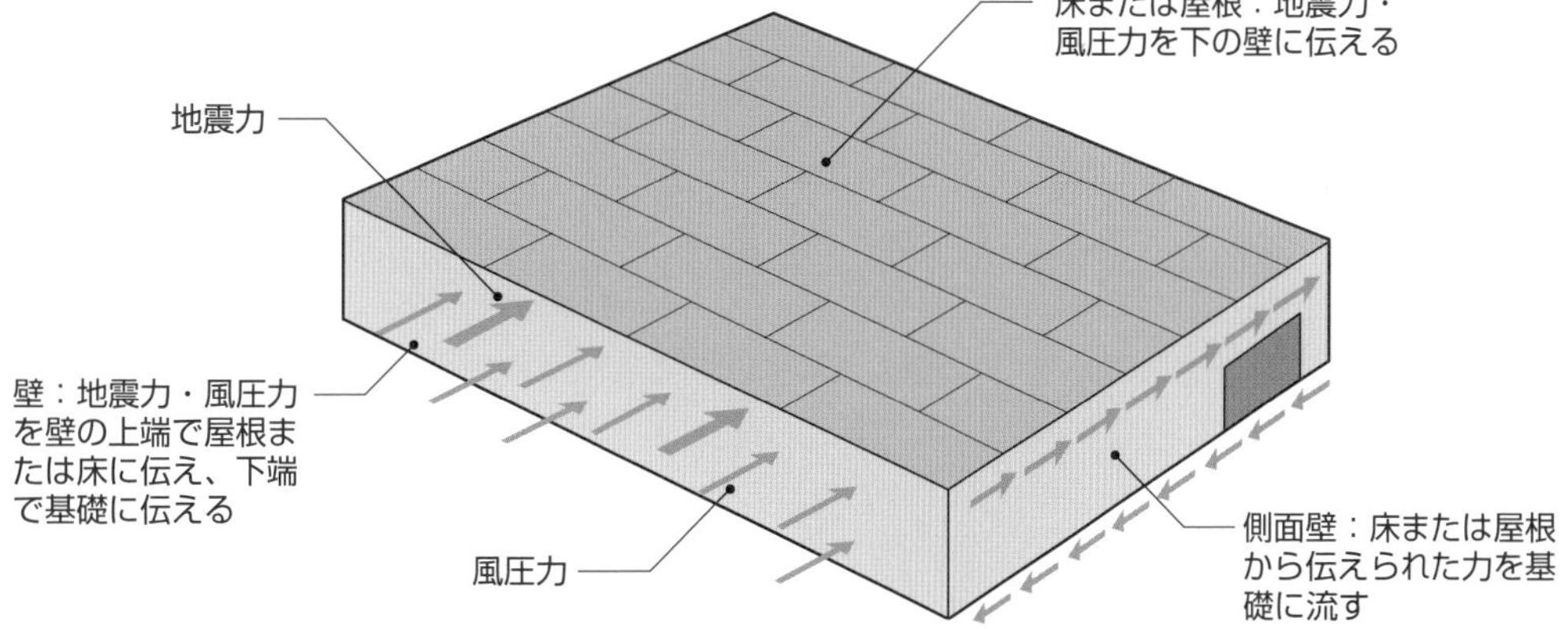
床または屋根：地震力・

2×4住宅が省エネルギーを実現できるワケ

KeyWord 020

Point

- パネル構造による気密性の高い工法であり、さらに気密・高断熱仕様に適合しやすい工法である
- 断熱材の施工箇所に気をつける

もともと木材は鉄やコンクリートに比較して熱を伝えにくい材料であり、さらに2×4工法は床も壁も455㎜間隔の枠組材に構造用合板や石膏ボードを張り付け、内部に小割りされた空気層を閉じ込めたパネルで組立てる。そのため、壁どうしや床と壁、壁と天井といった接合部での躯体内部の空気の流れはなく、気密性の高い住宅を実現できる。

この区画された躯体の内部に、必要とされる断熱材を充填すれば、断熱性能も容易にコントロールできる。もし寒冷地などで高い断熱性能を確保したいという場合には、外壁を2×4材（38×89㎜）ではなく、壁厚がワンランク上の2×6材（38×140㎜）を使い、より厚い断熱を充填する。さらに外気に面する天井や外壁の室内側の石膏ボードの下地全面に住宅用プラスチック系防湿フィルムなどを張ることで高気密性能が確保できる。

この場合、フィルムのジョイント部や壁と床・天井と壁の納め方、外壁面のコンセントボックスや配管貫通部は、気密性能確保のために、空気のもれのない施工を行う配慮が必要である。

2×4工法では、天井や壁の断熱材には一般的にグラスウールが使われる。しかし、1階の床→1階の壁→2階の床→2階の壁→小屋と構造パネルを下から順番に組立てていくために、1階の床断熱材は屋根のない雨ざらしの状態で取付けなければならず、1階の床断熱には撥水性の高い断熱材を使用しなければならない。

2×4は容易に高断熱を確保できる工法だが、上部に居室のある物置やガレージの天井、2階がセットバックした1階の天井、オーバーハングした2階の床面、玄関等の土間の床やユニットバスの床下等への断熱材を忘れないようにしないと、せっかくの省エネルギー工法が無駄になってしまう。

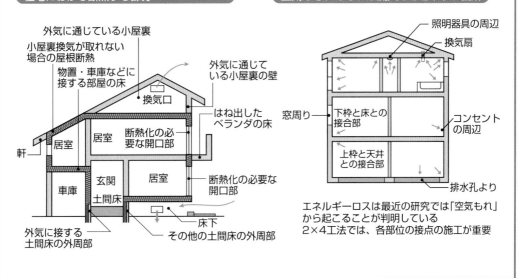

各建築材料の熱伝導率

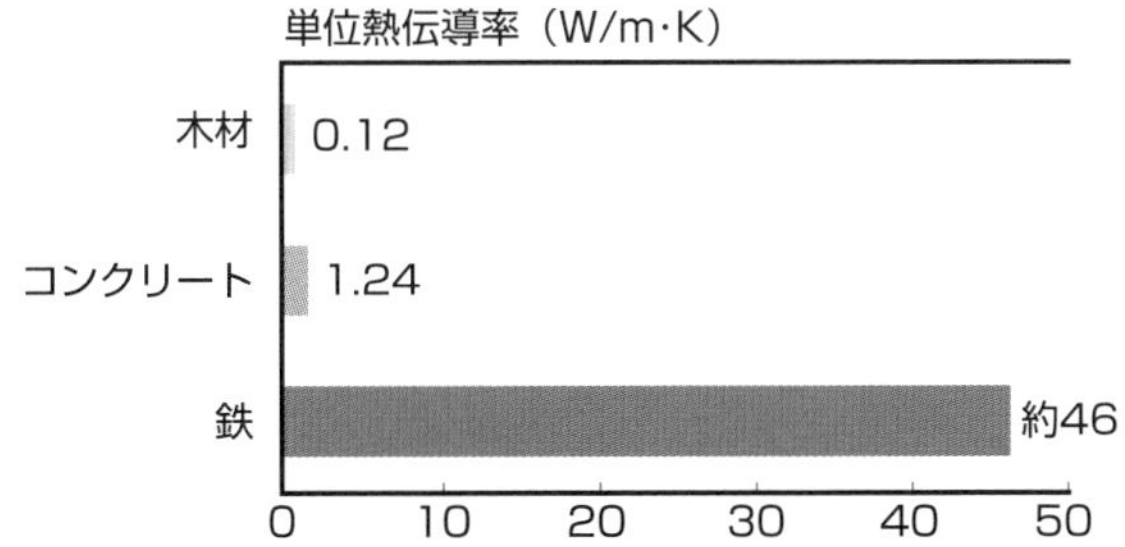
単位熱伝導率（W/m·K）
木材
0.12
コンクリート
1.24
鉄
約46
0
10
20
30
40
50

木の熱伝導率は鉄の1/350である
熱伝導率が小さい材料は、断熱性能が高くなる

2×4工法の構造体イメージ

床版・壁を組立てる方式のため躯体内はそれぞれが区分される。
空気の流通のない気密性の高い工法である

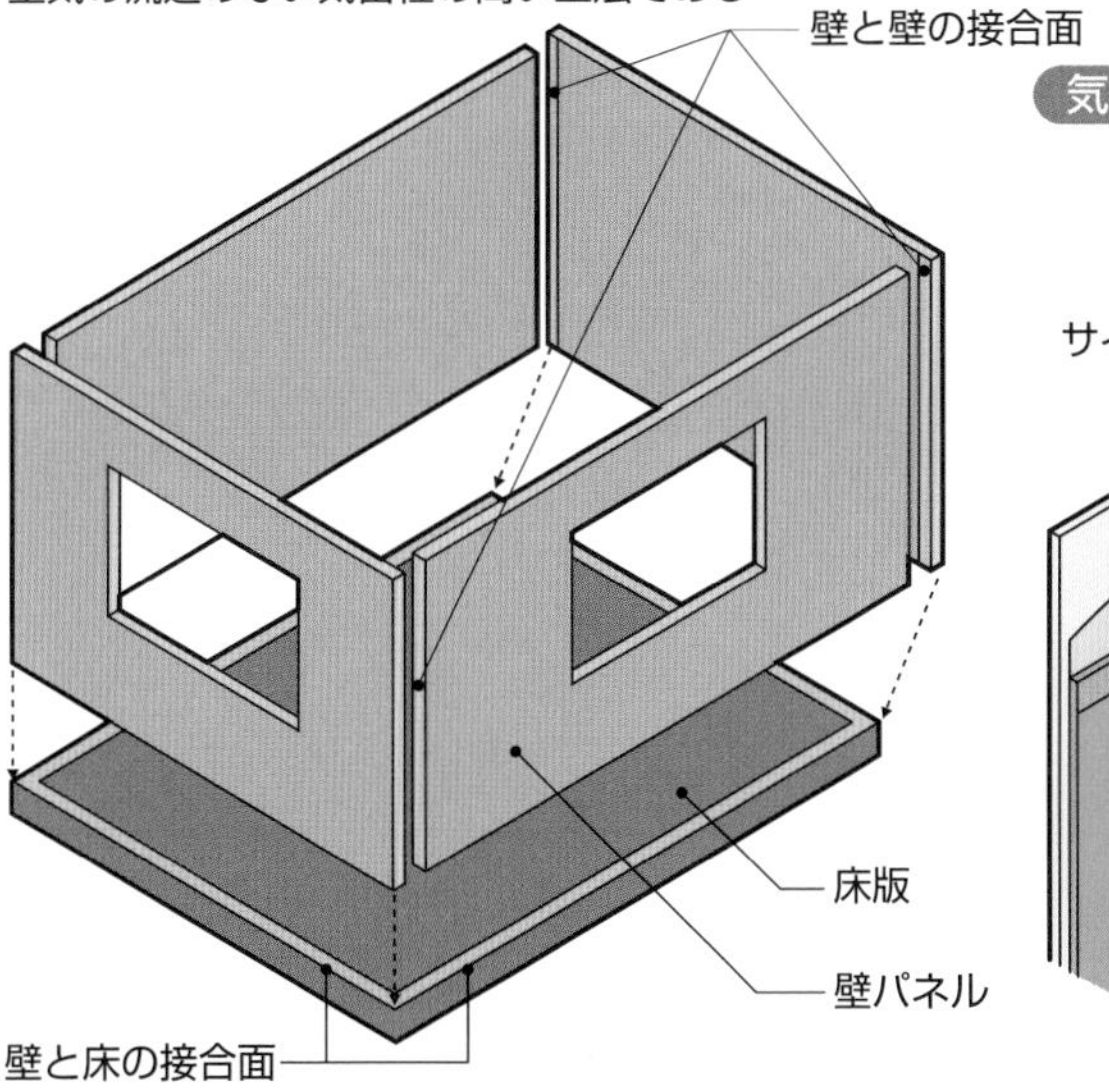
壁と壁の接合面
床版
壁パネル
壁と床の接合面

気密フィルムを使用した壁

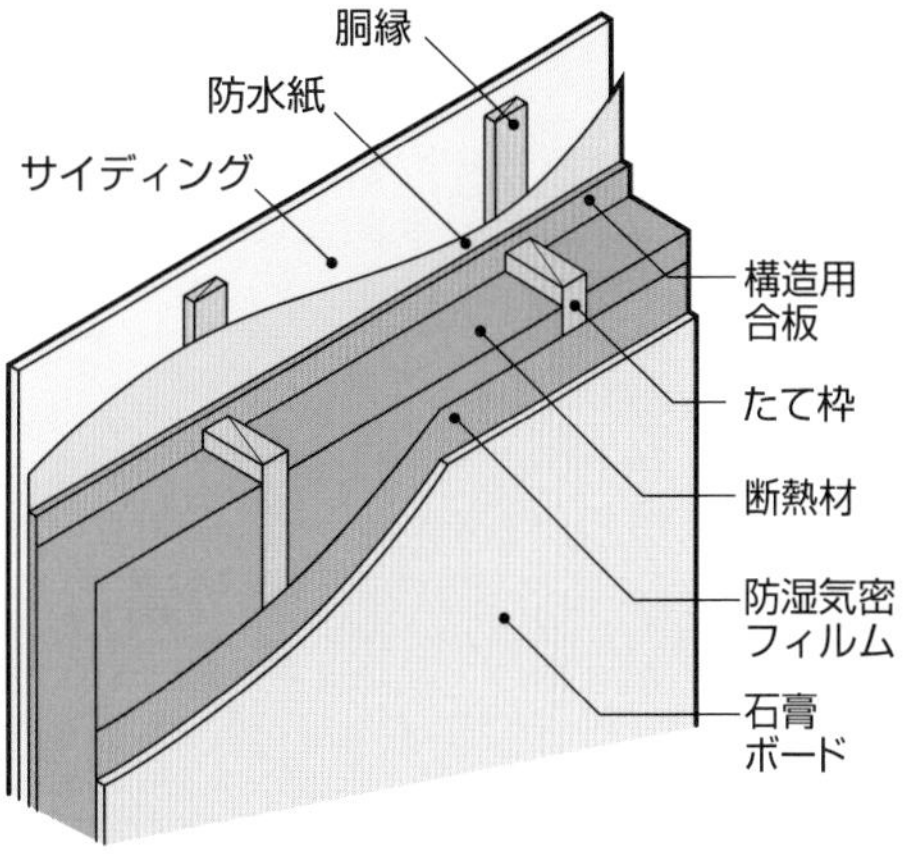
胴縁
防水紙
サイディング
構造用合板
たて枠
断熱材
防湿気密フィルム
石膏ボード

住宅における断熱する部分

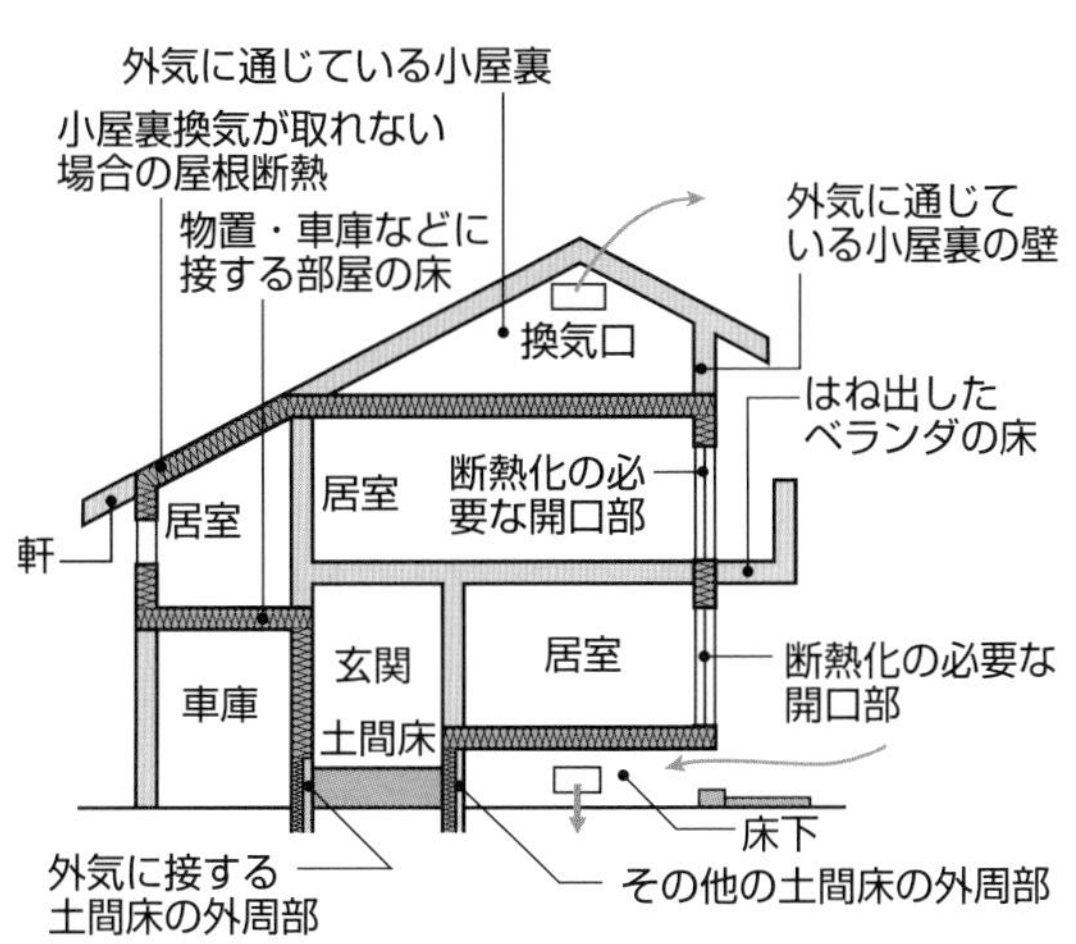
外気に通じている小屋裏
小屋裏換気が取れない場合の屋根断熱
物置・車庫などに接する部屋の床
外気に通じている小屋裏の壁
換気口
はね出したベランダの床
居室
居室
断熱化の必要な開口部
軒
車庫
玄関
土間床
居室
断熱化の必要な開口部
床下
外気に接する土間床の外周部
その他の土間床の外周部

空気のもれあるいは流入のおきやすい箇所

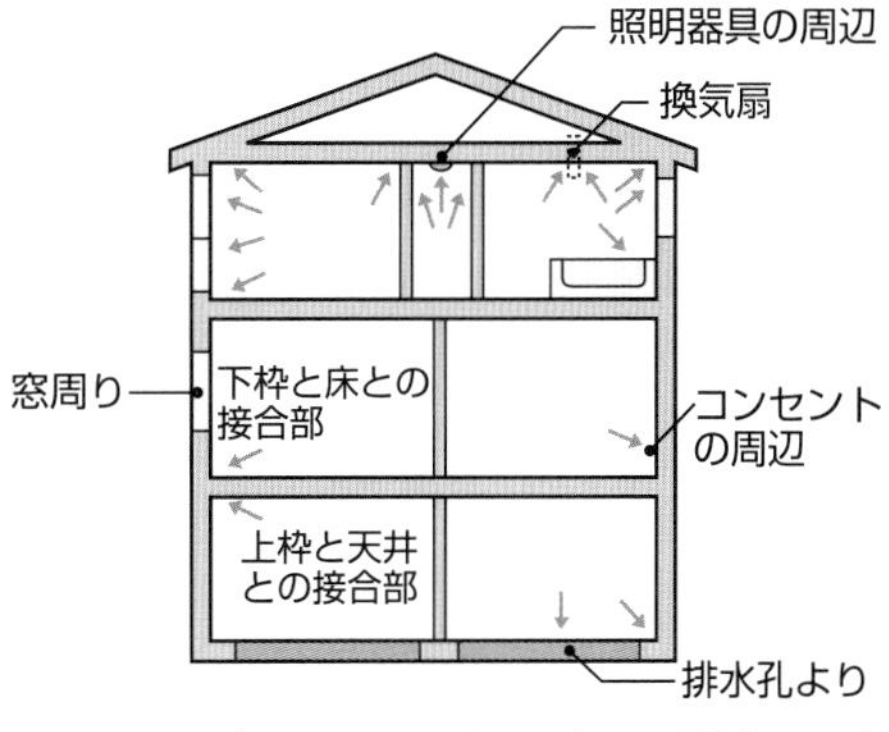
照明器具の周辺
換気扇
窓周り
下枠と床との接合部
コンセントの周辺
上枠と天井との接合部
排水孔より

エネルギーロスは最近の研究では「空気もれ」から起こることが判明している
2×4工法では、各部位の接点の施工が重要

2×4住宅が耐火性能に優れるワケ

KeyWord 021

Point

- ファイヤーコンパートメントとファイヤーストップによる防火性能の高い工法と石膏ボードの被覆による耐火システム
- 高い耐火性能が評価され建築規模と用途が拡大している

木材は燃えやすいという性質をもっているが、ある一定の厚さの木材は、表面の燃焼とともに炭化層を形成し、その層が耐火被覆となり、内部への火の進行を防ぐ。38㎜の厚さの2×4材でも、何枚も重なると、火災時に炭化層による強度低下を防ぐ性能が確保できる。

2×4の躯体内部は枠組材により空気層が細かく区分されたファイヤーコンパートメント（防火区画）のパネルとなっており、さらに床や壁の各パネルの接合部は、何枚もの無垢の枠組材によるファイヤーストップ材により、躯体内の燃え抜けを防ぎ、火災の進行を抑える防火性能の高い仕組みとなっている。

2×4は防火の仕組みに加え、石膏ボードの被覆により、耐火性能をコントロールできる。石膏ボードは約21％の結晶水を含んでいるため、火災時はこの水が蒸気となって空気中に放出され、熱を吸収することで躯体の発火を遅らせる。

一般の2×4住宅では、内装に厚さ12・5㎜の石膏ボードを張るが、耐火性能を上げる時は、同じ躯体でも石膏ボードの厚さを15㎜や16㎜にしたり、2枚張りとすることで、45分や1時間の耐火性能を確保できる。

日本での2×4工法のオープン化当初は2階建住宅しか建設ができなかったが、数多くの火災実験や検証を重ね、耐火性能が評価され、階数が低層から中層へと、また建築用途も拡大の道を進んできている。

1992年の建築基準法の改正により、2×4工法が鉄骨造と同等の準耐火構造として位置付けられ、さらに2004年には1時間耐火構造認定を受けた。加えて2015年に2時間耐火構造の認定を取得したことで、2×4工法でも5階建以上の建築物が可能となった。

温度に対する材質の変化

断面の大きい木材は燃えた時に表面に炭化層をつくり、火が内部まで進行しにくい性質をもっている。

加熱実験においても、木は鉄に比較して火災時の強度が低下しにくくなっている。

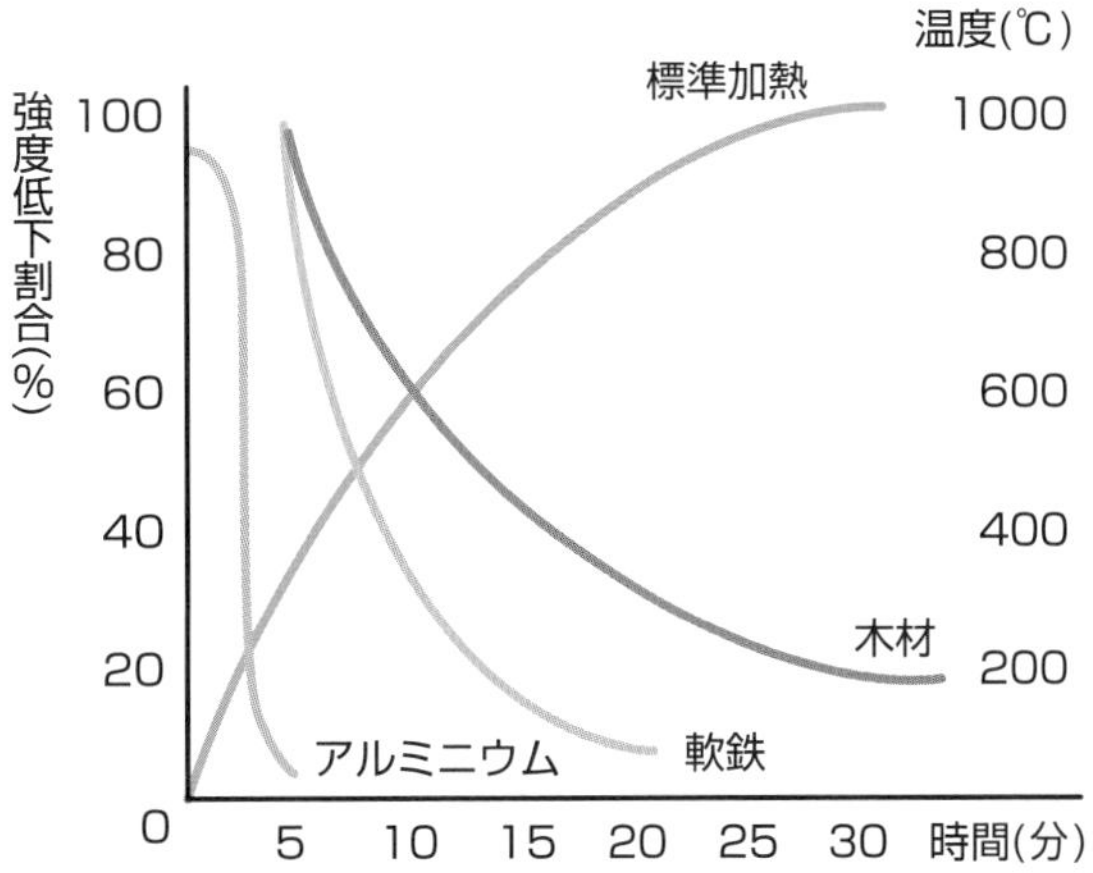

ファイヤーストップ材

2×4工法の耐火の概念

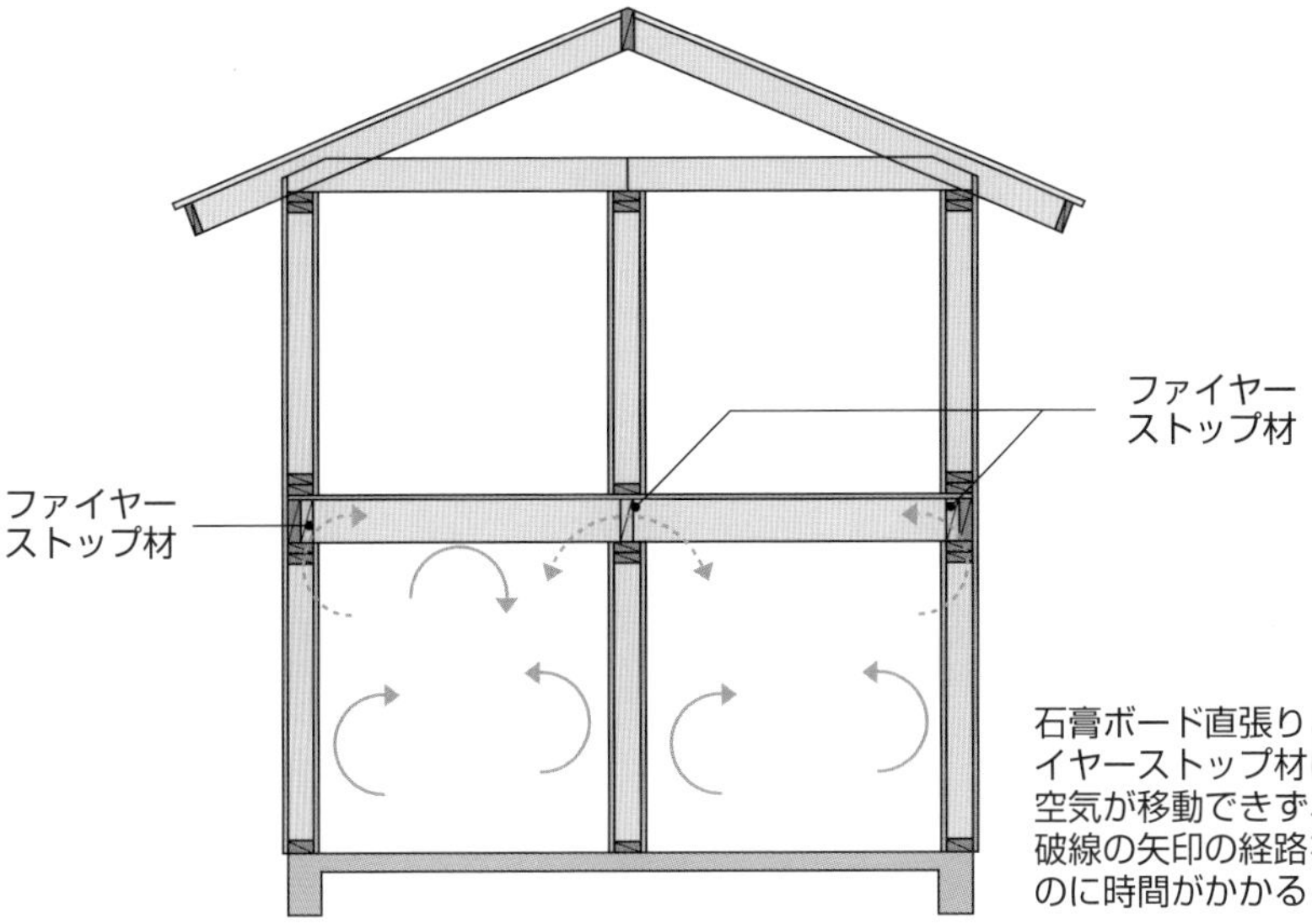

石膏ボード直張りとファイヤーストップ材により空気が移動できず、火は破線の矢印の経路を通るのに時間がかかる

木造マンションの事例

三井ホームの木造マンション「MOCXION」。2×4工法の部材で構成した1時間耐火構造認定の木造により、中層の木造共同住宅が実現可能になった。サステナブルな建材である「木」を活用し、木のもつ温もりにあふれたマンションの住空間の新しい選択肢が生まれている

2×4住宅のデメリット

KeyWord 022

Point

- 新築も増改築も壁線区画を意識しながらプランニングする
- 躯体工事の雨の養生に気をつける

日本の在来工法である軸組工法とアメリカ生まれの2×4工法を比べると、一番の違いはその構造システムにある。

在来は柱・梁の軸材により建物を支えているが、2×4は床版や壁パネルを積み重ねた面構造である。それゆえ、2×4の優れた耐震性や気密性を確保できているわけだが、ここでは2×4のデメリットについて考える。

壁線区画を意識したプランニング

在来工法では、構造の軸組をあまり意識せずにプランニングし、プレカット図や大工さんの刻みの段階で構造架構を考えるが、2×4工法では、壁式の耐力壁線区画のルールがあるため、プランニングの時点でそれを考える必要がある。

特に2階の耐力壁の位置は、1階の耐力壁区画の位置を確認しながらプランニングを行わなければ構造計画が成り立たなかったり、集成材等補強が多く必要となり、不経済なものとなる。

増改築への対応

2×4住宅の増改築を行う場合、原設計の耐力壁区画を把握して、取り除ける壁かどうかの判断をし、増改築のプランニングを行わなければならない。これは、新築時と同様にプランニングの自由度を制限するデメリットと言える。

躯体工事でのデメリット

建て方にもよるが、現場組立ての2×4場合は、1日で完了する在来の建て方と違い、1階床を組立て、その上で1階壁を組立て、2階床、2階壁、小屋と構造体を積み重ねていく工法により、屋根の工事が終わるまでに数日必要である。その間に床下を含め、構造体が風雨にさらされてしまう恐れがあり、躯体工事時期の雨の養生に気を使わなければならない。

2階のセットバック

1階・2階の上下階の耐力壁線は一致することが望ましい。
2階の外壁がセットバックする場合、2階の壁の下にまぐさを入れるか、
2階床面を延ばして2階の外壁を支える補強を考えなければならない

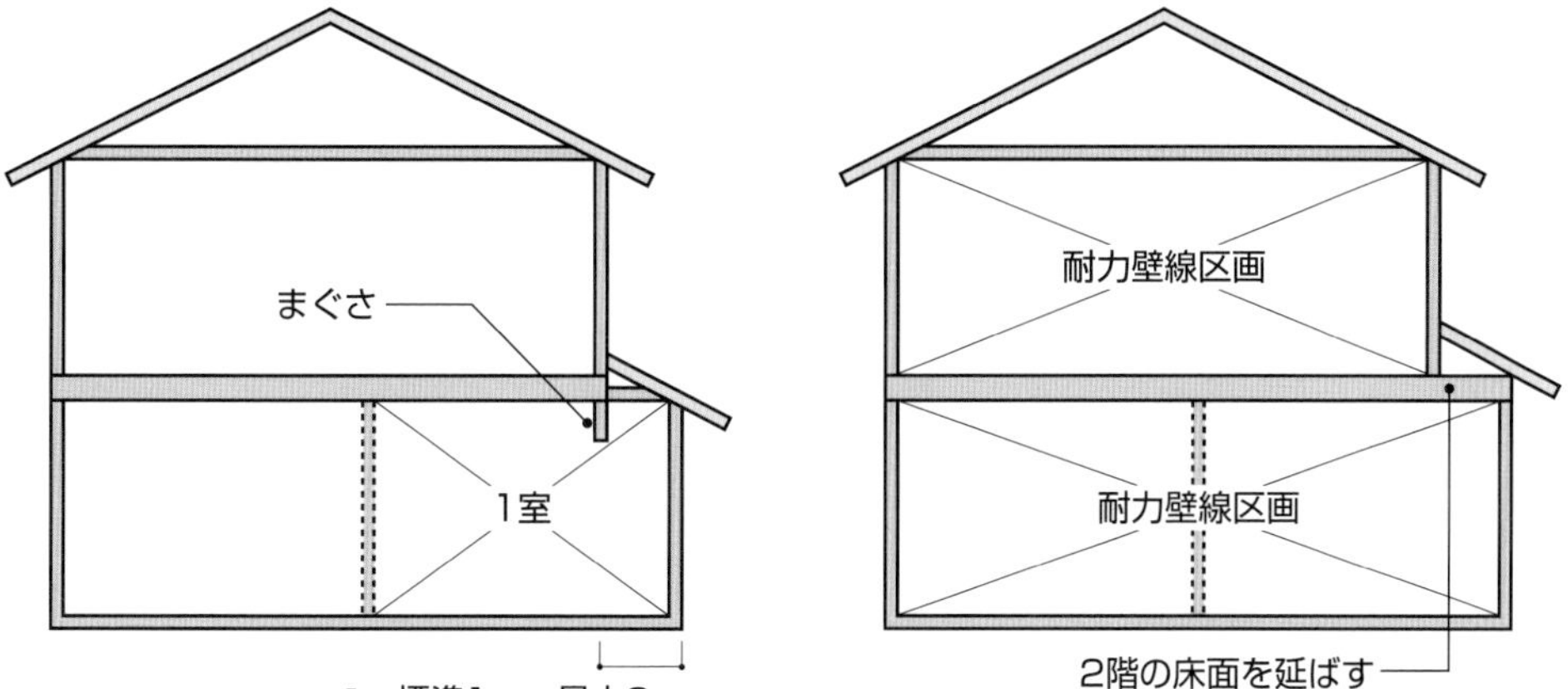
まぐさ
1室
L：標準1m、最大2m
耐力壁線区画
耐力壁線区画
2階の床面を延ばす

2階建て部分と下屋部分の組合せ

(1)

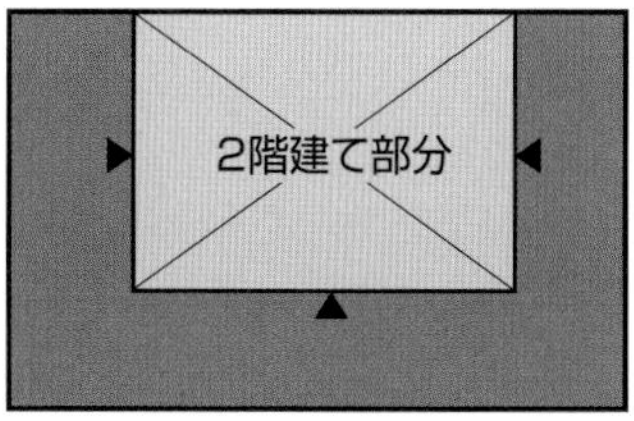
2階建て部分

3壁面が内部耐力壁線となるため2×4住宅には不適

(2)

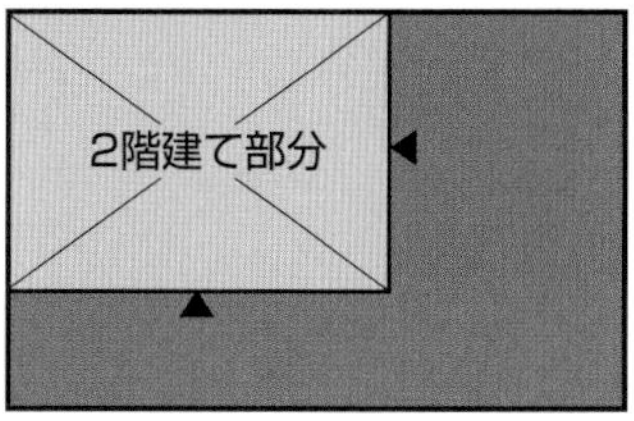
2階建て部分

2壁面が内部耐力壁線となるためできるだけ避ける

(3)

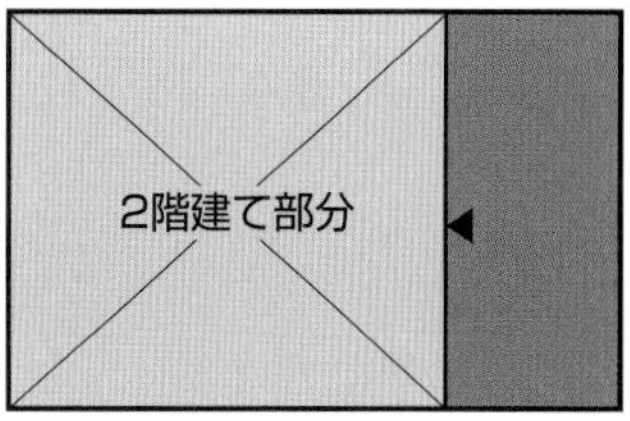
2階建て部分

1壁面が内部耐力壁線となる

(4)

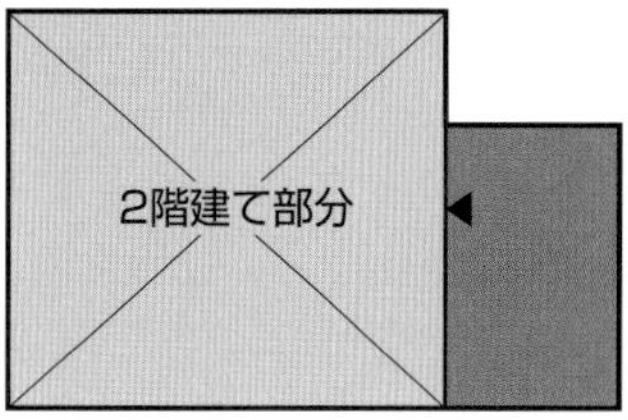
2階建て部分

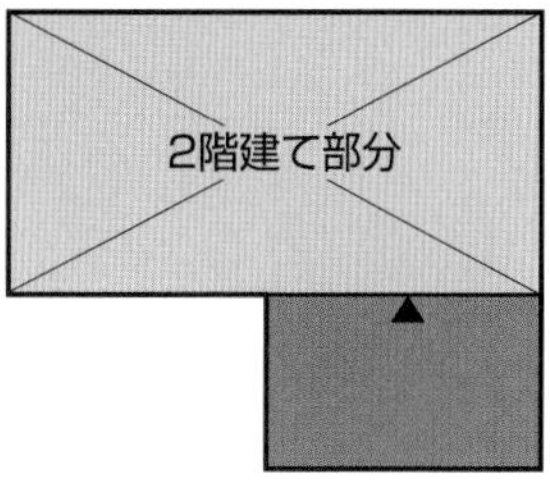
2階建て部分

1壁面の1部分が内部耐力壁線となるため最も好ましい

▼建物内部耐力壁線

- (1)、(2)の場合
  内側の2階の外壁の下に1階の耐力壁が必要になり、プランニング上の大きな制約となる
- (3)の場合
  2階建部分の1面に下屋が取り付き、1階の耐力壁線の設定もしくは補強が簡易にすむ
- (4)の場合
  (3)に比べて1面の一部に下屋が取り付いており、構造耐力上最も好ましい

2×4住宅の耐久性の工夫

KeyWord 023

Point

- 地面の湿気から守り防腐・防蟻処理をしっかり行う
- 水廻りの防水処理と小屋裏の換気を確保する

木材は湿気により腐朽しやすくなるため、湿気の発生しやすい部位に対して、耐久性を上げる工夫が必要である。

地面の湿気から守る

地面の湿気を避けるため、地盤面からの基礎の立上りは30㎝以上と建築基準法で定められているが、耐久性を増すためには40㎝以上が推奨されている。

床下はベタ基礎以外の場合、床下全面に厚さ60㎜以上のコンクリートを打設するか、厚さ0.1㎜以上の防湿フィルムを全面に敷き、乾燥した砂または砂利で押える。また、外周部基礎には有効換気面積300㎠以上の床下換気孔を間隔4m以内ごとに設ける。土台全周にわたって基礎パッキン等を使用する場合は1m当たり有効面積75㎠以上の換気孔を設ける。

防腐・防蟻処理

土台にはヒノキ・ヒバ等の耐久性のある樹種以外では、JASに定める防腐・防蟻処理材を使う。

土台以外の木部は、土台と同様の耐久性のある材種を使うか、外壁内に通気層を設ける。それ以外の場合は地面から高さ1m以内の外壁下地を現場塗布等の防腐・防蟻措置をする。床下地面の防蟻処理は、ベタ基礎や防湿コンクリートを打設した場合は省略できる。

浴室等の防水処理

浴室・洗面所廻りの壁組・床組の下地材は防水紙・防水処理をした石膏ボード・構造用合板等の耐水性のある材を使うか、ユニットバスを使用する。それ以外の場合は、前述の土台以外の木部と同様の防腐・防蟻処理を行う。

小屋裏の換気

小屋裏空間も日照により高温多湿な空間となるため、基準に従った小屋裏換気孔を設ける。

加圧式防腐・防蟻処理木材

加圧式防腐・防蟻処理木材は、工場において注薬剤中に置かれた木材に薬液を加圧して注入する方法によって製造される。この処理木材は、加圧式防腐・防蟻処理土台として市販されているが、JAS製品については次の4種類があり、それぞれ性能区分が表示されている。

<table>
<tr><th>表示の方法</th><th>性能区分</th><th>性能の目安</th><th>使用する薬剤名（記号）</th></tr>
<tr><td>保存処理K2</td><td>K2</td><td>気候が比較的寒冷な地域における住宅部材用</td><td rowspan="2">第四級アンモニウム化合物系（AAC-1）
第四級アンモニウム・非エステルピレスロイド化合物（SAAC）
ほう素・第四級アンモニウム化合物（BAAC）
銅・第四級アンモニウム化合物系（ACQ-1）(ACQ-2)
銅・アゾール化合物（CUAZ）
アゾール・ネオニコチノイド化合物系（AZN）
脂肪酸金属塩系（NCU-E)(NZN-E)(VZN-E)
ナフテン酸金属塩系（NCU-O)(NZN-O)</td></tr>
<tr><td>保存処理K3</td><td>K3</td><td>土台等住宅部材用</td></tr>
<tr><td>保存処理K4</td><td>K4</td><td>土台等住宅部材用</td><td>上記の他、クレオソート油（A）</td></tr>
<tr><td>保存処理K5</td><td>K5</td><td>屋外または接地用（鉄道の枕木等の用途）</td><td>銅・第四級アンモニウム化合物系（ACQ-1)(ACQ-2)
脂肪酸金属塩系（NCU-E)
ナフテン酸金属塩系（NCU-O)
クレオソート油（A）</td></tr>
</table>

この処理製材には「格付機関名」と「構造材の種類」および「等級」に加え、「性能区分」と「製剤名（または記号）」が表示されており、これを使用する場合には、使用する木材の使用環境や用途により、必要に応じて使用者が選択できるようになっている。
保存処理K4は、腐朽やシロアリ被害の激しい地域を対象にしている。なお、保存処理K1は、広葉樹防虫辺材用であり、一般に防虫処理ラワンと呼ばれている。また、枠組壁工法構造用製剤及び枠組壁工法構造用たて継ぎ材のJASの保存処理（K1を除く）の規格に適合する工場処理による防腐・防蟻処理材と同等の効力があるものに、優良木質建材等認証（AQ）された木質建材などがある。

小屋裏換気孔の取り方例

（1）両妻壁に設ける

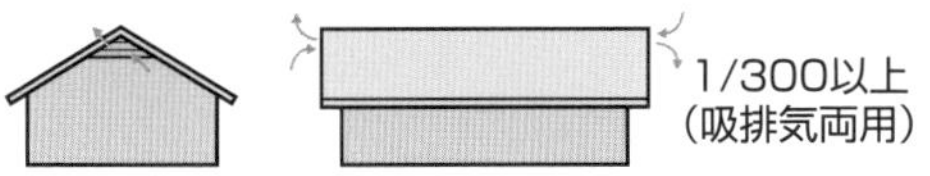
1/300以上
（吸排気両用）

（2）軒裏に設ける

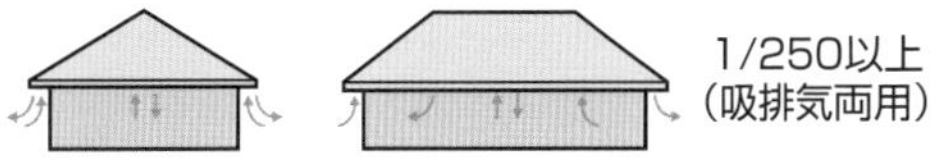
1/250以上
（吸排気両用）

（3）軒裏に吸気孔、妻壁に排気孔

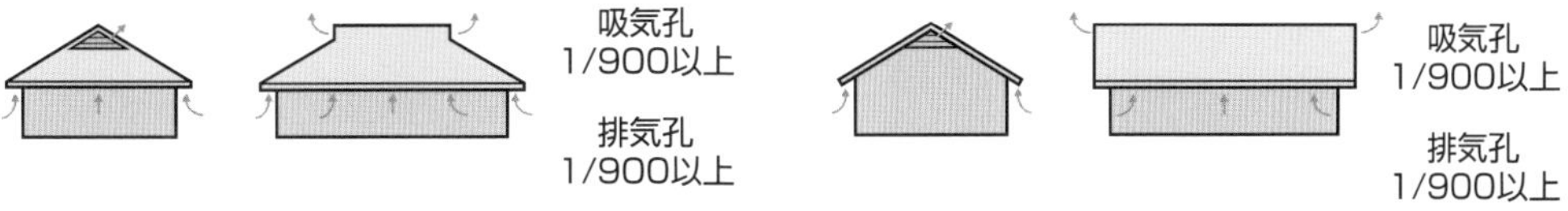
吸気孔
1/900以上
排気孔
1/900以上
吸気孔
1/900以上
排気孔
1/900以上

「枠組壁工法住宅工事仕様書」より

（4）排気筒等を設ける

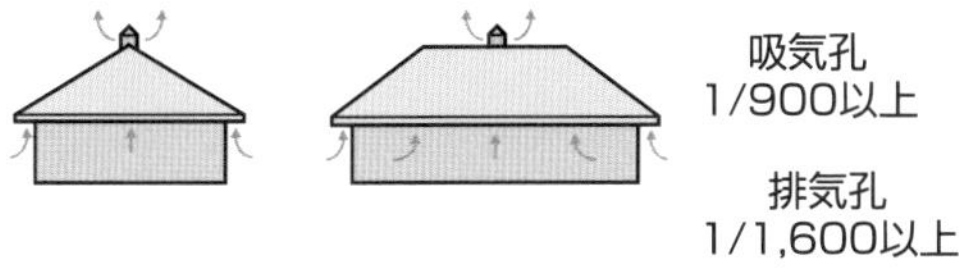
吸気孔
1/900以上
排気孔
1/1,600以上

（5）棟部に排気孔を設ける

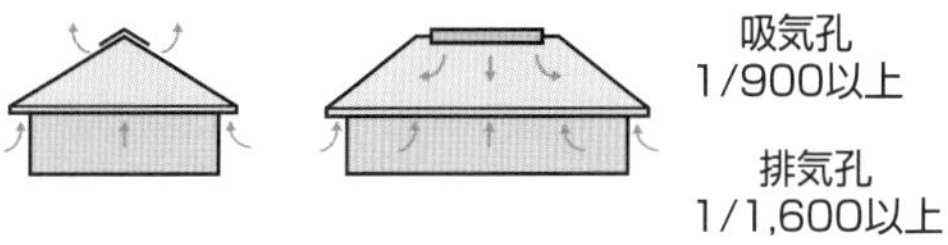
吸気孔
1/900以上
排気孔
1/1,600以上

※図中の数値（吸排気孔の有効面積）は天井面積に対する割合

2×4住宅の防音・遮音の工夫

KeyWord 024

Point

◐ 太鼓状態を解消するディテールを使い躯体内に吸音材を充填する

◐ 石膏ボード等を厚くして壁の質量を上げる

枠組材に合板・石膏ボードを直張りする壁組や床組は、間に空気層を閉じ込める太鼓のような状態で音を増幅させて伝える構造体になっており、2×4ではそれを解消する防音や遮音のディテールの配慮が大切である。

壁の防音

一般の住宅では壁の防音についてそれほど重視しないが、タウンハウスや共同住宅の場合、住戸間の界壁は、建築基準法にも定められているような一定の遮音性能を確保しなければならない。

遮音性能を確保するためには、厚さ12㎜以上の石膏ボードを両側に2枚張りとし、たて枠間に吸音のための厚さ25㎜以上のグラスウール（20kg／㎥以上）やロックウール（40kg／㎥以上）を充填する。さらに中の空気層が太鼓状態になるのを避けるために、壁を二重にし、壁を完全に分離する。

スペースのない場合は、上枠・下枠を2×6材（38㎜×140㎜）にして、2×4材（38㎜×89㎜）のたて枠を千鳥に配置し、壁内の空気層を閉じ込めないようにする。

床の防音

2階の床仕上げに厚手のカーペットを使用する場合と違い、フローリングの仕上げの床の防音は難しく、通常の直張りの方法では遮音性能を確保できない。

遮音対策としては、床根太に下階天井の石膏ボードを直張りせず、床根太間に吊天井根太等を設け、躯体を分離して天井の石膏ボードを留め付ける。床根太間には吸音のためにグラスウールやロックウールを充填する。

さらに遮音性能を高めるためには床合板の上にシンダーコンクリートやモルタル等を流し込んだり、薄手のALCパネルを敷き込む方法がある。

壁の防音

界壁のディテール1

**界壁の構造を
2重壁とする場合**

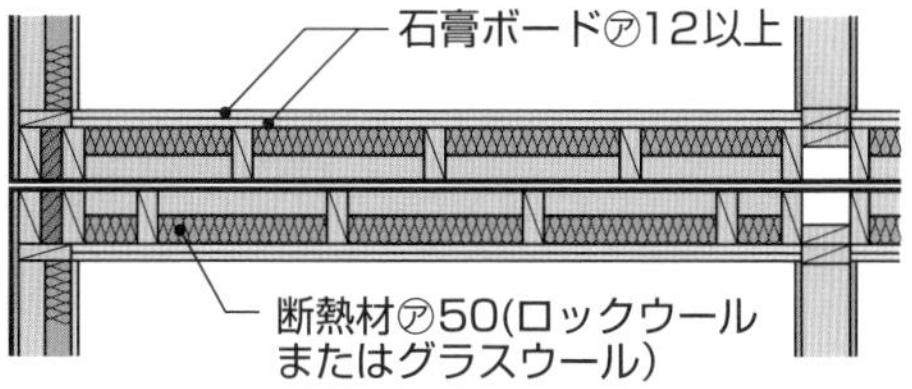
石膏ボード㋐12以上
断熱材㋐50(ロックウール
またはグラスウール)

界壁のディテール2

**界壁の構造を
1重壁として上下枠などに206を使用する場合**

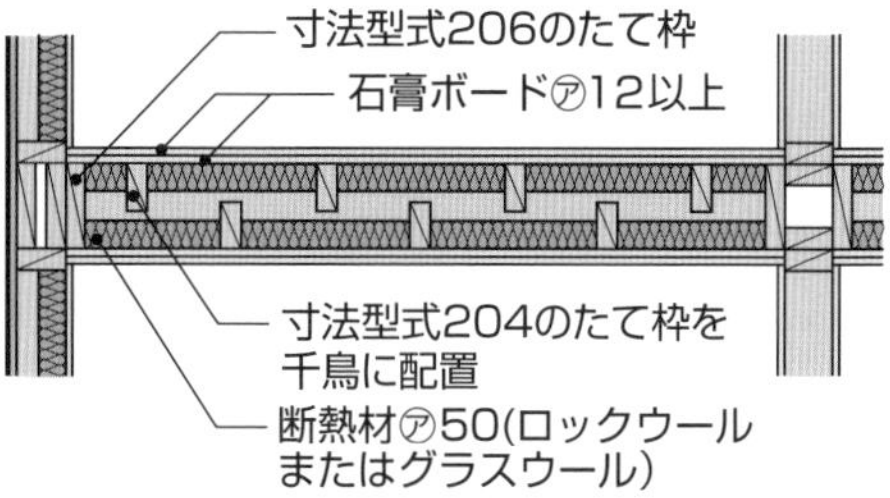
寸法型式206のたて枠
石膏ボード㋐12以上
寸法型式204のたて枠を
千鳥に配置
断熱材㋐50(ロックウール
またはグラスウール)

床の防音

従来の床

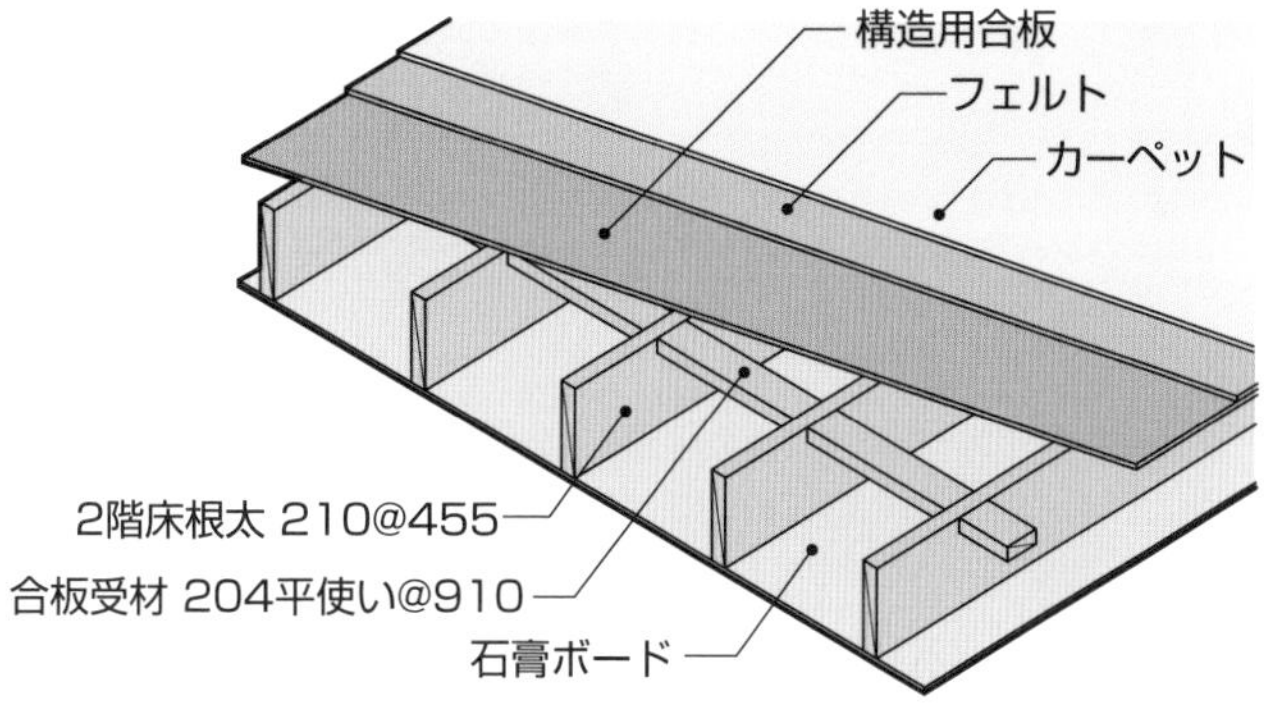
構造用合板
フェルト
カーペット
2階床根太 210@455
合板受材 204平使い@910
石膏ボード

吊天井の場合

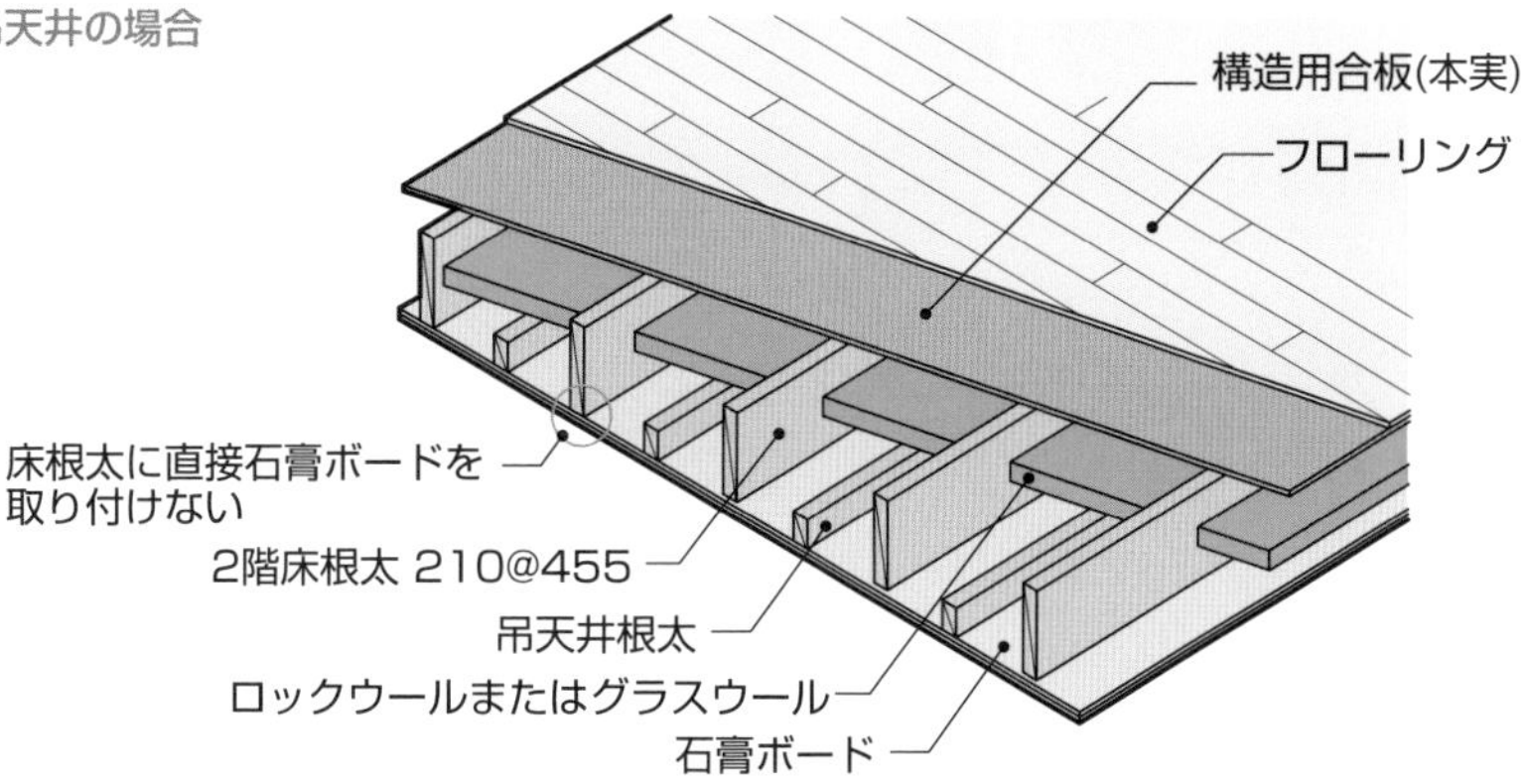
構造用合板(本実)
フローリング
床根太に直接石膏ボードを
取り付けない
2階床根太 210@455
吊天井根太
ロックウールまたはグラスウール
石膏ボード

界床（室内に面する天井の下地材料を床根太に直張りする場合）

シンダーコンクリートなどによる場合

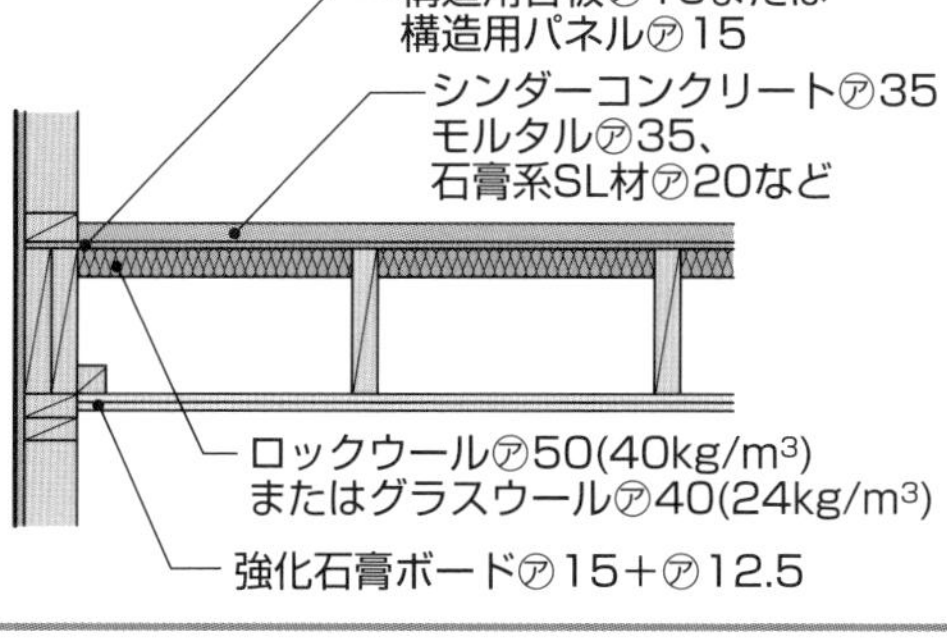
構造用合板㋐15または
構造用パネル㋐15
シンダーコンクリート㋐35
モルタル㋐35、
石膏系SL材㋐20など
ロックウール㋐50(40kg/m3)
またはグラスウール㋐40(24kg/m3)
強化石膏ボード㋐15+㋐12.5

ALCパネルによる場合

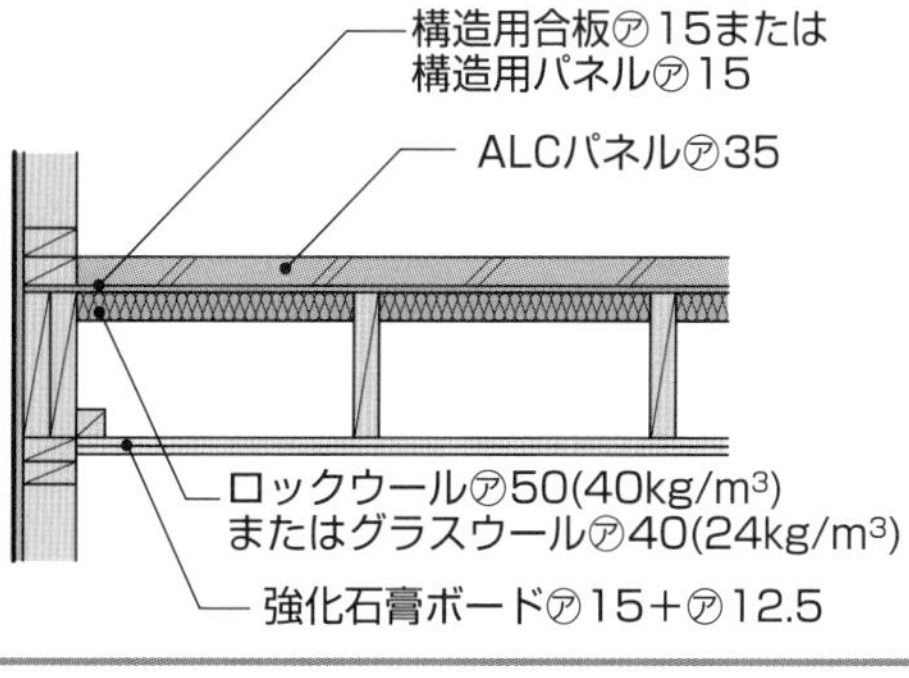
構造用合板㋐15または
構造用パネル㋐15
ALCパネル㋐35
ロックウール㋐50(40kg/m3)
またはグラスウール㋐40(24kg/m3)
強化石膏ボード㋐15+㋐12.5

1階床の構成

KeyWord 025

Point

◐ 合板モジュールに準じた床根太と合板による構成
◐ 2×4工法はプラットホーム工法とも呼ばれている

基礎と土台

基礎は建築基準法等により、地耐力（地盤の長期許容応力度）によって基礎形式が定められており、それによる基礎を採用する。

1階の耐力壁の下部には土台を設ける。サイズは4×4（89㎜×89㎜）が一般的で、ヒノキ等の耐久性の高い材種か、防腐・防蟻処理材を用いる。

アンカーボルトの間隔は2m以下として、土台の隅角部および土台継ぎ手部分にも配置する。

床組

枠組壁工法の告示では、床根太の間隔は500㎜以下としなければならないが、3×6版（910㎜×1820㎜）の合板を使用する日本の2×4工法では、合板のモジュールに準じた455㎜間隔が一般的である。

床根太材のサイズはスパンの距離等によって選択する。最近の1階床組は、厚い合板と大引を用いて根太を省略する「根太レス」の工法が普及している。根太が省略されることにより、施工性が向上し、玄関の段差を低くすることができる。

床根太サイズとスパンの関係は住宅金融普及協会発行のスパン表により簡単に決めることができる。

床根太の上に厚さ12㎜以上の構造用合板等を、CN50もしくはCN65の釘で周辺部150㎜間隔以内、中間部200㎜間隔以内で留め付ける。

この場合、合板の継ぎ目に規格に適合した本実（ほんざね）加工をしている場合は、合板受け材と釘打ちを省略できる。また、合板と根太の釘接合に接着剤を併用すると、床版の剛性が増し、床鳴りを防ぐ効果がある。

基礎・土台

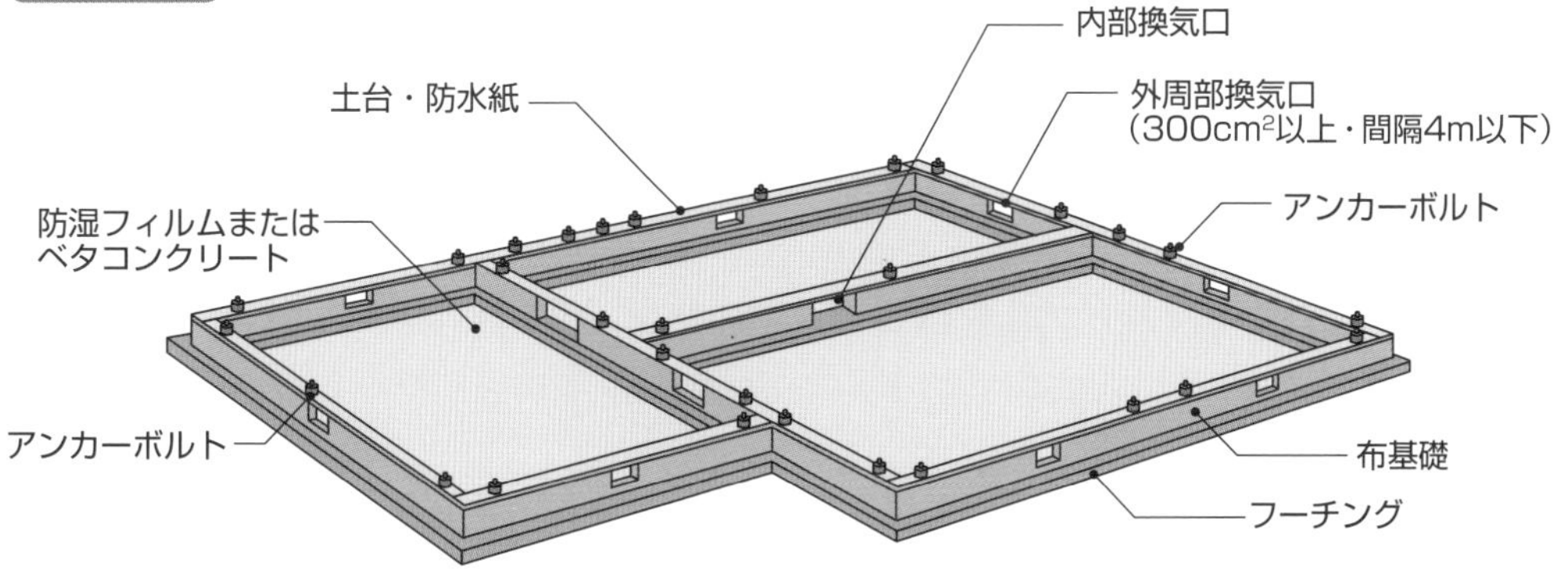
内部換気口
土台・防水紙
外周部換気口
(300cm²以上・間隔4m以下)
防湿フィルムまたは
ベタコンクリート
アンカーボルト
アンカーボルト
布基礎
フーチング

※外周部に基礎パッキンを用いて換気する場合は、基礎立上り部に開口を設けないこともある

1階床組

1階床根太
(1階床枠組)

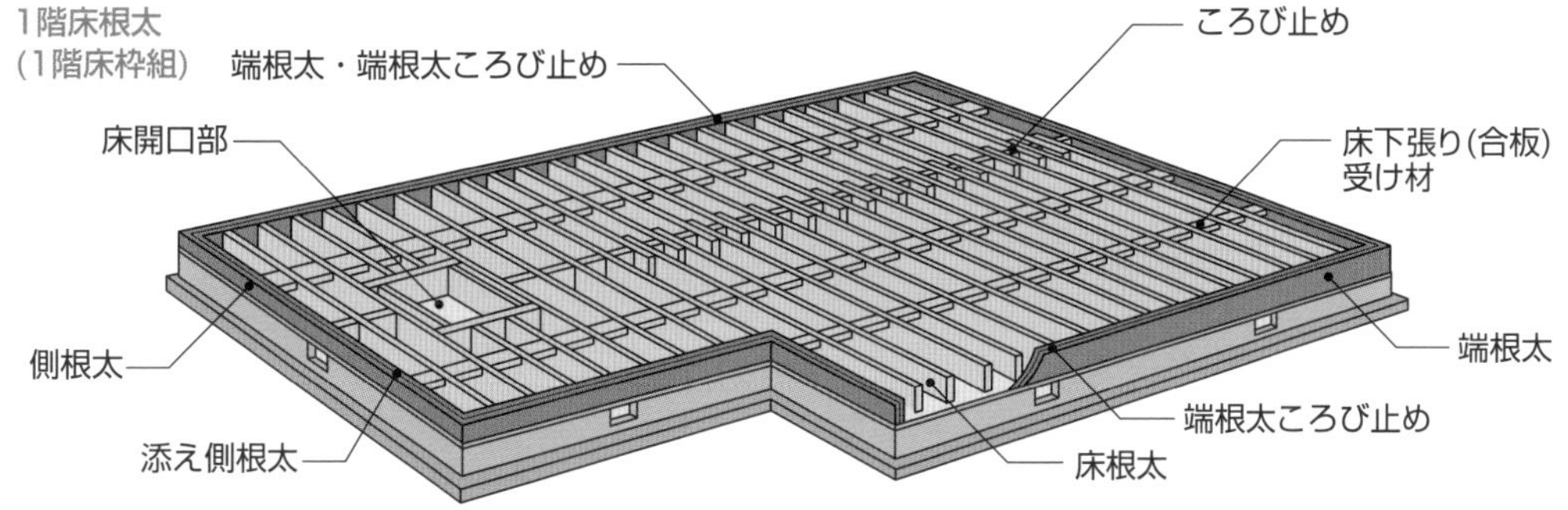
端根太・端根太ころび止め
ころび止め
床開口部
床下張り(合板)
受け材
端根太
側根太
端根太ころび止め
添え側根太
床根太

※床下張（合板）受け材は床根太の間隔や床下張材の厚さに応じて省略することができる

1階床合板(1階床枠組)

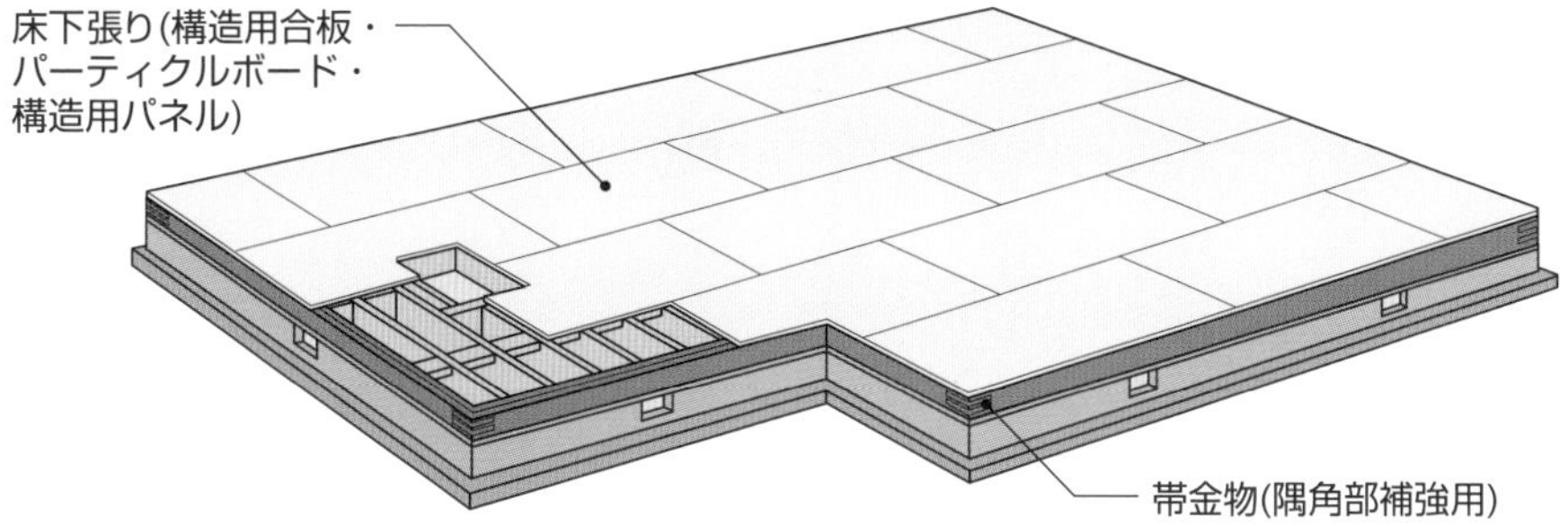
床下張り(構造用合板・
パーティクルボード・
構造用パネル)
帯金物(隅角部補強用)

根太レス床組

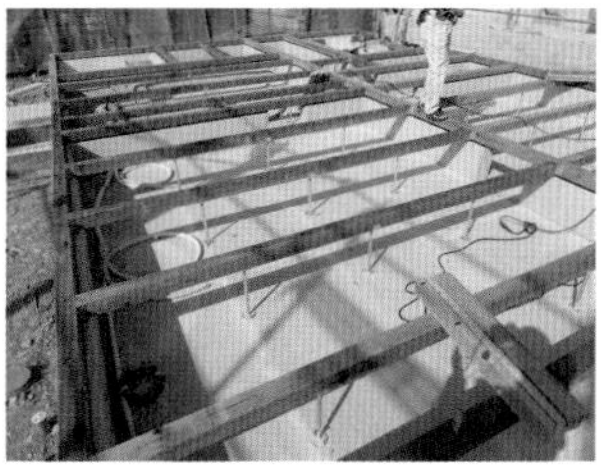

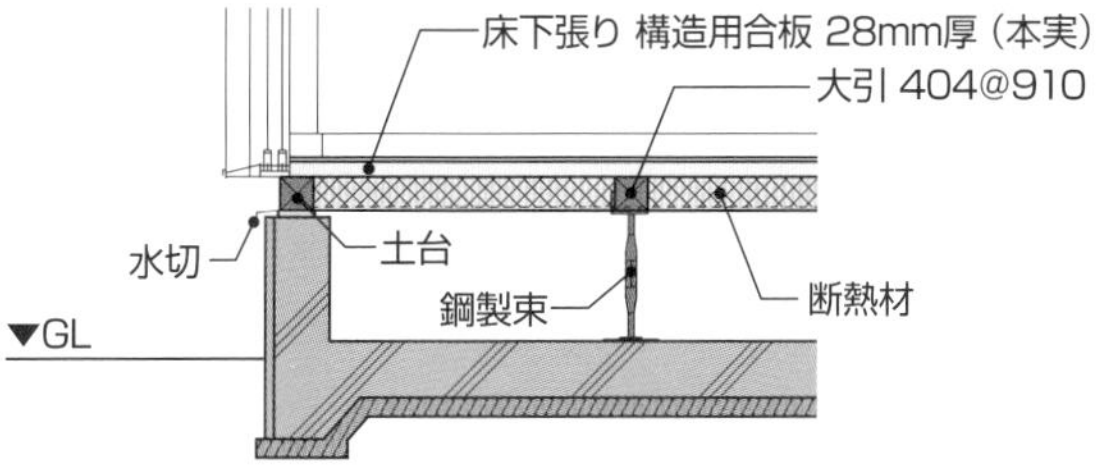
床下張り 構造用合板 28mm厚（本実)
大引 404@910
水切
土台
断熱材
鋼製束
▼GL

壁の構成

KeyWord 026

Point

◐ **たて枠、下枠、上枠、頭つなぎの線材に合板、石膏ボードの面材を釘やビスで留め付けて壁パネルにする**

壁材には一般的に2×4材を使用するが、3階建などの構造耐力が必要な場合や厚い断熱材を使いたい場合には2×6材を使う場合もある。

壁構造の2×4では、軸組構造と違い部材の呼び方に独特の名称がある。間柱のようなたての材を「たて枠（スタッド）」と呼び、たて枠の下端の水平材を「下枠（しもわく）」、上端材を「上枠（うわわく）」、上枠の上部の各壁パネルを緊結する水平材を「頭つなぎ」と呼ぶ。

また、開口部上部の枠組材を合わせてつくる梁材は「まぐさ」、腰壁上部は「窓台」、開口両端のまぐさを支えるたて枠を「まぐさ受け」と呼ぶ。

たて枠の間隔も告示により定められているが、床根太間隔と同様に、455㎜が一般的に使われる。外壁に構造用合板、内壁に石膏ボードを釘やビスで留め付ける。釘やビスの間隔は、一般的に外周部で10㎝以下、その他の部分で20㎝以下とする。

屋外に面する部分で、隅角部または開口部両端のたて枠は、地震や台風時の壁の浮き上がりを防止するために、直下の床の枠組に金物または壁材で構造耐力上有効に緊結しなければならない。

耐力壁間の相互間距離は12m以下とし、かつ耐力壁により囲まれた部分の水平投影面積は40㎡以下としなければならないが、床版の枠組材と床材を補強した場合には60㎡以下とすることができる。さらに2007年の告示改正により、耐力壁の短辺と長辺の比が1／2を超える場合は72㎡以下とすることができるようになった。

このように、告示により仕様規定が定められているが、構造計算により性能が確保できれば、ある程度自由な壁組の構成が行える。

1階壁枠組の構成

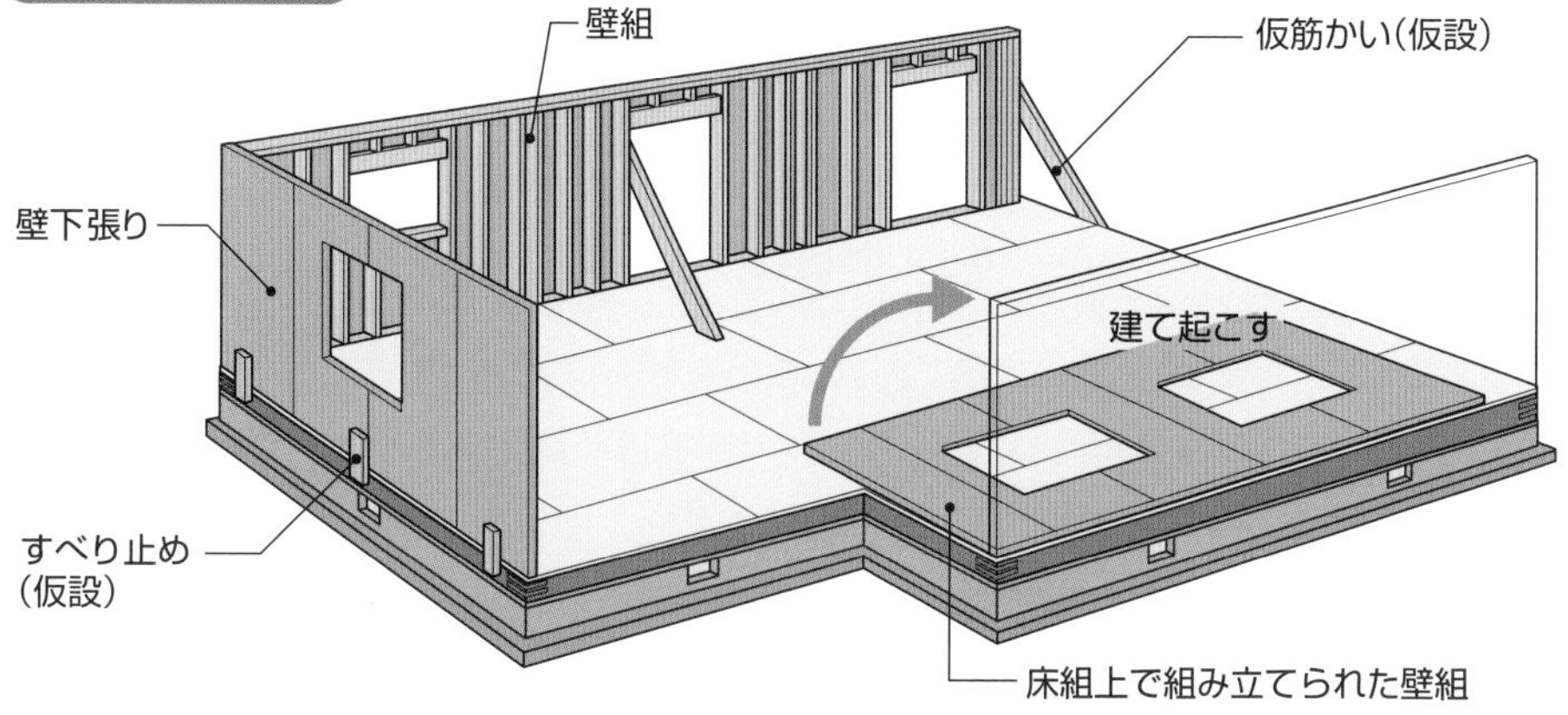
壁組
仮筋かい(仮設)
壁下張り
建て起こす
すべり止め
(仮設)
床組上で組み立てられた壁組

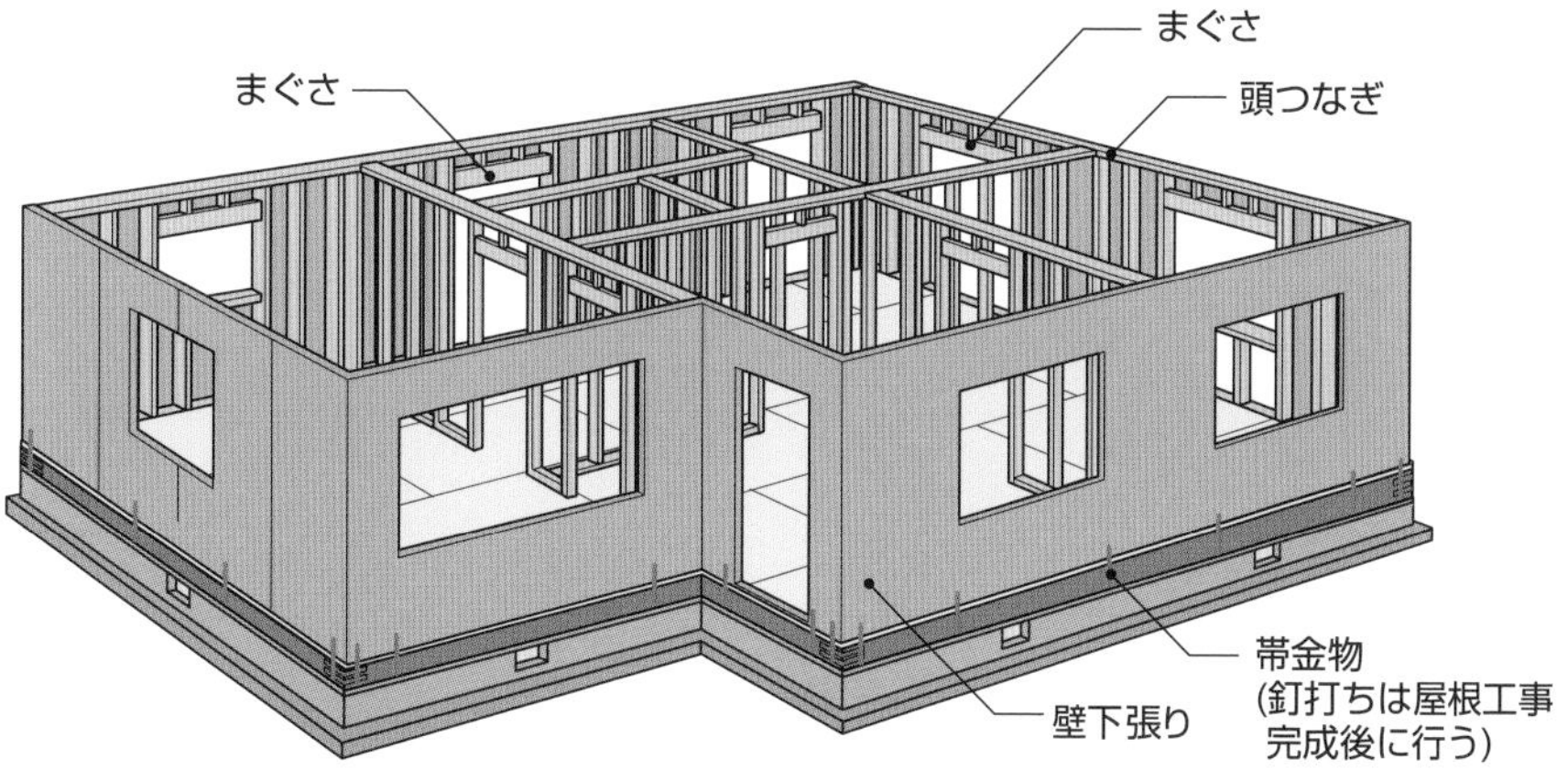
まぐさ
まぐさ
頭つなぎ
帯金物
(釘打ちは屋根工事
完成後に行う)
壁下張り

たて枠の配置と帯金物

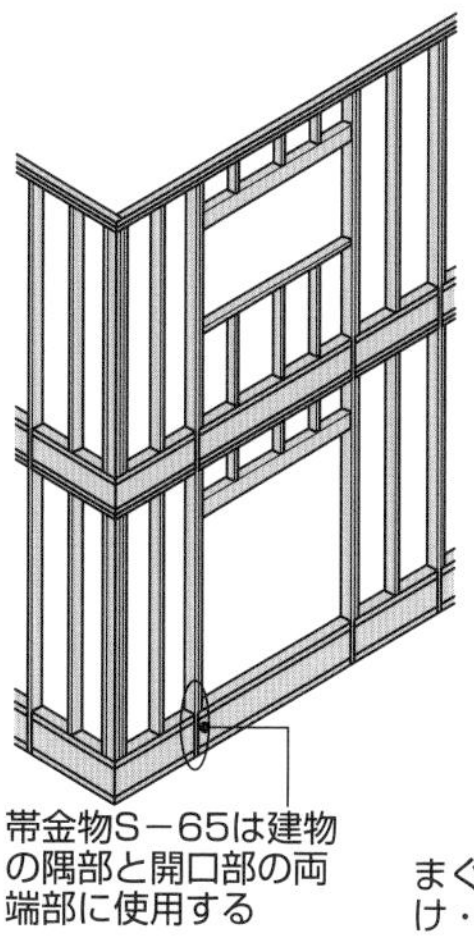
帯金物S−65は建物
の隅部と開口部の両
端部に使用する

外壁の構造用合板

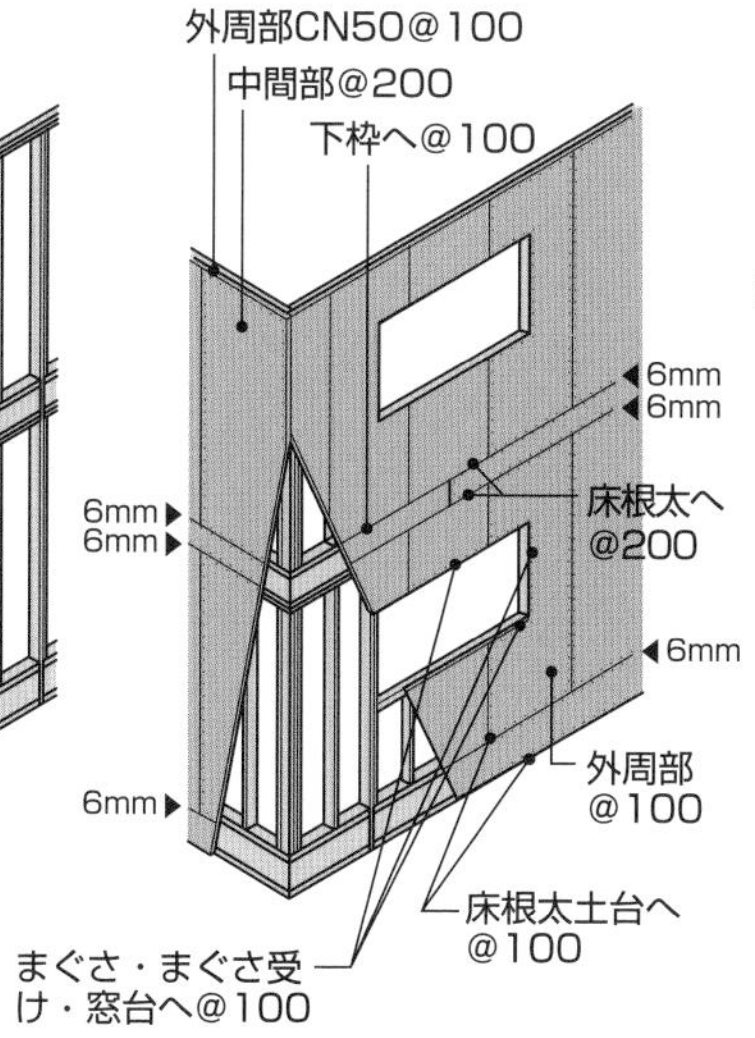
外周部CN50@100
中間部@200
下枠へ@100
6mm
6mm
6mm
6mm
床根太へ
@200
6mm
6mm
外周部
@100
床根太土台へ
@100
まぐさ・まぐさ受
け・窓台へ@100

◀は下張り材相互の間隔を表す

開口部周りの躯体

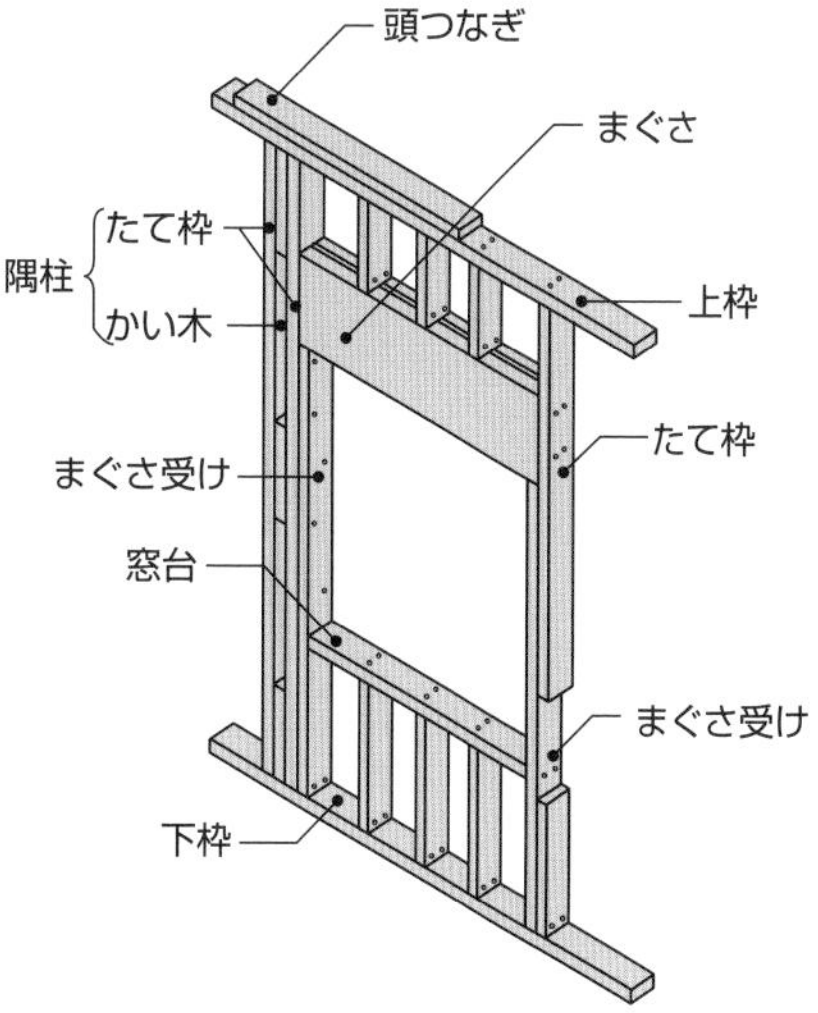
頭つなぎ
まぐさ
隅柱
たて枠
かい木
上枠
たて枠
まぐさ受け
窓台
まぐさ受け
下枠

2階床の構成

KeyWord 027

Point

◐ **床根太の継手と耐力壁直下の床根太の構成、および設備工事の穴あけに気をつける**

2階床組はスパンの距離等によって決定するが、2×4がプラットホーム工法と呼ばれているように、平らなプラットホームをつくり、その上に壁を立てていくために、最大スパンの根太サイズで統一して根太を架ける。

住宅の2階床根太は荷重とスパンの関係で2×10材が多く使われる。枠組材の定尺長さは6.1m（20フィート）で、床根太の長さがそれ以上必要な場合は、壁上で添え木や重ね継ぎ、帯金物でジョイントする。

2階の耐力壁の直下には耐力壁を設けるのが原則だが、プランニング上難しい場合は、床梁等で補強する。また、階段などの床の開口部は、床根太と同寸以上の断面の床根太により有効に補強しなければならない。

2×4工法の場合、2階の床の構造は、枠組材に面材を直張りする工法のため、1階の天井ふところがほとんどない。

そのため、2階のトイレ等の排水管経路は、床根太の方向と1階のパイプスペースの位置を考慮しなければならない。

また、小径の配管や電気配線は、床根太に穴をあけて行うため、床根太の欠き込みや穴あけの制限をきちんと守って施工する。

ここで難しい点は、配管・配線工事は、木造に精通している大工さんやフレーマーではなく、設備業者が行うので、しっかりとした施工指導・構造に対する理解・工事管理が必要なことである。

防音・遮音の工夫でも述べたが、2×4工法の遮音性能の低下を防ぐために、2階床根太の間に吊り天井根太を設け、1階の天井石膏ボードを留め付け、太鼓状態になることを避ける。

さらに、床根太間には吸音のためにグラスウールやロックウールの断熱材を充填する〈KW024〉。

2階床の構成

2階床図

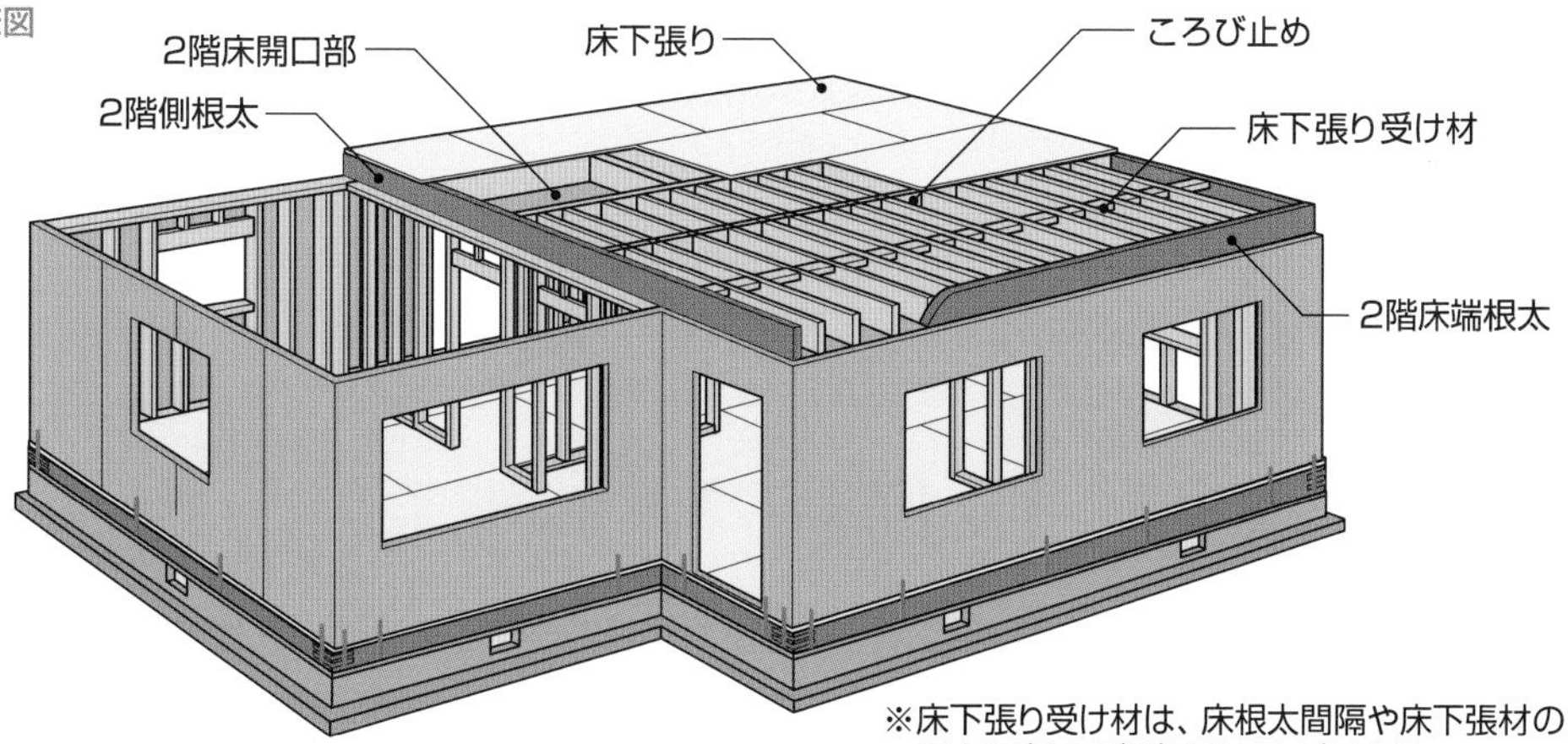
2階床開口部
床下張り
ころび止め
2階側根太
床下張り受け材
2階床端根太

※床下張り受け材は、床根太間隔や床下張材の厚さに応じて省略することができる

耐力壁直下の床根太

根太と耐力壁が平行

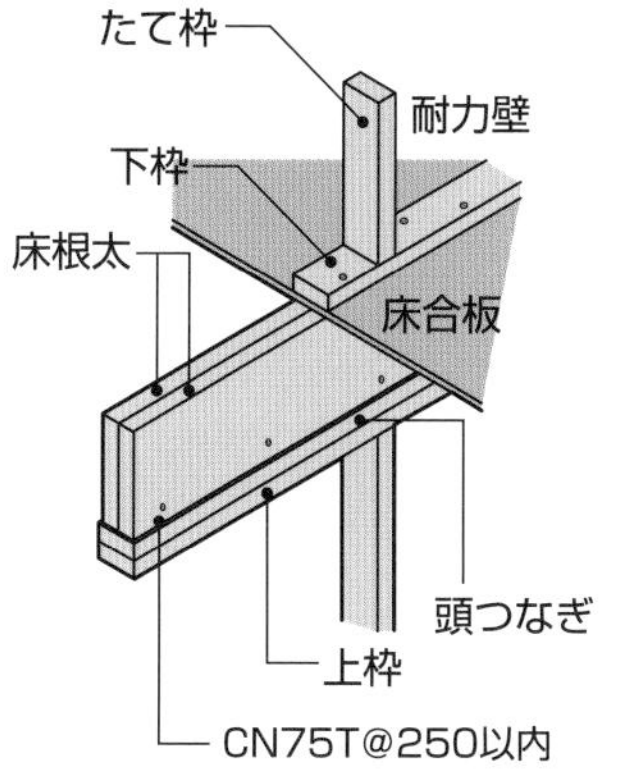
たて枠
耐力壁
下枠
床根太
床合板
頭つなぎ
上枠
CN75T@250以内

根太と耐力壁が直交

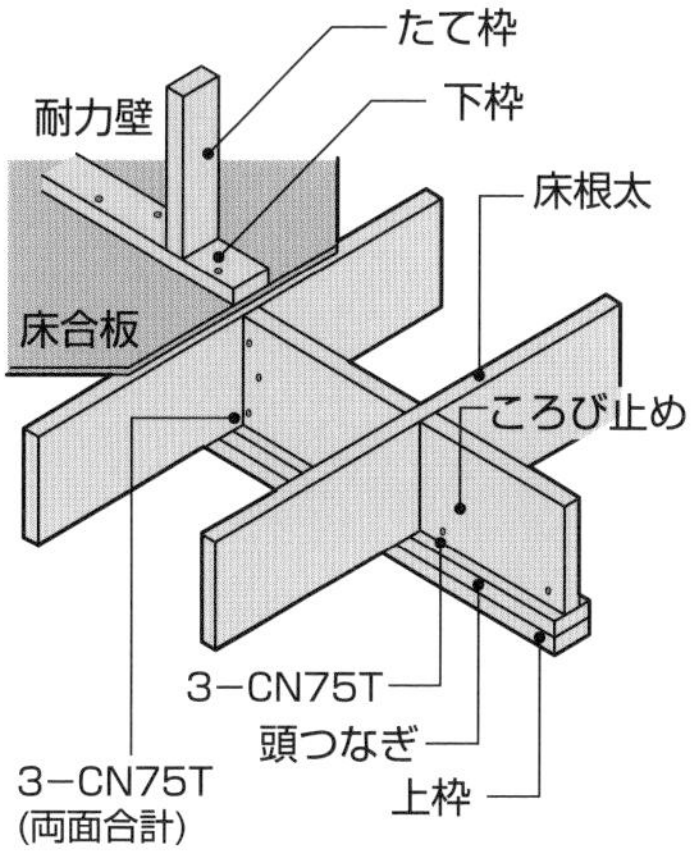
たて枠
耐力壁
下枠
床根太
床合板
ころび止め
3−CN75T
頭つなぎ
3−CN75T
(両面合計)
上枠

添え木による床根太の継手

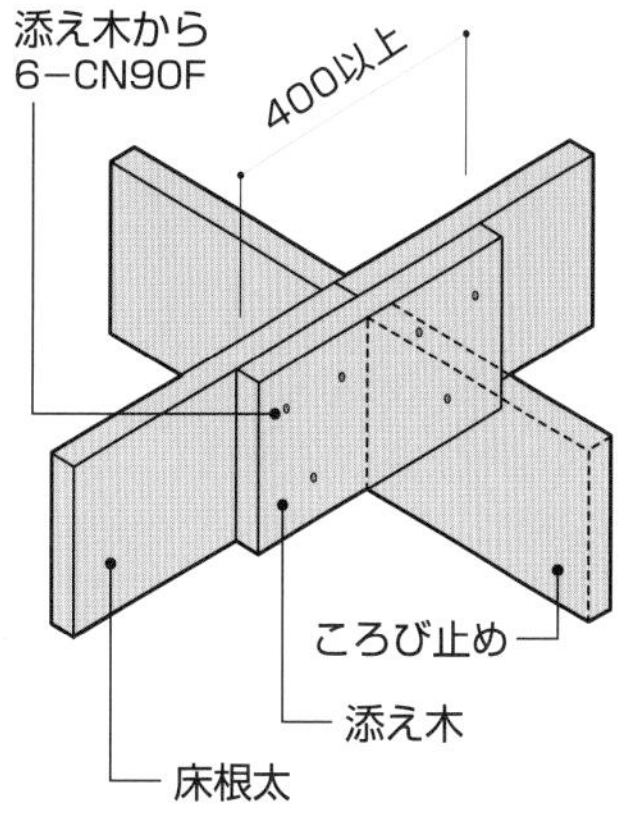
添え木から
6−CN90F
400以上
ころび止め
添え木
床根太

床根太の欠き込みと穴開け

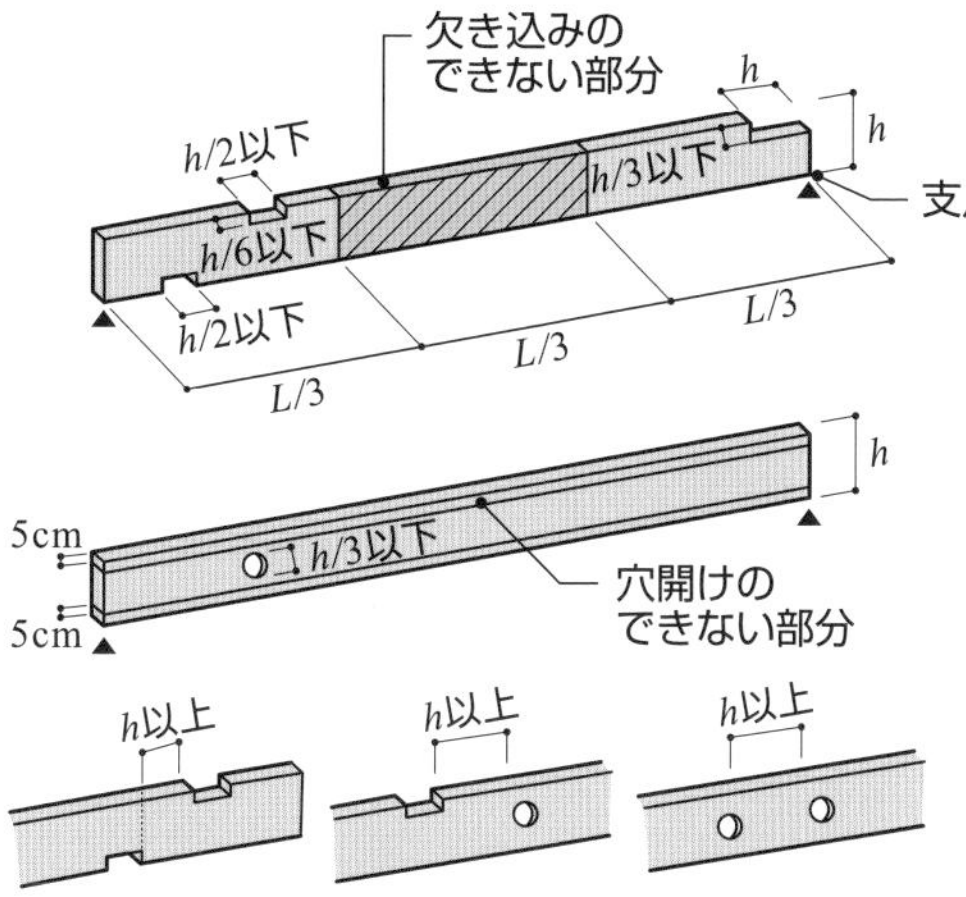
欠き込みの
できない部分
h
h
h/2以下
h/3以下
支点部分
h/6以下
h/2以下
L/3
L/3
L/3
h
5cm
h/3以下
5cm
穴開けの
できない部分
h以上
h以上
h以上

床開口部廻りの補強

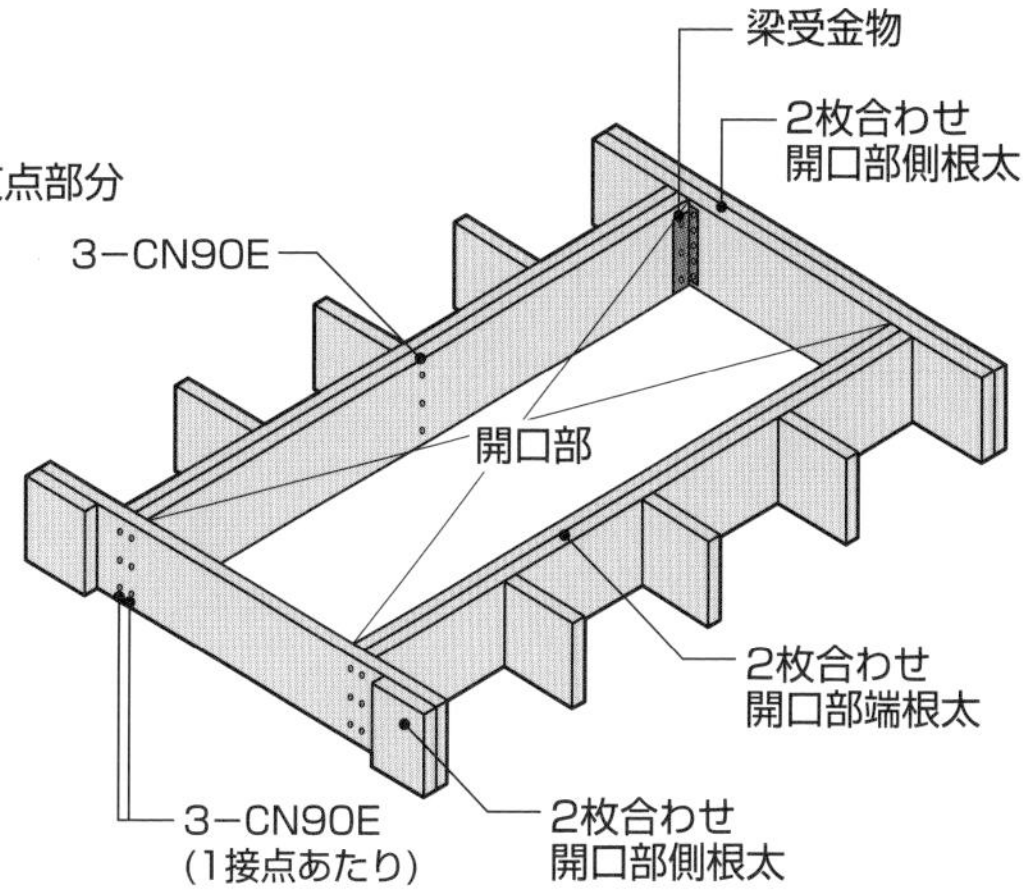
梁受金物
2枚合わせ
開口部側根太
3−CN90E
開口部
2枚合わせ
開口部端根太
3−CN90E
(1接点あたり)
2枚合わせ
開口部側根太

小屋組の構成

KeyWord 028

Point

◐ **建物の形状等により小屋組の方式を選択する**

小屋組を構成する垂木や天井根太の間隔は、告示により65㎝以下としなければならないが、他の部材構成と同様に、合板のモジュールに合わせた455㎜が一般的である。

垂木や天井根太の断面寸法は、住宅金融普及協会発行のスパン表〈KW046〉により決定できる。

小屋組の構成は以下のいずれかの方式を採用する。

垂木方式

天井根太と垂木頂部の棟木板、垂木と垂木つなぎの三角形の構成による一般的な屋根架構方式である。

屋根梁方式

棟部に屋根梁を渡し、2階壁上部と屋根梁間に垂木を架ける方式である。

小屋裏空間に垂木をつなぐ部材がないために勾配天井や小屋裏収納を設ける時に使用する。

トラス方式

広いスパンの屋根架構に適した方式である。小断面の枠組材の接合部に合板と釘打ちでトラスをつくる方法や認定金物（ギャングネイル等）で工場生産したトラスを使用する方式である。

束建て方式

在来の小屋組に近い形で天井梁と束で屋根梁を支える方式である。

各枠組は告示で定められた釘打ちの仕様で緊結するが、垂木やトラスには、台風の時などに風圧力による吹き上げ力が働くので、2階壁の頭つなぎと上枠にあおり止め金物で構造耐力上有効に緊結しなければならない。屋根の下地材には一般的に構造用合板を使う。この面材をＣＮ50やＣＮ65の釘で周辺部150㎜間隔以内、中間部300㎜以内に垂木等に平打ちする。

小屋組

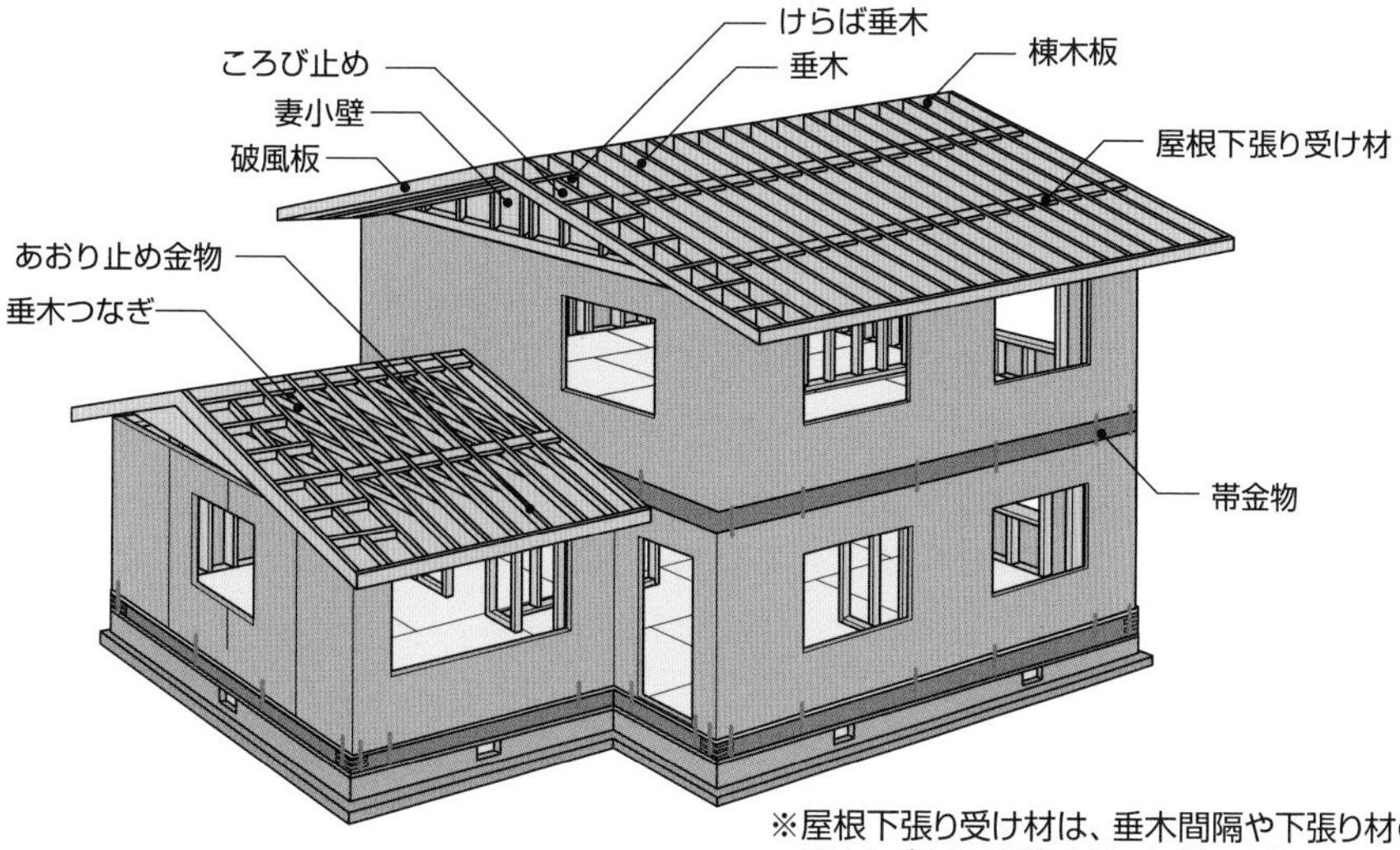

※屋根下張り受け材は、垂木間隔や下張り材の厚さに応じて省略することができる

屋根梁方式の小屋組

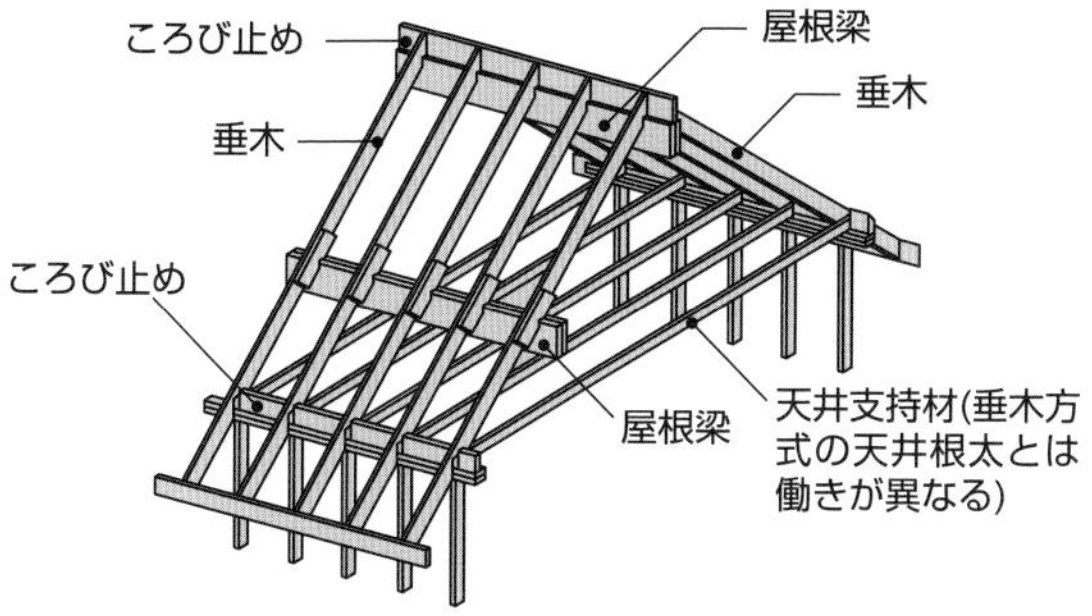

垂木方式の小屋組

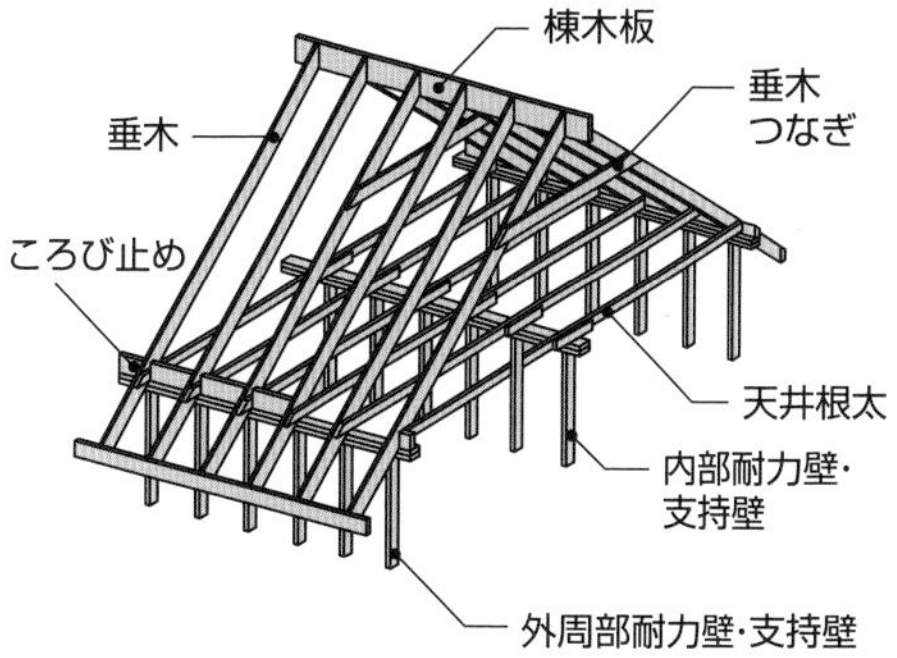

屋根下地材の釘打ち

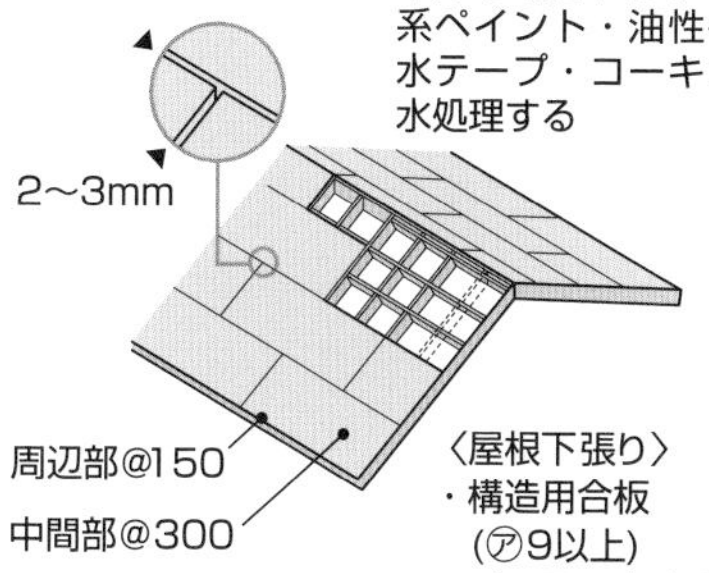
パーティクルボード・構造用パネルの場合には、木口はタール系ペイント・油性ペイント・防水テープ・コーキングなどで防水処理する

〈屋根下張り〉
- 構造用合板（㋐9以上）
- パーティクルボード（㋐12以上）
- または構造用パネル

〈屋根下張り材の配置〉
- 軒先部分から棟木方向へ張り始め、棟木部分で調整
- 3本以上の材に掛かるように千鳥張りにする

〈使用釘〉
CN50…㋐9〜12
CN65…㋐15以上

トラス方式の小屋組

キングポストトラス

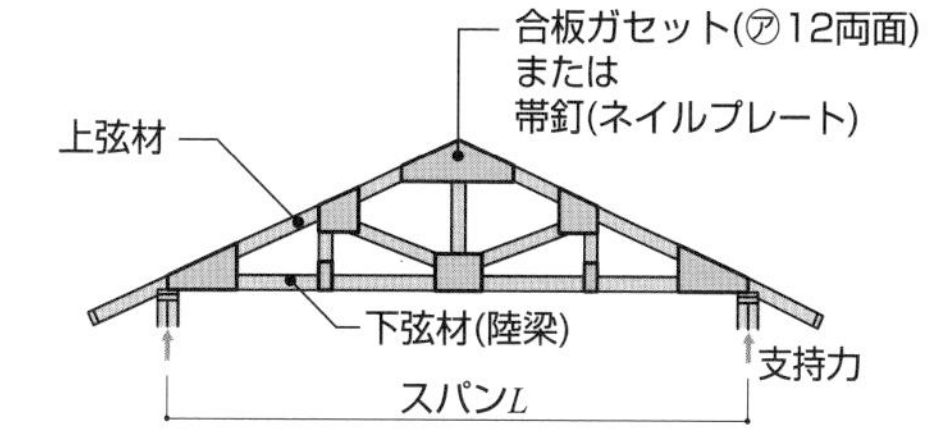

束建て方式の小屋組

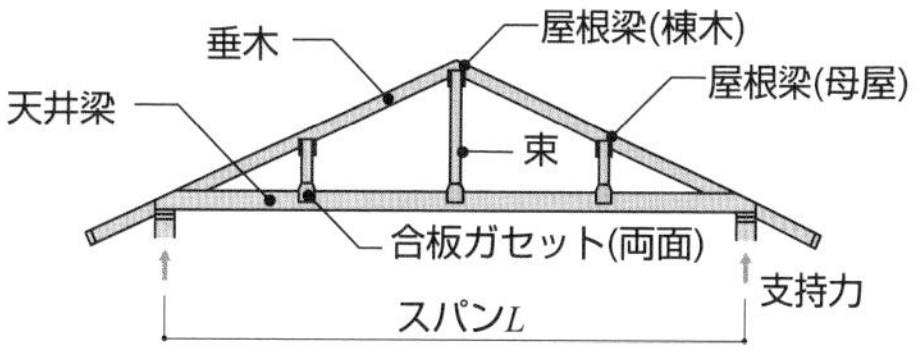

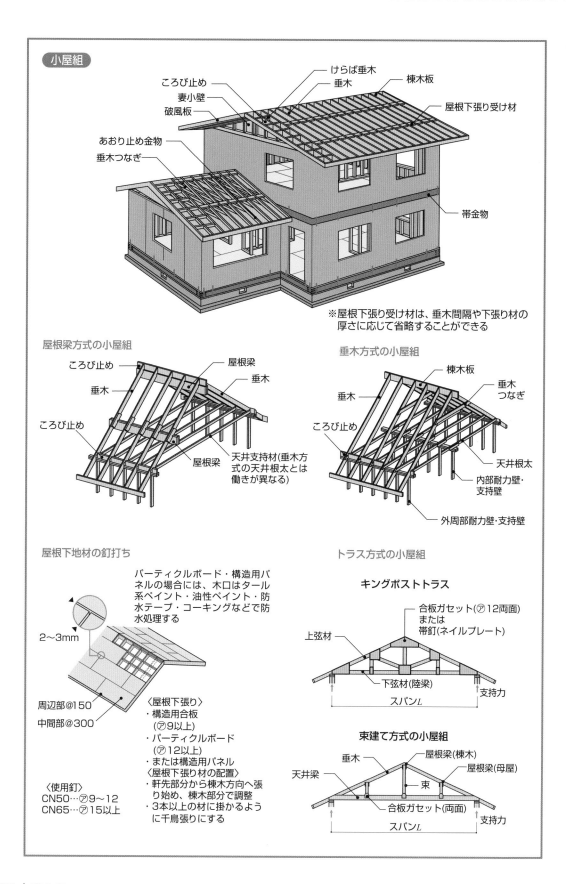

Column 2

2×4工法の普及と住宅金融支援機構の役割

昭和49年、日本で2×4工法が一般工法として認定され、当時の建設省告示第1019号が施行され、オープン化が実現された。

それまでは個別企業が大臣認定を受けたクローズド工法で独特な工法によっていたものが、一般の工務店が施工できるオープン工法となったわけである。

2×4工法はアメリカ・カナダで発展した工法なので、これに先立って、日本の建設業界の状況や自然環境の違い等を研究するために枠組壁工法の研究開発プロジェクト（総プロ）によって、告示につながる基準づくりが進められた。

当時の住宅金融公庫は国の管轄下にあり、内需拡大の一環で市中銀行より低金利な建設費の融資を行っていた。

住宅金融公庫では単に低金利融資を行うだけではなく、木造住宅や鉄筋コンクリート造住宅等の工法ごとに、建築基準法の定めている性能よりは高い基準を定め、優良な住宅建設政策のために、工法ごとの住宅工事共通仕様書を発行した。この施策は当時の日本の住宅性能のレベルアップに大きな役割を果たしたものといえる。

当時の建設省告示は建築基準であり、法律用語の堅苦しい文章と表によって構成されていて、設計者や施工技術者には難しく、理解しにくい内容であったが、2×4工法オープン化と同時に住宅金融公庫が発行した「枠組壁工法住宅工事共通仕様書」は、B5サイズで、スパン表を含めても100ページ程度のものであった。この仕様書は設計施工マニュアルとして使えるように多くの図面やイラストを掲載したもので、設計者や施工技術者にとってわかりやすく構成されていた。

特に、スパン表については、床根太、梁、まぐさや屋根垂木のいろいろな架構条件を想定してあらかじめ計算をし、必要な材料のグレード、材料の間隔や材料の寸法と許容されるスパンを、構造の専門家なしで設計者が構造の安全性を確認することができたが、現在は仕様書には含まれず、同じようなものが日本ツーバイフォー建築協会から解説を含めて発行された。

当初、発行された仕様書は、その後、2×4工法に関する研究開発が進むにつれて仕様書やスパン表の内容も充実してきて、サイズもA4となり、現在では仕様書（解説付）だけでも360ページを超える充実した内容になってきている。

この仕様書は2×4工法に携わる人のテキストでありバイブルのような存在であった。

その後、行政構造改革で住宅金融公庫は独立行政法人住宅金融支援機構として組織替えがなされているが、住宅金融公庫時代から継承された「枠組壁工法住宅工事仕様書」によって、住宅建設費融資業務と技術基準づくりを実施している。

第3章

2×4工法の設計手法

2×4住宅を設計する際のポイント

KeyWord 029

Point

◐ 意匠プランと構造計画をある程度整合させながら引き算設計で考える

この第3章では、実際に2×4住宅を設計する際の設計手法について説明する。

◐ 2×4住宅の設計

木造住宅には2×4工法以外に在来工法があるが、2×4工法は壁構造で在来工法は軸組工法であるため、住宅平面計画着手にあたっての取組み方に違いがある。

2×4工法では一般的な2階建ての住宅を設計する場合であっても、意匠プランと構造計画をある程度整合させながら考える必要がある。だからといって在来工法より難しいというわけではなく、逆に、2×4工法はちょっとした構造の知識があればだれでも設計ができるルールが確立されている。

◐ 2×4住宅の平面ゾーニング

一般的に、在来工法では必要な各室の面積を決め、その各室のつながりを考えながら各室を組合せていく場合が多いようである。つまり足し算をして、全体の設計を進めていく。この時点では構造計画はさほど意識していないと思われる。

それに対して、2×4工法は大まかな平面の全体像（耐力壁線の区画）をイメージし、その枠組の中で引き算的に各室の面積に分割していくと、比較的スムーズに構造との整合性を取ることができる。

もちろん、最初に決めた耐力壁線の区画にとらわれる必要はなく、自由に区画から出っ張ったり、削ったりすることは可能である。

その際にいくつかのルールを守ればよいので、慣れてしまえば設計するうえでの不自由さはさほど感じない。

つまりこの決まり事を守れば、構造知識の少ない設計者であっても、十分に構造安全性を確保した住宅設計が可能になる。

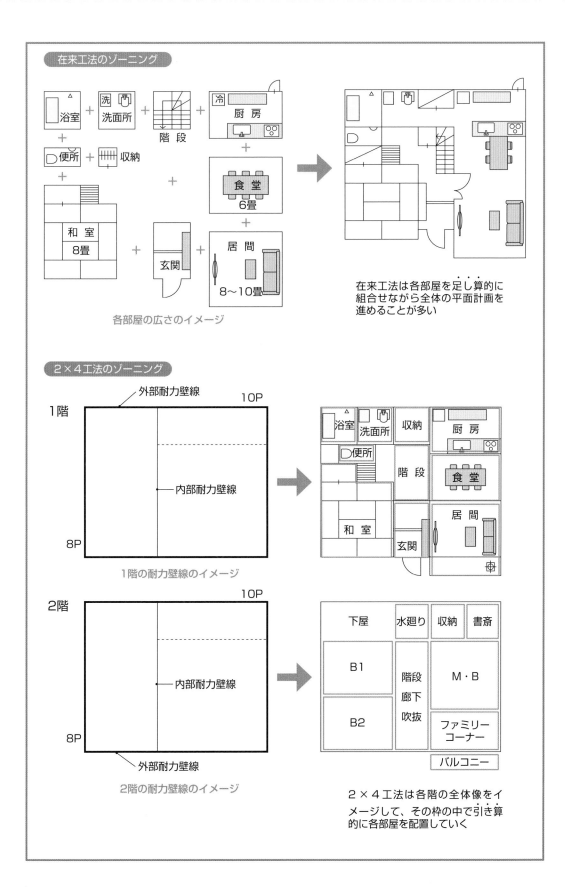

在来工法のゾーニング

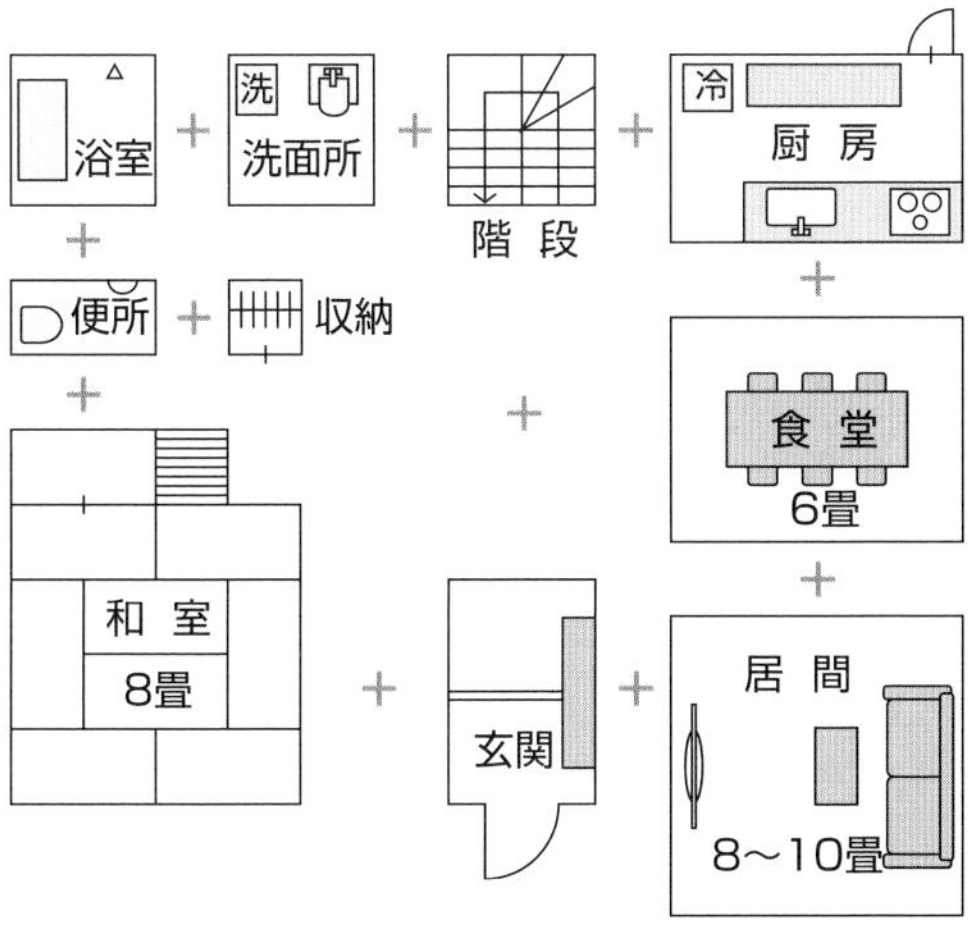
浴室
洗
洗面所
階 段
冷
厨 房
便所
収納
食 堂
6畳
和 室
8畳
玄関
居 間
8〜10畳

各部屋の広さのイメージ

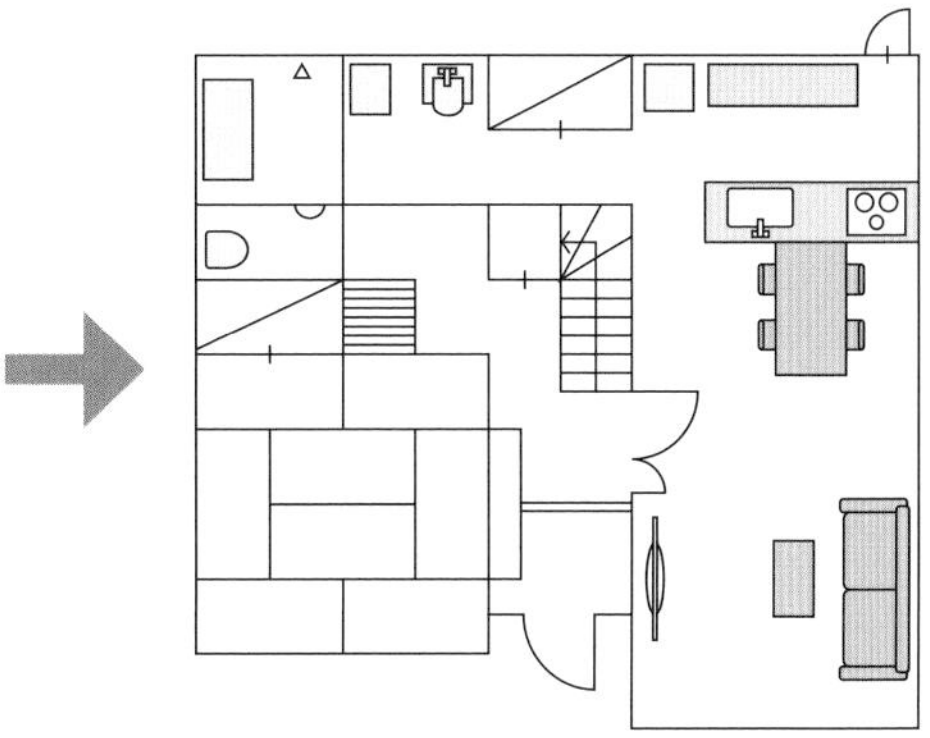

在来工法は各部屋を足し算的に組合せながら全体の平面計画を進めることが多い

2×4工法のゾーニング

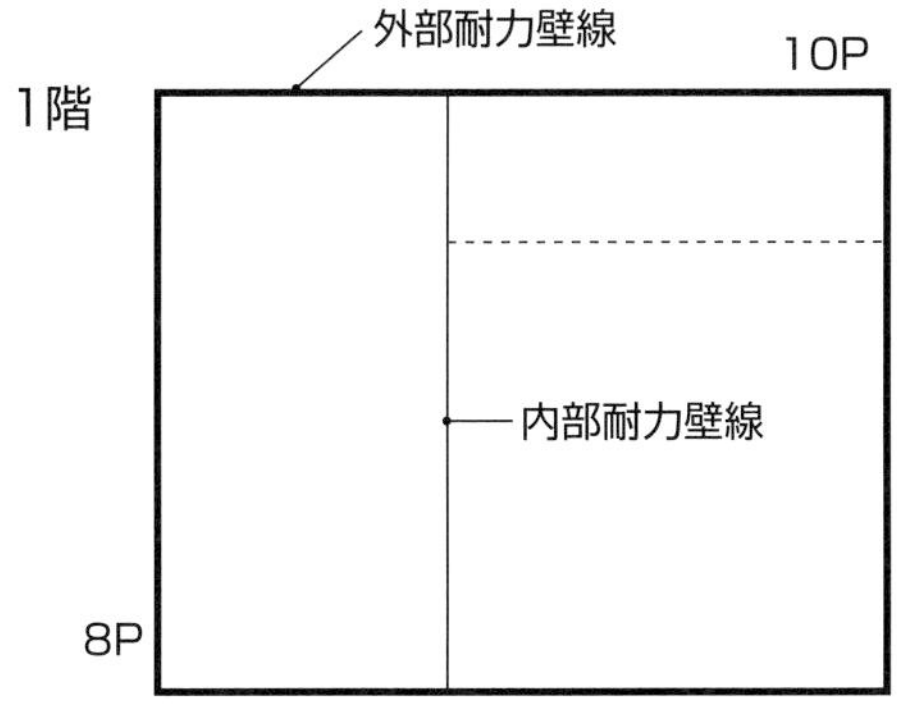
外部耐力壁線
10P
1階
内部耐力壁線
8P

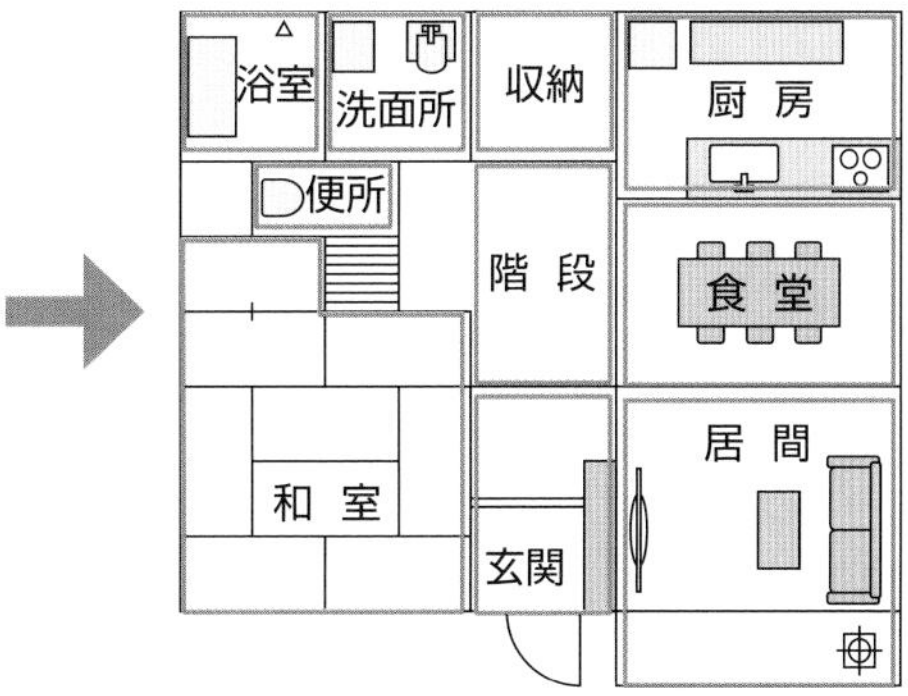
浴室
洗面所
収納
厨 房
便所
階 段
食 堂
和 室
居 間
玄関

1階の耐力壁線のイメージ

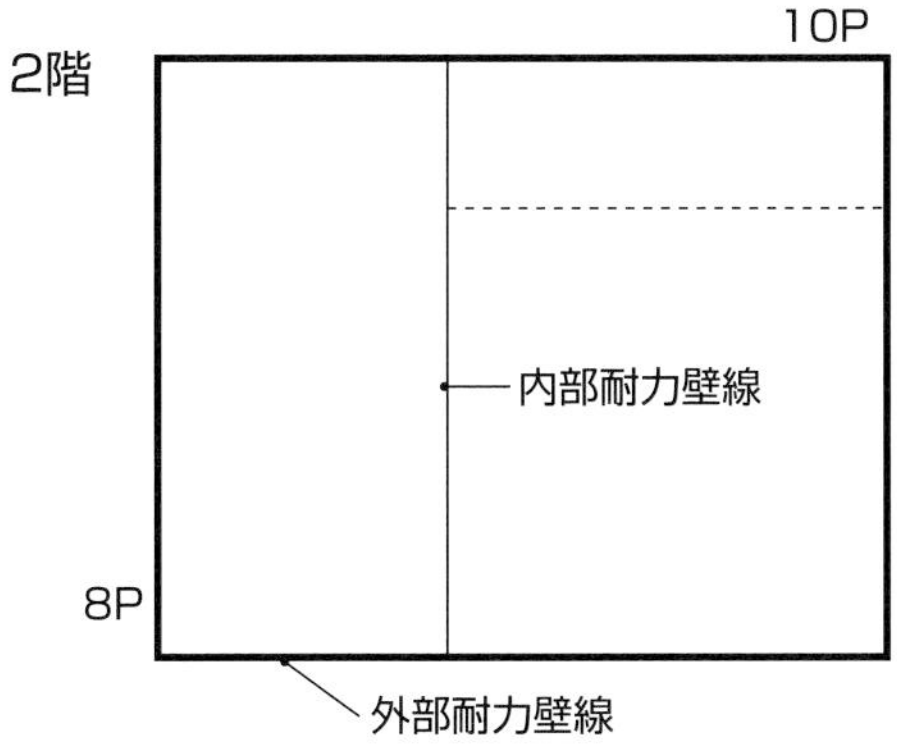
10P
2階
内部耐力壁線
8P
外部耐力壁線

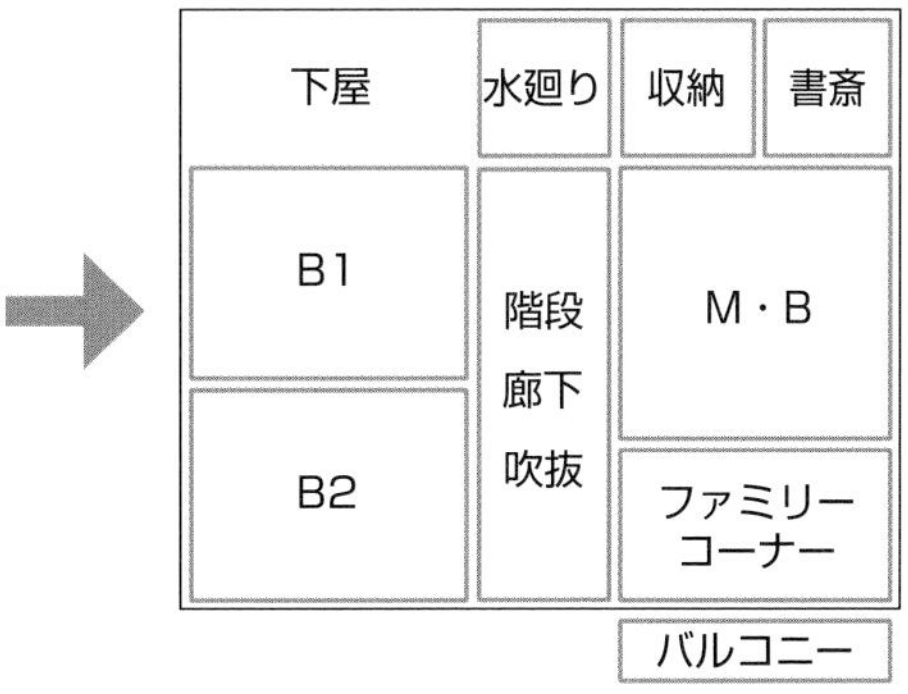
下屋
水廻り
収納
書斎
B1
階段
廊下
吹抜
M・B
B2
ファミリーコーナー
バルコニー

2階の耐力壁線のイメージ

2×4工法は各階の全体像をイメージして、その枠の中で引き算的に各部屋を配置していく

構造体と建築空間のポイント

KeyWord 030

Point

◐ 壁構造でつくることができる建築空間と構造体への留意点は耐力壁線区画

◐ 構造体と建築空間

前項での大まかな平面の全体像（耐力壁線の区画）の大きさは告示で40㎡以下とし、耐力壁線の間隔は12m以下にしなければならないと決められている。ただし、上部の床面を補強した場合は72㎡以下まで可能である〈KW034〉。

一般的な30～50坪の住宅であれば、耐力壁線区画を2～3区画すればよいので、40㎡区画で考えれば問題ない。ただし、将来の改築を考えている場合は、あらかじめ区画を大きく取っておくとやりやすい〈KW102〉。

これらの規定は水平力を支持する床面の耐力により決められているもので、水平構面である床面の耐力を確保するために必要な規定といえる。

◐ 耐力壁線のつくり方

水平構面からの地震および風による水平力を下階の耐力壁に支持させるために、耐力壁線内の開口部上部には下がり壁を設けて耐力壁線相互を一体化する必要がある。

耐力壁線内の開口部の上部に下がり壁を設けないと、耐力壁に水平力がスムーズに伝達しない場合が生じる。開口部の上部に下がり壁を設けることによって、耐力壁線相互が緊結され、壁全体で抵抗できるようになる。

耐力壁線内の開口部に下がり壁を設けなければならないことは平面計画を進めるうえでもっとも頭に入れておきたいところである。

図1のようにリビングを横切る耐力壁の計画では、平面的にはダイニングとのつながりがあるが天井に下がり壁が出てくるので空間的に切られた感じになる場合がある。

また、耐力壁線上での和室開口部の上部には欄間を設けることができなくなるなど、建物内部耐力壁線を決める時は注意が必要である。

構造体と建築空間のポイント

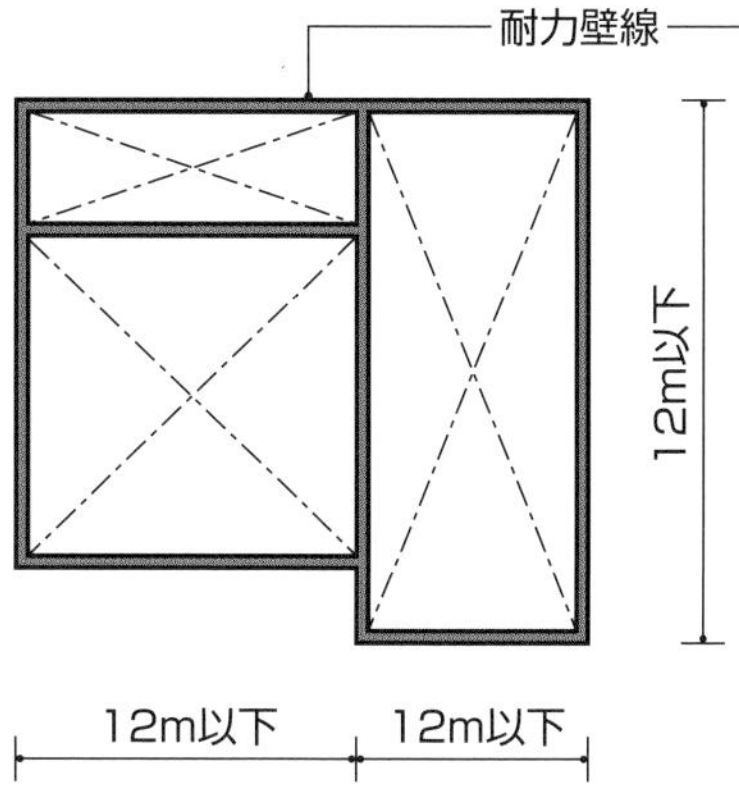
耐力壁線
12m以下
12m以下
12m以下

耐力壁線相互の距離の取り方

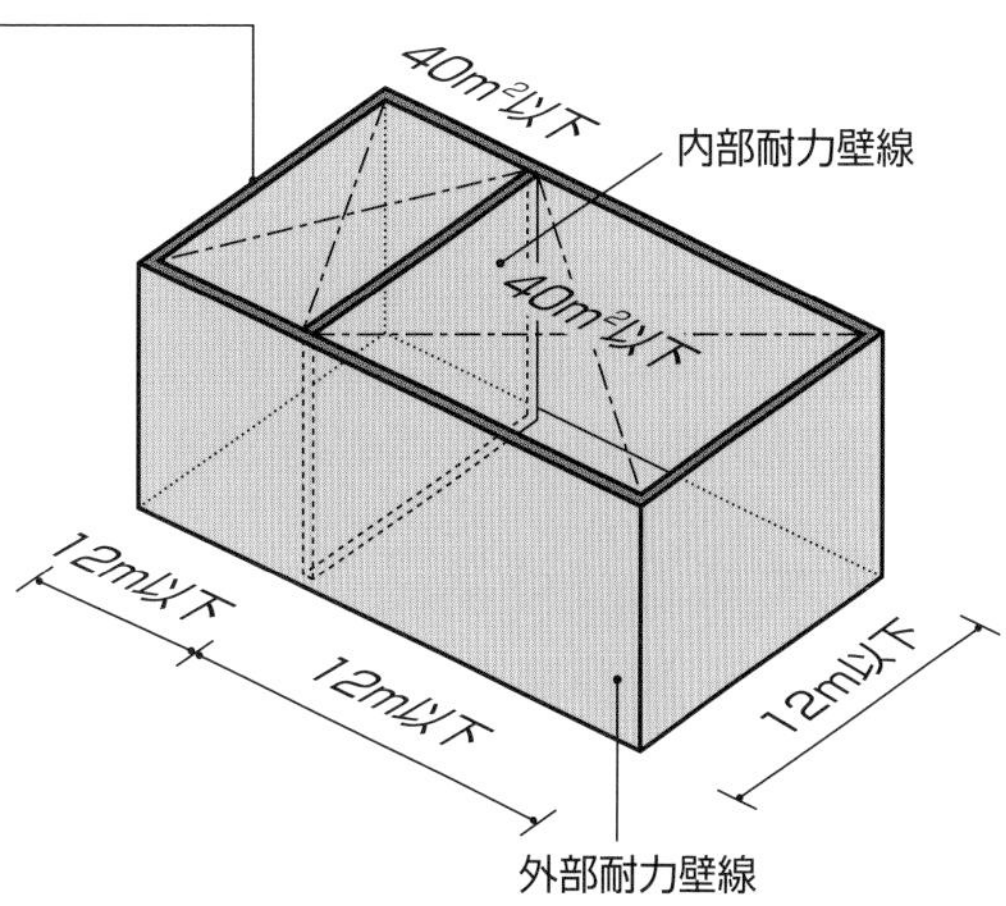
40m²以下
内部耐力壁線
40m²以下
12m以下
12m以下
12m以下
外部耐力壁線

耐力壁線で囲まれる面積の取り方

開口部上部の下がり壁の役割

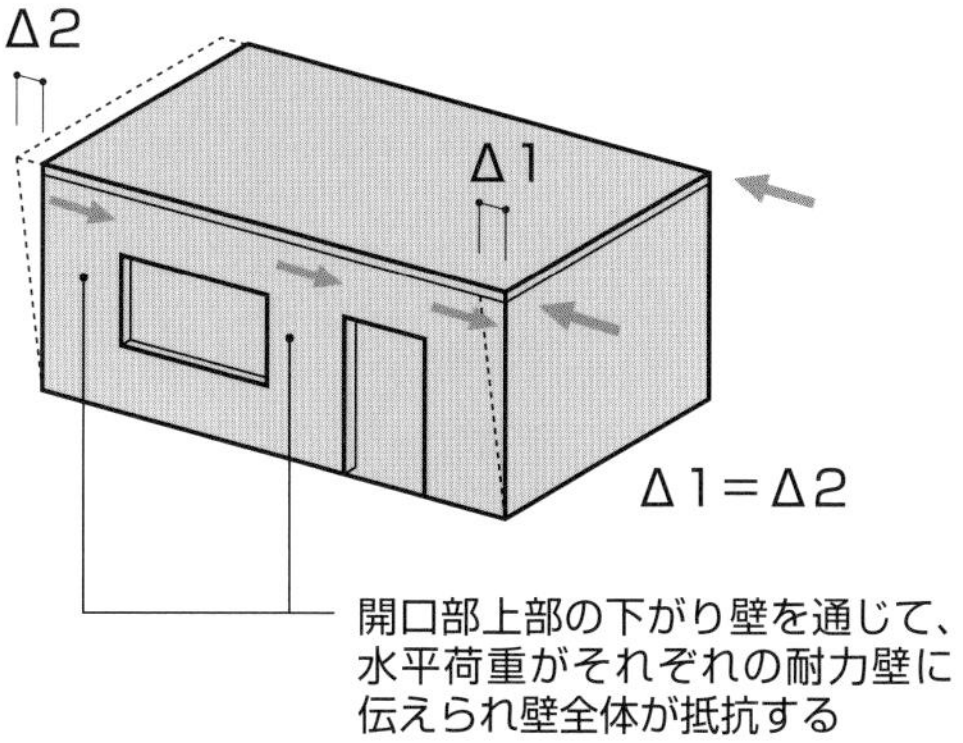
Δ2
Δ1
Δ1＝Δ2
開口部上部の下がり壁を通じて、
水平荷重がそれぞれの耐力壁に
伝えられ壁全体が抵抗する

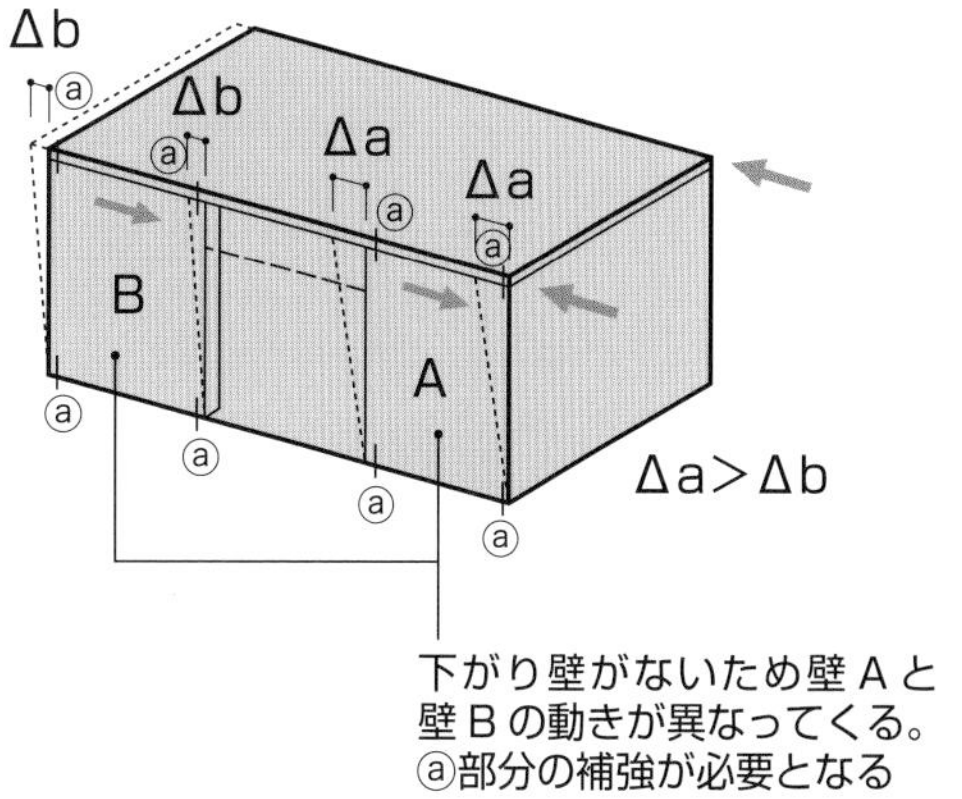
Δb
ⓐ
Δb
ⓐ
Δa
ⓐ
Δa
ⓐ
B
A
ⓐ
ⓐ
ⓐ
ⓐ
Δa＞Δb
下がり壁がないため壁Aと
壁Bの動きが異なってくる。
ⓐ部分の補強が必要となる

下がり壁と空間の関係（図1）

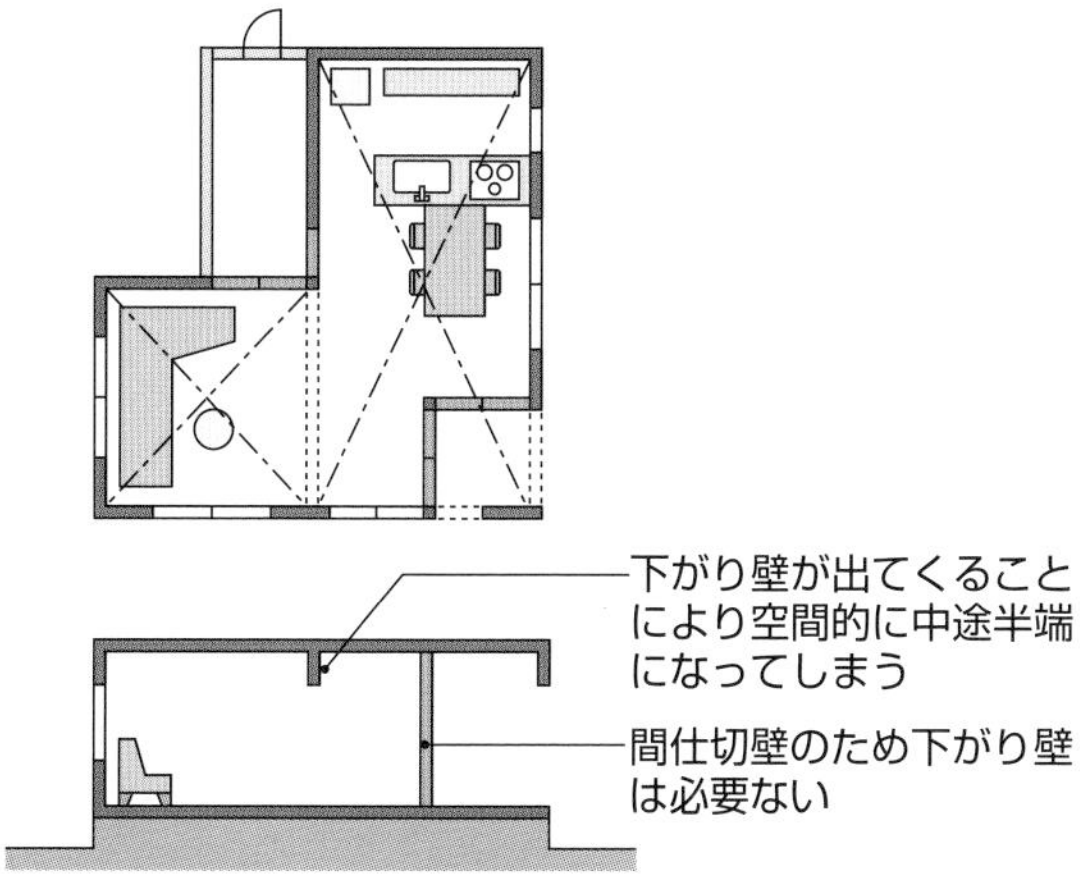
下がり壁が出てくること
により空間的に中途半端
になってしまう
間仕切壁のため下がり壁
は必要ない

耐力壁線による区画の形状比

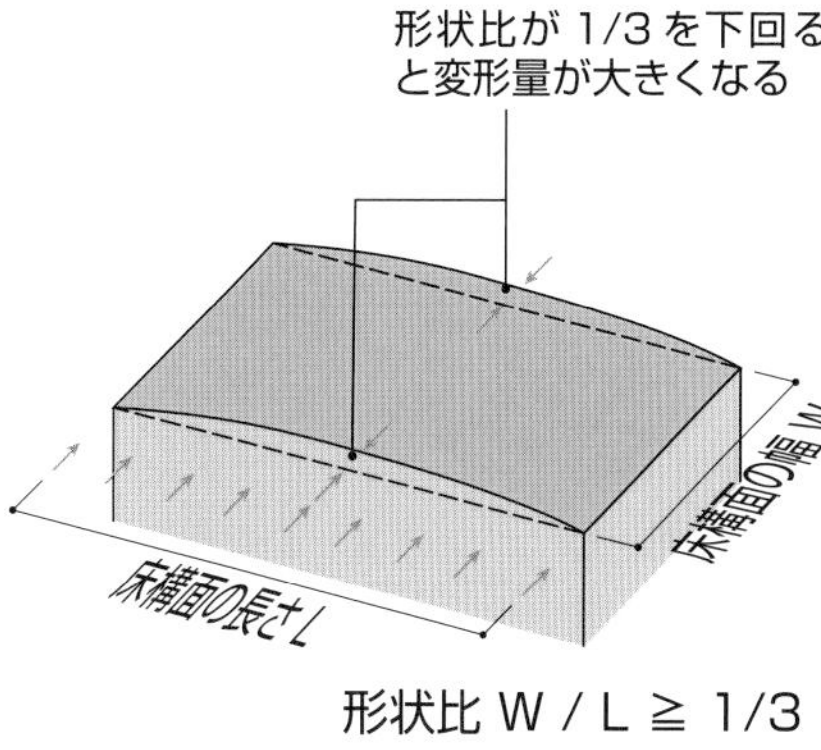
形状比が 1/3 を下回る
と変形量が大きくなる
床構面の幅 W
床構面の長さ L
形状比 W / L ≧ 1/3

構造体と仕上げのポイント

KeyWord 031

Point

◐ **2×4工法は構造体が仕上げの直接的な下地となるので構造システムが直接建物の形に表れる**

◐ 箱構造

2×4工法という箱構造は、構造用合板と根太材が規定の釘打ちによって一体化された床面の水平構面と、構造用合板と壁枠組材とが規定の釘打ちによって一体化された壁面の垂直構面によって、立体の箱となり、地震・台風に対抗できるシステムになっている。

この水平構面と垂直構面および屋根面が構造のすべてであり、構造体が仕上の直接の下地になり、建物全体の意匠となって表れる。そのため、構造システムが直接意匠デザインの基本となるので、いわゆる2×4工法らしい住宅の外観が生まれてくる。

意匠デザインを強調したい場合、在来工法で構造安全性を確保した設計を行うためにはそれなりの経験と知識を必要とするのに対し、2×4工法は、たとえ初心者であっても、構造システムに沿って行えば構造の安全性・施工の合理性・コストの配慮を図ったうえで自由な意匠設計が可能になる。

◐ 2×4住宅の基本的特徴

〈1〉屋根面と壁面は規定の釘打ちによって一体化されているので、小屋裏を居室として利用できる空間が取りやすい。また勾配天井の設計も容易にできる。

〈2〉箱を積み重ねていく構造なので、スキップフロアーなど、床面にレベル差を付けることが容易にできる。

〈3〉水平構面の床枠組を延ばすことによりオーバーハングのある住宅や柱のないバルコニーをつくることができる。

〈4〉トップライト、ドーマー、棟違い屋根など、特殊な屋根形状が容易にできる。

〈5〉曲面の壁も比較的簡単に施工が可能である。壁量計算の時は曲面の壁をX方向とY方向に分解して考えればよいので平易である。

構造体と仕上げのパターン

〈1〉従来工法と違い小屋組がないため小屋裏を収納や居住空間として利用しやすい

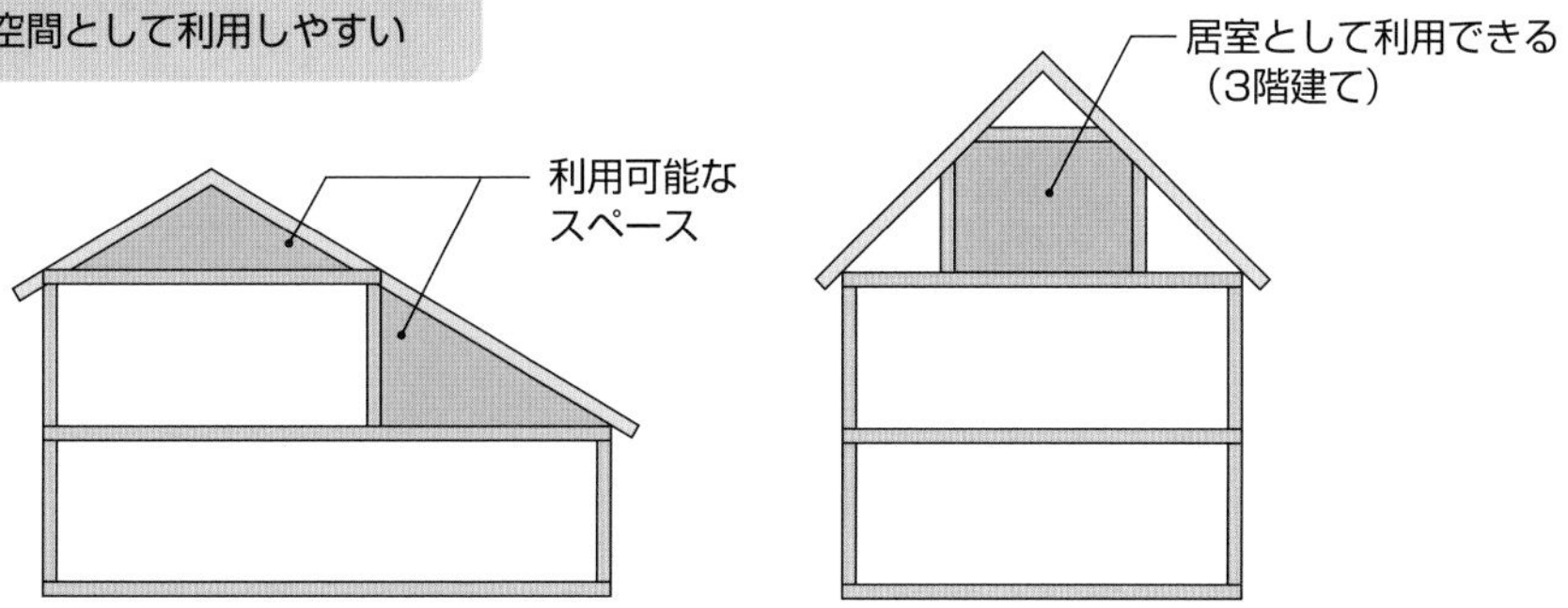
利用可能なスペース
居室として利用できる（3階建て）

〈2〉かたまった箱をずらすだけで、スキップフロアの設計が可能

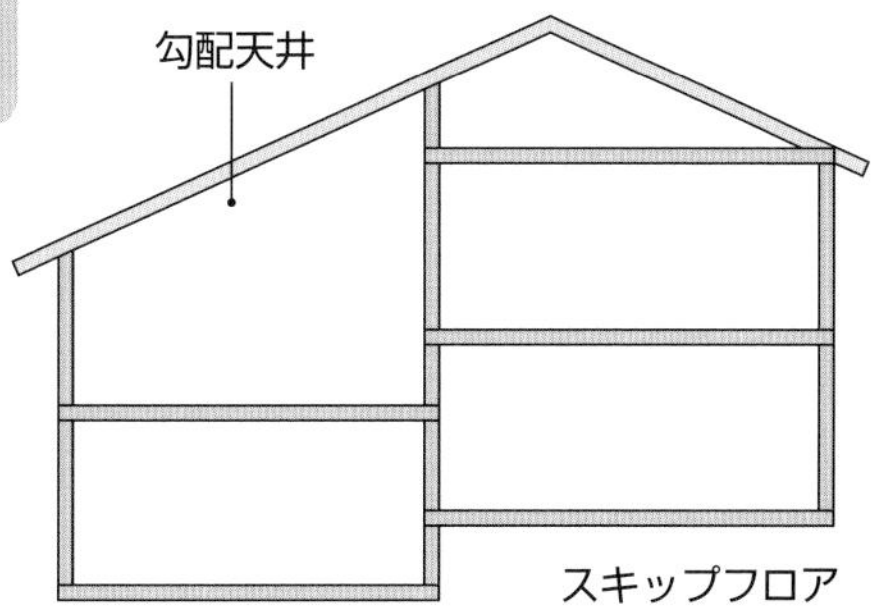
勾配天井
スキップフロア

〈3〉 水平構面をはね出すだけで、オーバーハングが可能
（バルコニーであれば 210 材で 1.2m は可能）

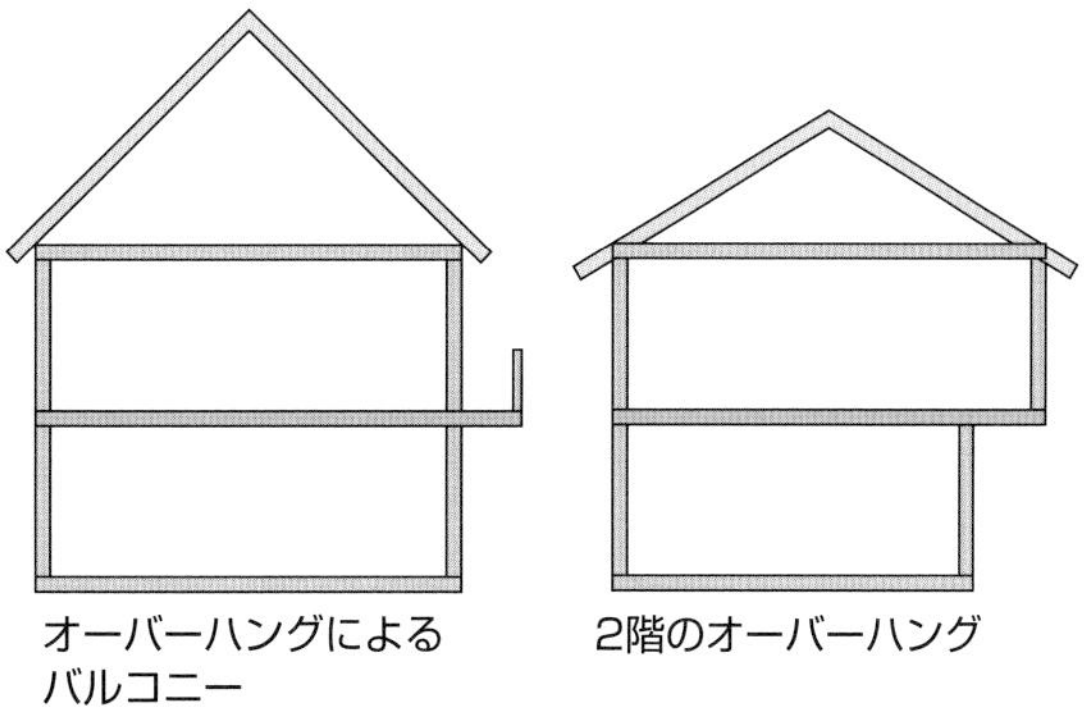
オーバーハングによるバルコニー
2階のオーバーハング

〈4〉屋根構面の組合せにより、いろいろな屋根形状をつくることが容易

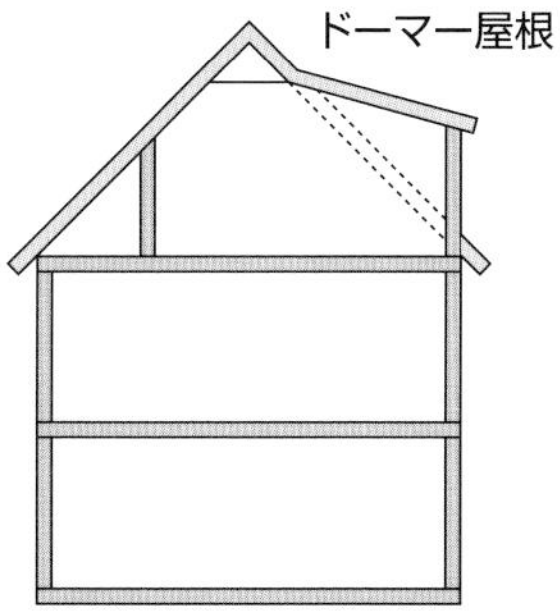
ドーマー屋根

〈5〉下枠・上枠は 210 材から 204 の幅となるように櫛形に切り出す。たて枠は曲率方向に立て、内外とも合板を曲げて張っている

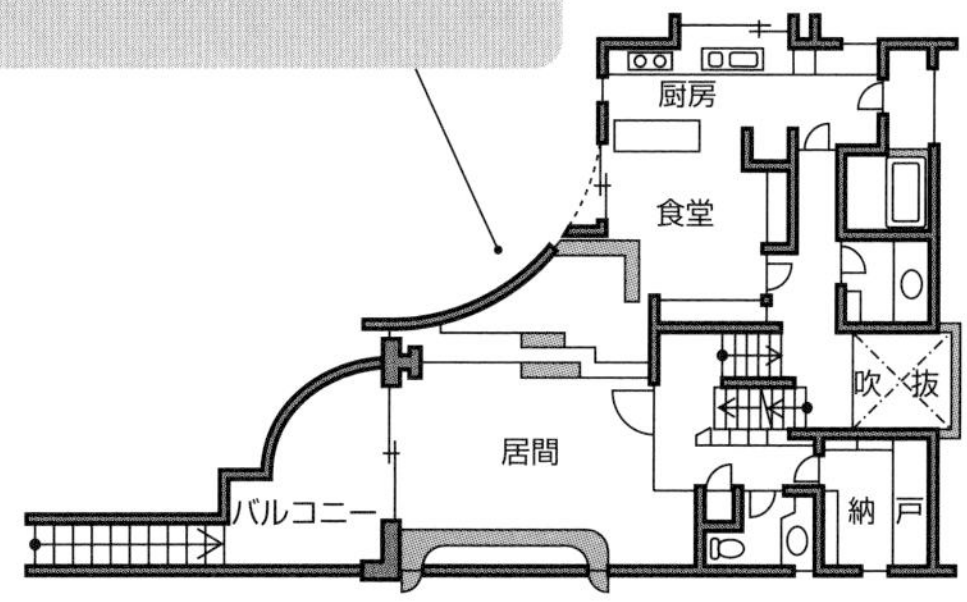
厨房
食堂
吹抜
居間
バルコニー
納戸

プランを描く際のポイント

KeyWord 032

Point

◐ プランニングを進めるうえで最低限おさえておきたい9カ条

◐ プランニングのための基本知識

ここでは、引き算設計をするうえで、頭に入れておかなければならない決まり事を整理する。

〈1〉住宅の平面プランを建物外周および建物内部耐力壁で区画する。この囲い込みが引き算設計の基本である。

〈2〉囲い込み（耐力壁線内の区画）の大きさは40㎡までとする。

〈3〉耐力壁線の間隔は12m以下とする。

〈4〉耐力壁線内の開口部には下がり壁を設けて耐力壁線相互を一体化する。

ここまでは復習である。

〈5〉外壁の耐力壁線相互の交差部には水平力が作用すると浮き上がり力および沈み込み力が生じるため、各交差部に長さ90㎝以上の耐力壁が1以上必要になる。これにより直交する耐力壁相互が一体化され、箱構造として構造耐力上有効になる。

〈6〉開口部に風が作用した場合、両脇のたて枠（一般には204材）がこの風圧力を負担する。この負担の限度から、また鉛直力に対して一般のまぐさサイズ（212材）では負担することが困難となるため、耐力壁線内の開口部の幅は4m以下とする。

〈7〉箱構造の水平力を負担する耐力壁線の構造耐力を一定の限度以上確保するために、1つの耐力壁線上に必要な耐力壁の合計は耐力壁全長の1／4以上とする。

〈8〉地震および台風によって生じる水平力から住宅を守るためには、必要な耐力壁をバランスよく配置することが非常に大切になる。

〈9〉2階の耐力壁線で負担した水平力は、直下に配置された1階の耐力壁にスムーズに伝えることが理想である。できれば、2階建て部分と下屋部分を明確に分け、1・2階の耐力壁が上下に連続するようにプランニングすることが望ましい。

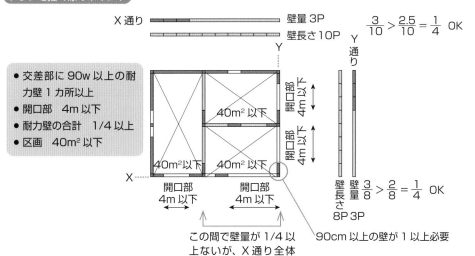

プランを描く際のポイント

- 交差部に 90w 以上の耐力壁 1 カ所以上
- 開口部　4m 以下
- 耐力壁の合計　1/4 以上
- 区画　40m² 以下

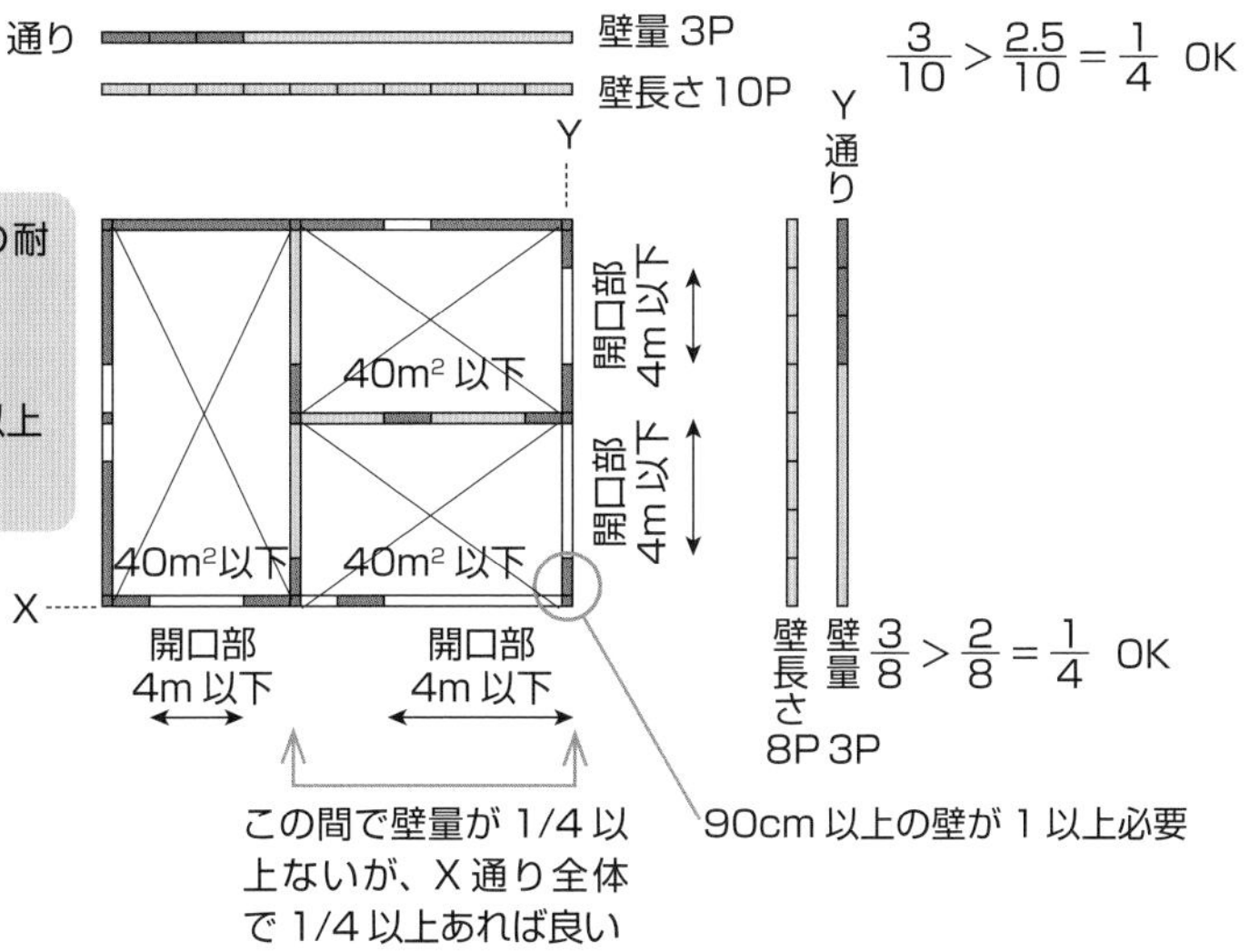

X 通り
壁量 3P
壁長さ 10P
$\frac{3}{10} > \frac{2.5}{10} = \frac{1}{4}$ OK
Y
Y 通り
開口部 4m 以下
開口部 4m 以下
40m² 以下
40m²以下
40m² 以下
X
開口部 4m 以下
開口部 4m 以下
壁長さ 8P
壁量 3P
$\frac{3}{8} > \frac{2}{8} = \frac{1}{4}$ OK
この間で壁量が 1/4 以上ないが、X 通り全体で 1/4 以上あれば良い
90cm 以上の壁が 1 以上必要

最大開口幅の取り方

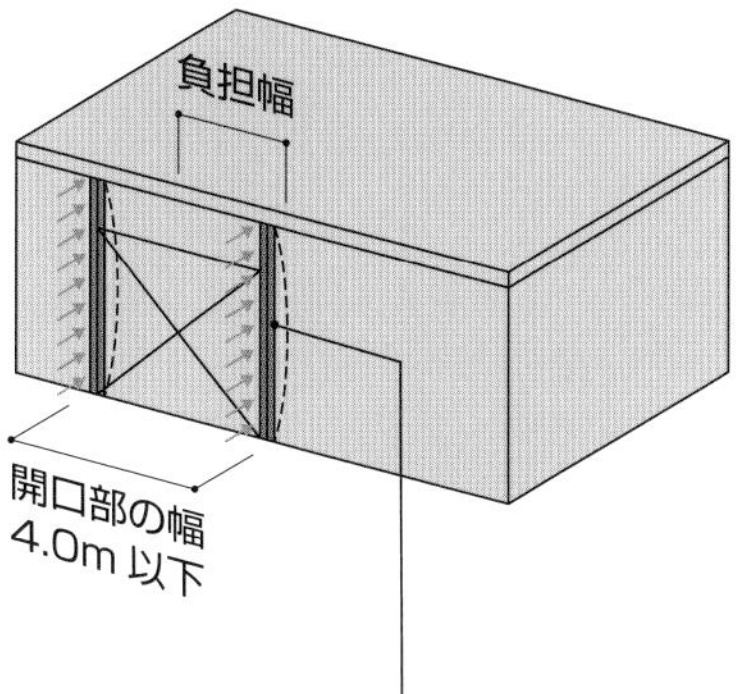

負担幅
開口部の幅 4.0m 以下

まぐさ受けが取り付く両脇のたて枠が、開口部に作用する風圧力を負担する

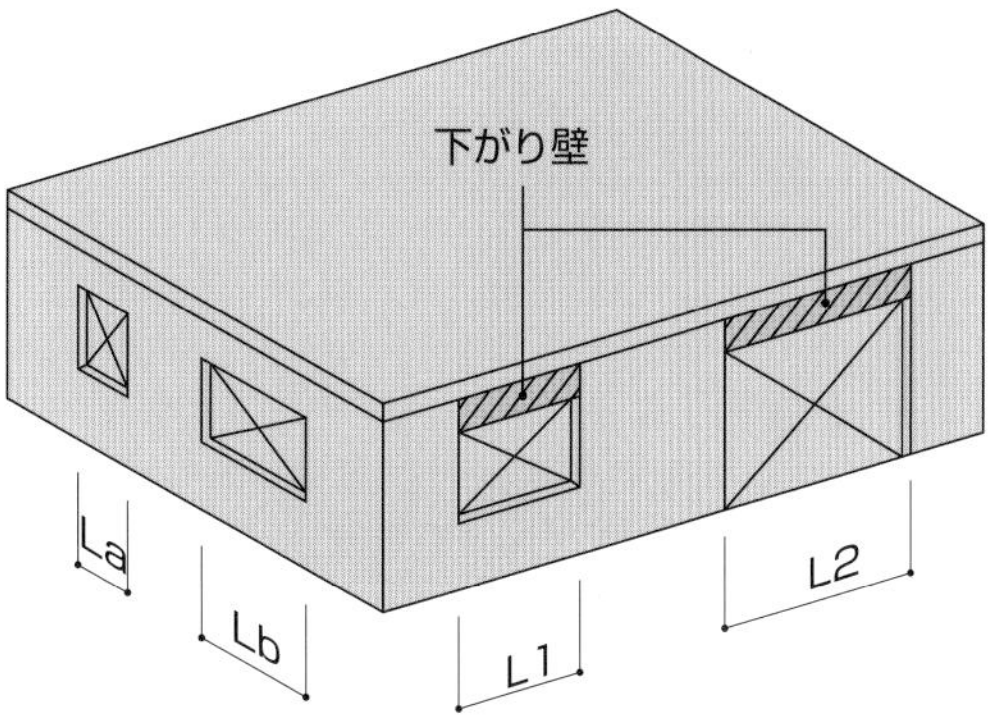

下がり壁
La
Lb
L1
L2

L1、 L2、 La、 Lb それぞれが 4m 以下であること

プランニングの原則として最低限おさえておきたいこと

〈1〉 住宅の平面プランを建物外周および建物内部耐力壁で区画する。
〈2〉 耐力壁線の区画は 40m² 以下（ただし上部の床面を補強した場合は 72m² 以下）。
〈3〉 耐力壁線の間隔は 12m まで可能。
〈4〉 耐力壁線内の開口部には下がり壁を設ける。
〈5〉 外壁の耐力壁線相互の交差部に長さ 90cm 以上の耐力壁が 1 以上必要。
〈6〉 耐力壁線内の開口部の幅は 4m 以下とする。
〈7〉 1 つの耐力壁線内に必要な耐力壁の合計は耐力壁全長の 1/4 以上とする。
〈8〉 必要な耐力壁をバランスよく配置する。
〈9〉 できるだけ 1・2 階の耐力壁が上下に連続するようにプランニングする。

2×4住宅の力（鉛直力・水平力）の流れ

KeyWord 033

Point

◐ **鉛直力および水平力は床面から耐力壁に流れるので、床面と耐力壁は緊結されていなければならない**

◐ 鉛直力の流れ

建物の自重などの固定荷重、人・家具などの積載荷重、屋根に積もる雪など、すべて鉛直力として重力方向に働く。鉛直力は基本的に上から下へ、断面の小さい部材から大きい部材へと流れる。

2×4工法の場合は、水平・垂直構面の内部の細かい力の流れはともかく、大きくは、屋根面↓2階耐力壁↓2階床面↓1階耐力壁↓（1階床面）↓基礎↓地盤の順に流れていく。

耐力壁は、建物外部であっても内部であっても、水平力と鉛直力を同時に支持する壁だが、前述の下がり壁を設けない壁は、鉛直力を支持する支持壁にはなれるが、水平力を伝えることができないので、耐力壁にはなれない。

◐ 水平力の流れ

一般的な構造設計では、水平力として地震力と風圧力を検討する。

地震力は下から上へ流れる力だが、地面の移動を0としたうえで、上部構造に水平力が作用しているものとして、便宜的に力を置き換えて考える。

水平力は、大まかに言えば床面から耐力壁へ伝達される。

屋根面に作用する水平力は屋根面と壁面が規定の釘打ちによって一体化されているので、まず2階の耐力壁に伝達される。

2階の床面に生じた水平力に抵抗するのは1階の耐力壁であり、力は2階の床面↓1階の耐力壁へと流れていく。そのほか、1階耐力壁には2階耐力壁が負担した水平力も伝達される。この時、1階と2階の耐力壁の位置がずれていると、2階の耐力壁が負担した力は、いったん2階の床面を介して1階の耐力壁へ伝達されることになる。それゆえ、1・2階の耐力壁の位置はあっていた方が好ましい。

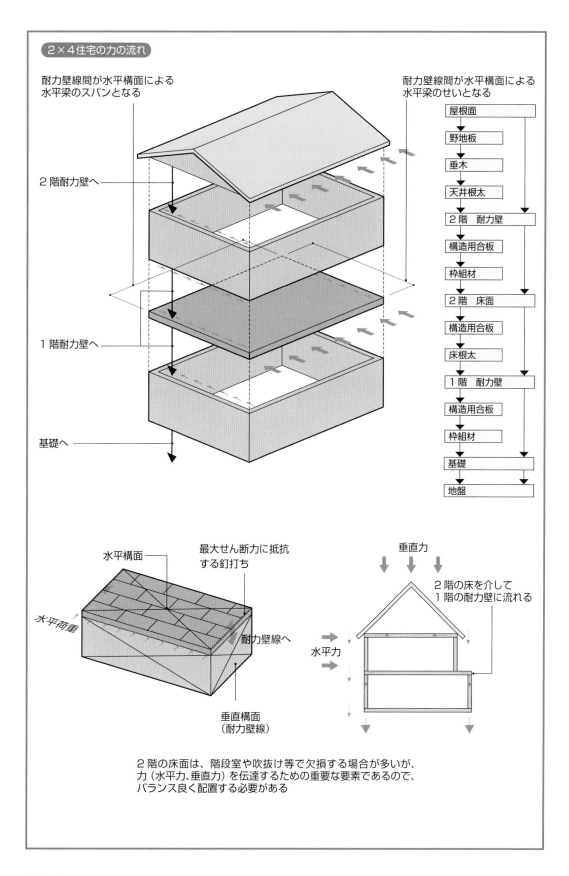

2×4住宅の力の流れ

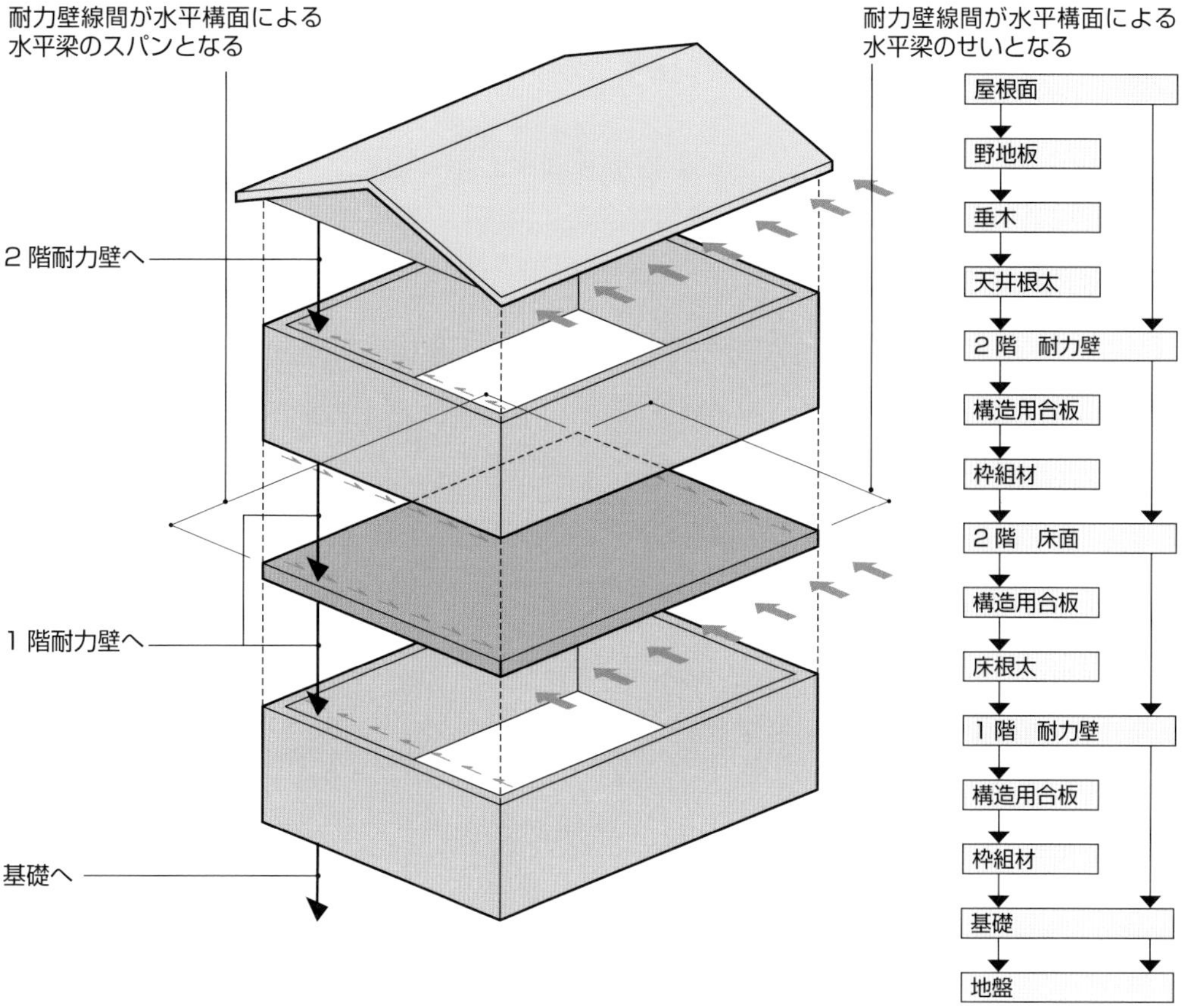
耐力壁線間が水平構面による
水平梁のスパンとなる
耐力壁線間が水平構面による
水平梁のせいとなる
2 階耐力壁へ
1 階耐力壁へ
基礎へ
屋根面
野地板
垂木
天井根太
2 階　耐力壁
構造用合板
枠組材
2 階　床面
構造用合板
床根太
1 階　耐力壁
構造用合板
枠組材
基礎
地盤

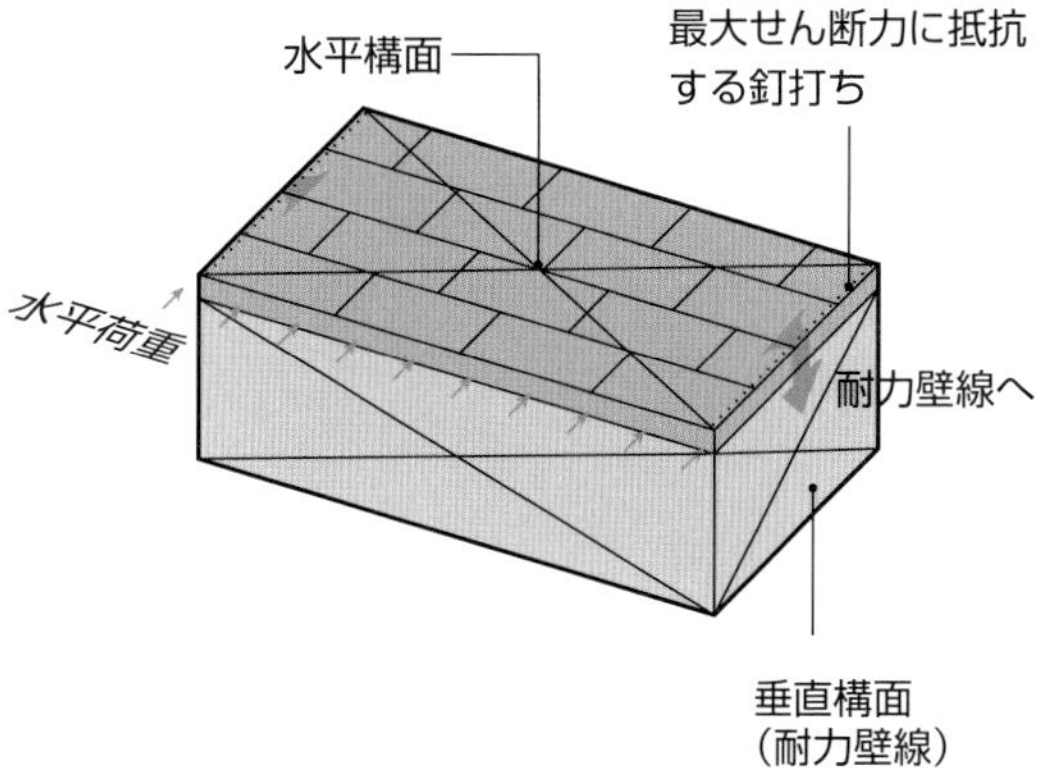
水平構面
最大せん断力に抵抗
する釘打ち
水平荷重
耐力壁線へ
垂直構面
（耐力壁線）

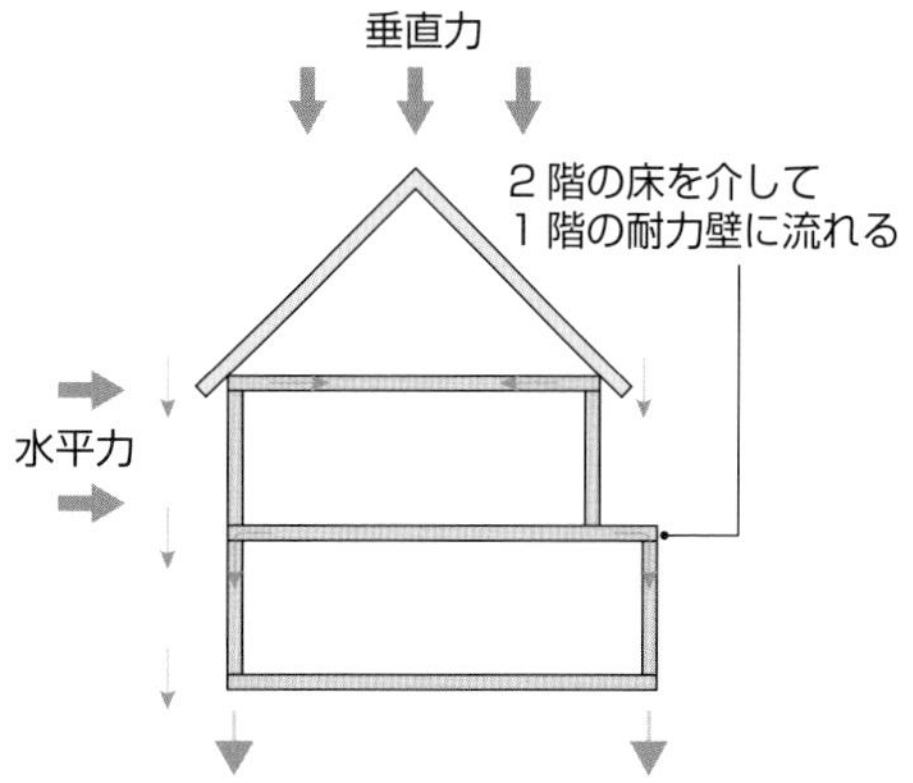
垂直力
2 階の床を介して
1 階の耐力壁に流れる
水平力

2 階の床面は、階段室や吹抜け等で欠損する場合が多いが、
力（水平力、垂直力）を伝達するための重要な要素であるので、
バランス良く配置する必要がある

耐力壁線区画とプランニングのポイント

KeyWord 034

Point

- 耐力壁線区画で構成される区画の基本面積は40㎡以下
- 開口部の長さは、4m以下で、壁線長さの3/4以下
- 区画の形状は雁行を少なくして矩形に近くする
- 上下階の耐力壁線区画はできるだけ揃える

耐力壁線区画は耐力壁と開口部をつないだ矩形の領域によって地震に対抗する。

プランはいくつかの耐力壁線区画の組合せで構成する。区画面積は40㎡までが基本だが、ころび止めや釘打ちの規定に従えば72㎡まで許容される。

面積と縦横比

耐力壁線区画の長辺と短辺には、矩形として地震に対抗するために比率に制限がある。40㎡超～60㎡までは3倍以下、60㎡超～72㎡以下は2倍以下である。40㎡以下について決まりはないが、3倍程度を目安にしたい。また、耐力壁線の間隔は面積に関わらず12m以下にする。

開口の制限

耐力壁線区画の隅部には耐力壁を設けることが基本である。耐力壁線上の開口部の幅は4m以下で、開口部の合計は壁線長さの3/4以下にする。開口部にはまぐさが設けられるため、建具がない部分では下がり壁となる。

壁線の雁行

実際のプランでは、耐力壁線区画を矩形だけで構成することは難しい。耐力壁線の雁行は2mまでとし、その耐力壁線上の開口部長さは3/4以下にする。雁行部には耐力壁を設け、区画の剛性を損なわないようにする。ただし、雁行の隅部に柱状の壁があれば、合計で4mまでの連続開口とできる。

上下階の一致

上下階の耐力壁線区画は一致することが望ましいが、床組の補強などで対応できる。

また、スキップフロアのように床構成面が異なる場合や大きな吹き抜けは、それぞれを耐力壁線区画として安全性を検討する。

耐力壁線区画の面積

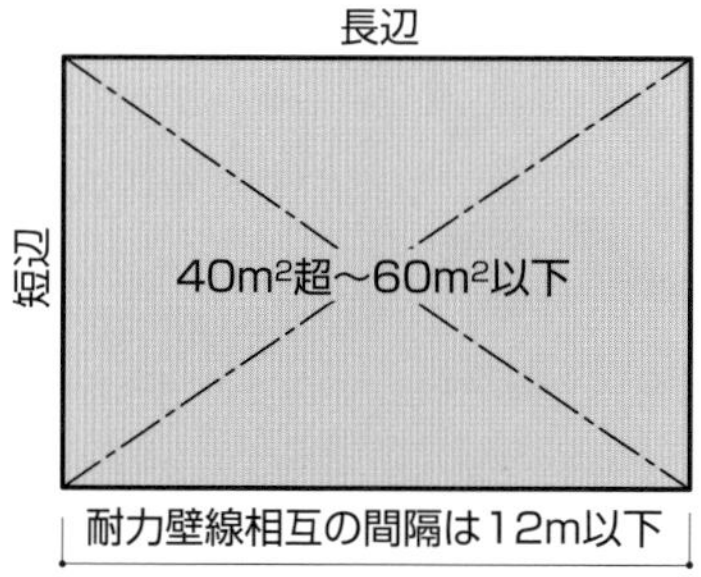
長辺
短辺
40m²超～60m²以下
耐力壁線相互の間隔は12m以下

短辺と長辺の比率は3倍以下

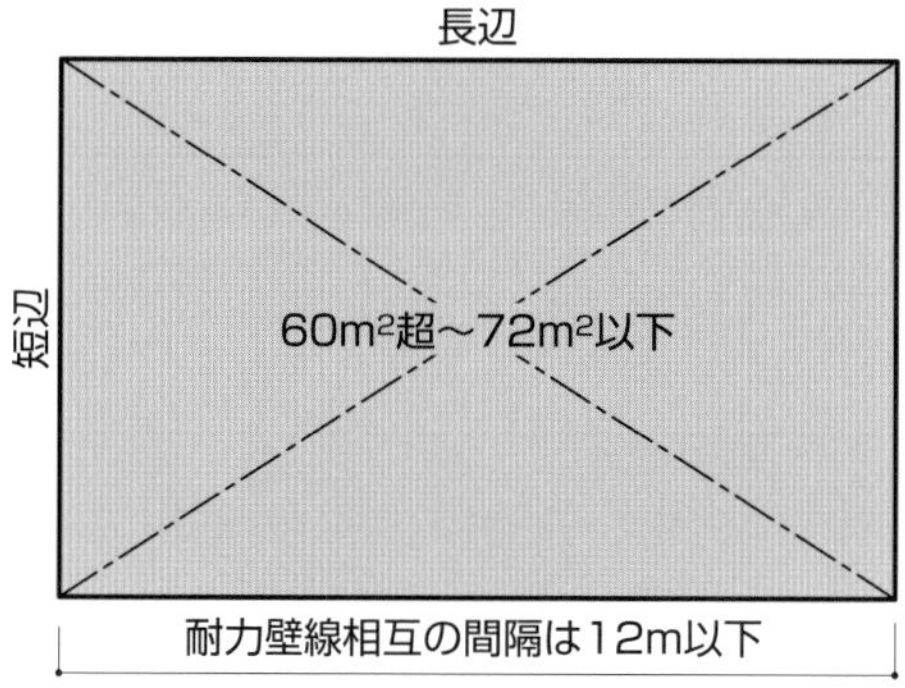
長辺
短辺
60m²超～72m²以下
耐力壁線相互の間隔は12m以下

短辺と長辺の比率は2倍以下

耐力壁線の開口の制限

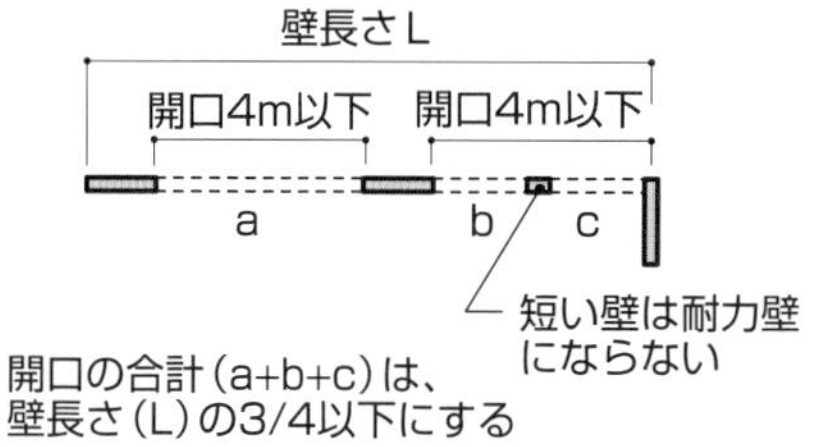
壁長さL
開口4m以下
開口4m以下
a
b
c
短い壁は耐力壁にならない
開口の合計（a+b+c）は、壁長さ（L）の3/4以下にする

開口部の制限

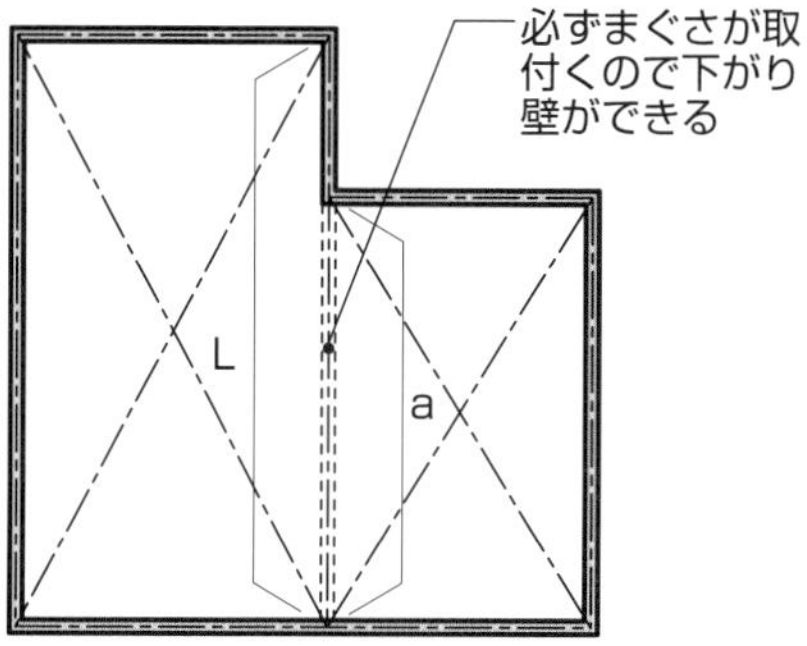
必ずまぐさが取付くので下がり壁ができる
L
a

開口部aは4m以下で
壁長さLの3/4以下とする

壁線の雁行

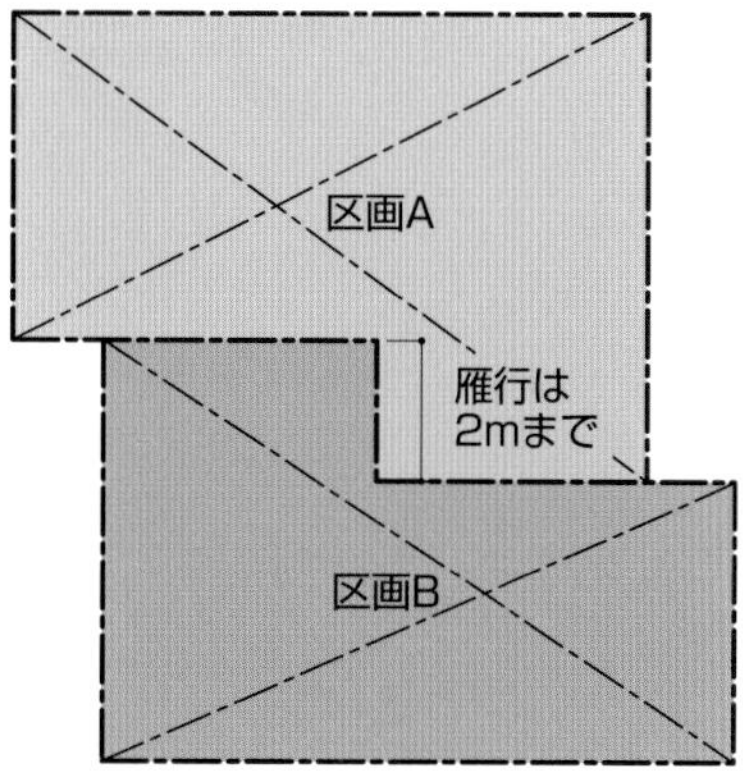
区画A
雁行は2mまで
区画B

雁行部の開口長さ

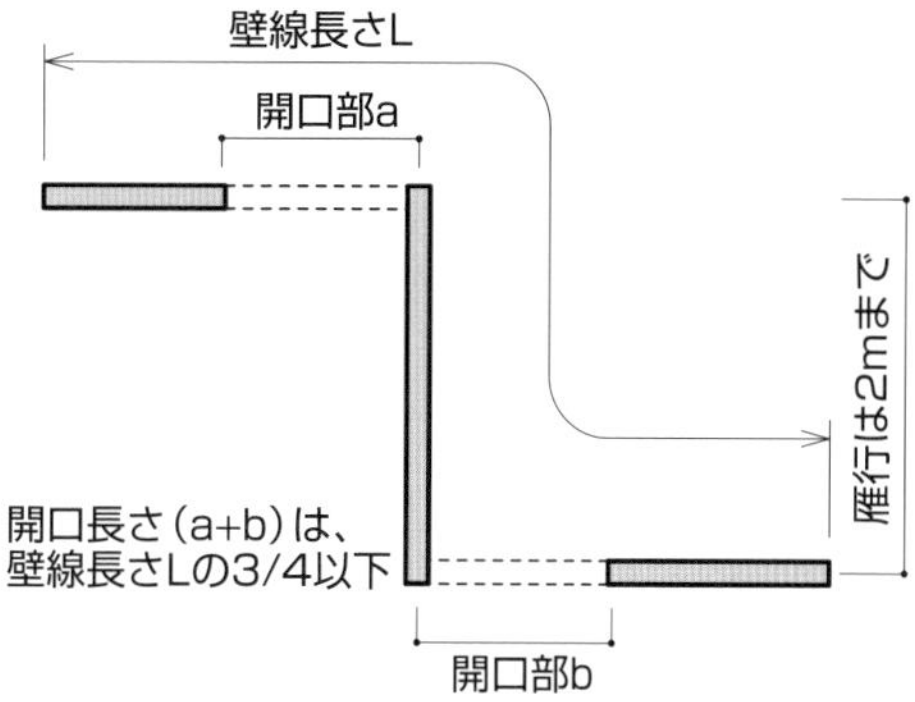
壁線長さL
開口部a
雁行は2mまで
開口長さ（a+b）は、壁線長さLの3/4以下
開口部b

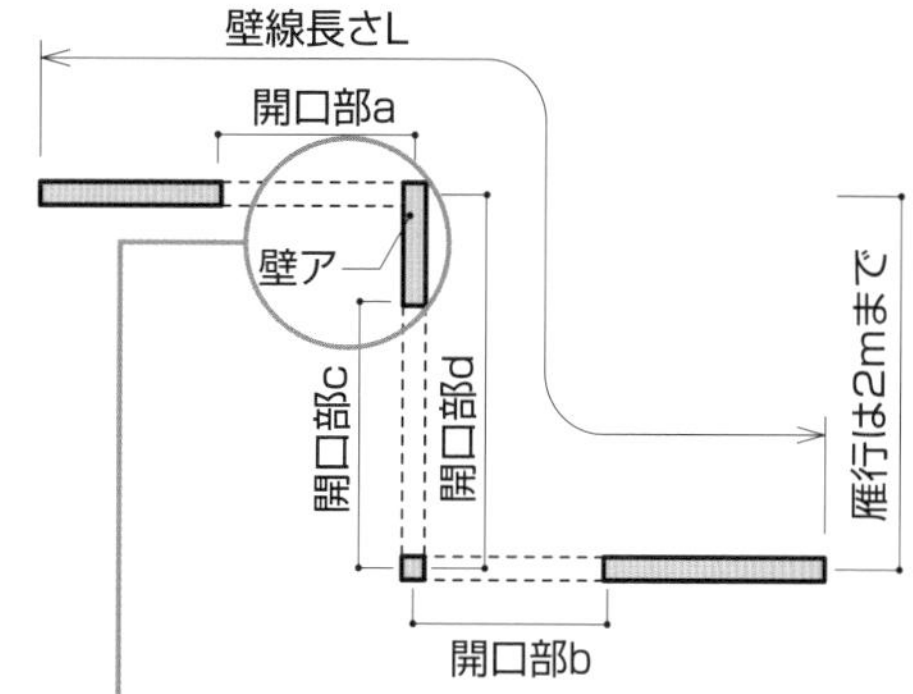
壁線長さL
開口部a
壁ア
開口部c
開口部d
雁行は2mまで
開口部b

- 雁行部の壁アが長い場合
  開口部はcとなるので、
  開口長さは（a+b+c）となる。
  開口は、a≦4m、（b+c）≦4mとし、
  （a+b+c）／ L≦3/4となるようにする

- 雁行部の壁アが短い場合
  開口部はdとなるので、
  開口長さは（a+b+d）となる。
  開口は、（a+b+d）≦4mとし、
  （a+b+d）／ L≦3/4となるようにする

根太長さとプランニングのポイント

KeyWord 035

Point

◐ 床根太は210材で、支持スパン3640mmを基本とする

◐ 床のたわみが懸念される場合は補強する

床根太の寸法形式

床は下階の壁パネルの上に床根太を敷き並べ、その上に構造用合板を敷き詰めて構成する。そのため、床根太は各階ごとに同じ寸法形式に統一する。

床根太の寸法形式の選定は、構造計算によるか、「枠組壁工法建築物スパン表（2002年）」（（一社）日本ツーバイフォー建築協会）などを参考に、構造的に条件の厳しい床根太による持出し部分などに合わせて統一する。経済性も考慮すると、寸法形式を210で、455㎜間隔で敷き並べるのが一般的である。この場合、樹種等級をSPF2級、その他の条件を安全側とすると、許容床根太スパンは4000㎜である。これを約4P（3640㎜）と考え、下階の耐力壁線のスパンがこれに納まるようにプランニングすると効率的である。

これを超える場合は、床根太間隔を303㎜と狭くするか、寸法形式を212にする。床梁や支持壁を設けて床根太をスパン内に納める方法もあるが、下階に下がり壁や支持壁が出てしまうため、空間構成と合わせて検討が必要である。

これ以外にも、国土交通大臣による基準強度の指定を得たIビームなどを使用する方法もある。

床のたわみ

床根太に許容されるたわみ量はスパンの1／250である。スパン3640㎜では14㎜たわむことになる。これは、部屋の中央部などに静かに座っていると揺れを感じる値である。

実際は下階の壁があったり補強の梁が入っているため、たわみ量はわずかだが、居間の直上に寝室や和室を配置するとたわみを感じることがある。事象が懸念される場合は、床根太の間隔を303㎜にする、床根太を2枚合わせにする、床の構造用合板を厚くするなどの補強を考える。

床根太のスパン

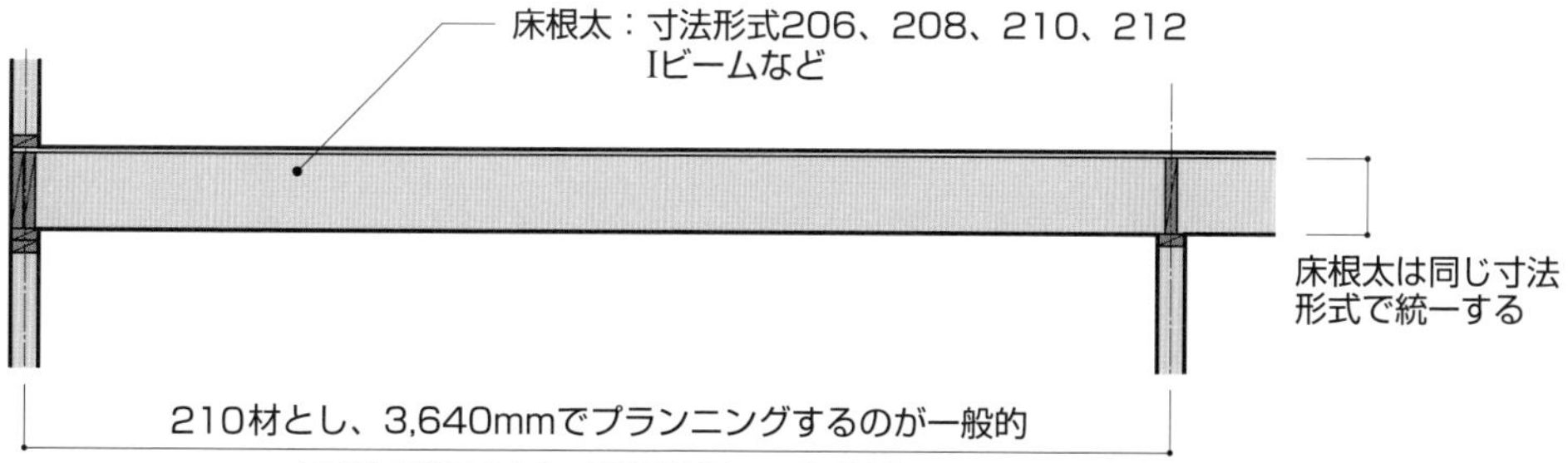
SPF 2級の210、間隔455mmならば最大スパンは4,000mm

SPF 2級の床根太スパン例

材寸法形式＼床根太間隔	455mm	303mm
206	2,670mm	3,250mm
208	3,300mm	4,000mm
210	4,000mm	4,840mm
212	4,660mm	5,620mm

Iビームとその使用例

Iビームを2階床根太に使用した例

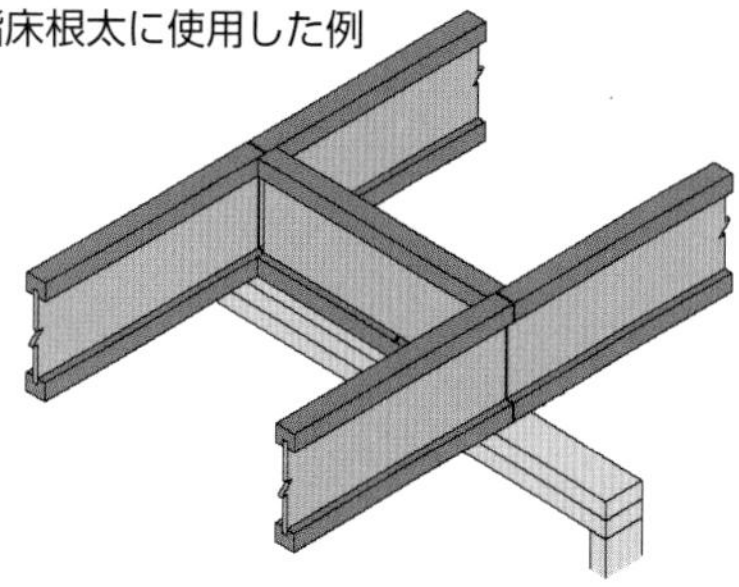

床のたわみ

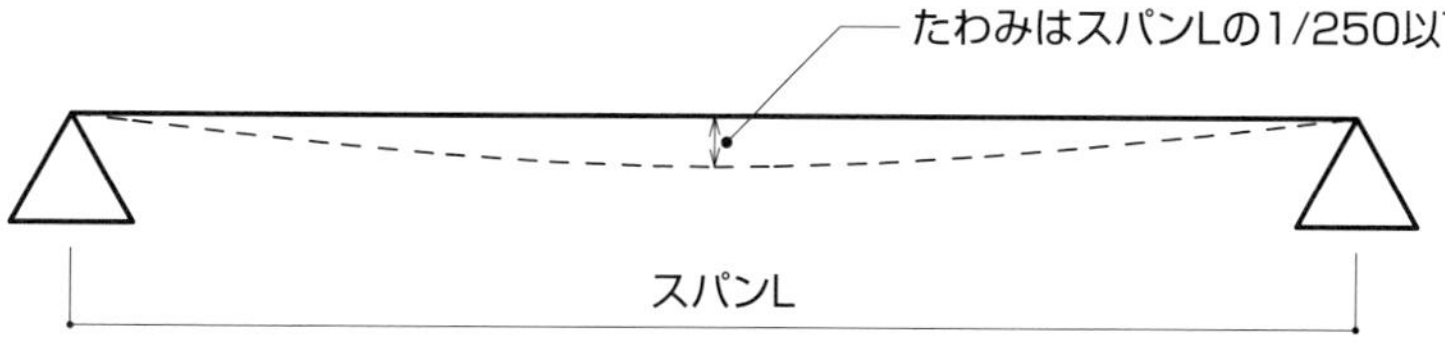

スパンLが3,640mmの場合、
たわみの最大量は14.5mmになる

耐力壁と開口部のポイント

KeyWord 036

Point

- 耐力壁線は耐力壁と開口部で構成される
- まぐさは両端をまぐさ受けで受ける
- まぐさ受けは、開口幅 2730mm 未満では１枚、それ以上では２枚にする

開口部の役割

耐力壁線は、地震や風圧などによる水平力に対抗し、上部からの荷重に耐え、下方に伝える役割がある。耐力壁線は耐力壁と開口部の組合せで構成される。

水平力におもに対抗するのは耐力壁であるが、開口部は上部からの荷重を両側の耐力壁に伝える。開口部の上部に取付けるまぐさは、荷重に耐えられるだけの寸法形式を使用し、まぐさ受けによって両側の耐力壁と一体となって下方へ力を伝える。

まぐさの選定

まぐさの選定は、構造計算によるか、「枠組壁工法建築物スパン表（２００２年）」（（一社）日本ツーバイフォー建築協会）を参考にして行う。選定は、まぐさが負担する上部からの荷重と、開口部の幅によって寸法形式を決定する。

まぐさの荷重条件は、内壁、外壁、1階、2階、床根太や天井根太に直交・平行、屋根材の重さ、上部開口部の位置、梁荷重などがある。

まぐさへの荷重は両側のまぐさ受けに伝わり、下層への荷重となる。そのため、下層に幅の広い開口部を設ける場合は、その上の開口部は一致させた方がまぐさへの負担が少ない。梁などによる荷重がかからないようにすると、さらに負担を軽減できる。

まぐさは寸法形式210などの製材を2枚合わせとして使用するが、荷重条件が厳しい場合は集成材やＬＶＬなどを使用する。

まぐさ受け

まぐさの両端に取付けるまぐさ受けは、開口部の幅が２７３０㎜未満では1枚の寸法形式204で受け、それ以上では2枚の寸法形式204か寸法形式404とする。

開口部への荷重の流れ

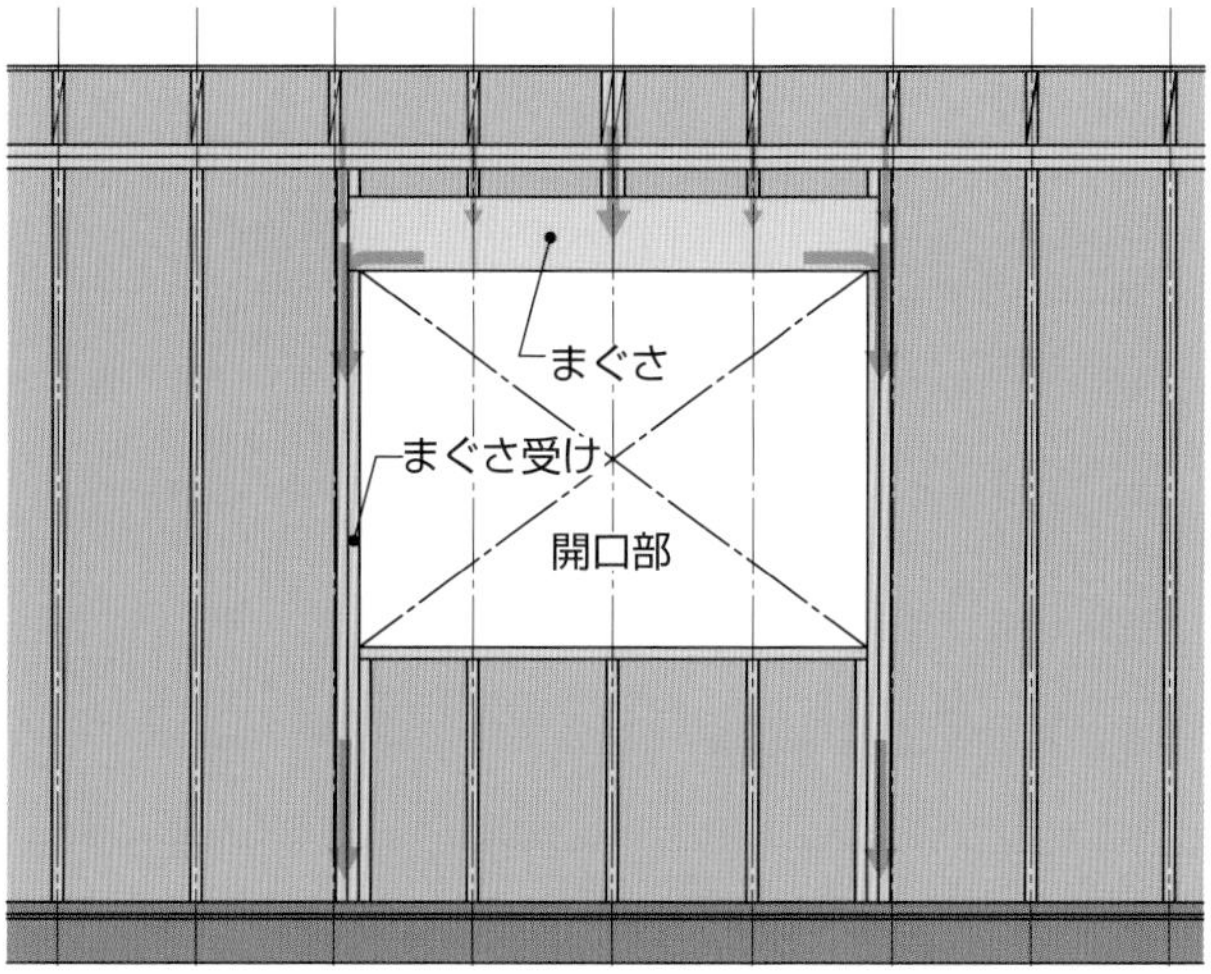
まぐさ
まぐさ受け
開口部
：荷重の流れ

上層からの荷重はまぐさが受け、両端のまぐさ受けを伝わって下層へ流れる

上下階の開口位置と荷重の流れ

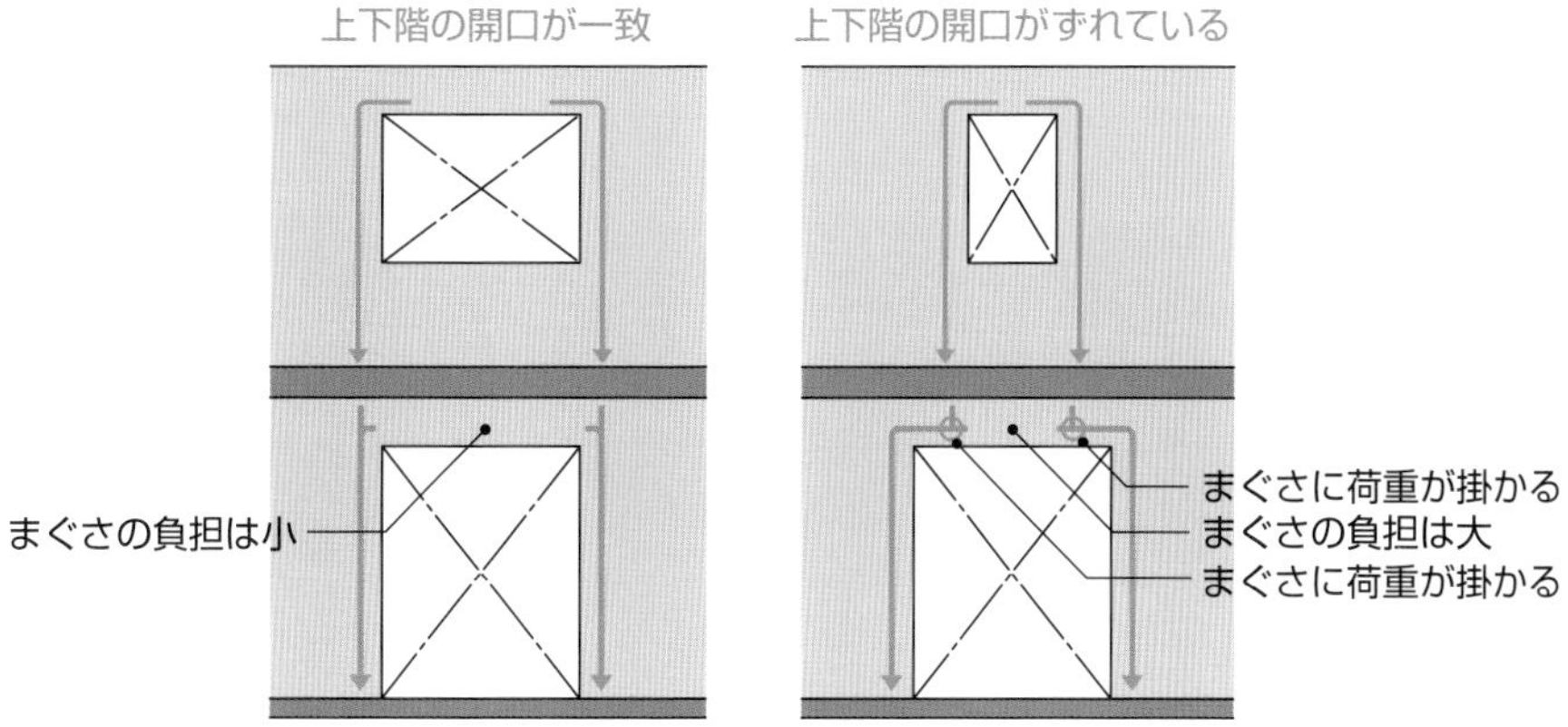
上下階の開口が一致
上下階の開口がずれている
まぐさの負担は小
まぐさに荷重が掛かる
まぐさの負担は大
まぐさに荷重が掛かる

上下階の開口がずれていると、下階のまぐさに負担が掛かる

開口幅とまぐさ受け

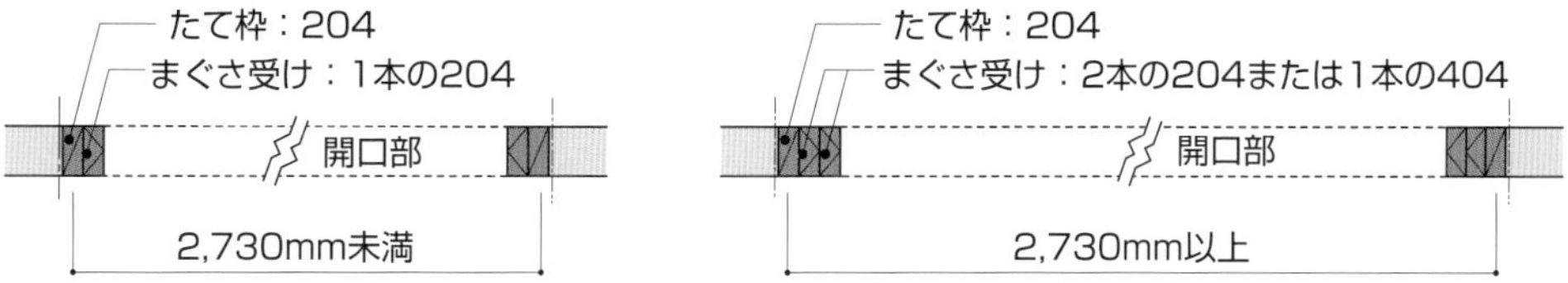
たて枠：204
まぐさ受け：1本の204
開口部
2,730mm未満
たて枠：204
まぐさ受け：2本の204または1本の404
開口部
2,730mm以上

2階建て住宅の設計のポイント

KeyWord 037

Point

- 上下階の耐力壁線が大きくずれると梁形が出る
- オーバーハングは得意、セットバックは下階に梁形や開口幅の制限が出る
- 屋根荷重などの基礎までの流れを確認する

耐力壁線のずれ

上下階の耐力壁線は一致することが望ましいが、一致するプランは現実には少ない。

上下のずれが床根太のせいと同寸までであれば、床根太に平行な場合は床根太を2枚以上、直交な場合は床根太と同寸のころび止めを入れる。それを超える場合は床梁で補強する。

床梁は、床根太の方向と寸法によっては天井の中に納まらないので、梁形として下がってくる。

このように、耐力壁線と床根太方向によって意匠に影響が出ることがあるので、プランニングにおいても構造を意識する。

構造的な得意と不得意（オーバーハングとセットバック）

2×4工法では、床根太を延長して支持壁から持ち出し、建物やバルコニーを910㎜程度オーバーハングさせることが容易である。

しかし、下屋などのセットバック部分では、床梁が下がってしまい、床梁の支持幅にも制約があるため、直下に大きな開口を設けることが難しくなっている。

屋根荷重

屋根の荷重は、垂木方式や片流れであれば軒側の壁に均等にかかるため、プランへの影響は少ない。しかし、寄棟や屋根梁方式では、棟梁や隅梁、トラスなどに荷重が集められて下層へ伝えられる。

こうした荷重について、基礎までの流れを確認し、たて枠や床梁、まぐさ、まぐさ受けなどに過大な負担がかからないように注意する。

ロフトや小屋裏収納、床梁などの荷重の流れも、同様に確認することが必要である。

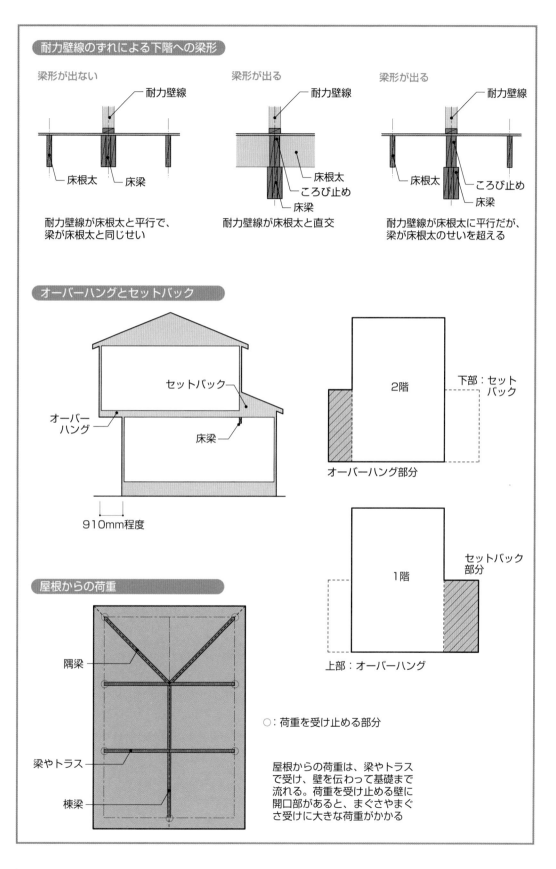

耐力壁線のずれによる下階への梁形

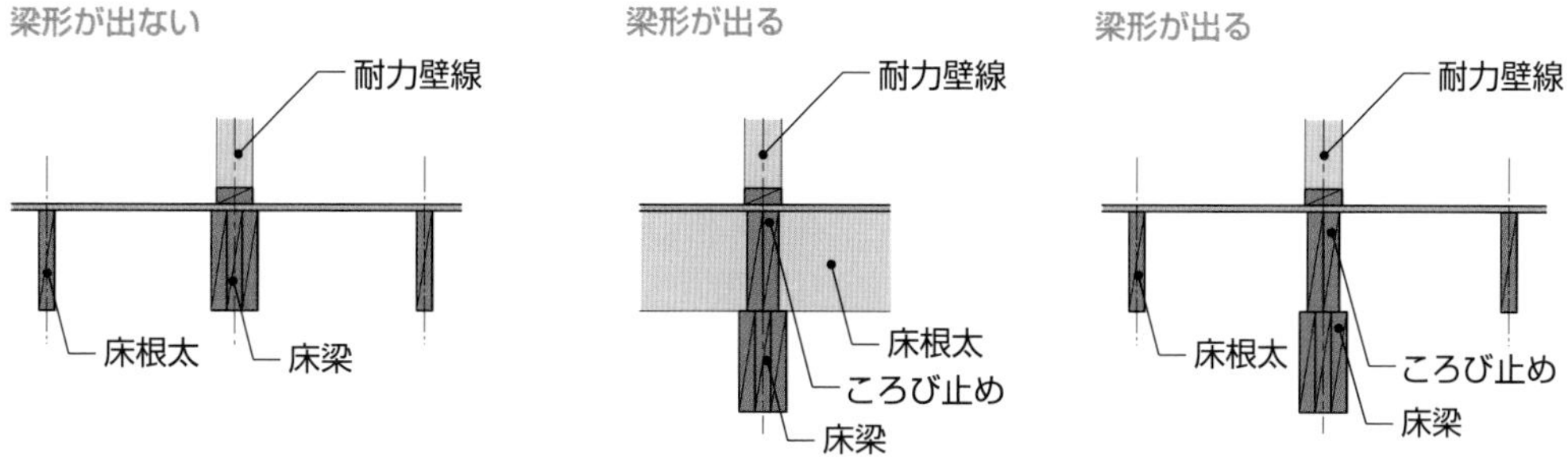

梁形が出ない
耐力壁線
床根太
床梁
梁形が出る
耐力壁線
床根太
ころび止め
床梁
梁形が出る
耐力壁線
床根太
ころび止め
床梁

耐力壁線が床根太と平行で、梁が床根太と同じせい

耐力壁線が床根太と直交

耐力壁線が床根太に平行だが、梁が床根太のせいを超える

オーバーハングとセットバック

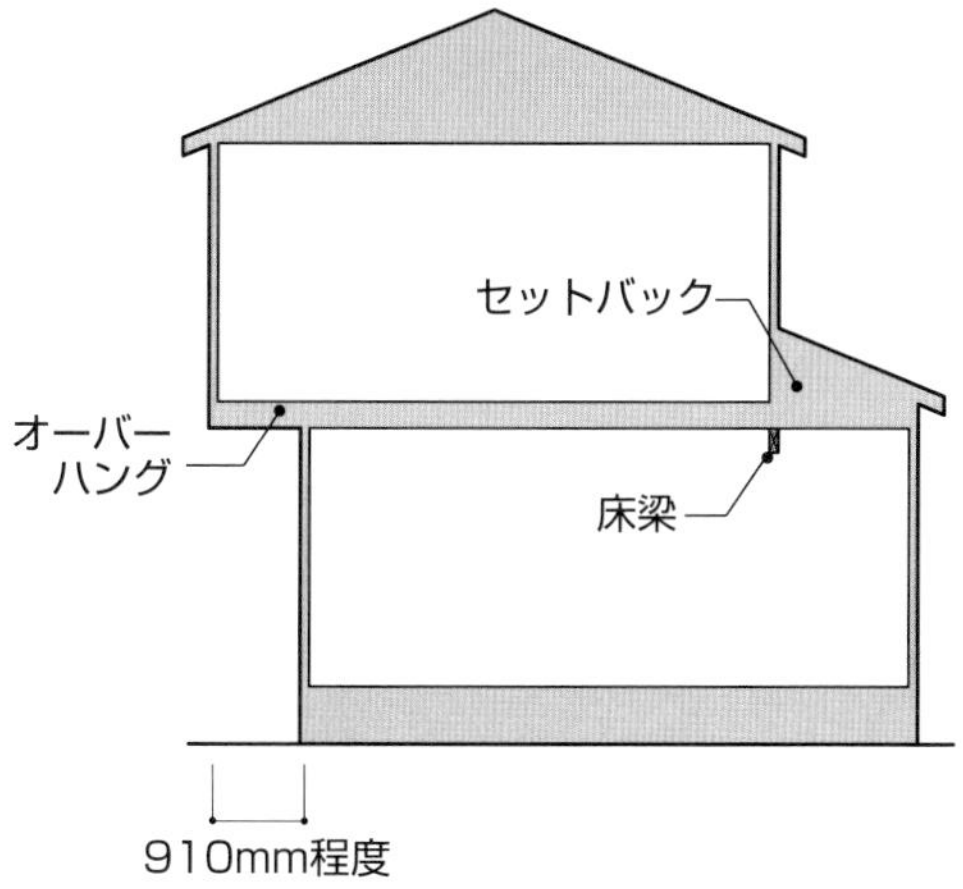

セットバック
オーバー
ハング
床梁
910mm程度

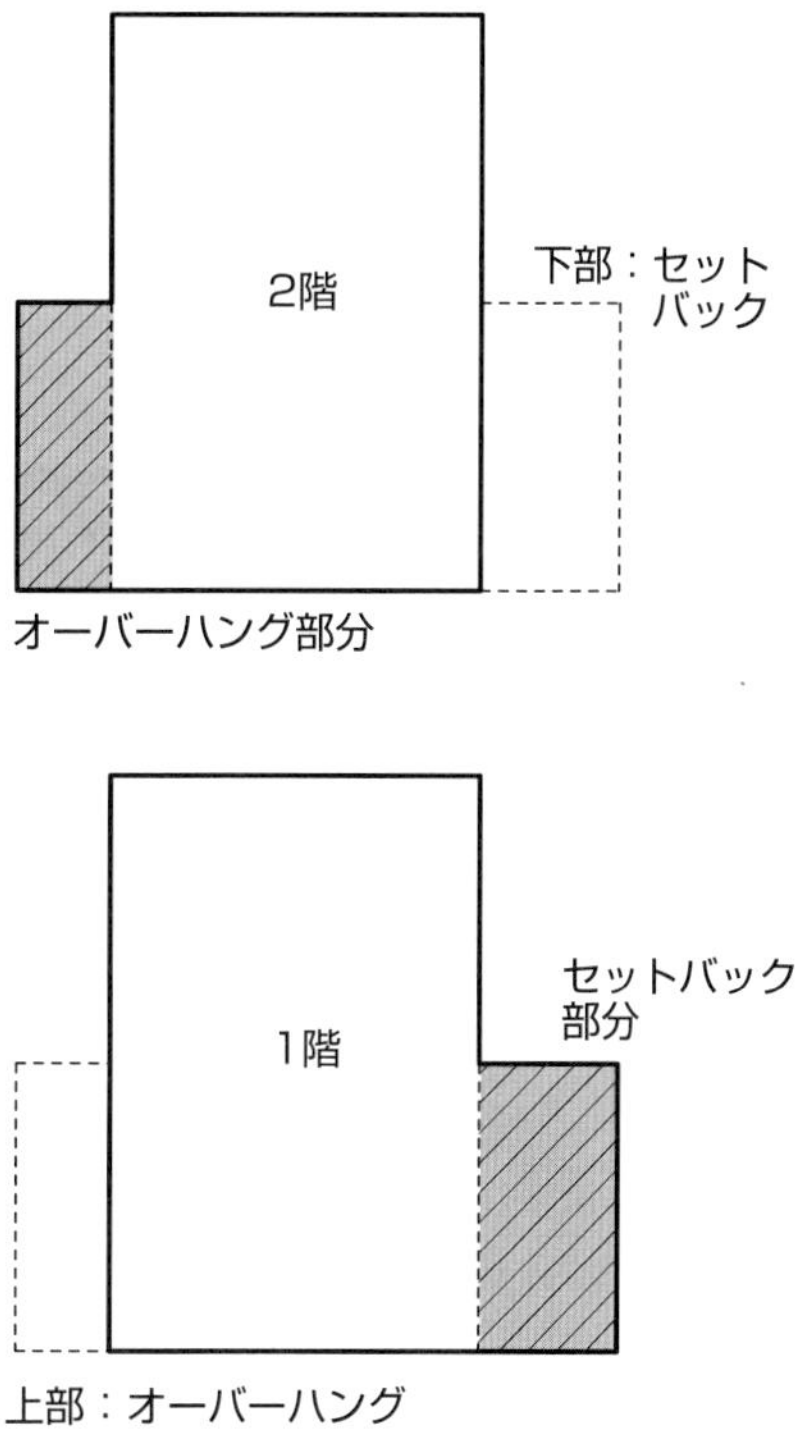

2階
下部：セット
バック
オーバーハング部分
1階
セットバック
部分
上部：オーバーハング

屋根からの荷重

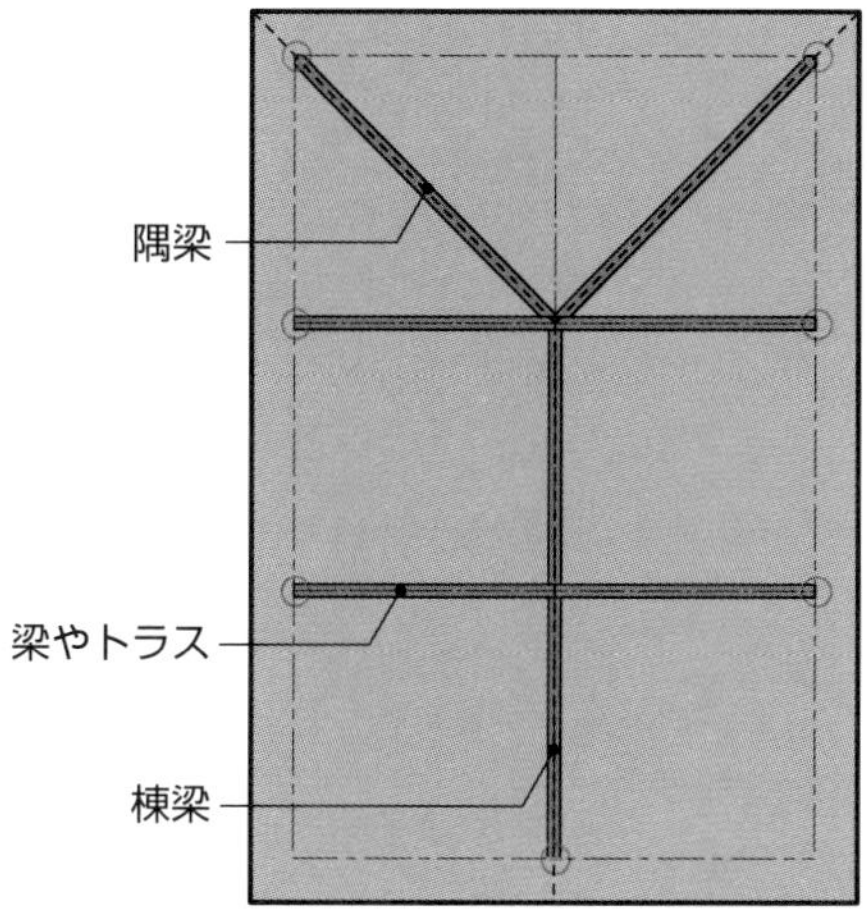

隅梁
梁やトラス
棟梁

○：荷重を受け止める部分

屋根からの荷重は、梁やトラスで受け、壁を伝わって基礎まで流れる。荷重を受け止める壁に開口部があると、まぐさやまぐさ受けに大きな荷重がかかる

小屋組の設計のポイント

KeyWord 038

Point

- 垂木方式とトラス方式はシンプルな屋根形状に適している
- 屋根梁方式と束建て方式は複雑な屋根形状に適している
- 天井面の部材を省略して勾配天井の空間を容易につくれる

屋根の架構方式

おもな屋根架構の方式に、垂木、屋根梁、トラス、束建てがある。

垂木方式とトラス方式は、外壁にすべての屋根荷重がかかるため、内壁に屋根の荷重はかからない。これらの架構方式での屋根形状は切妻が基本であるが、隅垂木と隅垂木受けによって寄棟なども構成できる。この場合、寄棟を構成する部材に多くの荷重がかかるため、荷重の流れを確認する必要がある。また、これらの架構方式では小屋の内部に構成材が取付くため、小屋裏収納や勾配天井の構成には向かない。

屋根梁方式と束建て方式は、屋根形状が複雑な場合や小屋裏利用に適している。しかし、屋根梁や束の荷重を支持壁や天井梁などで受ける場合、その荷重を基礎まで伝えるために支持内壁が必要になることが多く、プランに制約を受けることがある。

実際の屋根架構では垂木方式やトラス方式を基本とし、形状が複雑な部分や屋根裏を利用する箇所には屋根梁を架け、その屋根梁を束建てと天井梁で受けるというような組合せがなされる。

屋根の構面

屋根は屋根垂木を並べ、上面に構造用面材を敷き詰めて一体となった屋根構面を形成する。天井根太やトラスの下弦材は、屋根や軒の外壁が広がることを抑える役割を担っているので、大きな寸法形式を必要とせず、構造用面材なども張らない。

屋根梁方式などで天井面の部材を省略することで、勾配天井の空間を簡単に構成できる。しかし、天井根太やトラス下弦材による構造的な安定性が不足するため、経年で内装に歪やクラックが生じることがある。そのため、勾配天井の空間を配置するには、建物全体の剛性を考える必要がある。

屋根の架構方式と荷重の流れ

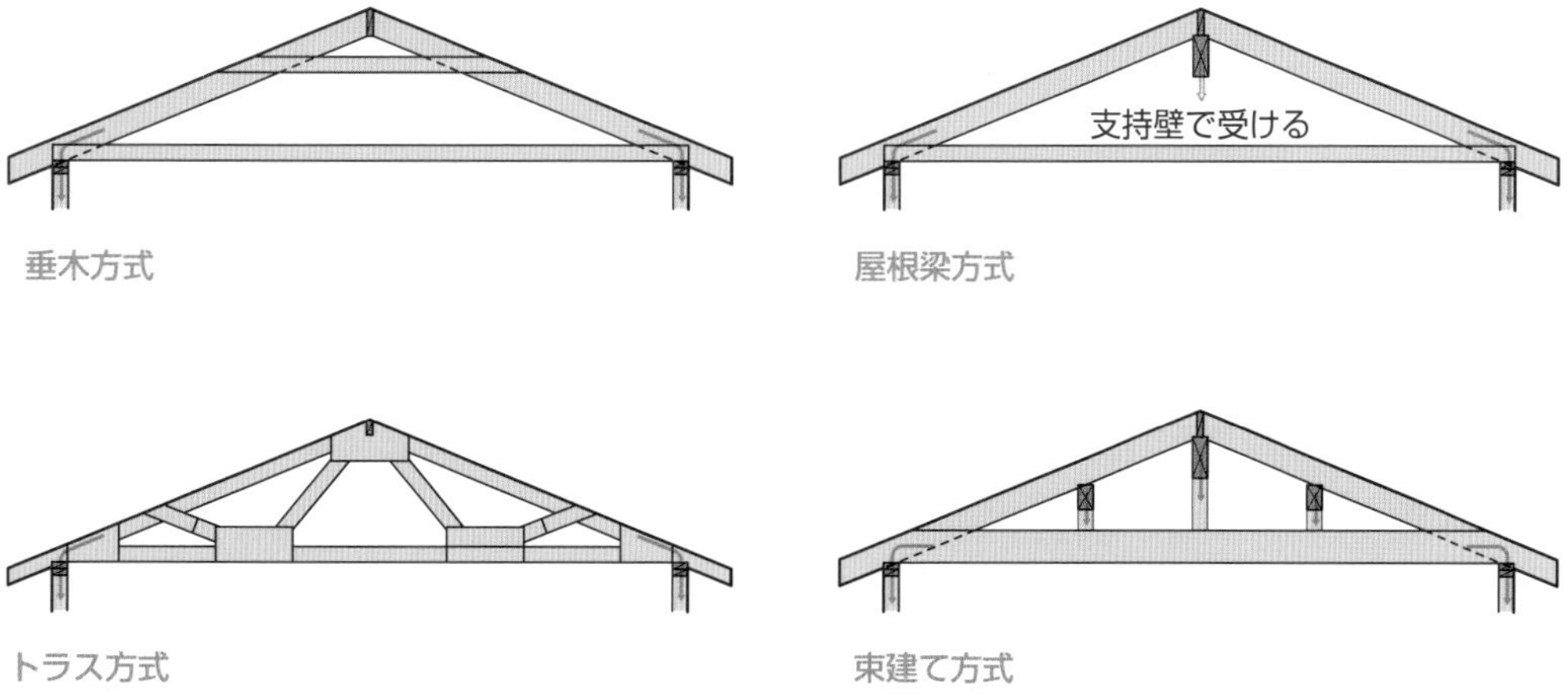
支持壁で受ける
垂木方式
屋根梁方式
トラス方式
束建て方式

勾配天井での注意点

勾配天井
内装に歪が
出やすい

勾配天井では、経年や地震、
風圧により変形が生じやすい

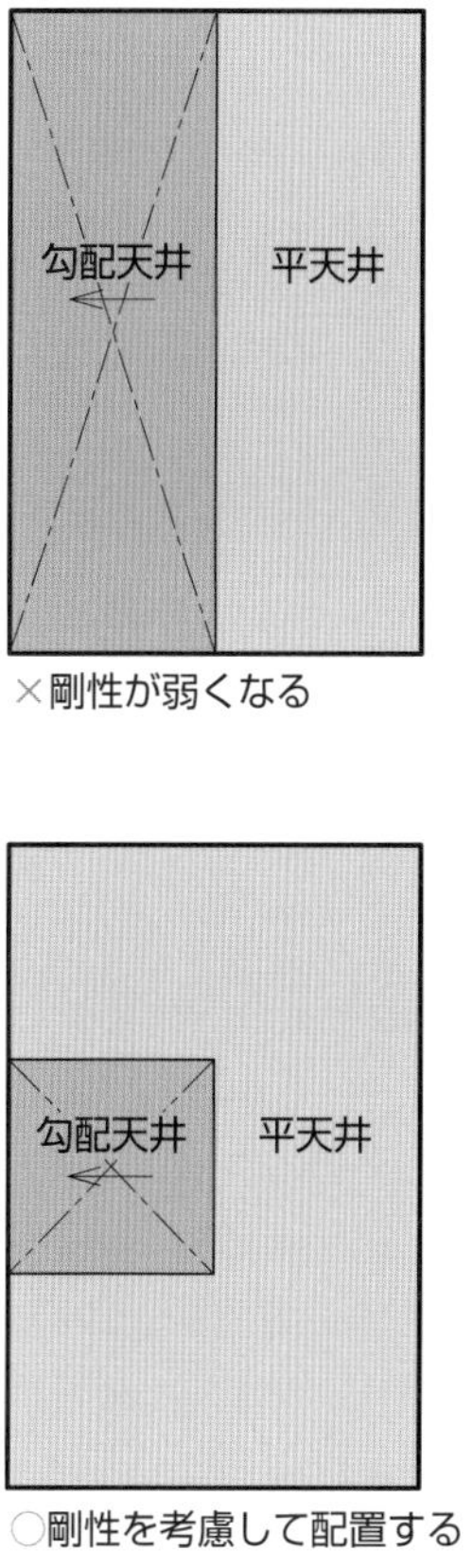
勾配天井
平天井
×剛性が弱くなる
勾配天井
平天井
○剛性を考慮して配置する

構造体と開口部品

KeyWord 039

Point

- 幅 2730mm 未満の開口はモジュールから 82.5mm 内側
- 幅 2730mm 以上の開口はモジュールから 120.5mm 内側
- 開口高さはまぐさ形式寸法の制約がある

開口部の幅

耐力壁の開口部では、端部のたて枠とまぐさ受けの組合せによって標準的な寸法が決められている。

組合せ方にはいくつかあるが、隅角部のモジュールから開口内側までの平面寸法は82.5と120.5㎜の2種類である。開口幅が2730㎜未満でまぐさ受けが1本では82.5㎜、開口幅が2730㎜以上でまぐさ受けが2本では120.5㎜となる。例えばモジュールが1820㎜の開口では両側から82.5㎜を引いた1655㎜が構造体の開口幅となる。枠組壁工法用のサッシやドア製品はこの中に納まる寸法となっている。そのためプランニングでは、たて枠の標準モジュール455㎜の倍数で開口を配置すればよいことになる。ただし900㎜以下でまぐさを必要としない開口部では、まぐさ受けを省略したり、たて枠のモジュールに従っていないものもあるので要注意である。

開口部の高さ

開口部の高さは幅の場合と異なり、モジュールによる規格はない。壁にあけられる最大の高さは、標準高さの壁パネルで、まぐさが2-210ならば2139㎜となる。同様に、まぐさが2-212では2088㎜となる。建具の内法高さを2000㎜とするならばまぐさは2-212まで使用できる。これよりも高い内法寸法にする場合はあらかじめ使用できるまぐさを逆算し、それで納まるプランや構造計画とするか、壁パネルを高くするなどの工夫が必要である。設計段階で内法高さが確定できない場合は、まぐさを上枠まで押し上げて取付けることで施工段階での調整が容易になる。

サッシの高さ寸法は各社で統一される傾向にあるが、わずかな違いもあるので、製品寸法の確認が必要である。

隅角部モジュールから開口までの平面寸法

開口幅2,730mm未満の開口端部

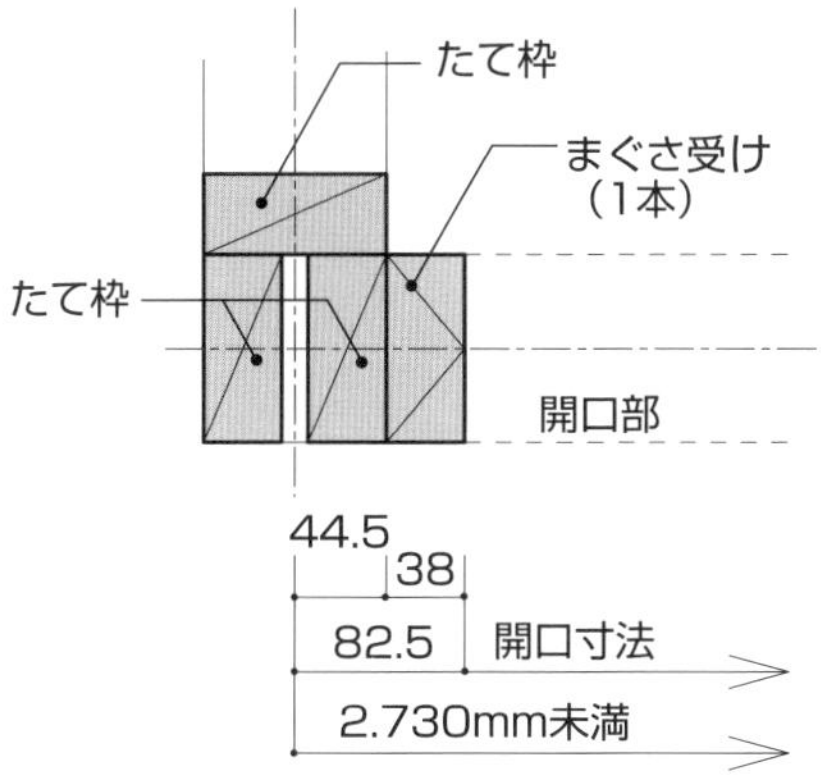
たて枠
まぐさ受け
(1本)
たて枠
開口部
44.5
38
82.5
開口寸法
2.730mm未満

開口幅2,730mm以上の開口端部

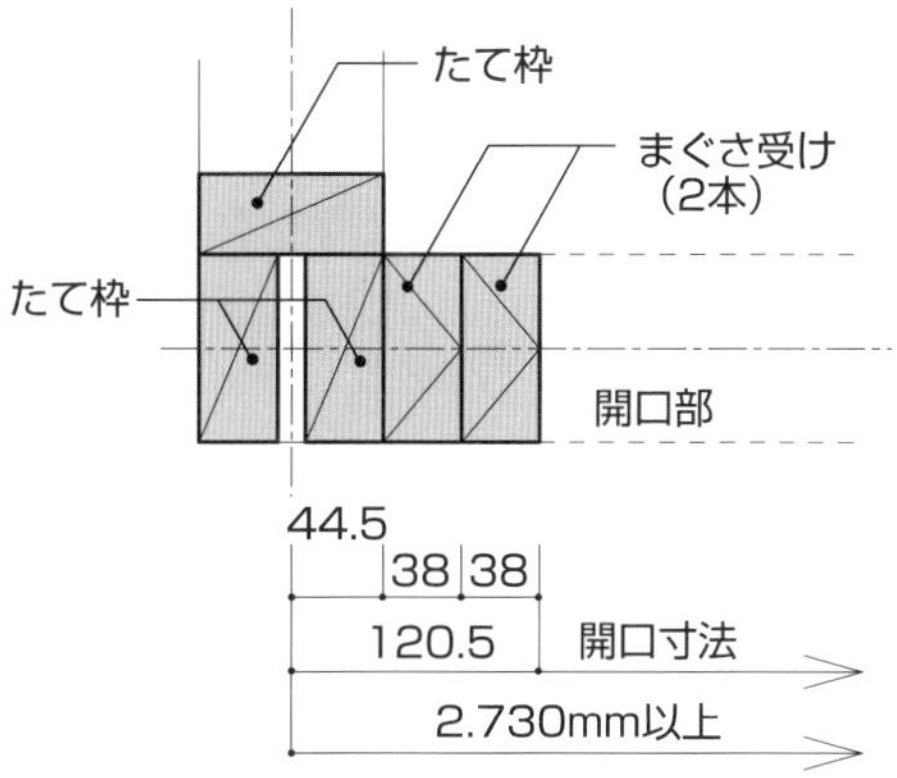
たて枠
まぐさ受け
(2本)
たて枠
開口部
44.5
38 38
120.5
開口寸法
2.730mm以上

開口部の基本寸法

モジュール幅910mm

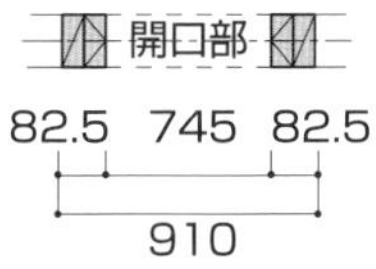
開口部
82.5 745 82.5
910

モジュール幅1,820mm

開口部
82.5 1,655 82.5
1,820

モジュール幅2,730mm

開口部
120.5 2,489 120.5
2,730

開口部の高さ

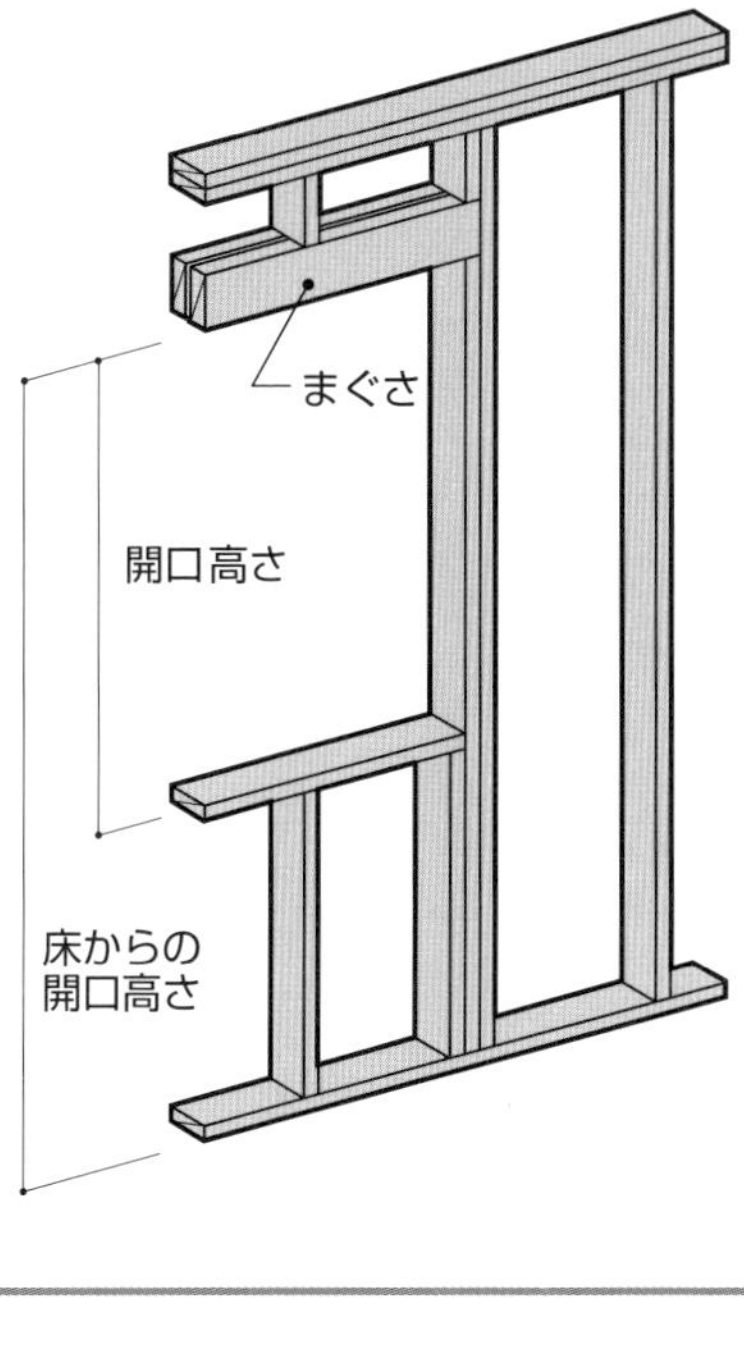
まぐさ
開口高さ
床からの
開口高さ

開口高さの調整を容易にする組み方

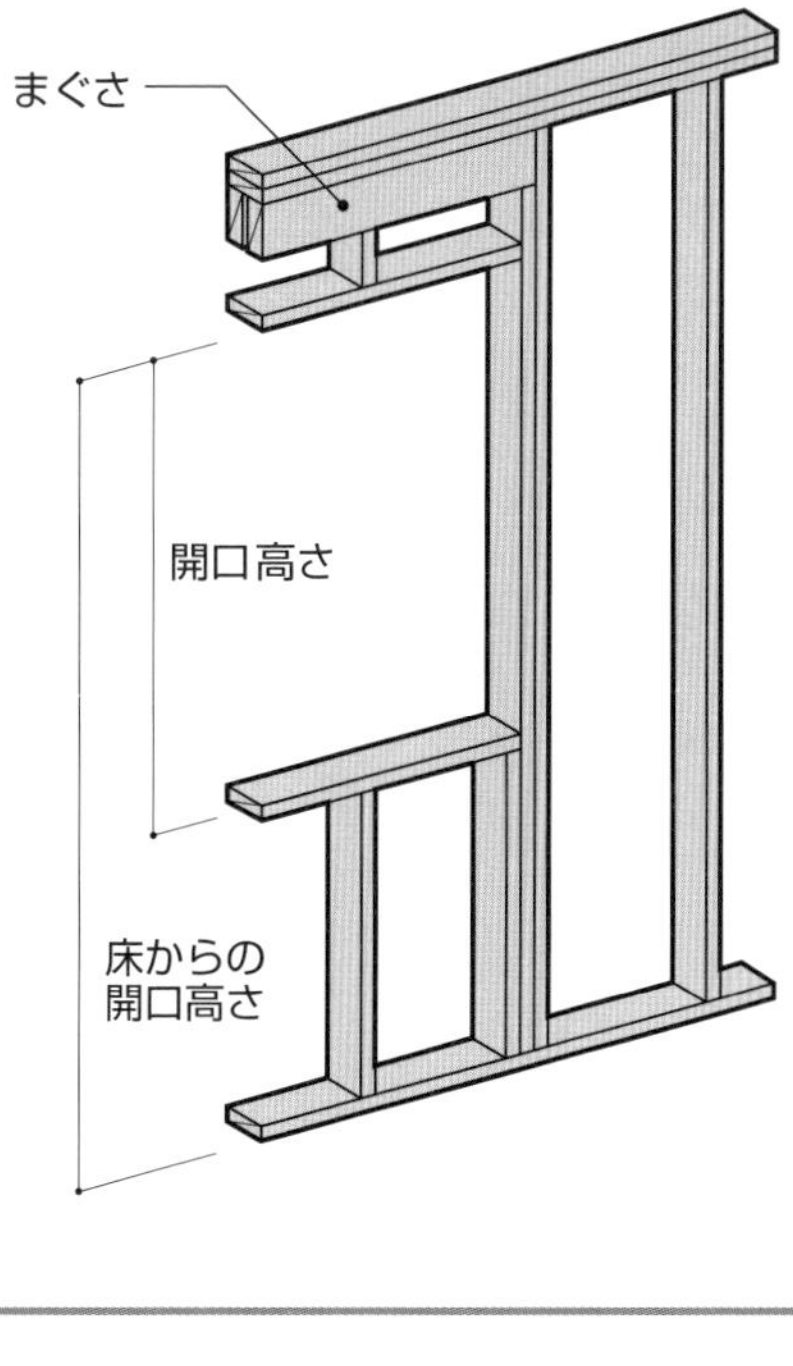
まぐさ
開口高さ
床からの
開口高さ

構造体と設備配管のポイント

KeyWord 040

Point

- 床根太や壁構成材にあけられる穴には制限がある
- プランニング段階から設備配管の経路に配慮する

設備配管による下がり天井

床根太にあけることのできる穴の大きさは、床根太のせいの1／3以下までであり、上下端から50㎜にはあけられない。例えば寸法形式210では、穴の直径は78㎜までであり、床根太のせいの中間部135㎜の間にだけあけられる。

電気配線や給水管などではこの寸法で十分だが、管径の太い排水管では勾配もあるため床根太を貫通することは難しい。そこで上階にトイレなどを設けると排水管が下がることもある。排水経路を床根太と同じ方向にすれば、短い距離なら床根太の背中で納められる。しかし床根太を横切る場合は配管を床根太の下に通さなくてはならない。通常の部屋では天井を床根太の下端で仕上げるため、下階の天井を下げたり梁形で覆うなどの配慮が必要になる。プランニング段階から構造計画を含め、設備配管の経路を考慮する必要がある。

PSと設備壁の確保

たて枠の欠き込みや穴あけは寸法の1／4以下で、パイプガードでの補強なら、欠き込みは40㎜以上、穴あけは30㎜以上残す。例えば寸法形式204に欠き込みできるのは22㎜、補強して49㎜までで、部位も1カ所だけに限られる。そのため、電気配線などには支障ないが、配管を壁の横方向に通すことは避けた方がよい。上枠や頭つなぎへ補強なしの欠き込みや穴あけ寸法は1／2以下である。寸法形式204であれば44.5㎜以下なので配管に支障はない。しかし、頭つなぎの直上には床根太やころび止めがあるため、上下階の貫通は容易ではない。これらのことを考え、壁の中に配管類を通すことは避け、設備配管の経路としてパイプスペースを設け、トイレの給水や洗濯水栓などは、壁をふかした設備壁を設けるなど、プランニングの段階から織り込みたい。

床根太の欠き込み

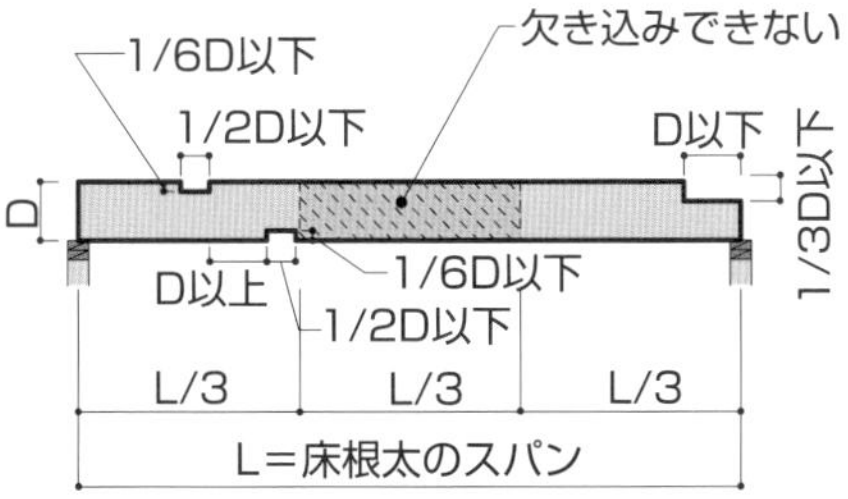

1/6D以下
欠き込みできない
1/2D以下
D以下
1/3D以下
D
D以上
1/6D以下
1/2D以下
L/3
L/3
L/3
L＝床根太のスパン

欠き込みと他の欠き込み

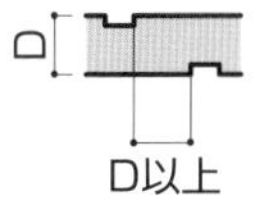

D
D以上

排水管を床根太の間に通す例

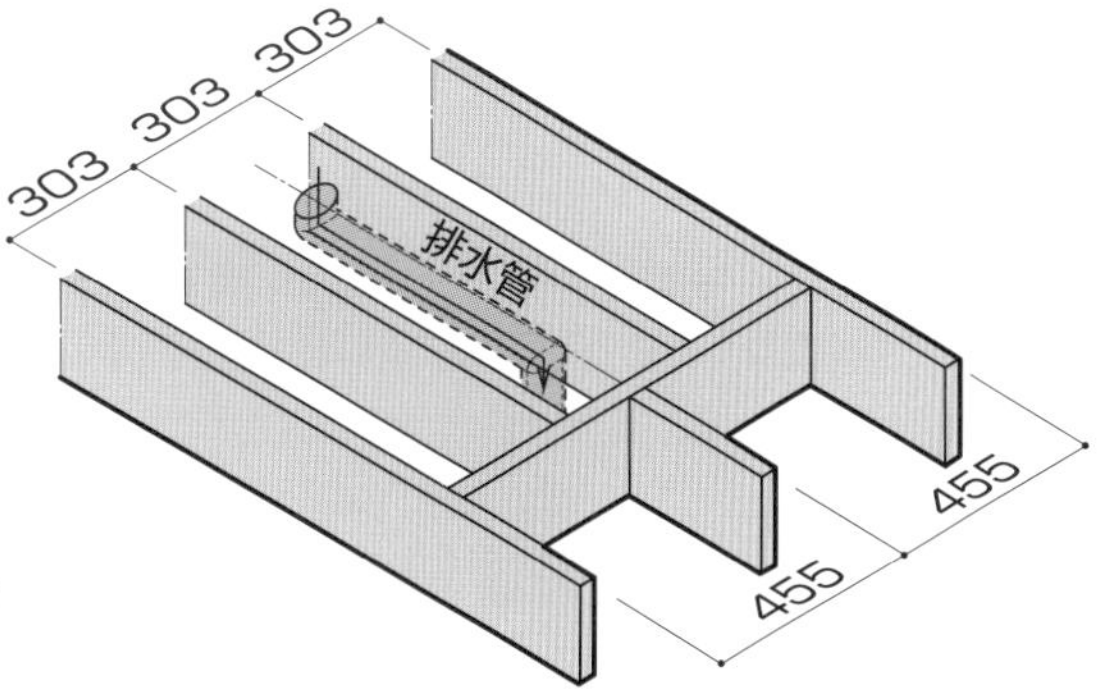

303
303
303
排水管
455
455

たて枠の欠き込みと穴あけ

たて枠の欠き込み

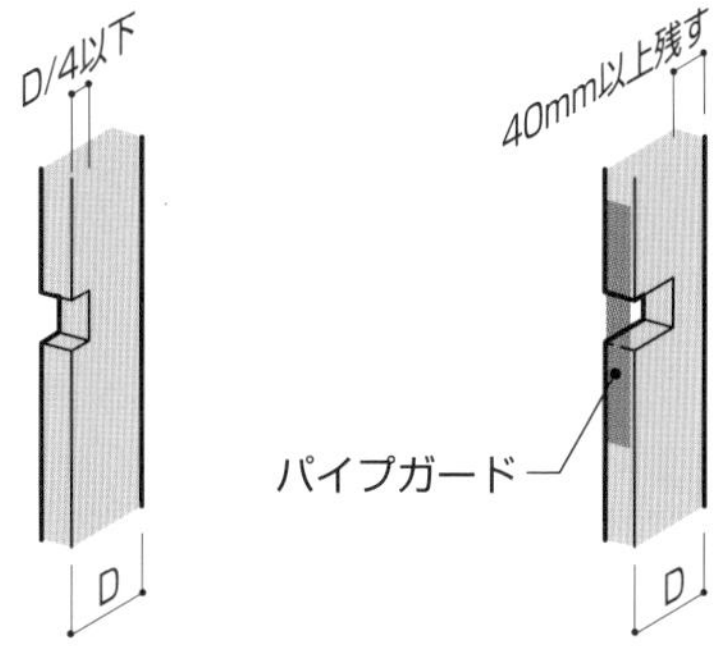

D/4以下
40mm以上残す
パイプガード
D
D

補強なし　補強あり

たて枠の穴あけ

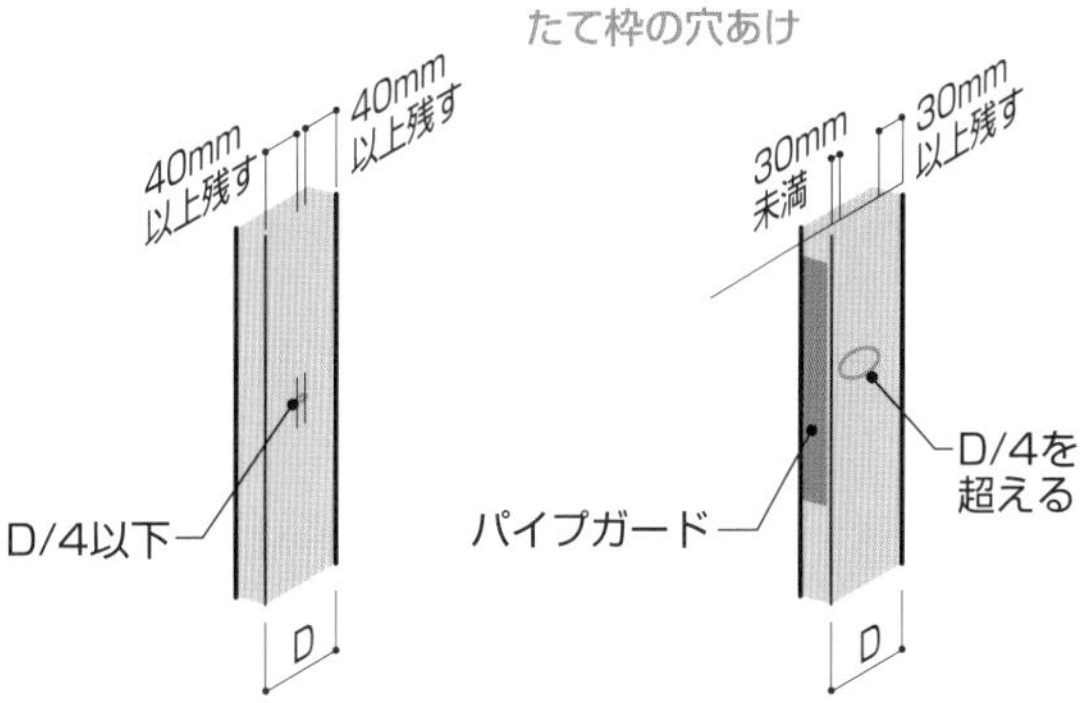

40mm
以上残す
40mm
以上残す
D/4以下
D
30mm
未満
30mm
以上残す
パイプガード
D/4を
超える
D

補強なし　補強あり

頭つなぎの補強

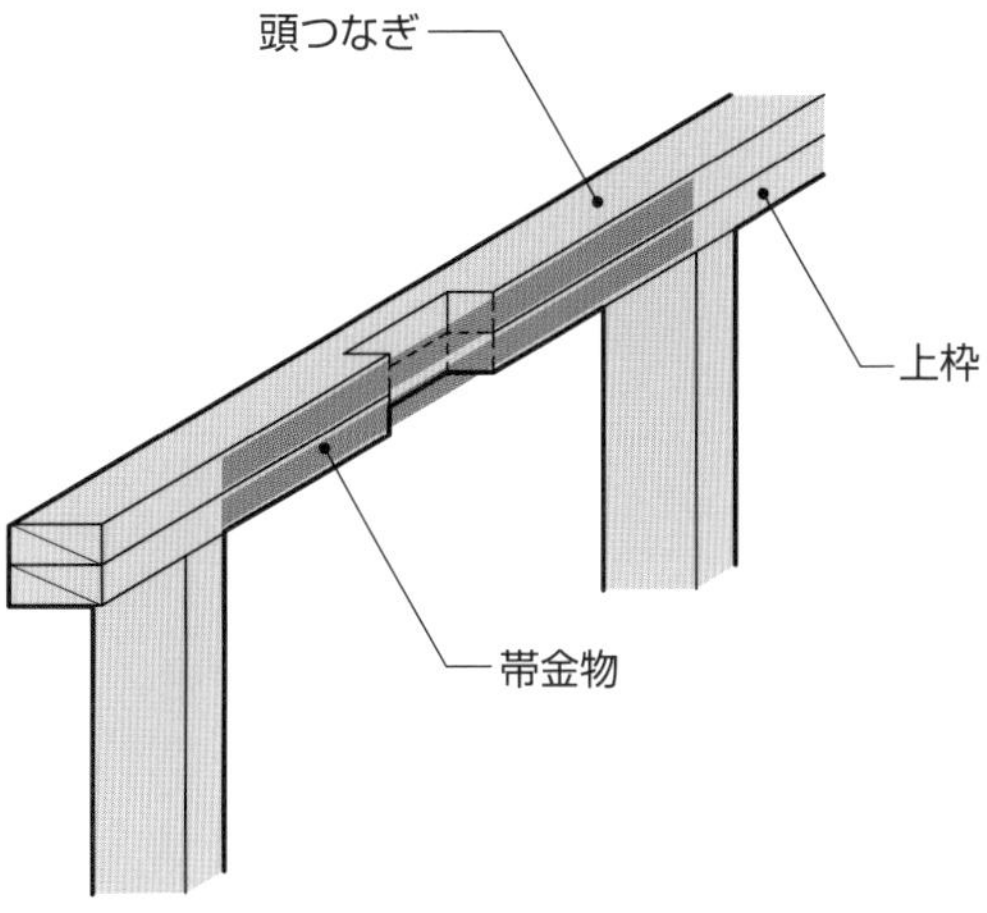

頭つなぎ
上枠
帯金物

設備壁の例

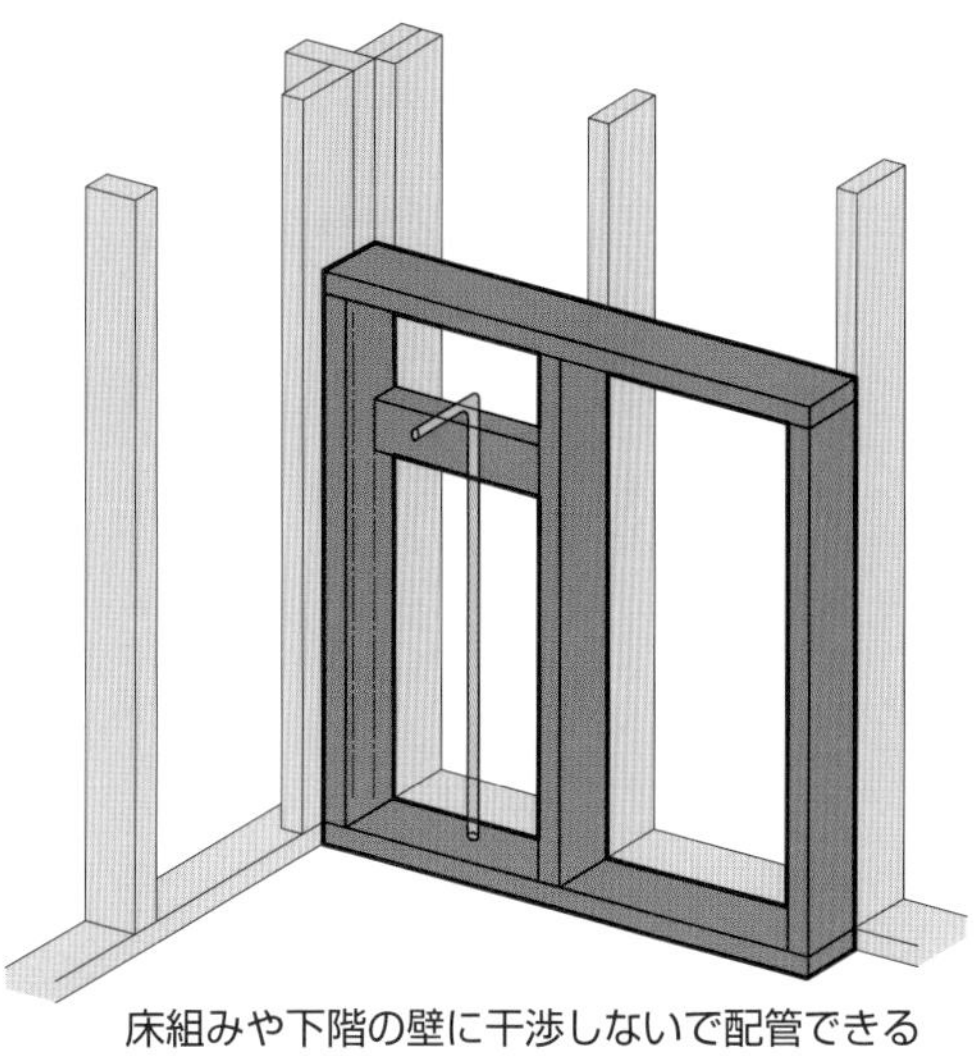

床組みや下階の壁に干渉しないで配管できる

2×4工法（枠組壁工法）と建築基準法

KeyWord 041

Point

◐ 2×４工法の建築基準法上の位置付け、法律で規定される構造などの仕様の体系

建築基準法では木造の構造規定が在来軸組構造を想定しており（施行令第3節）、2×4工法のオープン化以前の木造枠組構造は特殊な構造として旧基準法第38条による大臣認定を受ける必要があった。昭和49年の2×4工法に関する技術基準が告示され（告示第1019号）、2×4工法が一般的な工法としてオープン化が図られた。

2×4工法の技術基準は建築基準法施行令第80条の2（構造方法に関する補則）第1号の規定に基づき国土交通大臣により告示されている（法規上では2×4工法は「枠組壁工法」と呼ばれているので、以下そう呼ぶことにする）。現在の告示は平成13年に全面改定された告示第1540号とその後改定されたものである。枠組壁工法は「木材を使用した枠組に構造用合板その他これに類するものを打ち付けることにより、壁及び床版を設ける工法」と定義されている（施行規則第8条の3）。告示では建築物各部の仕様を明確にし、その仕様を超える場合は構造計算等により建築物全体が荷重や外力に対して安全な構造であることを確かめることと規定している。構造計算により安全性が確認できれば自由設計が可能になった。

◓ 告示改正で拡がる設計の自由度

オープン化以後、枠組壁工法に関しては公的機関での実証実験などを踏まえて改正され技術的な進展を遂げてきた。おもな経緯を表にしたが、昭和57年告示第56号では小屋裏利用の3階建て住宅を可能にするなど大幅な改正が行われ設計の自由度が大きく変わった。その後、純粋の木造3階建、準防火地域内での木造3階建共同住宅を可能にする告示改正などが行われている。

法令中で枠組壁工法は「特殊な構造方法」という位置付けだが、それゆえ告示改定により技術基準の改正が進めやすかったということにもつながっている。

枠組壁工法の技術基準を定める告示の根拠となる法令

（構造方法に関する補則）

第八十条の二　第三節から前節までに定めるもののほか、国土交通大臣が、次の各号に掲げる建築物又は建築物の構造部分の構造方法に関し、安全上必要な技術的基準を定めた場合においては、それらの建築物又は建築物の構造部分は、その技術的基準に従つた構造としなければならない。

一　木造、組積造、補強コンクリートブロック造、鉄骨造、鉄筋コンクリート造、鉄骨鉄筋コンクリート造又は無筋コンクリート造の建築物又は建築物の構造部分で、特殊の構造方法によるもの

二　木造、組積造、補強コンクリートブロック造、鉄骨造、鉄筋コンクリート造、鉄骨鉄筋コンクリート造及び無筋コンクリート造以外の建築物又は建築物の構造部分

「第三節から前節まで定めるもの」には枠組壁工法は入っていない。第三節にある木造は在来軸組工法を想定したものである。法令で枠組壁工法は「特殊な構造方法」なのである

枠組壁工法の技術基準に関するおもな告示改正の変遷

改 正 年	告 示 番 号	基 準 改 正 内 容 等
昭和 49 年(1974 年)	告示第 1019 号	枠組壁工法オープン化
昭和 52 年(1977 年)	告示第 1017 号	多雪地域基準
昭和 57 年(1982 年)	告示第 56 号	小屋裏 3 階建、両面開口、壁線区画面積引上げ
昭和 60 年(1985 年)	告示第 1886 号	材料拡大（4×8面材）
昭和 62 年(1987 年)	告示第 1920 号	正 3 階建
平成　4 年(1992 年)	告示第 590 号	木造 3 階建共同住宅
平成　9 年(1997 年)	告示第 960 号	性能規定化、準防火地域内の木造 3 階建共同住宅
平成 13 年(2001 年)	告示第 1540 号および第 1541 号	構造方法（木質プレハブ工法の追加）と材料の追加等
平成 19 年(2007 年)	告示第 604 号および第 1526 号	壁倍率変更、壁線区画面積拡大（72 m^2）等
平成 20 年(2008 年)	告示第 124 号および第 970 号	材料の変更
平成 27 年(2015 年)	告示第 910 号	材料の変更、材料及び構造計算方法の合理化等
平成 28 年(2016 年)	告示第 790 号および 796 号	化粧ばり構造用合板の追加
平成 29 年(2017 年)	告示第 867 号	CLT の追加
平成 30 年(2018 年)	告示第 490 号	構造用パーティクルボード、構造用 MDF の追加
令和　元年(2019 年)	告示第 203 号	JIS 規格の名称変更（日本産業規格）
令和　2 年(2020 年)	告示第 821 号	材料の寸法形式の追加（204W・405）

（一社）日本ツーバイフォー建築協会のホームページ

オープン化以後の告示改正および実証実験などの経過などについては（一社）日本ツーバイフォー建築協会のホームページに掲載されている（https://www.2x4assoc.or.jp/technology/confirmation/）

住宅金融支援機構の「枠組壁工法住宅工事仕様書」

KeyWord 042

Point

- 国交省告示と住宅金融支援機構仕様書
- 仕様書の使い方

告示と仕様書

フラット35適合融資は、住宅の融資を受ける場合に多く使われる住宅金融支援機構と各金融機関が行う融資である。この融資を受ける場合には、融資適合住宅としての技術的基準に合致している必要があり、2×4住宅についてこの内容を表記したものが「枠組壁工法住宅工事仕様書」である。

この仕様書が2×4工法の初期の普及段階では大きな役割を果たしてきたことはすでに説明した。仕様書では、融資基準の具体的な技術的内容を解説していると同時に、告示（平成13年国交省告示第1540号および1541号）の解説や補足する基準の例示や解説といった役割も大きいものであった。

仕様書の使い方

告示は法律で定めたものであり、告示に従って設計を行わなければならない。仕様書は、あくまでも融資を受ける場合に、満たすべき技術的な内容を仕様書の形で示し、設計図面を補足する役割を果たす。

そして、住宅を建築する場合、この仕様書に従い、どの項目をどういった仕様で建築するのかを明確にし、確認申請時に審査を受ける必要がある。また、工事契約にはこの仕様書を添付することによって、図面では十分表現されていなくても、仕様書で示された内容は契約に含まれることになる。

仕様書の内容

仕様書の記述では、告示および告示ただし書き等に対応する部分（下線で該当部分がわかるようになっている）と支援機構の技術基準に対応する部分（別の種類の下線で表示）および適宜選択できる具体的な内容が記述された部分があり、設計者が仕様を具体的に示せば、仕様書の内容には縛られない。

枠組壁工法住宅工事仕様書等

解説付仕様書

[設計図面添付用]

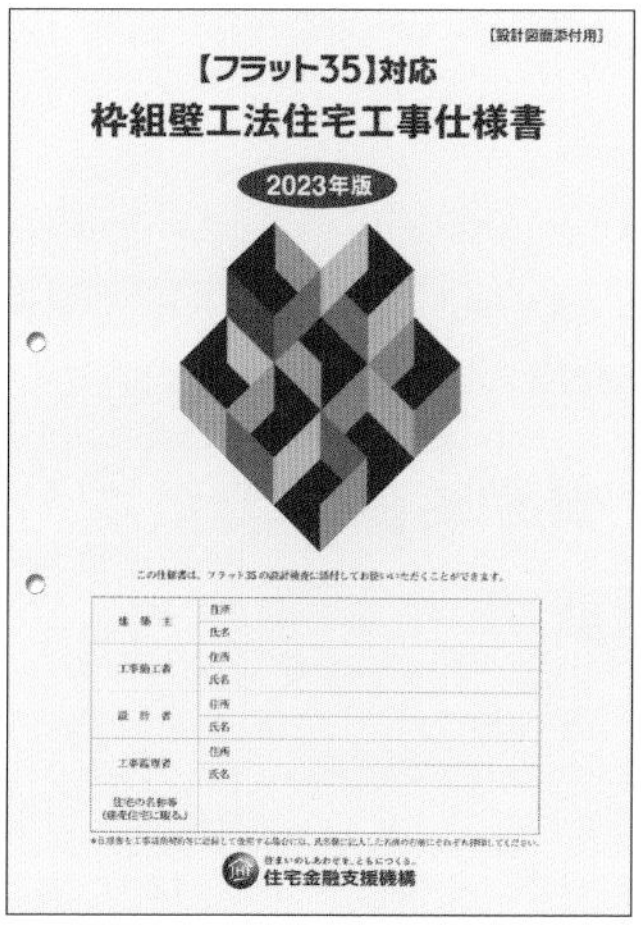

設計の手引き

仕様書の使い方（「枠壁組工法住宅工事仕様書」より）

仕様書の記述についての区別

基準	記述内容	表記方法
告示	告示本文にかかわる事項	該当箇所を＿で表示
	告示ただし書き等に対応する事項	該当箇所を＿で表示
フラット35技術基準	すべての住宅に適用となる事項	該当箇所を＿で表示
	優良住宅取得支援制度（フラット35S）の種類、住宅の構造に応じて適用となる事項	該当箇所を＿で表示

上記の表記方法による下線で表記された部分は勝手に変えることはできない

仕様書の記述例

3.4　平屋建または2階建の基礎工事

3.4.1　一般事項　1．基礎は、1階の外周部耐力壁及び内部耐力壁の直下に設ける。

2．基礎の構造は地盤の長期許容応力度に応じて、次のいずれかとする。
ただし、1階の内部耐力壁直下の基礎は、床ばりに代えることができる。

☐ イ．布基礎（長期許容応力度　30kN/㎡以上）
☐ ロ．腰壁と一体になった布基礎（長期許容応力度　30kN/㎡以上）
☑ ハ．べた基礎（長期許容応力度　20kN/㎡以上）
☐ ニ．基礎ぐいを用いた構造（長期許容応力度　20kN/㎡以上）

選択できる項目には□（チェックボックス）が付いているので選択する項目にチェックを付ける

フラット35（フラット35S）技術基準とは

フラット35は、住宅金融支援機構と民間金融機関が提供する長期固定金利型の住宅ローンの総称。フラット35技術基準は、その融資が適用となるための仕様をまとめたもの。優良住宅取得支援制度を利用する場合は、フラット35S技術基準に適用した仕様が必要となる。

2×4工法の壁量計算

KeyWord 043

Point

- 壁量計算は外力に対する建物の抵抗力を確認するもの
- 2×4工法の壁量計算

壁量計算はなぜ必要

壁量計算は、住宅の安全性を確認する方法として簡易でかつ有効な方法といえる。具体的には建物の外力（地震力や風圧力）に対する建物の抵抗力（水平抵抗力）が上回ることを確認する方法で、在来工法や2×4工法の木造住宅では、これを「壁量計算」によって行う。これは、告示で定めた「必要壁量」よりも、設計された建物の「存在壁量」が上回っていることを計算によって確認することである〈KW091〉。

2×4工法の壁量計算

壁量計算は一般的な構造計算ではなく簡易的に建物のもつ水平力に対する抵抗力を評価する方法で、在来工法住宅と同様に2×4工法住宅の場合も行う。工法的な差は存在壁量を計算するうえでの壁の内容が異なってくる点と言える。在来工法の筋かいを用いた壁に対し、2×4工法では構造用合板や石膏ボードを張った壁になる〈KW044〉。

木造の壁構造である2×4工法では、設計するうえでも構造などの基準（制約）を意識し、洋風の外観を意識したプランを設計するため、もともと壁が一定量配置された平面になる。そのため、壁量そのものが足りなくなることはまれで、縦横方向の壁の配置や平面に対する壁の配置バランスがプランによっては厳しい結果となる場合があるので、注意が必要である。

2×4の構造計画

2×4工法住宅はRC造やS造住宅のように構造計算によって安全性を確認し部材寸法などを決める方法以外に、在来工法の住宅と同様に簡易的に安全性を検証できる。しかし、在来工法よりも告示などでより詳細に規定されているので、告示内容に沿って構造計画を考えることが基本となる〈KW032〉。

壁量計算の考え方

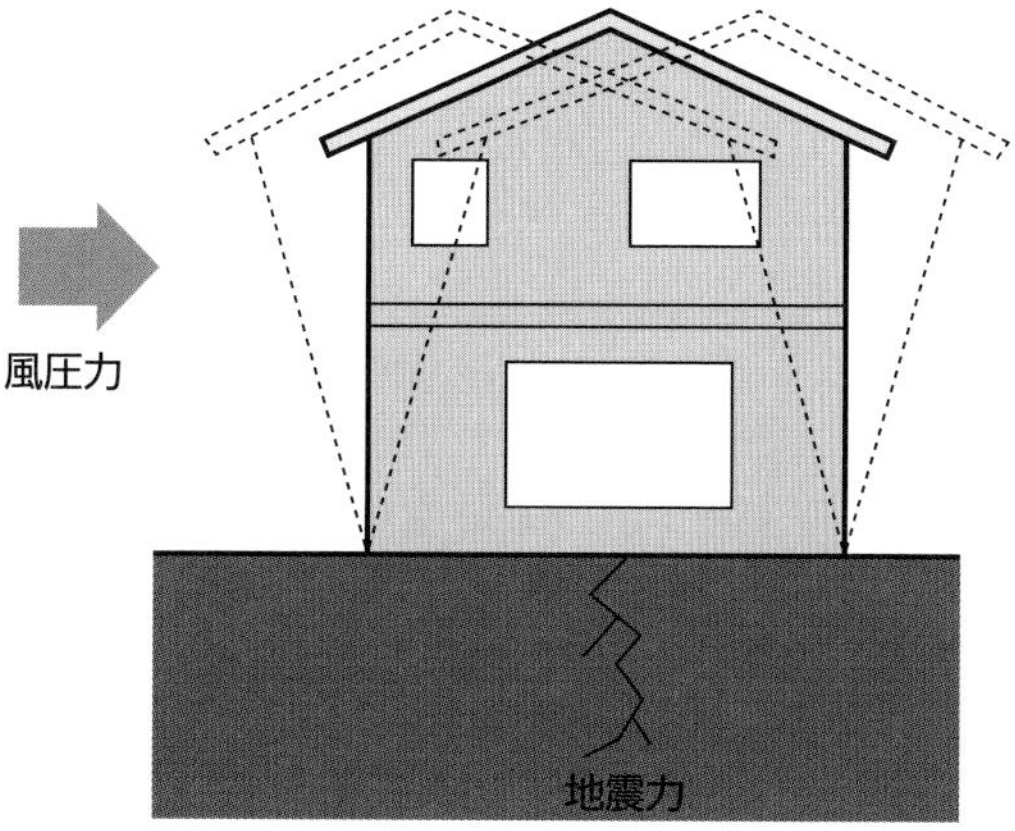
風圧力
地震力

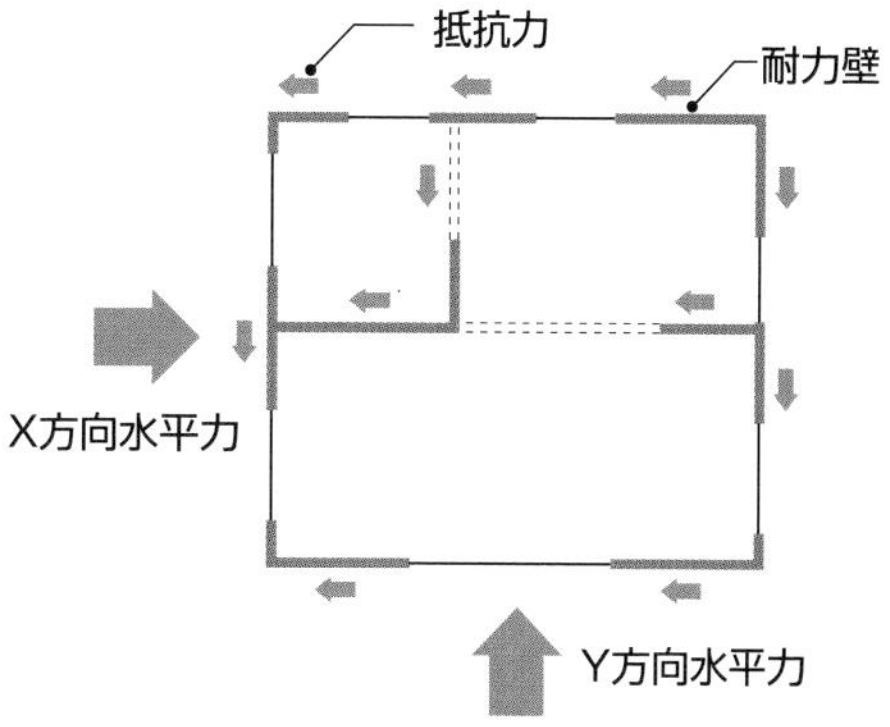
抵抗力
耐力壁
X方向水平力
Y方向水平力

地震力に対する必要壁量　（平成13年国交省告示第1540号 第5表1で定める必要壁量）

建築物	床面積に乗ずる数値（cm/m²）			
軽い屋根	11	15 / 29	25 / 38（小屋裏利用）	18 / 34 / 46
重い屋根	15	21 / 33	30 / 42（小屋裏利用）	24 / 39 / 50

特定行政庁が指定する地盤が著しく軟弱な区域においては上記の1.5倍とする

風圧力に対する必要壁量　（平成13年国交省告示第1540号 第5表2で定める必要壁量）

	区　域	見付面積に乗ずる数値（cm/m²）
(1)	一般地域	50
(2)	特定行政庁が指定する地域	50を超え75以上で特定行政庁が定める数値

見付面積の算定方法

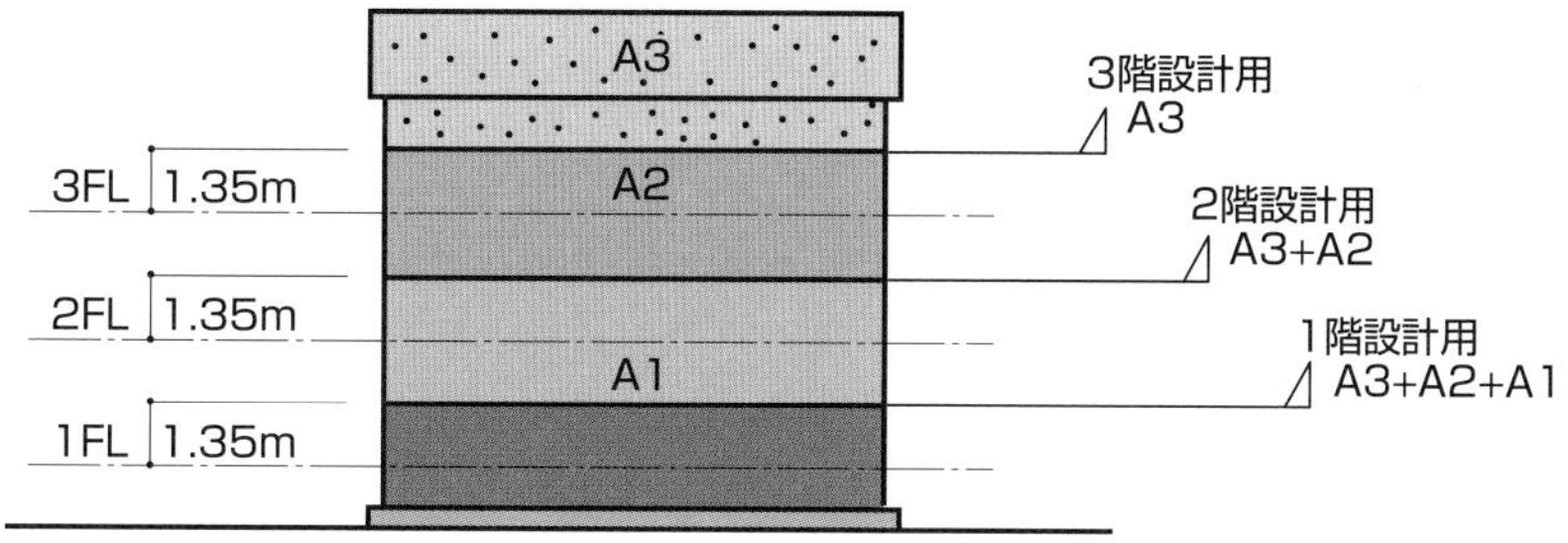
A3
A2
A1
3FL 1.35m
2FL 1.35m
1FL 1.35m
3階設計用 A3
2階設計用 A3+A2
1階設計用 A3+A2+A1

各FL(フロアライン)から1.35m上がったところで階を区切り、それぞれ見付け面積を算定する。各階の耐力壁が負担する水平力はその階の中間より上となるので、
2階は　A3＋A2
1階は　A3＋A2＋A1
ということになる

壁倍率とは何か

KeyWord 044

Point

- 住宅が倒れないためにはしっかりした支えが必要
- 住宅が倒れない目安とは実際にあった地震と台風
- 壁が崩れないための強さは壁倍率という耐力が目安

電車で片足で立っていると発車時などには倒れそうになるので、吊り革につかまり足でしっかり体を支える。雨まじりの嵐では、傘をしっかり支え風に飛ばされないように歩く。

住宅でも風や地震に同じ支えが必要である。その強さは、地震では関東大震災（1923年マグニチュード7.9）、台風では室戸台風（1934年）クラスである。建築物に損傷が起きないような変形への対応、終局耐力に対する安全範囲で計画がなされる。力の向きは水平方向（X）、横方向（Y）、鉛直方向（Z）に起きるが、大きくは水平方向を考える。

建築全体の変形では、住宅の構法の性質（柔軟性）から目安も変わる。あとに述べているが〈KW090〉、在来軸組工法、集成材フレーム、丸太組構法は柔軟性のある構造である。耐力壁倍率「1」は、1／120ラジアン時の変形が130kgf／m（1・275kN／m）としている。構法の比較により柱・梁・ブレースの部材接合点の動きを勘案したものである。丸太組構法は横積み構法なので変形は大きくなってもよいが、基準での丸太組は「だぼ」打ち構法なので同一変形である。

2×4工法の壁倍率

2×4工法はモノコック構造で、全体が一体化しており固い構造といえる。耐力壁倍率「1」の変形は1／200ラジアン時の変形として角度を抑えているが、200kgf／m（1・96kN／m）として高い耐力がある。

水平力に耐する力の部位は壁であり、その主要な面材は構造用合板と石膏ボードである。接合は釘を用いるが、変形の最大要因は釘の浮上がりである。地震は繰り返し揺れるものなので、一度の地震だけに耐えるものではなく、再度ある余震もある。水平力は限界を超えるものであってはいけない。

壁の水平耐力の実験例

耐力壁耐力の実験値Pδ曲線例

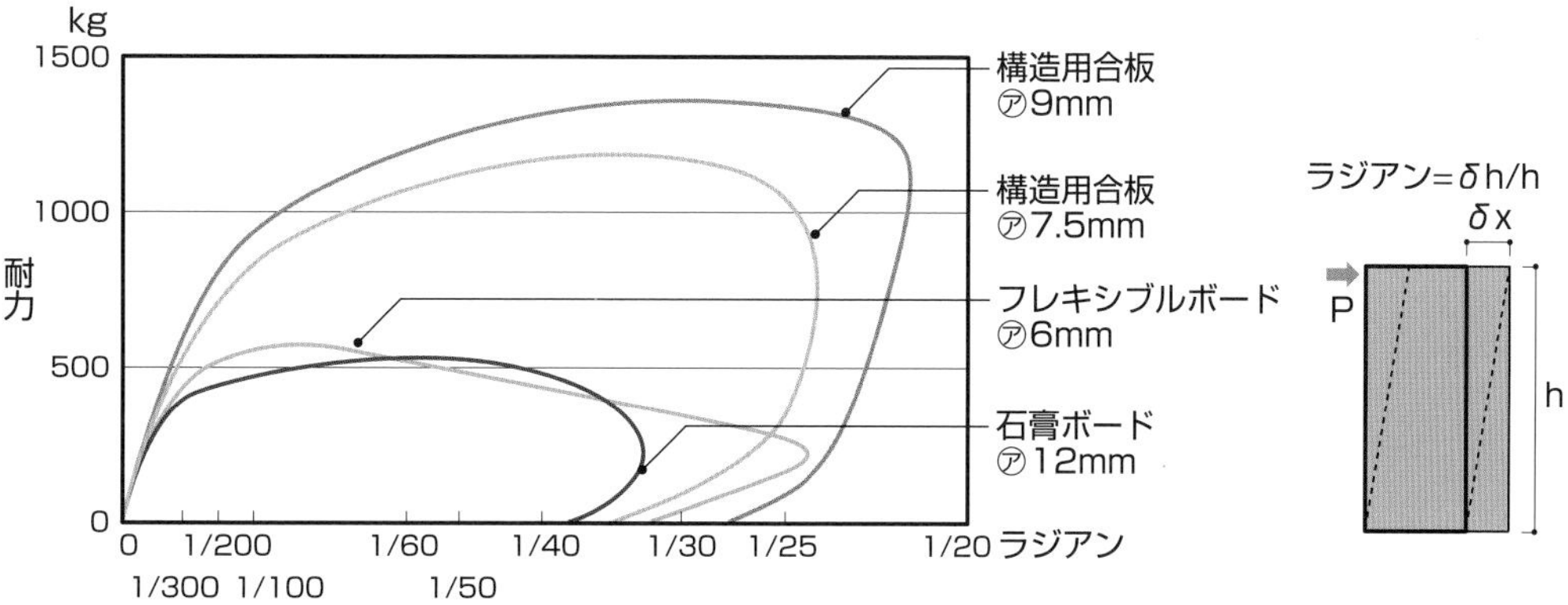

耐力壁面材の実験値の耐力と変動値

耐力壁倍率の決め方：実験による例を示す
①試験方法による変形角の値　1/300ラジアン時の荷重、1/200ラジアン時の荷重、1/120ラジアン時の荷重
・タイロッド方式、日本方式(載荷方式)、日本方式(無載荷方式)および建築物の剛柔性を考慮する
②最大荷重の2／3の荷重
③最大荷重時のせん断歪み量の1／2に対応する荷重

①～③の中で最小値をP0として短期許容耐力Paを求める（壁材の種類で許容するエネルギー量を見極めて安全率を定め乗ずる。許容エネルギー量は上記グラフのPδ曲線に囲まれた面積）

耐力壁の種類

耐力壁のたて枠相互の間隔が50cm以下の場合

	耐力壁の種類	倍　率
(1)	構造用合板のうち厚さ9mm以上の一級を片側全面に打ち付けた耐力壁	3.5
(2)	構造用合板のうち厚さ7.5mm以上9mm未満の一級もしくは厚さ9mm以上の二級、ハードボードのうち厚さ7mm以上のもの、パーティクルボードのうち厚さ12mm以上のものまたは構造用パネルを片側全面に打ち付けた耐力壁	3
(3)	構造用合板で厚さ7.5mm以上9mm未満の二級、ハードボードで厚さ5mm以上7mm未満のものまたは硬質木片セメント板で厚さ12mm以上のものを片側全面に打ち付けた耐力壁	2.5
(4)	フレキシブル板のうち厚さ6mm以上のものまたはパルプセメント板のうち厚さ8mm以上のものを片側全面に打ち付けた耐力壁	2
(5)	構造用石膏ボードB種のうち厚さ12mm以上のものを片側全面に打ち付けた耐力壁または厚さ13mm以上、幅21cm以上の製材を片側全面に斜めに打ち付けた耐力壁	1.5
(6)	シージングボードのうち厚さ12mm以上のものまたはラスシート(角波亜鉛鉄板厚さ0.4mm以上、メタルラスは厚さ0.6mm以上のものに限る)を片側全面に打ち付けた耐力壁	1

耐力壁の種類はスタッド@と面材の種類で変わる。スタッド@610または406は、面材幅が1220で、@455は910である

2×4の各部材設計の方法

KeyWord 045

Point

◐ 告示に基づく部材構成による設計

◐ 部材のサイズ決定の方法

2×4住宅の部材設計

2×4工法の住宅は壁量計算で安全性が確認できるので、各部材の設計は仕様規定に基づき考えていくか、または他の工法のように構造計算によることができる。

一般的には平成13年国交省告示第1540および1541号で定めた仕様規定に基づく計画を行い、以下で説明するような方法で各部材寸法を決定していく方法がとられる。

告示の仕様で構成する

2×4工法の各部は告示で定める仕様・部材で構成させることが基本となる。例えば、床根太は206、208、210、212に適合する材料で、間隔は65cm以下、構造用合板は12mm以上などを使い、釘打ちや部位の構成などを告示に適合させる。そして製材ではない集成材やIビームなど特殊な材料を用いたり、告示に適合しない材料だったりする時には、安全性を別途確認しなければならない。特殊なIビームなどは、別途製造・供給メーカーで資料準備しているので、同様に、安全性は確認できる。

部材のサイズ決定

部位の構成に従い、部材のサイズを決める場合、構造計算を行い、その中でサイズを決定していくが、建築基準法で決められた荷重条件や想定した条件などを基に計算されたスパン表などを使ってサイズ決定していく方法もある。住宅などでは逐一部材ごとに構造計算を行うことは合理性に欠けるため、一般的には後者のスパン表を使い、スパン表を外れる部分に対し構造計算を行い、部材を決定する。

スパン表には算出条件が載せられているが、特に、荷重条件などの違いから、たわみなどが大きくなる場合も起こり得るので注意が必要な点である。

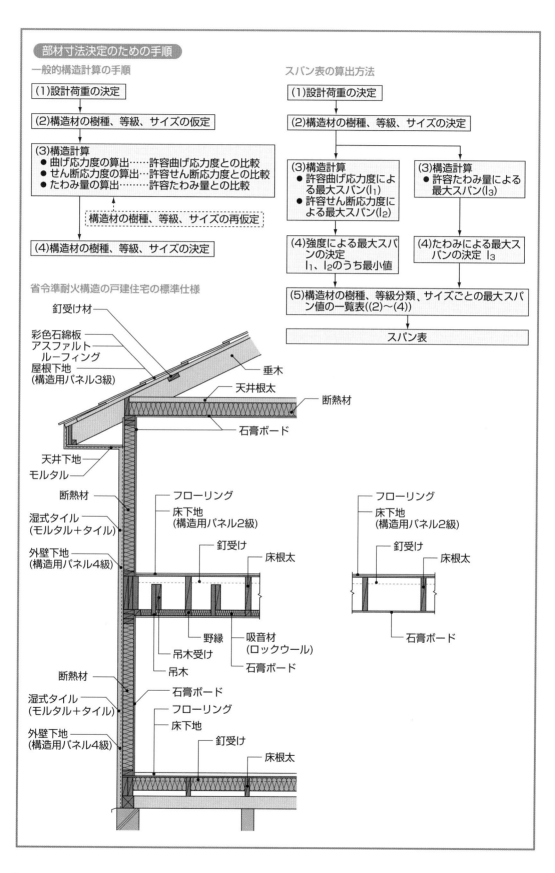

部材寸法決定のための手順

一般的構造計算の手順

(1)設計荷重の決定
↓
(2)構造材の樹種、等級、サイズの仮定
↓
(3)構造計算
- 曲げ応力度の算出……許容曲げ応力度との比較
- せん断応力度の算出…許容せん断応力度との比較
- たわみ量の算出………許容たわみ量との比較

↑ 構造材の樹種、等級、サイズの再仮定
↓
(4)構造材の樹種、等級、サイズの決定

スパン表の算出方法

(1)設計荷重の決定
↓
(2)構造材の樹種、等級、サイズの決定
↓

(3)構造計算
- 許容曲げ応力度による最大スパン(l_1)
- 許容せん断応力度による最大スパン(l_2)

↓
(4)強度による最大スパンの決定
l_1、l_2のうち最小値

(3)構造計算
- 許容たわみ量による最大スパン(l_3)

↓
(4)たわみによる最大スパンの決定 l_3

↓
(5)構造材の樹種、等級分類、サイズごとの最大スパン値の一覧表((2)～(4))
↓
スパン表

省令準耐火構造の戸建住宅の標準仕様

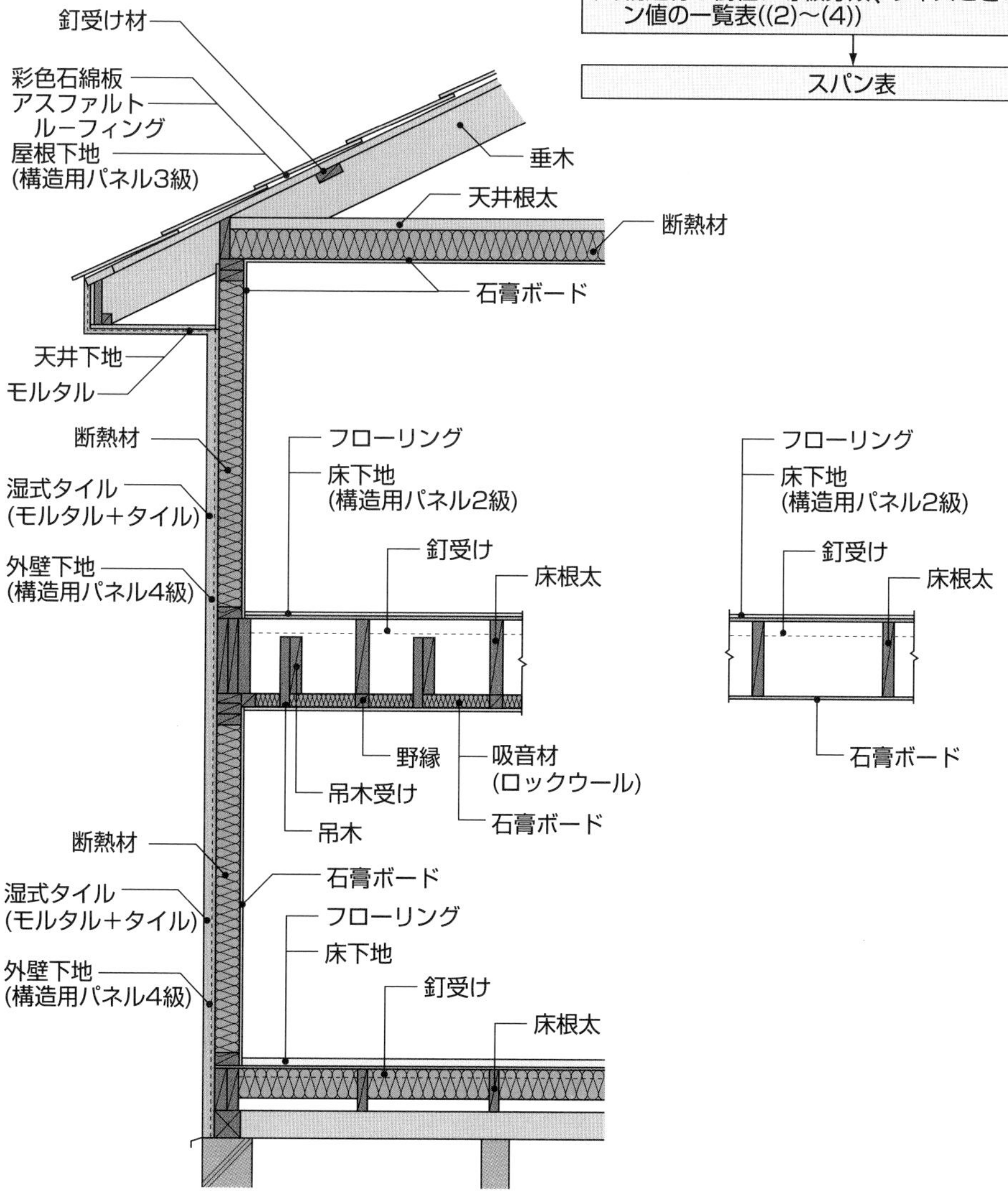
釘受け材
彩色石綿板
アスファルトルーフィング
屋根下地
(構造用パネル3級)
垂木
天井根太
断熱材
石膏ボード
天井下地
モルタル
断熱材
湿式タイル
(モルタル+タイル)
外壁下地
(構造用パネル4級)
フローリング
床下地
(構造用パネル2級)
釘受け
床根太
野縁
吊木受け
吊木
吸音材
(ロックウール)
石膏ボード
断熱材
湿式タイル
(モルタル+タイル)
外壁下地
(構造用パネル4級)
石膏ボード
フローリング
床下地
釘受け
床根太
フローリング
床下地
(構造用パネル2級)
釘受け
床根太
石膏ボード

各部設計と仕様書スパン表

KeyWord 046

Point

◐ 「枠組壁工法 スパン表（2002年）CD-ROM付」（(一社)日本ツーバイフォー建築協会）を賢く使う

◐ 設計条件が当てはまらない場合は構造計算をする

仕様書スパン表の使い方

部材サイズを決めるためのスパン表は、(一社) 日本ツーバイフォー建築協会発行の解説書（緑本）の別冊として「枠組壁工法建築物スパン表」がある。スパン表は、各部材のスパン表およびスパン表の適用範囲（計算条件で、平屋および2階建てや共同住宅や小屋裏利用の3階など）で構成されている。

そのため、設計する建物がこのスパン表の想定している適用範囲を超える場合には、建物の条件に合わせて、別途構造計算が必要になる。

スパン表の内容

スパン表は次のような部材について一覧の表にまとめられている。

(1) 床根太スパン表
(2) 床梁スパン表
(3) 天井根太スパン表
(4) 垂木スパン表（天井荷重非支持・支持別）
(5) 屋根梁スパン表（同右）
(6) まぐさスパン表（荷重条件により16タイプに分類）
(7) たて枠間隔
(8) 特殊な形態のスパン表（オーバーハング、セットバック、バルコニー）

スパン表の使い方

スパン表は、簡易的に部材断面を考える上では設計者にとって便利な道具である。しかしながらその表が作成された様々な前提条件を理解しなければ、結果的に誤った部材選定をしてしまうリスクもある。そのため現在の解説書などでは推奨されておらず、基本的には構造計算によって選定することを推奨している。

しかし枠組壁工法では、設計者がある程度構造的な内容を理解して設計を進める必要があることから、仮定断面の様に簡易的に構造断面を決める上では有効な方法といえる。

仕様書によるスパン表の考え方

標準的な2階建住宅の
スパン表キープラン

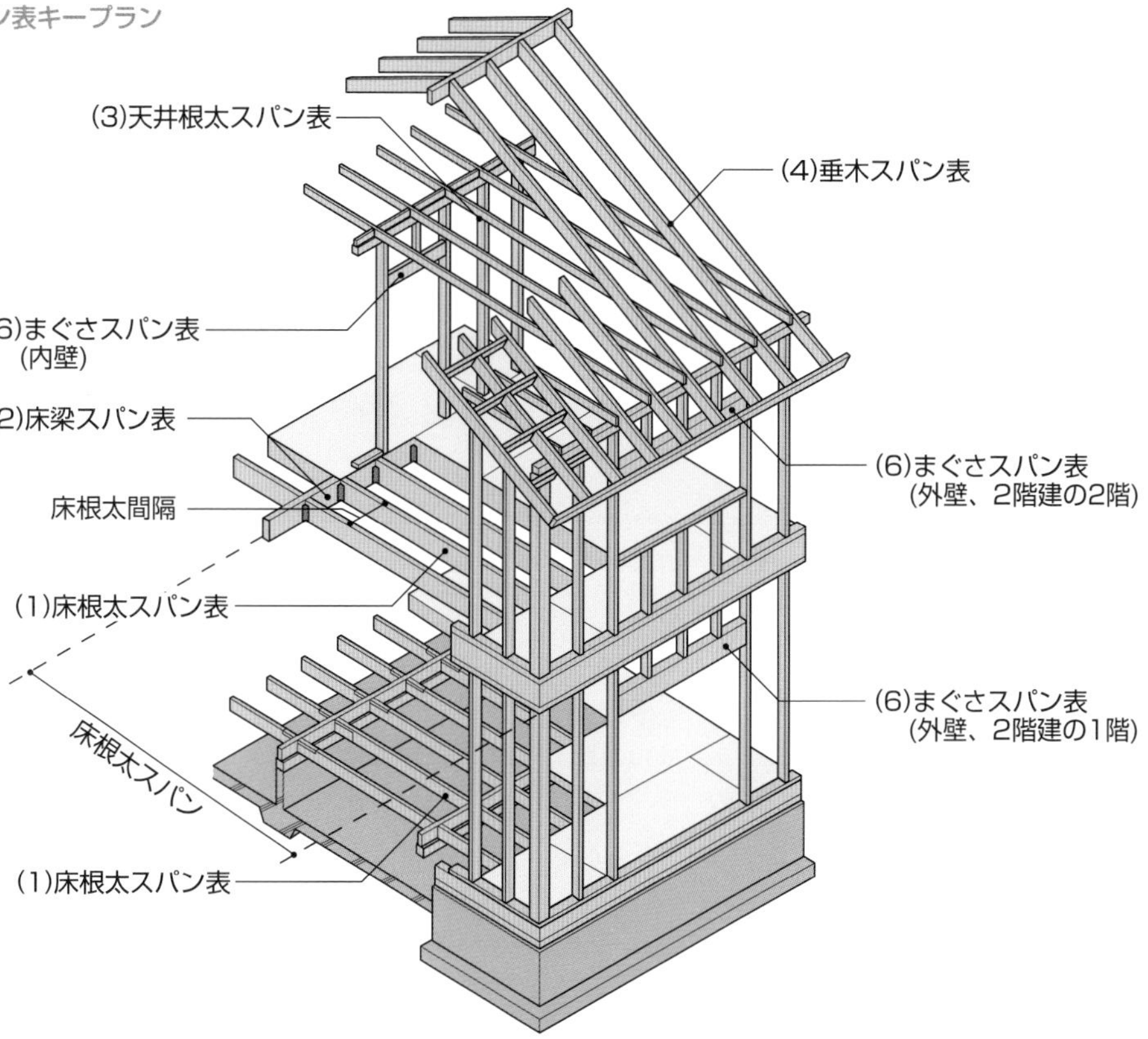
(3)天井根太スパン表
(4)垂木スパン表
(6)まぐさスパン表
(内壁)
(2)床梁スパン表
(6)まぐさスパン表
(外壁、2階建の2階)
床根太間隔
(1)床根太スパン表
(6)まぐさスパン表
(外壁、2階建の1階)
床根太スパン
(1)床根太スパン表

床根太スパン表（表1）

床仕上げ　フローリング（畳含む）
床合板　㋐15mm
天井　石膏ボード㋐9.5mm
　　　2枚張り

（単位：cm）

接着剤	寸法型式	樹種	
		SPF1	SPF2
有	204	193.7	191.0
	206	277.8	274.0
	208	343.5	338.9
	210	416.0	410.3
	212	485.1	478.5
無	204	157.8	155.7
	206	247.6	244.2
	208	324.4	320.1
	210	409.8	405.7
	212	473.8	469.0

標準的な内容の2階床根太でサイズによりスパンが変わる

設計条件の違いによるスパンの違い（表2）

設定条件による計算結果
床根太

寸法型式	204	206	208	210	212
決定スパン　Lcm	191.8	275.1	340.2	411.9	480.4
たわみδ cm (LL= 1,800N/m²)	0.34	0.44	0.51	0.58	0.64
曲げモーメントＭ N·m	497	1,032	1,592	2,355	3,231
せん断力 QN	1,037	1,500	1,872	2,287	2,690

※：告示1459号で決定

設計条件

モジュール	910mm
材種	製材　S-P-F　甲種2級
接着剤	あり
床根太開隔	455mm
床仕上材	フローリング（畳も含む）単位荷重　178N/m²
床下地材	構造用合板1級　24mm　単位荷重　147N/m²
1階天井仕上材	石膏ボード　12.5mm　単位荷重　118N/m²

標準スパン表と赤字部分が異なる

設計荷重条件

床設計荷重　γW	511N/m²（γ＝1　W＝511N/m²）
たわみ制限の設定	LL=1,800N/m²　たわみ制限=L/400 かつ 1cm かつ D/L≦1/12 の場合は LL=600N/m² 変形増大係数=2　たわみ制限=L/250

（一社）日本ツーバイフォー建築協会発行「枠組壁工法建築物スパン表」による

3階建て住宅の違い

KeyWord 047

Point

- ◐ 3階建て住宅は原則構造計算が必要となる
- ◐ 3階建て住宅は火災時の高い安全性を求められる

◓ 3階建て住宅と構造

2×4工法による3階建て住宅は、1、2階部分と同様に、3階部分にもたて枠（耐力壁）を組んで行う方法図①と小屋裏空間を利用する方法図②とがある。

構造の本質的な考え方は2階建ての場合と大きく変わらないが、床荷重が加わり水平力および内部応力も大きくなるため、構造計算で、材料や接合の金物も含めた安全性の確認が義務付けられている。小屋裏利用の場合は、計算上の若干の緩和がある〈KW043,107〉。計負担の大きい1階は耐力壁の確保と引抜きの確認が重要であり、告示も壁下枠と床を緊結する釘ピッチを2階建ての1階の半分としている。また1階壁量の確保が難しい場合、高倍率の耐力壁とする選択肢がある。5倍を超える場合は告示の仕様規定外となるため許容応力度計算や接合部の確認を行う。

◓ 火災に対する安全性の強化

3階建て住宅は住宅密集地に建てられることも多く、火災時の安全性確保が定められている。1つは建物の防耐火性能で準防火地域では準耐火構造が求められ、火災ですぐに倒壊しないよう主要構造部を燃えにくくすることや、外部からの火災の影響を受けにくい外壁構造とする。2×4工法は、構法上一定の耐火性能を持ち合わせており、一部の防火被覆を考慮することで要求性能を満たすことができる。また、床面積200㎡を超える住宅は、階段室などに防火区画の検討を要する。

その他、火災の煙を有効に排出する排煙窓や消防隊の救出活動等用に、道路側に進入口となる窓を設ける。

また耐火2×4構造の普及から、防火地域内の3階建て住宅の事例も見られるようになってきた〈KW085〉。

3階建て住宅を建てる場合の構造上の規制や耐火仕様

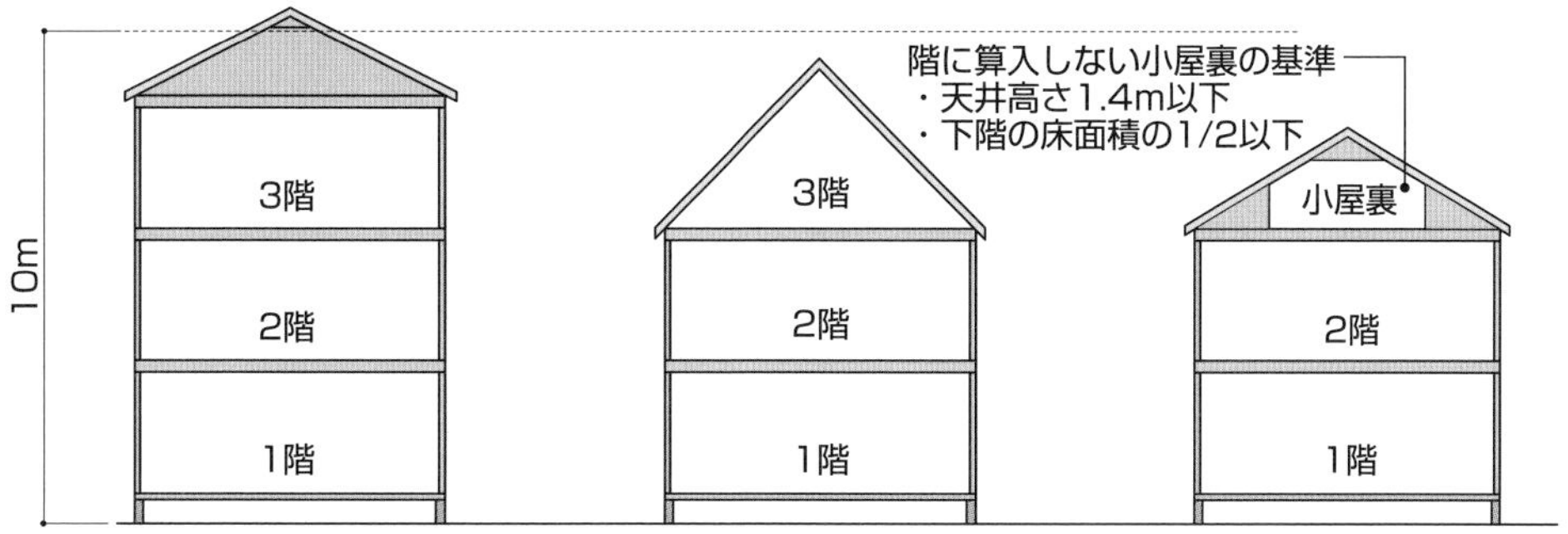

10m
3階
2階
1階
3階
2階
1階
階に算入しない小屋裏の基準
・天井高さ1.4m以下
・下階の床面積の1/2以下
小屋裏
2階
1階

①耐力壁を建てた3階建て

- 構造計算が必要
  （構造上負担の大きい1階壁量の確保）
- 日影規制条件の確認
- 北側斜線なども要チェック

②小屋裏利用3階建て

- 構造計算が必要
- 日影規制条件の確認
- 開口部の工夫（ドーマー窓、トップライト等）

③2階建て

- 2階建てと同様の壁量計算などによる簡易計算
  （小屋裏部分の荷重は考慮）
- 小屋裏は収納やロフトなど

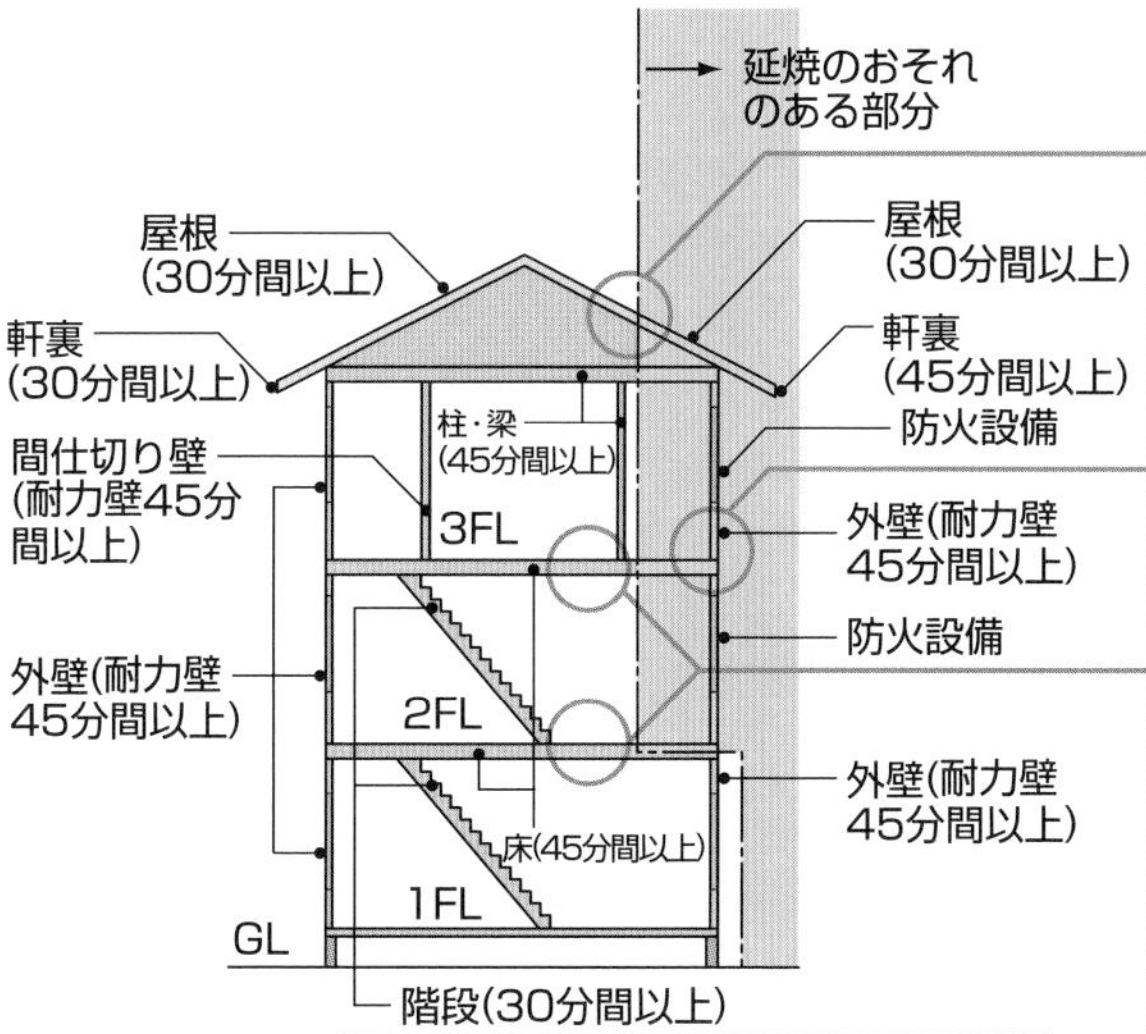

延焼のおそれのある部分
屋根（30分間以上）
軒裏（30分間以上）
間仕切り壁（耐力壁45分間以上）
外壁(耐力壁45分間以上)
屋根（30分間以上）
軒裏（45分間以上）
防火設備
外壁(耐力壁45分間以上)
防火設備
外壁(耐力壁45分間以上)
柱・梁（45分間以上）
3FL
2FL
床(45分間以上)
1FL
GL
階段(30分間以上)

（　）の時間は、火災時に壊れたり、加熱面以外の面の温度が燃焼温度に達してはいけない時間等を示す

- 屋根（30分）不燃材料で葺く
  瓦、金属板、繊維強化セメント板等

- 外壁（45分）準耐火認定構造の一例

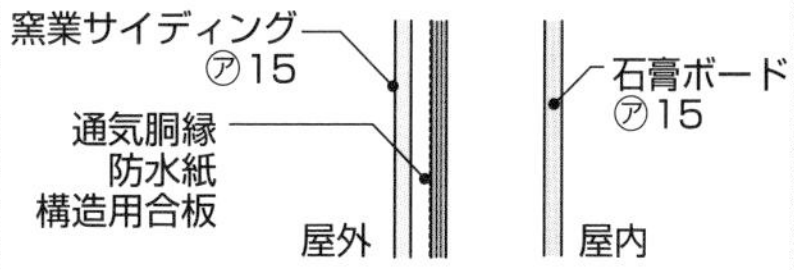

窯業サイディング㋐15
通気胴縁
防水紙
構造用合板
屋外
石膏ボード㋐15
屋内

- 床（45分）の一例

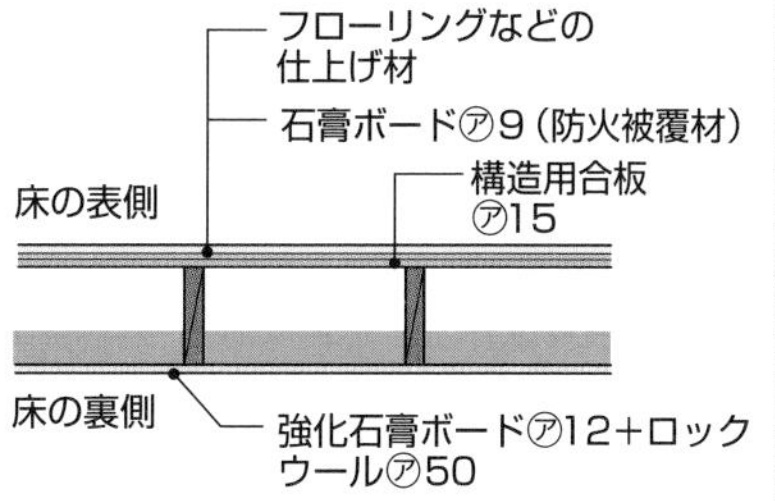

フローリングなどの仕上げ材
石膏ボード㋐9（防火被覆材）
構造用合板㋐15
床の表側
床の裏側
強化石膏ボード㋐12＋ロックウール㋐50

準防火地域内で要求される準耐火構造の性能

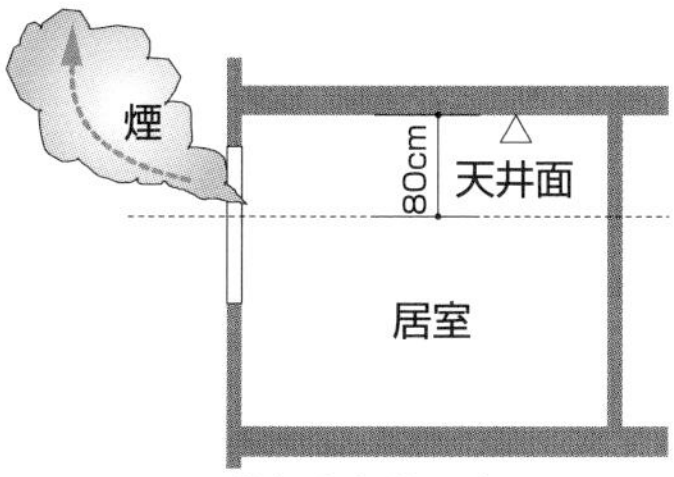

煙
80cm
天井面
居室

排煙上有効な窓
天井面から80cm以内の高さにある開口部

左図性能を満たす仕様の一例

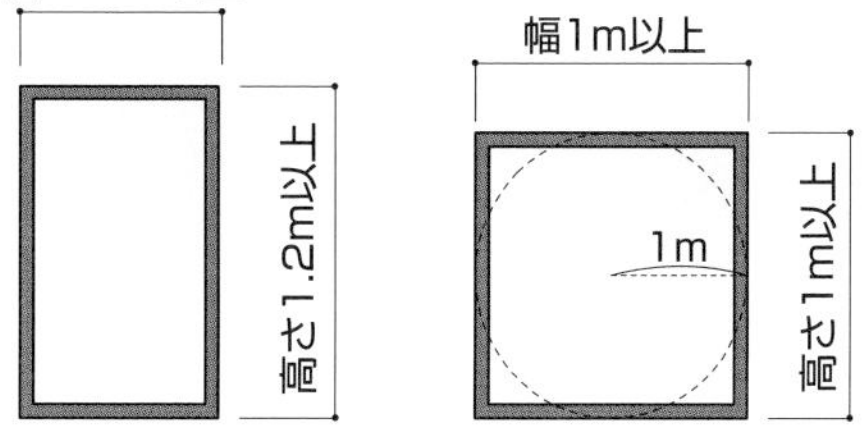

幅75cm以上
高さ1.2m以上
幅1m以上
1m
高さ1m以上

消防隊の進入口の例（代替進入口）
開口する大きさが上記寸法が取れるもの。FIXはガラス部分の大きさ。窓ガラスの種類は破壊しやすさにより制限がある

吹抜け・大空間のつくり方

KeyWord 048

Point

- 吹抜けは床開口という考えで開口まわりの補強による
- 屋根形状を利用して大空間をつくる（水平面剛性の確保が必要）

より豊かな空間づくり

生活の主となるリビングルームを環境の良い2階に配置するケースも多い。この場をより豊かにするために、下階とのつながりを生む吹抜けや勾配天井により、高く気持ちよい空間を2×4工法においてもつくることができる。

吹抜け空間

2×4工法による2層に渡る吹抜け空間は、上層の階の床に開口をあけるといった解釈でつくることができる。この場合、水平力を受けるうえで床の水平面剛性を著しく低減させてはならない。公庫の仕様書では、長さ、幅とも2・73m以下の開口は基準とすべき補強方法が示されているが、これを超える大きさの吹抜けとする場合は、構造計算等により補強方法を確かめる。

また、階段は1つの開口扱いとし、吹抜けとの位置に注意し、床の剛性を確保する。

勾配天井による大きな空間

片流れや切り妻などの屋根架構では、小屋裏をつくらず勾配天井とすることで、開放的な大空間をつくることができる。構造的には天井根太による水平構面がないため、屋根面において剛性を確保する必要がある。片流れでは多くの場合南側の壁がハイパネル（背の高い壁）となるが、開口部も大きく取りたいため、開口とのバランスにおいて耐力壁を確保する。またハイパネルは風圧に対する曲げ剛性の確保が必要となり、一本物の通したて枠や206等により対応する方法がある。

吹抜けや天井の高い空間では冬場、暖気の上昇から足下が暖まりにくいため、断熱性を高め、床暖房を用いたり、プロペラ扇により暖気を下降させるなど空調計画も併せてより快適な空間としたい。

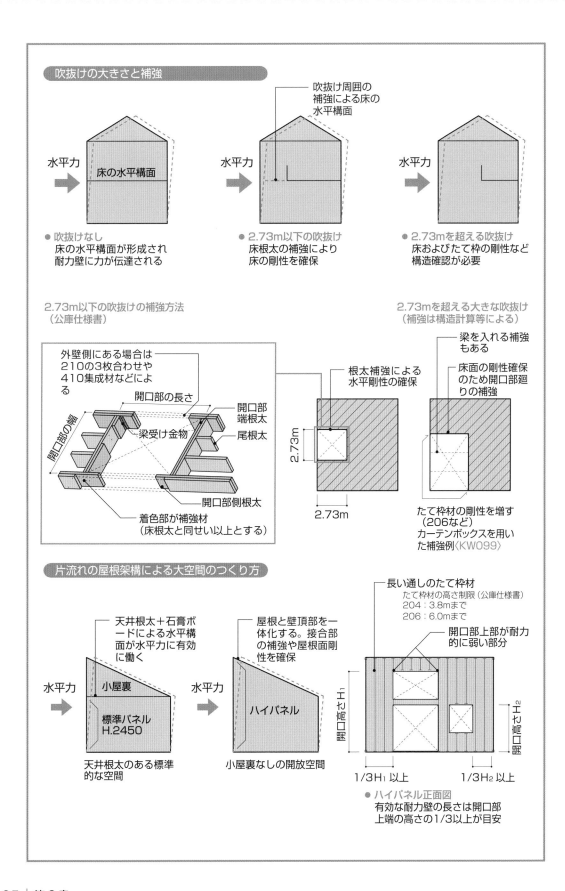

吹抜けの大きさと補強

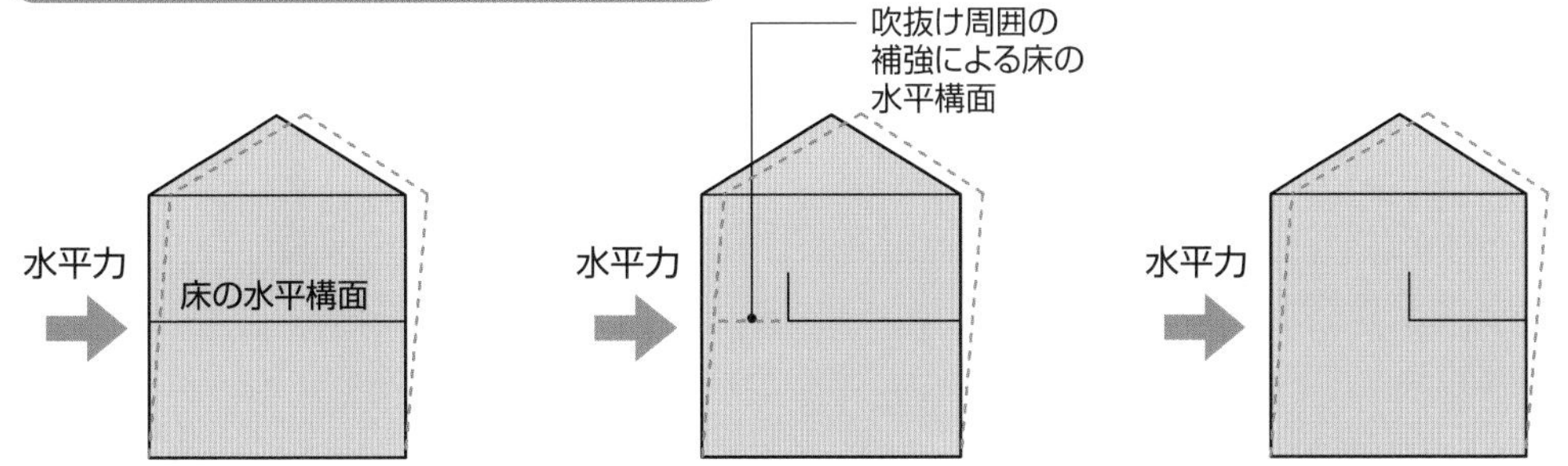
吹抜け周囲の
補強による床の
水平構面
水平力
床の水平構面
水平力
水平力

- 吹抜けなし
  床の水平構面が形成され
  耐力壁に力が伝達される
- 2.73m以下の吹抜け
  床根太の補強により
  床の剛性を確保
- 2.73mを超える吹抜け
  床およびたて枠の剛性など
  構造確認が必要

2.73m以下の吹抜けの補強方法
（公庫仕様書）

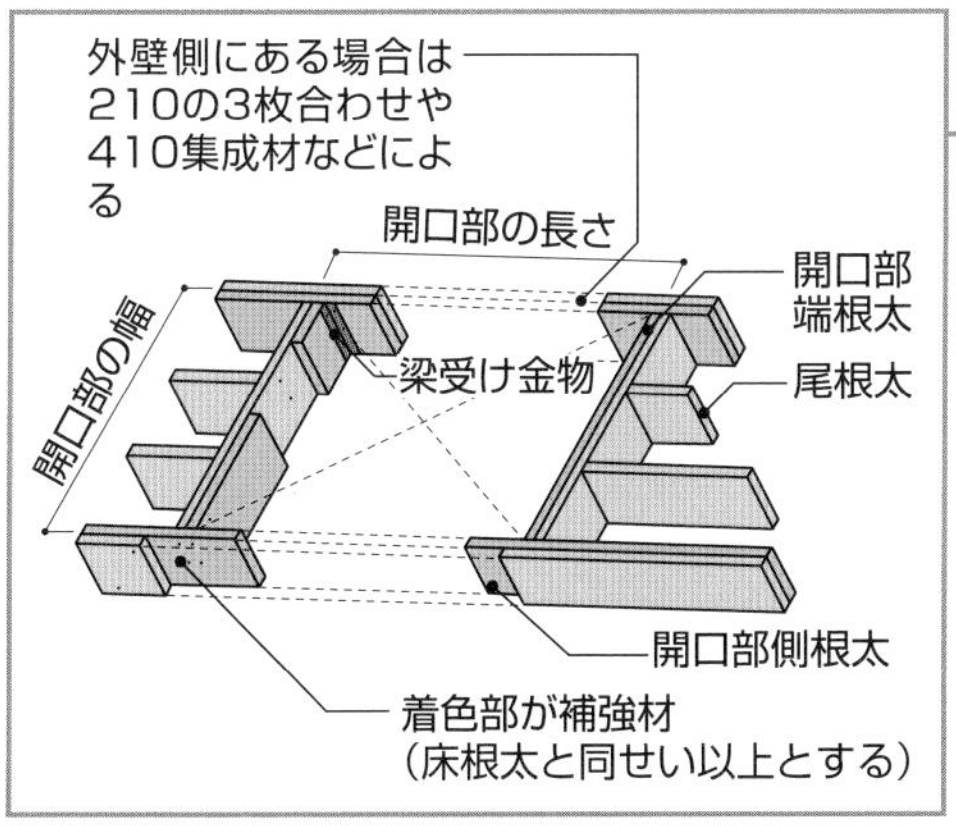
外壁側にある場合は
210の3枚合わせや
410集成材などによる
開口部の長さ
開口部の幅
開口部
端根太
梁受け金物
尾根太
開口部側根太
着色部が補強材
（床根太と同せい以上とする）

2.73mを超える大きな吹抜け
（補強は構造計算等による）

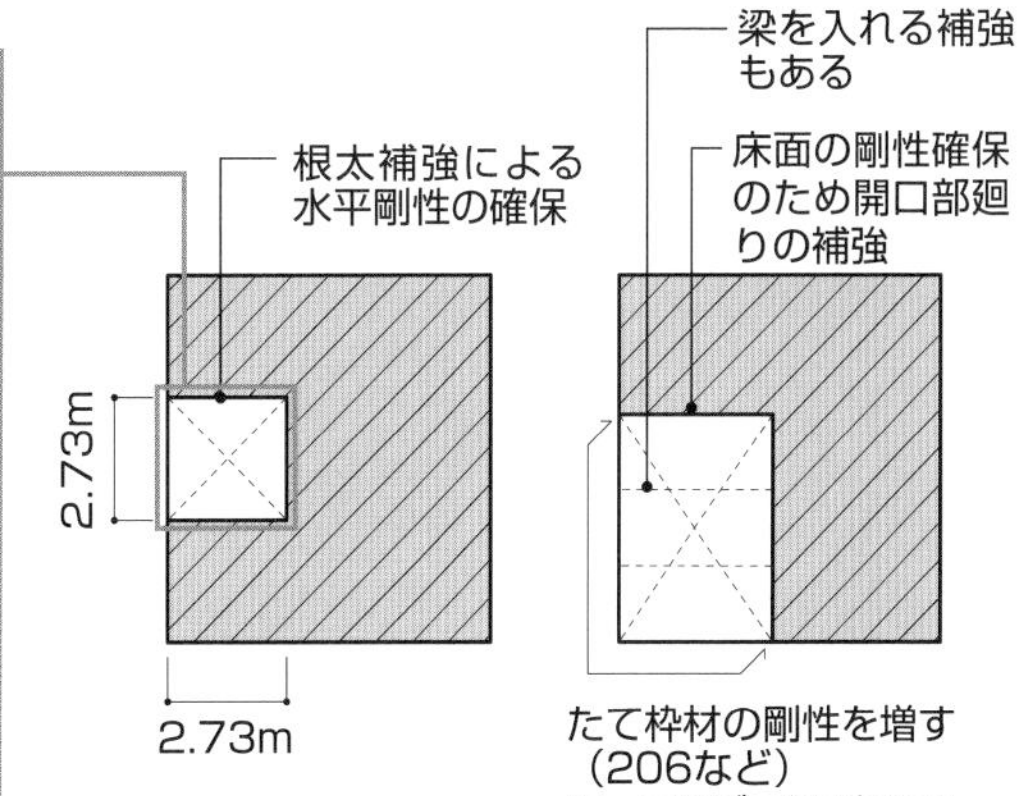
根太補強による
水平剛性の確保
2.73m
2.73m
梁を入れる補強
もある
床面の剛性確保
のため開口部廻
りの補強

たて枠材の剛性を増す
（206など）
カーテンボックスを用いた補強例〈KW099〉

片流れの屋根架構による大空間のつくり方

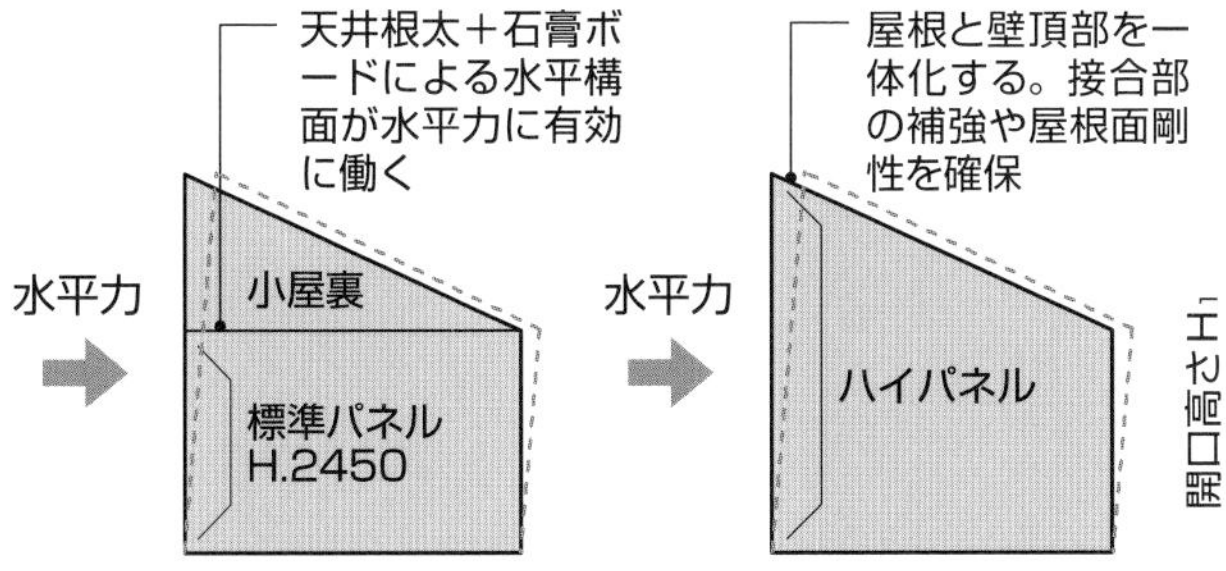
天井根太＋石膏ボードによる水平構面が水平力に有効に働く
水平力
小屋裏
標準パネル
H.2450
屋根と壁頂部を一体化する。接合部の補強や屋根面剛性を確保
水平力
ハイパネル

天井根太のある標準的な空間

小屋裏なしの開放空間

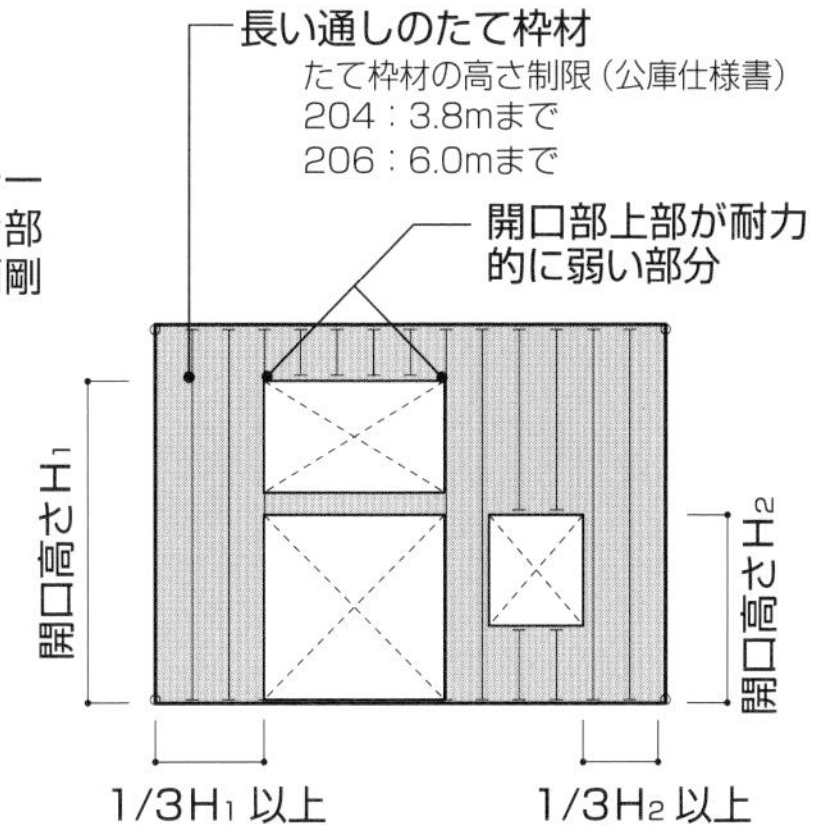
長い通しのたて枠材
たて枠材の高さ制限（公庫仕様書）
204：3.8mまで
206：6.0mまで
開口部上部が耐力的に弱い部分
開口高さH1
開口高さH2
1/3H1 以上
1/3H2 以上

- ハイパネル正面図
  有効な耐力壁の長さは開口部上端の高さの1/3以上が目安

2×4工法と大断面軸組工法の融合

KeyWord 049

Point

◐ 2×4工法に大断面軸組を取り込むことによる大空間の実現

2×4工法は、告示により、耐力壁で囲まれた区画面積の上限が規定されていたり、耐力壁間の距離の制限があるため、柱・壁のない大空間をつくるのが困難だという一面がある。

しかし、2×4工法の建物に、大断面の柱・梁によるスパンの大きな木造軸組架構を組合せることで大空間をもつ建物を実現できる。このような大空間は、2×4工法のさまざまな展開の可能性となる。

◓ 大空間の構造手法

大空間構造の基本的な考え方は、鉛直方向の荷重を、大断面の柱・梁に負担させ、地震・風などの水平力に対しては、付随する2×4工法の部分と同じ考えの耐力壁・床で剛性を確保し構造計算により安全性を確認する。

壁は、柱・梁の軸組で囲まれた区画のなかに2×4工法の枠組材を組み、構造用合板を張って耐力壁とする。空間として視覚的に広がりをもたせたい部分や合板による面剛性を補完する部分には、木軸のブレース（筋かい）を用いることも有効な方法である。

◓ 住宅以外の建物への展開

こうした建物の一例として写真スタジオが挙げられる。スタジオは、背景となる大きな壁面、上方からの引いた映像を撮るための高い天井をもつ気積の大きな空間が必要となるが、付随する部屋や水廻りなどは通常の2×4で対応可能なスケールであり、この手法に適した建物といえる。

また、象徴的な外観、例えば塔屋をもった商業施設などもこの手法を用いることができる。この場合、塔屋部分の外壁は合板による耐力壁とするが、水平面の剛性は木軸の水平ブレースに負担させることで、背の高い吹抜空間が実現できる。

写真スタジオ

躯体工事
奥の大断面軸組構造のスタジオと、手前の2×4構造の付随部分

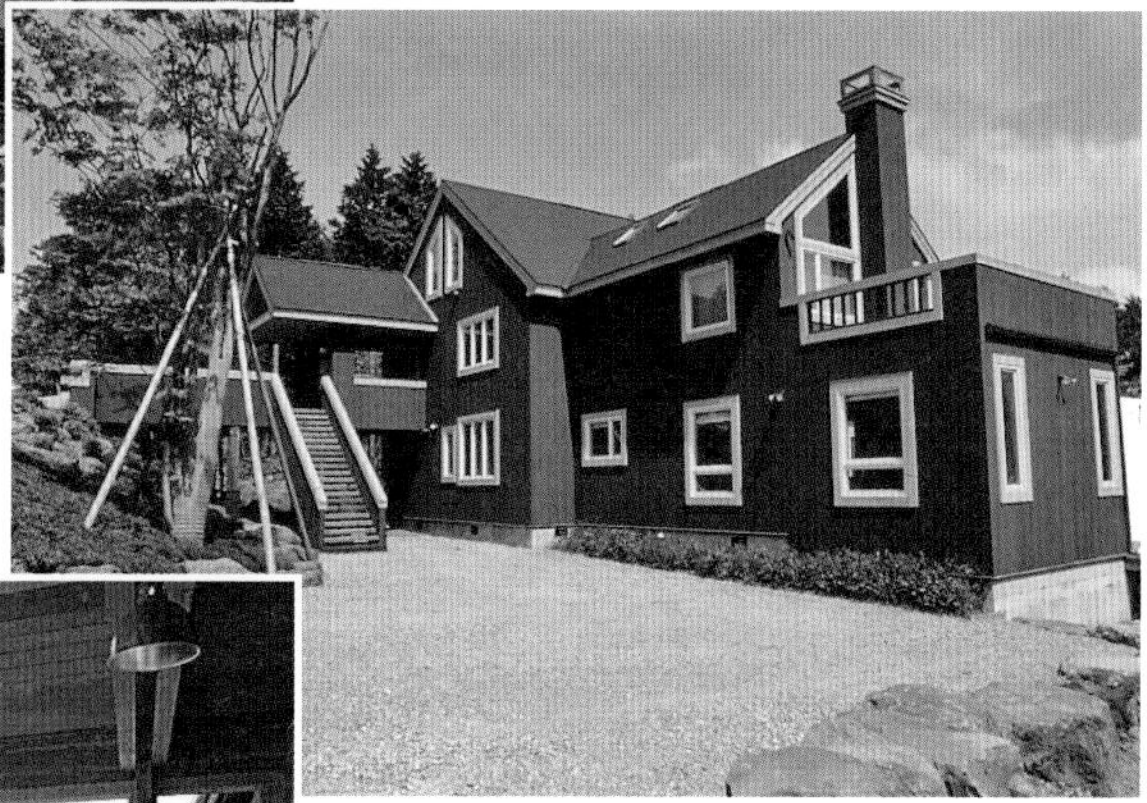

建物外観
2種類の工法を用いながら、統一されたデザインの外観

スタジオ内観
合板と木軸ブレースによって構成された耐力壁と、木軸水平ブレースを持つ小屋組

住宅展示場センターハウス

建物外観
象徴的な形状の塔を持つ大空間商業施設

塔屋　見上げ
集成材のブレースによって水平剛性を確保した構造の塔屋

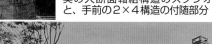

在来軸組工法の合理化

KeyWord 050

Point

◐ 在来軸組工法の中に取り入れられている2×4工法の技術

現在では、在来軸組工法でも、耐震性能の向上、施工の効率化を目指し、さまざまな合理化が図られている。その中には、さまざまな2×4工法の考え方を取り入れた部分が見受けられる。

◐ 床剛性の確保

床の剛性という概念は、従来の在来軸組工法では火打梁程度で、あまり考えられていなかった。しかし、2×4工法の剛床という概念が普及し、在来工法でも耐震性能の向上、および施工性の向上のため、在来床根太を使わず、大梁・小梁に直接厚い構造用合板を張って床剛性を確保する根太レス工法が広まり、逆に2×4工法にも採用されてきている。

◐ 接合金物の普及

2×4工法の部材接合部には、構造計算を踏まえて開発されたさまざまな接合金物が使われている。在来工法でも、躯体強度向上のため、数値化された性能を確保できる接合金物を用いた手法が取り入れられている。

◐ 耐力壁の構造

在来軸組工法の耐力壁の構造としては、筋かいが一般的だったが、2×4工法（枠組壁工法）の合板を使った耐力壁が、在来工法にも一般的に取り入れられている。筋かいを用いると、間柱に切り欠きを施さなければならないうえ、前述の柱の接合金物との取り合いもあり、合板による耐力壁が普及したと考えられる。

◐ 小屋組への影響

小屋裏収納・ロフトといった空間が一般的になるにつれ、従来の在来工法の小屋束を用いた和小屋組に加えて、在来工法でも、束を必要としない、垂木方式、棟梁方式といった2×4工法の洋小屋組が使われている。

根太レス工法

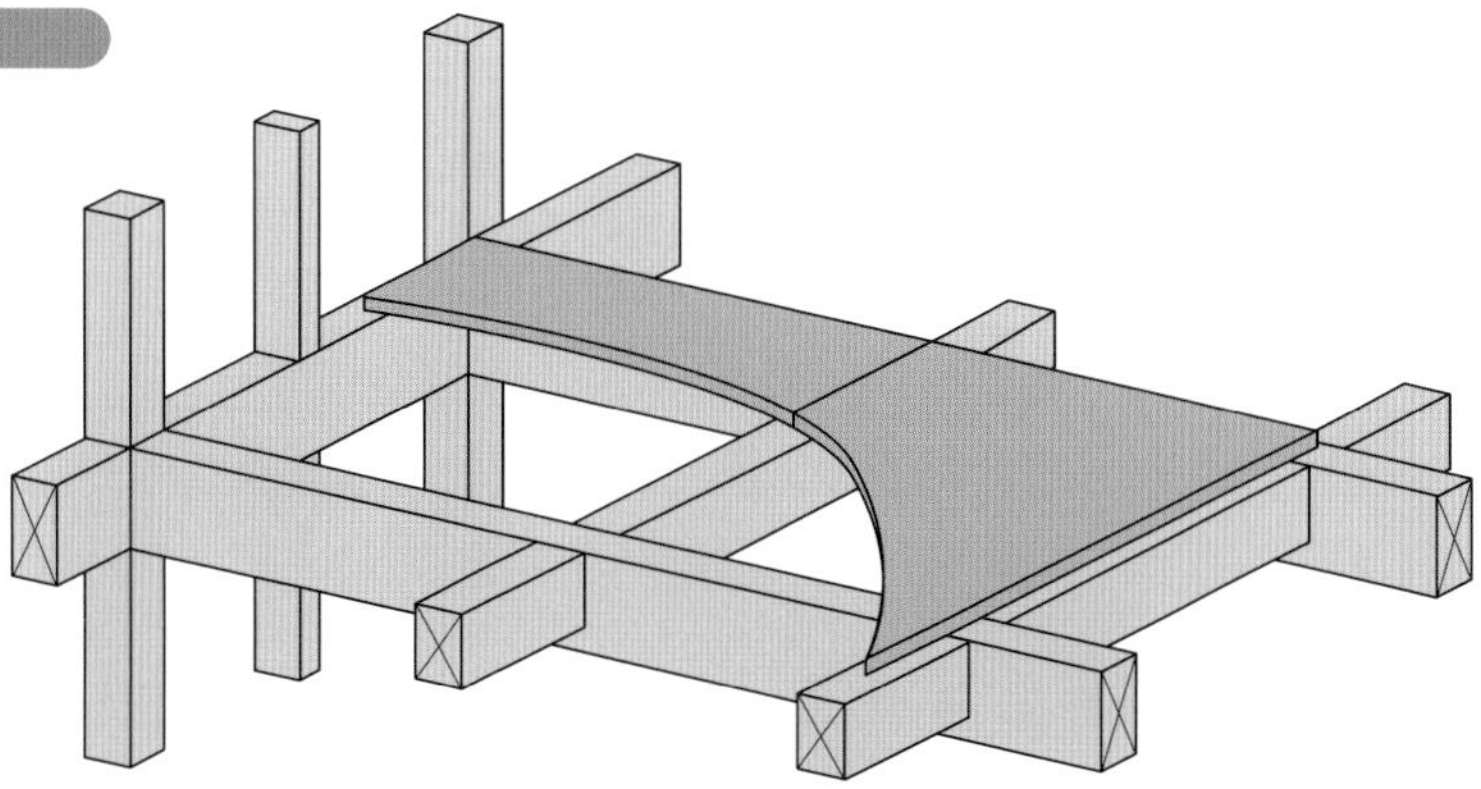

合板の耐力壁

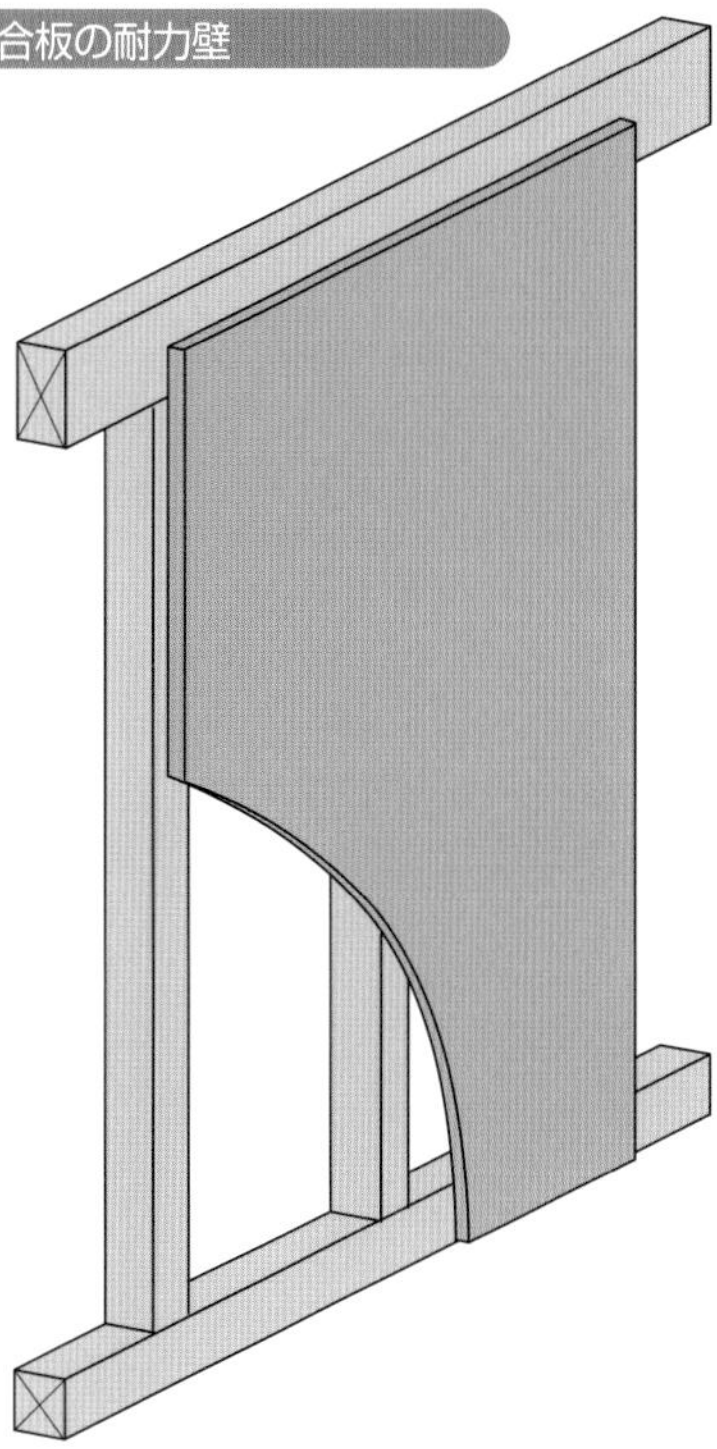

ホールダウン金物

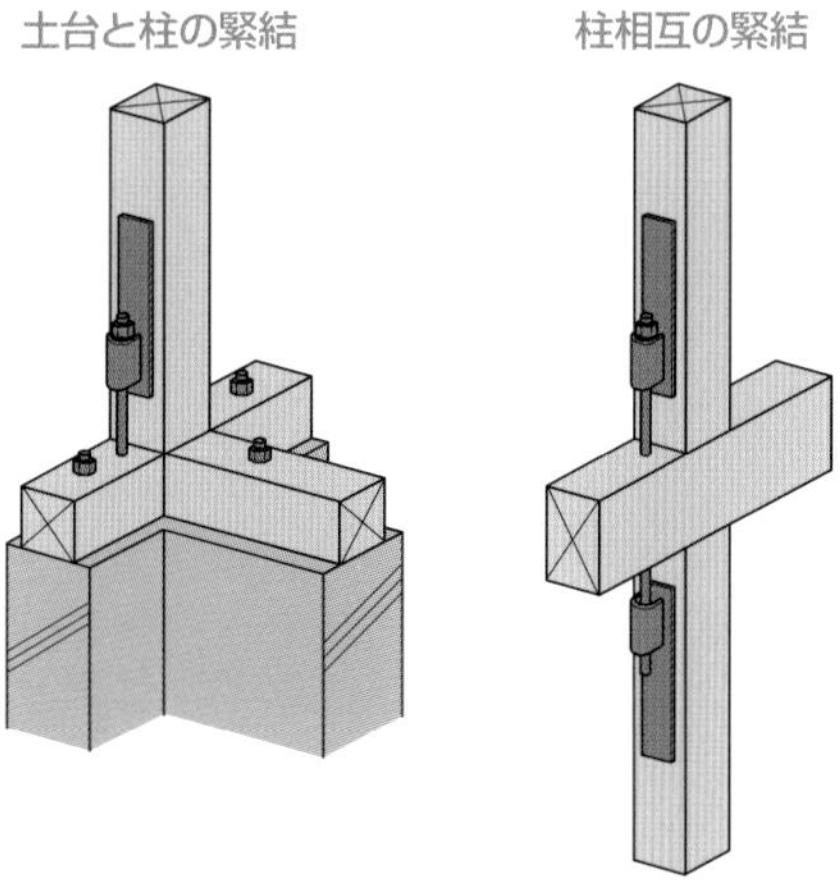

洋小屋組による小屋裏利用

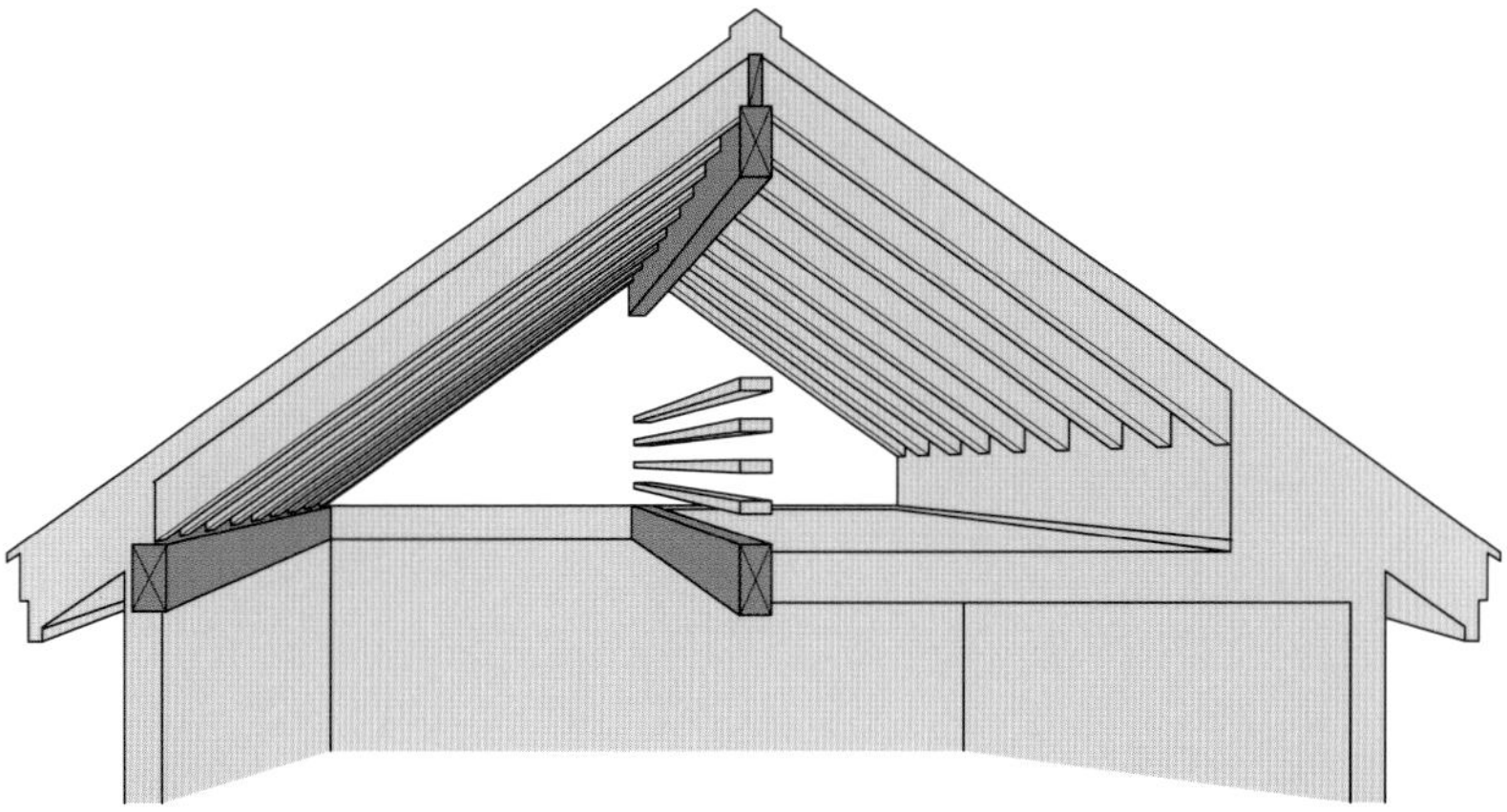

構造図に見る在来工法との違い

KeyWord 051

Point

◐ 在来工法と2×4工法の躯体の組方から生じた構造図の図面構成および図面に表現される情報の違い

2×4工法は制約の多い工法と言われる。これは逆に言えば、シンプルに構造システムが確立されていて、構造体が決められるということだ。当然、構造図もこのシステムを前提として作図されているため、どんな建物も構造図に表現する情報の量、表現方法に大きな違いはない。一方、在来軸組工法は、構造材のサイズ、組方など設計者やプレカット業者の判断にゆだねられる部分が多く、構造図で表現しなければならない情報はより多くなる。

構造図面構成の違い

2×4工法の場合、高さ方向の寸法は、伏図から読み取れる各部材の高さの足し算で追うことができ、構造図の構成は基本的に平面図（伏図）が中心となる。在来工法のように、軸組図という躯体を横から描いた図面は、吹き抜けまわりや、三角・台形などの特殊な形状の壁以外は基本的に描かれない。

2×4工法構造図の構成

基礎伏図・土台伏図　鉄筋コンクリート基礎、土台を平面的に描いた図面。基本的に在来工法と同様。

各階床伏図　床パネルの情報を表現した図面。床根太のサイズ、ピッチ、接合金物の表示、および床構造用合板の割付を表わした図面となる。2階以上の床伏図では、これに下階の耐力壁、梁の情報が入る。

天井根太伏図　最上階の天井レベルに渡す天井根太のサイズ、ピッチを描いた図面。小屋組の形式によっては不要。

小屋伏図　屋根パネルの情報を表現した図面。屋根の勾配、軒の出、垂木のサイズ、ピッチ、接合金物等の情報が表現される。

各階スタッド割付図　スタッドと呼ばれる壁の枠組材を平面的に描いた図面。壁の開口位置・大きさ、まぐさの仕様もここで表わされる。

2階床伏図　縮尺 1：50

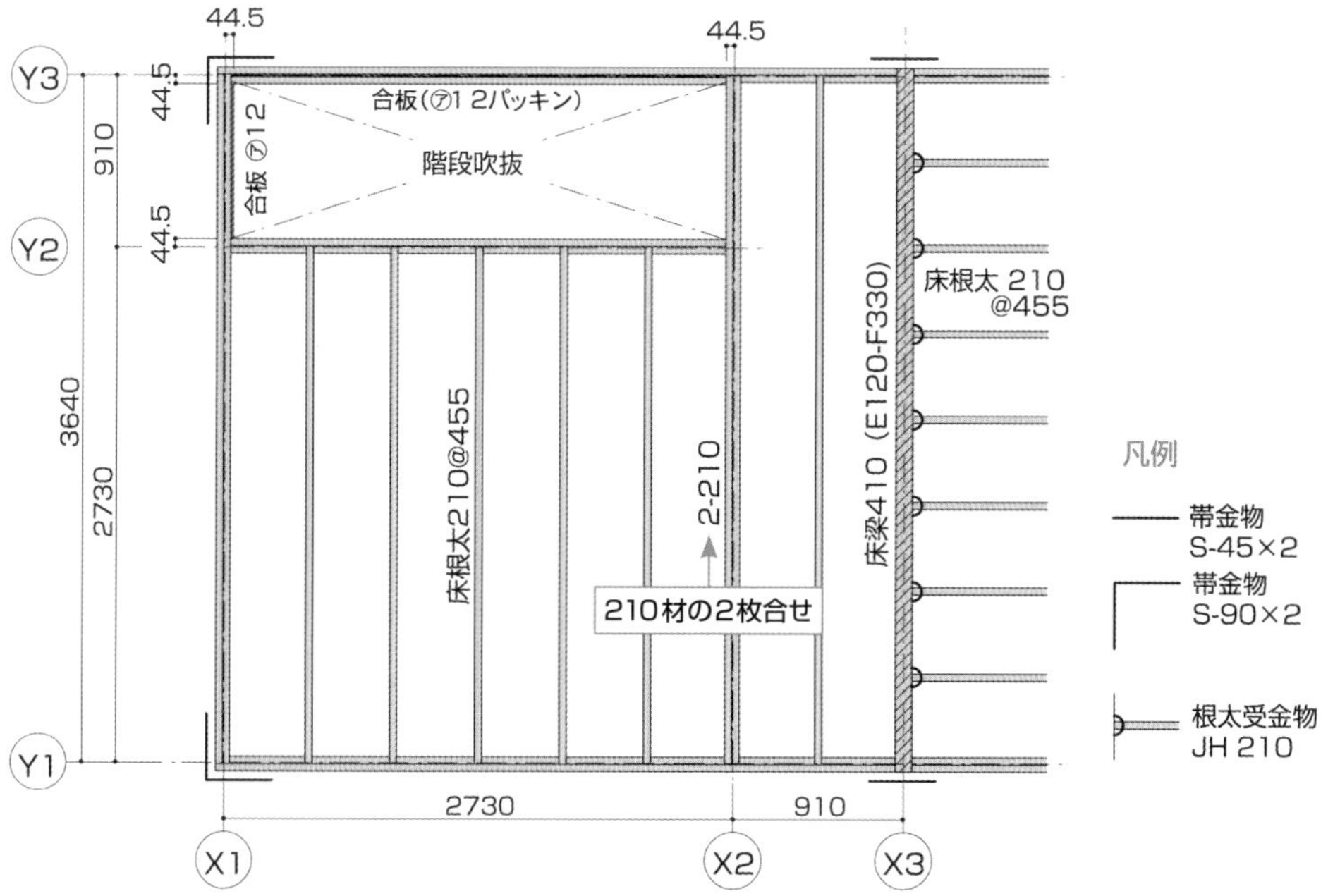
44.5
44.5
Y3
Y2
Y1
X1
X2
X3
合板（㋐12パッキン）
合板 ㋐12
階段吹抜
床根太210@455
2-210
210材の2枚合せ
床梁410（E120-F330）
床根太 210
@455
910
2730
3640
凡例
帯金物
S-45×2
帯金物
S-90×2
根太受金物
JH 210

2階スタッド割付図　縮尺 1：50

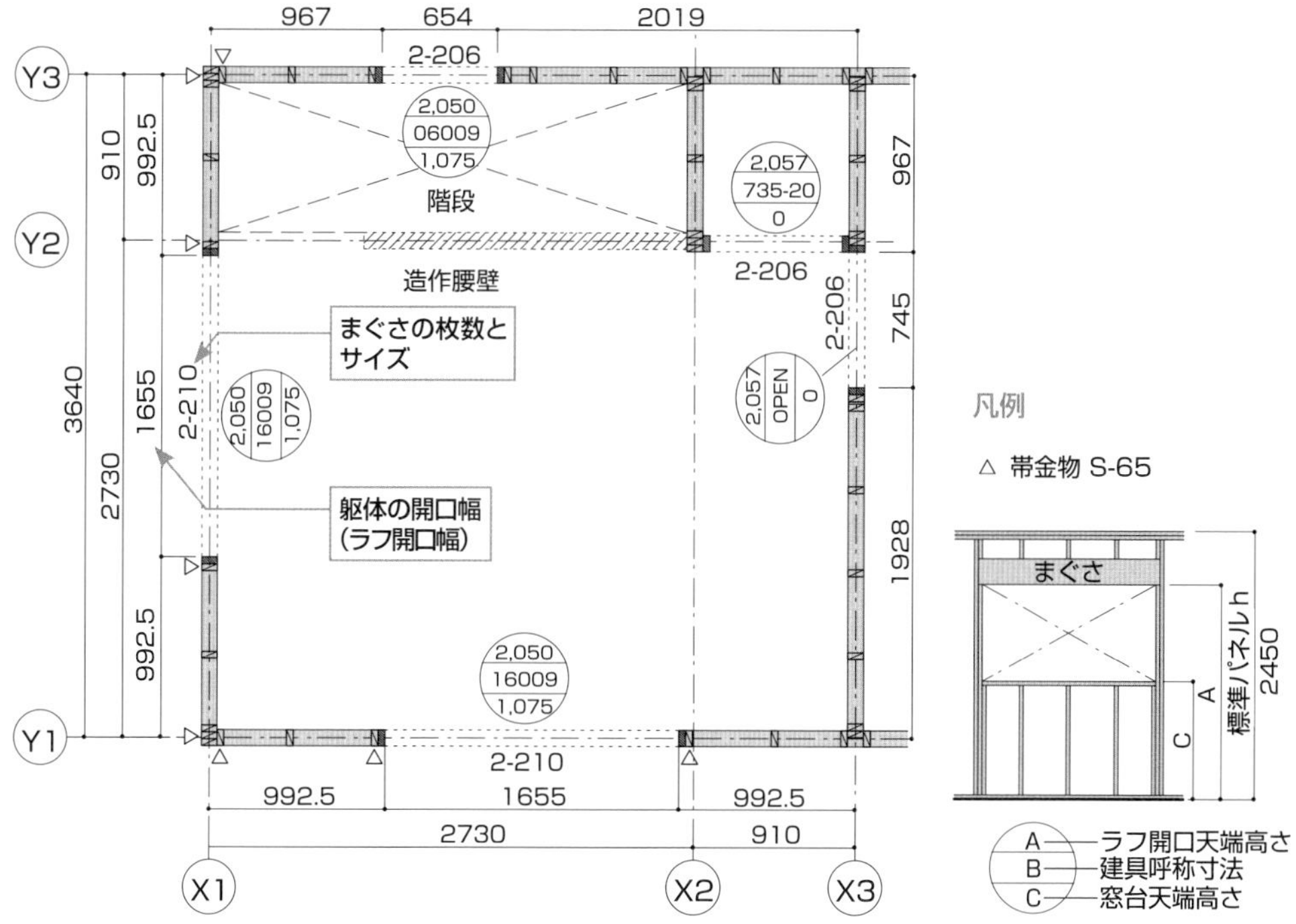
967
654
2019
2-206
2,050
06009
1,075
2,057
735-20
0
階段
造作腰壁
2-206
2-206
まぐさの枚数と
サイズ
2-210
2,050
16009
1,075
2,057
OPEN
0
躯体の開口幅
(ラフ開口幅)
2,050
16009
1,075
2-210
992.5
1655
992.5
2730
910
910
992.5
1655
3640
2730
992.5
967
745
1928
Y3
Y2
Y1
X1
X2
X3
凡例
△ 帯金物 S-65
まぐさ
A
C
標準パネルh
2450
A ラフ開口天端高さ
B 建具呼称寸法
C 窓台天端高さ

Column 3

移り変わる2×4工法の設計手法とツール

■ 告示とスパン表という設計ツール

2×4工法は、特殊な工法として国土交通省（建設省）告示によって位置付けられ、当初は仕様規定のみによって建築可能であった。そして告示を補足する意味で、住宅金融支援機構（住宅金融公庫）の工事共通仕様書が発行され、その中で各構造部材はスパン表を用いて簡易的にその寸法を決定することができるようになった。

このように告示と住宅金融支援機構の仕様書は、2×4工法の建築には不可欠なものであり、このスパン表は意匠設計者にとっても便利なツールとして長く使われることとなった。また日本ツーバイフォー建築協会の編集で『枠組壁工法建築物 設計の手引き・構造計算指針』が'90年代から発行され、法律の改正や技術の発展に合わせた、より専門的な技術解説書として使われてきた。

■ 性能規定化と2×4工法

それが建築基準法の性能規定化に伴い、2×4工法でも告示が改正され、設計の自由度の向上や、新しい建材の活用が可能となった。しかし法改正時点では、2×4工法としての技術的・構造的な蓄積は十分とは言えず、他の工法並みに建築できるようになってきたのは、2000年以降のことといえる。そのためその間は、従来の仕様規定的な考え方と新しい考え方が入り混じり、解説書としての仕様書や構造計算指針の内容なども大きく変わってきた時期ともいえる。

そのなかで、工事共通仕様書の別冊であったスパン表は、平成17年（2005年）版を最後に廃止され、日本ツーバイフォー建築協会編集の『設計の手引き・構造計算指針』のスパン表も、2002年版を最後に取りあげられなくなってしまった。

一方、新しい構造材料であるI型ビームやLVLなどでは、部材供給者から提供されたスパン表によって、製材品並みに簡易に使うことができている。

本書でも、スパン表に関して多くの個所で触れられているのは、2×4設計者にとって便利なツールであったことを示している。現時点ではこのスパン表に代わる明確な出版物は無いので、古書として流通しているものなどを活用するしか方法がないが、2×4を学ぶためには良いツールであることは事実である。

第4章

2×4工法の材料と施工

2×4住宅の躯体組立の流れ

KeyWord 052

Point

◐ プラットホーム工法による躯体施工の流れ

日本の2×4工法の住宅は、基礎に関しては、在来工法と同様、鉄筋コンクリート造の布基礎、またはベタ基礎方式がとられている。基礎の上に土台をアンカーボルトで固定する方式も同じである。

床と壁の施工

土台の上に1階床枠組が施工される。根太材が組まれ、ころび止め材・合板の受材が取付けられた後、床の構造用合板が釘打ちされる。床合板は、長手方向を根太と直交させ、隣りあう合板をずらせた千鳥張りとする。合板は床鳴りと浮き上がりを防止するために、釘と接着剤を併用して張られる。

日本の2×4工法の1階床根太は、2階以上の階の床組と同様に、210材等の根太材を使って架ける方式と、在来工法のように、根太の下に束・大引材を入れてスパンを小さくし、204材や206材等の背の低い根太を使う方式がある。

1階の壁は、でき上がった床の上に寝かせた形で枠組材が組まれ構造用合板が釘打される。完成した壁は、隅角部の外壁から順に建て起こされ、釘によって床や隣り合う壁パネルに固定され、壁頂部は「頭つなぎ」と呼ばれる204材で連結される。

2階の床組は、1階の壁の上に組まれる。そして、床合板が張られた2階床の上で、1階と同様に2階壁パネルが組まれ、建て起こされる。日本の建築基準では多層階の建築が可能だが、この床と壁の組方は何階建てとなっても基本的に同じである。

屋根の施工

最上階壁の上に屋根形状に適した形の小屋組が組まれる。小屋組の設置後、野地板の構造用合板が、長手方向を垂木と直交させた向きで軒先から順に釘打される。こうして、棟部の野地板を張り終わった時点で躯体の完成となる。

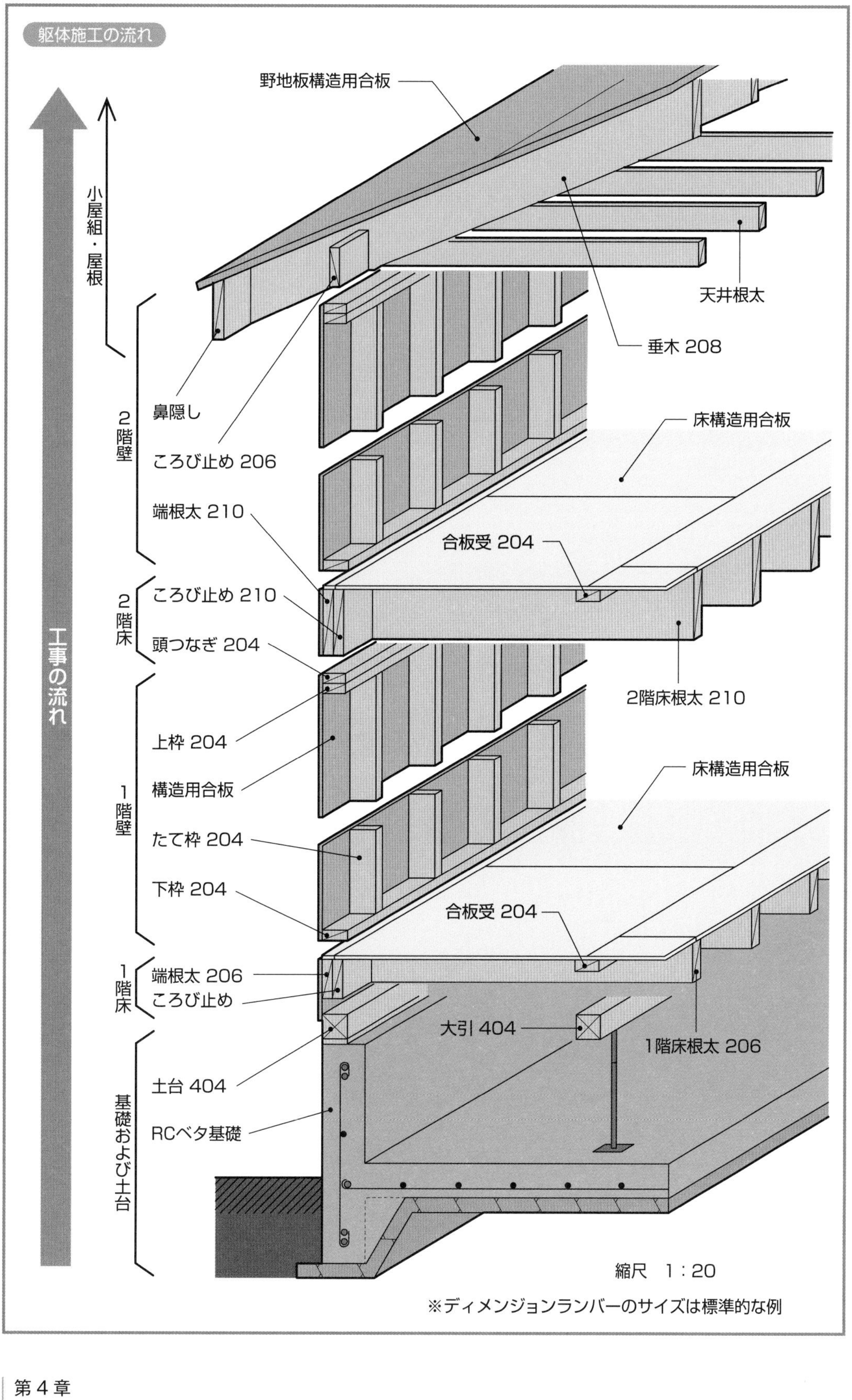
躯体施工の流れ
野地板構造用合板
小屋組・屋根
天井根太
垂木 208
鼻隠し
2階壁
ころび止め 206
床構造用合板
端根太 210
合板受 204
2階床
ころび止め 210
頭つなぎ 204
工事の流れ
2階床根太 210
上枠 204
構造用合板
1階壁
床構造用合板
たて枠 204
下枠 204
合板受 204
1階床
端根太 206
ころび止め
大引 404
1階床根太 206
基礎および土台
土台 404
RCベタ基礎
縮尺 1：20
※ディメンジョンランバーのサイズは標準的な例

ディメンションランバー

KeyWord 053

Point

◐ **2×4工法のパネルを構成する枠組材の種類・規格および梁などに使われる集成材の種類・規格**

2×4工法の枠組材は、厚さが38㎜、幅が89㎜から286㎜までの204材、206材、208材、210材、212材の5種類の材に、土台・大引材に使われる89㎜角の404材を加えた6種類の材木が基本的に使われる。

これらは、おもに北米産の針葉樹を製材したもので、「ディメンションランバー」、俗に「ランバー材」とも呼ばれる。日本農林規格により、材の節の位置・大きさが細かく規定され、梁や根太などに使用できる甲種枠組材と、節の影響の少ない壁パネルの枠組材として使用する乙種枠組材の2種類に分けられている。さらに各種ごとに細かく等級が定められており、建物躯体の部位別に使用できる等級が決まっている。

ディメンジョンランバーは、樹種、JASの種別等級、そして断面寸法ごとに構造別性能が明示されており、根太・梁・垂木・まぐさなどは、その使用部位・スパンによってどんな樹種・等級の、どのような断面寸法の材が必要か、スパン表で容易に選択できるようになっている。

構造用集成材

梁・まぐさなどの荷重が集中する部材は、構造上必要な断面を得るために、ランバー材の2枚合せ、3枚合わせという形で指定される。一般的に構造用集成材は、こうした部位にランバー材の代わりに使われる。構造用集成材とは、繊維方向を揃えた木材を構造用接着剤で積み重ねて張り合わせた材である。現場で張り合わせたランバー材よりも高価だが、性能のバラつきがなく安定した強度が得られるというメリットがある。

構造用集成材の原材としては、ランバー材と同様の北米産針葉樹が一般的であり、断面寸法も、ランバー材と同じ寸法体系によって製造されているが、406材から612材といった、より大断面のものも用意されている。

製材・集成材の寸法形式と寸法

区分	寸法形式	未乾燥材（含水率25%以下）厚さ×幅（G）	乾燥材（含水率19%以下）厚さ×幅（D）
製材	104	20× 90	18× 89
	106	20×143	18×140
製材および集成材	203	40× 65	38× 64
	204	40× 90	38× 89
	206	40×143	38×140
	208	40×190	38×184
	210	40×241	38×235
	212	40×292	38×286
	404	90× 90	89× 89
集成材	406	—	89×140
	408	—	89×184
	410	—	89×235
	412	—	89×286
	414	—	89×336
	416	—	89×387
	606	—	140×140
	610	—	140×235
	612	—	140×286

単位：mm

製材定尺長さの標準

定尺長＼寸法型式	204	206	208	210	212
2440（8ft）	○	—	—	—	—
3050（10ft）	○	○	○	○	○
3660（12ft）	○	○	○	○	○
4270（14ft）	○	○	○	○	○
4880（16ft）	○	○	○	○	○
5490（18ft）	○	○	○	○	○
6100（20ft）	○	○	○	○	○

単位：mm（カッコ内はフィート換算値）

製材・集成材の種類と使用可能範囲

種別	等級	使用部分
甲種枠組材	特級	土台、根太、端根太、側根太、まぐさ 天井根太、垂木、棟木、梁
	1級	
	2級	
	3級	壁のたて枠、上枠、頭つなぎ、下枠、筋かい
乙種枠組材	コンストラクション	壁のたて枠、上枠、頭つなぎ
	スタンダード	
	ユーティリティ	壁の下枠、筋かい
構造用集成材	特級	土台、根太、端根太、側根太、まぐさ 天井根太、垂木、棟木、梁
	1級・1等	
	2級・2等	

製材に押されるJASのスタンプ

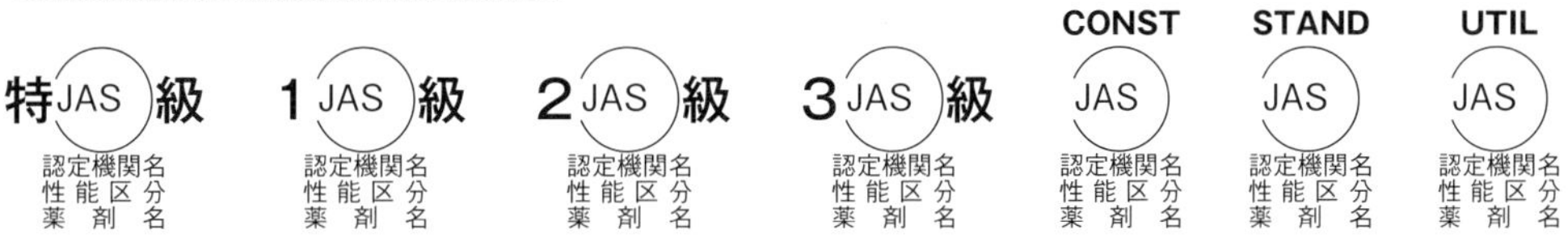
特 JAS 級
認定機関名
性能区分
薬剤名
1 JAS 級
認定機関名
性能区分
薬剤名
2 JAS 級
認定機関名
性能区分
薬剤名
3 JAS 級
認定機関名
性能区分
薬剤名
CONST
JAS
認定機関名
性能区分
薬剤名
STAND
JAS
認定機関名
性能区分
薬剤名
UTIL
JAS
認定機関名
性能区分
薬剤名

樹種グループと樹種

樹種グループ	樹種群	樹種
SⅠ（エスイチ）	D Fir-L（ディー・ファー・エル）	ダグラスファー、ウェスタンラーチ　他
	Hem-Tam（ヘム・タム）	パシフィックコーストイエローシダー、タマラック、ジャックパイン、イースタンヘムロック　他
SⅡ（エスニ）	Hem-Fir（ヘム・ファー）	パシフィックコーストヘムロック、アマビリスファー、グランドファー　他
	S-P-F（エス・ピー・エフ）または Spruce-Pine-Fir（スプルース・パイン・ファー）	バルサムファー、ロッジポールパイン、ポンデローサパイン、ホワイトスプルース、エンゲルマンスプルース、ブラックスプルース、レッドスプルース、コーストシトカスプルース、アルパインファー　他
	W Cedar（ダブル・シダー またはウェスタン・シダー）	ウェスタンレッドシダー、レッドパイン、ウェスタンホワイトパイン　他

構造用面材とは

KeyWord 054

Point

◐ 2×4工法のパネルに剛性を与える面材の種類と規格

2×4工法は枠組壁工法とも呼ばれるように、ディメンジョンランバーの枠組に、構造用面材を釘打ちして床・壁・屋根をつくっていく工法である。構造用面材とは、文字どおり面として枠組に強度を与えるボード状の材を指し、枠組材とともに2×4工法の躯体を構成する最も重要な材であり、告示によって、使用可能な面材の種類、品質が使用部位ごとに規定されている。

構造用合板

構造用面材で最も一般的なものは、構造用合板である。これは、薄くはいだ木材を、繊維方向を直交させて重ね張りしたボード状の材で、日本農林規格によって規格が定められている。構造用合板に用いられる樹種は、以前はラワンに代表される熱帯産広葉樹が主流であったが、今日では、より生育が速い、すなわちより環境への負荷の小さい針葉樹の合板が主流となっている。

その他の構造用面材

構造用合板以外に、OSB、パーティクルボード、シージングボードなどの木質ボードが構造用面材として使われるケースも増えている。OSB（オリエンテッド・ストランド・ボード）は、薄く細長い木片を一定の方向性をもたせて積層接着したボードで、日本農林規格により構造用パネルという分類で規格が定められており、原材料が安定して供給され安価なことから、アメリカでは一般的な構造用面材として広く使われている。パーティクルボードは、間伐材・廃木材・製材の廃チップなどを細かく破砕したものに接着剤を混ぜてボード状に成型したもの、シージングボードは木小片を接着剤で固め防水性を高める加工がされたものである。原材料に大径木を必要としない木質ボードは、森林資源保護の流れの中で、今後さらに普及していくと考えられる。

構造用合板の構成

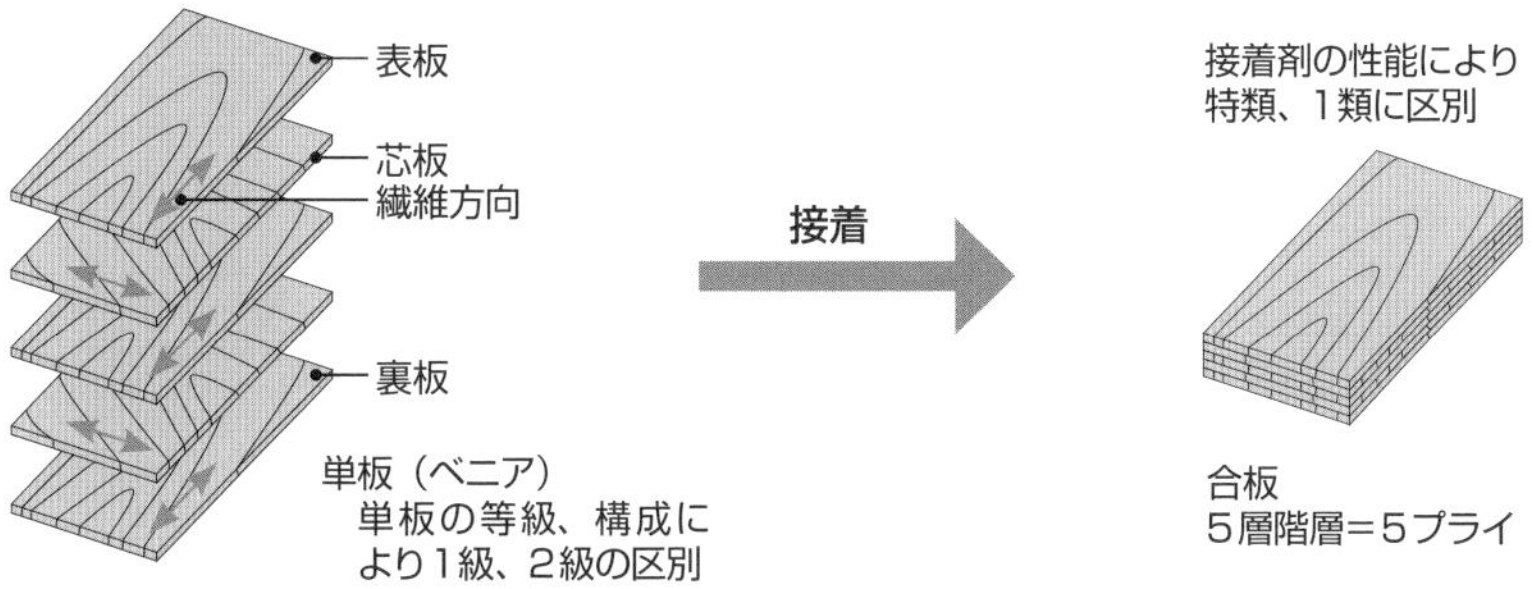

表板
芯板
繊維方向
裏板
単板（ベニア）
単板の等級、構成により1級、2級の区別
接着
接着剤の性能により特類、1類に区別
合板
5層階層＝5プライ

構造用合板の防水性能（接着剤の性能）

特類	屋外に面する部分の壁、湿潤のおそれのある部分の壁
1類	床・屋根・上記以外の壁

構造用合板のマークJAS

構造用合板
種別
JAS
厚さ
等級
格付機関名

構造用合板の構造性能

1級	トラスのガセットプレート
2級	床・壁・屋根パネルの構造用面材

構造用面材と使用箇所

構造部材の種類		材料の種類	規格
(1)	屋外に面する部分に用いる壁材または湿潤の状態となるおそれのある部分（常時湿潤状態となるおそれのある部分をのぞく）に用いる壁材	構造用合板	構造用合板のJAS（平成15年農林省告示第233号。以下「構造用合板規格」という）に規定する特類
		化粧ばり構造用合板	構造用合板規格に規定する特類
		構造用パネル	構造用パネルのJAS（昭和62年農林水産省告示第360号。以下「構造用パネル規格」という）に規定する1級、2級、3級または4級
		パーティクルボード	JIS A 5908（パーティクルボード）－1994に規定する18タイプ、13タイプ、24－10タイプ、17.5－10.5タイプまたは30－15タイプ
		ハードボード	JIS A 5905（繊維板）－1994に規定するハードファイバーボードの35タイプまたは45タイプ
		硬質木片セメント板	JIS A 5404（木質系セメント板）－2001に規定する硬質木片セメント板
		フレキシブル板	JIS A 5430（繊維強化セメント板）－2001に規定するフレキシブル板
		パルプセメント板	JIS A 5414（パルプセメント板）－1993に規定する1.0板
		製材	製材のJAS（平成8年農林水産省告示第1085号）に規定する板類の1級
		シージングボード	JIS A 5905（繊維板）－1994に規定するシージングボード
		ミディアムデンシティファイバーボード	JIS A 5905（繊維板）－1994に規定するミディアムデンシティファイバーボード30タイプ（Mタイプ、Pタイプ）
		火山性ガラス質複層板	JIS A 5440（火山性ガラス質複層板（VSボード））－2000に規定するHⅢ
		ラスシート	JIS A 5524（ラスシート）－1994
(2)	常時湿潤状態となるおそれのある部分および(1)に掲げる部分以外の部分に用いる壁材	(1)に掲げる材料	(1)に掲げるそれぞれの規格（構造用合板および化粧ばり構造用合板については、構造用合板規格に規定する1類を含む）
		石膏ボード	JIS A 6901（石膏ボード製品）－2005に規定する石膏ボード、構造用石膏ボードA種およびB種ならびに強化石膏ボード
(3)	床材または屋根下地材	構造用合板	構造用合板規格に規定する特類または1類
		構造用パネル	構造用パネル規格に規定する1級、2級、3級または4級
		パーティクルボード	JIS A 5908（パーティクルボード）－1994に規定する18タイプ、13タイプ、24－10タイプ、17.5－10.5タイプまたは30－15タイプ
		硬質木片セメント板	JIS A 5417（木片セメント板）－1992に規定する硬質木片セメント板
		ミディアムデンシティファイバーボード	JIS A 5905（繊維板）－1994に規定するミディアムデンシティファイバーボード30タイプ（Mタイプ、Pタイプ）
		火山性ガラス質複層板	JIS A 5440（火山性ガラス質複層板（VSボード））－2000に規定するHⅢ

部材の接合と釘

KeyWord 055

Point

◐ 2×4工法に使われる釘の種類と規格

2×4工法は、枠組材と構造用面材を、釘によって接合してパネル化し、さらに各床・壁パネルを、釘によって接合する工法である。また、応力の集中する部分のために各種接合金物が用意されているが、これらも基本的に釘によって取付けられる。使用される釘の仕様は細かく定められており、釘の打ち方も部位別に定められている。

2×4工法は、在来軸組工法のような複雑な仕口は存在せず納まりが単純である分、所定の構造強度を実現するためには、釘打ちの精度が非常に重要なポイントとなる。

釘の種類

2×4工法の枠組材および木質の構造用面材に使用される釘はCN釘と呼ばれる規格で、在来工法で一般的に使われるN釘（鉄丸釘）に比べ、頭部の径・胴部の径がともに大きく「太め鉄丸釘」と呼ばれている。この他に、より細いBN釘と呼ばれる釘も存在するがあまり使われていない（ちなみにN釘は枠組壁工法には使用できない）。

CN釘は4種類の長さがあり、各長さ別に着色されている。これは施工ミスを防ぐほか、施工済みの釘のチェックもできるという利点がある。この他、耐力壁に使う石膏ボードや無機系ボード用の釘としてGNF釘・SFN釘、耐力壁に使うシージングボード用としてSN釘、接合金物用のZN釘、石膏ボード用ビスとして、WSNねじ・DTSNねじが規定されている。

釘の打ち方

ランバー材どうしを釘打ちする方法は、木口打ち、斜め打ち、平打ちの3種類が基本となっていて、各部位によって、打ち方、本数が決められている。

枠組材に構造用合板を釘打ちする場合も、釘の種類、釘打ちの間隔が部位ごとに規定されている。

釘の種類

釘の種類	長 さ	胴部径	頭部径	色
CN50	50.8	2.87	6.76	緑
CN65	63.5	3.33	7.14	黄
CN75	76.2	3.76	7.92	青
CN90	88.9	4.11	8.74	赤
BN50	50.8	2.51	6.76	−
BN65	63.5	2.87	7.54	−
BN75	76.2	3.25	7.92	−
BN90	88.9	3.43	8.74	−
GNF40	38.1	2.34	7.54	−
SFN45	45.0	2.45	5.60	−
SN40	38.1	3.05	11.13	−

ネジの種類

ネジの種類	規 定
WSN	JIS B1112に定める。径3.8mmで長さ32mm以上のもの
DTSN	JIS B1125に定める。径4.2mmで長さ30mm以上のもの

釘打ちの種類

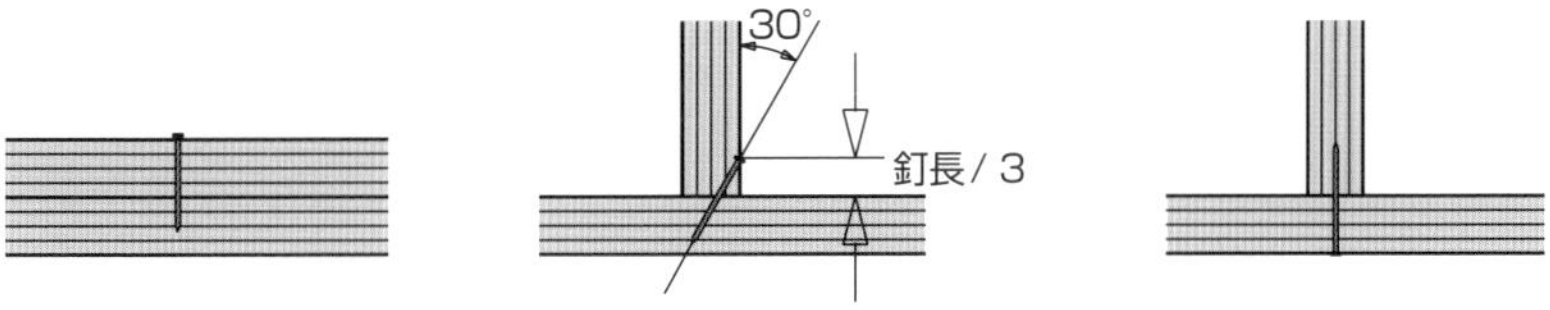

30°
釘長／3

平打ち（FACE NAIL）
表示記号：F

斜め打ち（TOE NAIL）
表示記号：T

木口打ち（END NAIL）
表示記号：E

釘の打ち方の表示例

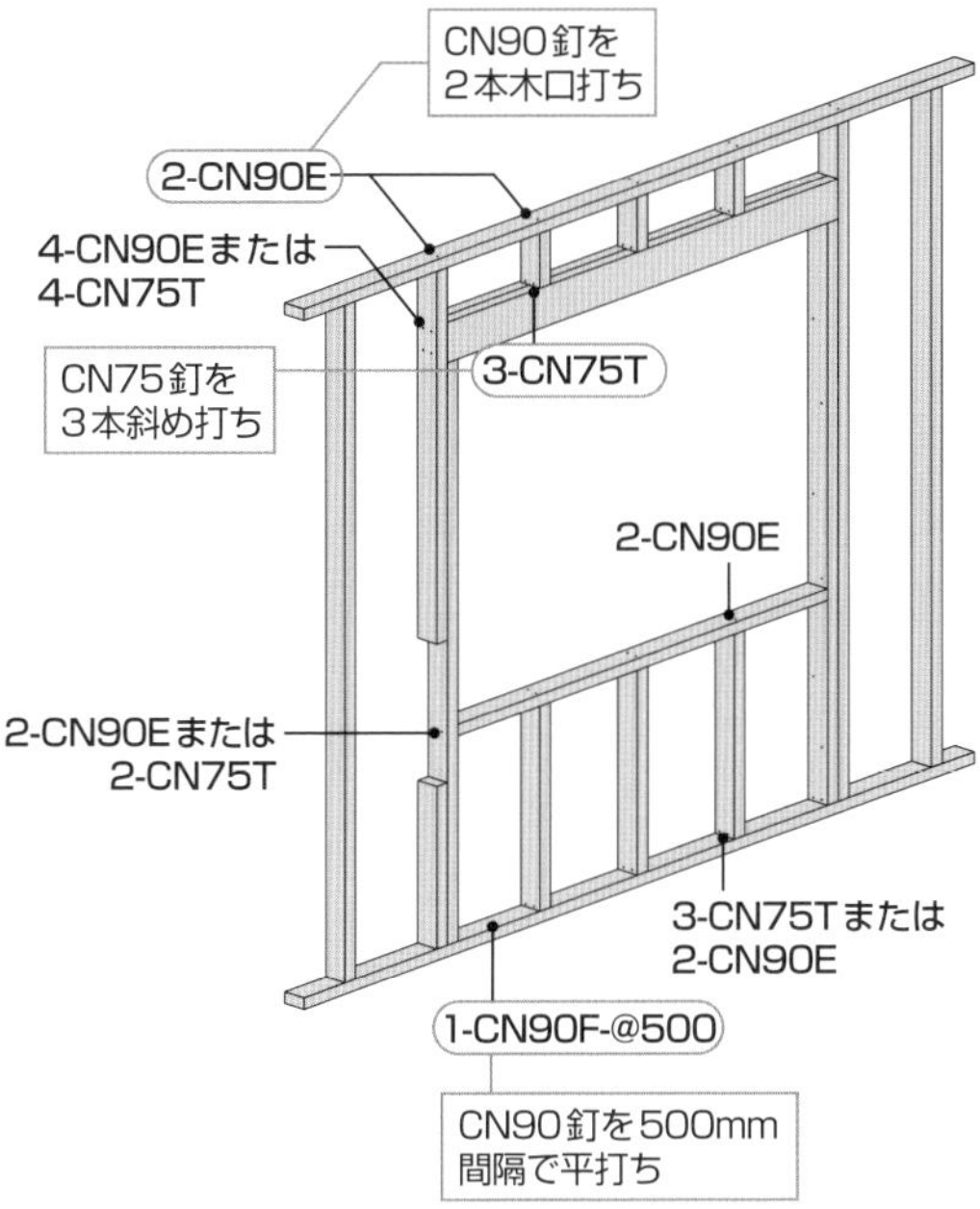

CN90釘を
2本木口打ち
2-CN90E
4-CN90Eまたは
4-CN75T
CN75釘を
3本斜め打ち
3-CN75T
2-CN90E
2-CN90Eまたは
2-CN75T
3-CN75Tまたは
2-CN90E
1-CN90F-@500
CN90釘を500mm
間隔で平打ち

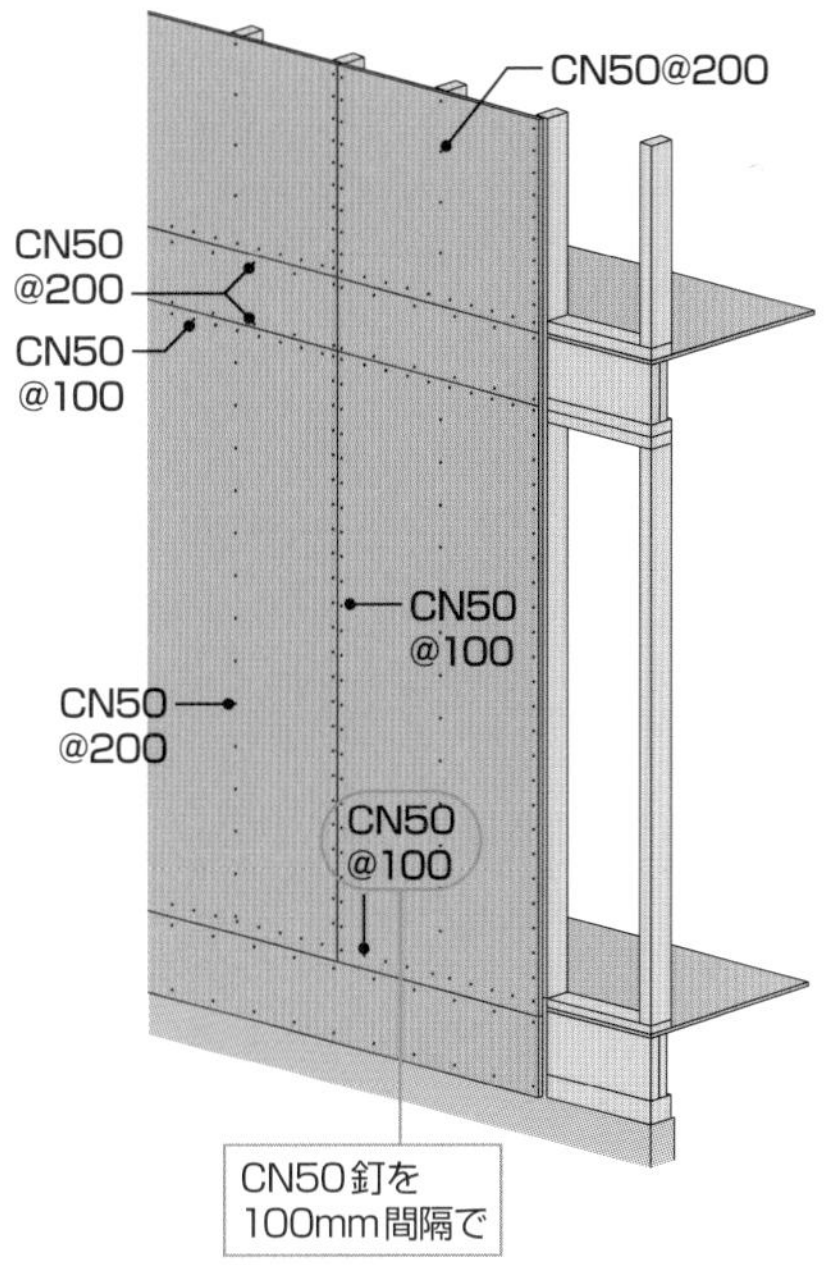

CN50@200
CN50
@200
CN50
@100
CN50
@100
CN50
@200
CN50
@100
CN50釘を
100mm間隔で

補強金物の種類と使い方

KeyWord 056

Point

- 構造部材の緊結に補強金物の使用は不可欠
- 補強金物は適合品、認定品を使用する

在来工法の接合部分は仕口、継ぎ手によって構成されるのに対し、枠組壁工法の接合部分は金物と釘で構成される。最近では在来工法でもプレカットに金物を使った工法を採用する場合が多くなってきているが、2×4工法では接合金物は構造上欠かすことができない大切な部品である。

Cマーク表示金物のおもな種類と用途

2×4工法に使用されるおもな金物は図のとおりである。補強金物は使用する箇所によって各種用意されている。2×4工法では構造部材を緊結することが構造上もっとも重要で、躯体の要所では金物による緊結を、告示1540号においても規定している。

おもな金物は、注脚・柱頭金物、帯金物、ストラップアンカー、あおり止め金物がある。根太受け金物は根太の大きさによって各種ある。梁受け金物も梁の大きさによって各種ある。かど金物、まぐさ受け金物、パイプガードなどがあり、ホールダウン金物（引き寄せ金物）は使用個所と許容応力によって10以上の種類がある。最後にアンカーボルト、座金付きボルトがあり、金物接合用の釘はすべて太め釘を使う。

補強金物の選択基準

2×4工法に使用される接合金物は㈶日本住宅・木材技術センターの定める規格に合格した製品（Cマーク表示金物）または同等以上のものを使用する。それ以外の金物を使用する場合は品質・性能の認定（Dマーク・Sマーク）を受ける必要がある。

これらの規格適合品や品質・性能の認定を受けた金物以外にも各メーカーから日進月歩で開発されている。なお、防腐・防蟻処理された材や含水率の高い材を使用する箇所で金物を使う場合は、メッキ処理されたものを選ぶようにする。

Cマーク表示金物のおもな種類と用途

柱脚金物

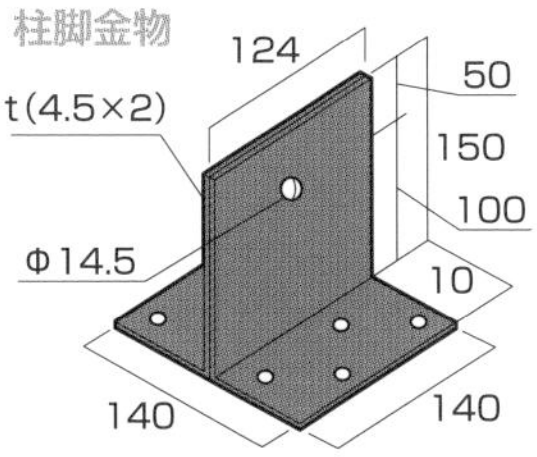
124
t(4.5×2)
50
150
100
Φ14.5
10
140
140

支持柱脚部と床枠組の緊結に使う

柱頭金物

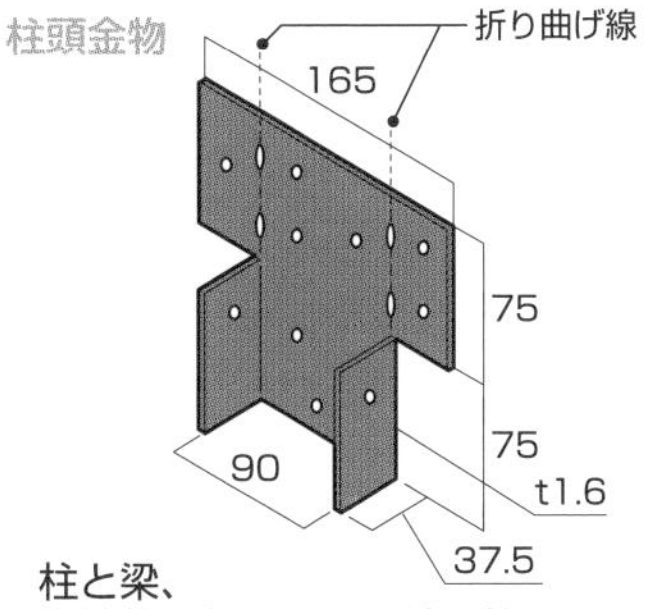
折り曲げ線
165
75
75
90
t1.6
37.5

柱と梁、支持柱頭部と梁の緊結に使う

帯金物

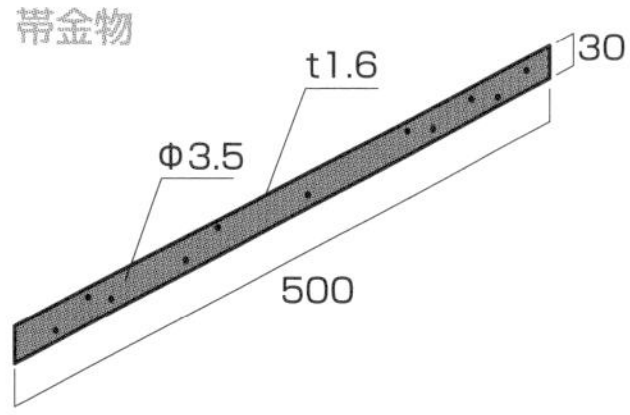
t1.6
30
Φ3.5
500

根太、上枠または頭つなぎの緊結、壁と床枠組、棟部垂木相互の緊結、オーバーハングの隅角部など等の緊結に使う

あおり止め金物

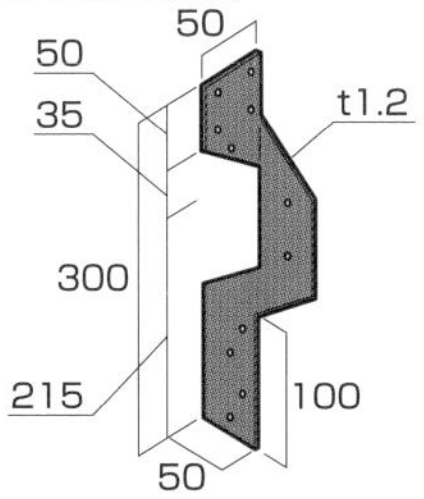
50
50
35
t1.2
300
215
100
50

垂木またはトラスと頭つなぎ、上枠、たて枠の緊結に使う

かど金物

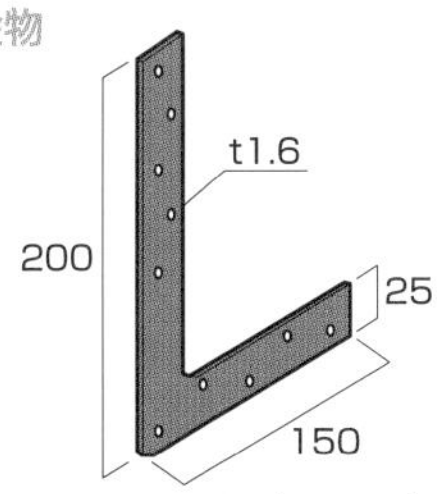
t1.6
200
25
150

土間コンクリート床スラブの隅角部や開口部両端の補強、半地下室のたて枠の隅角部や開口部両端の補強に使う

ストラップアンカー

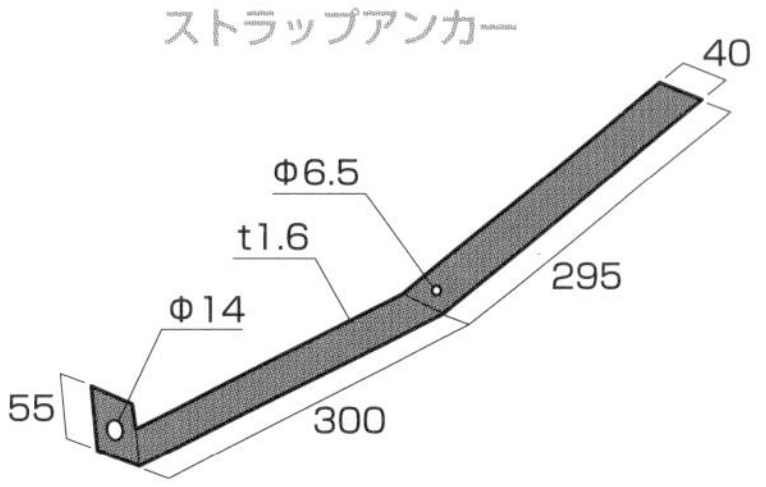
40
Φ6.5
t1.6
295
Φ14
55
300

土間コンクリート床スラブで構成し両面開口を設けた場合の隅柱、たて枠、まぐさ受けと土台の緊結に使う

根太受け金物

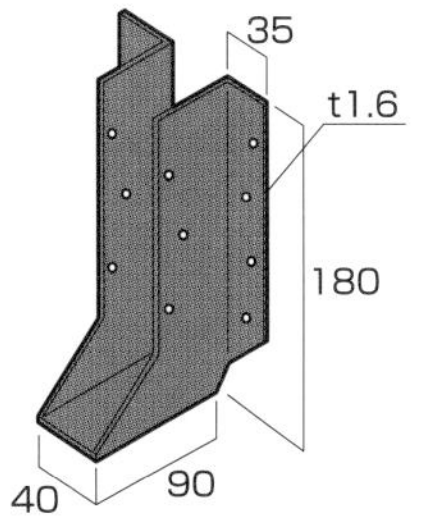
35
t1.6
180
40
90

床根太、垂木、屋根根太、天井根太の接合部に支持点がない場合の緊結に使う

梁受け金物

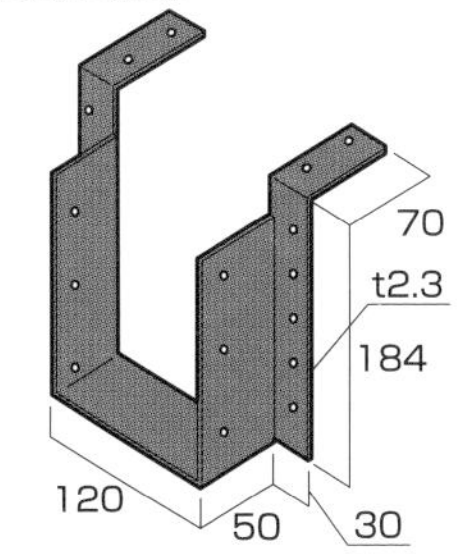
70
t2.3
184
120
50
30

梁の接合部に支持点がない場合の梁の緊結に使う

まぐさ受け金物

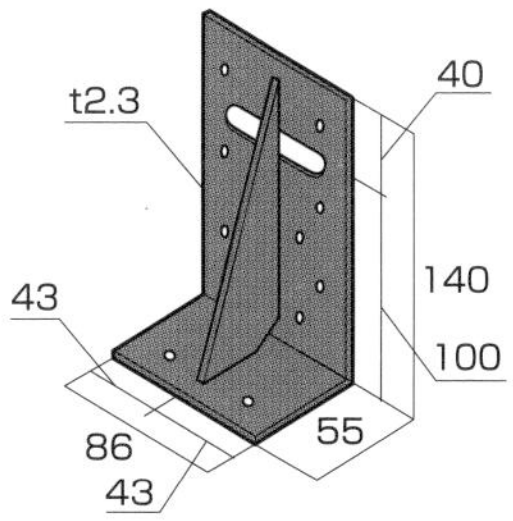
t2.3
40
140
43
100
86
55
43

開口部の幅が1m以下の場合のまぐさとたて枠の緊結に使う

パイプガード

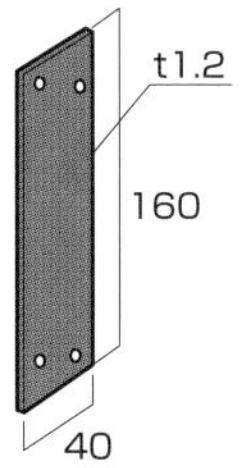
t1.2
160
40

たて枠、床根太等の配線、配管の保護をする

ホールダウン金物（引き寄せ金物）

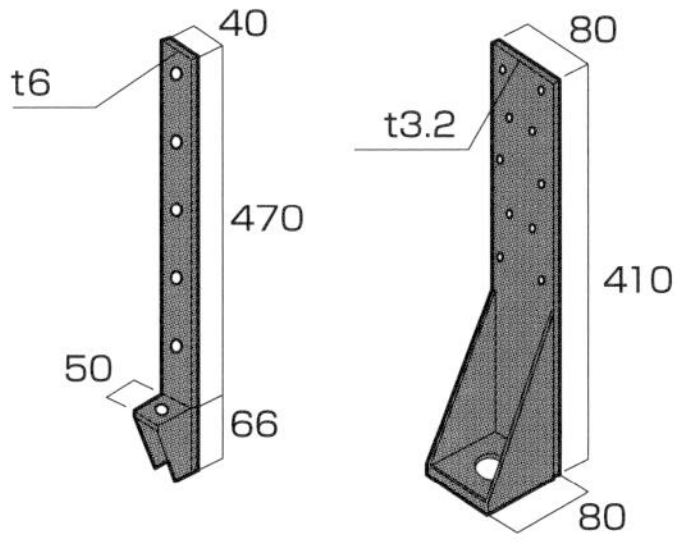
40
t6
470
50
66
80
t3.2
410
80

たて枠と基礎（土台）またはたて枠相互の緊結、柱と基礎（土台）または管柱相互の緊結に使う

アンカーボルト

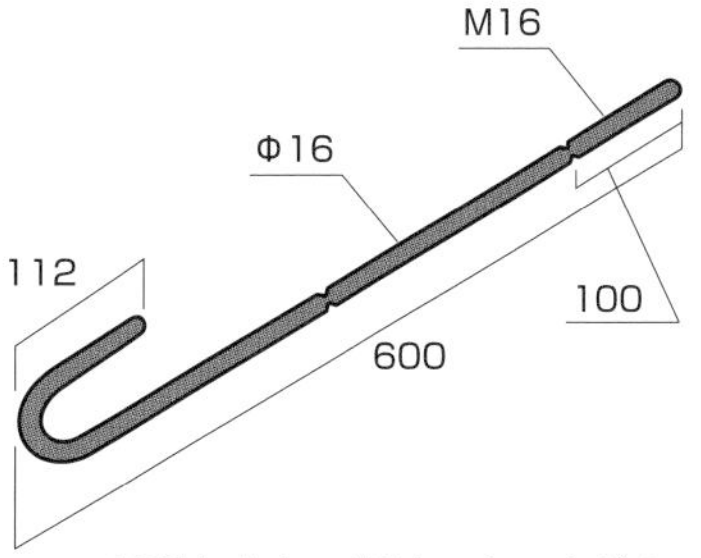
M16
Φ16
112
100
600

基礎と土台の緊結、ホールダウン金物と基礎または基礎と土台の緊結に使う

※これらの金物を取り付けるには金物接合用のZN釘（太め釘）を使う

「枠組壁工法住宅工事仕様書」より

新しい構造用材と使い方

KeyWord 057

Point

◐ 工業製品に近い一定の強度と品質をもつ「エンジニアリングウッド」の活用

木材は優れた建築用材として昔から使われてきた。ただし、燃える、腐る、狂う、強度・品質が一定しないなど問題点も多くある。

これらの欠点を、加工技術によって工業生産品に近い一定の強度と品質を確保して生まれたのが「エンジニアリングウッド」である。

これらは枠組壁工法をはじめとして木質構造において構造計算ができるように研究開発された。ここでは枠組壁工法でもよく使われる材料を紹介する。

◐ LVL

単板を乾燥し繊維方向が平行になるように接着材で積層してつくられるもので集成材よりも品質が均一化し強度もある。植林木を利用しエンドレスな長さが得られる特徴もある。

◐ PSL

細い割り箸状の木片を四方から接着剤とともにプレスして加工される。他のエンジニアリングウッドと取り合わせが良く寸法精度も高い。

◐ MSR

製材品を1本ごとに非破壊試験によって格付けし、曲げヤング係数と曲げ強度の組合せで等級が表示され、工学的に評価・保証しているランバー材である。

強度のばらつきも少なく、信頼性も高いので、トラスや複合材などの部材に適している。LVLと同様にIビームのフランジ材などに使用される。

◐ Iビーム（I型複合梁）

上下のフランジ材にLVLやMSRを使い、ウェブ材にOSBや構造用合板を使い制作される。

Iビームの強度はフランジに使われるLVLやMSRの強度によって決定される。

LVL (Laminated Veneer Lumber)

柱、梁・桁など構造材や階段、ドア、フローリング、窓枠などの造作材以外に、家具、楽器にも使われる

LVLの制作行程

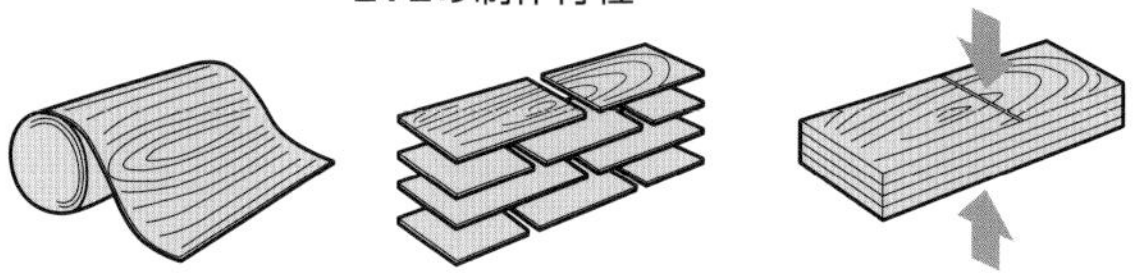

PSL (Parallel Strand Lumber)

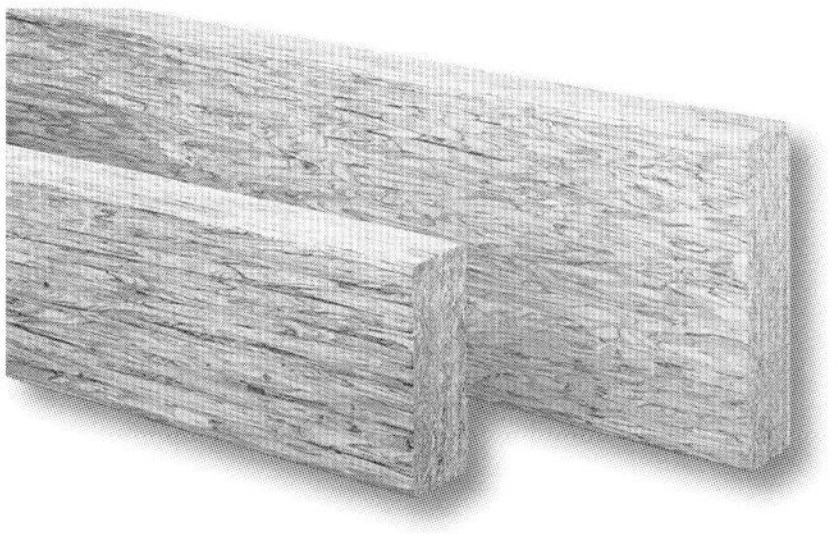

梁、母屋桁、支柱など長大品や大断面が可能である。ただし、水分を極端に嫌うので取り扱いには注意が必要である

PSLの制作行程

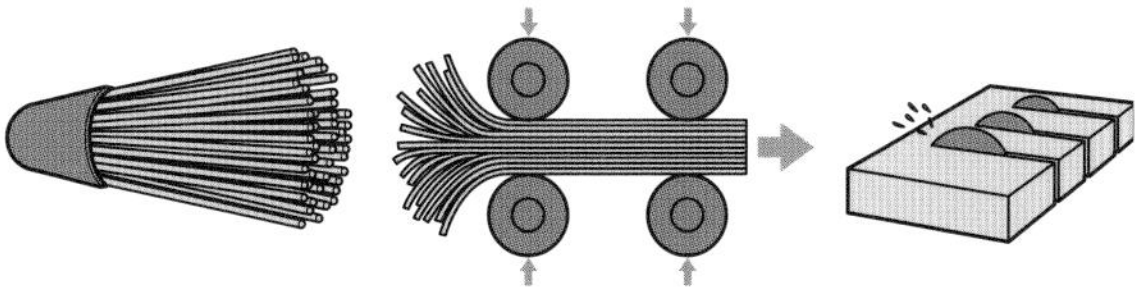

Iビーム

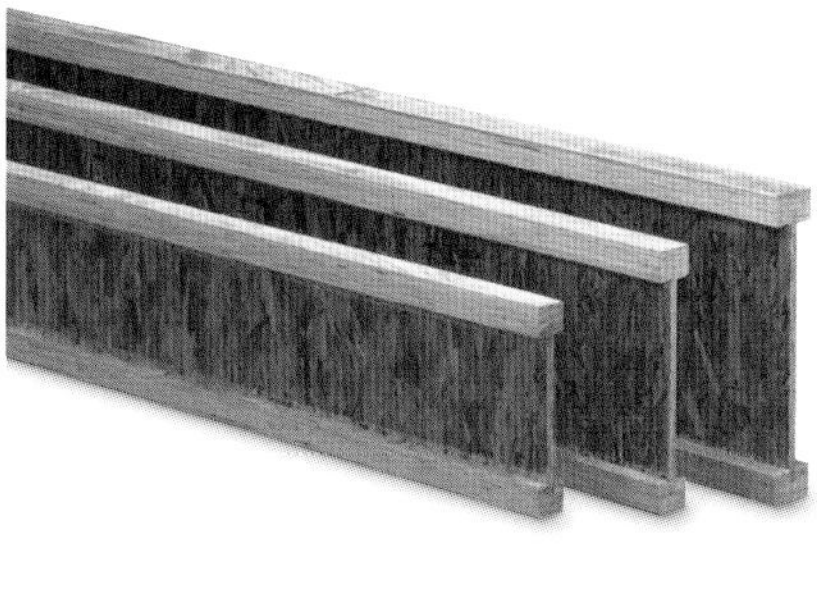

ウェブのOSBや構造用合板の強度はほとんど加味されないため、ウェブの合板部分には配管、空気抜き等の穴をあけることができる。軽く、強く、施工性が良いため、長大スパンを飛ばす床根太、屋根垂木として使われる

断熱材の使い方

KeyWord 058

Point

- パネル化された2×4工法では断熱材の充填がしやすい
- 隙間なく施工することが重要

住宅の断熱の基本は居住空間を断熱材でスッポリ包み込んでしまうことである。つまり外気に接している天井（または屋根）、壁、床に断熱材を施工する必要がある。

枠組壁工法は階ごとに独立した床パネル・壁パネルを積み上げ、パネルの空洞に断熱材を充填する。床下から室内、室内から小屋裏はパネルで仕切られるので、在来工法に比べ、外壁・間仕切壁の内部を外気が通り抜けにくい構造になっている。

パネル内部にはボードとランバーで直方体の空洞があり、フェルト状断熱材を完全充填しやすい構造になっている。

断熱材の取り付け方

基本的には、フェルト状断熱材またはボード状断熱材を床根太やたて枠などの枠組の間にはめ込むことで取付ける。

それ以外の取付けを行う場合は特記による。

床・壁・天井の施工

床の施工では、工事後にたるみ、ずれ、隙間などが生じないようにする。原則として受け材を設ける。

壁では長時間経過してもずり落ちないよう注意する。

原則として土台から上枠または下枠から上枠まで隙間なくはめ込むか外張りとする。配管部分は防露処置を行い、隙間ができないように注意して施工する。

天井の施工では、外壁、間仕切り壁との交差部、天井根太間の部分で隙間が生じないように注意して施工する。埋込照明の上部は発火防止のため断熱材で覆わない。

ただし、S型埋込照明であれば覆うことができる。

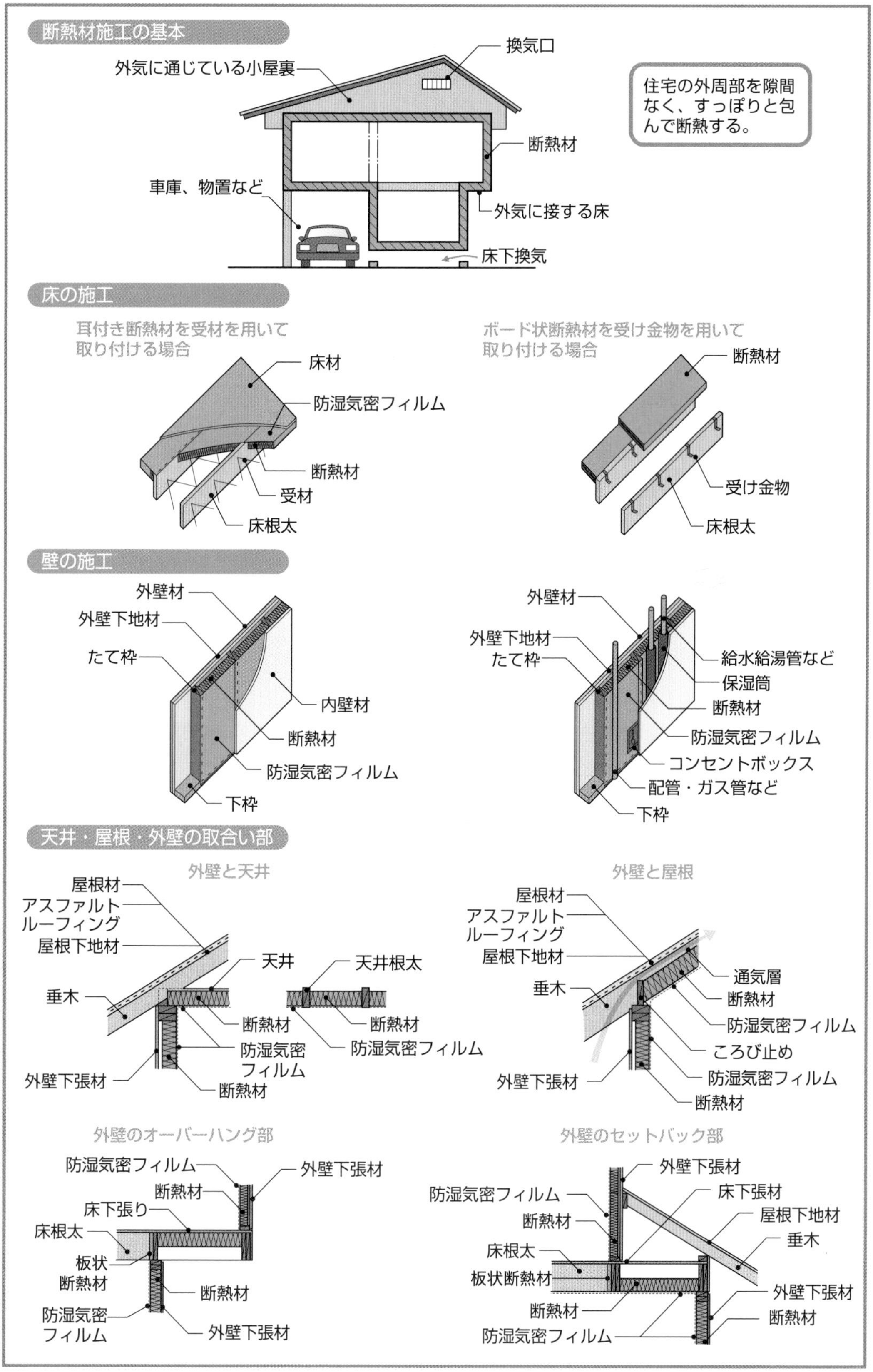
断熱材施工の基本
換気口
外気に通じている小屋裏
住宅の外周部を隙間なく、すっぽりと包んで断熱する。
断熱材
車庫、物置など
外気に接する床
床下換気
床の施工
耳付き断熱材を受材を用いて取り付ける場合
床材
防湿気密フィルム
断熱材
受材
床根太
ボード状断熱材を受け金物を用いて取り付ける場合
断熱材
受け金物
床根太
壁の施工
外壁材
外壁下地材
たて枠
内壁材
断熱材
防湿気密フィルム
下枠
外壁材
外壁下地材
たて枠
給水給湯管など
保湿筒
断熱材
防湿気密フィルム
コンセントボックス
配管・ガス管など
下枠
天井・屋根・外壁の取合い部
外壁と天井
屋根材
アスファルトルーフィング
屋根下地材
天井
天井根太
垂木
断熱材
断熱材
防湿気密フィルム
防湿気密フィルム
外壁下張材
断熱材
外壁と屋根
屋根材
アスファルトルーフィング
屋根下地材
垂木
通気層
断熱材
防湿気密フィルム
ころび止め
防湿気密フィルム
外壁下張材
断熱材
外壁のオーバーハング部
防湿気密フィルム
外壁下張材
断熱材
床下張り
床根太
板状断熱材
断熱材
防湿気密フィルム
外壁下張材
外壁のセットバック部
外壁下張材
防湿気密フィルム
床下張材
屋根下地材
断熱材
垂木
床根太
板状断熱材
外壁下張材
断熱材
断熱材
防湿気密フィルム

「枠組壁工法住宅工事仕様書」より

2×4住宅の結露

KeyWord 059

Point

- 断熱材の施工不良が壁体内結露を引き起こす
- 急激な温度差も壁体内結露の原因

そもそも昔の伝統工法には壁体内結露は発生しなかった。窓も壁も隙間だらけで、室内の空気も外気もほとんど同じ温度であった。最近の住まいは気密性が高くなり、室内と外気の温度差が大きくなってきた。

2×4工法は気密性が高く、壁の中の断熱材が結露を起こす可能性が高い。この壁で室内の空気と外気が触れて壁体内結露が生じる。目に見えず進行すればカビやダニの発生原因となる。ランバーなどの構造部材の腐朽まで進むことがある。

冬の壁体内結露

冬の結露は室内の温度の高い湿った空気と冷たい外気が接触するところで発生する。窓ガラスの室内側表面、壁体内結露ではアルミサッシの室内枠、コンセント、防湿シートの重ね部分、換気扇やエアコンのスリーブ等である。断熱材は、室内側壁下地に密着して充填され隙間ができないように施工されることが最低限必要だ。内装下地と断熱材の間に空洞ができていたり、気密・防湿層がなければ、それも壁体内結露の原因となる。

夏の壁体内結露

屋根の高温結露は夏に発生する。強い日差しで屋根の温度が急激に上がり、材質によっては表面温度が70℃を超える。夏の空気は湿度が高くエアコンを効かせた室内との温度差が増すために、室内側に結露が生じ、ひどい時は水滴が落ちることもある。

防暑対策の効果的な方法は、屋根材と野地板等の間に通気層を設け、屋根または天井に十分な断熱をすることである。小屋裏換気を良くし、屋根材は日射吸収率が小さく熱容量が大きい素材（和瓦など）を使い、屋根の温度を下げ、室内の冷房温度を抑制することで夏の壁体内結露を防ぐことができる。

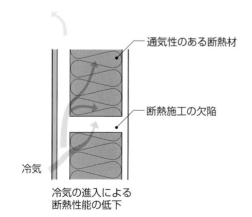

飽和水蒸気量と結露の関係

空気が温度によって含むことのできる水蒸気の限界量

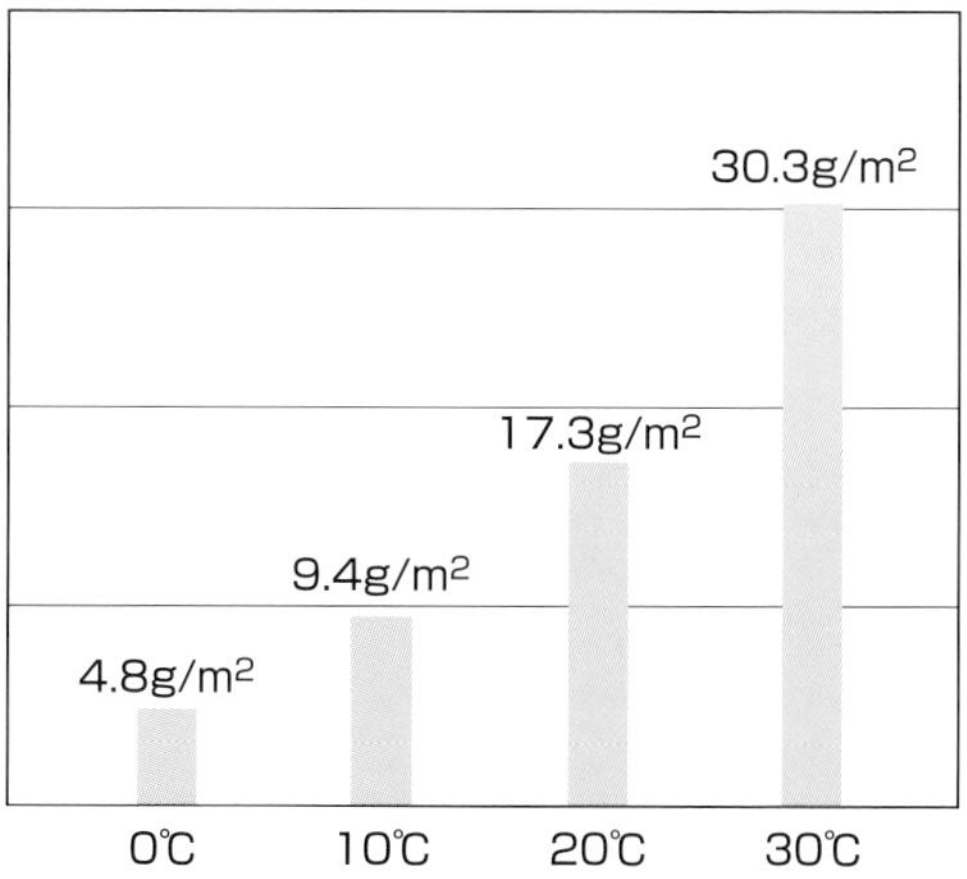
30.3g/m²
17.3g/m²
9.4g/m²
4.8g/m²
0℃
10℃
20℃
30℃

空気が含むことのできる水蒸気の量は、温度が下がるにつれて減少し、上がるにつれて増加する。空気中の水分量が限界に達したときを露点といい、そこから温度が下がることで結露が発生する。

室内側壁下地の断熱材施工不良による結露

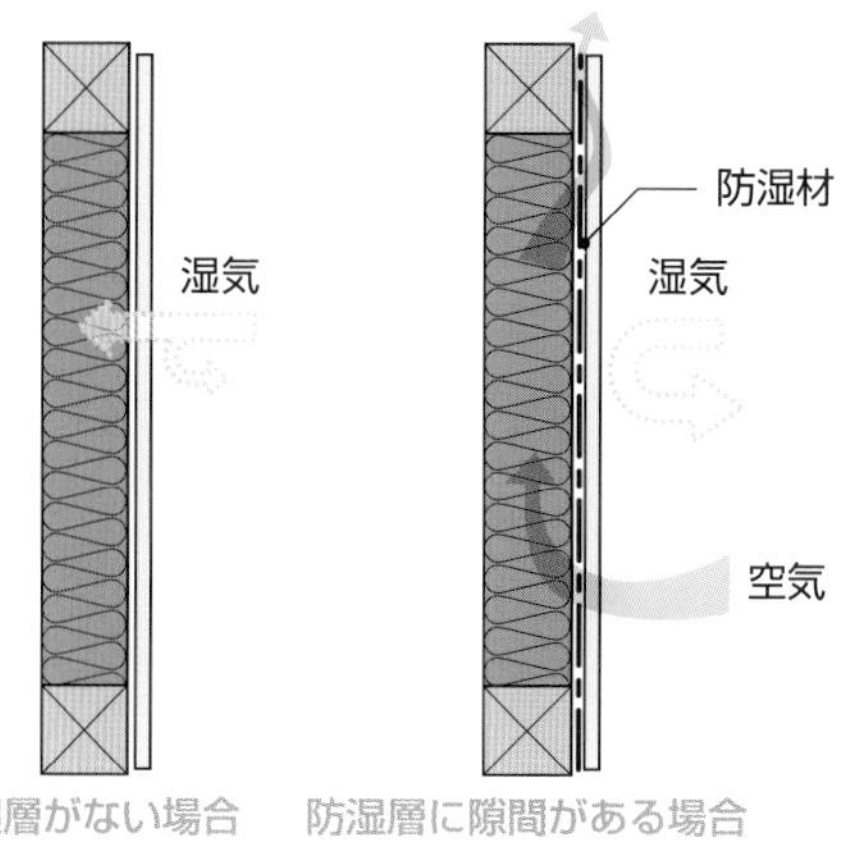
湿気
防湿材
湿気
空気
防湿層がない場合
防湿層に隙間がある場合

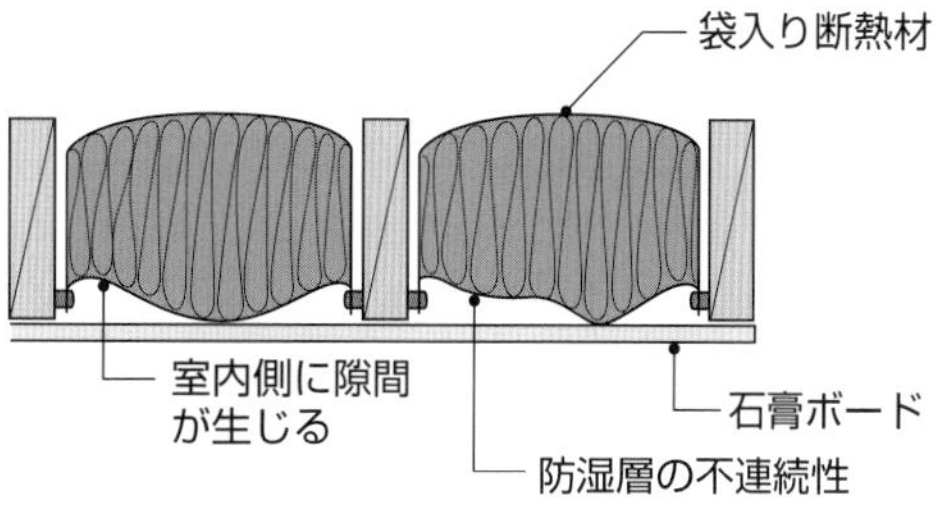
袋入り断熱材
室内側に隙間が生じる
石膏ボード
防湿層の不連続性

耳付きの防湿材を備えたフェルト状断熱材（袋入り断熱材）は防湿層のラップが十分に取れなかったり、内装下地材との間に気密性を確保できないような施工を行うと、問題が起きやすいので、注意が必要である。

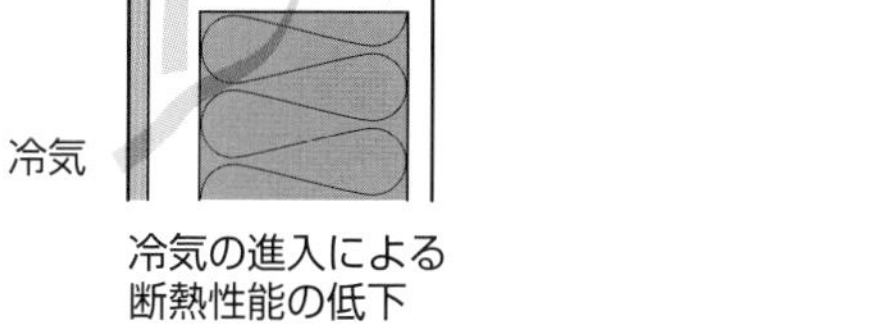
通気性のある断熱材
断熱施工の欠陥
冷気

冷気の進入による断熱性能の低下

2×4住宅の通気と気密

KeyWord 060

Point

◐ 雨水の浸入や結露を防ぐために気密・防湿層、防風・透湿層、通気層の設置が必要

通気層、防風・透湿層、気密・防湿層は、冬の暖房時に高温多湿な室内空気や水蒸気が断熱材の中に浸入してきても、それぞれが連携して結露をさせないための工夫である。部屋の中の湿気を壁の中に入れないようにするために気密、防湿層を設け、湿気を壁体内に入らないようにする。それでも入ってしまった湿気を出すために、壁と外壁材の間に防風・透湿層を設ける。これは外壁から浸入した雨を通さないで壁体内の水蒸気を排出する方法だ。この湿気をより有効に排出するのが通気層である。

気密・防湿層

防湿材は、室内の暖かい空気と水蒸気が断熱材の中に流れ込まないようにブロックする材料である。施工する際は、防湿材が電気配線や設備配管などで破られないように十分注意が必要だが、万が一破られた場合は必ず補修をする。Ⅰ、Ⅱ地域では断熱材の室内側に必ず防湿材を設けるが、Ⅲ、Ⅳ、Ⅴ地域では、耳付きの防湿層を備えたフェルト状断熱材および透湿抵抗の大きなボード状断熱材を用いる場合は省略できる。

防風・透湿層

2つの機能がある。気密・防湿層の破れや傷、隙間から漏れた水蒸気をすみやかに屋外に排出することと、風圧によって冷たい外気や雨水が断熱材中に入らないようにブロックすることである。断熱材の小さな切れ間がある場合でも、断熱材中に冷気や雨水が浸入するのを防ぐ。

通気層

防風・透湿層から排出された水蒸気を対流によって屋外に排出する。通気層は透湿性の大きい外装材を用いることで省略できるが、建物の耐久性をより求めるならば通気層は必要である。

通気層、防風・透湿層、気密・防湿層の役割

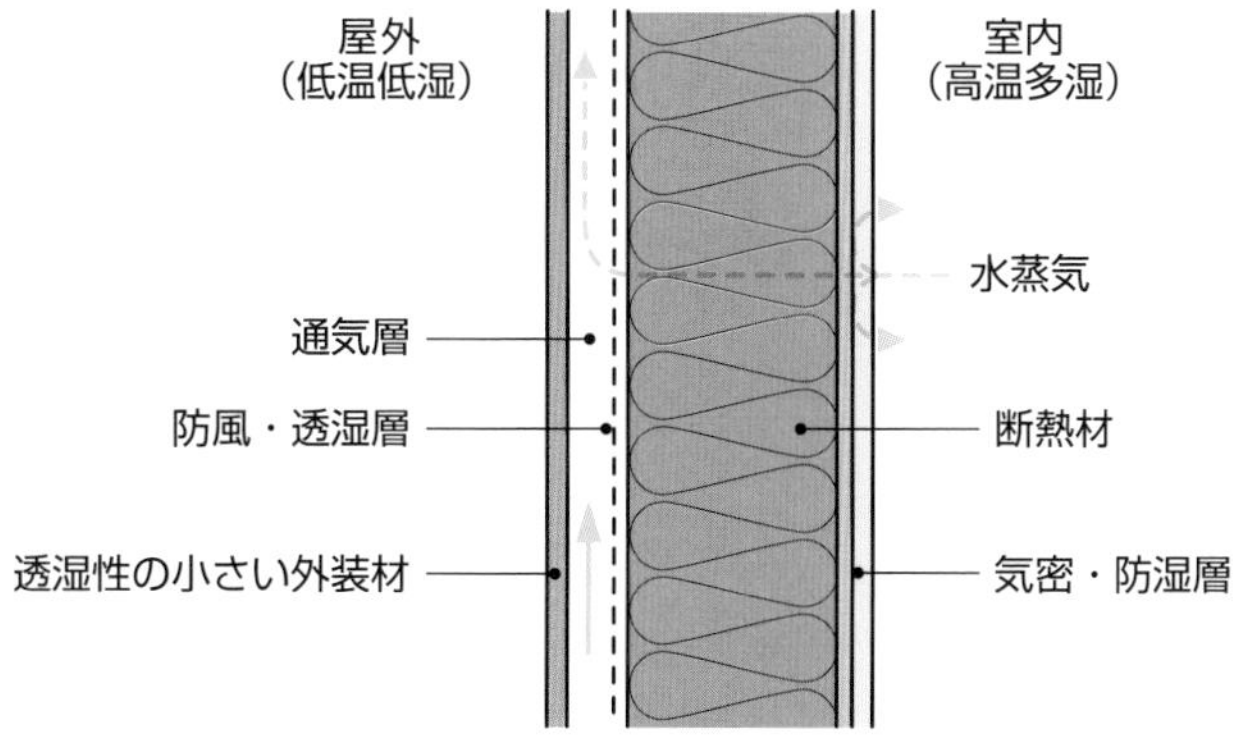
屋外
（低温低湿）
室内
（高温多湿）
水蒸気
通気層
防風・透湿層
断熱材
透湿性の小さい外装材
気密・防湿層

気密・防湿層

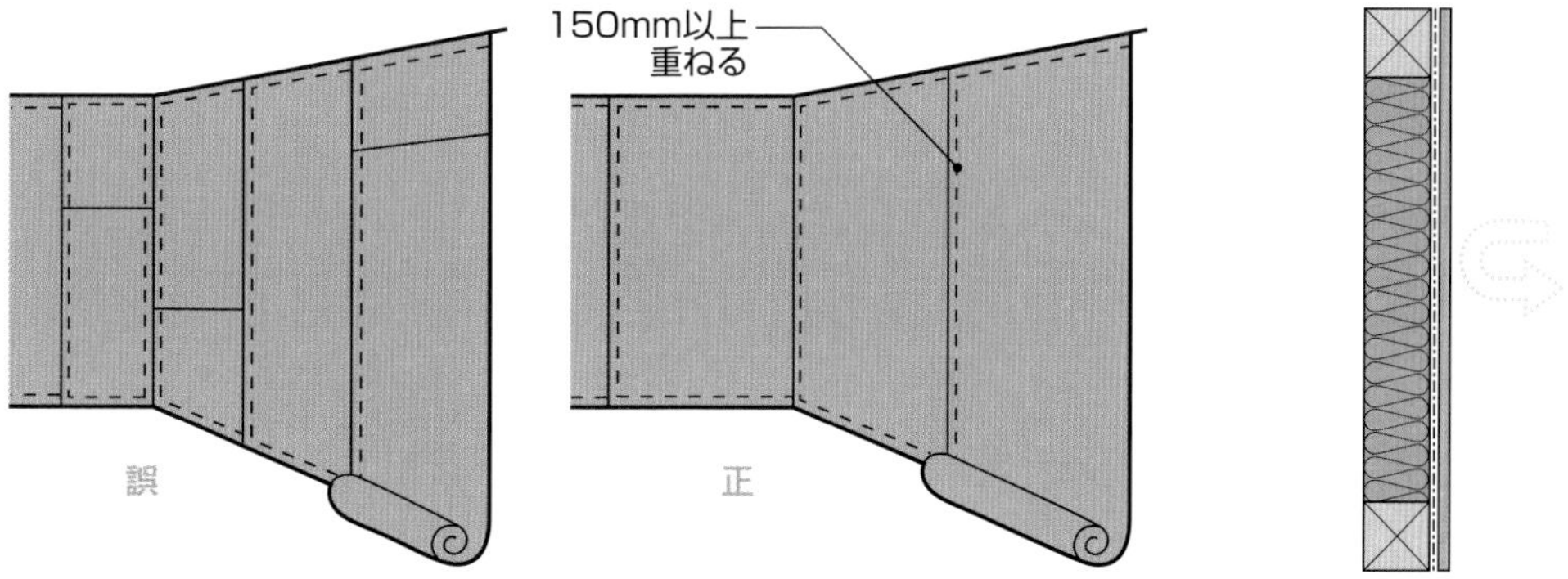
150mm以上
重ねる
誤
正

防湿層がある場合

防湿材はできるだけ幅広の長尺シートを用い、継ぎ目は150mm以上重ね合わせる
万が一、防湿材が破れた場合は必ず補修する

防風・透湿層

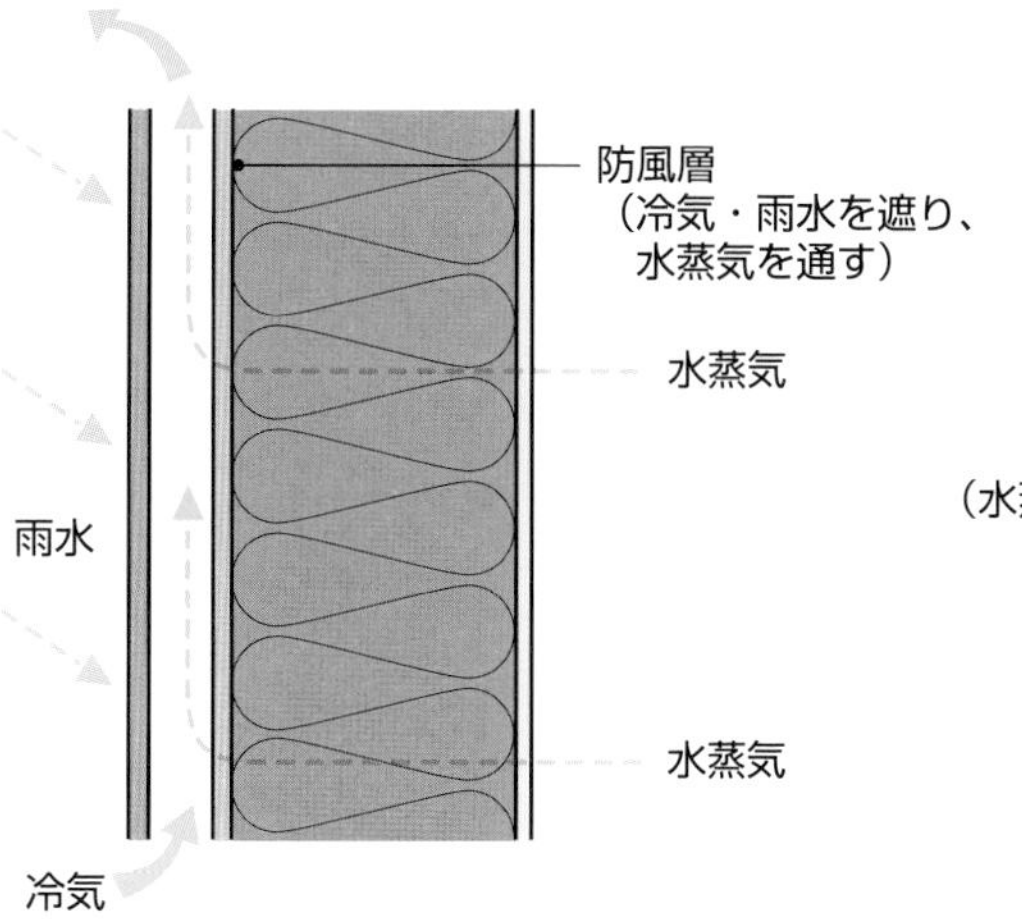
防風層
（冷気・雨水を遮り、
水蒸気を通す）
水蒸気
雨水
水蒸気
冷気

断熱材の小さな切れ間がある場合でも断熱材中に冷気や雨水が浸入するのを防ぐ

通気層

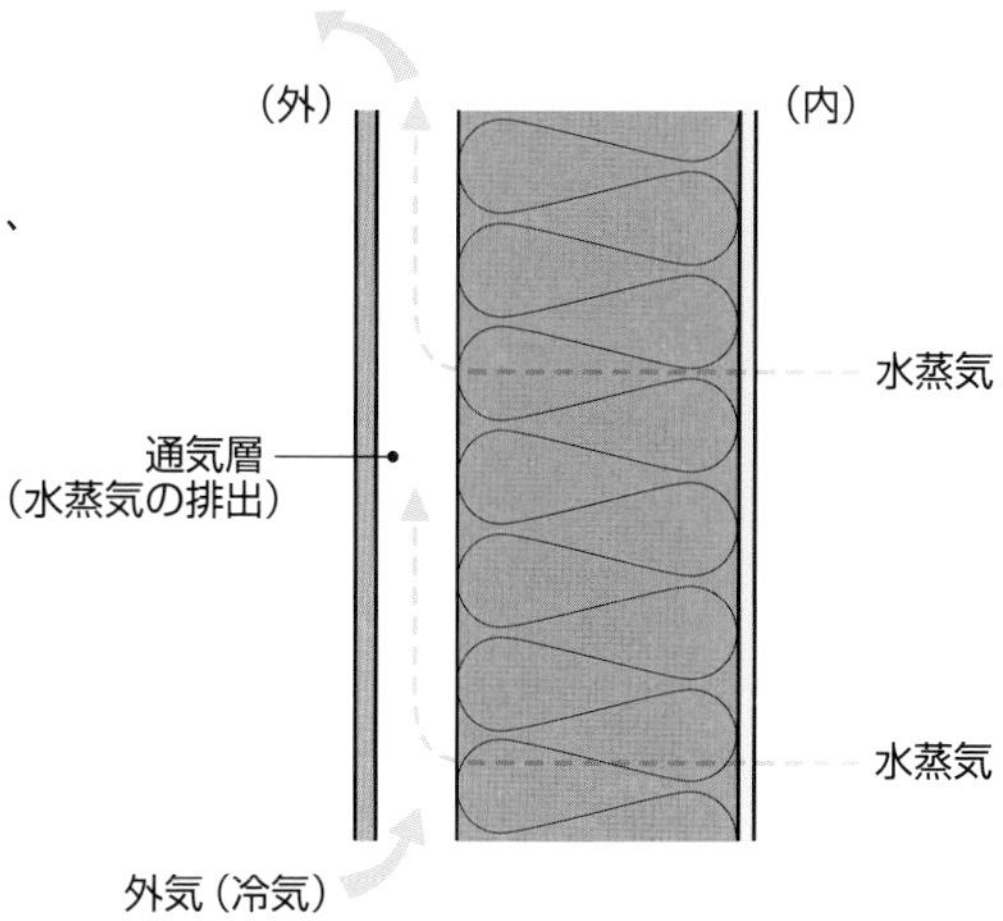
（外）
（内）
水蒸気
通気層
（水蒸気の排出）
水蒸気
外気（冷気）

通気層は透湿性の大きい外装材を用いることで省略することもできるが、より耐久性を求めるなら通気層は必要である

2×4住宅の施工工程と仕上げ

KeyWord 061

Point

◐ 施工のポイントは精度

◐ 雨に対する養生はしっかり行う

2×4住宅は、床、壁、屋根とそれぞれのパネルを組上げ、それを順に積み上げていく施工工程となる。そのポイントを挙げる。

①**基礎と1階床組**　基礎のコンクリート打ちまで、在来の工事と大きくは変わらないが、2×4工法は組上げたパネルを組立てていくため、在来以上に精度が求められる。正確な建物位置、水平の基準その他のすみ出しを行う。在来と大きく違うのは、基礎工事が終わってもすぐに屋根は架けられないので、雨水対策をしっかりしておくことだ。

近年では基礎の上に通風用のパッキンを乗せて土台を敷く。土台と大引の仕口は欠き込み、大入れとする。突き付けの時は根太受け金物で取り付ける。大引、束、根がらみも防腐・防蟻処理をし、床根太で1階床組を行う。

②**1階床張り**　床組が終わると断熱材を敷き込んで床合板を「千鳥」に張る。雨水の養生として防水シートを敷き込むことも多い。

③**1階壁組と2階床組**　壁組は上枠、たて枠、下枠と壁合板を使い、1階床合板の上でつくり、壁の頭つなぎをし、壁は一気に立ち上げる。壁の頭つなぎをし、その上に床根太で2階床組をつくる。2階床組が終わると床合板を「千鳥」に張る。雨水の養生として防水シートを敷き込む。

④**2階壁組と天井組**　2階壁組は、1階壁組と同様である。頭つなぎの上に天井根太で天井組をする。

⑤**小屋組**　天井組が終わると、天井合板も「千鳥」に張る。小屋裏収納があれば小屋壁組もつくり、垂木で小屋組をする。

⑥**屋根葺き**　小屋組が終わると、屋根下張材も「千鳥」に張る。野地面上にルーフィングを敷き込み、屋根材を葺く。屋根工事が終わると窓を入れ、外装工事をし、設備工事そして内装工事が終わると完成である。

2×4工法の施工工程

① 基礎と1階床組

② 1階床張り

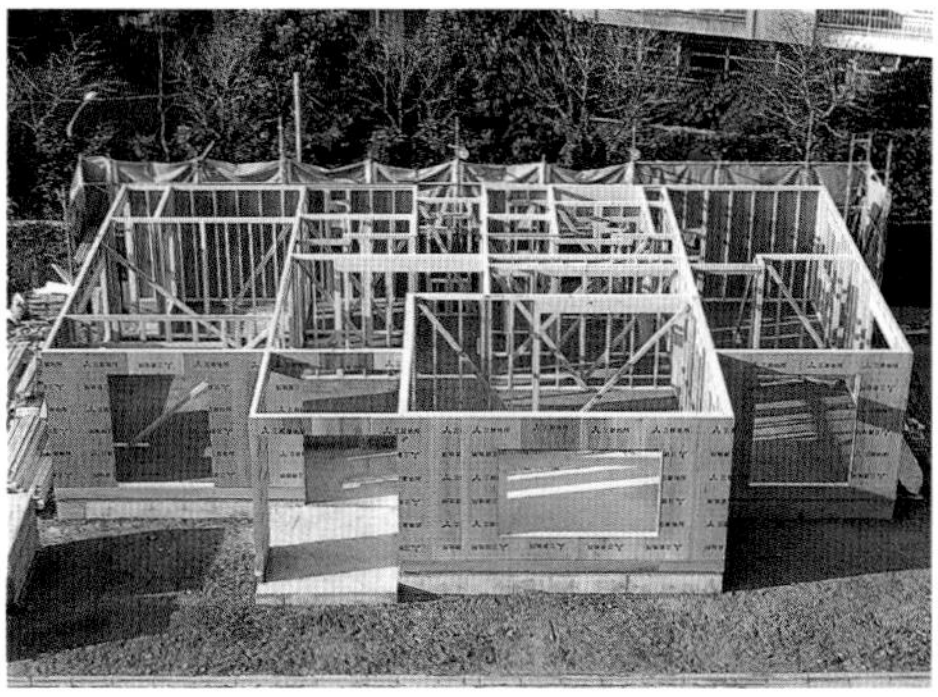

③ 1階壁組と2階床組

④ 2階壁組と天井組

⑤ 小屋組

⑥ 屋根葺き

開口部品とその納まり

KeyWord 062

Point

- 芯々910モジュール
- 内部ドアの洋室・和室の納まり

2×4工法の建具・造作工事に用いる標準モジュールは芯々910である。ラフ開口寸法、有効開口寸法を基準に内部建具、外部建具を納める。

ラフ開口

ラフ開口高（R・O・H）とは床下張りまたは窓台の上端からまぐさの下端までの高さをいう。

ラフ開口幅（R・O・W）とは、開口部のたて枠間隔（M・W）によって異なるが、図のような納まりを標準とする。

有効開口

内部建具の有効開口高は床下張り上端（床下張面上）からまぐさの下端より35㎜下がった位置とする。有効開口幅はラフ開口幅から左右25㎜ずつ計50㎜引いた幅とする。

外部建具の有効開口高さは掃き出しの場合にはラフ開口高マイナス10㎜、その他の窓の場合にはラフ開口高さマイナス7㎜とした外法高（H）から下端をマイナス35㎜以内、上端をマイナス30㎜とした高さとする。

有効開口幅は内部建具と同じ有効開口幅である。

開口部の標準納まり

内部ドアの洋室と和室の標準的な納まりは図のようになる。

ドアの高さは、和室にあっては、1800㎜、洋室にあっては1765㎜および2000㎜を標準とする。

外部金属建具（アルミサッシ）は原則として、欄間付きのサッシは用いない。

サッシの内側に最低見込み90㎜の木枠が取り付けられることを前提にし、27㎜だけ躯体にサッシ枠をかけた半外付けサッシを標準とする。

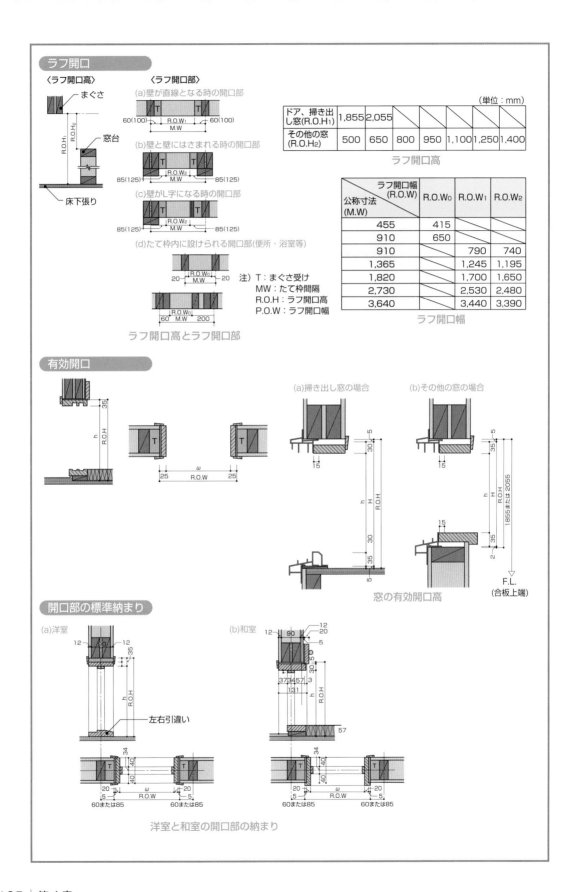

ラフ開口

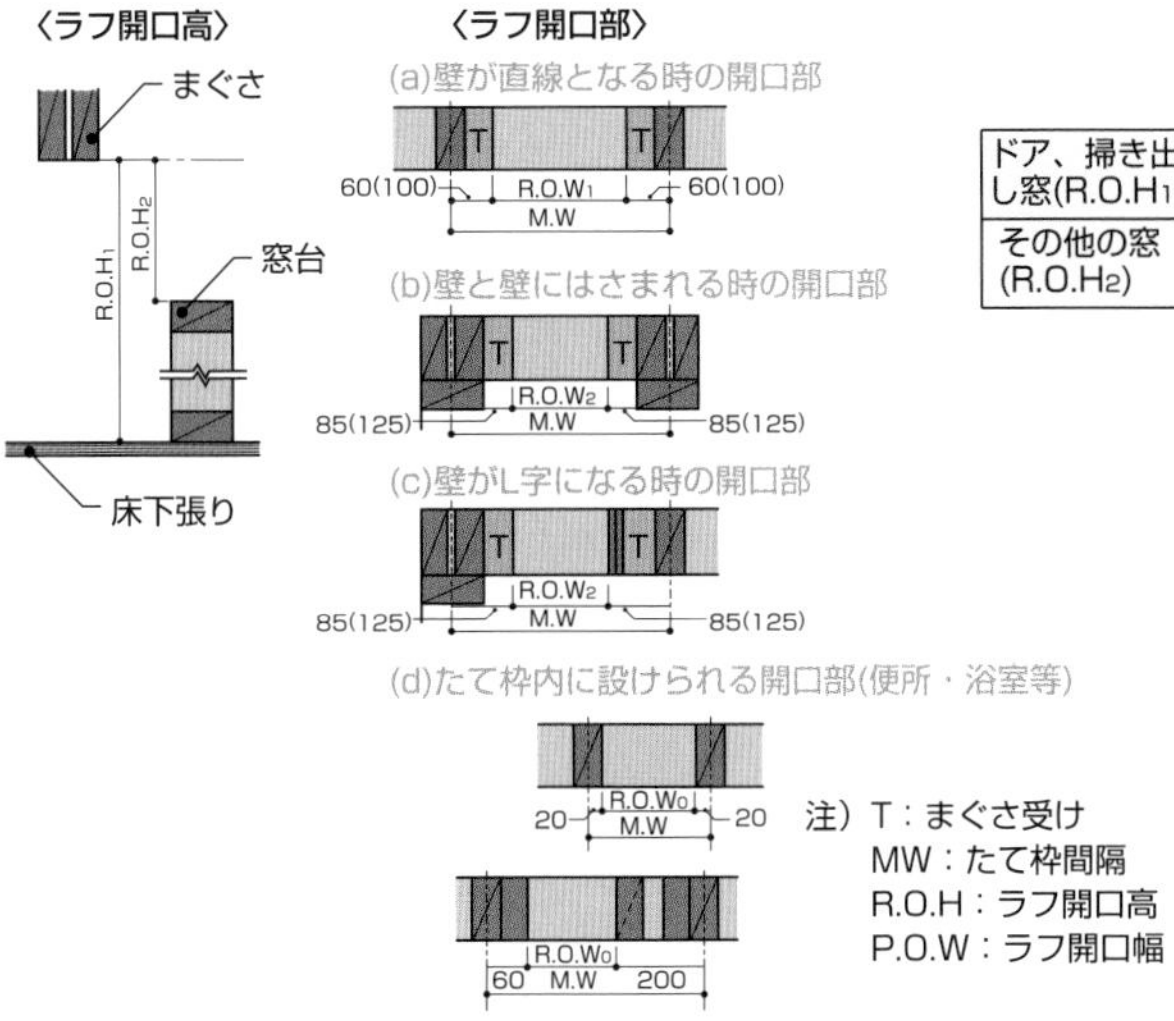
〈ラフ開口高〉
まぐさ
窓台
床下張り
R.O.H₁
R.O.H₂
〈ラフ開口部〉
(a)壁が直線となる時の開口部
60(100)
R.O.W₁
M.W
(b)壁と壁にはさまれる時の開口部
85(125)
R.O.W₂
(c)壁がL字になる時の開口部
(d)たて枠内に設けられる開口部(便所・浴室等)
R.O.W₀
20
60
200
注）T：まぐさ受け
MW：たて枠間隔
R.O.H：ラフ開口高
P.O.W：ラフ開口幅

ラフ開口高とラフ開口部

（単位：mm）

ドア、掃き出し窓(R.O.H_1)	1,855	2,055					
その他の窓(R.O.H_2)	500	650	800	950	1,100	1,250	1,400

ラフ開口高

公称寸法(M.W) ＼ ラフ開口幅(R.O.W)	R.O.W_0	R.O.W_1	R.O.W_2
455	415		
910	650		
910		790	740
1,365		1,245	1,195
1,820		1,700	1,650
2,730		2,530	2,480
3,640		3,440	3,390

ラフ開口幅

有効開口

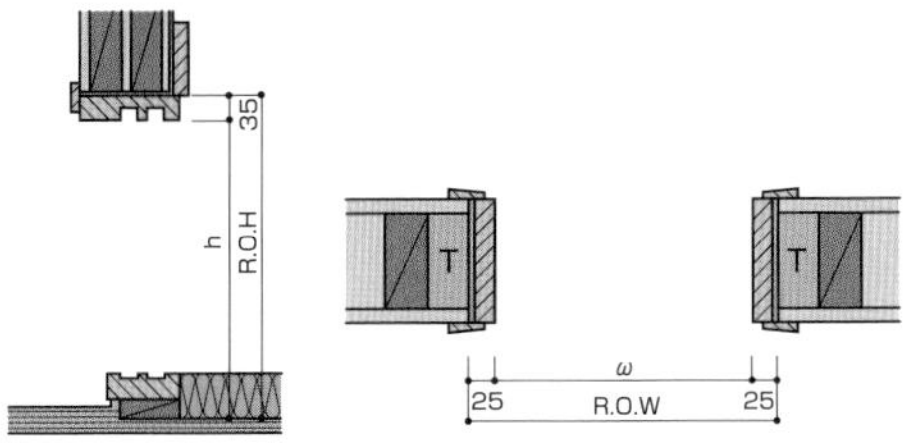
35
h
R.O.H
T
25
ω
R.O.W

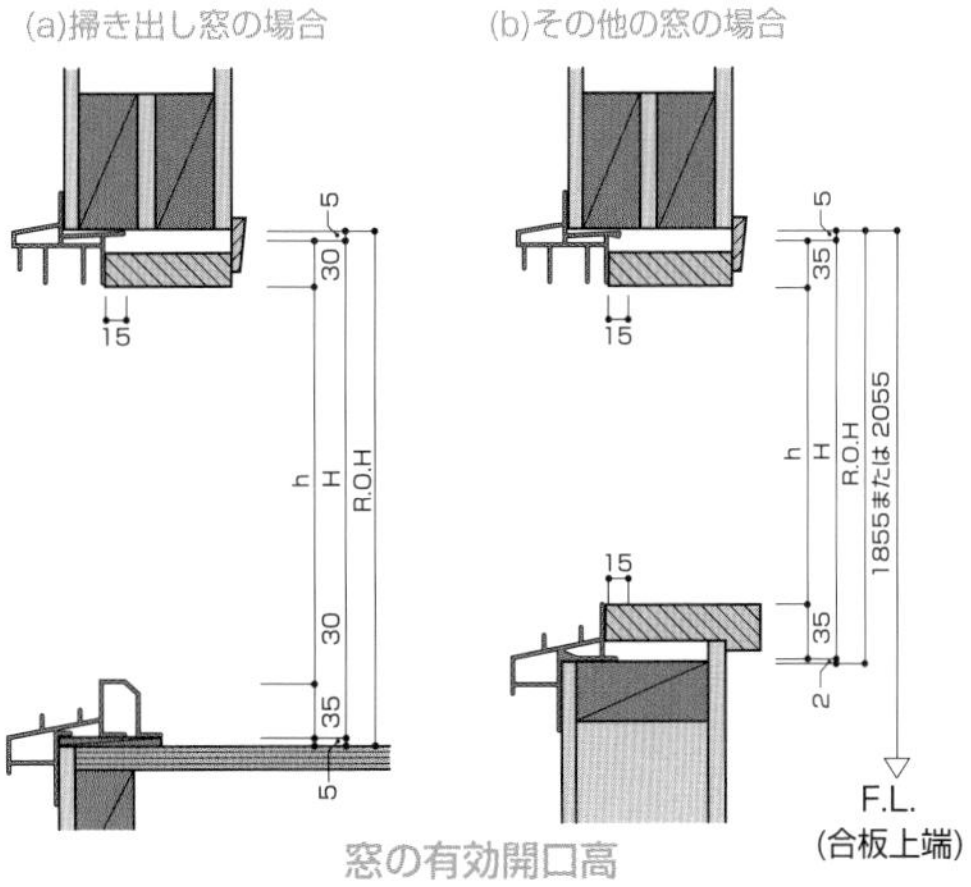
(a)掃き出し窓の場合
(b)その他の窓の場合
5
30
15
h
H
R.O.H
35
1855または2055
2
F.L.
(合板上端)

窓の有効開口高

開口部の標準納まり

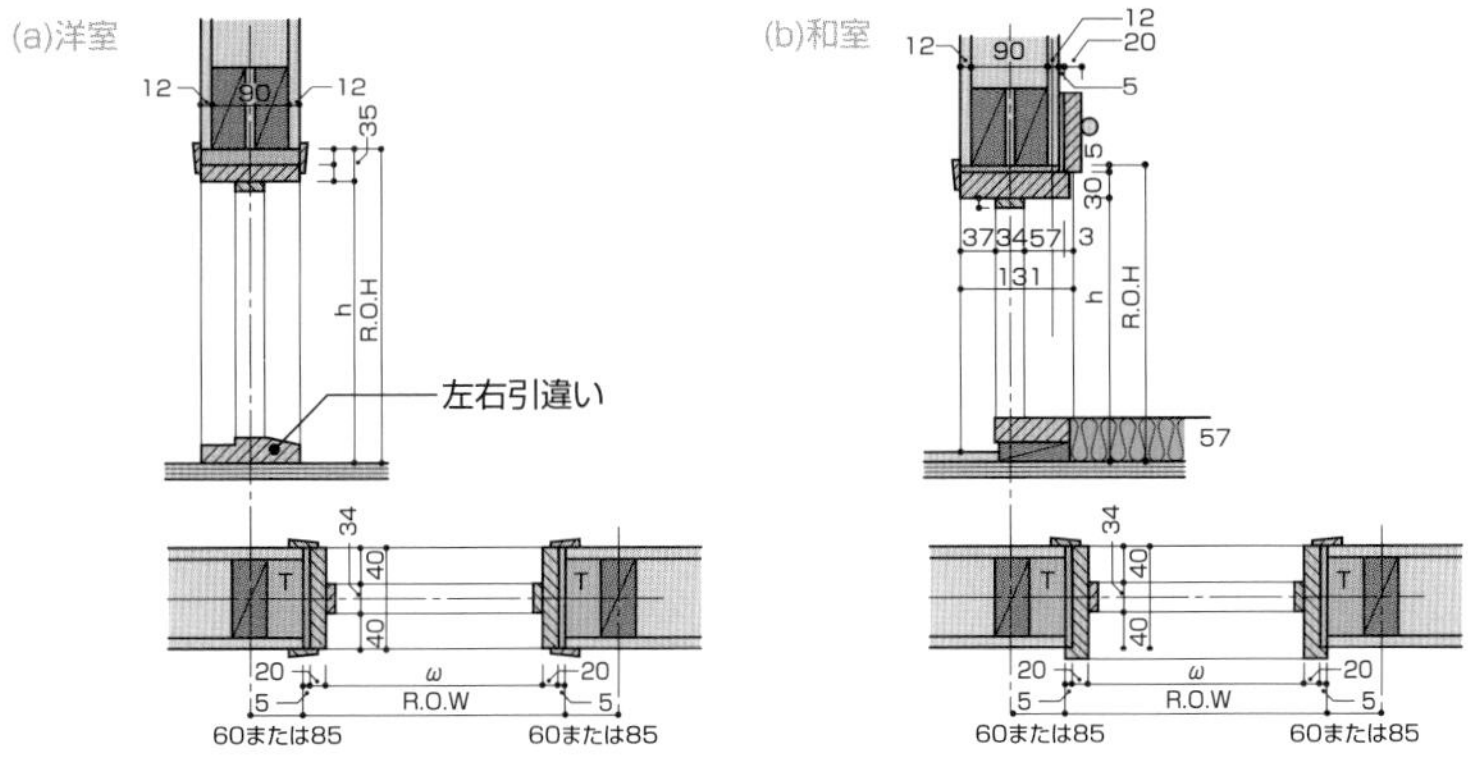
(a)洋室
(b)和室
12
90
35
h
R.O.H
左右引違い
20
5
373457 3
131
57
34
40
T
ω
R.O.W
60または85

洋室と和室の開口部の納まり

開口部と雨仕舞い

KeyWord 063

Point

- 雨仕舞いを考えた防水施工の手順
- 開口部周辺の構造的な雨仕舞い

「雨漏り」というと屋根からと思われがちだが、実は想像以上に壁面からが多い。特に開口部廻りが多く、その中でも窓が最も多い。次いで出入口、小屋裏の換気口、換気扇や排気口である。最近の建物では2×4工法を含め、軒の出が小さくなり、建物の形態が変わってきたことで、出入隅など複雑な部位が増えた。それが原因と考えられる。外壁の防水にシート状の材料を張るだけでは雨水の浸入をくい止めることが難しくなった。

開口部の施工時の雨仕舞い

開口部廻りは、その取り付け方で周辺部から雨水が浸入することを防ぐことができる。外壁面やガラス面には大量の雨水が流れるので、開口部周辺の防水施工手順が雨仕舞いを良くする。住宅の窓まわりは引違いサッシが多く、強い風雨の時は敷居部より内部へ雨水が吹き上げられて雨漏りする可能性はある。それを防ぐためにもサッシの内側も防水テープでシールする必要がある。

開口部周辺の構造的雨仕舞い

開口部の上部に庇（霧除け）を取り付けたり、雨戸（シャッター雨戸）を設けることで、開口部の雨仕舞いにはかなり効果がある。建築基準法上の有効採光面積にかかわる場合は別にして、出入り口や掃き出し窓、中連窓といった人が顔を出したり、出入りしたりする開口部には、雨漏りや雨垂れを考えて本来は庇を取り付けるべきである。雪の多い地方や真夏の直射日光を考えても庇の必要性は高い。

開口部に次いで雨漏りの多いのが換気口である。なるべく雨水が入りにくい形を選ぶことを念頭におく。ケラバや軒の深さを多くとることで、雨水の浸入を防ぐこともできる。小屋裏換気口は雨漏りの原因の盲点の1つである。

雨漏り事故の状況について

一戸建ての雨漏り事故部位別件数および割合

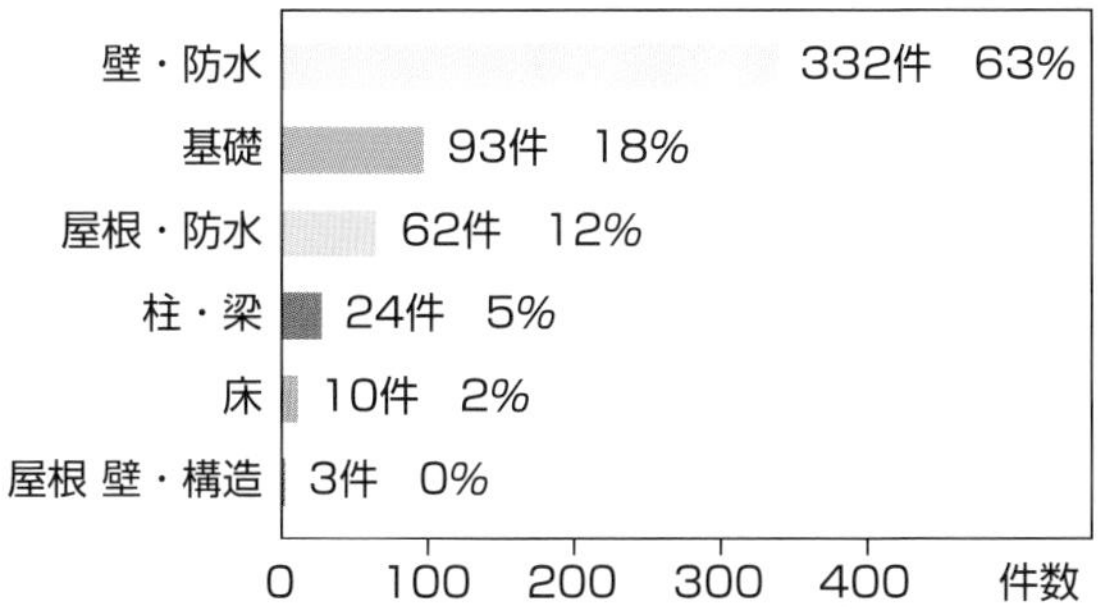
壁・防水 332件 63%
基礎 93件 18%
屋根・防水 62件 12%
柱・梁 24件 5%
床 10件 2%
屋根 壁・構造 3件 0%
0
100
200
300
400
件数

雨漏りのトラブルは、直接雨を受ける屋根というイメージが強いが、意外に外壁でのトラブルが多い

2005年（財）住宅保証機構（現（一財）住宅保証支援機構）調べ（総数524件）

開口部の防水施工手順

断面詳細

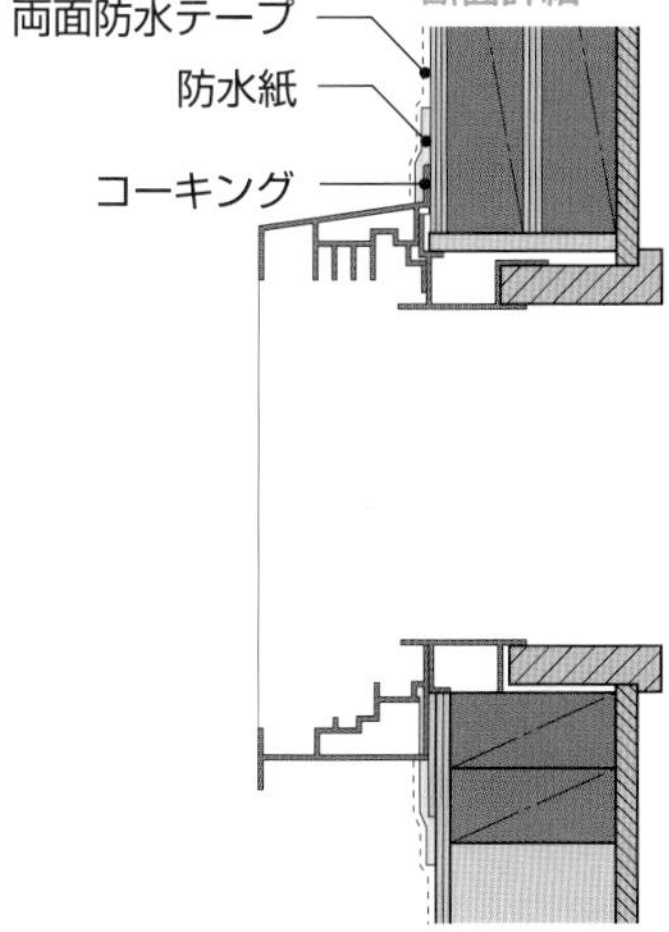
両面防水テープ
防水紙
コーキング

施工方法

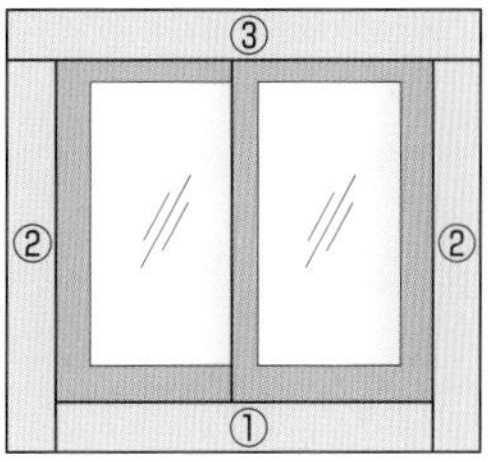
③
②
②
①

防水施工手順は雨仕舞を考慮して、以下の手順で行う。
①サッシ下部
②サッシ両脇
③サッシ上部

開口部廻りの防水対策

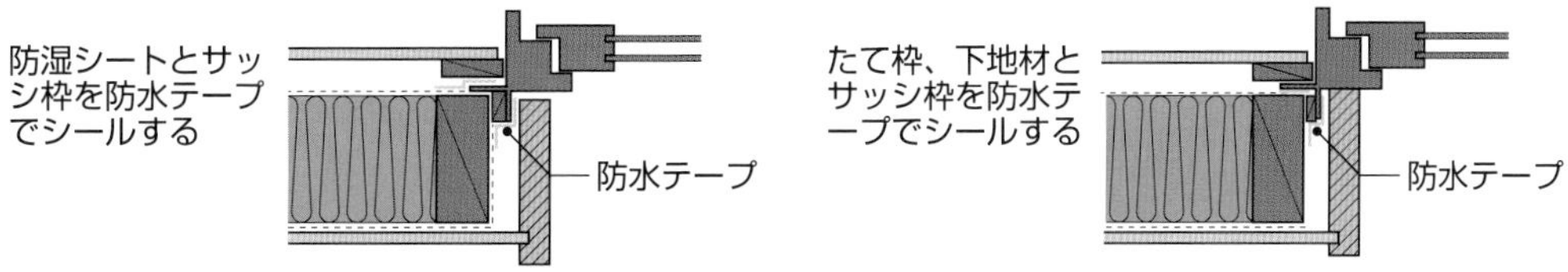
防湿シートとサッシ枠を防水テープでシールする
防水テープ
たて枠、下地材とサッシ枠を防水テープでシールする
防水テープ

壁・開口部廻りで雨漏り事故が多い箇所

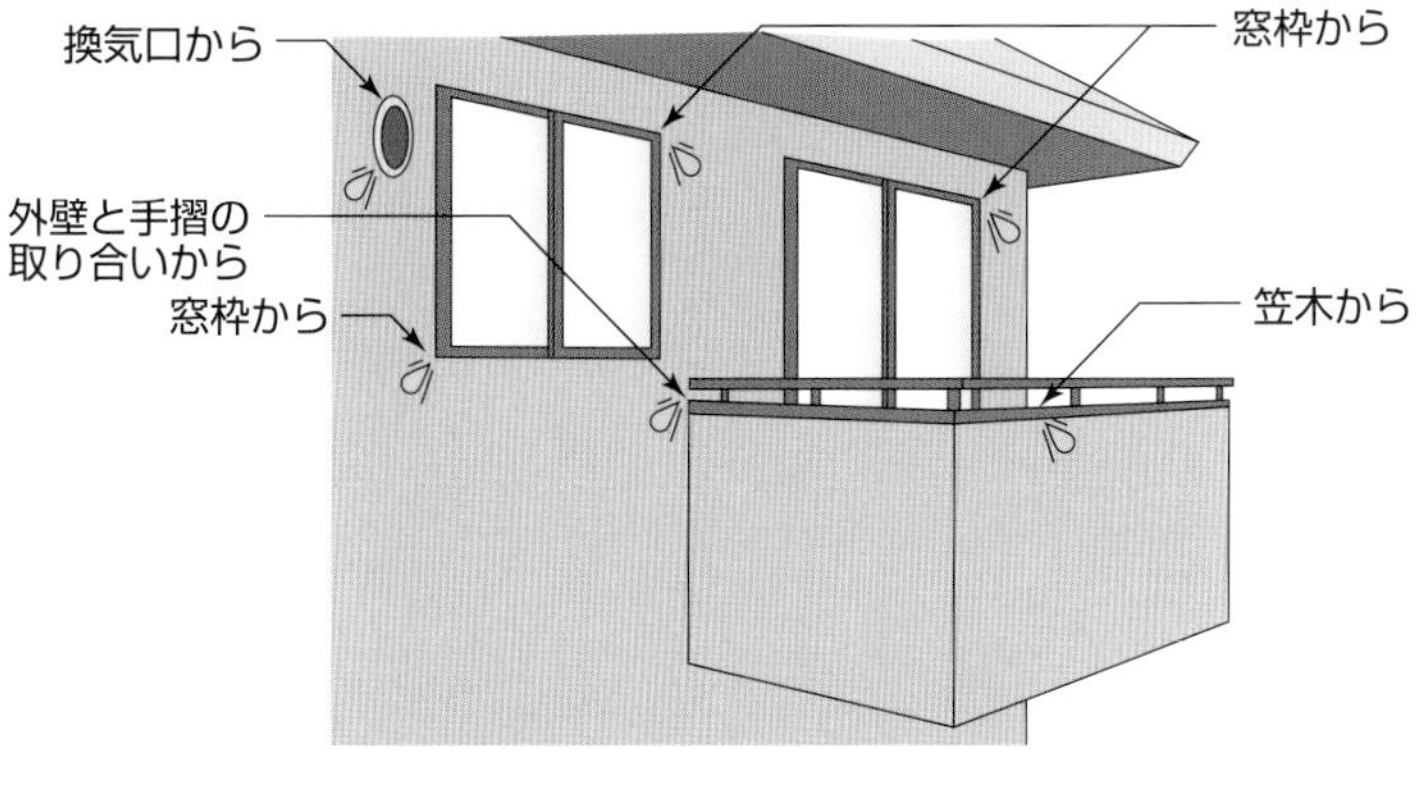
換気口から
窓枠から
外壁と手摺の取り合いから
窓枠から
笠木から

内装仕上げとその納まり

KeyWord 064

Point

◐ 自由な仕上表現は構造躯体の工夫から生まれる

◐ アメリカ生まれの2×4と和室

2×4工法の住宅に和室を設けようとする場合は一工夫が必要である。原則として、在来工法の真壁づくりのように構造材の骨組がそのまま仕上げ材になることはなく、石膏ボードなどの面材と一体になって構造耐力を負担しているため、構造材である柱が室内に現われてくることはない。和室のデザインにする場合は、下地のボード面に柱や梁の形状をした板を張り付けていく必要がある。これらの材料に構造的な制限はないので、部材のサイズや設置位置はプロポーションを意識して自由にデザインできる。

他の仕上げ材料に比べて厚みのある畳についても、床根太の寸法を1ランク小さくしたり、根太の取り付き高さを変えて床下地合板の表面に段差を付けることで、廊下や隣接居室との段差を解消できる。

◐ 天井

2×4工法では一般的に30㎝ないし45㎝ごとに並べられた2階の床根太に直接面材(石膏ボード等)を張り付けて天井下地とする。従って、基本的に1階の天井高さは部屋の大きさに関係なく一定(通常2.4m)になる。

部屋によって天井高さを低くすることは、野縁、野縁受けを設けることで簡単にできるが、床根太に直接下地を止め付けることで天井懐がないために、部分的に天井を高くすることはできなくなる。

折り上げ天井など高い天井が欲しい場合は、高い天井に合わせて1階の壁をすべて高くしたり吹抜けにしたりする。2階床根太の取り付け位置を高くして対処する方法もある。その際、2階の床に段差が発生することは避けられない。また、埋込み型の照明器具や空調機の設置場所にも制限が発生する。

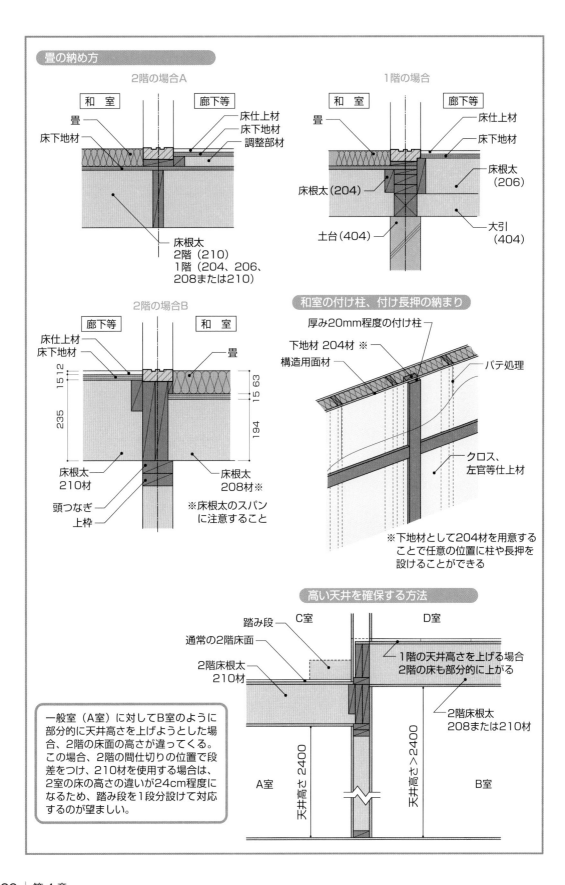

畳の納め方

2階の場合A

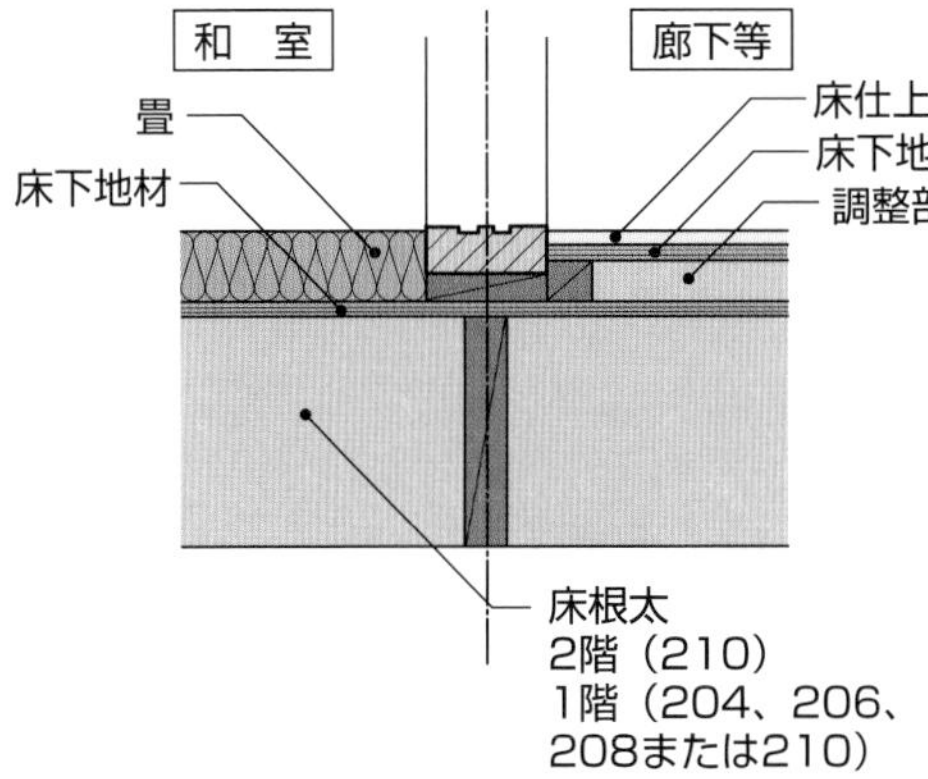
和　室
廊下等
畳
床下地材
床仕上材
床下地材
調整部材
床根太
2階（210）
1階（204、206、
208または210）

1階の場合

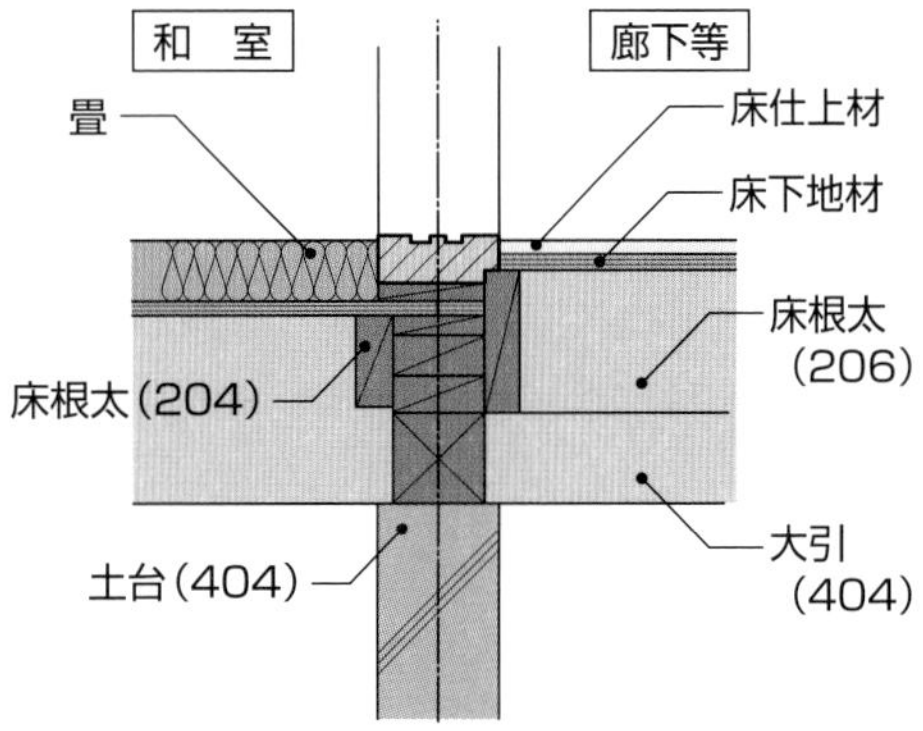
和　室
廊下等
畳
床仕上材
床下地材
床根太（206）
床根太（204）
土台（404）
大引（404）

2階の場合B

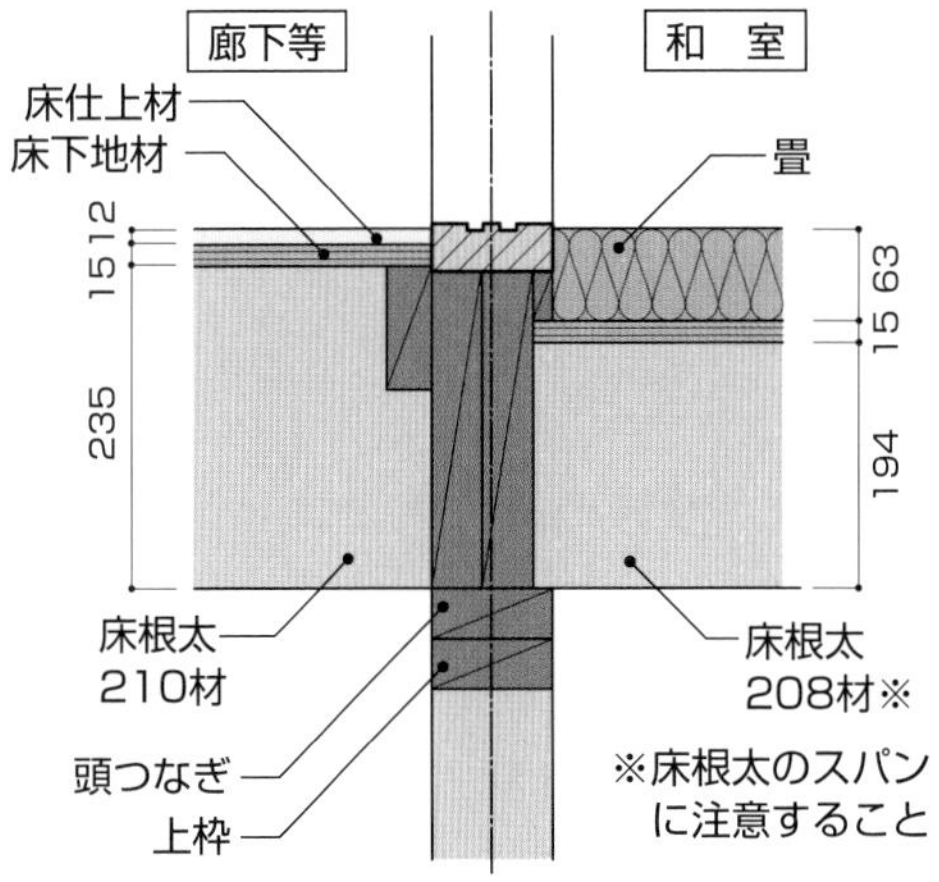
廊下等
和　室
床仕上材
床下地材
畳
15
12
235
15
63
194
床根太
210材
床根太
208材※
頭つなぎ
上枠
※床根太のスパンに注意すること

和室の付け柱、付け長押の納まり

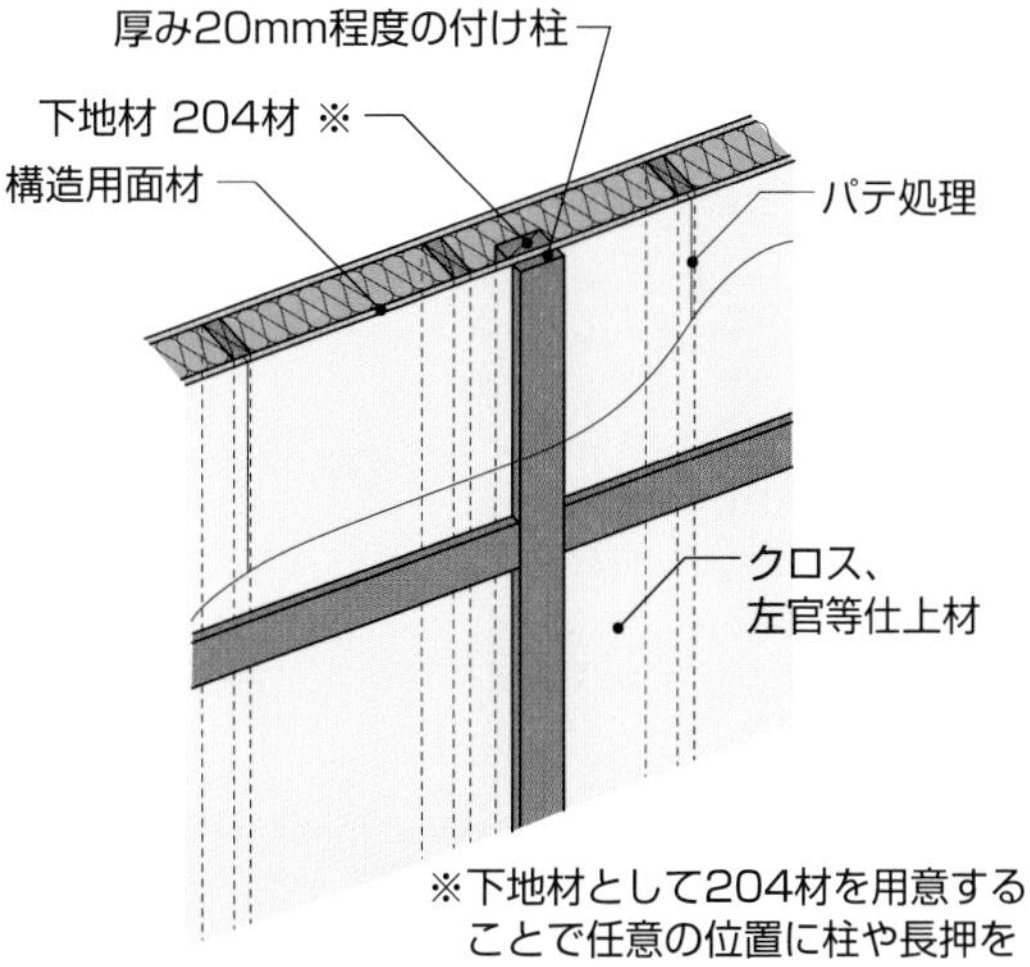
厚み20mm程度の付け柱
下地材 204材 ※
構造用面材
パテ処理
クロス、
左官等仕上材

※下地材として204材を用意することで任意の位置に柱や長押を設けることができる

高い天井を確保する方法

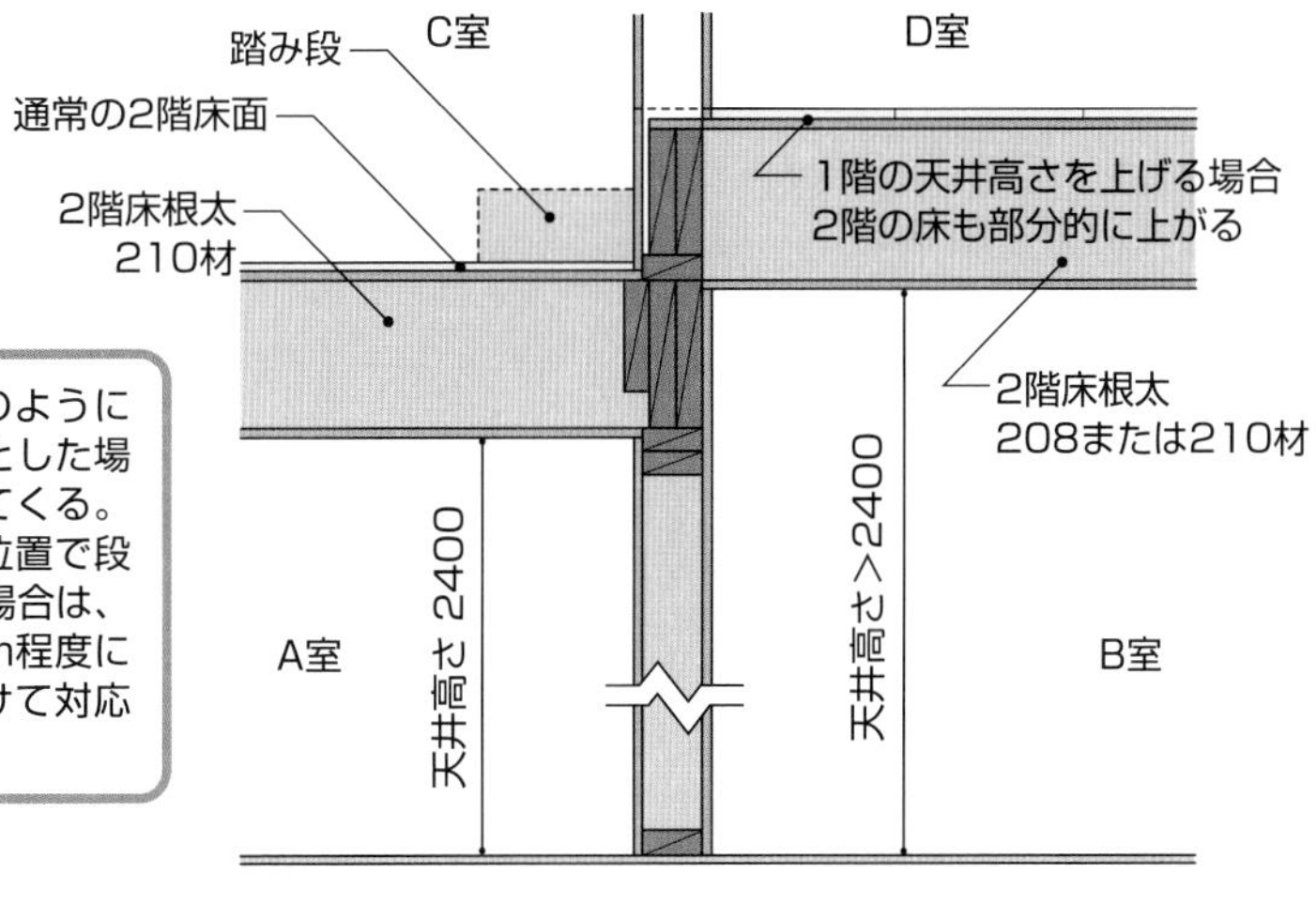
踏み段
C室
D室
通常の2階床面
2階床根太
210材
1階の天井高さを上げる場合
2階の床も部分的に上がる
2階床根太
208または210材
A室
天井高さ 2400
天井高さ＞2400
B室

一般室（A室）に対してB室のように部分的に天井高さを上げようとした場合、2階の床面の高さが違ってくる。この場合、2階の間仕切りの位置で段差をつけ、210材を使用する場合は、2室の床の高さの違いが24cm程度になるため、踏み段を1段分設けて対応するのが望ましい。

シックハウス対策

KeyWord 065

Point

◐ 気密性が高いゆえに建物のシックハウス対策は重要である

2×4工法は、厚さ38㎜の材木を使ったフレームに合板等の面材を張った耐力壁となっている。面剛性によって耐力を発揮する仕組みのため、2×4工法においてはこの面材が命と言える。

多くの場合は構造用の合板が使用されるが、近年、無機質系の材料やケナフなどの木以外の材料でつくられた板も使用されるようになってきた。合板よりも薄くて強度が高い製品もある。

ここで問題になるのがシックハウス対策である。在来工法に比べ合板類を使う量が圧倒的に多く、特に構造に欠かせない部分で使用する。建築基準法では壁内部の構造材については、仕上材料ほどシックハウス対策の規制が厳しくない。建物全体の気密性が上がり外気が流入してきにくいところへ、24時間強制換気で排気を行うため、居室が負圧になり、コンセントボックスや照明ボックスを通して壁内部の空気が漏れてくるケースが増えてきた。今でも下地材が原因でシックハウスとなった住宅は存在している。在来工法に比べて気密性が高いうえに合板類を多量に使用する2×4工法は、より一層シックハウス対策を注意深く行う必要がある。

F☆☆☆の製品はホルムアルデヒドに対しては一応安全であるが、その他の化学物質については安全性が担保されない。つまり、ホルムアルデヒド以外の有害物質が含まれていても法律的には問題ないことになる。ホルムアルデヒドに対する規制が始まって以来、代替の化学物質による健康被害が増えてきているのは皮肉なことである。

下地用の材料についても有害物質が発生しないようにその成分について十分な把握をすることと、気密シートや気密仕様のコンセントボックスを使用するなどの室内への有害物質の流入を防ぐ施工方法を採用するなどの対策は有効である。

第1章
第2章
第3章
第4章
第5章
第6章
第7章

耐力壁の種類と倍率（抜粋）

	耐力壁の種類		摘要		
	材料	倍率	断面	釘	釘の本数または間隔
Ⅰ	筋かい 製材（横張り）	0.5	18mm×89mm 以上 3mm×210mm 〃	CN65 CN50	上下枠・たて枠各2本 〃
Ⅱ	シージングボード ラスシート	1.0	厚さ 12mm 以上 0.4mm 〃	SN40 CN50	外周部@100、中間部@200 〃 〃
Ⅲ	石膏ボードB種 製材（斜め張り）	1.5	厚さ 12mm 以上 13mm×210mm 〃	GNF40 CN50	外周部@100、中間部@200 上下枠・たて枠各2本
Ⅳ	フレキシブル板 パルプセメント板	2.0	厚さ 6mm 以上 〃 8mm 〃	GNF40 GNF40	外周部@150、中間部@300 外周部@100、中間部@200
Ⅴ	硬質木片セメント板 ハードボード 構造用合板 （構造用合板規格2級）	2.5	厚さ 12mm 以上 〃 5mm 〃 〃 7.5mm 〃	CN50 CN50 CN50	外周部@100、中間部@200 〃 〃 〃 〃
Ⅵ	構造用パネル パーティクルボード ハードボード 構造用合板 （構造用合板規格1級） 構造用合板 （構造用合板規格2級）	3.0	－ 以上 厚さ 12mm 〃 〃 7mm 〃 〃 7.5mm 〃 〃 9mm 〃	CN50 CN50 CN50 CN50 CN50	外周部@100、中間部@200 〃 〃 〃 〃 〃 〃 〃 〃
Ⅶ	構造用合板 （構造用合板規格1級）	3.5	厚さ 9mm 以上	CN50	外周部@100、中間部@200
Ⅷ	構造用合板 （構造用合板規格1･2級）	4.5	厚さ 12mm 以上	CN65	外周部@75、中間部@200
Ⅸ	構造用パーティクルボード 構造用MDF 構造用合板 （構造用合板規格1･2級） 構造用パネル （構造用合板規格1･2･3級）	4.8	－ － 厚さ 12mm 〃 〃 〃 〃	CN50 CN50 CN65 CN65	外周部@50、中間部@200 〃 〃 〃 〃 〃 〃

（備考）
1. 壁下張りを両面に張った場合の倍率はそれぞれの倍率の和とすることができるが、加算した場合の倍率は5.0を限度とする
2. 石膏ボード張りのGNF40に代えてSF45、WSNまたはDTSNを使用することができる
3. 表以外には、国土交通省告示1541号に定めるものおよび建築基準法施行規則第8条の3に基づき国土交通大臣が個別に認定しているものがある。なお、一般材料として指定されているMDFと火山性ガラス質複層板についても耐力壁に使用する場合には大臣認定が必要であり、倍率および留め付けは同認定による
4. 間柱間隔は500mm以下

室内空気中化学物質濃度の指針値（厚生労働省）

化合物名	指針値	
	μg/m³	ppm
ホルムアルデヒド	100	0.08
トルエン	260	0.07
キシレン	200	0.05
パラジクロロベンゼン	240	0.04
エチルベンゼン	3800	0.88
スチレン	220	0.05
クロルピリホス	1 （小児0.1）	0.07ppb （0.007ppb）
フタル酸ジブチル	17	1.5 ppb
テトラデカン	330	0.04
フタル酸ジ-2-エチルヘキシル	100	6.3 ppb
ダイアジノン	029	0.02 ppb
アセトアルデヒド	48	0.03
フェノブカルブ	33	3.8 ppb
総揮発性有機化合物	400 注1)	

両単位の換算は25℃の場合による
注1：暫定目標値

（備考）

現在クロルピリホスは使用禁止、ホルムアルデヒドは基準法による使用規制がある。トルエン、キシレン、スチレン、エチルベンゼンの4VOCについては各業界の自主規制がある。

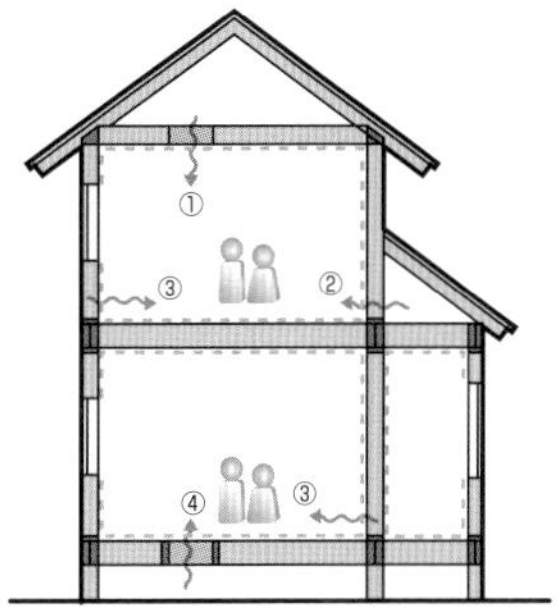

室内の有害化学物質の流入時に注意が必要な事柄

①天井点検口、照明器具取付穴などを介して天井裏の有害化学物質が流入する。
②壁のコンセントボックスや点検口を介して1階の天井裏の有害化学物質が流入する。
③壁のコンセントボックスを介して壁内の断熱材や合板接着剤から発生する有害化学物質が流入する。
④床点検口やフローリング等のすき間から床下の合板や防腐剤、防蟻剤、接着剤から発生する有害化学物質が流入する。

2×4住宅における バリアフリー対策

KeyWord 066

Point

◐ ２×４工法においては計画初期段階からバリアフリーを考えれば比較的容易に対応できる

◐ 手すり設置

在来工法が原則90㎝ごとに１辺９㎝以上の柱を立てて壁をつくるのに対して、２×４工法では38㎜×89㎜の木材を45㎝ごとに立てて壁をつくっていく。窓廻りや壁の角部分は例外的に２×４材を複数枚重ねて使用するが、基本的にすべての柱の見付け幅は38㎜になる。

バリアフリー対応として手すりを金物（ブラケット）で壁に取り付ける場合、下地の材料として最低50㎜の幅は欲しいところである。在来工法の場合は90㎝ごとにある柱にブラケットを取り付けることができるが、２×４工法の場合は見付幅が狭いため柱に止め付けることはできない。そこで、壁をつくる際に206材（38㎜×140㎜）を床から65㎝を下端にして柱間に横に通しておくことにより、柱の位置に関係なく、どの位置にも68～77㎝の高さで手すりが設置できるようになる。

◐ モジュール（単位）

在来工法は一般的に90㎝モジュールで平面計画がなされる。これは日本の寸法単位が尺貫法であり、３尺≒90㎝を基本としてずっとつくられてきたためである。柱・梁などの製材だけではなく、ボードやクロスなどの仕上げに使用する材料も30㎝、45㎝の倍数の寸法が規格なので無駄が少なくなる。しかし、このような住宅で介護用の器具を使用する場合は、非常に狭く不自由に感じてしまう。

２×４では、プラットホームの上に壁を立てていくため、間仕切り壁の位置は任意に決めることができる。車いすでの生活がしやすいように廊下幅を広めに取りたいといった際にも簡単に対応できる。最近ではメーターモジュール用に幅の広い材料も流通するようになり、それらの材料を使用することでコストを抑えることが可能になった。

手すり

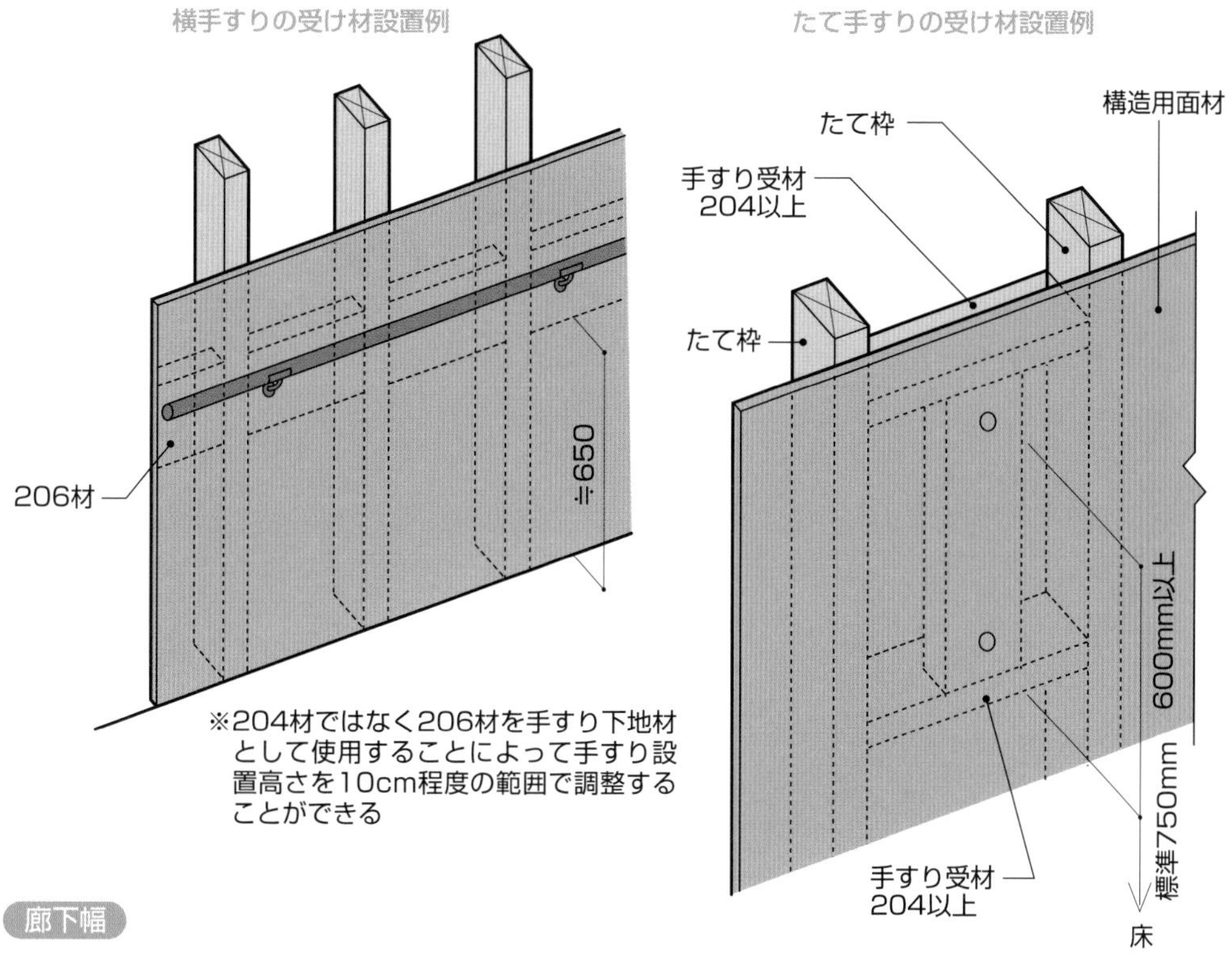
横手すりの受け材設置例
206材
≒650
※204材ではなく206材を手すり下地材として使用することによって手すり設置高さを10cm程度の範囲で調整することができる
たて手すりの受け材設置例
たて枠
構造用面材
手すり受材
204以上
たて枠
600mm以上
標準750mm
手すり受材
204以上
床

廊下幅

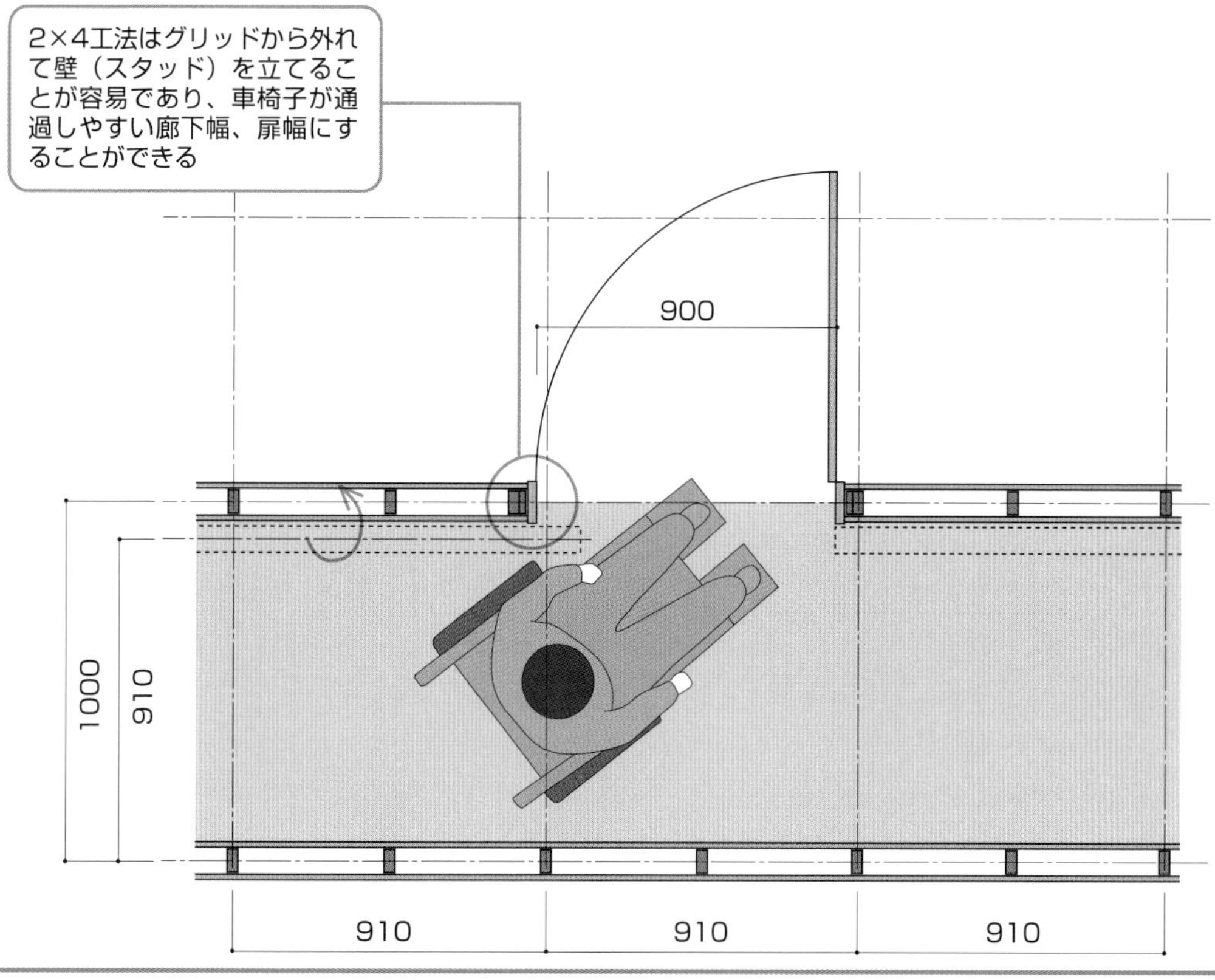
2×4工法はグリッドから外れて壁（スタッド）を立てることが容易であり、車椅子が通過しやすい廊下幅、扉幅にすることができる
900
1000
910
910
910
910

Column 4

JIS材とJAS材

2×4工法の住宅を設計しようとすると、同じ木造の在来軸組工法と比較して、数多くの基準・規格が存在している。それらの数多くの基準・規格は、2×4工法に用いるさまざまな材料の性能を規定していて、2×4工法の高い構造性能をつくり上げていると言っても過言ではない。

以下に、JISとJASが2×4工法の構造体部分についての関わり合いを説明する。なお、国土交通省の告示に基づいて一般的な設計をする場合（告示基準）と、住宅金融支援機構から融資を受けて住宅支援機構の工事仕様書に基づいて設計をする場合（機構基準）とでは、機構基準の方が仕様内容は高い性能を規定しているので、ここでは、原則的に告示基準の内容で説明をする。

JISは日本産業規格（Japanese Industrial Standard）のことで、正式な略式記号でもある。2×4工法で用いるJIS規格に適合しなければならない部材は、釘、構造用面材に用いられるパーティクルボード、ハードボード、硬質木片セメント板、フレキシブルボード板、石綿パーライト板、石綿けい酸カルシウム板、パルプセメント板、シージングボード、ミディアムデンシティファイバーボード、火山性ガラス質複層板と石膏ボード等である。

JASは日本農林規格（Japanese Agricultural Standard）の林産物（木質建材）の範疇の規格のことで、正式な略式記号でもある。枠組壁工法用製材の日本農林規格（昭和49年農林水産省告示第600号）として、オープン化の時に同時に施行されている。

2×4工法で用いるJAS規格に適合しなければならない部材は、土台から始まるすべての枠組材で使用部位ごとに求められている材料規格が規定されている。他に、構造用面材に用いられる構造用合板や構造用パネル（OSB）等である。

2×4工法がオープン化されて50年近い年月が経過し、高い構造性能が実証されているのもJISとJASの基準による材料の縛りの厳しさが、それをつくり上げたとも言われている。

また、枠組材が強度等級にグレーディングされていることによって、その部材の強度（圧縮、引張り、曲げ、せん断許容応力度）とヤング係数（根太材等のたわみに影響する係数）が明確化されて、学術的に計算をすることによって安全性を確認できることとなった。これは、2×4工法に限らず、他の木構造の発展にも寄与しているといえる。

現在では枠組材の規格は我が国のJAS規格の製材以外でも、2×4工法の生まれ故郷のアメリカやカナダの規格やオーストラリアの規格の製材もJASの製材と同等に使用することができるようになった。

第5章

2×4工法の施工

2×4工法の施工に特徴的な用語

KeyWord 067

Point

◐ 多くの人が狭い場所で作業する現場では意思疎通のための専門用語の理解が重要になる

◐すべり止め、仮筋かい

2×4工法では、根太に合板を打ち付けて床をつくり、その床（プラットホーム）の上で各部分の壁を組み、作業員（フレーマー）が数人で壁を起こし床に固定していく。この作業で使用するのがすべり止めと仮筋かいである。

組上げられた壁を外周部に位置合わせして数人がかりで起こすのだが、重量があるため、起こす際にプラットホームから脱落しないよう端部に突起を設けておく。すべり止めをガイドとして起こした壁パネルは、プラットホーム上の墨出し（壁位置の印）に合わせて正確に設置され、所定の釘で床に固定される。固定はされるものの、まだ壁上部が固定されておらず横からの力に対して弱いため、仮筋かいで補強する。上階の床組がなされ水平に対する剛性が高まった段階で、すべり止めと仮筋かいが撤去される。

◐合板スペーサー、合板かいぎ

2×4工法では、材料の細かい切り欠きをしない代わりに、施工の段階で多くの箇所で寸法調整用合板スペーサー、合板かいぎが使用される。

日本では2×4工法においても在来工法と同じく910㎜をモジュール（基本単位）として平面計画することが多い。流通している材料の多くが1尺（303㎜）をベースにしてつくられており、無駄が少ないためである。このモジュールは壁芯を基準として割り付けされるため、平面上外周部において、壁の半分がモジュールから外れる（側根太および端根太部分）。モジュール上にある床に構造用合板を張り付けた場合、外周部で、合板は上に立つ壁の半分の位置までしか設置できない。モジュールから外れた分を同じ厚さの合板スペーサーで埋めて床を平坦にすることで、壁を垂直に立てることができる。

すべり止め・仮筋かい

プラットホーム上での建方作業

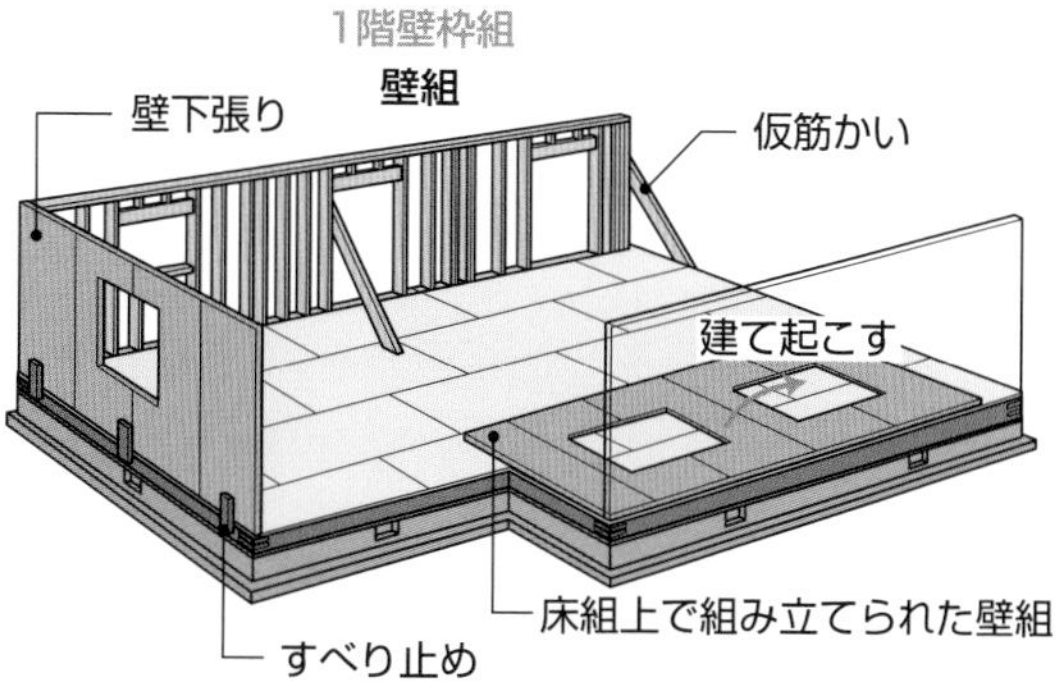
1階壁枠組
壁組
壁下張り
仮筋かい
建て起こす
床組上で組み立てられた壁組
すべり止め

すべり止め、仮筋かいともに棟上げまでの間の一時的な使用材料である

合板スペーサー

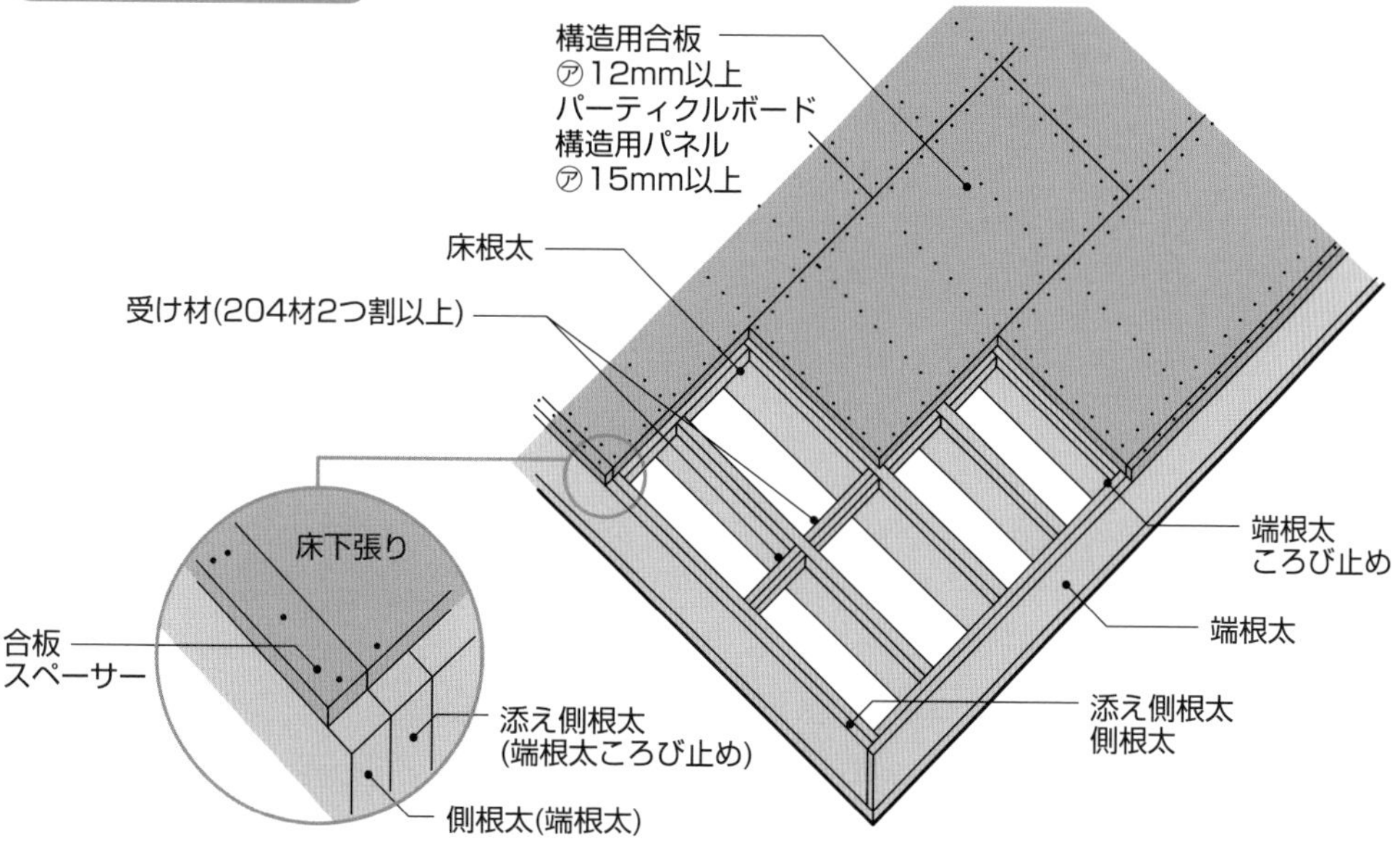
構造用合板
㋐12mm以上
パーティクルボード
構造用パネル
㋐15mm以上
床根太
受け材(204材2つ割以上)
床下張り
合板
スペーサー
添え側根太
(端根太ころび止め)
側根太(端根太)
端根太
ころび止め
端根太
添え側根太
側根太

床プラットホーム外周部では、必ず合板スペーサーで高さ調節が行われる

合板かいぎ

窓などの大きな開口部の上部には「まぐさ」と呼ばれる梁状の材料がある。このまぐさにも当然ツーバイ材が使われるのであるが、寸法形式204 の材料を使用した壁の場合、まぐさは204材(38mm厚) 2枚の間に12mmの合板かいぎをはさみこんで壁厚さ89mm に近づけるようにしている。そうすることにより、フレーム表面に不陸なく石膏ボードを張ることができる。

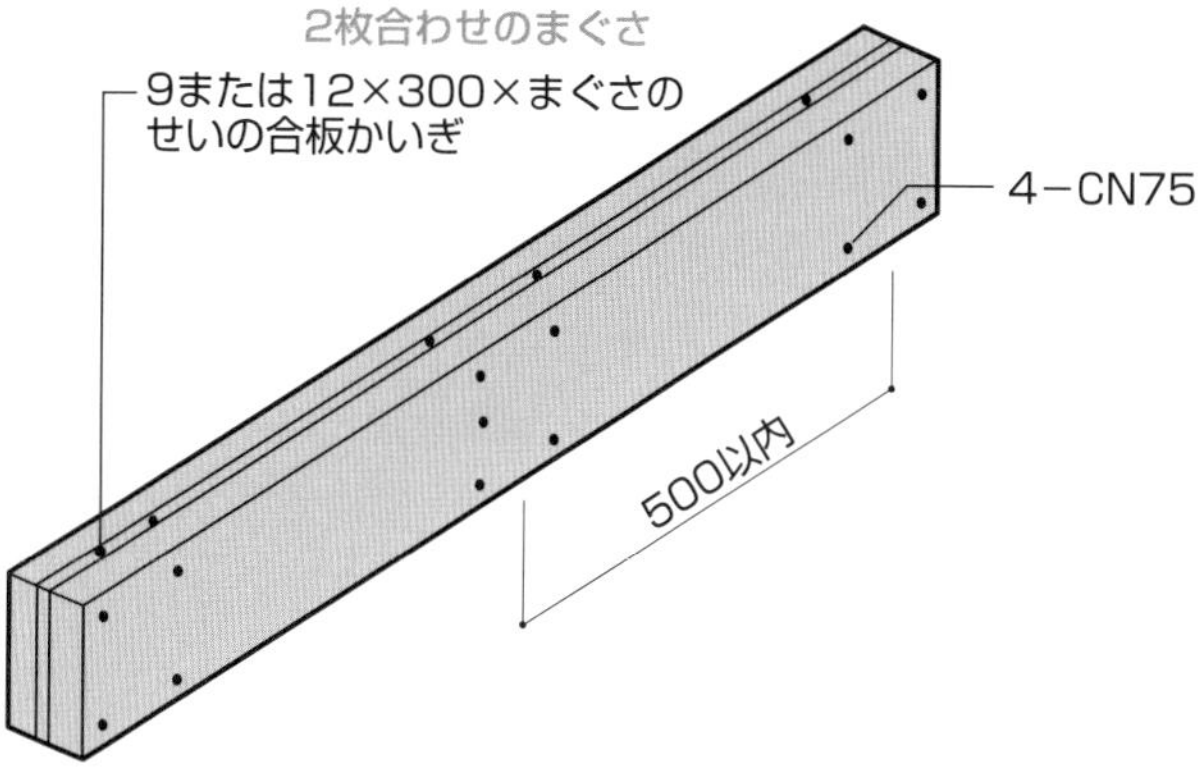
2枚合わせのまぐさ
9または12×300×まぐさのせいの合板かいぎ
4−CN75
500以内

2×4工法の施工手順

KeyWord 068

Point

◐ 2×4工法は材料を上に上に重ねていく足し算の工法である

足し算の工法

2×4工法においては各階ごとにプラットホーム式の建て方に従い、常に床をつくってからその上で壁組を行うので、作業員は足場が安定し落下等の危険性が少なくなり作業効率が上がる。

下地から仕上げへ、仕上材どうしでも施工順に従い、材料を重ね合わせて仕上げていく足し算の工法である。

ジョイント部分はケーシングやモールディングを使い、きれいにふさいでいく方法がとられる。狭い隙間に材料を差し込むという作業がないため、作業員の違いによる仕上がり具合に差は出にくい。ただし、足し算の工法であるため、補修を行う際には施工手順に従い逆戻りするように材料を外していく必要がある。

工事の細分化

在来工法では大工が行う作業は多岐に渡っている。

アメリカにおいては構造体の組立てはフレーマー、壁の下地施工はボード工、雑造作は雑造作工などと各工事が細分化されており、それぞれが特化している。各作業員の習熟度は高く短期間に高品質の仕上がりが期待できる。

日本においても、当初は同様の施工体制を取っていたが、常に一定の作業が発生しない限り、手待ちの時間が長くなり事業として成り立たない状態になった。

結局、工事を細分化して作業の専門性を高めて効率化を図っていく方法は、現在は大規模展開をしているハウスメーカーなどで行われているのみである。

工場で窓をプレパネルに組込んでおいて、現場に搬入されるケースもある。移送中の養生に気をつける必要はあるものの、現場での設置作業がなくなる分、工期を短縮することが可能となる。

2×4工法の施工手順

(1)基礎工事

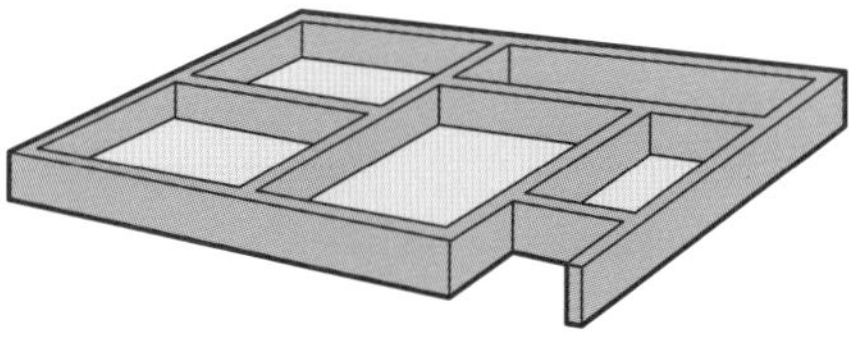

現場では職人により基礎がつくられ、躯体材料の受け入れ体制が整えられる

(2)土台工事

(3)躯体工事①

クレーンでパネルを吊込む

(4)躯体工事②

工場で組立てたパネルを吊込む

(5)床組み

床下地の施工

(6)床パネル

床パネルの施工

(7)屋根組み

屋根組みの施工

(8)屋根パネル

屋根パネルの施工

2×4工法によって工期短縮は可能か

KeyWord 069

Point

- **現場施工と工場作業の組合せで在来工法に比べて工期短縮効果が期待できる**
- **プレカットが主流となると短縮効果はあまり期待できない**

2×4工法は、基本的に厚み38㎜の棒材どうしを金物を使ってフレームをつくり、合板を釘打ちして平面をつくっていくものである。在来工法のような仕口の加工は必要なく、すべては金物と釘の強度に依存している。基本的に、現場でノミを使ってほぞを切るなどの作業はなく、組立は短期間で行える。

2×4工法は、日本に導入されて比較的早い段階から、製造工場で床、壁、屋根をパネル化して、現場では単純に組立を行うのみという仕組みができ上がっている。天候に左右されず、精度良くパネル化されるため、現場での組立時間を短くすることができる。

ただし現在は、在来工法においても、工場による仕口のプレカットや、一部壁のプレパネル化が進み、2×4工法の工期的な有利さが薄れてきた。また、屋根形状が複雑になれば、プレパネルでは対応できない部分が発生し、結局、現場でジョイント部材を追加することになってしまい時間がかかってしまう。躯体、下地施工段階での現場作業をこれ以上簡略化することが厳しい中で、2×4工法だから工期が圧倒的に短縮できるとはもう言えなくなってきているのが現状である。

2×4工法は階段のつくり方に特徴がある。在来工法では階段の段板がそのまま仕上材になることがほとんどで、上棟後、階段部は長期間吹抜けの状態である。現場作業員は吹抜けに設置された仮設梯子を使用して階を上下する。

一方2×4工法では、フレームが立ち上がるとすぐに階段を設置する。多くの住宅が階段部分にカーペットなど仕上材料を再度施工するからである。この階段を利用して材料の搬入や人の移動ができ、作業効率が上がり、工期短縮に結びつく。しかし、階段部材もユニット化され、仕上兼用の材料として現場へ持ち込まれることが多くなり、工法による差は少なくなってきた。

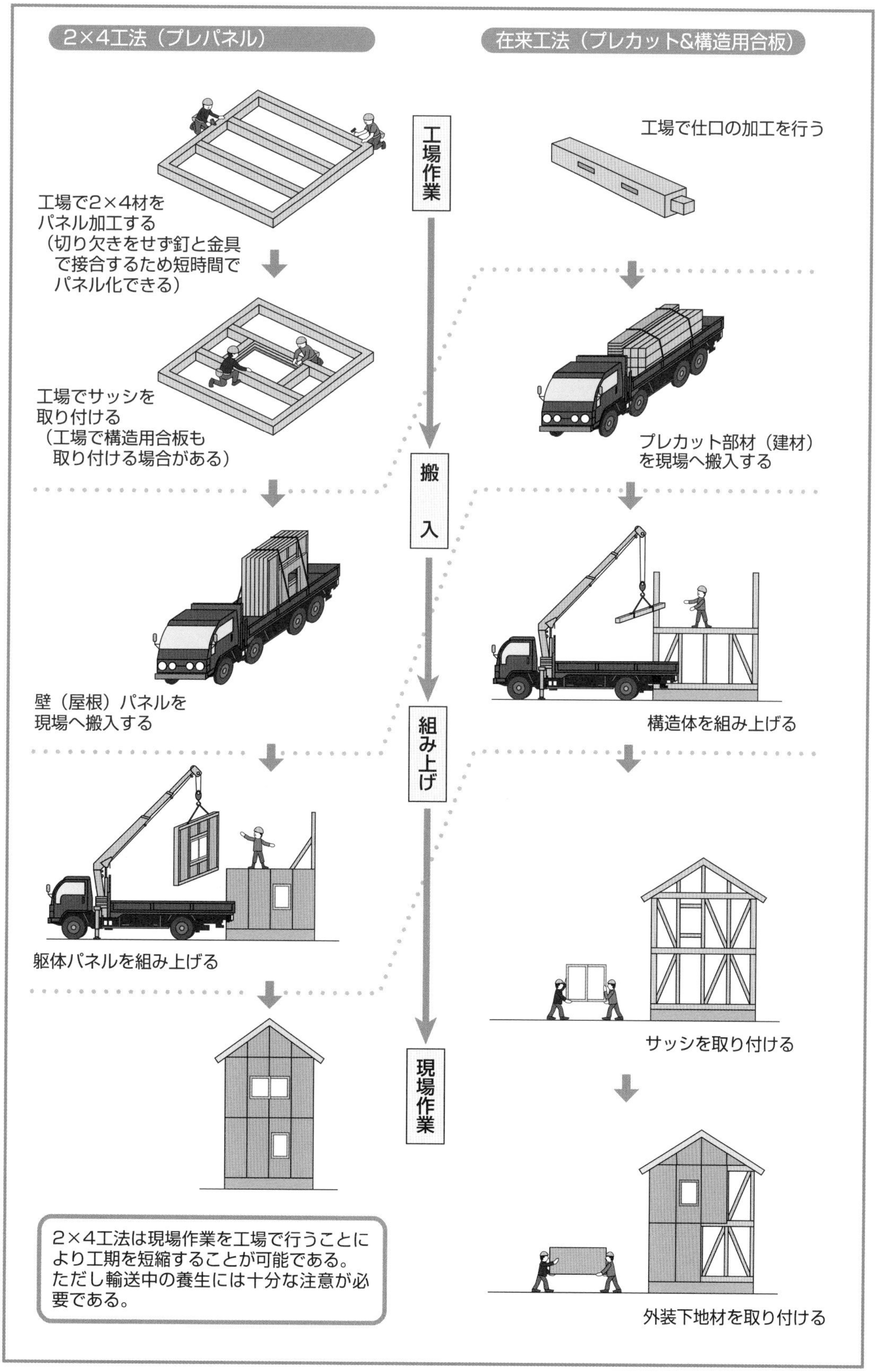
2×4工法（プレパネル）
在来工法（プレカット&構造用合板）
工場作業
搬入
組み上げ
現場作業
工場で2×4材を
パネル加工する
（切り欠きをせず釘と金具
で接合するため短時間で
パネル化できる）
工場でサッシを
取り付ける
（工場で構造用合板も
取り付ける場合がある）
壁（屋根）パネルを
現場へ搬入する
躯体パネルを組み上げる
工場で仕口の加工を行う
プレカット部材（建材）
を現場へ搬入する
構造体を組み上げる
サッシを取り付ける
外装下地材を取り付ける

2×4工法は現場作業を工場で行うことにより工期を短縮することが可能である。ただし輸送中の養生には十分な注意が必要である。

2×4工法のコストは安くできるか

KeyWord 070

Point

◐ 2×4工法のコストコントロールは材料の部分と建設の部分から行える

◐ コストコントロールはしやすい

材料コスト

2×4工法の特徴の1つに、構造体としての面材が仕上工事における下地として機能している点がある。規模や形状が違っても在来工法に比べて単位面積あたりの木材使用量にばらつきが少なく、過去の工事の積算結果を利用して構造体部のコスト把握ができる。

基本設計時点から比較的正確なコストが把握できるため、予算に応じた仕上げを想定しやすくなる。さらに、仕上げと下地が材料として明確に分けられるため、部位ごと仕上げの仕様ごとのコストも把握しやすく、構造を変えることなく予算に合わせた仕様の変更がスムーズに行える。

反面、建物形状の違いに関係なく単位面積あたりの木材量がほぼ一定になるため、間取りを工夫しても在来工法のような30万円／坪という超ローコスト住宅をつくるのは難しい。

建設コスト

2×4工法では設計・施工システムの効率化が進んでいるため建設コストのパフォーマンスが良い。その理由は使用部材が規格化されていて、多くの部材が工場で量産でき、各工事が独立していて工程ごとの引き継ぎがしやすいことが挙げられる。また、作業日数の管理がしやすく、工程ごとの責任範囲が明確になることで、手戻り、手待ちを減らすことが容易である。

そもそも在来軸組工法に比べて木工事における労務費（大工手間）の割合が少なく、人件費の影響を受けにくい特徴がある。労務費が少ない理由は工事区分の明確化により各工事で効率化の徹底が図られ、工場での加工の導入や施工の機械化、金物などを用いた施工の単純化などを背景に、生産性の高い施工方法が確立されているからである。

2×4工法と在来工法のプランニングとコストの関係の比較

2×4工法のプラン例

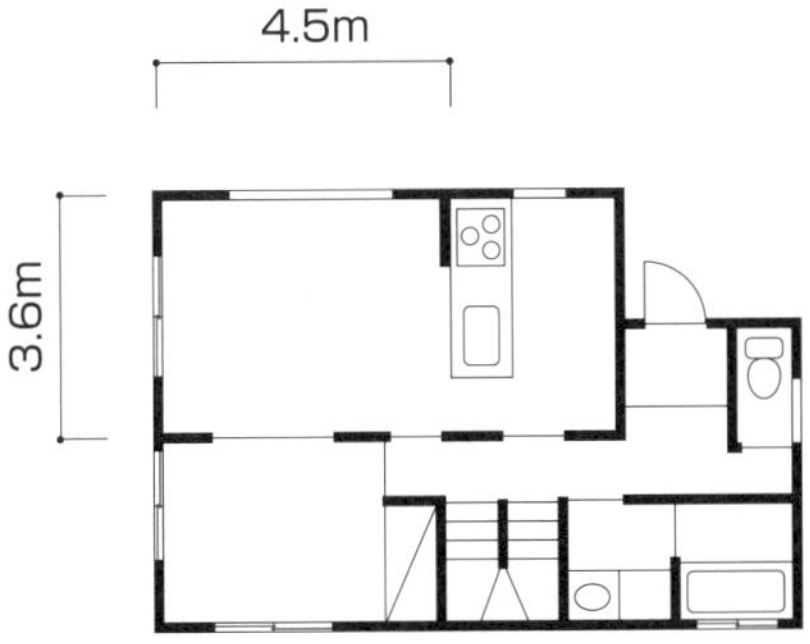

〈特徴〉
- 構造に関する決まり事が多く、凹凸の少ないプランになる傾向がある
- 限られた断面寸法の材料を使用するため、部屋の広さには限界がある(4m×4m程度)

↓

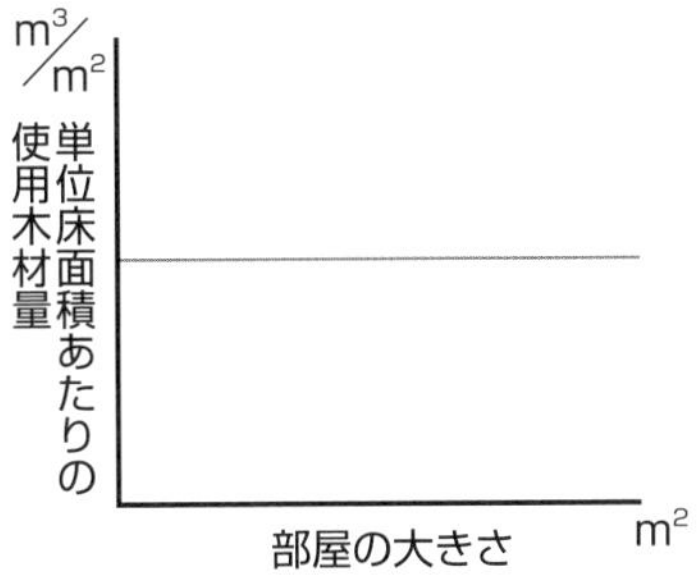

部屋の大きさ、建物の規模形状に関わらず使用する木材量はほぼ一定となる

↓

プランニングに関わらず、予算に合わせた住宅を得やすい

在来工法のプラン例

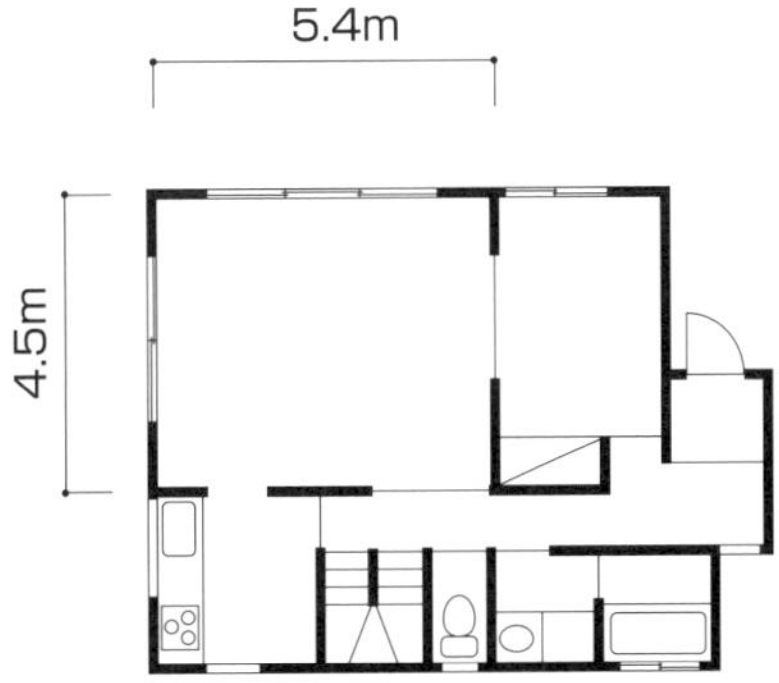

〈特徴〉
- 必要な部屋の広さを確保しながら、使い勝手に従って部屋を自由につなげていくことができる
- 断面の大きな横架材(梁)を使用すれば、広い部屋を設けることができる

↓

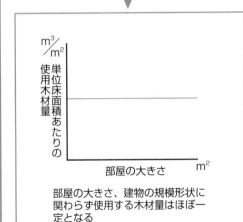

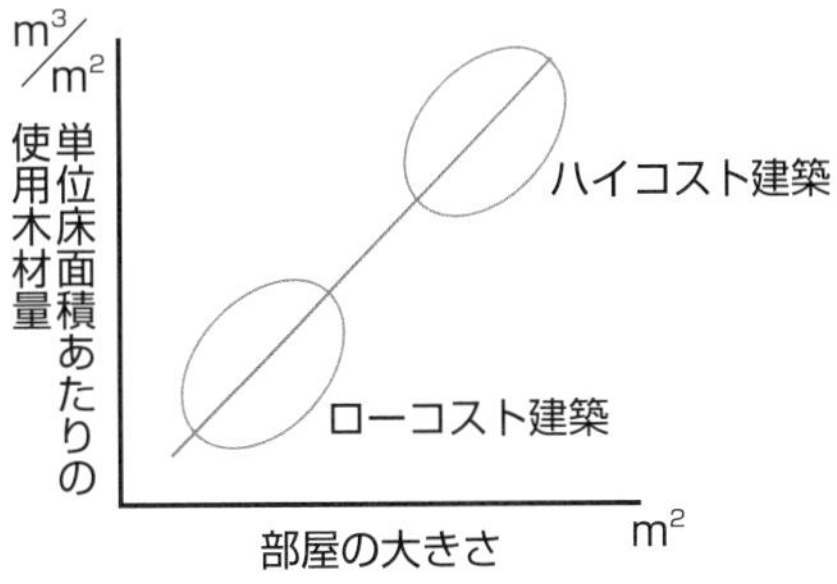

部屋の広さ、建物の形状によって木材使用量が大きく変化する

↓

プランニング次第でハイコスト住宅にもローコスト住宅にもなる

KeyWord 071

2×4工法の品質管理はやりやすいのか

Point

◐ **細部まで仕様が決められている2×4工法は現場監理もシステム化できる**

木造住宅については、在来工法も2×4工法も(独)住宅金融支援機構による仕様が決められている。特に2×4工法はアメリカから導入された時点で、すでに細かく仕様が決められていて、施工者はその仕様に従って工事を進めるが、今日でも比較的忠実に仕様に従って施工することが守られ、習慣化されている。在来工法の場合は経験的に受け継がれてきた部分も法律上許容されているため、施工者の考え方によってつくり方が違ってきてしまう。

2×4工法は、基本的に工事の早い段階から構造体が仕上げ下地ボードの中に隠れてしまい、後からの確認が難しくなってしまうという危険性があるため、仕様が細かく決められているのである。それに従って施工されているということは、施工従事者が変わっても細部まで同じでき上がりを維持することができるということで、品質管理が行いやすい工法といえる。少人数で各地に点在する施工現場を一定品質を保って監理することができる2×4工法は、一度に多くの現場を抱える大規模のハウスメーカーには適した工法であるといえる。

構造材料の種類が少なく、ほとんど2×4、2×6、2×8、2×10、2×12の5種類のいずれかで構成されている。材料についても樹種ごとに格付けされ保持強度が保証されている。材料に表示されているマークにより、ひと目でその材料についての性能がわかるのは、使用者(施工者)にとって安心できるしくみである。

また、2×4工法の命綱といえる釘については、釘頭に色(図)を付けてひと目で打ちつけられている釘のサイズがわかり、現場管理時に仕様の確認がとりやすい。

最近の構造用面材の中には、表面に釘打ち位置を示すガイドラインが書かれた製品もある。

材料の品質管理を助ける方策

a
c
No 1
c
COFI
®
S - DRY
d
100 HEM - FIR(N)
b
CMSAによる格付マーク

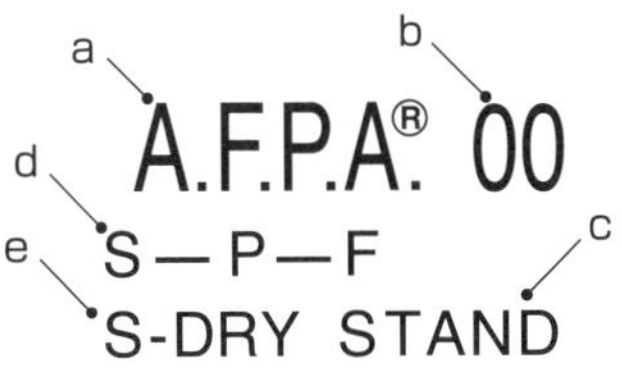
a
b
A.F.P.A.® 00
d
e
S — P — F
c
S-DRY STAND
AFPAによる格付マーク

格付マーク中の各記号が表す内容

- a：等級格付機関を表す
- b：メーカー番号またはメーカー名を表す
- c：規格を表す
- d：樹種または樹種群を表す
- e：含水率を表す

表1　ディメンジョンランバーの基準強度（抜粋）

平成12年建設省告示第1452号　平成27年8月4日改正

樹種群の略号	区分	等級	強度（単位：N/㎟） Fc	Ft	Fb	Fs
Dfir-L	甲種	特級	25.8	24.0	36.0	2.4
		一級	22.2	16.2	24.6	
		二級	19.2	15.0	21.6	
		三級	11.4	8.4	12.6	
	乙種	コンストラクション	21.6	11.4	16.2	
		スタンダード	17.4	6.6	9.6	
		ユーティリティ	11.4	3.0	4.2	
	たて枠用たて継ぎ材		17.4	6.6	9.6	
Hem-Tam	甲種	特級	18.0	13.8	29.4	2.1
		一級	15.0	8.4	18.0	
		二級	12.6	6.6	13.8	
		三級	7.2	3.6	8.4	
	乙種	コンストラクション	14.4	4.8	10.2	
		スタンダード	11.4	3.0	5.4	
		ユーティリティ	7.2	1.2	3.0	
	たて枠用たて継ぎ材		11.4	3.0	5.4	
Hem-Fir	甲種	特級	24.0	22.2	34.2	2.1
		一級	20.4	15.0	23.4	
		二級	18.6	12.6	20.4	
		三級	10.8	7.2	12.0	
	乙種	コンストラクション	19.8	9.6	15.6	
		スタンダード	16.8	5.4	9.0	
		ユーティリティ	10.8	2.4	4.2	
	たて枠用たて継ぎ材		16.8	5.4	9.0	
S-P-FまたはSpruce-Pine-Fir	甲種	特級	20.4	16..8	30.0	1.8
		一級	18.0	12.0	22.2	
		二級	17.4	11.4	21.6	
		三級	0.2	6.6	12.6	
	乙種	コンストラクション	18.6	8.4	16.2	
		スタンダード	15.6	4.8	9.0	
		ユーティリティ	10.2	2.4	4.2	
	たて枠用たて継ぎ材		15.6	4.8	9.0	
W Ceder	甲種	特級	15.0	14.4	23.4	1.8
		一級	12.6	10.2	16.8	
		二級	10.2	10.2	16.2	
		三級	6.0	6.0	9.6	
	乙種	コンストラクション	11.4	7.2	12.0	
		スタンダード	9.0	4.2	6.6	
		ユーティリティ	6.0	1.8	3.6	
	たて枠用たて継ぎ材		9.0	4.2	6.6	
JSI	甲種	特級	24.9	20.6	33.6	2.1
		一級	21.1	14.1	23.7	
		二級	18.2	12.5	22.2	
		三級	10.6	7.3	12.9	
	乙種	コンストラクション	19.8	9.5	16.9	
		スタンダード	16.0	5.3	9.3	
		ユーティリティ	10.6	2.5	4.4	
	たて枠用たて継ぎ材		16.0	5.3	9.3	
JSII	甲種	特級	15.7	16.0	28.4	1.8
		一級	15.7	12.2	20.4	
		二級	15.7	12.2	19.5	
		三級	9.1	7.1	11.3	
	乙種	コンストラクション	15.7	9.3	14.8	
		スタンダード	13.8	5.1	8.2	
		ユーティリティ	9.1	2.4	3.9	
	たて枠用たて継ぎ材		13.8	5.1	8.2	
JSIII	甲種	特級	20.9	16.9	22.5	2.1
		一級	18.3	11.3	16.1	
		二級	17.0	9.7	15.5	
		三級	9.8	5.7	9.0	
	乙種	コンストラクション	17.9	7.4	11.8	
		スタンダード	14.9	4.1	6.5	
		ユーティリティ	9.8	1.9	3.1	
	たて枠用たて継ぎ材		14.9	4.1	6.5	

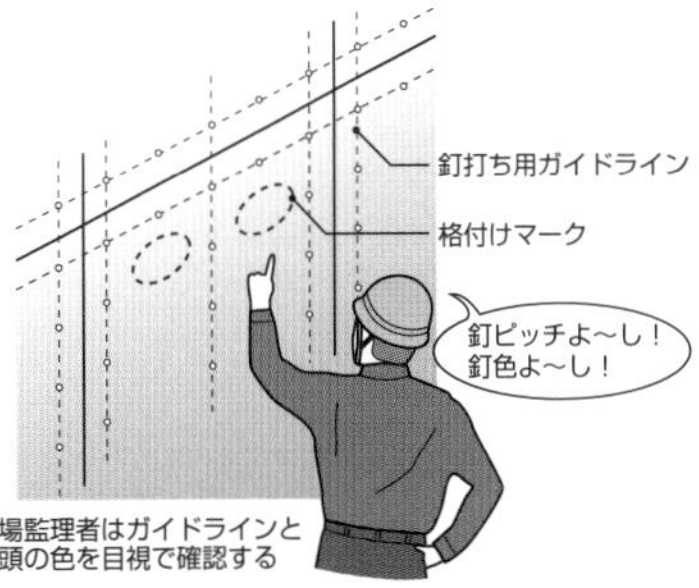
釘打ち用ガイドライン
格付けマーク
釘ピッチよ～し！
釘色よ～し！
現場監理者はガイドラインと釘頭の色を目視で確認する

釘のサイズを示す釘頭への着色

CN50：緑　太め丸釘　構造体用一般
CN65：黄
CN75：青
CN90：赤

プレカットとプレパネル

KeyWord 072

Point

- 工場で1本1本の部材をカットするプレカット
- 一歩進めて工場でパネルまで組むプレパネル工法
- プレパネルは現場工期の短縮を可能とする

プレカットとプレパネル

プレカットとは、定尺長さの材料を設計図による大きさや形状にあらかじめ工場で加工して現場に搬入することをいい、現場での施工精度の向上と工期短縮を可能とする。2×4工法は構造的特性から、プレカットよりさらに一歩進め、パネルまでを工場で組むプレパネル工法がある。

現場組とプレカット

現場で枠組材と構造用合板でパネルを組み、これを建て起こして壁の躯体をつくり、その上に床根太を並べ固定し、最後に床の合板を打ち付けてプラットホームを完成させるのがいわゆる現場組である。

定尺材を搬入し現場で加工する場合もあるが、天候等現場工期を短くするためにプレカットを併用する。現場組で段取り良く合理的に進めるには、2×4に熟練した大工や現場監督を必要とするが、重機の使用が難しい環境、または躯体コストを抑えたい場合の選択肢となる。

プレパネル工法

構造体となる壁、床、屋根をいくつかのパネルに分割して工場で製作したものを、建て込み順にトラックに荷積みし、現場でクレーン車で吊り上げながら建て方を行うのがプレパネル工法で、30～40坪の一般的な住宅であれば1、2日での上棟も可能である。

ここでは、事前のパネル製作の元となる施工図の精度が現場の施工に大きく反映される。パネル化するのが難しい複雑な形状の建物では、一部を現場組として、併用するケースもある。また床や屋根パネルは、構造的に影響のない形で分割するよう注意も要する。

このように2×4は条件に応じた適切な工法を選択することができる。

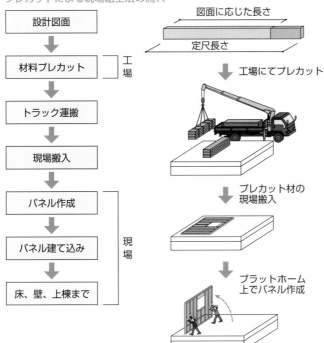

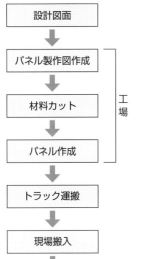

プレカットと現場組

プレカットによる現場組工法の流れ

- 設計図面
- ↓
- 材料プレカット（工場）
- ↓
- トラック運搬
- ↓
- 現場搬入
- ↓
- パネル作成（現場）
- ↓
- パネル建て込み（現場）
- ↓
- 床、壁、上棟まで（現場）

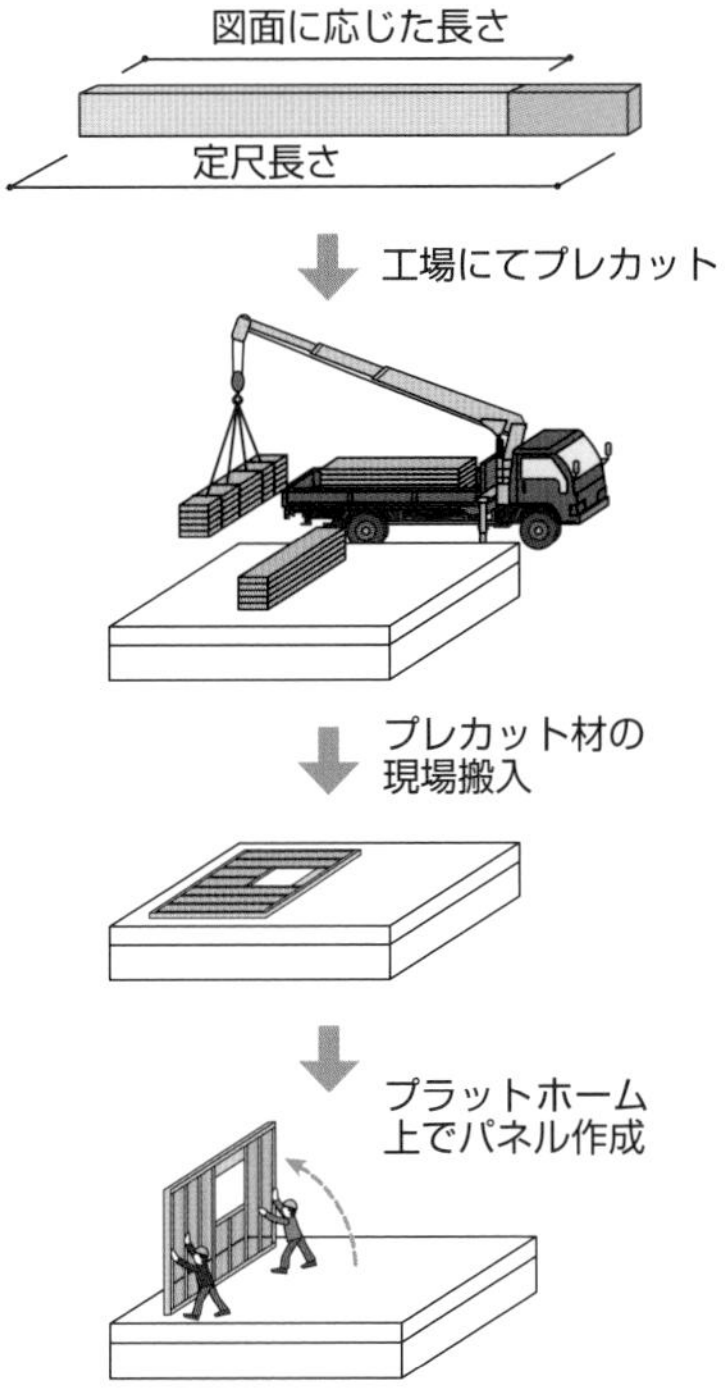
図面に応じた長さ
定尺長さ
工場にてプレカット
プレカット材の
現場搬入
プラットホーム
上でパネル作成

- パネル製作図は省略することも多く、設計図書のスタッド割り付け図などから、現場で大工がパネルを製作
- 資材置き場の確保など限られたスペースで、段取り良く行う必要がある
- 現場監督と大工の技量によるところが大きく、熟練を要する
- 現場工期が長く、天候に左右される
- 元請け→大工の一連の作業で躯体ができる

現場でのパネル製作

プレパネル

プレパネル工法の流れ

- 設計図面
- ↓
- パネル製作図作成（工場）
- ↓
- 材料カット（工場）
- ↓
- パネル作成（工場）
- ↓
- トラック運搬
- ↓
- 現場搬入
- ↓
- クレーン車にて パネル建て込み 上棟まで（現場）

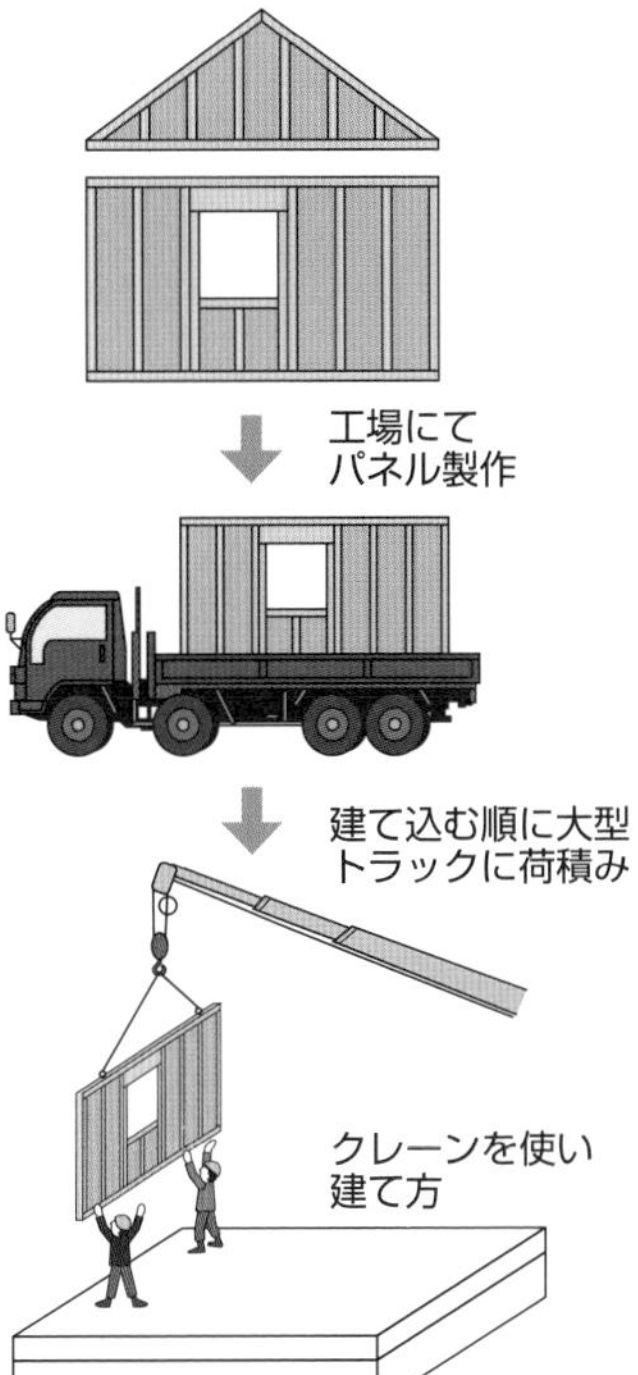
工場にて
パネル製作
建て込む順に大型
トラックに荷積み
クレーンを使い
建て方

- パネル製作図の事前準備を要する
- 工場の生産ライン上での効率良いパネル製作が可能で品質も安定しやすい
- パネル製作上は天候に左右されない
- 元請け→パネル製作工場→パネル建て方→大工と工手は増える
- パネル搬入やクレーン等を使える敷地条件が必要
- コストが割高になりやすい

プレパネル工法

2×4工法の躯体工事と雨

KeyWord 073

Point

◐ 積み上げ工法の2×4は雨に濡れやすいデメリットがある
◐ 雨による構造体への性能的な影響の有無
◐ 面で構成される躯体の美観的な問題への対処が必要

2×4工法と雨

2×4工法は屋根の野地板が上がるのは躯体工程の最後となり、途中で雨に打たれる可能性は在来工法より高い。

また、構造用合板をはじめから壁、床に取り付けるため、面で雨を受け濡れやすい。構造体への影響や合板の汚れなどが問題となる場合がある。

構造体への雨による影響

雨による一時的な水濡れの影響を部材ごとに見てみると、構造用合板は特類で耐水性をもつ材料である。構造用製材は含水率を下げた乾燥材だが自然乾燥で同程度までの乾燥は望めるため、強度的低下は少ないと見てよいであろう。また木材はカラーコーティングで耐水性をもつ釘で合板にパネル状に拘束されており、乾燥時に伴う大きな反りや変形は起きにくい。

濡れた後、自然乾燥で乾いた状態を保てれば、材料の強度低下は少なく、耐久性にも問題は生じにくいであろう。ただし床下地の未乾燥によるフローリングのカビ発生事例や、後々に内部結露を引き起こす要因にもなり得るため、乾燥の確認は十分な注意を要する。

雨による美観上の問題と対処

雨の後、靴や釘などから出る汚れが美観を損ねることがある。

躯体全体をシートで覆うことは難しいが、階段部等の部分的な養生や、床の水を外に排出するルートの確保、床合板にシートを張るなどの対処も行われる。水がたまった場合は、晴れたらすぐ掃き出す、吸い取るなど乾燥状態をつくることが重要。乾きにくい下枠と床合板との間の乾燥促進にもつながる。また、汚れの原因となる切りくずや落ちている釘等の清掃も心がけたい。

その他短期間で上棟できるプレパネル工法は、雨対策の有効な手段である。

2×4工法

面を組み合わせて下から順につくる構造体

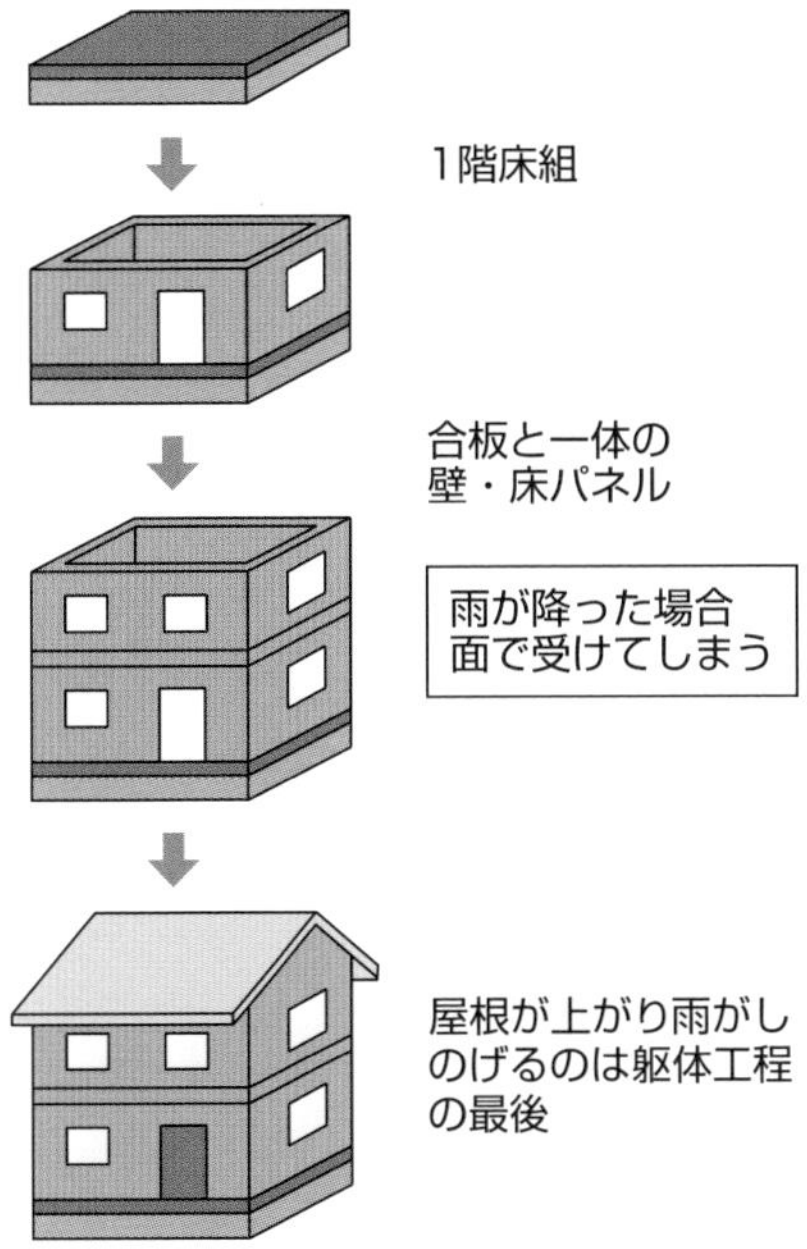
1階床組
合板と一体の
壁・床パネル
雨が降った場合
面で受けてしまう
屋根が上がり雨がし
のげるのは躯体工程
の最後

在来工法

線材で全体を組み徐々に面をつくる構造体

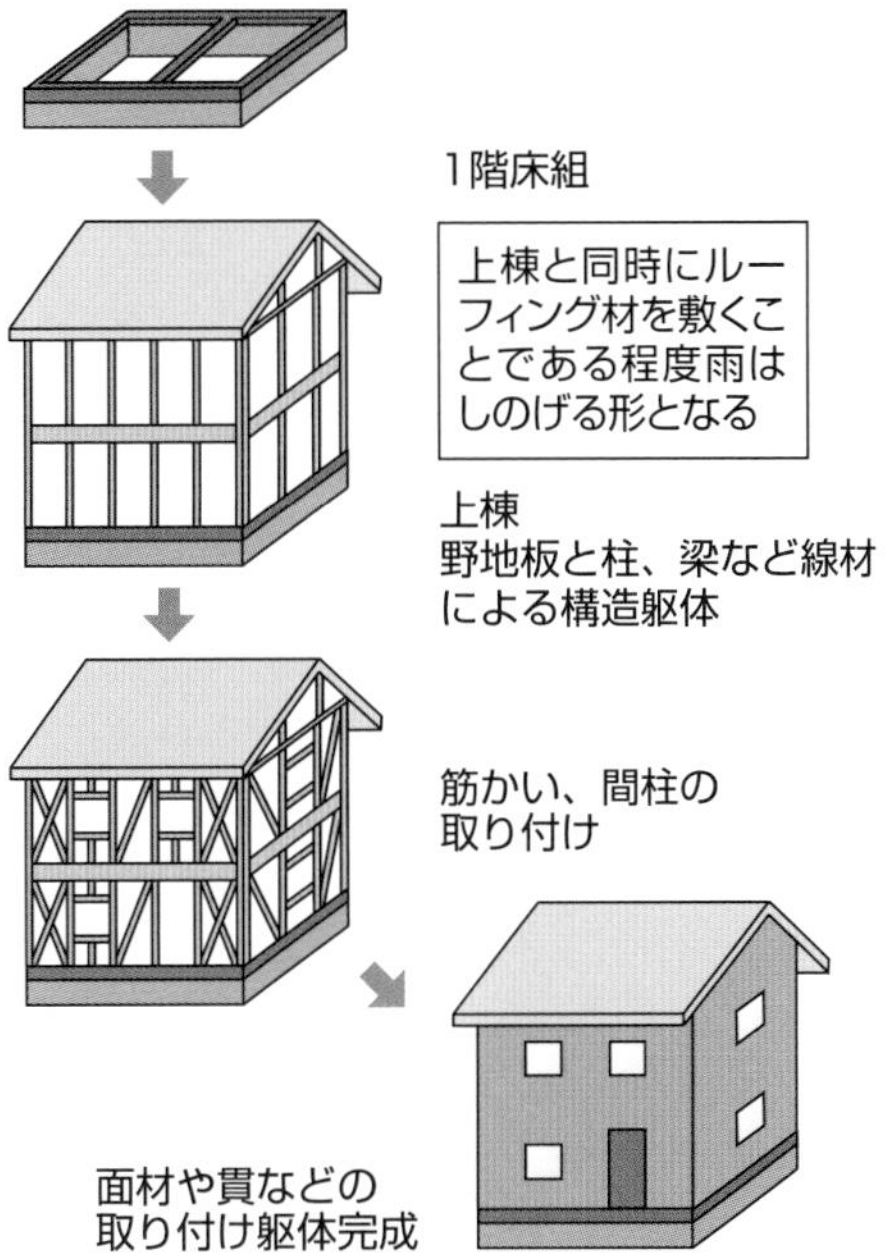
1階床組
上棟と同時にルー
フィング材を敷くこ
とである程度雨は
しのげる形となる
上棟
野地板と柱、梁など線材
による構造躯体
筋かい、間柱の
取り付け
面材や貫などの
取り付け躯体完成

2×4は躯体の段階で完成形が認識されやすいため、汚れが気になる！

柱梁の在来工法は屋根が先行する

2×4の床と壁の取り合い

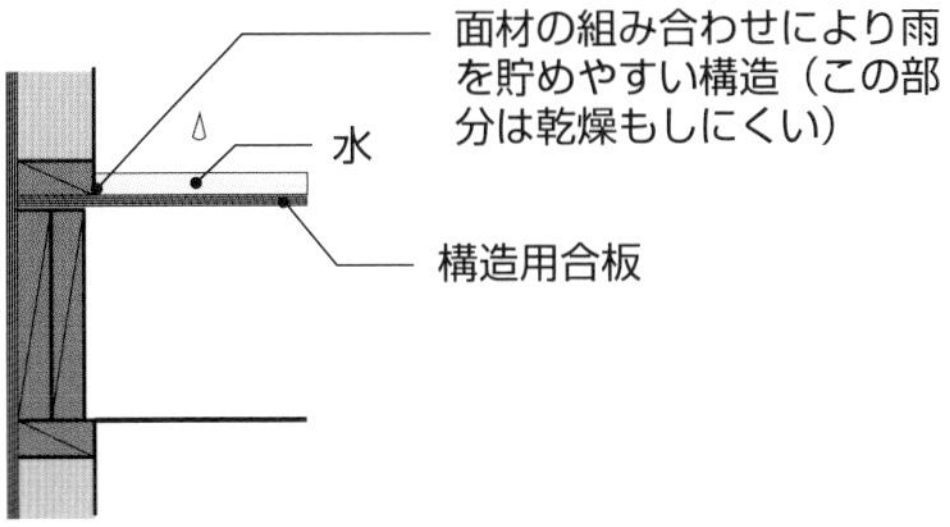
面材の組み合わせにより雨
を貯めやすい構造（この部
分は乾燥もしにくい）
水
構造用合板

濡れた状態で行き来することでできた床の汚れ。入口部分に靴拭き用のぞうきんを置いたり、床の水分を吸い取るなどで早く乾燥状態をつくるなど対処が必要。

考えられる雨対策

合板上に敷く床の養生シート。シートの下に水が回ると乾燥の妨げとなるため要注意

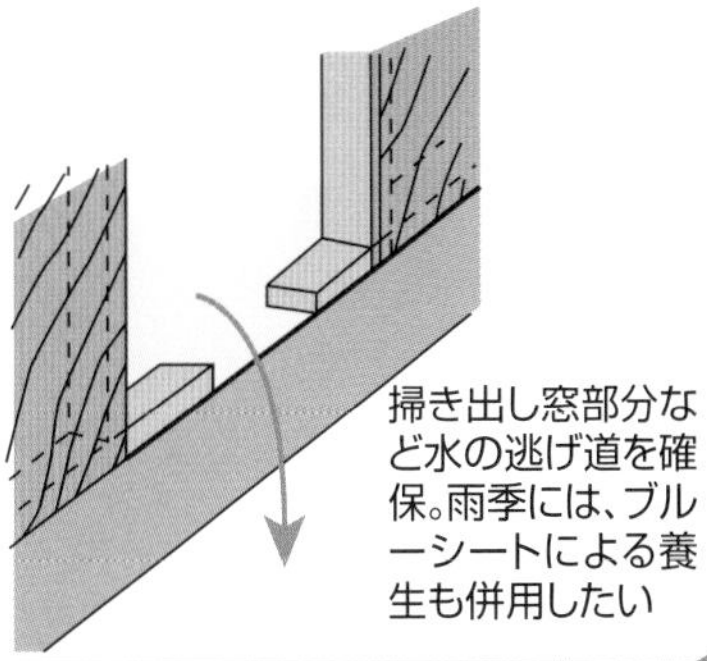
掃き出し窓部分な
ど水の逃げ道を確
保。雨季には、ブル
ーシートによる養
生も併用したい

2×4工法の断熱・気密工事

KeyWord 074

Point

◐ **在来工法と比べ、安価な断熱材の充填施工でも、高断熱・高気密が容易に実現しやすい２×４工法**

高断熱・高気密

断熱性能を上げることは、外気に接する部分を切れ間なく断熱材により覆うことができるかにかかっている。同時に、内部の快適域の空気に対して外気の流出入がない気密状態をつくることが断熱性能をより高くすることとなる。外断熱工法による場合は別として、２×４は構造的特性上、断熱・気密が確保しやすい形態となっている。

２×４の構造特性と断熱材の施工

２×４の躯体は規格化された部材により秩序をもって構成されている。断熱材を充填する躯体の部分は、たて枠、下枠、上枠などにより四周に止まりがある形態なので、断熱材を内側から施工する場合、隙間ができないよう枠材の間に押し込み気味に施工することが可能である。在来工法では、壁と天井、壁と床の接する部分で止まりがなく断熱材どうしが取り合う部分や、壁の中の筋かい、または柱のサイズが違う、などで断熱材充填の施工には注意を要する部分が多い。ウレタンなどの吹き込み工法など充填率の高い施工方法もあるが、２×４では安価なグラスウールなどによっても高い断熱性能の確保が容易であると言える。

高気密による高断熱性能

パネルの面を接することで下部より組上げる２×４は、柱梁を先に組み、徐々に壁や床を組みふさいでいく在来工法に比べ、高い気密性を保持している工法と言える。さらに、気密を上げるための防湿気密フィルムの施工においても、面が構成されて、張っていくうえで施工性が良い。防湿フィルムに包まれたグラスウールでは同時に気密が取れるものもある。また気密テープやコンセントボックスカバー等の補助部材でより高気密を実現できる。

2×4工法と在来工法のグラスウールによる断熱方法の一例

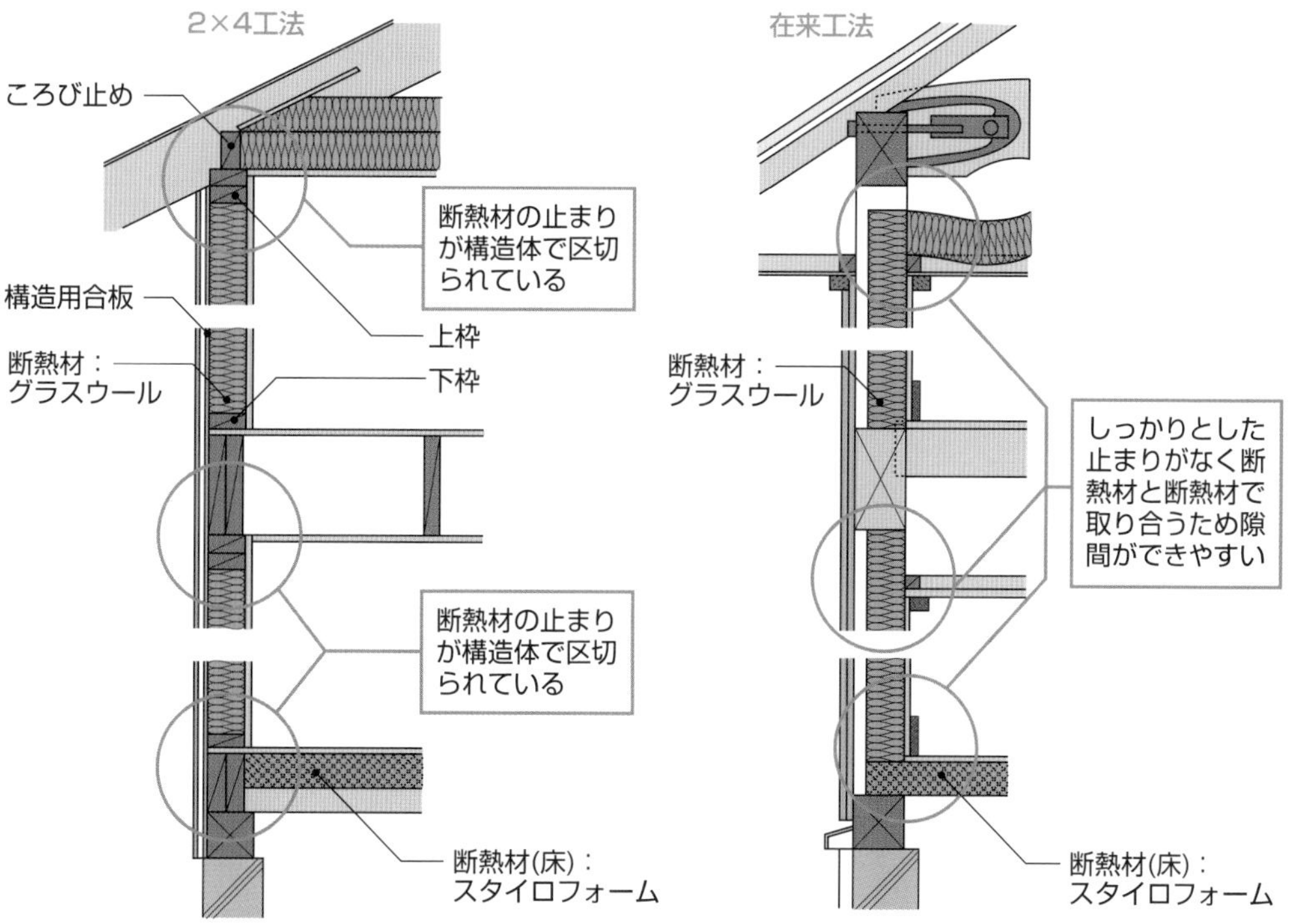
2×4工法
ころび止め
断熱材の止まりが構造体で区切られている
構造用合板
上枠
断熱材：グラスウール
下枠
断熱材の止まりが構造体で区切られている
断熱材(床)：スタイロフォーム
在来工法
断熱材：グラスウール
しっかりとした止まりがなく断熱材と断熱材で取り合うため隙間ができやすい
断熱材(床)：スタイロフォーム

2×4工法の断熱施工

下枠、たて枠、上枠、または窓枠にて長方形のマスが構成されている

マスの間に断熱材を埋め込む。サッシと躯体に生ずる隙間は発泡ウレタン等を充填。光に反射して見えるのは防湿気密シート

2×4工法の断熱・気密施工

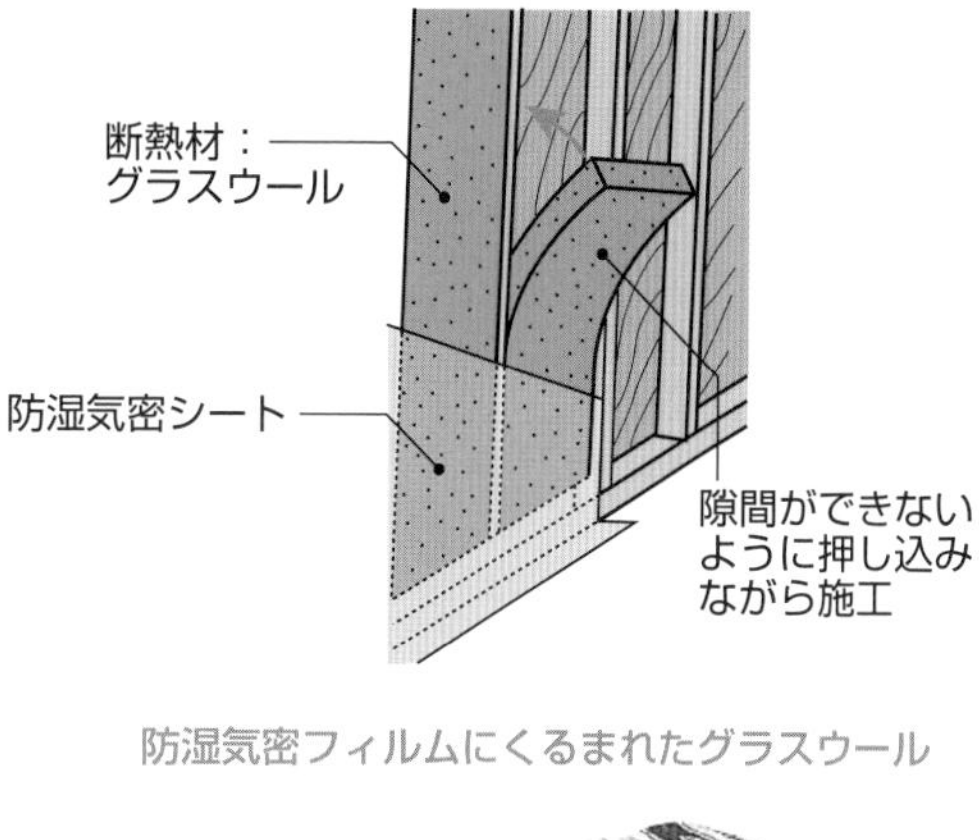
断熱材：グラスウール
防湿気密シート
隙間ができないように押し込みながら施工

防湿気密フィルムにくるまれたグラスウール

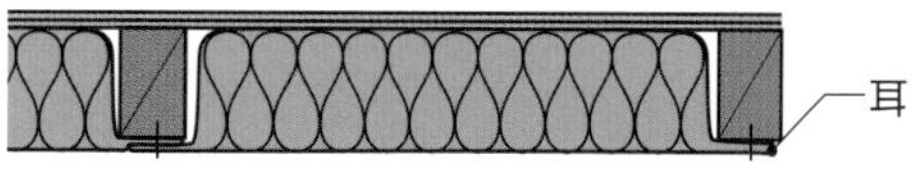
耳

ガラス繊維の飛散が少なく、耳を重ね留めることで気密性の確保も同時にできる。フィルムの外壁側は湿気抜きの孔があけられている

2×4工法の内装工事〈ドライウォール工法〉

KeyWord 075

Point

- 石膏ボードによる内装下地づくりのドライウォール工法
- ボードのジョイントを強く平滑に処理することが重要

ドライウォール工法の概略

ドライウォール工法とは、石膏ボードを天井、壁に釘またはビス留めで取付け、ボードとボードのジョイント部分をテープ、パテにより平滑に補強処理して行う天井および壁の下地づくりのことである。2×4工法とともにアメリカで開発された工法で、左官工事（湿式）のように水を使わず乾式で行うため、このような名前で呼ばれている。

石膏ボード張り施工

ボードの取付けは、一般的には天井、壁の順で行う。910×1820サイズのボードを張り合わせるのが一般的だが、ジョイントを減らすため910×2420なども使われている。ボードの横使い縦使いは現場や部位によって使い分けられているが、吹き抜けのような大壁は縦横重ね2重張りとし、ジョイントの影響を出にくくする方法もある。隙間や凹凸なく丁寧に施工されたボード張りは、ジョイント処理の施工を容易にし、後でも問題が生じにくい。

ジョイント（継ぎ目）処理

ジョイント処理の方法は、引張りに強いテープ等を継ぎ目に張り、その上にパテ処理を行いペーパーをかけ平滑にしていく作業である。アメリカで行われている正規のやり方は、図のようにテーパーボードを用い、テーピングを含め3工程で完成する。

最近の日本では、簡略化して、Vボードを用い紙テープまたは寒冷紗を継ぎ目に張り、その上をパテで1、2回しごき、ペーパー掛けで完了とするケースが多いようである。長年の間に継ぎ目でのひび割れを生じさせず、または防火性能向上からは丁寧な施工が望まれる。アメリカではドライウォーラーと呼ばれる専門の職人が、ボード張りと継ぎ目処理を一貫して施工している。

ドライウォール工法の施工方法

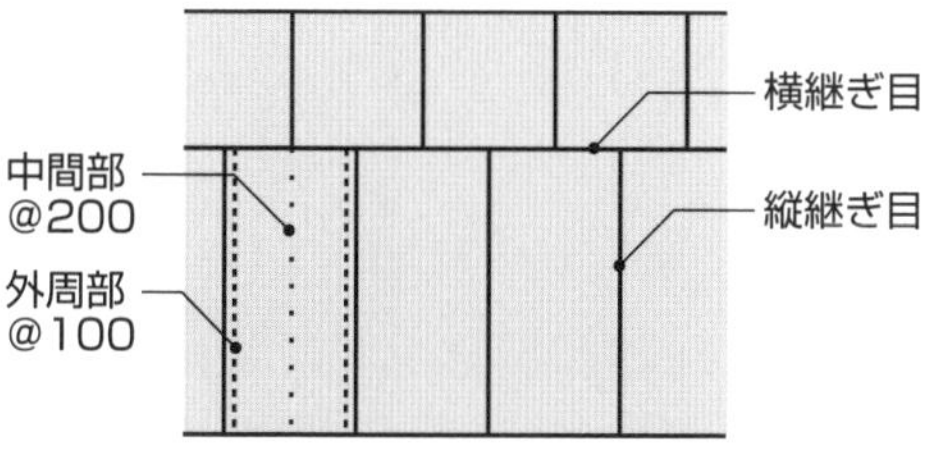
横継ぎ目
中間部
@200
縦継ぎ目
外周部
@100

一般的な3×6(910×1,820)
板による場合

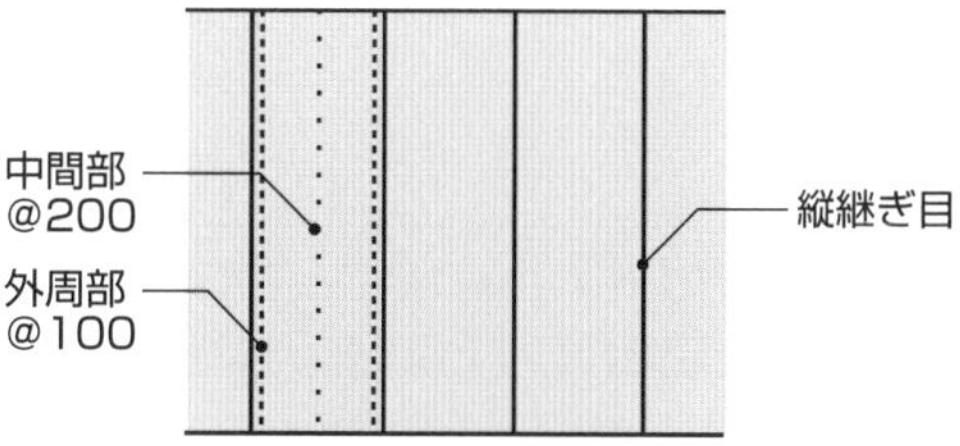
中間部
@200
縦継ぎ目
外周部
@100

長尺ボードによる場合
(横継ぎ目をなくす)

壁の石膏ボード割り付け例

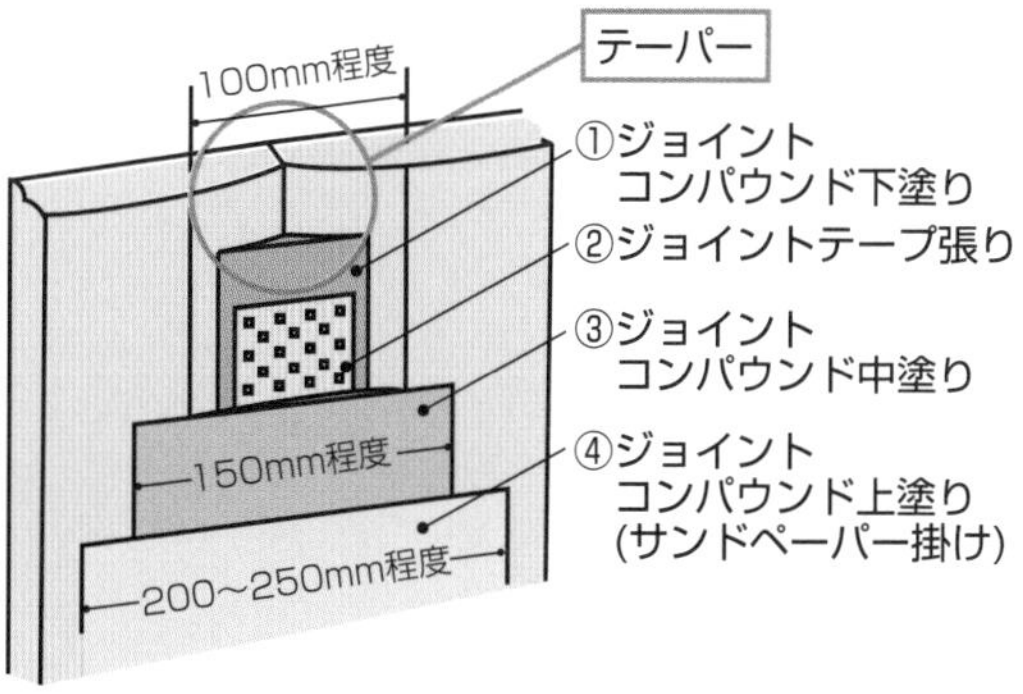
テーパー
100mm程度
①ジョイント
コンパウンド下塗り
②ジョイントテープ張り
③ジョイント
コンパウンド中塗り
150mm程度
④ジョイント
コンパウンド上塗り
(サンドペーパー掛け)
200~250mm程度

テーパーボードのジョイント処理例／北米仕様

ボード張りとジョイント処理は密接であり、アメリカでは同一職人が行う。テーパーボードは平滑とするのに技術を要する

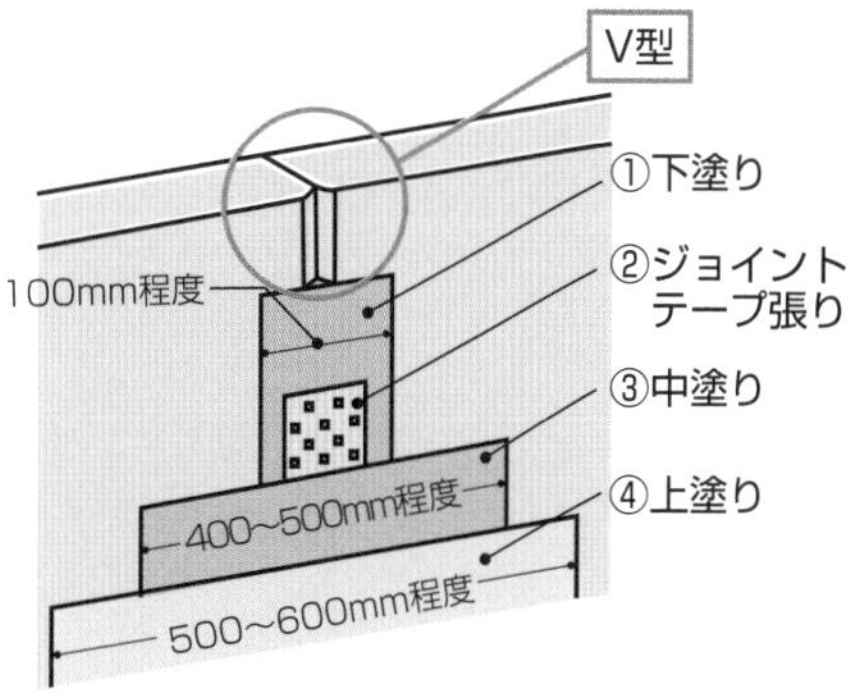
V型
①下塗り
100mm程度
②ジョイント
テープ張り
③中塗り
400~500mm程度
④上塗り
500~600mm程度

Vボード（ベベルエッジボード）のジョイント処理例／日本で多い

中塗りや上塗り幅は200～300程度で、上塗りを省略としているケースもある。大工がボード張り、塗装工がジョイント処理を行っている

ボード張り。天井を先に施工

ジョイント処理（竹馬のようなスティルツ使用)。白く塗られているのがパテ処理、細いラインは釘打ち部分をパテ処理している

アメリカのドライウォーラーによる施工写真

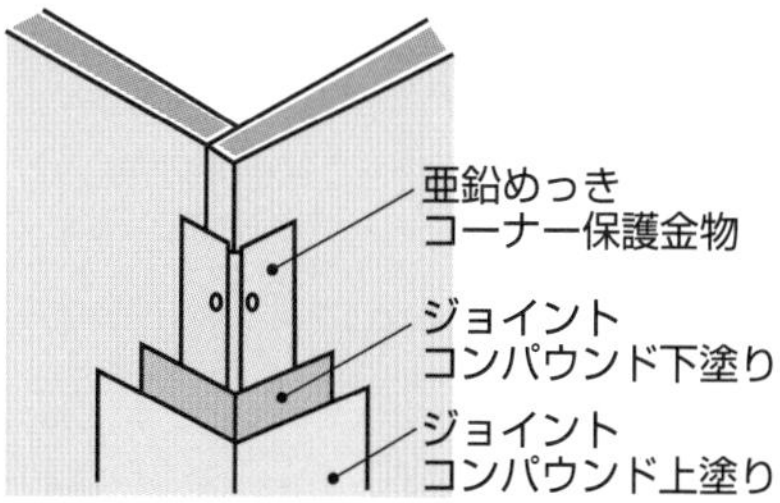
亜鉛めっき
コーナー保護金物
ジョイント
コンパウンド下塗り
ジョイント
コンパウンド上塗り

ボードの小口は弱いためコーナー金物を下地に入れる

出隅処理の例

2×4工法の防水工事

KeyWord 076

Point

- 構造躯体の防水工事は日本の多雨な気候条件では重要
- 屋根、外壁などの木部の躯体は防水紙により雨から守られている

雨仕舞いと防水工事

躯体を雨から守る防水工事は耐久性上重要である。木部の躯体は屋根と外壁、外部建具（開口部）により雨から守られている。屋根・外壁の仕上材は耐水性能（一次防水）を持っているが、細かな隙間もあるため、仕上材と木躯体の間を防水紙により覆うことで（二次防水）、躯体が水に濡れることをふせいでいる。開口部は〈KW063〉参照。

屋根の防水工事

勾配屋根の場合は、瓦や鋼板葺き、彩色セメント板などによる屋根仕上げ材の下にルーフィング材を敷く。（改質アスファルトによるものなどが耐久性が高い）このルーフィング材は釘やタッカーにより野地板に固定される。軒先の水切りを先付けし、ここから順に上に向かって張り上げる。これは屋根材の隙間から水が入ったとしても、シートの継ぎ目から木部へ浸入しにくくするためである。

フラットルーフやバルコニーの場合は下地で水勾配を取り、ガラス繊維のマットを敷き、溶かした樹脂を流して固めるFRP防水等による〈KW078〉。

外壁の防水工事

外壁の防水は構造用合板の壁の上に防水紙をタッカーで留める。屋根と同様防水紙の継ぎ目から躯体に水が入らないよう、また入っても水が抜けるよう、上の防水紙が10～15cm程度重なるように重ね代を取って張る。木部と基礎との取合い部分には内部に水が回らないよう水切りを入れる。外壁の防水紙には躯体の壁体内に湿気をためないよう湿気は通すが水滴は通さない透湿防水シートが用いられる。また通気工法が増えているが、防水紙と外壁材の間が空いているため防水性能も向上している工法と言える。

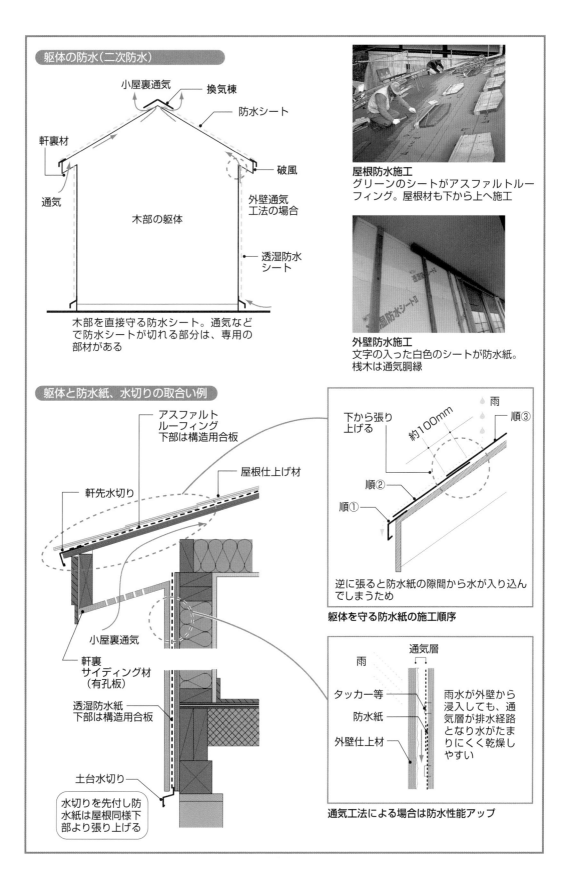

躯体の防水（二次防水）

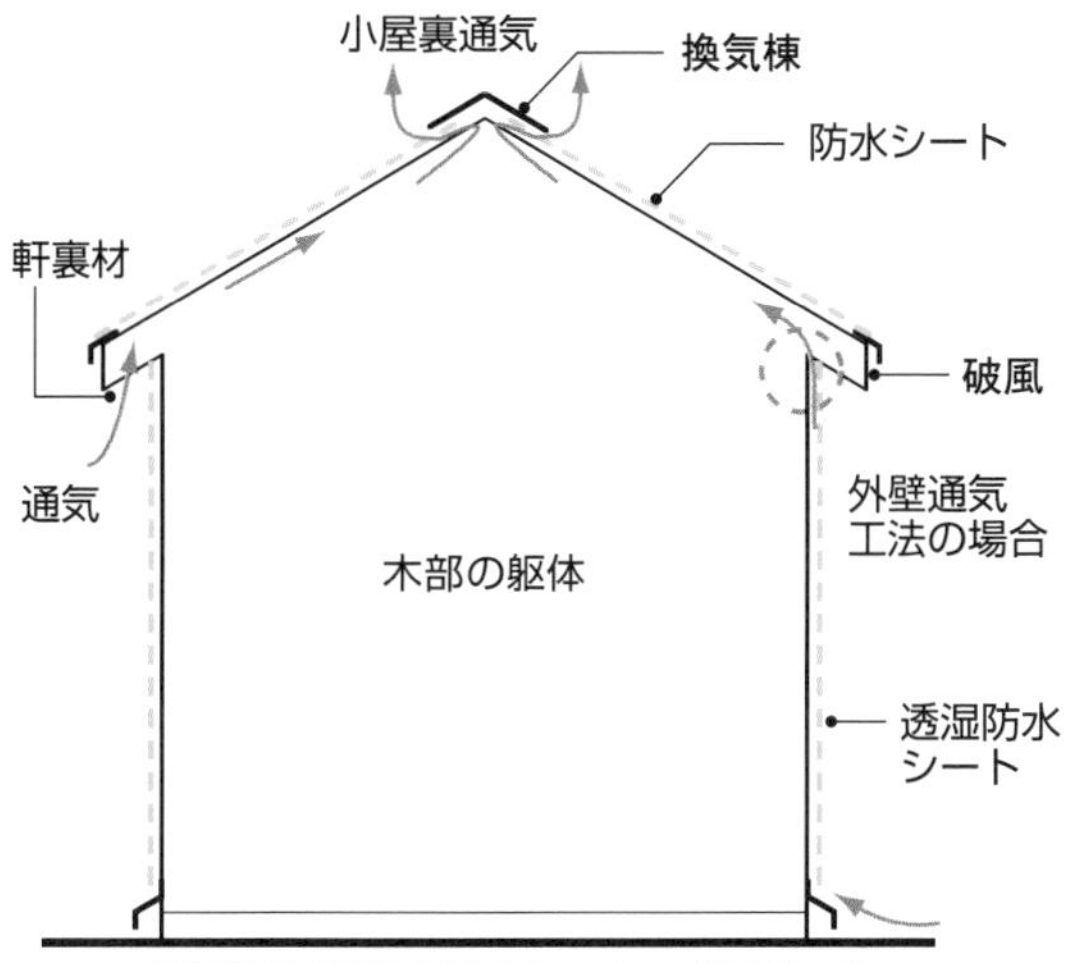
小屋裏通気
換気棟
防水シート
軒裏材
破風
通気
外壁通気
工法の場合
木部の躯体
透湿防水
シート

木部を直接守る防水シート。通気などで防水シートが切れる部分は、専用の部材がある

屋根防水施工
グリーンのシートがアスファルトルーフィング。屋根材も下から上へ施工

透湿防水シートII

外壁防水施工
文字の入った白色のシートが防水紙。桟木は通気胴縁

躯体と防水紙、水切りの取合い例

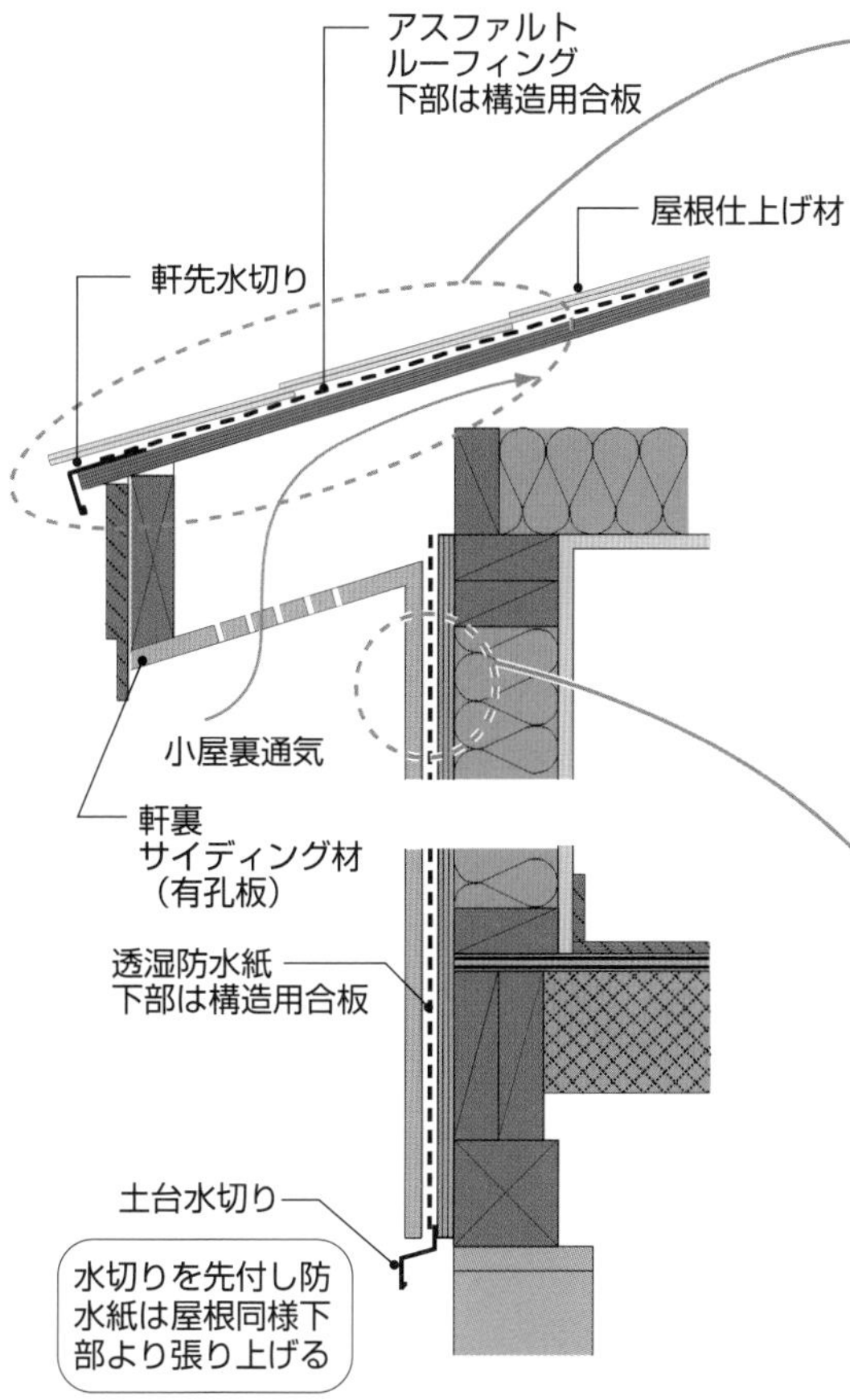
アスファルト
ルーフィング
下部は構造用合板
屋根仕上げ材
軒先水切り
小屋裏通気
軒裏
サイディング材
（有孔板）
透湿防水紙
下部は構造用合板
土台水切り
水切りを先付し防
水紙は屋根同様下
部より張り上げる

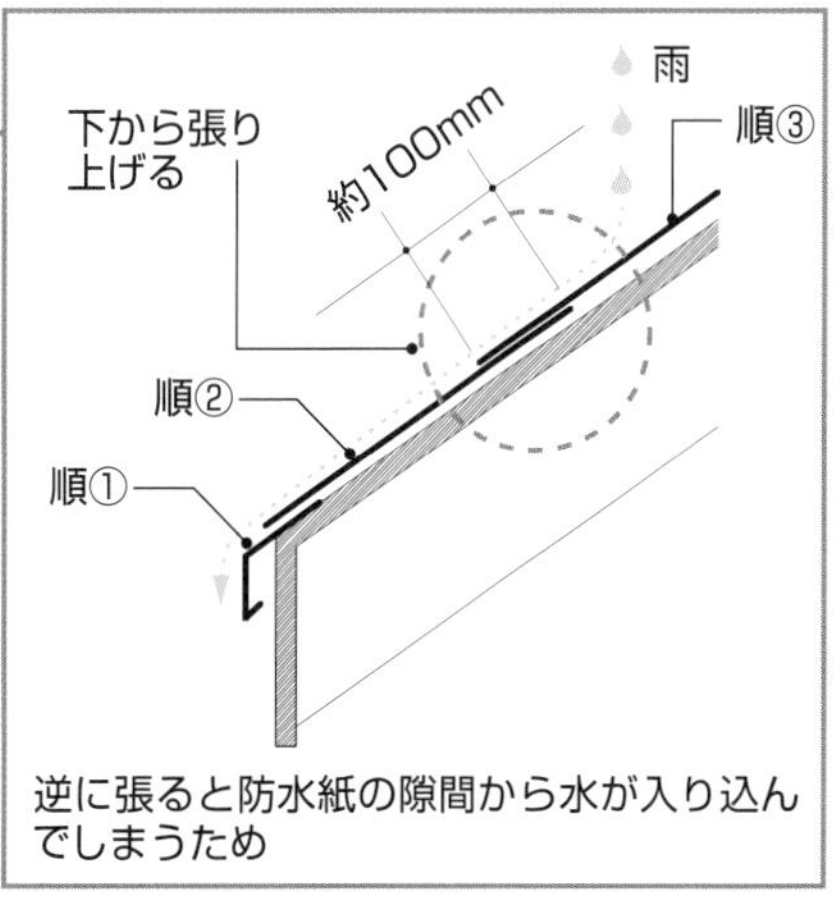
雨
下から張り
上げる
約100mm
順③
順②
順①
逆に張ると防水紙の隙間から水が入り込んでしまうため

躯体を守る防水紙の施工順序

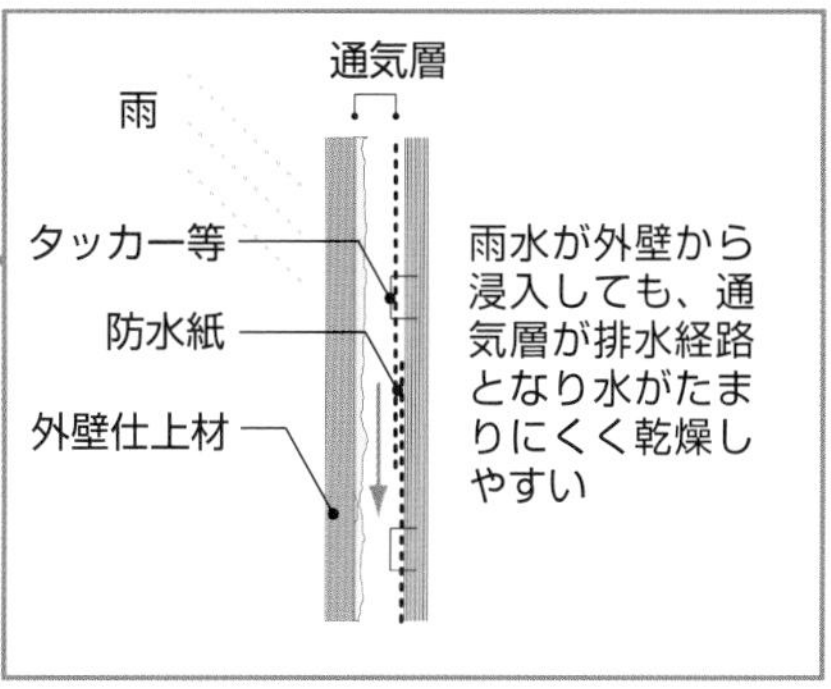
通気層
雨
タッカー等
防水紙
外壁仕上材
雨水が外壁から
浸入しても、通
気層が排水経路
となり水がたま
りにくく乾燥し
やすい

通気工法による場合は防水性能アップ

2×4工法の施工道具について

KeyWord 077

Point

◐ 職人の腕のみに頼らず一定のレベルを確保しやすい2×4工法ならではの施工道具が必須

2×4と施工道具

2×4は施工の道具をうまく利用することで、職人の腕のみに頼らず一定のレベルを確保しやすい合理的な工法として開発されている。通常、おもに使用される施工道具を紹介する。

構造躯体に使われるおもな施工道具

構造体をつくるうえで必要な作業は、躯体となる木材料の寸法を取り、切り、釘で正確に組立てることである。計る道具としては、5m程度の長さの鋼尺を用い、矩尺等で垂直を計る。切る作業は鋸となるが、通常、電動丸鋸が使われる。工場でのプレカットによる場合が多いが、現場でも使われる。

釘打ちは2×4の特徴ゆえに本数が多いため、エアネイラーとも呼ばれる空気圧を利用した電動釘打機が用いられる。釘が50本程度束になってロール状に入っており、連続して瞬時に留めていくことができる。使用前に空気圧の調整により、材へのめり込みを確認する。また、パネル組立時には垂直や倒れを確認する道具として下げ振りや水平器と併せ、レーザーの使用が多くなってきている。

仕上工事の施工道具

石膏ボードの切断はカッターやチップソー（ボード用丸鋸）などで行い、切断面の凹凸は専用のヤスリで調整する。留めるのはエアネイラーか、ビスの場合は連結ビス打機またはインパクトドライバー等で行う。

アメリカのドライウォール工事では、高所の施工性を向上させるスティルツ（竹馬の意で足にはいて身長を高くする道具）や、ジョイント処理のテープ張りに、パテが同時に出て連続施工が可能なオートマチックテーパー（バズーカ）等、特徴的な道具が使用される。

2×4工法の施工道具

長さを計る

鋼尺（コンベックス）

矩尺（かねじゃく）

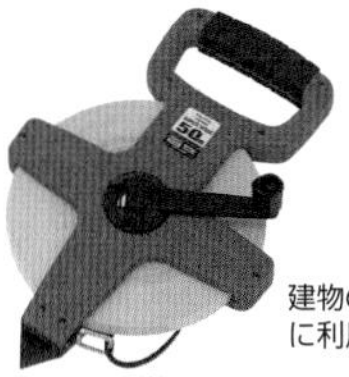
建物の配置等に利用
巻尺

水平垂直を計る

糸の先に金属製逆円錐形のおもり（0.2〜1kg程度）を垂らして鉛直方向を調べる。ある点を同一鉛直線上に移す時や、壁や柱などの鉛直の良否を調べる
下げ振り（さげふり）

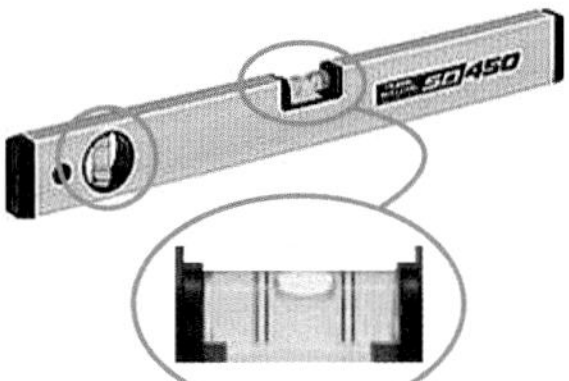
気泡のズレによって水平垂直を調べる
水平器（水準器）

レーザー光線で水平垂直を出す。明るい場所は見えにくい
レーザー（自動水平調整付）

切る

電動丸鋸

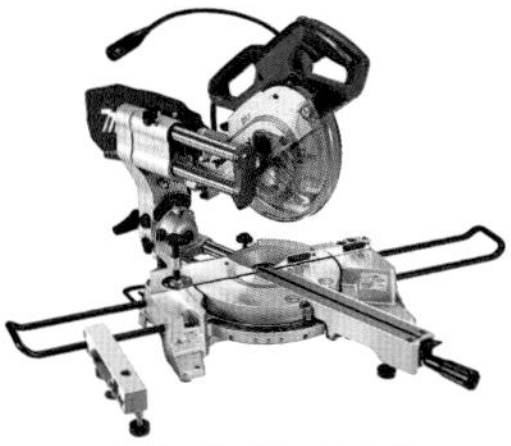
卓上（据付型）丸鋸

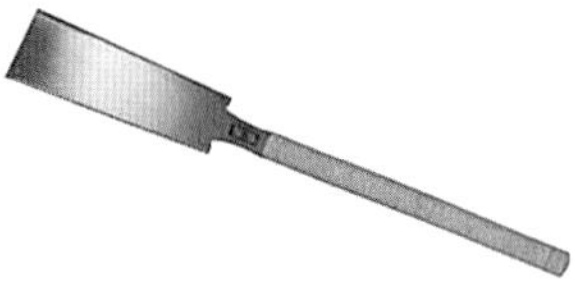
鋸（のこぎり）

釘を打つ

エアー釘打機とロール釘

エアーコンプレッサとホース
（釘打機に空気を送るためのもの）

ハンマー（釘抜き付）

石膏ボード（ドライウォール）用

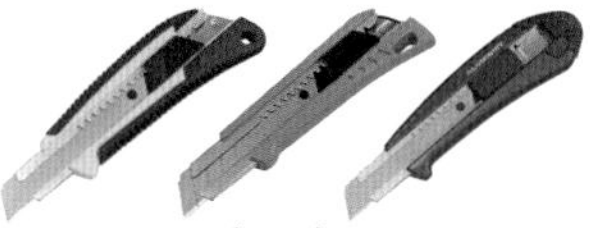
カッター

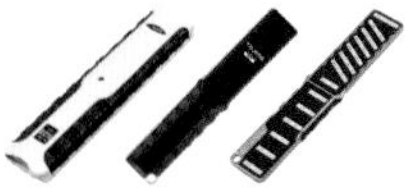
ヤスリ

ヘラ

インパクトドライバー

アメリカ仕様

スティルツ

オートマチックテーパー（施工現場）

2×4工法のバルコニー

KeyWord 078

Point

- サッシ下枠までの防水層の立上がりは120mm以上とる
- バルコニー床の水勾配は1/50が原則。サッシのまたぎ高さに留意する
- 排水溝を設け、オーバーフローは必ず付ける

2×4工法はバルコニーをつくりやすい反面、納まりはもちろん施工においても注意が必要である。特にバルコニーは雨水の侵入に関わる部分なので、住宅瑕疵担保責任の義務付けにより、各保険会社は統一された設計施工基準を用いてその詳細を定めている。

バルコニーの防水

木造住宅のバルコニーの防水材はおもにFRP防水が使用されている。ガラスマット補強材は2層以上が基本であるが、十分な強度、雨水の侵入防止に適切であると認められる場合は1層以上とすることができる。

壁面との取り合い部の防水層は、開口部下端で120㎜以上、その他の部分については250㎜以上立ち上げる。端部はシーリング材または防水テープなどの止水措置を施す。

床根太を延長する跳ね出しバルコニーの場合、排水勾配の関係で奥行きによっては部屋内からのまたぎ部分が高くなるので、設計時には注意したい。またぎ高さを抑えたい、なくしたいということであれば、床根太をサイズダウンすることも可能であるが、その際は構造チェックが必要である。

他にも手摺壁と壁との取り合い部、バルコニー笠木廻りの防水処理には十分注意する。前掲の設計施工基準では手摺壁上部に鞍掛シートを用いる納まり仕様が推奨されている。

バルコニーの排水

バルコニー床の水勾配は原則1／50とする。ただし、メーカーの施工基準が雨水侵入の防止上適切と認められる場合はそれによることができる。

排水溝の水勾配は1／100〜1／200程度とし、排水ドレインは面積に応じた数を確保する。オーバーフローは防水立ち上がり上端およびサッシ下枠より低い位置に必要数取り付ける。

バルコニー各部位の納まり例

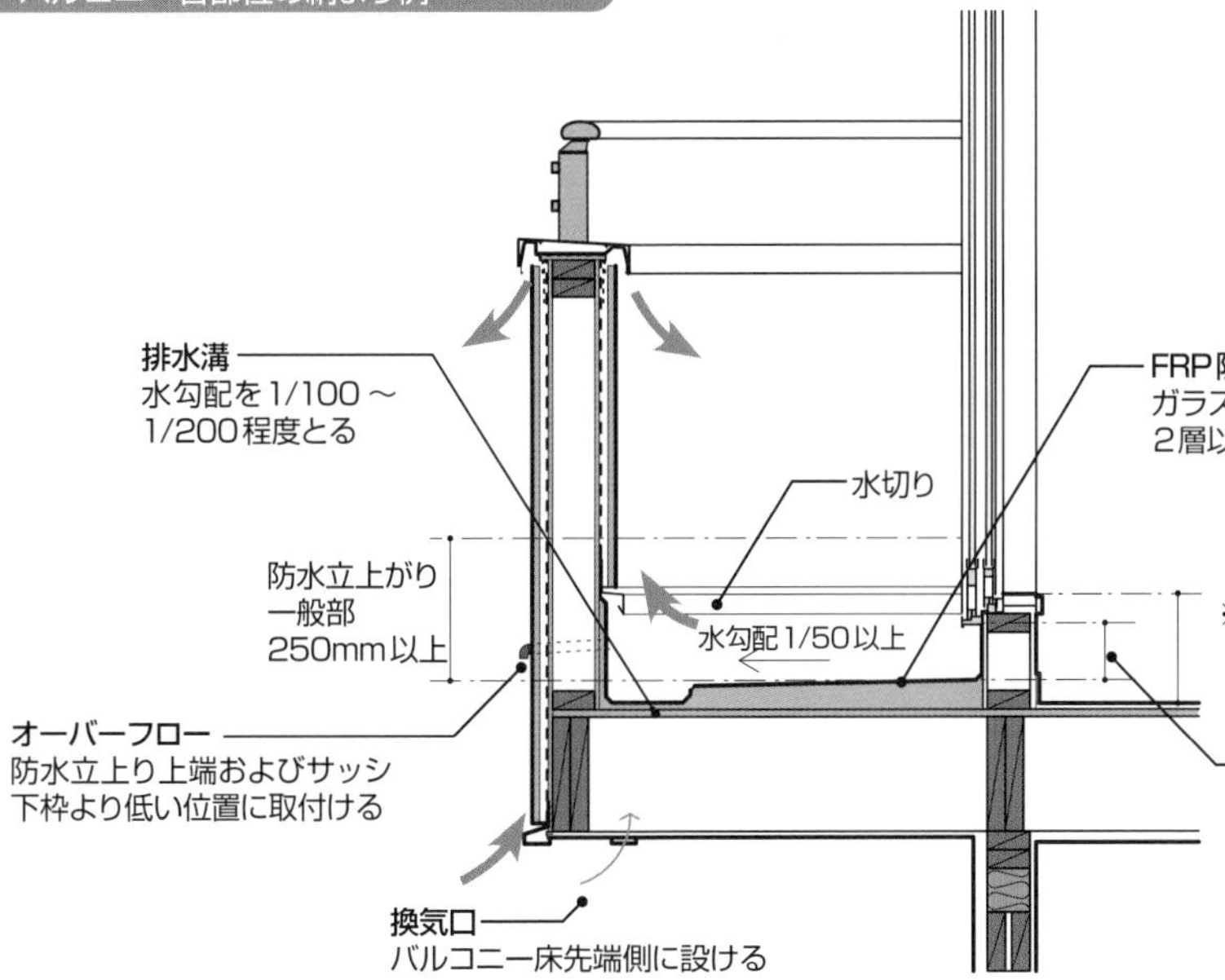
FRP防水
ガラス補強材を2層以上とする
※またぎ寸法が高くなりすぎないように納まりを検討
防水立上がり
サッシ部
120mm以上

鞍掛シートを用いた手すり壁上端部の納まり例

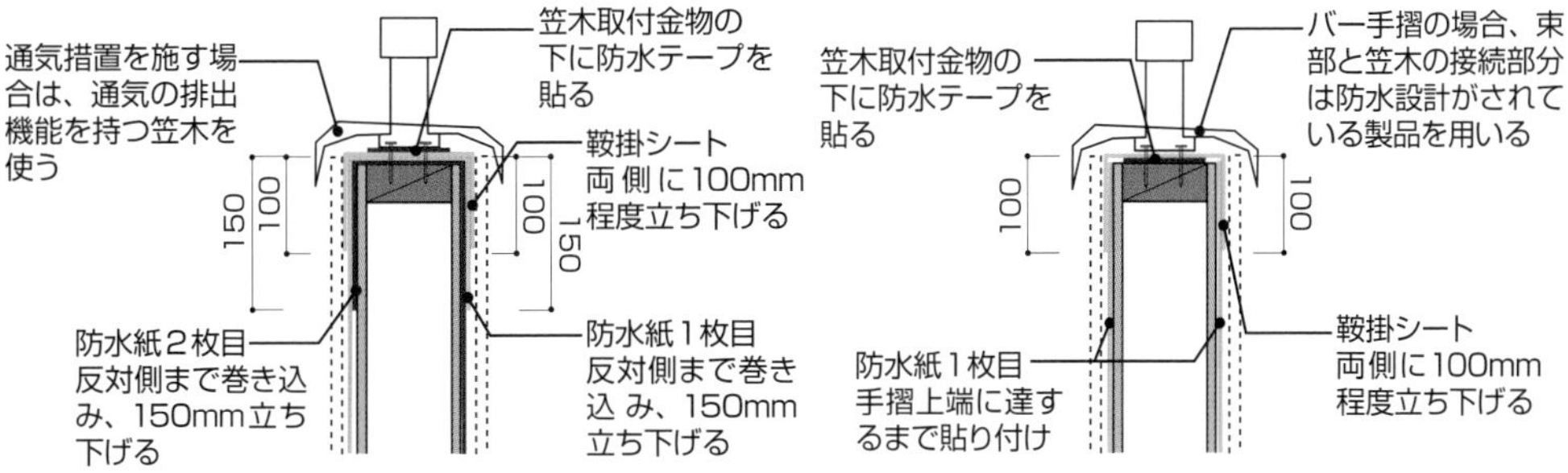

手摺と外壁取り合い部の防水紙の納まり例

防水テープを使用する場合、縮み戻りの少ない、伸縮性のあるものを用いる

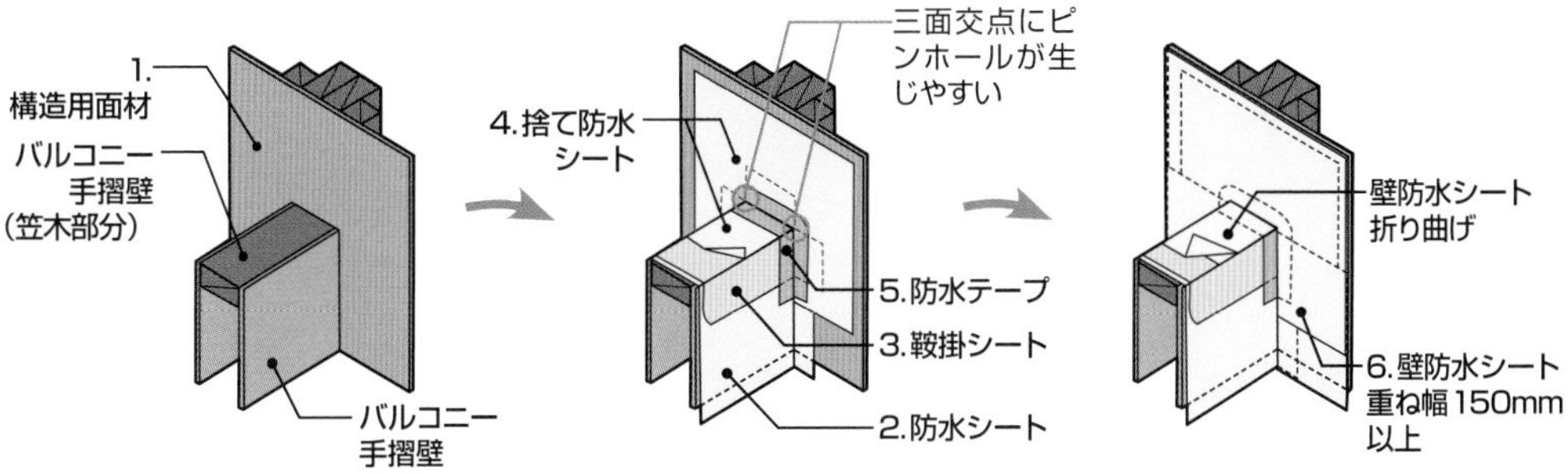

2×4工法の木製仕上材の使い方

KeyWord 079

Point

- デザインに合わせた部材選びをする
- 木目を活かしたい場合は材料の選択に留意
- パネリングは張る面積や張り方次第で部屋の雰囲気が変わる

アメリカでは内外に多くの規格化された木製部品が使われている。日本では防火性・耐候性の点から外部に使えるものは限られる。一方、内部で活用できる輸入の木製部品は多い。ここでは内部によく使われるものを紹介する。

モールディング

隣り合った部材、部品間の隙間をカバーする部材で、ベイツガ、パインといった日本でもおなじみの樹種を使用したものが多い。おもに塗装仕上げを前提とした材料であることから、クリア仕上げで木目を出したい場合は材料の選択に留意する。他にも、オークのような堅木やMDF、プラスチック製もあるので、デザインやコストに応じて選択する。

アメリカではモールディングは隙間をふさぐ部材としてよりも装飾材の意味合いが強く、さまざまな様式の形状、種類があり、それらを組合せることで魅力あるインテリア空間をつくり出している。幅木、廻り縁、額縁（ケーシング）だけでなく、ピクチャーレールやプレートレール、チェアレールなどさまざまな使い方が知られている。

シンプルなインテリア空間を好む日本では廻り縁は省略される場合もあり、必須アイテムということでもないが、アメリカでの使われ方は参考になる。

パネリング

本実加工されたパネリングは、以前からよく腰壁や壁面、または天井面に張られ、インテリア空間のアクセントとして使用されている。ウエスタンレッドシダーは木目が美しく、シンプルな空間によく合う材料である。色むらが目立つ場合、偏らないよう注意して施工する。他にもベイツガ、パインなどの樹種も豊富にあり、横張り、縦張り、斜め張りといった張り方を変えるだけでも部屋の雰囲気が変わる。

木製仕上品のバリエーションと形状と使い方例

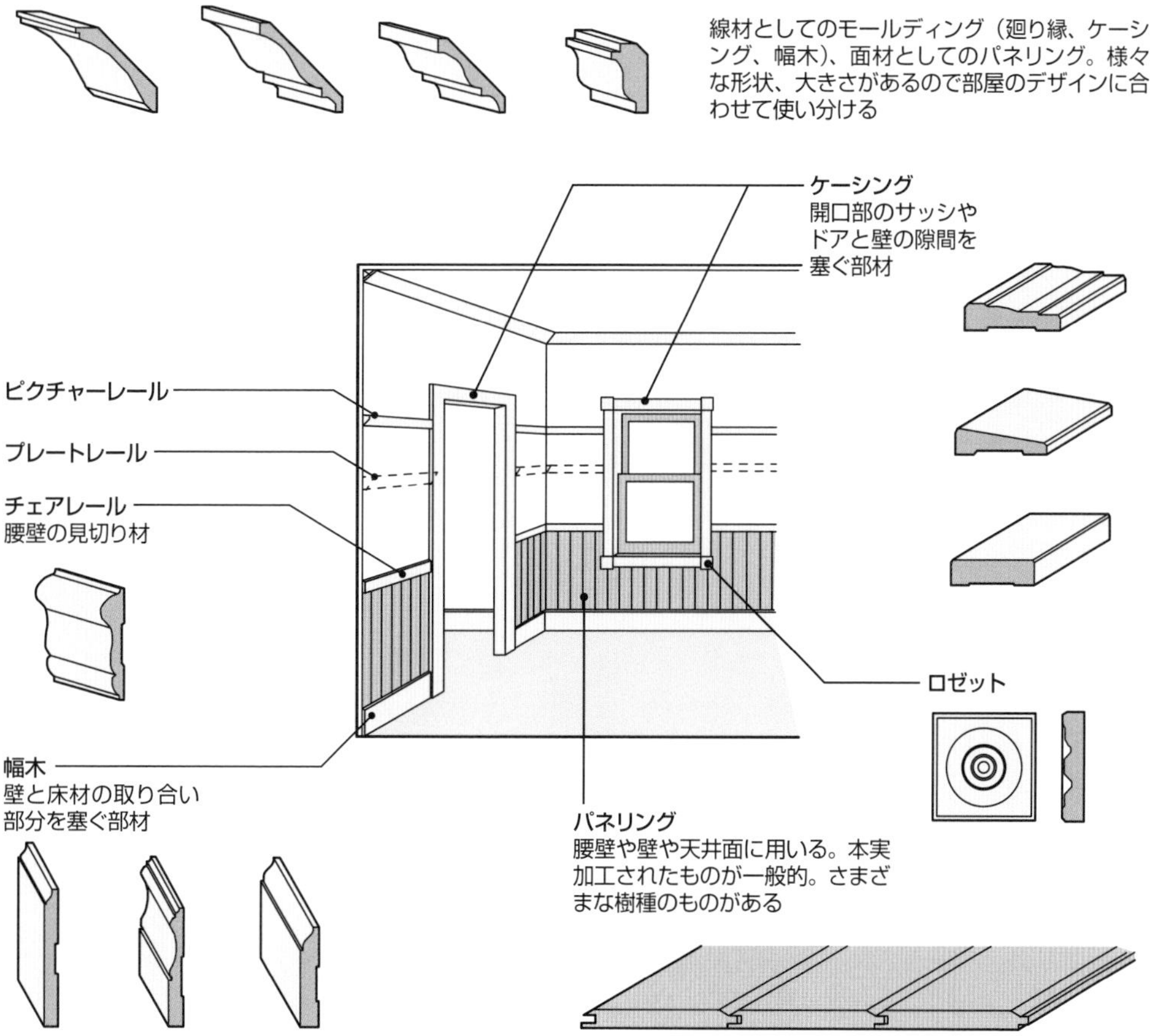
線材としてのモールディング（廻り縁、ケーシング、幅木)、面材としてのパネリング。様々な形状、大きさがあるので部屋のデザインに合わせて使い分ける
ケーシング
開口部のサッシやドアと壁の隙間を塞ぐ部材
ピクチャーレール
プレートレール
チェアレール
腰壁の見切り材
ロゼット
幅木
壁と床材の取り合い部分を塞ぐ部材
パネリング
腰壁や壁や天井面に用いる。本実加工されたものが一般的。さまざまな樹種のものがある

パネリング材を壁や天井に用いた例

パネリングを腰壁だけでなく壁一面や天井一面に用いる。張り方などに変化をつけると雰囲気が変わるのでデザインに合わせた使い方をするとよい。また目地や表面の仕上（ラフソーン）によって使い分けてもよい

2×4工法の特徴的な納まり

KeyWord 080

Point

- 窓やドアの開口部は一般的にケーシング納まりとする
- 幅木、廻り縁の出隅、入隅部分の納め方に留意
- 取り合い部は部材の勝ち負けに注意して納める

2×4工法は躯体と仕上げを分けて考える。そのため、材料どうしの隙間や開口部および壁と床、天井の取り合い部にその特徴的な納まりが現れる。

ケーシング納まり

まず1つに開口部のケーシング納まりがある。日本では工法を問わず採用され、デザインやコストに合わせて枠納まりと使い分けている。枠で納めるよりも仕上がりの差が出にくいことも納まり上の特徴といえる。

おもに塗装で仕上げる輸入材のケーシングは木製部品で、装飾的かつ種類も豊富である。しかし標準サイズが大きく、実際に枠で納めるよりもトータル寸法が必要になり、尺モジュールの場合、入隅部では有効開口が小さめになる。そのため設計段階で納まりをしっかり決めておくことが大切である。一方、日本メーカーのものはシート張りの商品が多く、固定枠、ケーシング枠ともに縦勝ちが多い。

基本的に材積が増えるケーシング納まりの方がコストアップとなるが、施工手間を合わせれば大きな差は出ない。

開口部廻りの納まり次第で部屋の印象が変わるので、デザインに合わせて使い分けたい。

幅木、廻り縁の納まり

在来工法の場合、幅木を先に取り付ける場合もあるが、2×4工法は石膏ボードを張った上に、壁と床の隙間を塞ぐように幅木を取付ける。同様に、廻り縁も天井と壁の隙間を塞ぐように取付ける。

こうした部材は日本では木材の乾燥収縮による入隅部分に生じるクラックをカバーし、異種材料の緩衝材としても機能しているが、海外ではそれ以上に装飾的要素が強く、部材を組合せたさまざまなデザインの例が見られる。したがって、納め方も多種多様である。

窓・ドア廻りのケーシングの納まり

下図は、日本での一般的なケーシングの納まり。北米では、他にもバリエーションがいくつかある。基本的には窓もドアも同じ納まりとなる

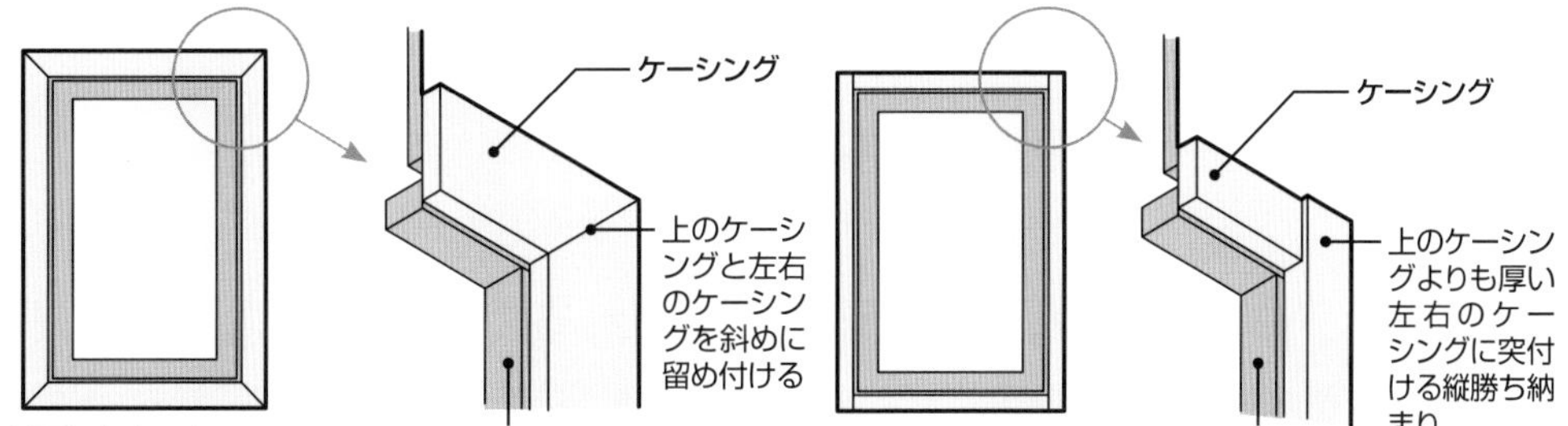
ケーシング
上のケーシングと左右のケーシングを斜めに留め付ける
ケーシング
上のケーシングよりも厚い左右のケーシングに突付ける縦勝ち納まり

上下と左右のケーシングを留め加工で納める

輸入サッシの場合、壁厚に応じて延長枠を付ける

輸入サッシの場合、壁厚に応じて延長枠を付ける

ケーシングと幅木の取り合い

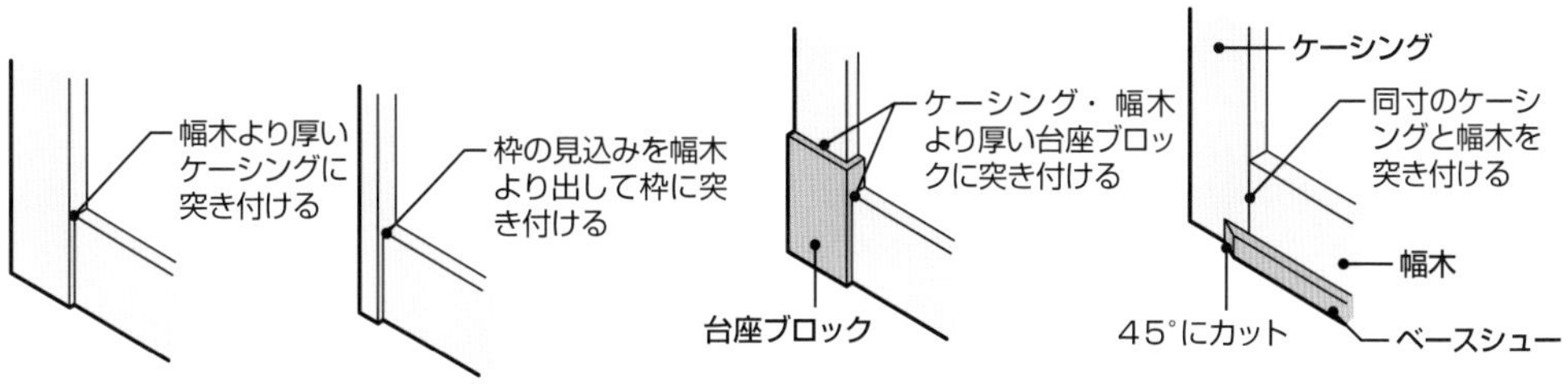
幅木より厚いケーシングに突き付ける
枠の見込みを幅木より出して枠に突き付ける
ケーシング・幅木より厚い台座ブロックに突き付ける
台座ブロック
ケーシング
同寸のケーシングと幅木を突き付ける
幅木
45°にカット
ベースシュー

枠勝ちによる一般的な取り合い

その他の取り合いバリエーション

幅木と床材との納まり

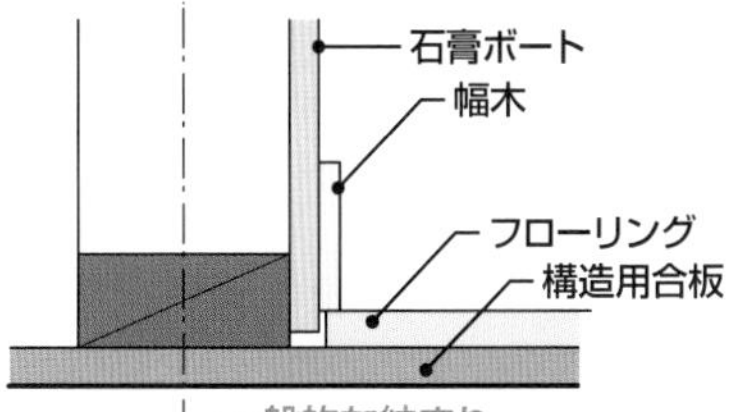
石膏ボート
幅木
フローリング
構造用合板

一般的な納まり

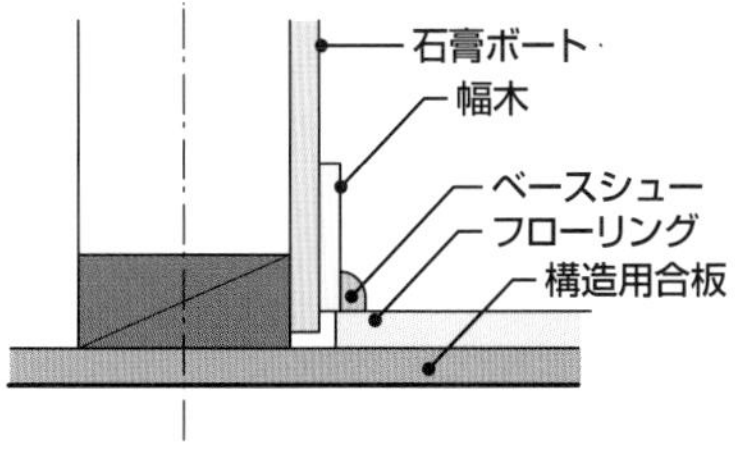
石膏ボート
幅木
ベースシュー
フローリング
構造用合板

ベースシューを設ける納まり

入隅、出隅部の幅木の納まり

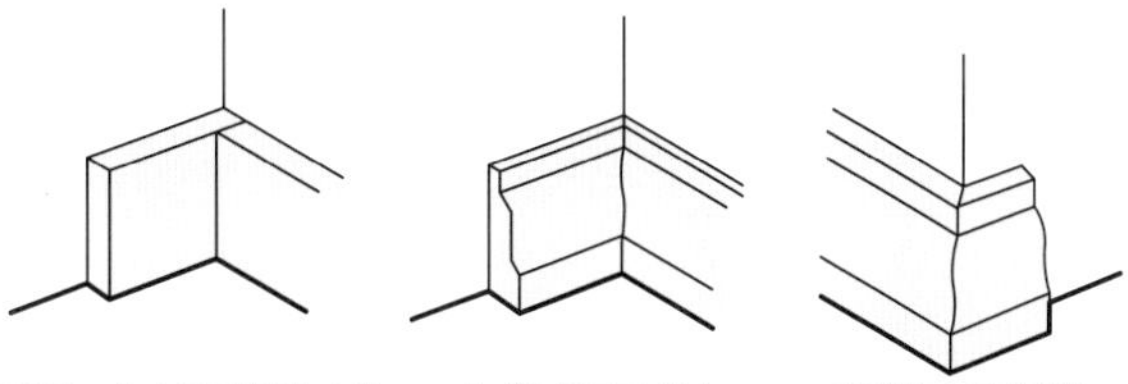

フラット材を使用する場合の突付け

入隅の突付け（留め加工）

出隅の突付け（留め加工）

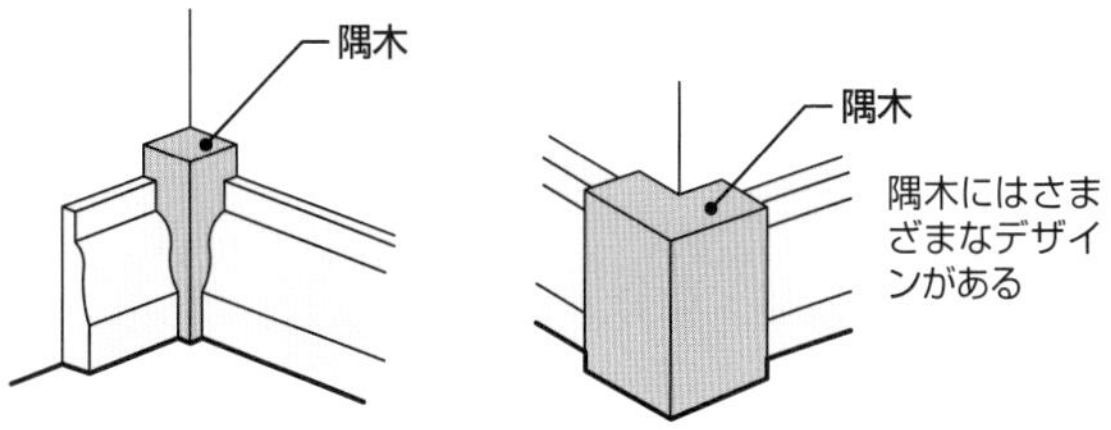
隅木
隅木
隅木にはさまざまなデザインがある

入隅に隅木を利用した例

出隅に隅木を利用した例

2×4工法の床の遮音対策

KeyWord 081

Point

- 防音フローリングはクッション性があるので使い方に留意する
- 用途に応じた性能とコストバランスを考慮に入れた遮音対策をする
- 吸音材を入れることと、吊り天井とすること

音の伝わり方には、空気を介して伝わってくる空気音と、壁、天井など物質を介して振動してくる固体音がある。ここでは固体音の一種である衝撃音への対策を紹介する。

フローリングの種類による対策

フローリングの場合、まず考えられる対策は、裏面に特殊なクッション材がついた防音フローリングの採用である。ただし歩行時に柔らかく沈む感じがするため、使用方法に留意する。

防音効果が期待できない無垢材や複合フローリングの場合は、下地に遮音マットを敷き詰める。下地の合板と目地を違えながら隙間なく敷く。無垢材の場合は、捨て張り合板が必要となる。

また下地に遮音マットだけでなくALC板敷きや石膏ボードの重ね張りで遮音性を高くすることも可能である。

さらに下階の天井の石膏ボードを床根太に直張りせず吊り天井とし、グラスウールやロックウールなどの吸音材を天井に敷き詰めることでも遮音効果が上がる。ただし遮音性が高まる一方で、コストも施工手間も増えるので用途に合わせた遮音性能を確保する工夫が求められる。

その他の対策

他に考えられるのは、音を発生させる原因を少しでも取り除くことである。たとえば、階上で引戸を使用する場合、開閉時の固体音を伝わりにくくするには、レール式ではなくハンガー式を採用することで音は軽減できる。

また下階にダウンライトを設けないことや、床材にカーペットや畳といった吸音性の高い素材を使用することだけでも音は伝わりにくくなる。

上階に水廻りがくる場合、下階に居室が来ないように配置し、配管には防音材を巻くなど、発生音を極力軽減する工夫をすることも大切である。

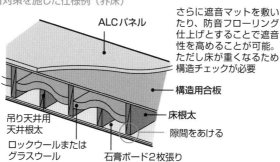

2×4工法の一般床と遮音対策した床の構成例

直張り天井とした場合

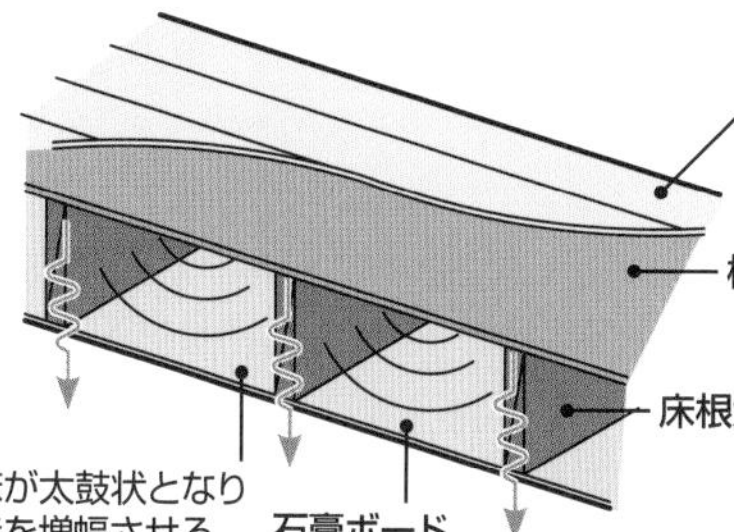
床仕上材
構造用合板
床根太
床が太鼓状となり
音を増幅させる
石膏ボード
床根太から音が
直接伝わってしまう

遮音対策を施した仕様例（界床以外）

遮音マットを用いた例（仕上材に複合フローリングを使用）

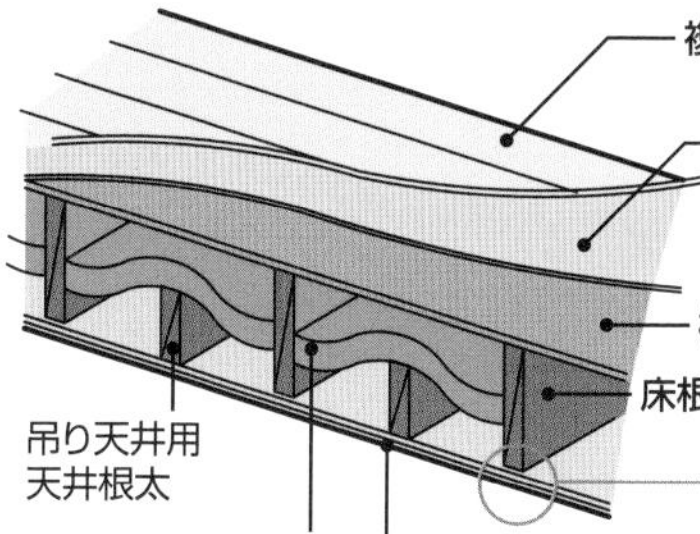
複合フローリング
高比重遮音マット
構造用合板
床根太
吊り天井用
天井根太
隙間をあける
ロックウールまたは
グラスウール
石膏ボード2枚張り

遮音マットを用いた例（仕上材に無垢材を使用）

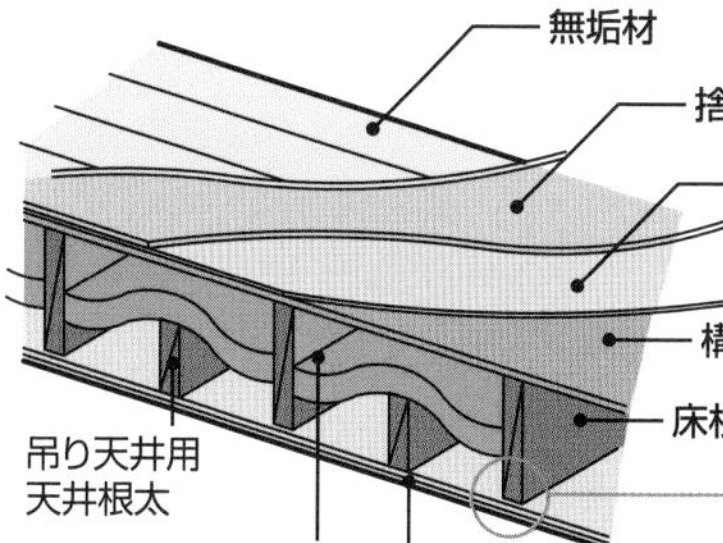
無垢材
捨張り合板
高比重遮音マット
構造用合板
床根太
吊り天井用
天井根太
隙間をあける
ロックウールまたは
グラスウール
石膏ボード2枚張り

遮音対策を施した仕様例（界床）

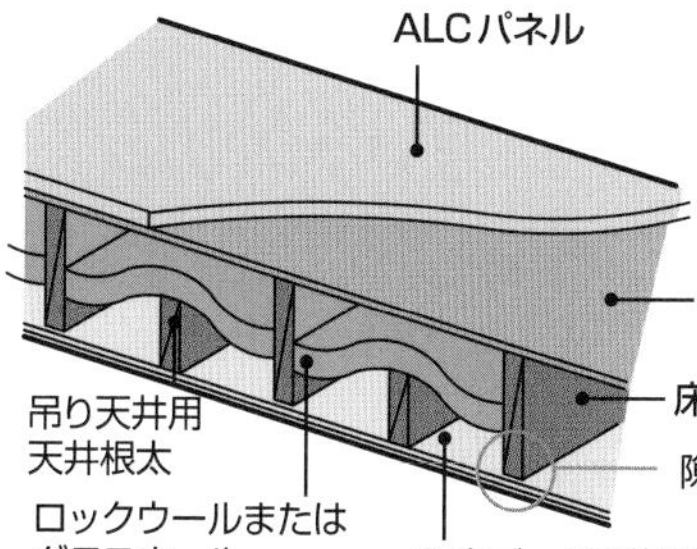
ALCパネル
構造用合板
床根太
吊り天井用
天井根太
隙間をあける
ロックウールまたは
グラスウール
石膏ボード2枚張り

さらに遮音マットを敷いたり、防音フローリング仕上げとすることで遮音性を高めることが可能。ただし床が重くなるため構造チェックが必要

遮音効果のある部材

仕上材で遮音

- **防音フローリング**

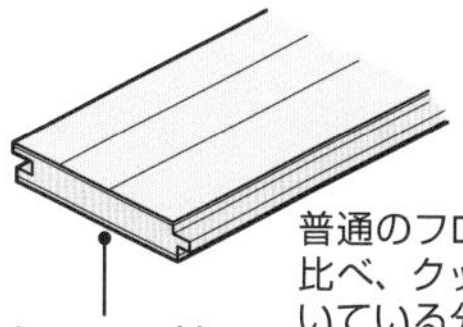
クッション材

普通のフローリングに比べ、クッションが付いている分、歩くとフワフワした感覚がある

下地材で遮音

- **遮音マット**

フローリング下地に敷く。高比重のものを使用するとより効果がある

吊り天井で遮音

- **2×4工法用の防震吊木**

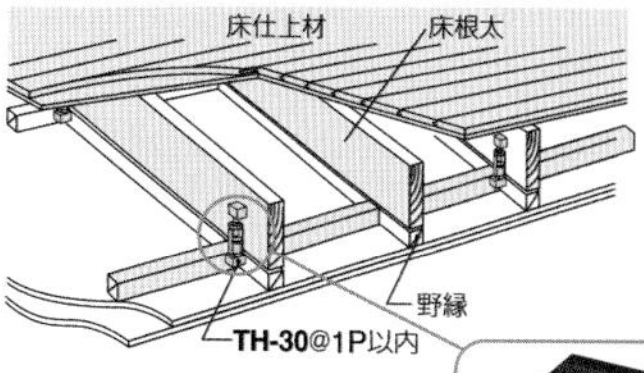
床仕上材
床根太
野縁
TH-30@1P以内

床根太を伝わってくる振動音の制御効果がある。アジャスタが付いているので、施工後のレベル調整が容易

- **鋼製の吊り天井根太**

軽量でスパンも飛ばせる。ただし、石膏ボードの重量をあらかじめ計算したうえで採用する

2×4工法の防腐・防蟻対策

KeyWord 082

Point

- 基礎天端から1m以内の構造上主要な部分に対策が必要
- 現場で加工、切断、穿孔した土台の木口には認定された防腐・防蟻剤を塗布または吹き付ける
- 土壌処理は、建設地の環境と特徴を理解して処理方法を選択

2×4の防腐措置等の規定は平成13年国交省告示第1540号第8に定められている。

土台の防腐・防蟻

土台には、枠組壁工法構造用製材等規格に規定する防腐処理その他これに類する防腐処理を施した旨の表示がしてあるものとするが、寸法形式404、406又は408に適合するものを用いる場合は、防腐剤塗布、浸せきその他これに類する防腐措置を施したものを用いることができる（同告示第8の2）

また現場で加工、切断、穿孔した箇所には、認定された防腐・防蟻剤を木口に塗布または吹付けて処理を行う。

防腐・防蟻措置の必要な部分

地面から1m以内の構造耐力上主要な部分（床根太及び床材を除く）に使用する木材には、有効な防腐措置を講ずるとともに、必要に応じて、しろありその他の虫による害を防ぐための措置を講じなければならない（同告示第8の3）と規定されている。ただし通気層を設けた外壁下地及び床下防湿措置を講じた内壁はこの限りではない。

また公益社団法人日本しろあり対策協会の防除施工標準仕様書では、基礎天端から1m以内の部分にある構造用合板などの両面及び壁体内部の枠組材を処理することになっている。

地面に講ずる防蟻措置

べた基礎は土壌処理と同等と位置付けられ、その省略も認められている。しかし打ち継ぎ部や配管貫通部などから虫が侵入する恐れがあるため、薬剤処理等と合わせた対策を取ることが必要である。

近年、薬剤散布によらないベイト工法や防蟻材料による処理が増えてきている。それぞれの特徴を理解し、適切な処理方法の選択が求められている。

木材処理の方法

加圧式保存処理

専用の注薬缶に入れ、高い圧力をかけて木材に保存処理剤を浸透させる一般的方法

全面超噴射処理

油溶性タイプ保存剤を乾燥材に超噴射処理させるメーカー独自の方法もあり、注目されている

建設地別の防腐・防蟻処理および土壌処理の適用区分

建設地＼対象		防腐・防蟻処理の適用区分（区分）加圧注入処理	防腐・防蟻処理の適用区分（区分）表面処理	土壌処理の適用区分
Ⅰ	沖縄、九州、四国、中国、近畿、関東、北陸、東北の各都道府県	製材のJAS等の保存処理K3材または同等以上	塗布、吹き付けまたは浸漬による防腐・防蟻処理	土壌処理を行う
Ⅱ	北海道			必要に応じて土壌処理を行う

（注）加圧注入処理と表面処理を併用することもできる。加圧注入処理した木材等の土台等にあっては、表面処理の際に塗布または吹き付け処理対象から除外しなくてもよい
（注）必要に応じてとは、地域のシロアリの生息、および被害状況による

昭和61年版の表や、公益社団法人しろあり対策協会防除施工標準仕様書および住宅支援機構枠組壁工法住宅仕様書などで採用されている表と異なるが、常に最新の情報を参考に、建築地域の状況を十分把握したうえで処理方法を選定すること

土台の防腐・防蟻

保存処理剤の浸透をよくさせるために木材の表面に細かい切り込みを適当な間隔で入れること。強度の低下はあるが、JASでは1割程度の強度の低下については欠点とみなしていない。

インサイジング加工された土台

心材の耐腐朽性・耐蟻性比較表

耐腐朽性	耐蟻性	樹種
大	大	ヒバ、コウヤマキ、ベイヒバ
大	中	ヒノキ、ケヤキ、ベイヒ
大	小	クリ、ベイスギ
中	中	スギ、カラマツ
中	小	ベイマツ、ダフリカカラマツ
小	小	アカマツ、クロマツ、ベイツガ

辺材が含まれる場合は、防腐・防蟻処理を行う必要がある

JAS、AQの保存処理の性能区分の関係

JASの性能区分	保存処理木材の使用状態	具体例	AQ性能区分
K1	屋内の乾燥した条件で腐朽・蟻害のおそれがない。乾材害虫に対して防虫性能のみを必要	ヒラタキクイムシを対象	
K2	低温で腐朽や蟻害のおそれが少ない条件で高度の耐久性を期待	比較的寒冷な地域での建築部材	3種
K3	通常の腐朽や蟻害のおそれがある条件で高度の耐久性を期待	住宅の土台等	2種
K4	通常より激しい腐朽や蟻害のおそれがある条件で高度の耐久性を期待	屋外で風雨に直接暴露、腐朽や蟻害が激しい場所	1種
K5	極度に腐朽や蟻害のおそれがある環境下で高度の耐久性を期待	電柱、枕木、海中使用など	

土台などの構造部材に対する保存処理性能としてはJAS等に定めるK3処理材または同等（AQ認証保証処理製品の2種処理材）以上を使用する

2×4工法の玄関

KeyWord 083

Point

◐ 床根太省略で段差を解消する
◐ 玄関ポーチとセットでフラットに仕上げる
◐ 根太サイズを変えて玄関踏込み部分をつくる

日本では靴を脱ぐ習慣から、玄関を1段下げて土間としている。通常、2×4工法の場合、床組との関係で水切りと土間との取り合いを考えると玄関での段差は大きくなる。そこでバリアフリー、メンテナンスの点をふまえ、日本的スタイルから海外的スタイルまで、2×4工法の玄関の段差解消の納まりの工夫について紹介する。

床根太を省略して段差解消

最近は床根太を省略し、大引に厚物（24㎜や28㎜）の構造用合板を張るネダレス工法が一般的になっている。玄関の納まり上は床根太が省略されている分、段差も小さくて済む。また、施工面、コスト面、工期短縮という面からも合理的で普及している。

玄関ポーチを利用して段差解消

次に玄関を1段下げずにプラットホームと同じレベルでフラットに玄関を仕上げる方法がある。輸入住宅など、海外ではよく見られ、施工手間を省くには有効である。しかし外部の玄関ポーチを兼ねたフロントデッキでレベル差を調整するため、玄関廻りの敷地に余裕が必要となる。また、内部の踏込み部分は、使い勝手上、タイル等で仕上げて領域を分ける使い方が日本的である。踏込み部分は、安全をみて簡易な防水処理を施すことを勧める。

床根太サイズを変えて段差

1階床根太を210とし、踏込み部分の根太サイズを208にしてできる差に上がり框を設ける方法がある。施工上少し手間はかかるが、日本では少しでも段差を付けてタイル仕上等で領域を分けておく方が習慣上使いやすい。この場合も内部で段差を大きく設けないため、前者同様に外部のデッキ等でレベル差を解消する必要があり、踏込み部分には簡易な防水処理を施すことを勧める。

玄関廻りの納め方の例

一般的な2×4の場合の例

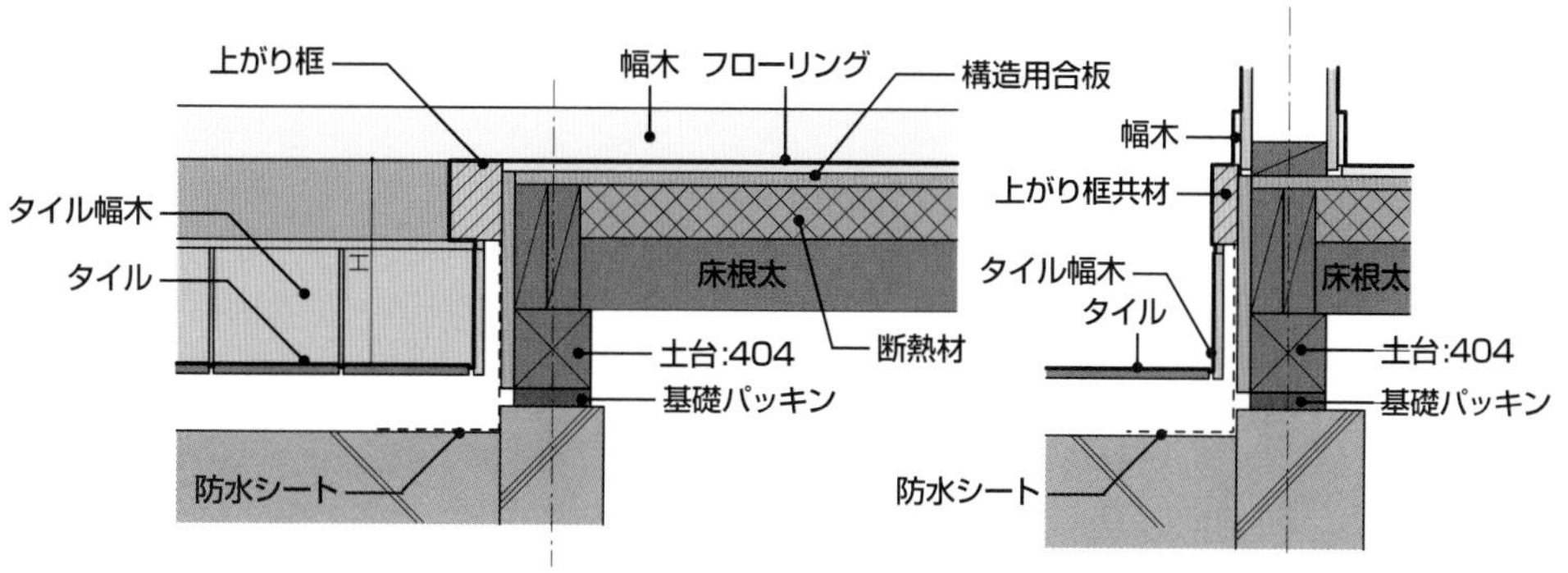
上がり框
幅木
フローリング
構造用合板
タイル幅木
タイル
床根太
断熱材
土台:404
基礎パッキン
防水シート
幅木
上がり框共材
タイル幅木
タイル
床根太
土台:404
基礎パッキン
防水シート

床根太を省略し、厚物の構造用合板とした例

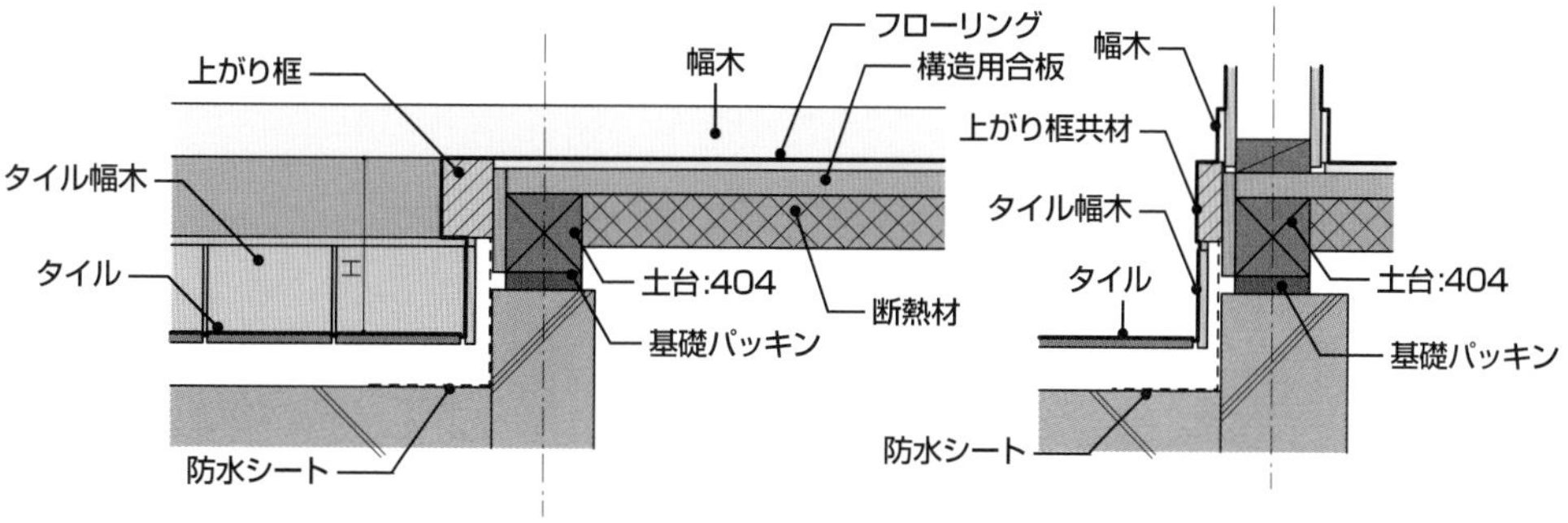
上がり框
幅木
フローリング
構造用合板
タイル幅木
タイル
土台:404
基礎パッキン
断熱材
防水シート
幅木
上がり框共材
タイル幅木
タイル
土台:404
基礎パッキン
防水シート

踏込み部分をフラットにしてデッキで高さ調整する例

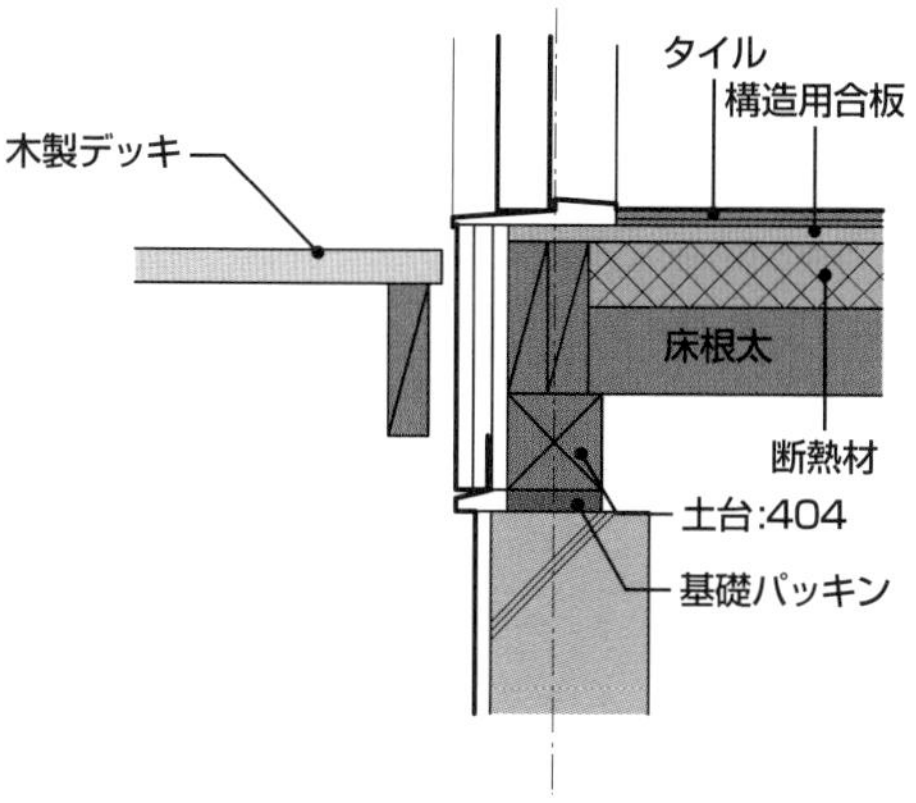
木製デッキ
タイル
構造用合板
床根太
断熱材
土台:404
基礎パッキン

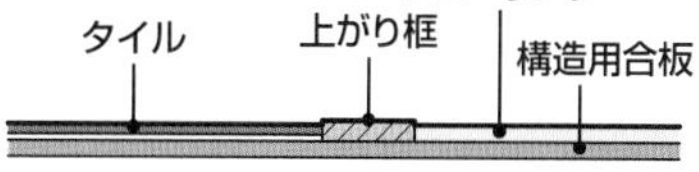
タイル
上がり框
フローリング
構造用合板

踏込み部分をフラットに仕上げる例

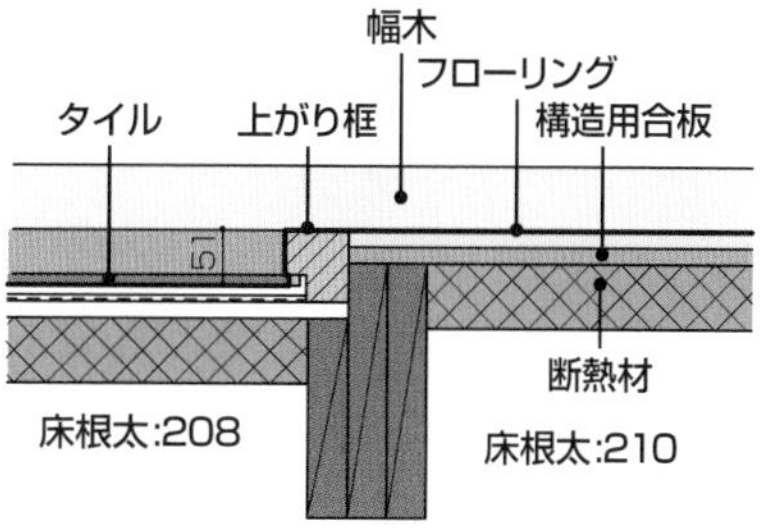
タイル
上がり框
幅木
フローリング
構造用合板
51
断熱材
床根太:208
床根太:210

床根太のサイズを変えて踏込み部分を下げる例

2×4工法の修理・改装

KeyWord 084

Point

- 間取りの変更
- 増築
- 小屋裏の利用

2×4工法は、建築基準法の技術的な基準である告示により構造のルールが明確に決まっており、ルールに沿って設計・施工することで性能を担保している。逆に言えば、ルールを理解していれば修理や改修は比較的容易に行うことができるといえる。

2×4工法の基本構造は、床・壁・屋根を面として組合せた6面体の箱として考えられており、構造上重要な壁は耐力壁で囲まれた耐力壁線区画の組合せにより構成される。

この基本構造部分を修理・改修のために変更する場合には、変更後の構造の安全性を確認する必要がある。計画に当たっては、建築時の構造図面や壁量計算書などの資料を基に進めていくとよい。

改装のポイント 間取り変更

耐力壁の変更の場合は、変更後も耐力壁の条件をクリアしているかを確認する。耐力壁以外の壁（間仕切壁）の移動・追加は自由だが、荷重条件が変わる場合は構造検討が必要になる。

増築について

耐力壁線区画が1つ増えるイメージ。建物全体での安全性の確認も必要。2×4構造以外の構造に2×4構造を増築する場合は層間変位を考慮し、建物を少し切り離してエキスパンションジョイントにより建物相互をつなぐ。

上階への増築については1階の増築のポイントに加え、上下階の接合方法と下階と基礎の安全性を確認する。

小屋裏利用の可能性

2×4工法の代表的な小屋組に、垂木方式がある。これは垂木と天井根太で三角形を構成することで屋根荷重を支える方式で、天井根太を補強することで柱のない小屋裏収納スペースを容易に設置することができる。

2×4工法の耐力壁のイメージ

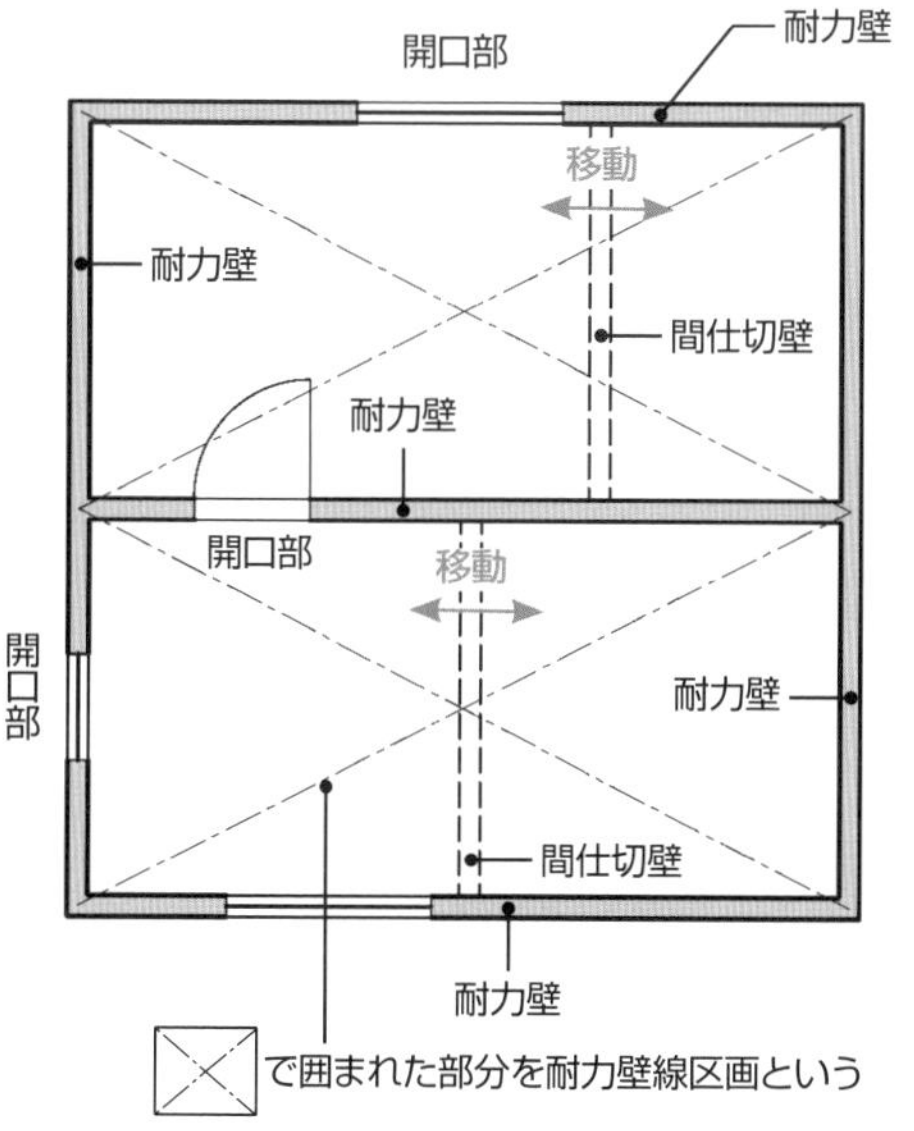
開口部
耐力壁
移動
耐力壁
間仕切壁
耐力壁
開口部
移動
開口部
耐力壁
間仕切壁
耐力壁
で囲まれた部分を耐力壁線区画という

耐力壁の基本ルール

- 耐力壁線どうしの距離は12m以下
- 耐力壁線区画は原則として40m²以下
- 直下には土台と基礎が必要
- 隅角部には90cm以上の壁が必要
- 開口部は4m以下にする
- 開口部の幅の合計は耐力壁線の3/4以下

など

（平成13年国土交通省告示第1540号、第1541号）

※平成19年に石膏ボードを用いた耐力壁の壁倍率（たて枠相互の間隔が500mm以内の場合）が1.5→1.0に改正されている。増改築時には現行の基準で再確認するとよい

2階の増築

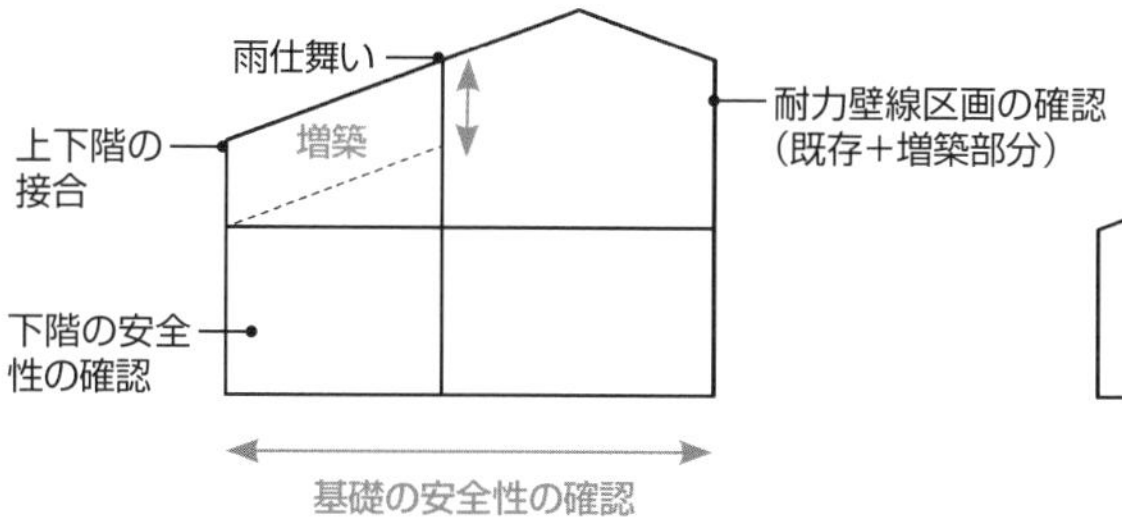
雨仕舞い
上下階の接合
増築
耐力壁線区画の確認（既存＋増築部分）
下階の安全性の確認
基礎の安全性の確認

1階の増築

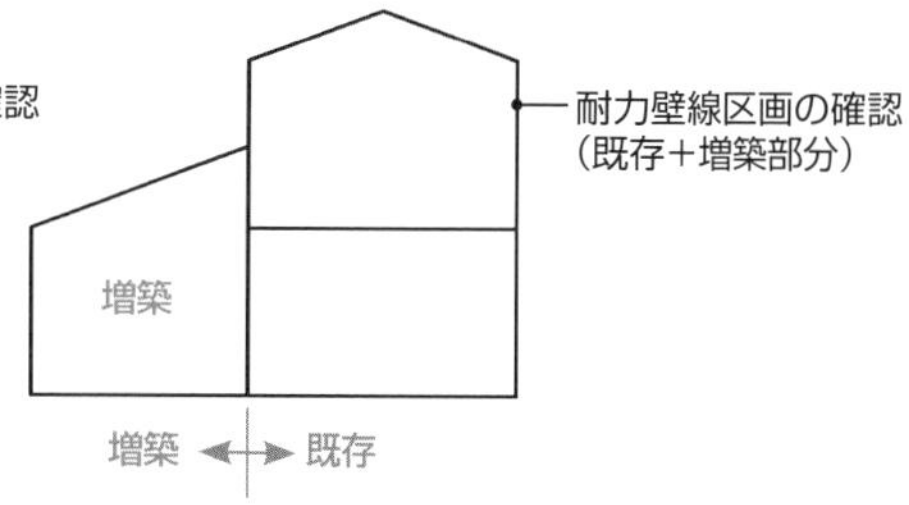
耐力壁線区画の確認（既存＋増築部分）
増築
増築
既存

違う構造で増築する場合は新旧の建物を少し離して建てる（構造の違いで建物の動き方が違うため）

小屋裏利用の可能性

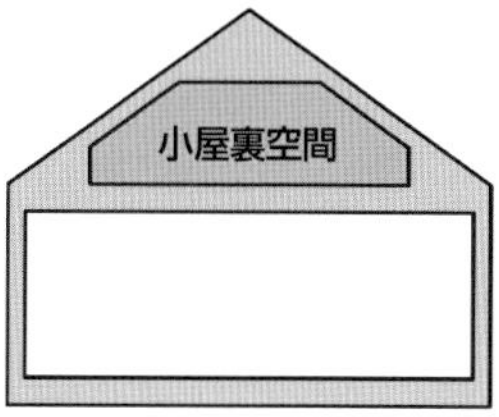
小屋裏空間

小屋裏収納をつくる場合、天井の高さが1.4m以下で直下階の床面積の2分の1未満であれば階数に算入されない。したがって比較的容易に新しいスペースを確保することができる

垂木方式の小屋組

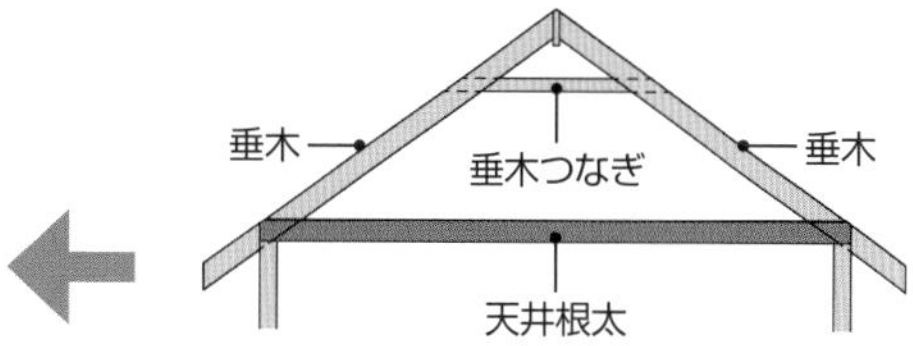
垂木
垂木つなぎ
垂木
天井根太

垂木と天井根太で三角形をつくり屋根裏荷重を支える構造。
母屋や小屋束が不要なので、広い小屋裏空間が確保できる

2×4工法の準耐火、耐火仕様

KeyWord 085

Point

- 準耐火構造
- 耐火構造
- 2×4工法の耐火建築物

アメリカではすでに2×4工法による中層建築物・耐火建築物は一般的である。

基本仕様が防耐火性能に優れているため日本においても昭和57年に住宅金融公庫（現住宅金融支援機構）の省令準耐火構造として認定された。

以来、さまざまな技術開発と法改正を経て平成15年から1時間耐火構造の建設が可能になった。これにより防火地域内での100㎡を超える建築物をはじめ4階建ての共同住宅、その他、耐火建築物であることが要求される3階建以上の特殊建築物などが建設できるようになり、現在では（一社）日本ツーバイフォー建築協会などによる2時間耐火構造の個別認定を取得済みで、階数が5以上の建築物の建設も可能となった。

準耐火構造とは

準耐火構造とは通常の火災による延焼を抑制するために必要とされる性能（準耐火性能）をいい、主要構造部に求められる耐火性能によって45分準耐火構造と1時間準耐火構造に分けられる。

耐火構造とは

耐火構造とは、通常の火災が終了するまでの間、火災による建築物の倒壊および延焼を防止するために必要とされる性能（耐火性能）をいい、最長で3時間の耐火性能が求められている。

2×4工法の耐火建築物

耐火建築物に求められる防耐火性能は準耐火建築物に比べて非常に高く、その設計と施工に関しては細心の注意が必要である。

そのため、木造の耐火建築物を建設するにあたっては、性能を担保するための一定の条件を満たす必要がある（（一社）日本ツーバイフォー建築協会の個別認定を使用する場合）。

1時間準耐火構造の耐火時間（令第112条第2項）

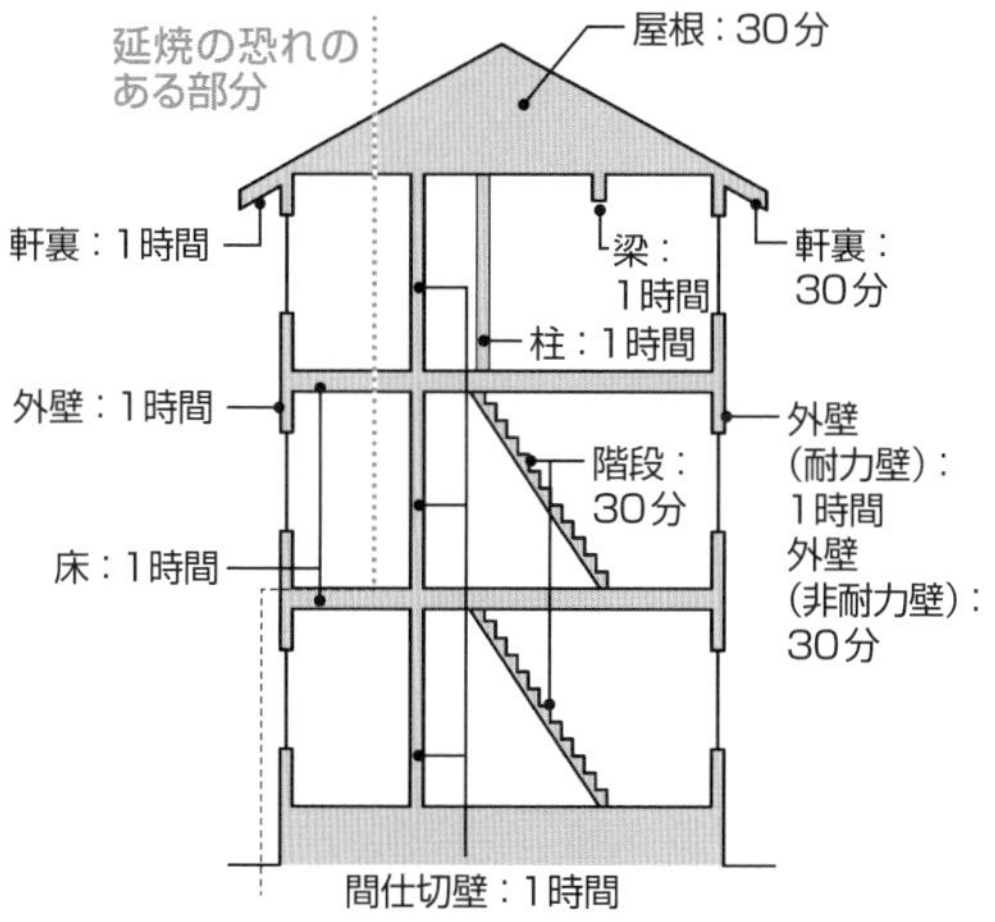
延焼の恐れのある部分
屋根：30分
軒裏：1時間
梁：1時間
軒裏：30分
柱：1時間
外壁：1時間
外壁（耐力壁）：1時間
階段：30分
外壁（非耐力壁）：30分
床：1時間
間仕切壁：1時間

45分準耐火構造の耐火時間（令第107条の2）

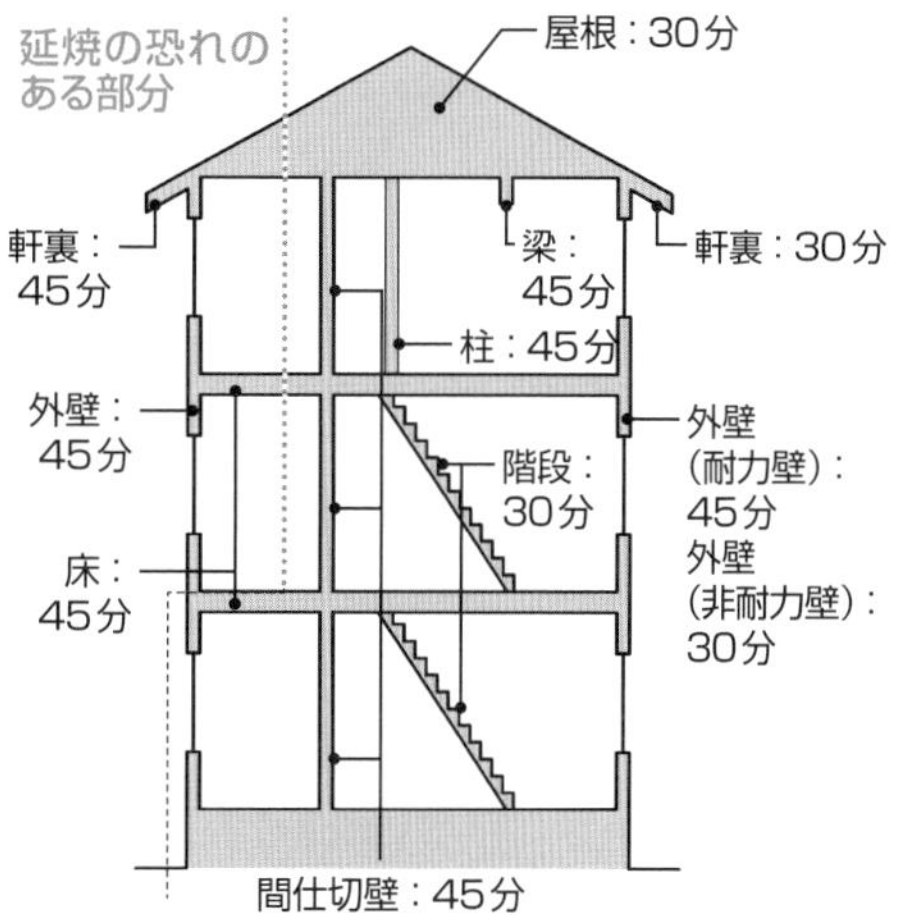
延焼の恐れのある部分
屋根：30分
軒裏：45分
梁：45分
軒裏：30分
柱：45分
外壁：45分
外壁（耐力壁）：45分
階段：30分
外壁（非耐力壁）：30分
床：45分
間仕切壁：45分

準耐火構造の耐火時間

部　位		45分準耐火	1時間準耐火
壁（耐力壁）	間仕切壁	45分間	1時間
	外壁	45分間	1時間
壁（非耐力壁）	間仕切壁	45分間	1時間
	外壁（延焼の恐れあり）	45分間	1時間
	外壁（延焼の恐れなし）	30分間	30分間
柱		45分間	1時間
床		45分間	1時間
梁		45分間	1時間
軒裏（延焼の恐れあり）		45分間	1時間
軒裏（延焼の恐れなし）		30分間	30分間
屋根（軒裏を除く）		30分間	30分間
階段		30分間	30分間

1時間耐火構造の耐火時間（令第107条）

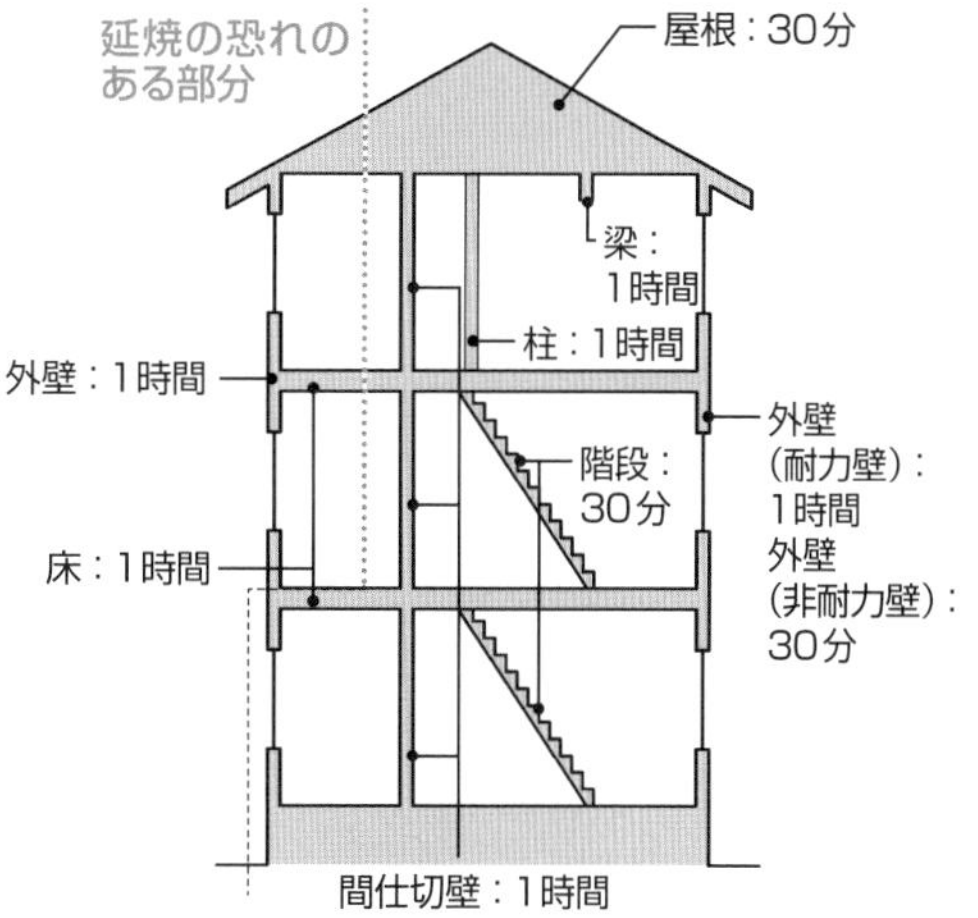
延焼の恐れのある部分
屋根：30分
梁：1時間
柱：1時間
外壁：1時間
外壁（耐力壁）：1時間
階段：30分
外壁（非耐力壁）：30分
床：1時間
間仕切壁：1時間

1時間耐火構造の耐火時間

部　位		1時間耐火
壁（耐力壁）	間仕切壁	1時間
	外壁	1時間
壁（非耐力壁）	外壁（延焼の恐れなし）	30分間
柱		1時間
床		1時間
梁		1時間
屋根		30分間
階段		30分間

主要構造部が耐火構造および準耐火構造のもののうち、外壁の開口部で延焼のおそれのある部分に防火戸その他の政令で定める防火設備を有するものをそれぞれ耐火建築物、準耐火建築物とよぶ

2×4工法の準耐火、耐火仕様

2×4工法は主要構造部分が可燃材の木造であるため、準耐火、耐火仕様とするためには、構造体を耐火性能のある被覆材で覆う必要がある。ただし、準耐火仕様においては、防火被覆の代わりに「燃えしろ設計」を行うことで木造の構造体をそのまま表わすことも可能である。

準耐火仕様については、平成12年建設省告示第1358号において防火被覆の仕様が掲げられている。耐火仕様については平成12年建設省告示第1399号において、平成26年の改正から木下地での防火被覆の仕様が新たに追加されている。

2×4工法の躯体と給排水設備工事

KeyWord 086

Point

- 床下と床の配管
- 壁の配管
- ユニットバスの施工

屋内の給排水設備工事は建て方工事の前後に集中するため、施工のタイミングには注意を要する。2×4工法は在来木造と違い、躯体組立ての順序が下から順に積み上げていく流れになるので工事計画にも配慮が必要である。

また、力を面で支える構造であることから、配管が構造材を貫通するケースも出てくることが考えられ、対処方法を事前に検討しておくことと、工事業者への施工方法の周知が欠かせない。

床下・1階床の配管

建て方工事の際に床下の断熱材と床合板を張ってしまうので、床下の配管等は建て方工事の前に施工しておく方がよい。

床に配管の穴をあける場合には、床根太の位置を避け、断熱材を必要以上に破損させないことと、気密性能を確保するために隙間にシールするなどの処置をする。

2階床の配管

配管を天井内で横引きする場合には、配管が構造上重要な壁の頭つなぎや上枠・まぐさなどの構造材を欠損させないようにする。また、根太や梁を貫通する場合には決められたルールに沿って施工する。

排水管など径の大きい配管の場合は、床根太の方向を部分的に変更したり、天井を下げるなどして根太貫通を避ける等、設計段階での検討が必要である。

壁の配管

後の工程での釘等の使用により配管を破損させないように注意が必要。

ユニットバスの施工

ユニットバス廻りの外壁耐力壁の断熱材と内部石膏ボード張りをユニットバスの施工に先行させる。その時点で電気配線も完了させておく必要がある。

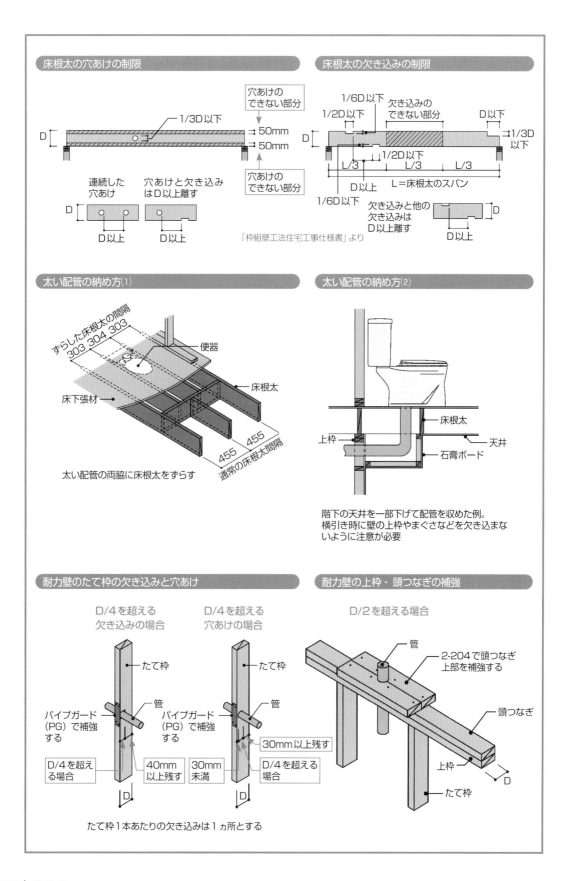

床根太の穴あけの制限

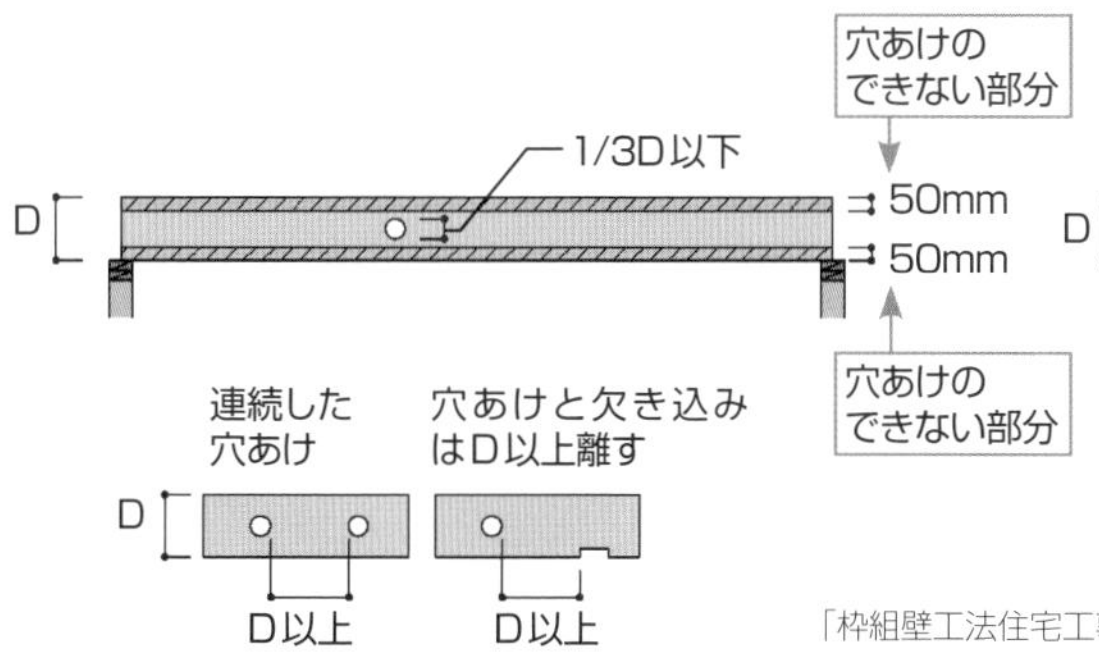
穴あけのできない部分
1/3D以下
D
50mm
50mm
穴あけのできない部分
連続した穴あけ
穴あけと欠き込みはD以上離す
D
D以上
D以上

床根太の欠き込みの制限

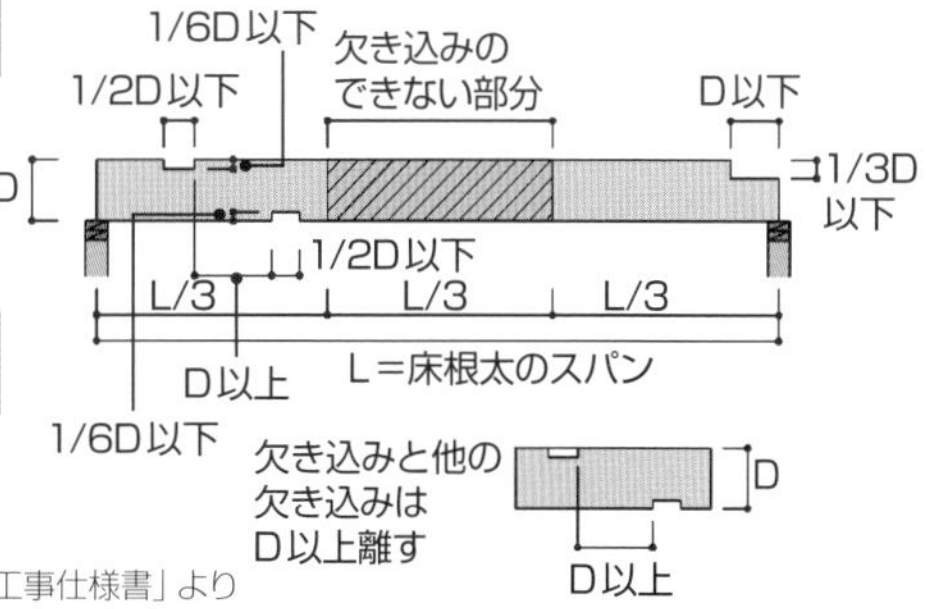
1/6D以下
欠き込みのできない部分
1/2D以下
D以下
D
1/3D以下
1/2D以下
L/3
L/3
L/3
D以上
L＝床根太のスパン
1/6D以下
欠き込みと他の欠き込みはD以上離す
D
D以上

「枠組壁工法住宅工事仕様書」より

太い配管の納め方(1)

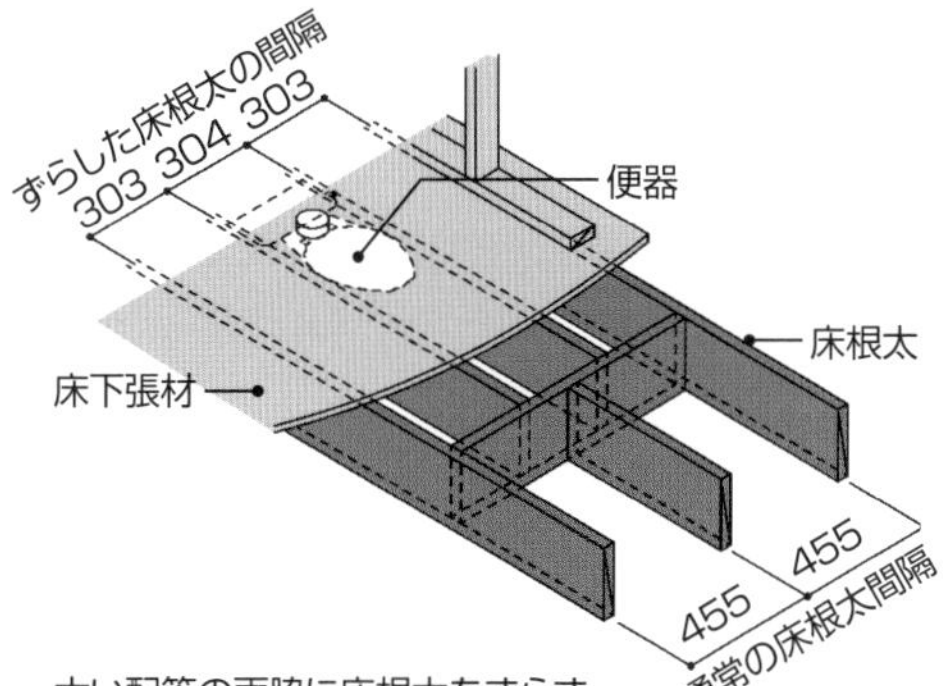
ずらした床根太の間隔
303 304 303
便器
床根太
床下張材
455
455
通常の床根太間隔

太い配管の両脇に床根太をずらす

太い配管の納め方(2)

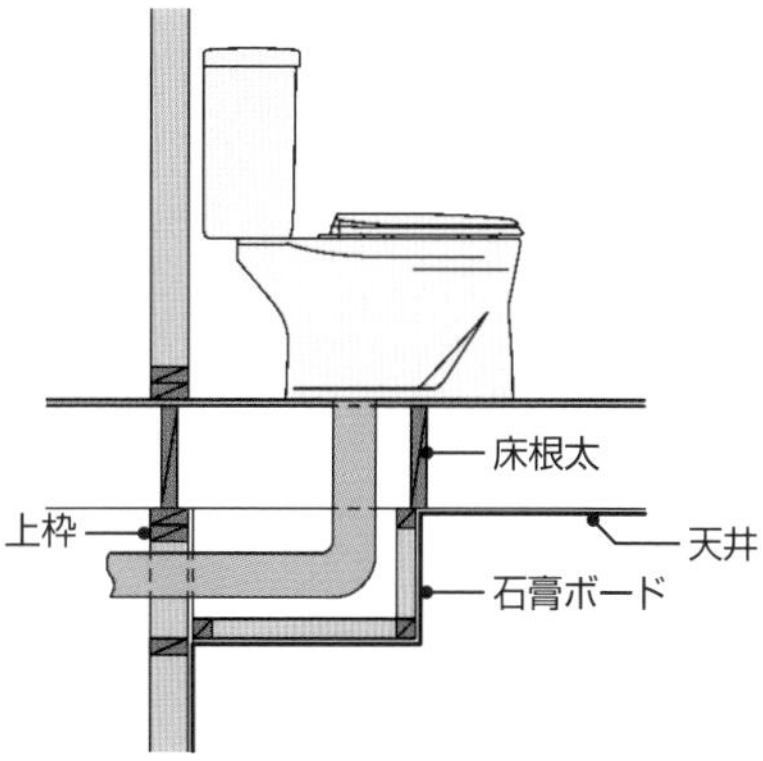
床根太
上枠
天井
石膏ボード

階下の天井を一部下げて配管を収めた例。
横引き時に壁の上枠やまぐさなどを欠き込まないように注意が必要

耐力壁のたて枠の欠き込みと穴あけ

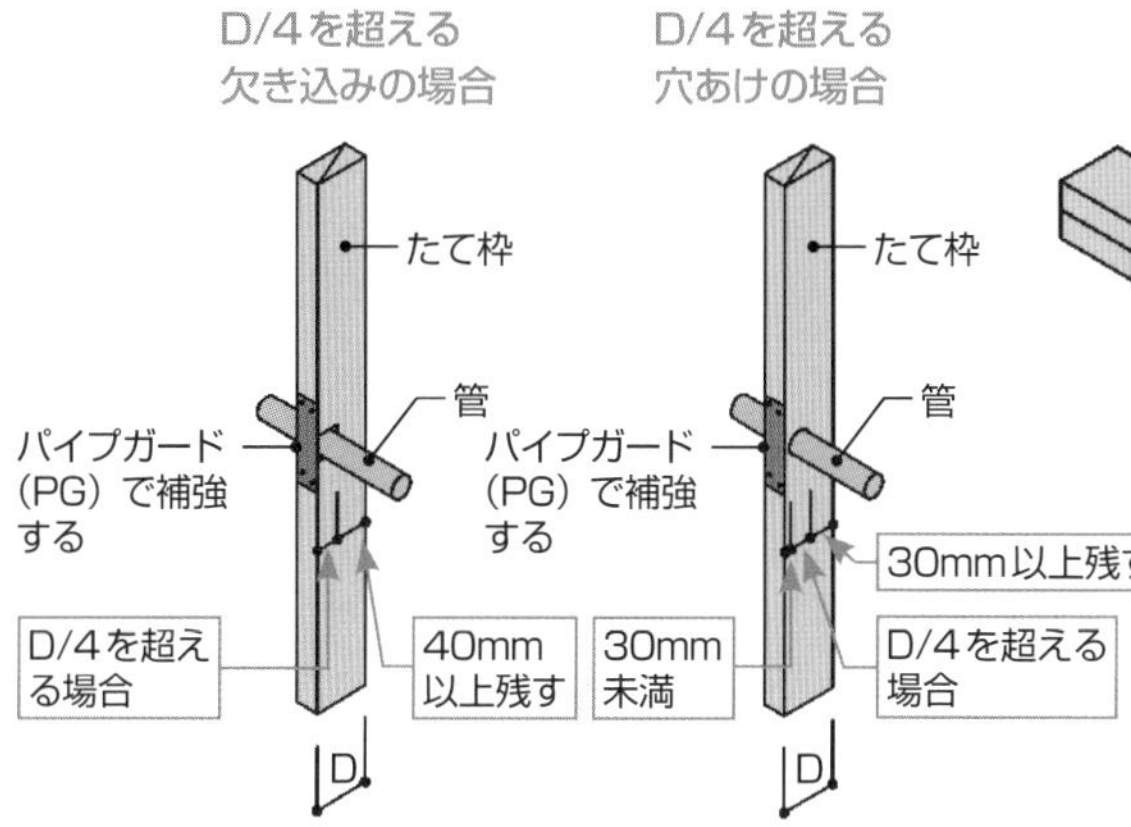
D/4を超える欠き込みの場合
D/4を超える穴あけの場合
たて枠
たて枠
管
管
パイプガード（PG）で補強する
パイプガード（PG）で補強する
30mm以上残す
D/4を超える場合
40mm以上残す
30mm未満
D/4を超える場合
D
D

たて枠1本あたりの欠き込みは1ヵ所とする

耐力壁の上枠・頭つなぎの補強

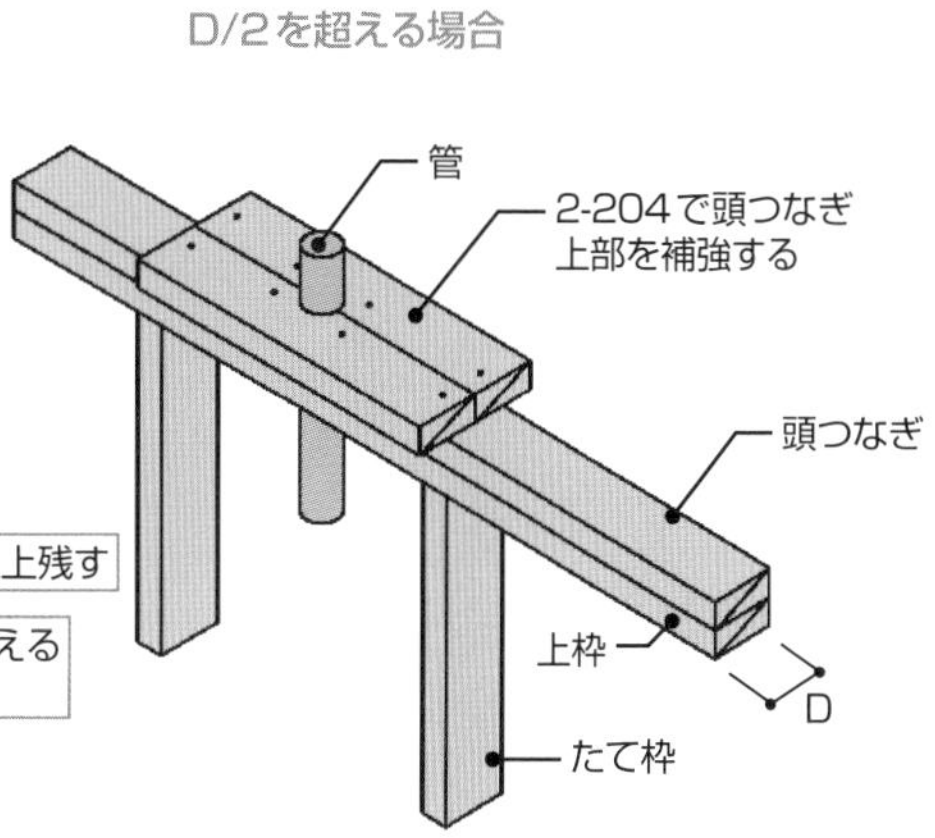
D/2を超える場合
管
2-204で頭つなぎ上部を補強する
頭つなぎ
上枠
D
たて枠

2×4工法の躯体と電気設備工事

KeyWord 087

Point

- 壁内の配線
- 天井の配線
- 埋込器具

電気設備工事については、2×4工法は一般的に構造体に石膏ボードを直張することと、ファイヤーストップ材が存在することから、壁内や天井内で配線・配管が構造体を貫通するケースが多い。このことにより、構造強度や防火性能の低下を起こさないように注意したい。

他に気密・断熱性能の担保も必要であるが、これについては後で解説する〈KW089〉。

壁内の配線

断熱材を挿入する際に配線がずれないようにステープルでしっかり固定する。構造上重要な壁のたて枠や上下枠などに欠き込みや穴あけによる加工をする場合には、一定のルールに沿って行い、下地材の釘打ち等での配線の破損に注意する。

また、配線を横引きする際は、断熱材の施工性を考慮し、若干たるませておく。

天井の配線

根太を貫通する（欠き込みや穴あけによる加工）場合にも、壁の場合と同様に、一定のルールに沿って行う。

配線時の構造的なトラブルを避けるために、構造パネル製作時あるいは建て方時に安全な位置に配線用の穴をあらかじめあけておき、その穴を使用して配線をしてもらうという方法も考えられる。

埋込器具について

ダウンライトなどの埋込型器具を使用する場合は、下地材（石膏ボード）の開口による防火性能の低下を防ぐために、器具をロックウールやグラスウールなどの不燃材で覆い、開口の隙間は塞ぐようにする。

ダウンライトは断熱材で覆っても問題のないタイプ（S型等）を選択する。

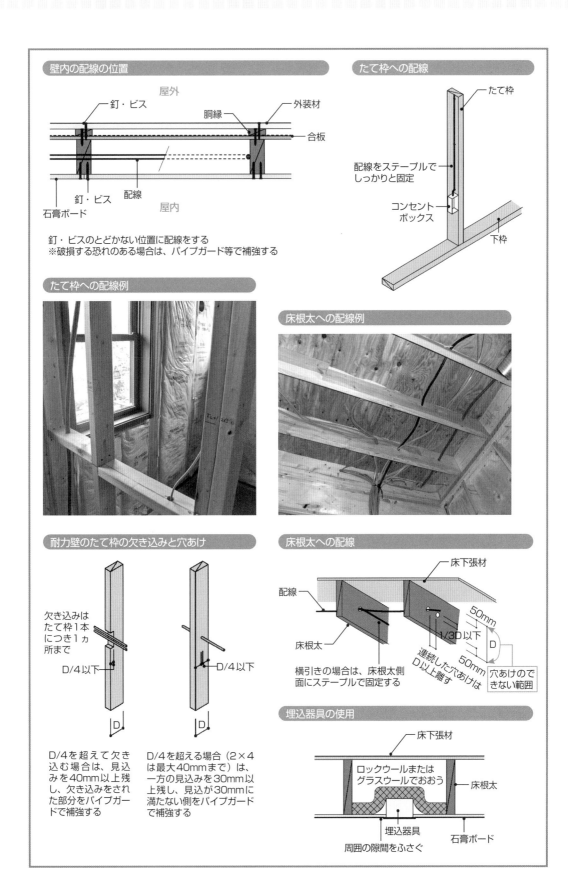

壁内の配線の位置

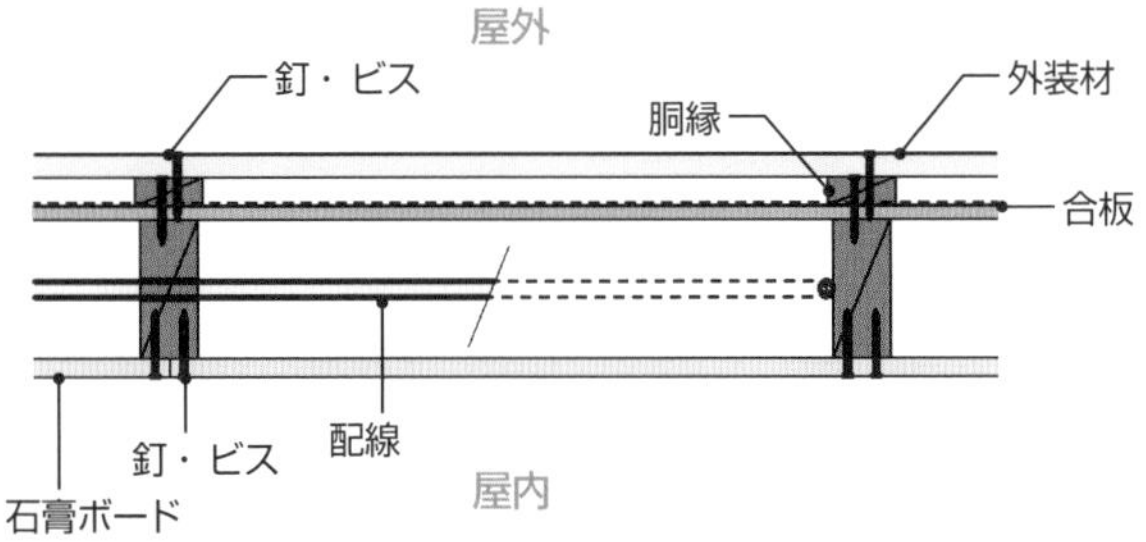
屋外
釘・ビス
胴縁
外装材
合板
配線
釘・ビス
石膏ボード
屋内

釘・ビスのとどかない位置に配線をする
※破損する恐れのある場合は、パイプガード等で補強する

たて枠への配線

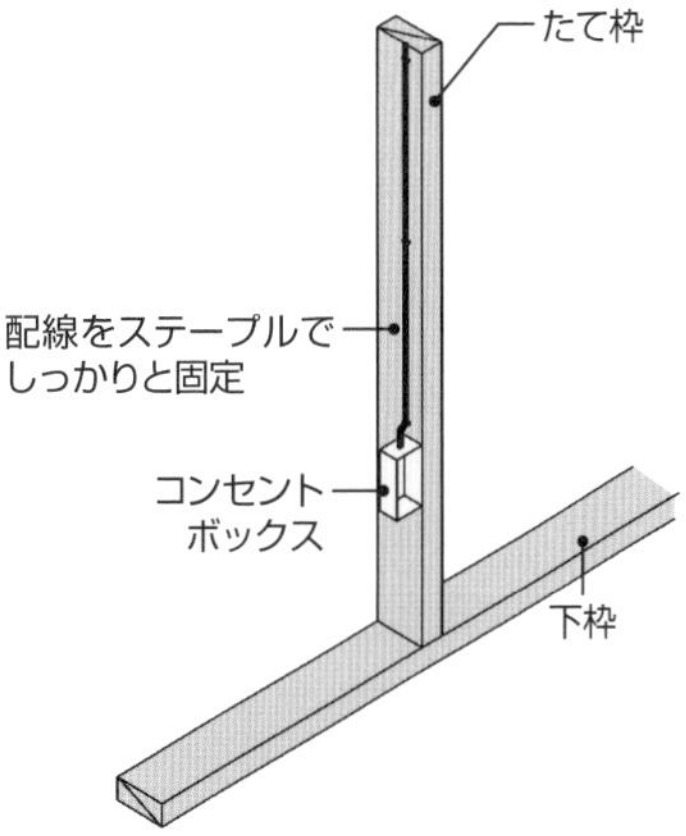
たて枠
配線をステープルで
しっかりと固定
コンセント
ボックス
下枠

たて枠への配線例

床根太への配線例

耐力壁のたて枠の欠き込みと穴あけ

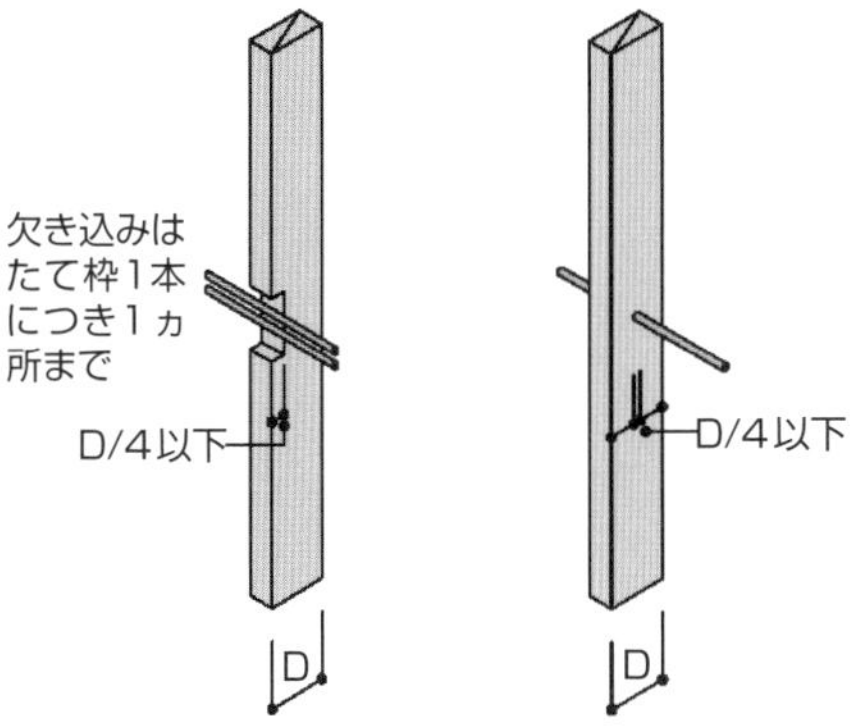
欠き込みは
たて枠1本
につき1ヵ
所まで
D/4以下
D
D/4以下
D

D/4を超えて欠き込む場合は、見込みを40mm以上残し、欠き込みをされた部分をパイプガードで補強する

D/4を超える場合（2×4は最大40mmまで）は、一方の見込みを30mm以上残し、見込が30mmに満たない側をパイプガードで補強する

床根太への配線

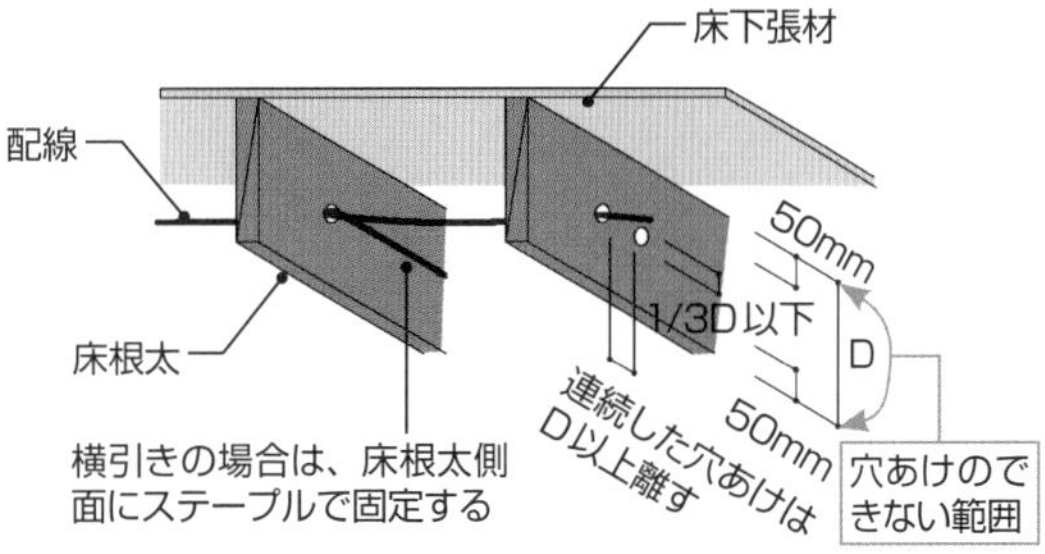
床下張材
配線
50mm
1/3D以下
D
50mm
床根太
連続した穴あけは
D以上離す
穴あけので
きない範囲

横引きの場合は、床根太側面にステープルで固定する

埋込器具の使用

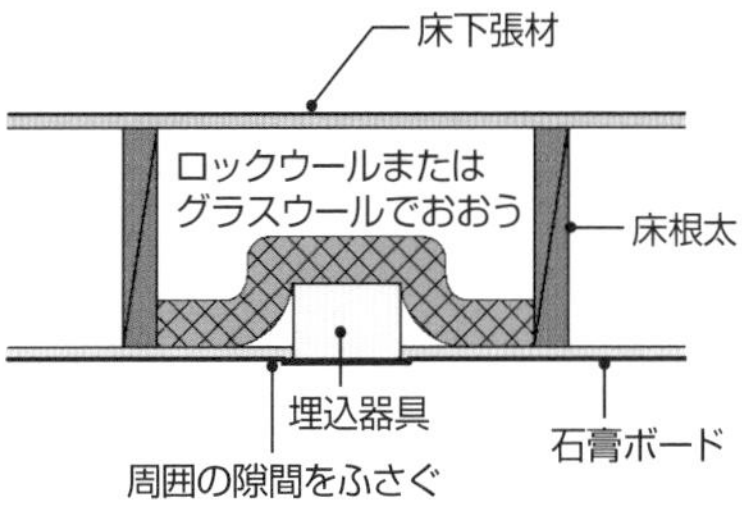
床下張材
ロックウールまたは
グラスウールでおおう
床根太
埋込器具
石膏ボード
周囲の隙間をふさぐ

2×4工法の躯体と空調換気設備工事

KeyWord 088

Point

- 縦方向の配管、ダクトの配管
- 天井への埋込機器
- 燃焼器具

空調換気設備工事についても、給排水設備工事・電気設備工事と同様に機器本体の埋め込みやダクトやドレンの取り回し、スリーブ施工等において構造体に影響を及ぼす可能性が高く、設計段階での検討と工事業者への施工方法の周知が必要である。

縦方向の配管

配管の大きさから壁内の配管は難しいので壁の内側に配管スペースを設ける。耐力壁の内側に設ける場合は先に室内側の石膏ボードを施工した後にスペースをつくる。プランニングに影響するので設計段階で計画しておくこと。

天井への埋め込み機器の設置

床根太・天井根太を欠き込まないように、根太の間に設置できるサイズのものを選定するか、根太方向を一部変えて機器のスペースを確保する、天井を下げてスペースを確保するなどの方法をとる。エアコンの場合はドレン管の勾配と根太の穴あけ位置の関係・壁の構造体の欠き込みにも注意が必要。

ダクトの配管

24時間換気や空調のダクトは数が多く、また機器本体に向かって配管が集まってくるので、部分的な根太方向の変更やダクトスペースの確保が必要になる。

燃焼器具について

暖房器具・給湯器の使用については、2×4工法は基本的に気密性能が高く、開放型の燃焼器具では十分な換気を確保できない恐れがあるので、密閉型（FF式など）の器具を採用した方がよい。暖炉や薪ストーブ等に多い半密閉型については、室内の換気による負圧で排気ガスが室内に逆流する危険があるため、採用においては特別な配慮が必要である。

エアコンのドレン管と根太の貫通

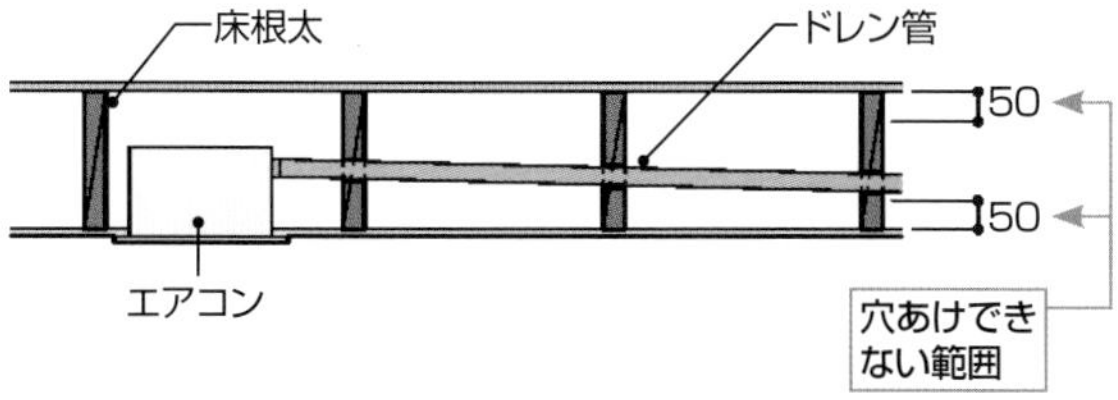

ドレン管は、水勾配により下がってくるので、先端または末端が根太の穴あけのできない部分にかからないようにする

縦方向の配管

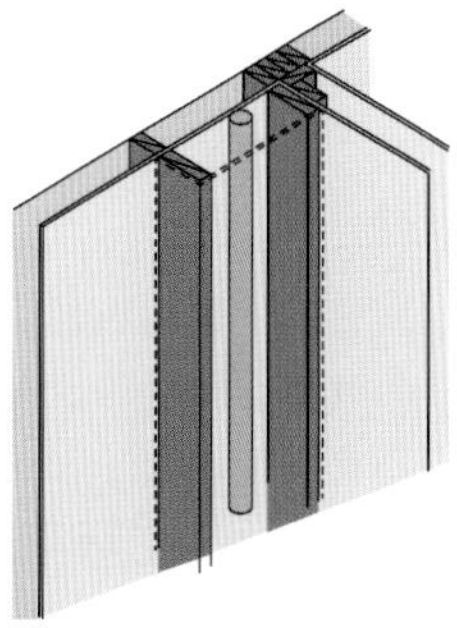

壁の石膏ボードを先に張り、その後配管を施工する

平行弦トラスによるダクトスペース確保

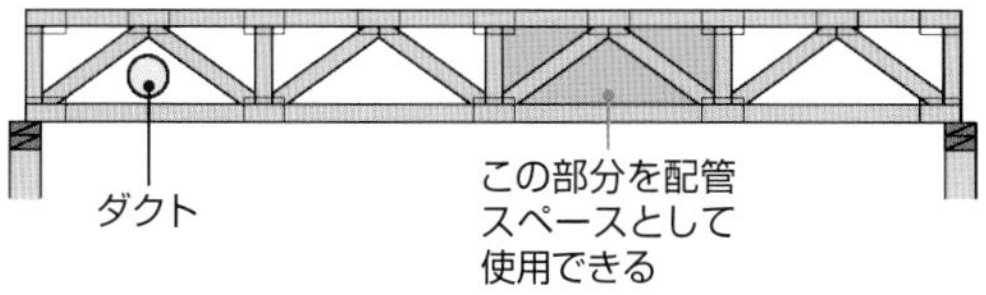

ダクト等の配管が集中する場合に通常の製材の床根太のかわりに「平行弦トラス」を使うことで取り回しを容易にすることができる。
平行弦トラスは通常屋根トラスのメーカーから入手することが多い

壁地下材の貫通

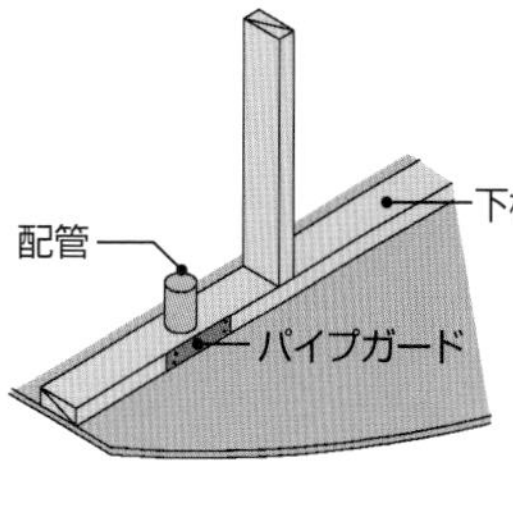

壁下地材など、後の工程で釘などによる配管破損の恐れのある部分には、パイプガードにより配管を保護する

半密閉型燃焼器具

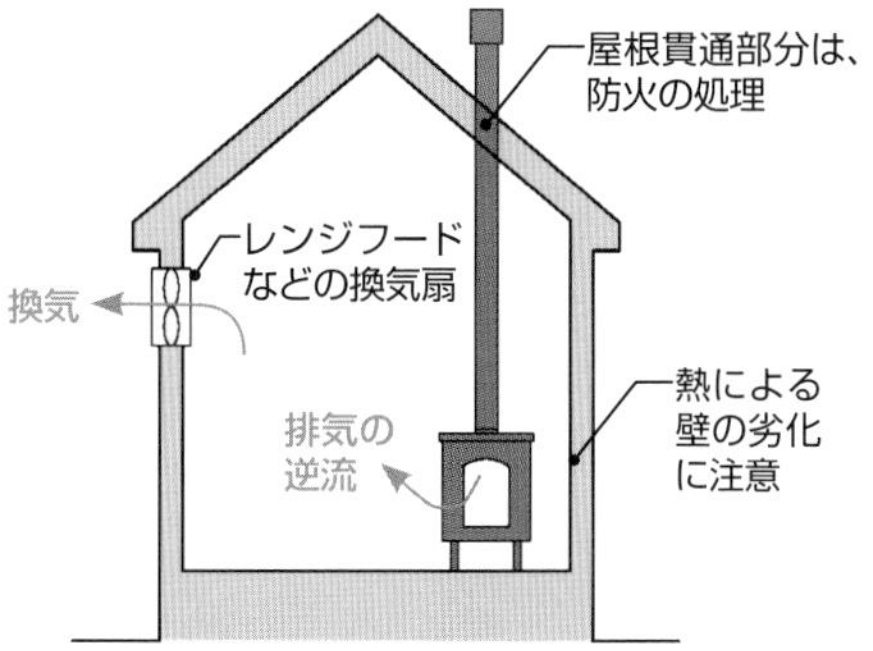

換気扇の排気能力が強いと、排気が逆流する恐れがあるので器具に強制的に吸気するなどの処置が必要になる

密閉型燃焼器具

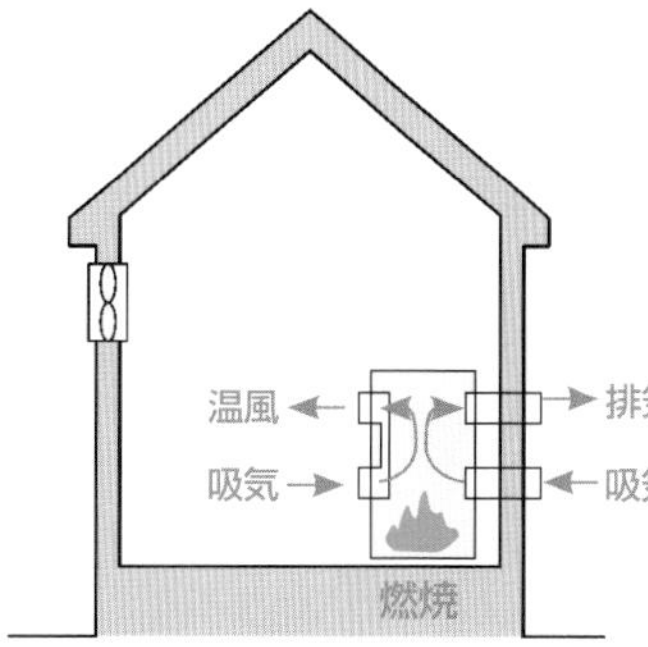

器具の燃焼に必要な空気を、外部から取り入れ室内の空気と混ざらず屋外に排気されるため、燃焼による室内の空気汚染はない

2×4工法の設備工事と断熱気密

KeyWord 089

Point

- 床、壁、天井にあけた穴の断熱性、気密性
- 天井の照明器具廻りの断熱性、気密性

2×4工法の特長として建物の断熱・気密性能の高さが挙げられるが、設備工事においては、その性能の維持を念頭において行うことが必要である。また、外気に面する部位（床下と屋根裏を含む）での施工の際には、断熱層と気密層の連続性の確保と、防水層との取り合いの状況を確認した後に次の工程に進むことが求められる。特に外壁に配線や配管を横引きする場合には、防水層の欠損を防ぐために先行して施工しておくことが望ましい。また、断熱層と気密層は基本的には外気に面した部分の室内側に密着していることが必要であり、これらの層を貫通させる場合には後の補修が必要になる。

1階床への施工

床に配線・配管の穴をあけた時に、床合板と断熱材が密着した状態であることを確認する。また、施工後に、気密性を確保するために穴の隙間をシール等で埋めておく。

壁・天井への施工

配線を天井裏や床下に出す場合は貫通部分をシール等で埋める。また、配線・配管を外壁面に出す場合には、外壁下地に透湿防水シートを張った後に配線・配管の周囲をシール等で塞ぐ。

横引配管については屋外側に向かって水勾配を取るとともに、室内側貫通部にもシール等を行い、気密層を確保する。シール材には配線部材の材質に影響を与えないものを使用する。

天井への照明器具埋め込み

開口部分と器具の隙間や器具自体から湿気が天井裏に入り結露する恐れがある。勾配天井の場合は屋根裏空間が少ないので特に湿気の流入に注意が必要である。器具の採用にあたっては、高気密タイプなどの気密対策をしたものがおすすめである。

床配管の施工例

1階床への施工

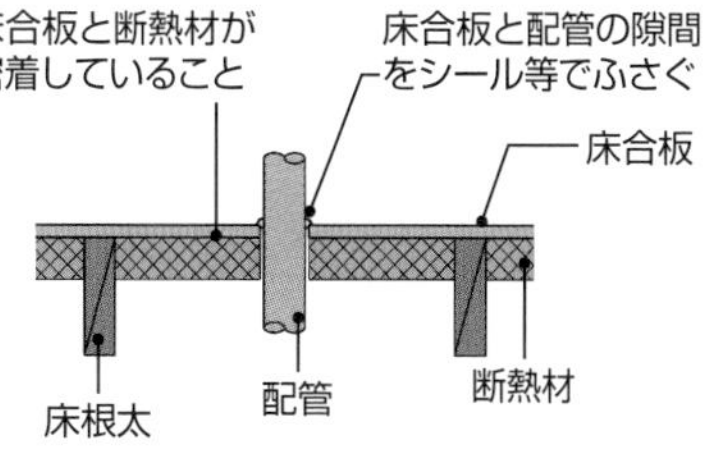

外壁面への施工

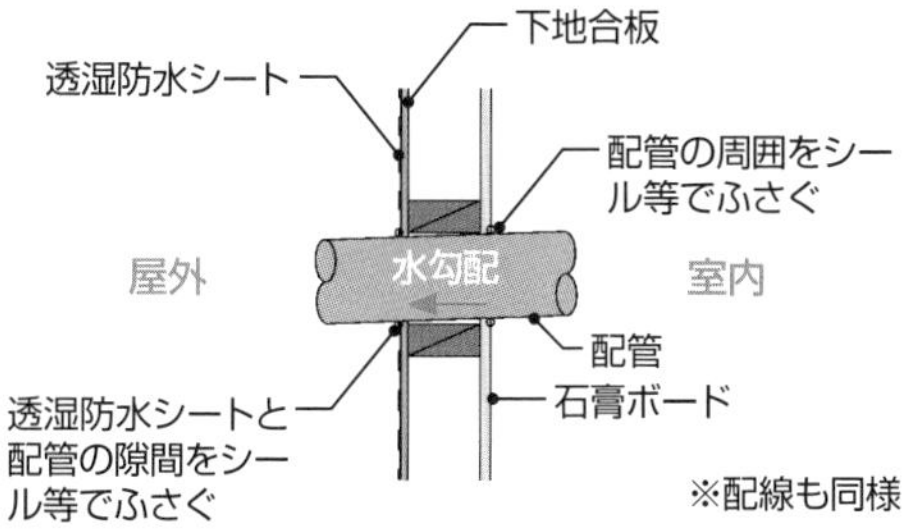

壁内から外気に通ずる部分への配線

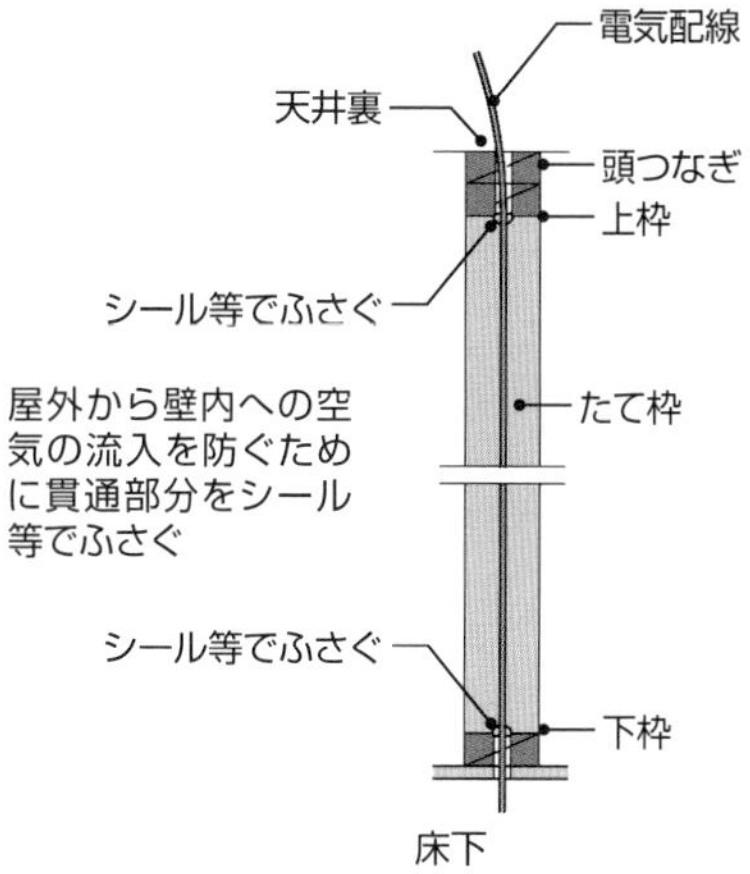

天井への照明器具埋込み

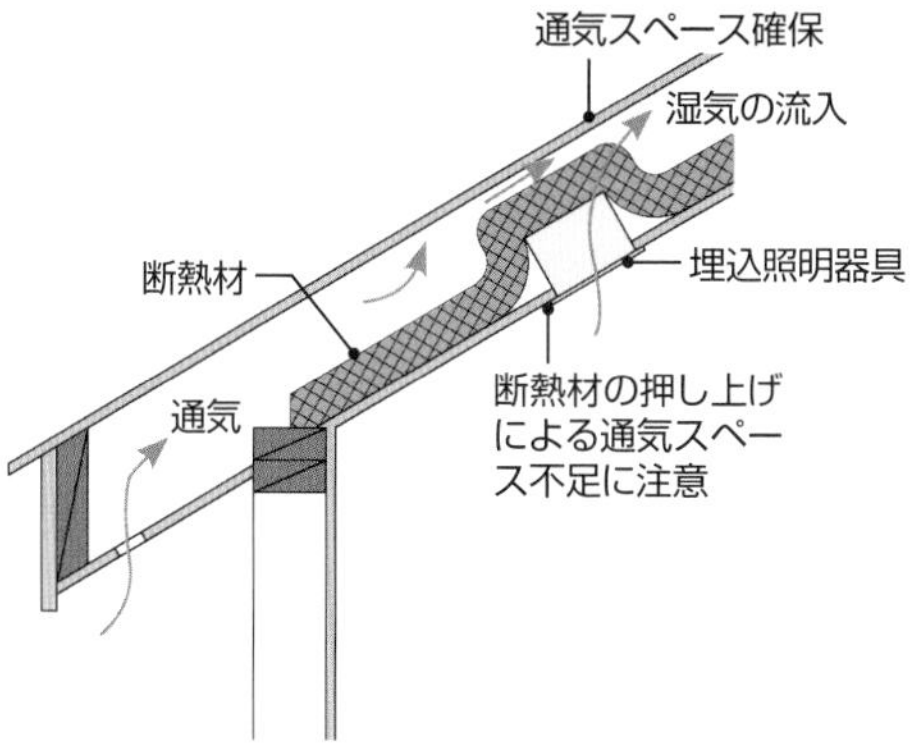

垂木にじかに軒天材を張る場合で室内側を勾配天井にすると、天井裏の水平方向の通気が垂木によってふさがれてしまうので軒先から天井裏上部への通気の流れを確実に確保する必要がある

天井断熱材と照明器具取付下地

横に長い取付下地の場合

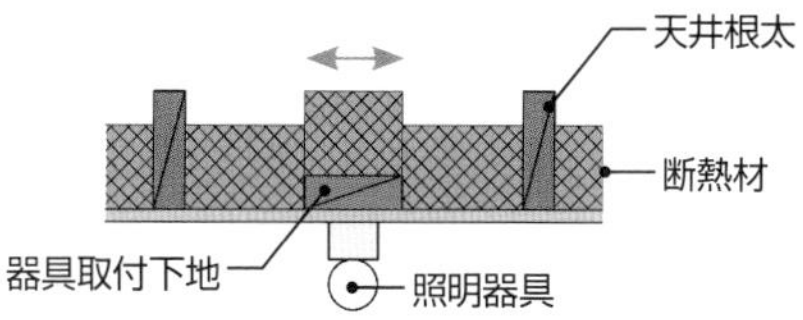
この部分の断熱材の加工が必要になる

縦に長い取付下地の場合

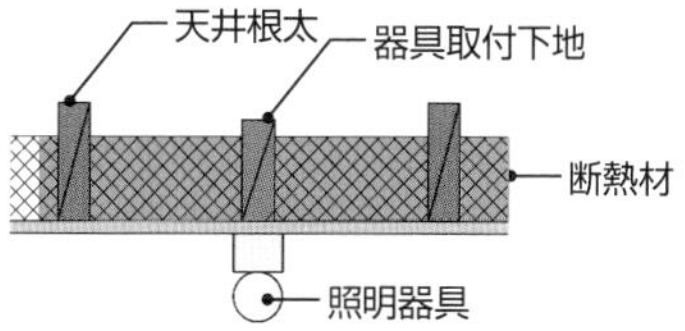

照明器具等の下地材料を取り付ける場合、縦に長い形状のものを使うと、断熱材の施工の手間がかからず、精度も高くすることができる

Column 5

2×4工法の混構造

当初の2階建て住宅程度の規模から、3,000m² 規模の共同住宅（60分準耐火構造）や耐火建築（1時間耐火構造）による4階建て建物など、2×4工法も、さまざまな規模・用途の建物を建てることが可能になってきた。

準防火地域での木造3階建てが許可されるようになって、大都市では狭小敷地での3階建て住宅が増えてきている。

これらの建物は、必ずしも2×4工法だけではなく、軸組工法や鉄骨造などもあるが、コスト的な優位性から在来軸組工法や2×4工法の木造3階建てが多く建てられている。

しかし、法律的には木造3階建ての1階は、2階建ての1階に比べ、約1.6倍の壁量が必要で、狭い間口や1階を駐車場や店舗として広い空間を利用するためには、法律で定める耐力壁の長さを確保することが難しいことも多い。

そこで、こういった問題を解決する方法として、1階の部分を鉄筋コンクリート造や鉄骨造にして解決する方法がある。

一方、木造でも大断面の集成材やLVLを使ったラーメン構造の軸組を使うことで、同じような空間をつくることができる。

これらは、2～3階の住宅は2×4工法の合理性を生かし、1階はプランニング上必要な空間をラーメン構造の木造の軸組やRC造、S造でつくるといった、構造的には「混構造」の建物となる。

■ 混構造の構造設計

こういった構成の3（2）階建てである建物は、混構造の建物として、構造計算の適合性判定の対象建物となる可能性がある。

しかし、平成19年の適判告示によって、地階を除いて3階以下、500m² 以下で、高さおよび軒高さが13mおよび9m以下で、1階をRC造でつくったものについては、適合性判定の対象に該当しないことが示された。

これは、RC部分および木造の部分ともに許容耐力計算を行う必要があるが、3階建ての都市住宅を合理的な構造の建物として実現できる方法と言える。

第6章

2×4工法の構造計画

２×４工法の構造の仕組み

KeyWord 090

Point

- 木造工法の構造の概要と考え方
- ２×４工法は「モノコック構造」の構造剛性が高い

２×４工法の構造の前に、他の木造工法の構造を知らなくてはならないので、まず、在来軸組工法、集成材フレーム、丸太組工法の構造を説明する。

在来軸組工法は、柱と梁がおもな構造部材のスケルトン構造である。仕口、継手の接合部をもっており、要所に筋かい、耐力壁を配置している。屋根、床に火打ち梁を配置して、形を維持する。また、２×４工法の特徴である面材を張り付けた床、枠組壁を配置することで剛性が高くなる。浮き上がりを抑える接合部には金物を配置する。

集成材フレーム工法は、湾曲、剛接合された集成材等を用いた架構造である。屋根および床面は平行弦トラスを用いている。内部応力、接合部の応力に沿った設計が要求される。前述の工法で高さを構成する部材は縦軸が主である。しかし、丸太組工法は横軸が主である。部材を直交に置き積み上げ、交差部は相欠きする。壁の中に開口をつくることができる。水平力、鉛直力に抵抗するものは交差部であり、水平力に抵抗させるために、壁にダボを配置している。

２×４工法は、壁のスタッド（たて間柱）は204（38㎜×89㎜）または206（38㎜×140㎜）等を使っている。部材の38㎜には面材に釘を打ち付けて全面に張っている。この効果によって、細い断面方向では座屈はしない。接合および架構の考え方は２×４製材および面材と釘・金物接合で構成され、床版、壁版（耐力壁線）がモノコック構造である。剛性が高く、安全性がある建築である。在来軸組工法と比較すると、同じ面材でも高い耐力である床、壁の開口部は、安全を確かめた大きさ以下にする。

どの工法においても、安全な構造にするには構造計画を立てること、応力が地盤に無理なく流れる構造にする必要がある。

木造の種類と基本の特徴

	在来軸組工法	2×4工法	集成材フレーム工法	丸太組工法
立面構成	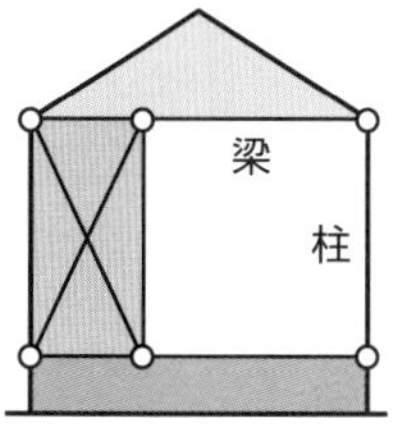 ・筋かい ・壁	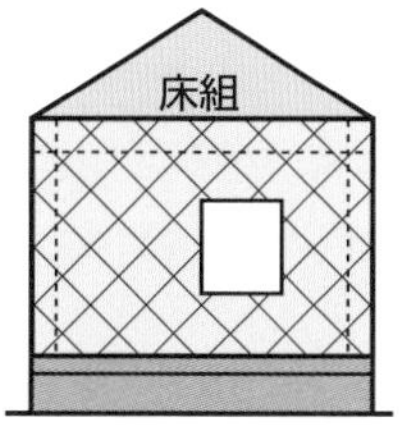 ・壁組	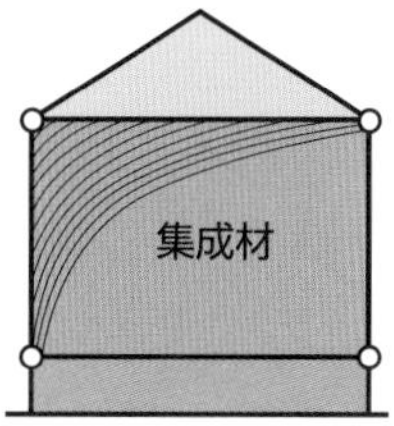 ・集成材	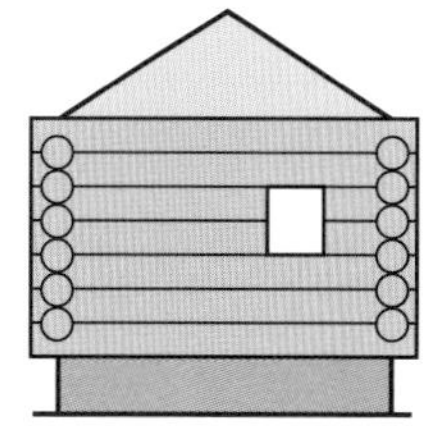 ・丸太
平面構成	火打ち·合板張り 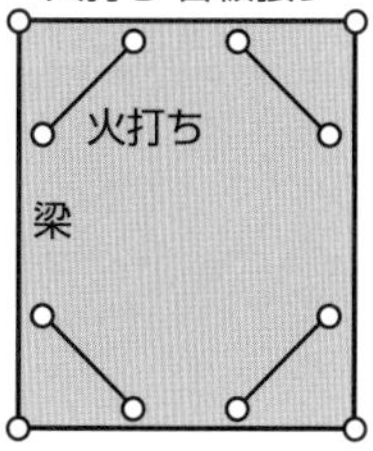	床組 	平面トラス 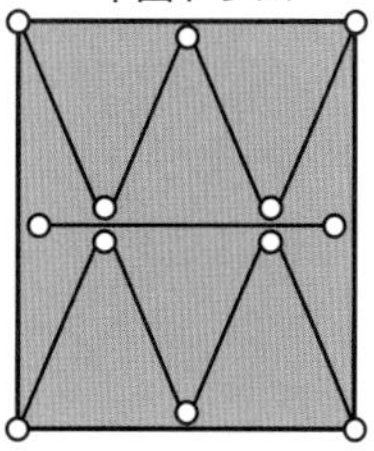	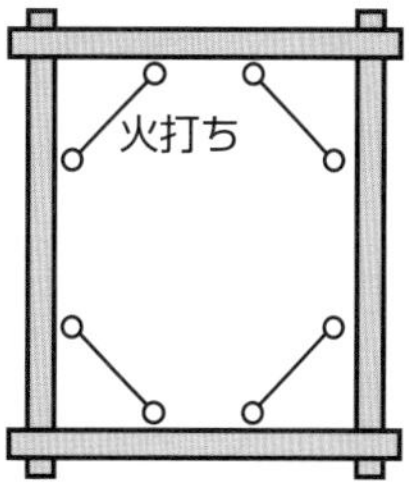
特徴と注意点	・スケルトン ・柱・梁 ブレース、壁 接合部	・モノコック ・壁組、床組 部材の接合部 大きな開口	・フレーム ・フレームの応力 接合部 反力	・壁 ・水平・鉛直応力 嵌合部
ポイント	火打ち材の場合は、各耐力線の負担幅と屋根面・床面の剛性をチェックする	吹抜けが大きい場合も剛性をチェックする	吹抜けが大きい場合も剛性をチェックする	火打ち材の場合は、各耐力線の負担幅と屋根面・床面の剛性をチェックする。吹抜けが大きい場合も剛性をチェックする
主軸構造部材方向	・縦	・縦	・縦	・横
基本構成	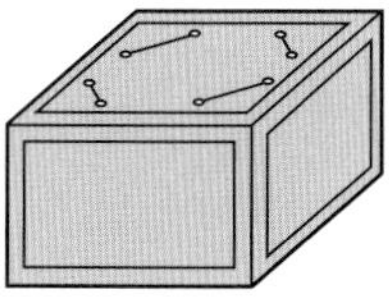 ・内箱がない箱	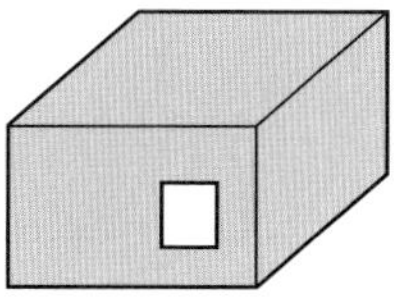 ・内箱がある	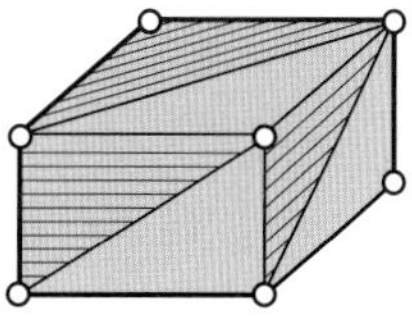 ・三角形の構面	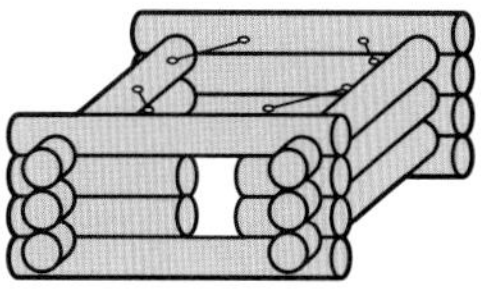 ・交差部と横組

木造の共通点の注意事項

建築物全体の水平耐力のバランス、浮力抑え、鉛直力に十分な部材・基礎・開口部・広さ・高さ・階に応じた個々のプランに応じた構造計画

2×4工法の壁量計算〈必要壁量と存在壁量〉

KeyWord 091

Point

- 2×4住宅は矩形の集合体で、矩形には壁・天井・床がある
- 区切りには開口（窓・ドア等）、階段・吹抜け・下屋天井がある
- 壁は、上からの垂直荷重を受け、横からの水平荷重を受ける

家は、たて（壁）・よこ（床面・屋根）が固い形で結ばれた矩形集合体である。ところが床には階段、吹抜けの開口があり、壁には窓、ドアがあり、ゆるい形に変化する。変化を抑える方法が平面、立面の構造計画である。壁（耐力壁）の設計は鉛直力・水平力に対して支持をする。壁は量を満たし、平面上の配置はバランスを保つこと、上下階は力の鉛直移動が重要である。壁は直上や、図に示した市松にあることが重要である。

壁の量が少ないとゆれで倒れてしまうので十分な量を確保しなければならない。地震に対しては建築の重さに比例してゆれる。仕様規定では床面積に対して乗数を掛けた値を確保する。風に対しては階高の半分以上の高さの部分が上階の床に掛かるので、仕様規定では床から1.35m以上の見付け面積に風の乗数を掛ける。

配置バランスは重心と壁の芯との関わりである。壁の芯と重心との隔たりが偏心で、一致している建築は右と左は同様に動く。一致してない建築は壁の少ない部分は大きく揺れ、そして限度を超えればまずその部分が倒れる。

建築のバランスは天秤で考えるとわかりやすい。中心と、壁の芯とその差「e」が大きくなれば揺れが大きくなる。概算的に左右の壁の量が6割から4割の範囲以内であれば修正の必要はない。仕様規定では、壁の開口部の長さの限度は耐力壁線の長さの4分の3以下として、壁を確保することによりバランスを確保する。壁の耐力は壁の長さと壁の種類の耐力壁倍率を乗じることで知ることができる〈KW044〉。

壁が有効に働くには、壁と土台がしっかり固定されていることが必要である。セットバック、オーバーハングの壁の場合は、抑え効果が少なく、期待された壁の効果が発揮されないので、梁、根太の補強が必要になる。

バランス

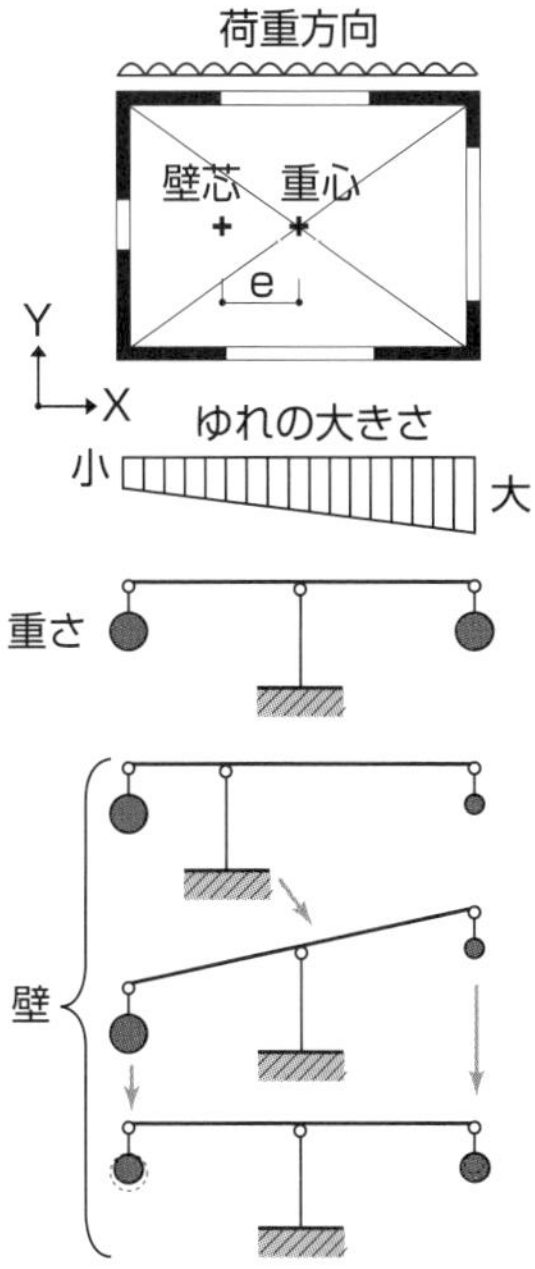
荷重方向
壁芯
重心
e
Y
X
ゆれの大きさ
小
大
重さ
壁

住宅の平面図
重心：住宅の重さの中心
壁芯：壁の耐力の芯
eが少ないと左右のゆれの大きさの差が小さい

重心は中央部
↓
芯を近づける

- てんびん秤の支点
  ↓
- 支点を中央に近づければ傾く
  ↓
- 壁が大きい部分は、耐力倍率の低い壁を選ぶ
- 壁が少ない部分は、耐力倍率の高い壁を選ぶ

水平力と変形

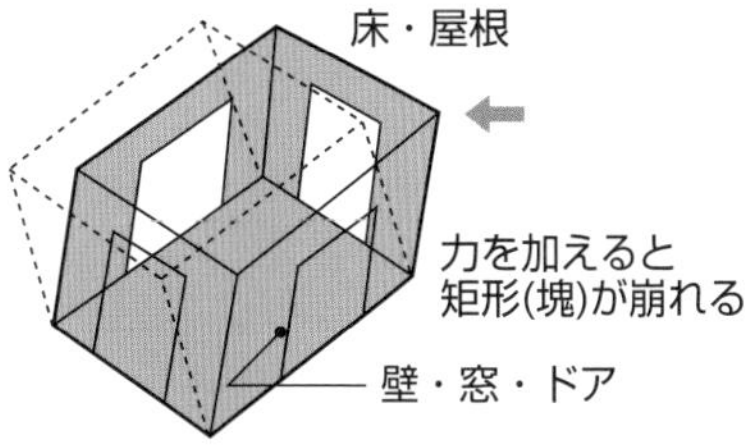
床・屋根
力を加えると
矩形(塊)が崩れる
壁・窓・ドア

建築物の開口、壁の立面の配置

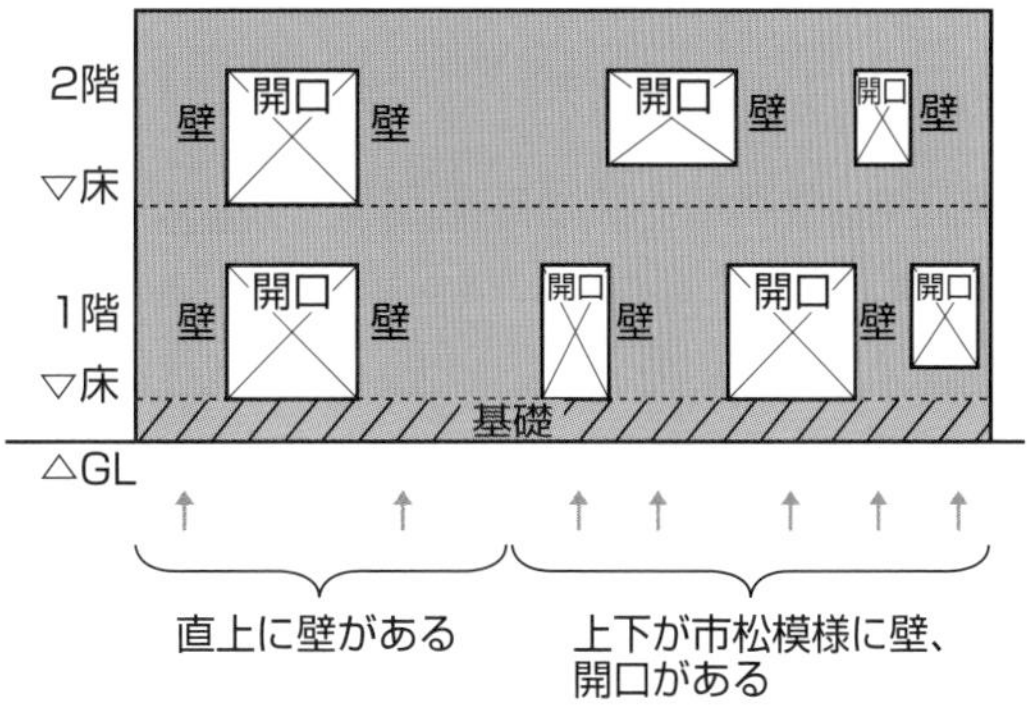
2階
▽床
1階
▽床
△GL
壁
開口
基礎
直上に壁がある
上下が市松模様に壁、
開口がある

壁量の設計

床面積に対して乗ずる数値 cm/m²

		平屋建	2階建		小屋裏利用3階建		3階建		
			1階	2階	1階	2階	1階	2階	3階
一般地域	軽い屋根	11	29	15	38	25	46	34	18
	その他	15	33	21	42	30	50	39	24
多雪区域	雪1m	25	43	33	52	42	60	51	35
	間の区域	補完した数値							
	雪2m	39	57	51	66	60	74	68	55

見付面積に乗ずる数値 cm/m²

特定行政庁が規則で指定した区域	50〜75
その他の区域	50

- 品確法の設定方法及び構造計算による

必要壁量

床面積に対して
2階壁長さ

2階建の2階の面積 × 2階建の2階の乗数 ＝ 2階の壁長さ

1階壁長さ

2階がある1階の床面積 × 2階建の1階の乗数
＋
2階がない1階の床面積 × 平屋建の乗数
＝ 1階の壁長さ

見付面積に対して

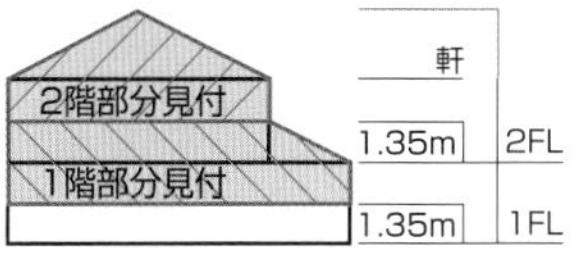
軒
2階部分見付
1階部分見付
1.35m
2FL
1.35m
1FL

2階部分見付面積 × 見付面積に対する乗数 ＝ 2階の壁長さ

(1階+2階)部分見付面積 × 見付面積に対する乗数 ＝ 1階の壁長さ

設計壁量

設計により存在する耐力壁の実長 × 倍率 ＝ 設計壁量

耐力壁の種類と倍率 →〈KW044〉(97ページ)参照

非耐力壁（雑壁）の役割

KeyWord 092

Point

- 非耐力壁は直下に基礎・土台がない壁
- 家は矩形の塊、非耐力壁は矩形の中の区切り
- ２階の非耐力壁では直下の１階に壁・柱・大梁がない

耐力壁・非耐力壁（間仕切壁）の違い

部屋の単位である矩形の集まりが家を形づくる。重層は階を形づくり、横の広がりをもてば大きな建築をつくる。矩形の中の空間は間仕切壁で区切られ、これが非耐力壁である。上階の屋根・床・壁の荷重を伝達しない、水平力を負担しない壁である。耐力壁とは違うことを認識しなければならない。

矩形は上下階が一致することが原則である。飛び出したり、引き込んだりしている場合は補強を行い、上下階一致と同等の性能を有する構造にする。変形を抑え、力を有効に伝えなければならない。このために、梁を設け、床面の面剛性を高めるが、柱を立てたり、ほお杖を挿入することも可能である。矩形は基本的に耐力壁線となるものなのである。

耐力壁線は支持壁、耐震壁で構成される。力の流れとしては、鉛直力、水平力を受ける。その力の受け方が不十分なものは耐力壁とは言えない。土台・基礎のない耐力壁も同じことが言える。

非耐力壁も重要

鉛直力、水平力を支持しない壁や期待しない壁は非耐力壁である。耐力壁の量が不足する場合、非耐力壁を耐力壁にする方法が取られる。躯体上下につながりをもたせ、下部の床版には支持する部材を配置し、接合金物を取り付ける。そして、下階には力を伝達する部材を挿入する。

非耐力壁は取り外しができるので、将来の改装計画に対応可能である。家は二世代、三世代に引き継がれ、家族構成の変化や、設備の更新などによっても構造本体に影響がない。壁量、構造計算に算入しない非耐力壁であっても耐力壁と同様仕様の壁は変形を抑えるので、力が分散して接合部応力の低減が図れる。

2×4住宅の構造体の組合せ

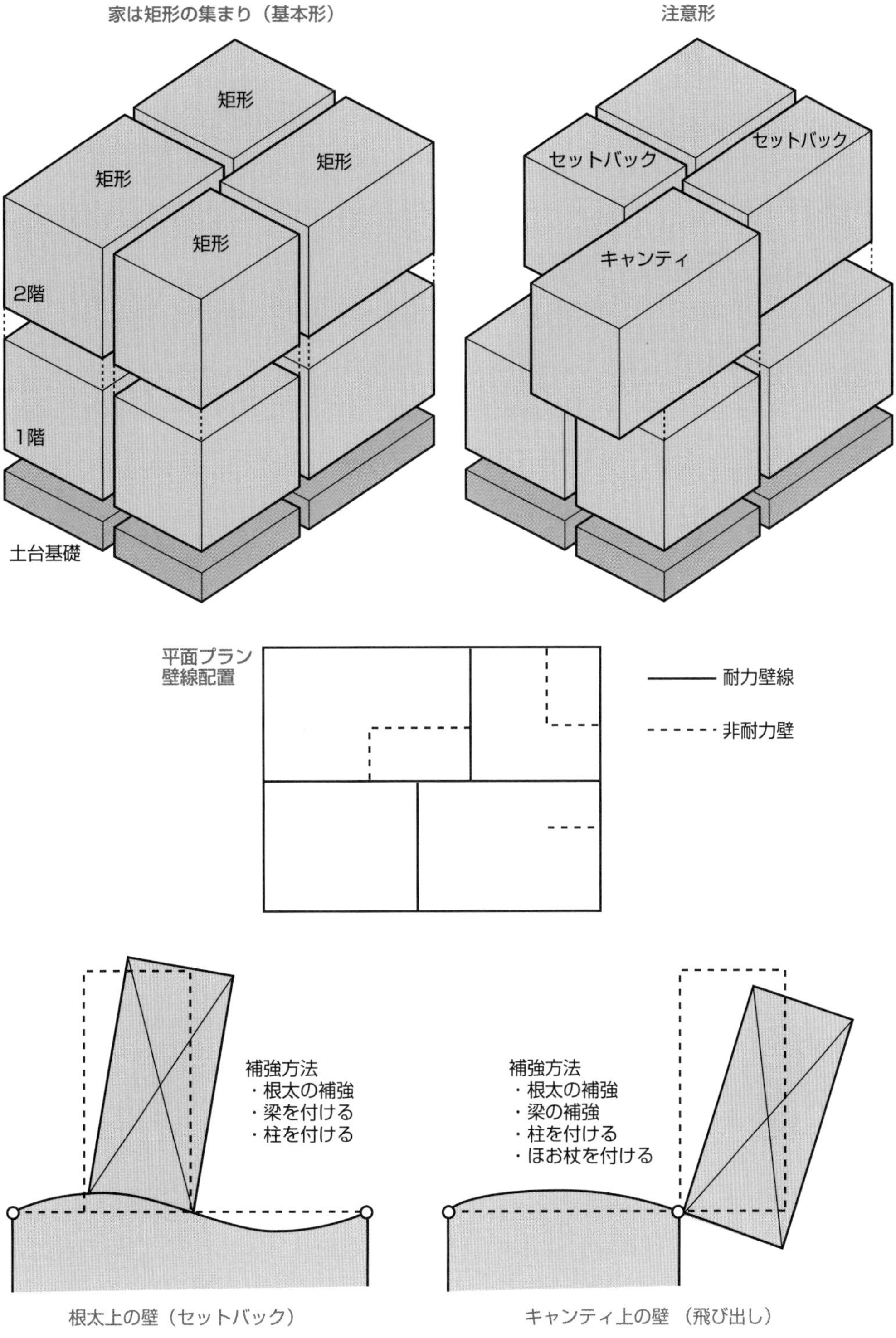
家は矩形の集まり（基本形）
矩形
矩形
矩形
矩形
2階
1階
土台基礎
注意形
セットバック
セットバック
キャンティ
平面プラン
壁線配置
耐力壁線
非耐力壁
補強方法
・根太の補強
・梁を付ける
・柱を付ける
補強方法
・根太の補強
・梁の補強
・柱を付ける
・ほお杖を付ける
根太上の壁（セットバック）
キャンティ上の壁（飛び出し）

2×4工法の構造部材の決め方〈小屋・屋根〉

KeyWord 093

Point

- 小屋、屋根は小屋伏図の構成
- 小屋まぐさ、小屋梁、トラス、棟木、母屋、垂木、庇
- 部材の樹種、耐力。構成と部材断面

小屋の形状は平面、立面および構造を同時に考える。小屋組を支える外壁の壁組には、壁、窓・ドア等があり、開口の上部には小屋まぐさを配置する。内部の壁組の開口の上部には小屋を受ける、まぐさ・梁が必要となる。

屋根トラスは圧縮、引っ張り部材があり、各部材の接合部が重要である。接合方式は合板に釘接合、ネイルプレートおよび引張ボルトがある。トラスによって大スパンを柱なしで計画できる。

束立て方式は、母屋・棟木・垂木・小屋束で構成し、部材は現場で接合できる。束の支持は柱、壁、梁によって行う。

屋根そのものの荷重(固定荷重)は瓦、スレート、金属屋根が一般的な仕様で、屋根の上に設置する太陽光パネル、温水パネル、煙突、アンテナも構造要件である。施工時荷重も考慮が必要である。

雪の少ない地域(一般地域)は短期に乗る荷重としてよいが、雪が根雪になる地域は長期の荷重としてみなければならない(多雪地域)。荷重の大きさは床と同じくらいとし、地域によってはそれ以上の荷重を見なければならない。雪荷重では、小雨による荷重の増大にも注意が必要で、荷重はその状態も勘案しなければならない。木材の許容応力度は長期に対して1.3倍にできるが、短期に対しては0.8倍として安全性を勘案している。多雪地域では地震時の荷重に雪の荷重を低減して見込む。

風の荷重の注意点は、庇、屋根の吹上である。壁、小屋組は垂木も含めて壁材との接合に浮上りに対応しなければならない。

垂木、根太などの合板を張った並列材は許容応力度が1.25倍にできる、その他の並列材は1.15倍にできる。これは荷重が隣り合った部材も助け合った協力係数である。節、欠点の影響で低減係数がある。樹種は耐力に影響する。

部材断面の低減係数

寸法形式	せい(D)	圧　縮	引張り	曲　げ	せん断
106　206　406	14.0	0.96	0.84	0.84	1
208　408	18.4	0.93	0.75	0.75	
210	23.5	0.91	0.68	0.68	
212	28.6	0.89	0.63	0.63	

屋根の形状

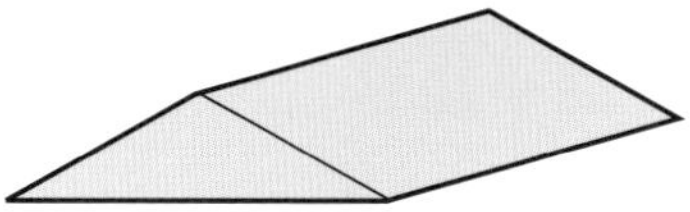

切り妻

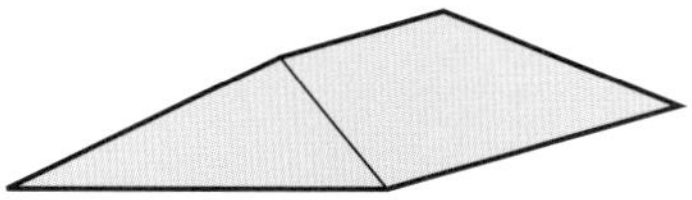

寄せ棟

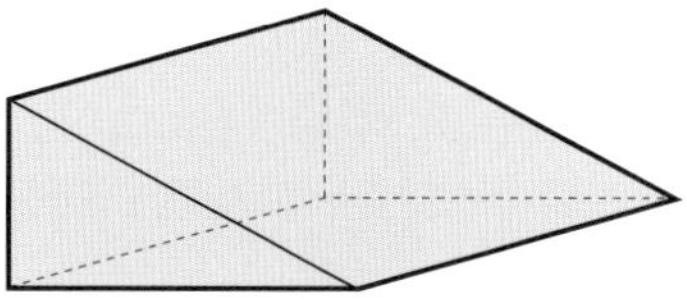

片流れ

屋根の構造方式

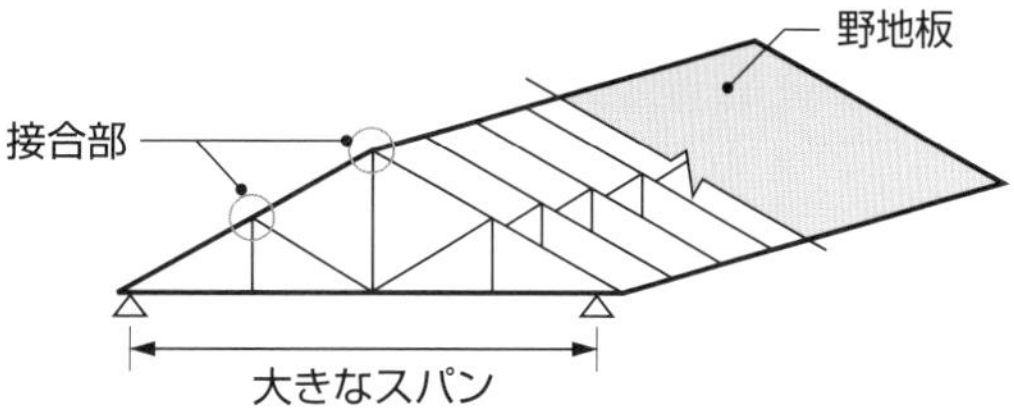
野地板
接合部
大きなスパン

トラス

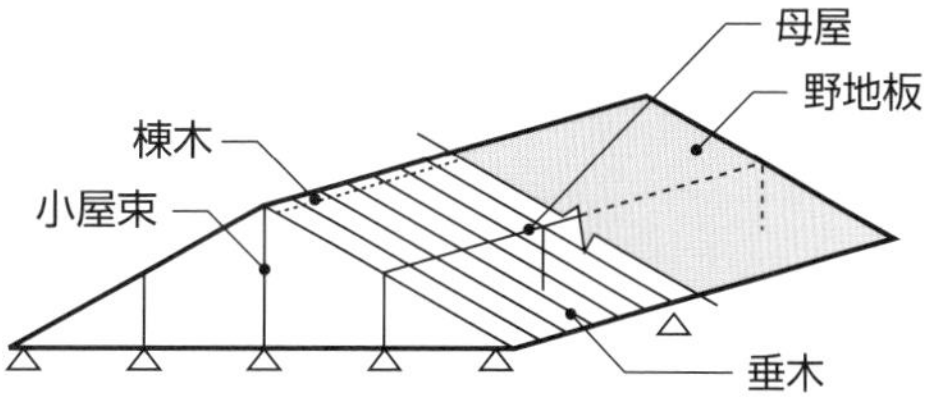
母屋
野地板
棟木
小屋束
垂木

束立て小屋組

圧縮部材には支持点が必要

剛性のある床・屋根の張り方

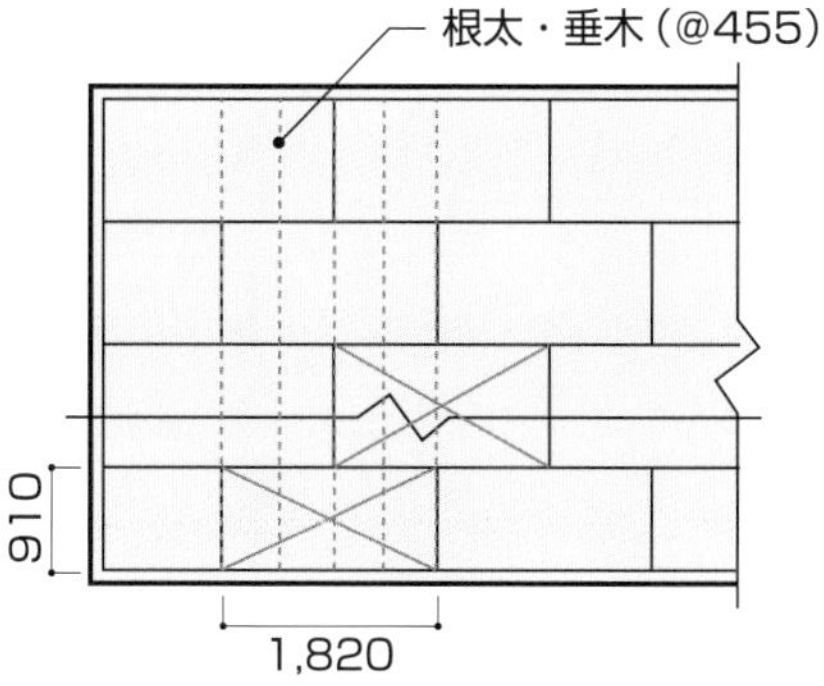
根太・垂木(@455)
910
1,820

千鳥張り

開口上部のまぐさ

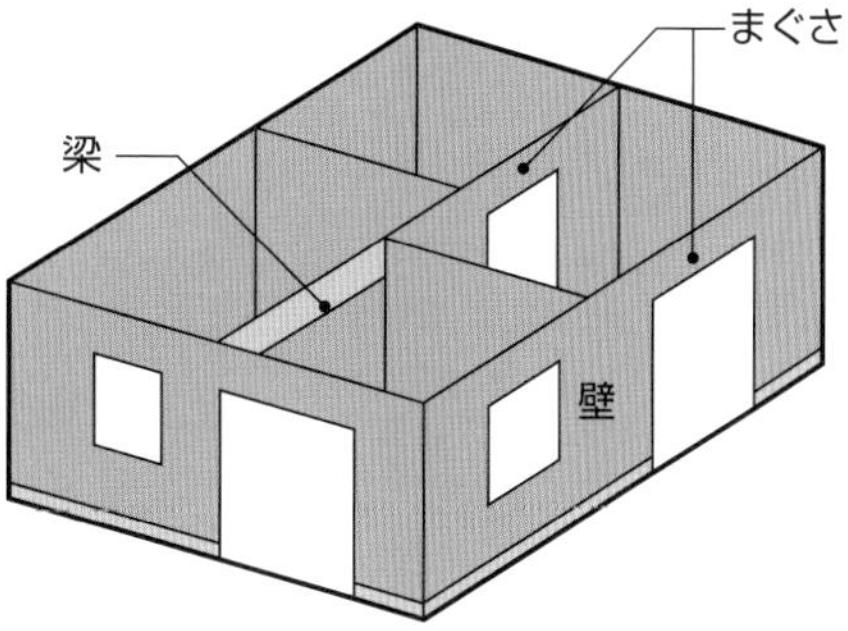
まぐさ
梁
壁

2×4工法の構造部材の決め方〈床〉

KeyWord 094

Point

- 床は2階床伏図の構成
- 床まぐさ、床梁、小梁、根太、片持梁、開口部の梁
- 部材の樹種、耐力。構成と部材断面。立面不整形

2階の床版は支持点である壁間に製材の根太を渡す根太方式が多くとられる。根太の背でスパンの最大が決められる。

それより大きなスパンをとりたい場合には、エンジニアウッド（Ｉビームなど）や、平行弦トラスの利用もある。床版の大きさは桁行12ｍ、耐力壁間に囲まれた面積が40㎡以内であり、根太と床版の緊結に補強を行えば制約はあるが72㎡までが可能である。

構造物全体の応力計算により安全が確かめられた場合には面積をさらに大きくできるが、接合方法、納まりは検討が必要である。

床大梁を配置する梁床方式もあり、大きな空間が計画できる。

根太スパンの製材の公称寸法は、2×4、2×6、2×8、2×10、2×12が使われている。根太と壁上部の接合方法は壁上枠の上部に設置し釘で接合する置き根太である。梁上に根太を配置する場合も同様である。梁下の天井高さを上げたい場合は、梁上面を根太上部に合わせ、梁横に金物等を介して打ちつける。梁は壁のスタッド間に挿入するか、または金物を介して取り付ける。根太部材には樹種、耐力のグレードがある。

部材に架かる荷重は、床（ＤＬ）と、人・設備荷重（ＬＬ）を合わせたものである。さらに、屋根が受けた荷重を背負う壁（支持壁）がある場合で、下階に壁・柱がない場合は、その荷重を受ける。耐力壁とした場合は、その水平反力があるので、補強を考える必要がある。

片持ち、セットバックした壁を支持する場合には、その拘束は、根太、梁、床版を介して起こり、揺れる。

そういった壁は補強しないと期待した壁の耐力が発揮されないことに注意しなければならない。反力が起こる場所、耐力壁の端部や、床版の力の伝達に検討を行わなければならない。

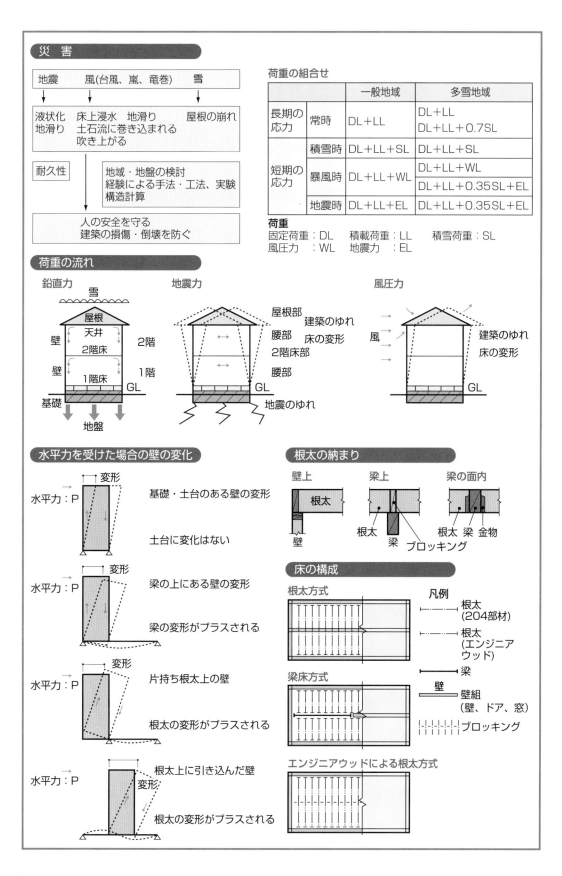

災　害

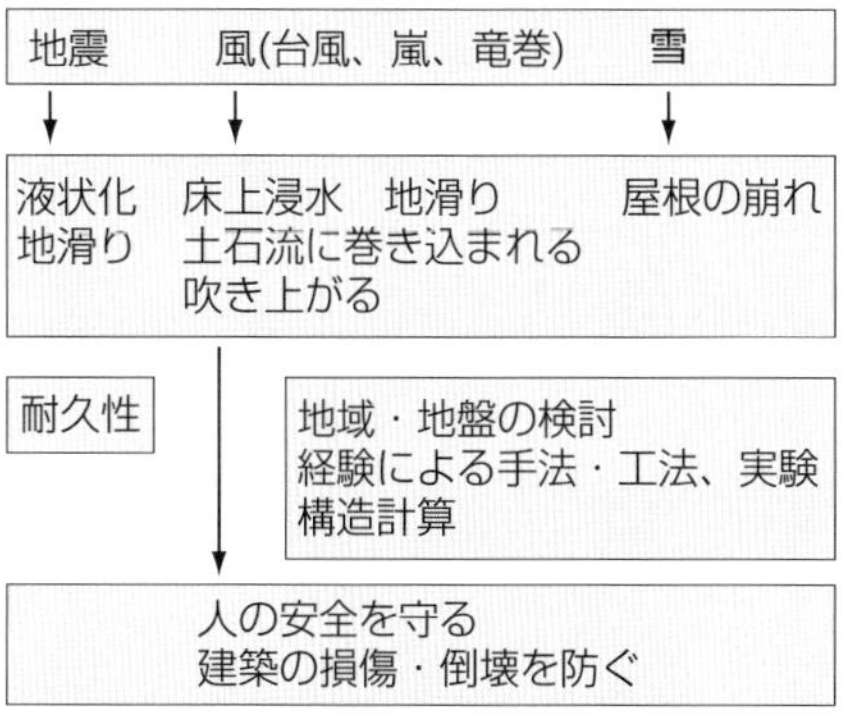

地震　風(台風、嵐、竜巻)　雪
液状化
地滑り
床上浸水　地滑り
土石流に巻き込まれる
吹き上がる
屋根の崩れ
耐久性
地域・地盤の検討
経験による手法・工法、実験
構造計算
人の安全を守る
建築の損傷・倒壊を防ぐ

荷重の組合せ

		一般地域	多雪地域
長期の応力	常時	DL＋LL	DL＋LL DL＋LL＋0.7SL
短期の応力	積雪時	DL＋LL＋SL	DL＋LL＋SL
	暴風時	DL＋LL＋WL	DL＋LL＋WL DL＋LL＋0.35SL＋EL
	地震時	DL＋LL＋EL	DL＋LL＋0.35SL＋EL

荷重
固定荷重：DL　積載荷重：LL　積雪荷重：SL
風圧力　：WL　地震力　：EL

荷重の流れ

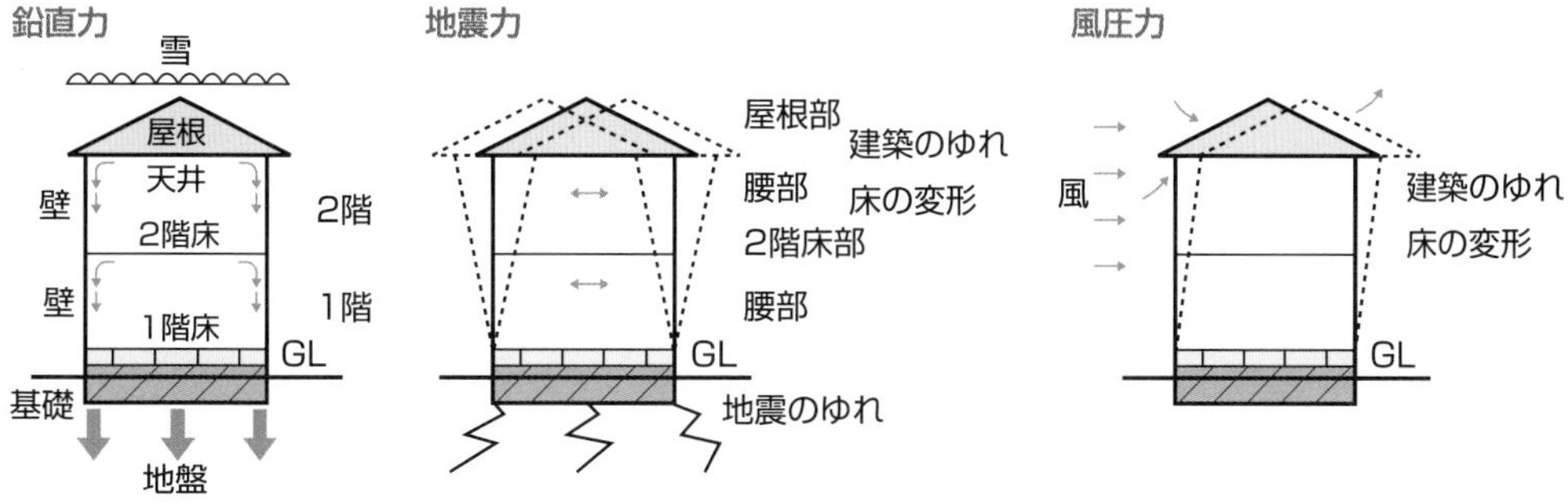

鉛直力
雪
屋根
天井
壁
2階床
2階
壁
1階床
1階
GL
基礎
地盤
地震力
屋根部
建築のゆれ
腰部
床の変形
2階床部
腰部
GL
地震のゆれ
風圧力
風
建築のゆれ
床の変形
GL

水平力を受けた場合の壁の変化

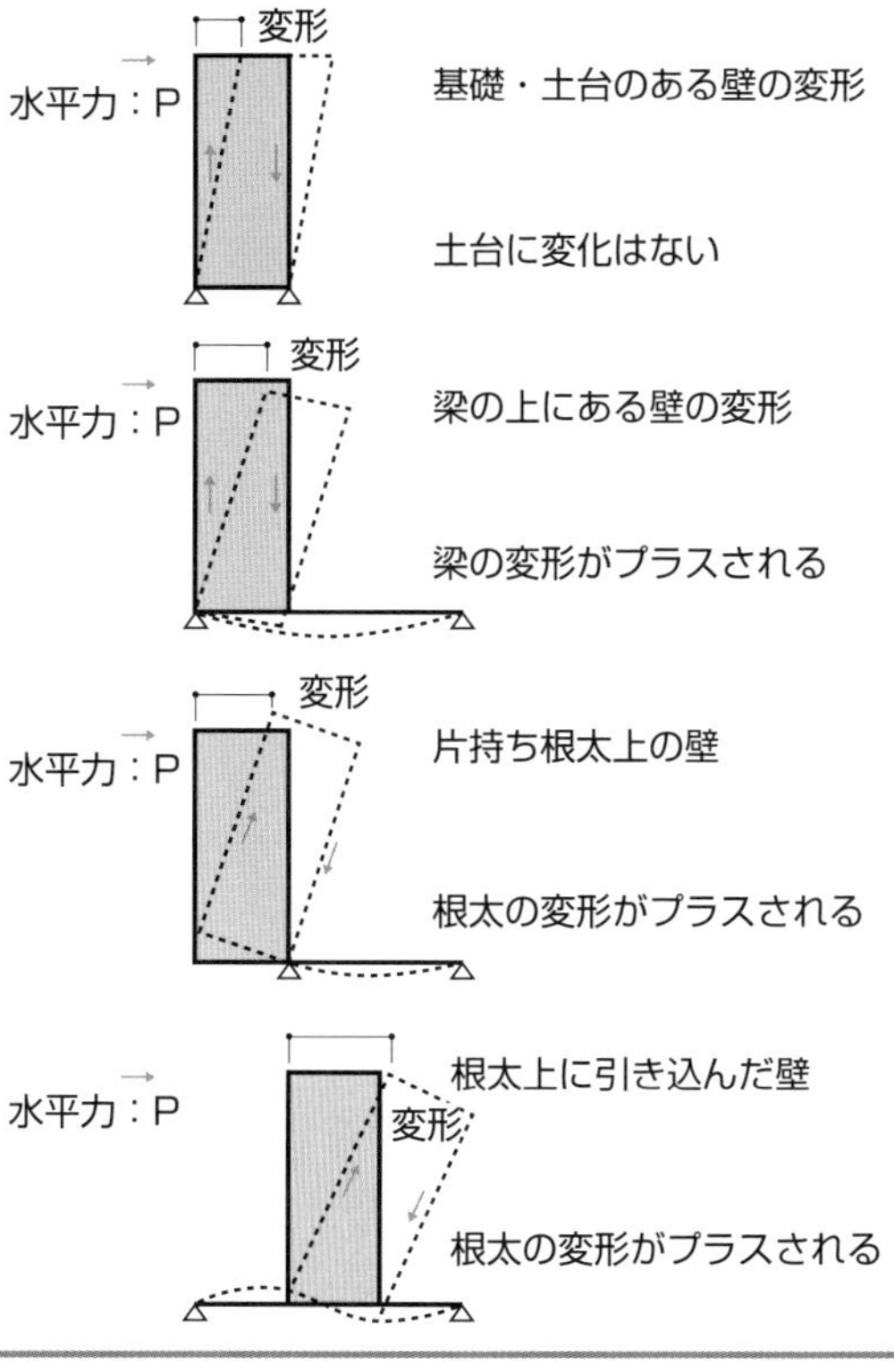

水平力：P
変形
基礎・土台のある壁の変形
土台に変化はない
水平力：P
変形
梁の上にある壁の変形
梁の変形がプラスされる
水平力：P
変形
片持ち根太上の壁
根太の変形がプラスされる
水平力：P
根太上に引き込んだ壁
変形
根太の変形がプラスされる

根太の納まり

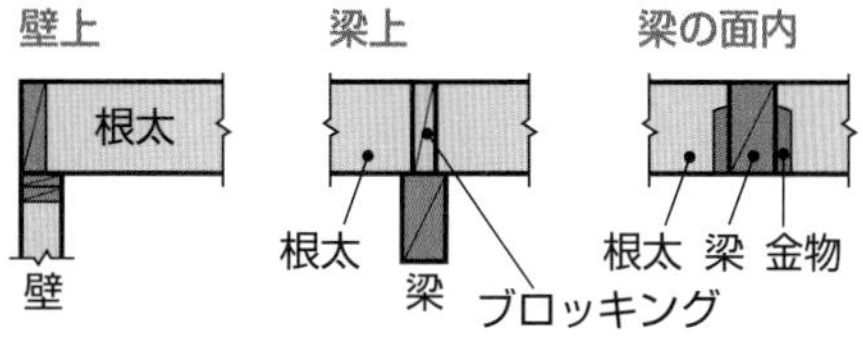

壁上
根太
壁
梁上
根太
梁
ブロッキング
梁の面内
根太　梁　金物

床の構成

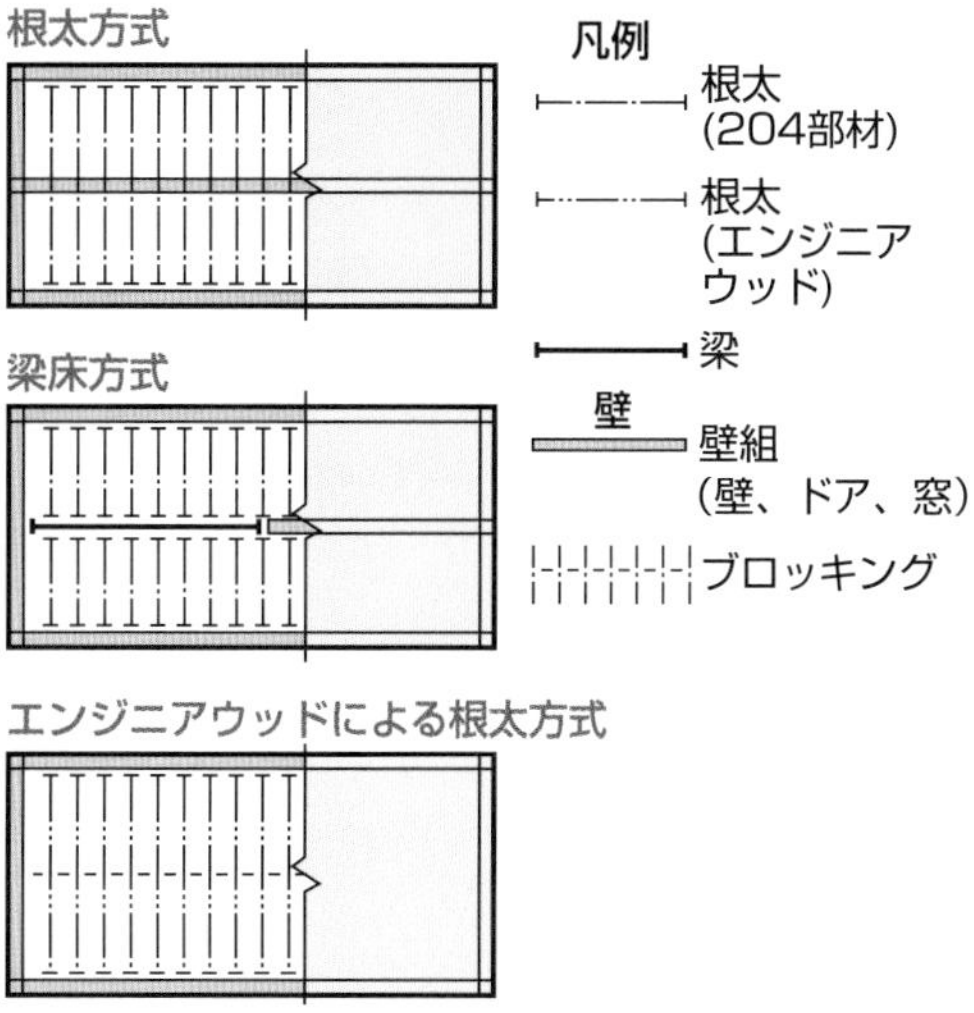

根太方式
梁床方式
エンジニアウッドによる根太方式
凡例
根太
(204部材)
根太
(エンジニア
ウッド)
梁
壁
壁組
(壁、ドア、窓)
ブロッキング

2×4工法の構造部材の決め方〈基礎・土台〉

KeyWord 095

Point

- 地形、地盤、基礎
- 土台、大引き根太
- 部材構成と部材断面

住宅をどこに建てるかは重要である。山合、谷合、川沿では地震や大雨によって山崩れ、土石流、鉄砲水が起こる。敷地の歴史を古地図を参考に調査することも必要である。

地盤は岩盤、固結した砂、土丹盤、礫層、砂質層、粘土層、ローム層、埋め立て層等があるが、常時・地震時・台風時において、建築が沈下しない余裕のある地盤対策を行う。地盤耐力が少ないならば杭を打ったり地盤改良などで耐力を補強する。基礎形式は布基礎、ベタ基礎がある。砂質地盤では液状化に注意しなければならない。

1階の耐力壁の下部には、土台、基礎を設けて地盤に荷重を流す。壁組、開口部の端部には基礎との間に浮き上がりを生じさせないように引き付け金物が必要である。壁、床組、土台、基礎を介して力（鉛直力、水平力）が流れるようにする。

外壁側の基礎端部は浸食されてはいけないので、地域の状況に合わせて基礎深さを決定する。

床下の構成は大引き方式と梁方式がある。大引き方式は床束が細かいピッチで配置され、束石により地盤に力を流す。梁方式は基礎間に梁を通し、力を伝達する。凍結深度が深い場所で使われる。1階床をコンクリートスラブにする形式もある。床は根太床もある。

日本は春夏秋冬があり、高温多湿な気候である。建築内での湿度の変化が木材に与える影響は大きい。地形により山風、谷風があり、湿度を取払うことも、取込むこともある。

腐敗菌は通常存在するので、木は空気や適切な温度、栄養、スペース、水分がすべてそろうことで腐る。地盤から1m以内は防腐処理が欠かせない。

建築を長くもたせるため、できるだけ水分を排除するように注意をし、いつでも点検できる床下スペースを確保する。

構造部材を決める場合の曲げ部材の応力計算公式

		曲げ(M) max	せん断(Q) max	たたみ(δ) max
等分布単純梁	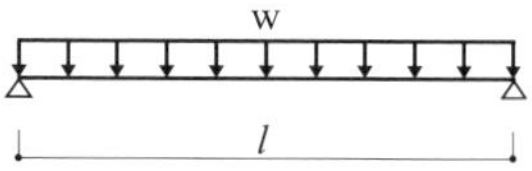	$M=wl^2/8$	$Q=wl/2$	$\delta=5wl^4/384EI$
中央集中単純梁	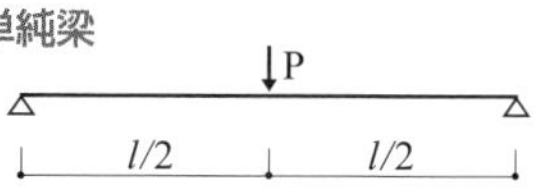	$M=Pl/4$	$Q=P/2$	$\delta=Pl^3/48EI$
2等集中単純梁	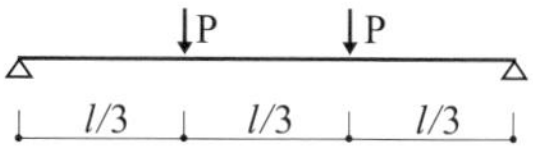	$M=Pl/3$	$Q=P$	$\delta=23Pl^3/648EI$
等分布2連梁	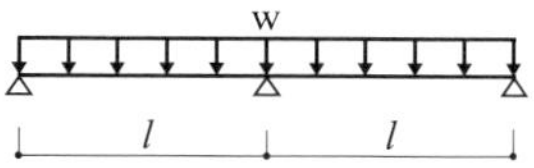	下部 $M=9wl^2/128$ 内端上部 $M=16wl^2/128$	外端 $Q=3wl/8$ 内端 $Q=5wl/8$	$\delta=wl^4/185EI$
中央集中2連梁	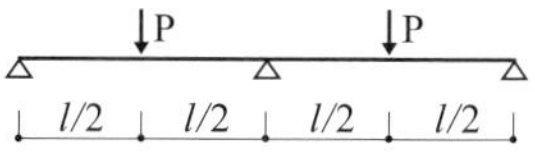	下部 $M=5Pl/32$ 内端上部 $M=3Pl/16$	外端 $Q=5P/16$ 内端 $Q=11P/8$	$\delta=Pl^3/48\sqrt{5}EI$
等分布片持ち梁	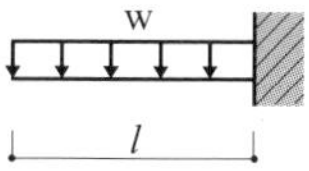	$M=wl^2/2$	$Q=wl$	$\delta=wl^4/8EI$
集中片持ち梁	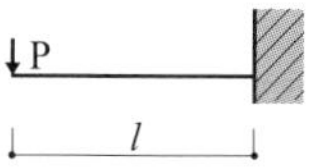	$M=Pl$	$Q=P$	$\delta=wl^3/3EI$

長く保たせるための基礎換気（耐久性）

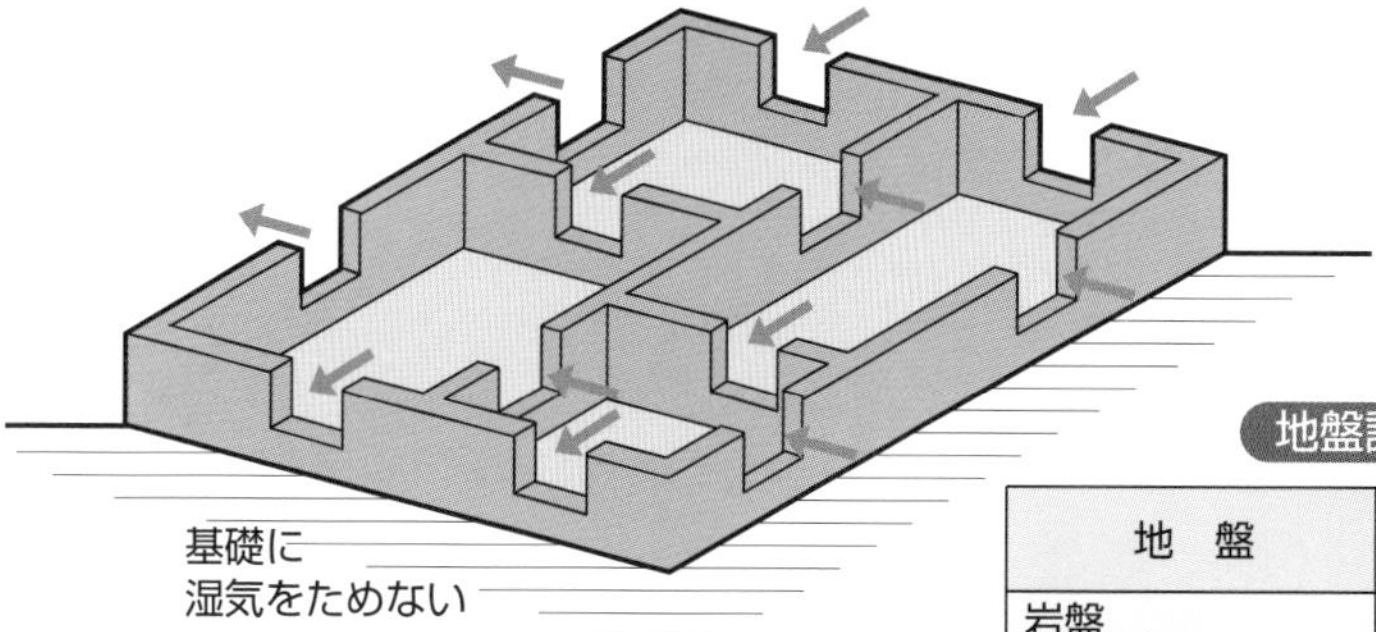

- 床下換気・耐久性
- 腐る要素すべてがそろうと腐る
  空気、水分、菌、栄養、スペース
  自然界にはすべてある

地盤許容応力度

地　盤	長期許容応力度 [kN/m]	短期許容応力度 [kN/m]
岩盤	1,000	長期に生ずる力に対する許容応力度のそれぞれの数値の2倍とする
固結した砂	500	
土丹盤	300	
密実な礫層	300	
密実な砂質地盤	200	
砂質地盤※	50	
堅い粘土質地盤	100	
粘土質地盤	20	
堅いローム層	100	
ローム層	50	

※地震時に液状化のおそれがないものに限る

仕様規定を超える方法と新しい工法

KeyWord 096

Point

- **仕様規定と性能規定**
- **新しいこと、壁の新しい種類、接合部の新しい種類、屋根、床の新しい部材、地震力を少ない方法で受ける住宅を考えた**

2×4工法は確立された工法である。しかし、建築に作用する力に有効で、安全なディテールは常に検討されなければならない。

水平力は壁のスタッド、横材に面材、筋かいまたは両者を釘打ちし耐力壁にして抵抗している。これまでの耐力壁の仕様である。

新しい素材に耐火性を付加し、繰り返しの力に粘り強く、高耐力で、変形を少なくし、耐久性をこれまで以上に考慮した材料や、地震、風に対して耐力壁に代わる新方式によって、同様の性能を上回ることができる可能性がある。

接合方法は釘・金物によるところが大きいが、接合部や建築の耐力は部材の耐力および釘・金物の耐力の両者の低い耐力で決まる。

根太部材の耐力は、樹種やグレードによるが、耐力があって、ゆがみが抑えられ、せん断耐力がある材料が求められている。エンジニアウッド、トラスはそういった考えから生まれたのである。

大きな部材が確保できなくなってきているので、工業化された部材は可能性は大きい。

地盤にしっかり固定した基礎に建築は固定されている。地震は地盤の動きが建築に伝達して建築を揺らす。

見方を変えると、揺れを吸収して本体への影響を少なくする方法は、地盤または基礎と上部建築の間に揺れの吸収材を介入することで、上部の建築の揺れを減少させることができる。これを免震という。地震の揺れに対して安全に生活できる方法である。

力は、引張り・圧縮、せん断、曲げがあるが、だるま落としのような、力を建築全体で、壁で、接合部で「受け流す」こと、いわゆる、減衰効果が考えられる。

各部位の力のかかるイメージ

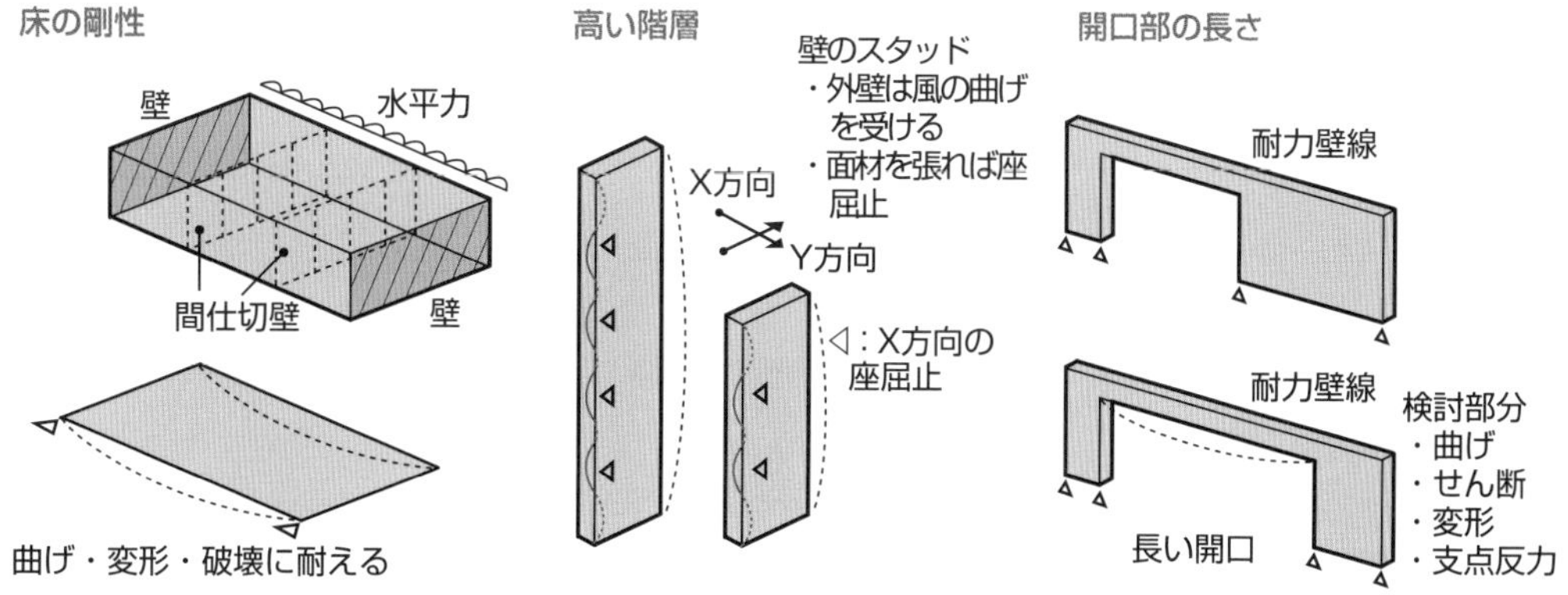
床の剛性
壁
水平力
間仕切壁
壁
曲げ・変形・破壊に耐える
高い階層
X方向
Y方向
壁のスタッド
・外壁は風の曲げを受ける
・面材を張れば座屈止
◁：X方向の座屈止
開口部の長さ
耐力壁線
耐力壁線
長い開口
検討部分
・曲げ
・せん断
・変形
・支点反力

建物にかかる力のイメージ

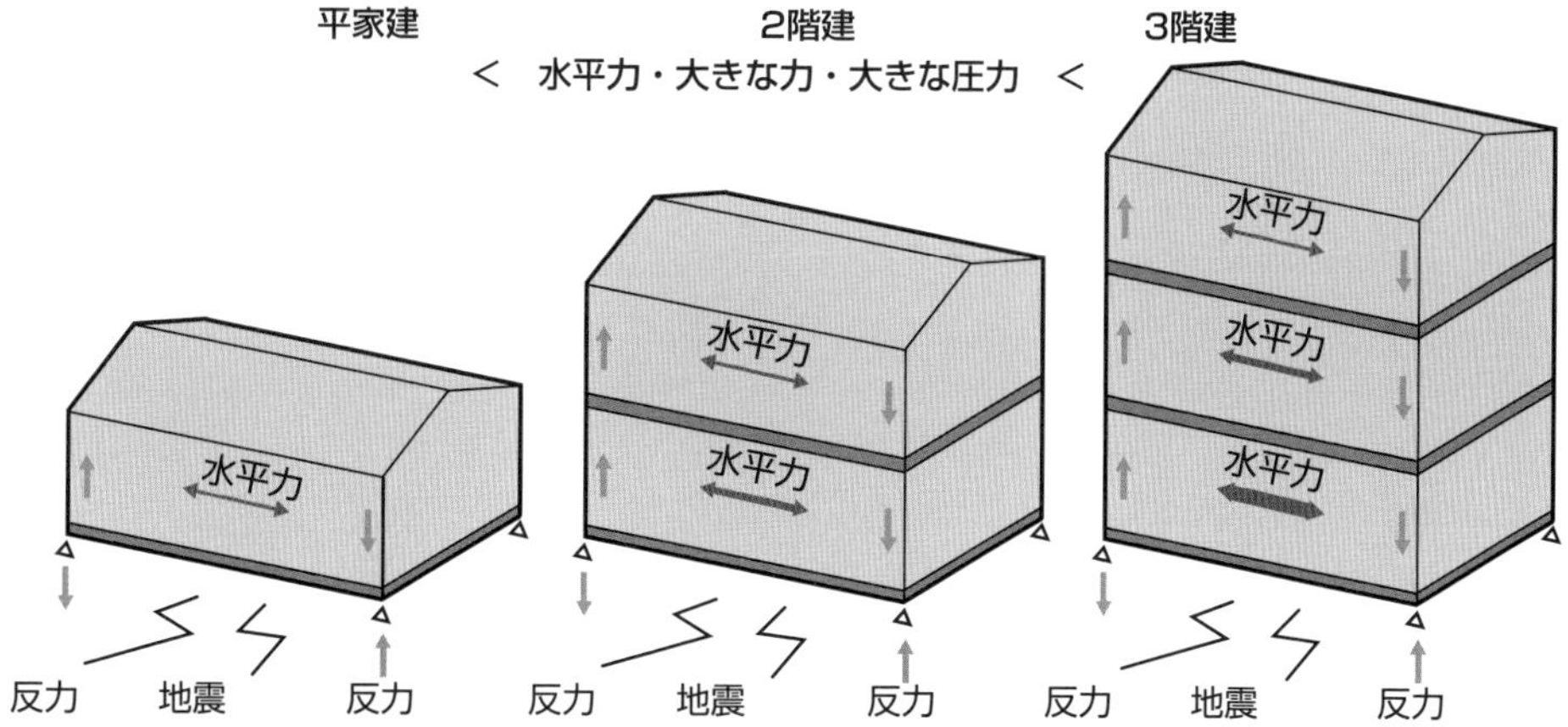
平家建
2階建
3階建
＜　水平力・大きな力・大きな圧力　＜
水平力
水平力
水平力
水平力
水平力
水平力
反力
地震
反力
反力
地震
反力
反力
地震
反力

壁イメージ

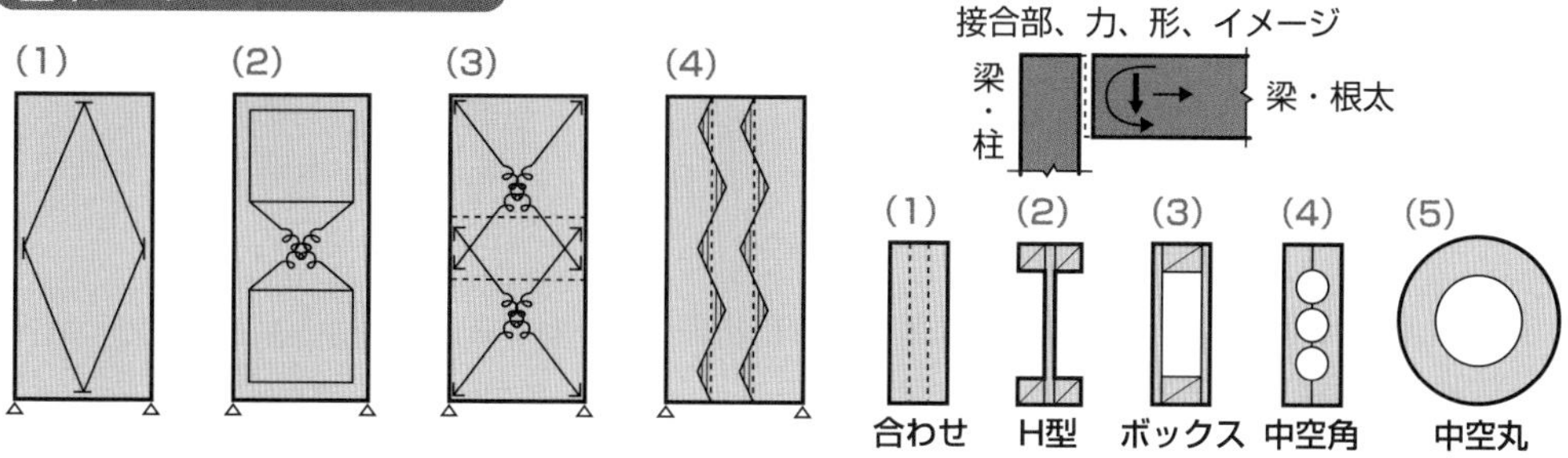
(1)
(2)
(3)
(4)
接合部、力、形、イメージ
梁・柱
梁・根太
(1)
(2)
(3)
(4)
(5)
合わせ
H型
ボックス
中空角
中空丸

免震イメージ

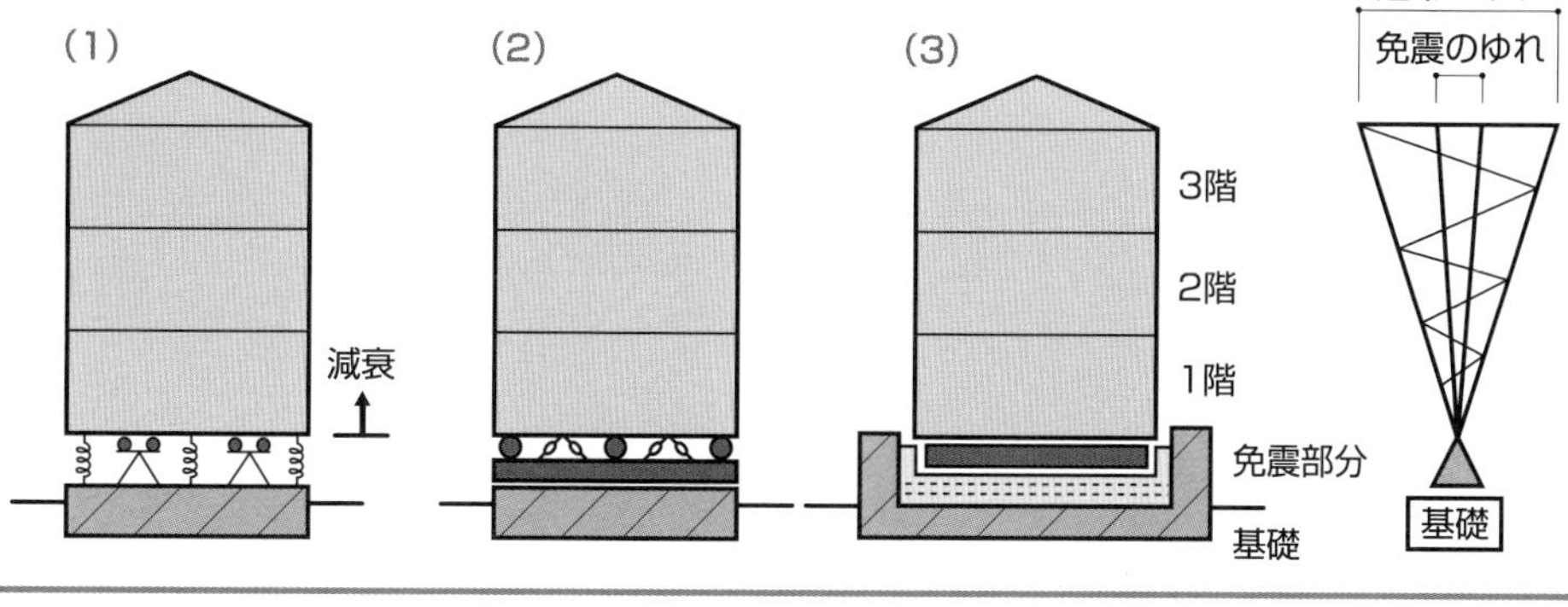
(1)
(2)
(3)
減衰
3階
2階
1階
免震部分
基礎
通常のゆれ
免震のゆれ
基礎

Column 6

枠組壁工法の仕様を超えた時、どのようにすればよいか

仕様規定と同等以上に満足する建築にすることが性能規定である。仕様規定の概要は次のとおり。

■ 仕様規定・平成13年国土交通省告示第1540号およびその改正〈第5 壁等〉

3項	複数階の荷重は下階の構造耐力上主要な部分が直接負担する構造としなければならない
6項	耐力壁の相互の距離は12 m以下かつ耐力壁に囲まれた水平距離。40㎡以下で床材の相互の緊結を構造上有効にした場合は60㎡以下（長辺に対する短辺の比が1/2を超える場合は72㎡以下）
12項	耐力壁線に設ける開口部の幅は4 m以下かつその幅の合計は当該耐力壁線の長さの3/4以下

■ 性能規定　耐力壁（構造計算で証明する）

3項　荷重の伝達は確実に下部に伝達しなければならない。伝達が不十分であれば、曲がり、下がり、外れ、耐力が少なくなる。そのため、耐力壁の直下の配置は、直上、市松であるが、柱を立てることで、鉛直力は確実に下部に伝わる。
その他の場合は剛性が十分な梁をわたす。計算の必要な部分は、耐力壁が十分に働くように梁の耐力、剛性、せん断力および建築全体に対する影響を検討しなければならない。また、水平力の移動が横方向になるため、床版には十分な耐力が必要になる。

6項　床版には耐力の限界がある。その仕様伝達には上記の制限がある。しかし、もっと広い距離、大きな広間が欲しい場合がある。このような場合でも2×4工法では構造計算をすることで可能である。床版は、根太、側根太、際根太、床版、および床梁を用いている。

その形が水平力時にも「しっかり」していなければならない。荷重時に、床面の平面の変形、せん断、引っ張り、圧縮に対して検討する。部材、接合部（骨組と床版の接合、つまり壁と床版の釘・プレート接合、床下地板と根太の釘接合）が十分であるか。また、設計プランの構造計画で、部屋は矩形のつながりである。12 m以内で直交する壁に連結する方法には注意が必要である（他の矩形に力が流すことも考えられる）。

梁を通し、床からのせん断力、影響する壁への圧縮力、引っ張り力の検討をしなければならない。別途の建築全体の構造計算（許容応力度構造計算）において、設計を行えば、さらに大きな部屋が計画できる。


12項　壁は十分あるが、倒れる建築物が発生することを防ぐ項目である。床の剛性と壁の配置が関係する。2×4工法はモノコック構造であるため、範囲の拡張の場合、500㎡以上、3階建てになると、さらに安全性が必要である。

2×4工法では床剛性は高いが、平面偏心がある場合（偏心率0.3以下が基準。建築を左右に分けた時のおおよその比が0.35対0.65)、壁の鉛直配置計画で屋根および複数階の荷重を床が負担しなければならない時も注意をし、検討を要する。

構造計算は建築物全体像を考えて行う。力の流れが止まることなく、地盤まで流すことである。

第7章 2×4住宅のプラン例

2×4工法を生かしたプランニングとは

KeyWord 097

Point

◐ プランニングのキモはゾーニング

◐ 2×4住宅らしさとはシンプルなプランニング

2×4工法の住宅のプランニングでは、在来工法に比べ構造的な制約が大きいと考えられている。しかし、こういった制約のもつ本質を理解し、プランニングすることも大きな意味をもつ。

◐ プランニングのキモ

2×4住宅のプランニングでは、部屋単位を組合せて間取りを考えるのではなく、耐力壁線区画を意識した30～40㎡程度の大まかなゾーニングスタディからプランを考えることが必要である。

縦動線となる階段を中心にして1、2階を併せて考え、屋根伏せや建物の形などを意識しながらプランニングをまとめることで、構造的な制約を容易にクリアできるものと言える〈KW030〉。

◐ 2×4住宅らしさとは

2×4住宅は、ブロックごとのまとまりをもつシンプルなプランが特徴になる。また、木造による壁構造であるので、壁面の組合せと壁面にあけられた開口部のバランスが意匠上の特徴になる。

また、建物の屋根形状や立面形状・開口部による「かたち」によって、シンプルで印象的な形態となる。

そして、内部の仕上げのための下地が構造体の面材である構造用合板や石膏ボードで、この上に仕上げ材が張り付けられるので、シンプルな床や壁・天井面が、構造的な面による空間構成を一層際立たせるといってよい。

◐ 建物の形と意匠

2×4住宅では、躯体と仕上げを分離して考えることができる。

これは1つの工法でさまざまな表情の建物をつくることができ、装飾するための部材部品や装飾に対する考え方(様式)のバリエーションが多いためといえる。

耐力壁線の区画とプラン

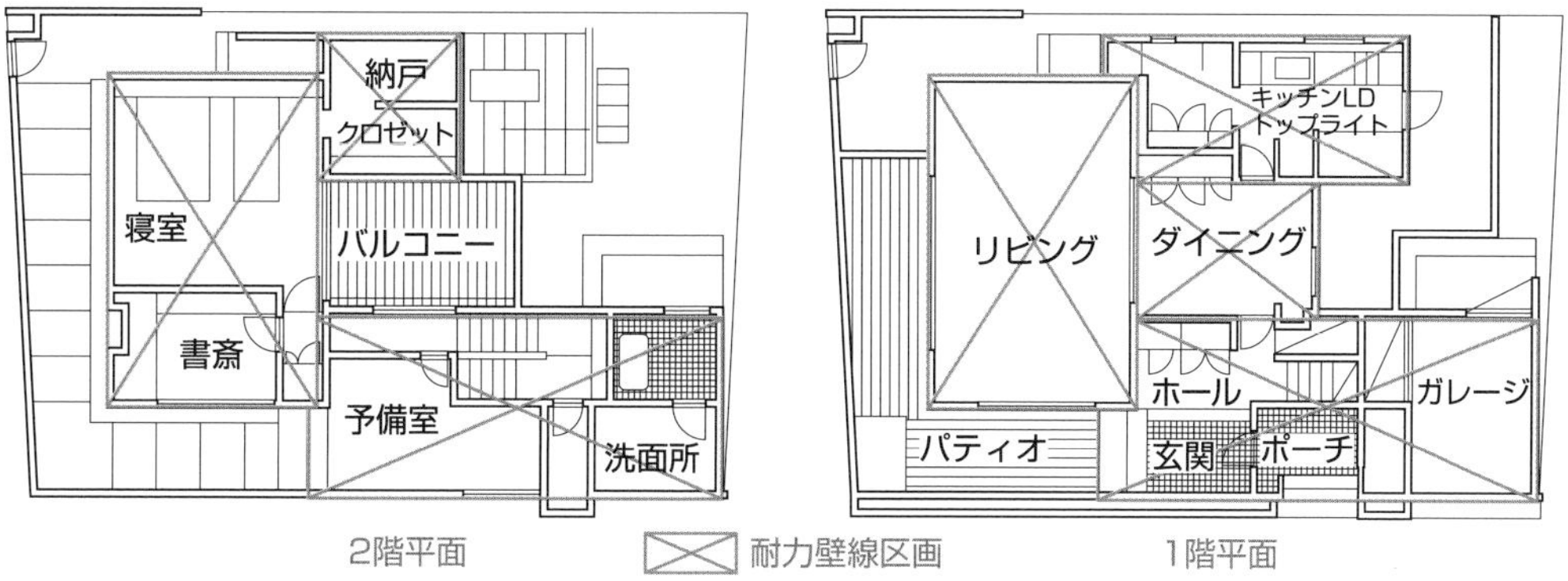

2×4の特徴である箱型の耐力壁線区画をプランニングに生かした住宅例
外観も箱型の意匠と塀などと一体の意匠で都市型住宅を演出している

スタイルによる立面のバリエーション

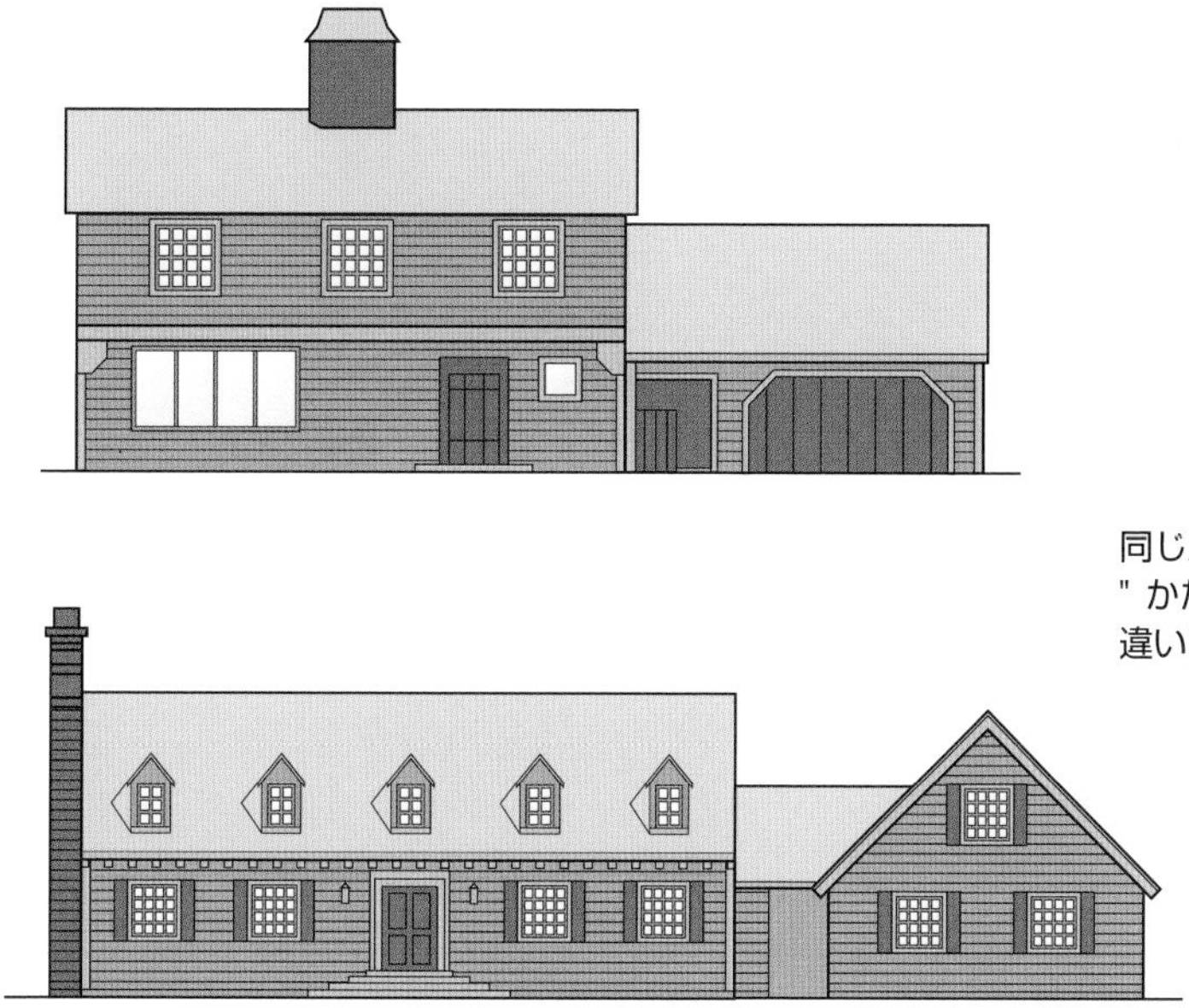

同じ工法でつくられた躯体でも建物の " かたち " と様式を踏まえた仕上げの違いによりバリエーションが生まれる

2×4工法を生かした立体的な空間プラン

KeyWord 098

Point

- ◐ メイン空間とサブ空間のつながりを整理する
- ◐ プロポーションと対称性が安定感を生む

2×4工法の住宅の空間は、プランニング時に意図された立体的な空間のつながりを、より明確に表現する必要がある。そのための工夫をいくつか挙げてみる。

◓ メイン空間とサブ空間

空間構成を考える場合、大きく象徴的に見せるメイン空間と、この空間につながるそれぞれの空間をサブ空間として位置付け、空間的・視覚的にそれらのつながりを整理する。

例えば、大きな居間・階段空間に対し、そこにつながるサンルーム空間や2階の個室空間がサブ空間になり、勾配天井や開口等を通した視覚性などで一体的につながる。

◓ プロポーションと対称性

シンプルな建物形状は、これを反映した内部空間もシンプル形状となる。こういった空間の突き当たりとなる建物の妻部分は、印象的な立面とするために、そのプロポーションの美しさやシンメトリー性など形態的に安定したものとする。

また、これらの壁面と開口部などとのバランスも、ともすれば小さくなりがちな開口の大きさ（しばしば標準的なサッシサイズで決めることが多い）に注意が必要である。

◓ ライフスタイルへの対応

壁構造である2×4住宅では、壁と開口部の組合せと空間の広がりで空間が構成される。

そこで、より開放性を求めるライフスタイルに対応するために、大きな開口部を多用したサンルームや、外部空間と内部空間をつなぐ内部とレベル差を設けないデッキは有効な手段といえる。

開放性の高いサンルームの計画には構造的な対応や工夫が必要となる。

吹き抜けを生かした立体的な空間の住宅

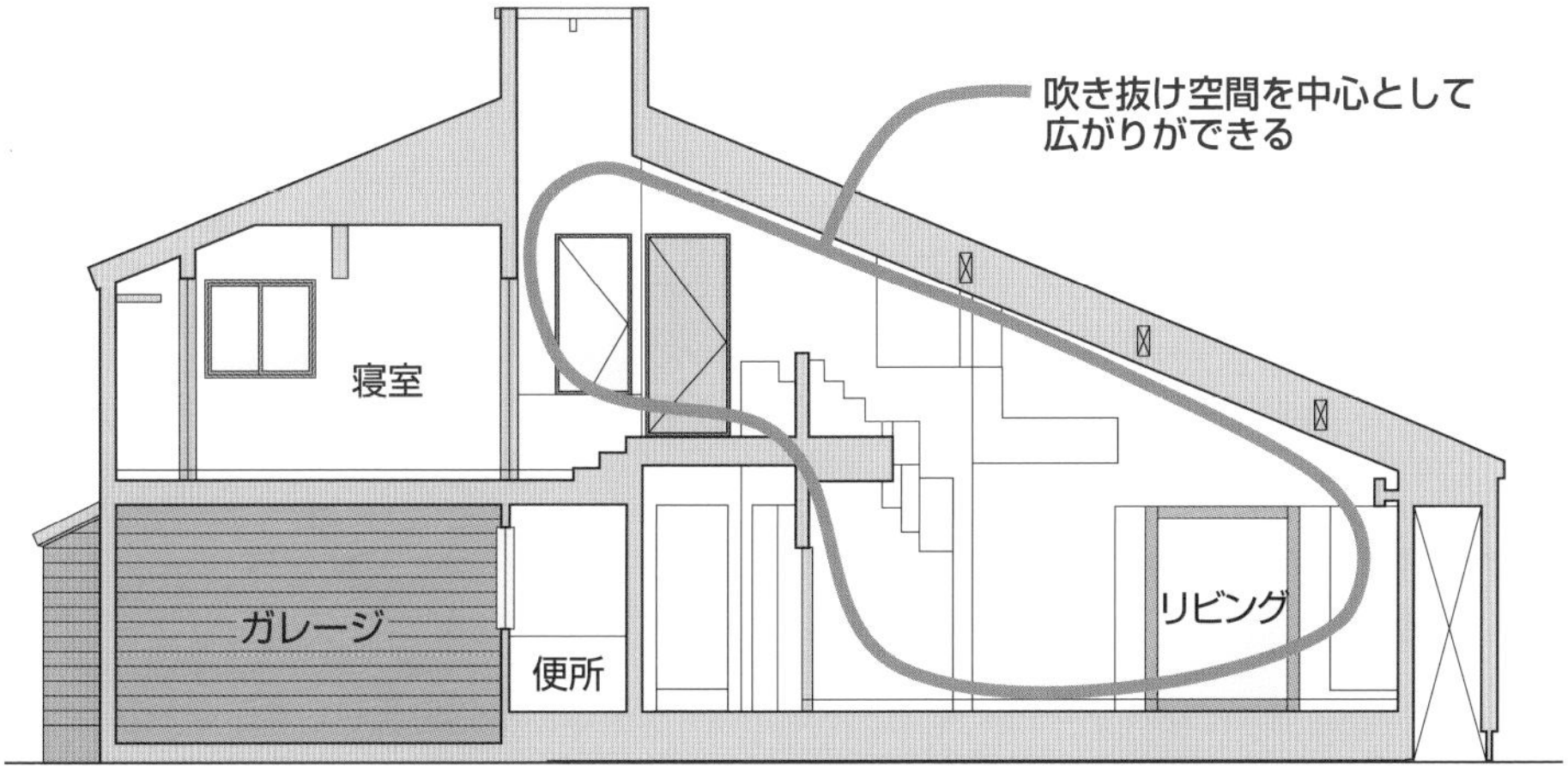
吹き抜け空間を中心として
広がりができる
寝室
ガレージ
便所
リビング

断面

階上よりリビングを見る

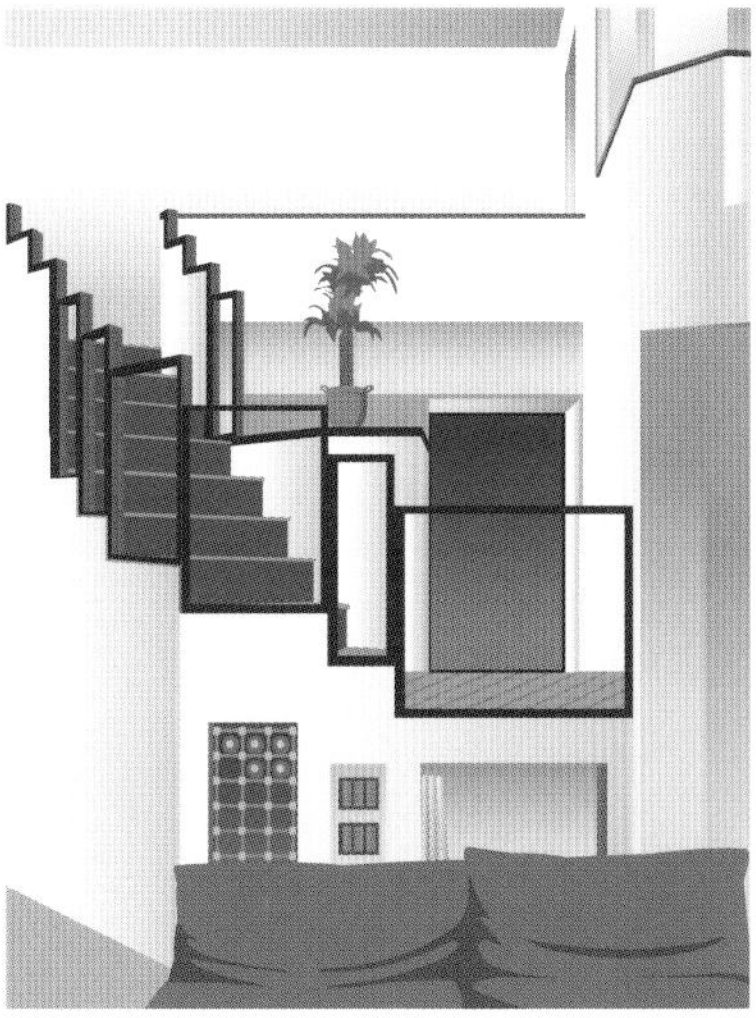

リビング収納(階段と一体的にデザイン)

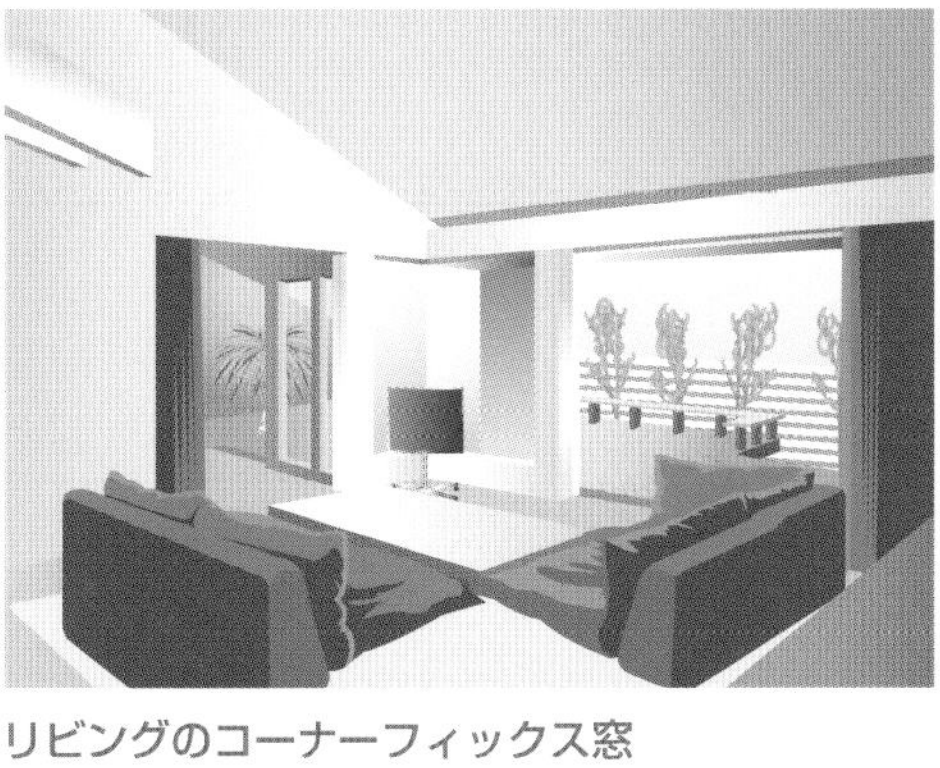

リビングのコーナーフィックス窓

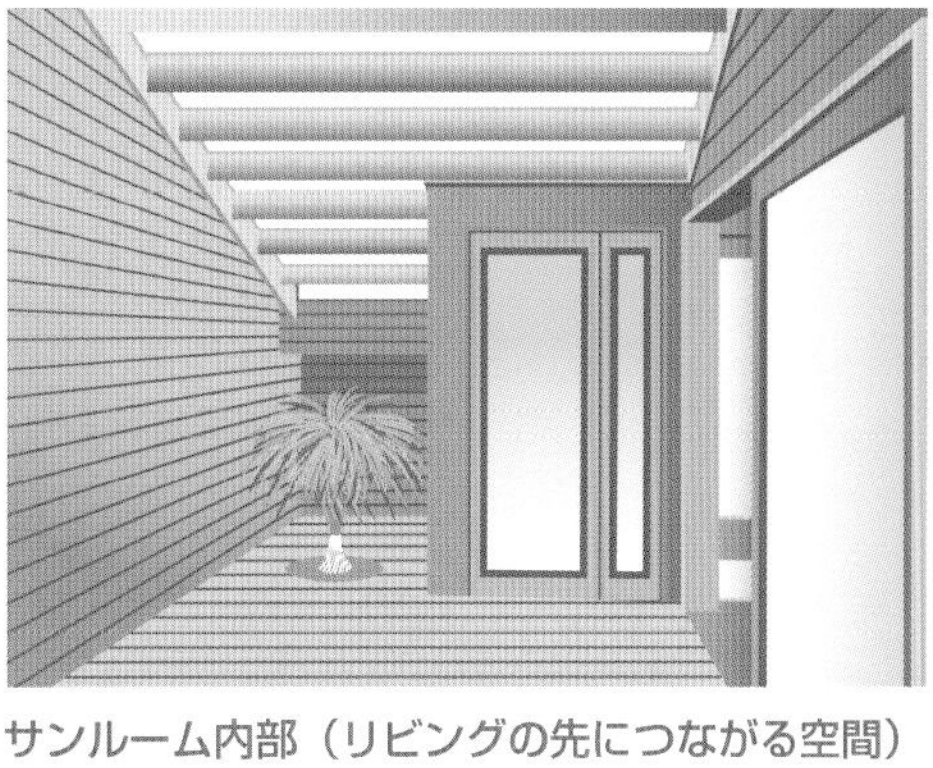

サンルーム内部(リビングの先につながる空間)

構造体を見せるプラン

KeyWord 099

Point

- 垂木のもつリズム感の活用
- 構造体によるリゾートらしさの表現

このプランニングでは、リビングルームを中心とした大きな吹き抜け空間をもつ家で、この象徴的な空間を、2×4工法の小屋組の構造体をそのままに見せている。

海岸線からそう遠くない自然の残る丘陵に立地し、豊かな環境を常に感じることのできる住宅を意図して計画され、構造体のもつリズム感やリゾート感などを見せることでそういった表現の1つとした。

吹き抜けとレベル差のある空間

リビングは、階下に駐車場をもつため半階上げられ、オープンな階段を介して2階の個室空間と1階の食堂スペースとつながっている。

そして、この空間を大きな1つの空間としてとらえ、連続性と変化を感じさせる空間としている。

また、この空間は、南側のサンルームやデッキにも連続的につながり、自然を強く感じさせる外部空間へとつなげている。

垂木を見せるデザイン

この吹き抜け空間を構成する小屋組は、455ピッチに210の垂木を用いたA型トラス形式である。垂木を3つごとに入れた208のつなぎ材が構造的な役割と変化を与えている。

そして、こういった空間では、梁間方向が構造的には不安定となってしまうので、小屋組の棟と肩口にはつなぎ材や化粧垂木（スタッド）を入れて補強している。

また、桁行き方向の開口部上部に通したカーテンボックスは、水平方向の力を負担する台風梁として働くように工夫されている。

そして、この上部の垂木間に照明が入れられ、間接照明として夜間は落ち着いた空間と垂木のリズム感を昼間とは違った雰囲気で表現している。

垂木を意匠として見せる住宅例

リビングの天井を見上げる

リビングからダイニングの吹き抜けを見る
（右側はサンルームにつながる）

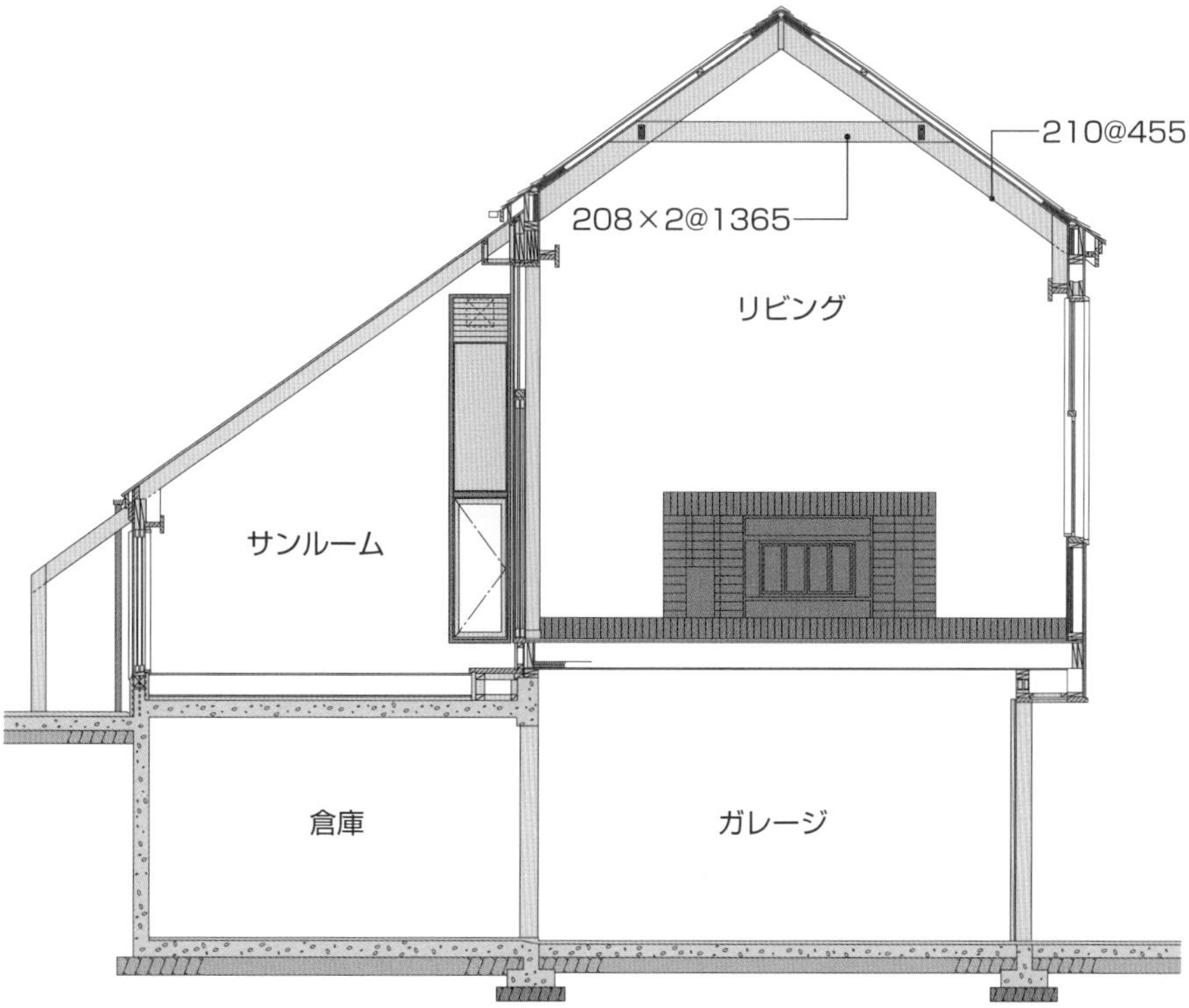
210@455
208×2@1365
リビング
サンルーム
倉庫
ガレージ

意匠と構造の融和したプラン

KeyWord 100

Point

- 見せる構造体をつくる
- 壁と小屋組を見せる

柱梁構造で見せることのできる骨組に対し、細い材料で構成される2×4工法の骨組は、一般的には頼りなく見える。

しかし、目に入る材料の数という点では在来工法に比べて圧倒的に多く、同じようなサイズの材料が繰り返し見えることになる。

こういった効果は、視覚的には心地よいリズム感を与え、骨太の軸組とは異なる印象を見る人に与える。

見せる構造体をつくる

2×4の構造体は、一般には意匠として見られることはなく、内側からは石膏ボードの下地として隠れた存在である。

そのため、ころび止めの位置（通り）や釘先の突き出しなど、構造的には問題のないことでも、構造体を見せる意匠としては問題がある。そこで細心の注意を払い施工する必要がある。

また、通常は壁体内に入れる断熱材が入らないので、外断熱のように構造体の外に取り付けたり、壁の間柱のサイズを208や210など大きくすることで、壁体内に断熱材を入れるスペースを確保する必要がある。

小屋と壁の見せ方

小屋組のトラスの例については〈KW038〉で説明したが、吹き抜けや小屋裏などの小屋組を意匠で見せる方法もある。

この例の場合はトラスではなく棟梁によって垂木を支え、垂木を見せる方法が一般的である。

壁の間柱も小屋の垂木と同じような意匠として考え、構造体の凹み部分を利用する方法がある。

収納やニッチ、インターホンやスイッチの設備ニッチなど、ワンポイントとなる意匠や機能スペースとして活用できる。

構造体を見せるプランニングの住宅例

ダイニングの照明、壁面の照明

2階子供室

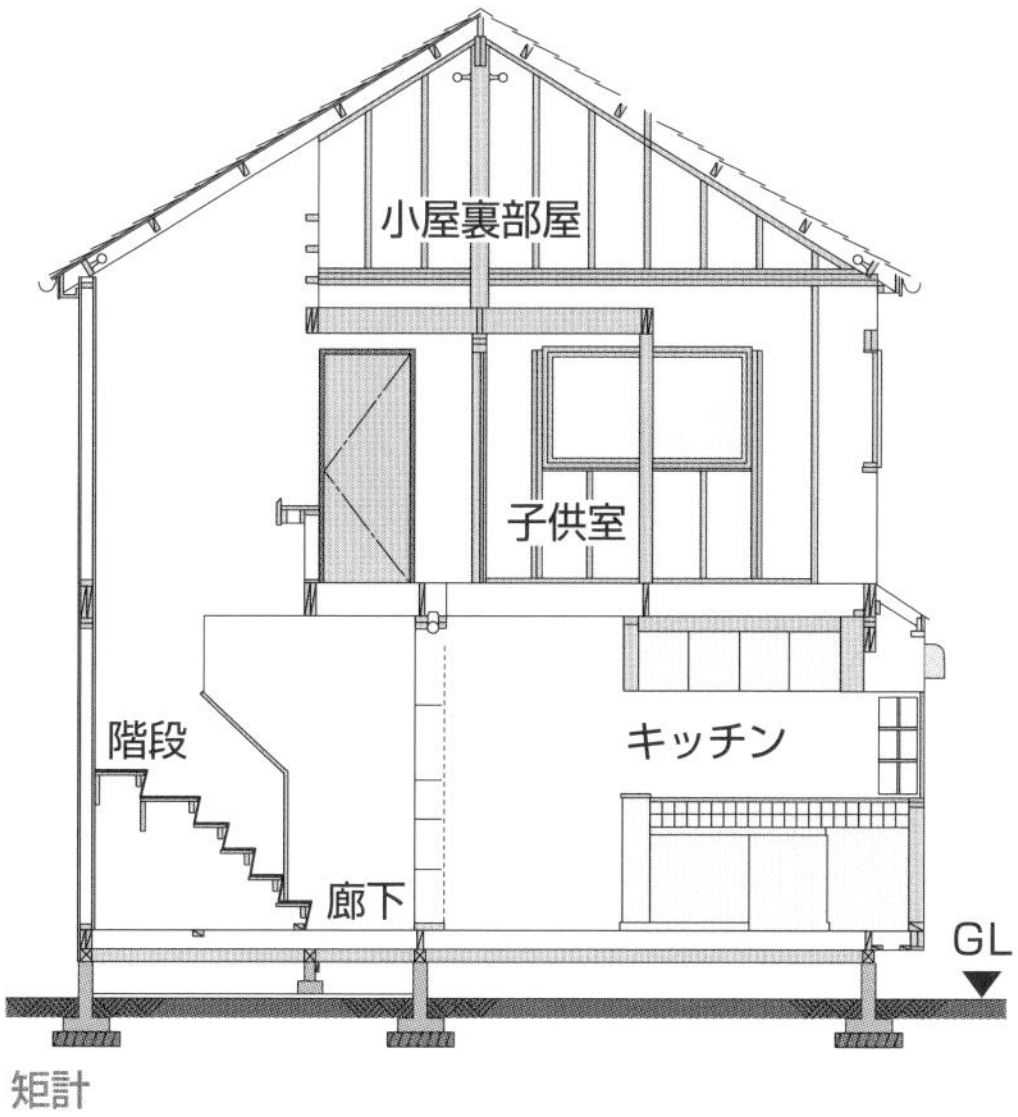
小屋裏部屋
子供室
キッチン
階段
廊下
GL
矩計

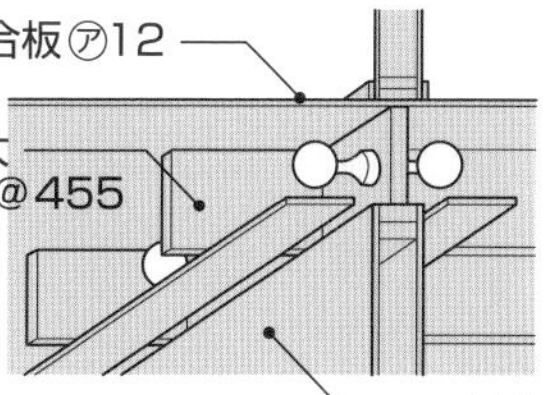
構造用合板㋐12
床根太
210＠455
内壁
2階床根太と照明

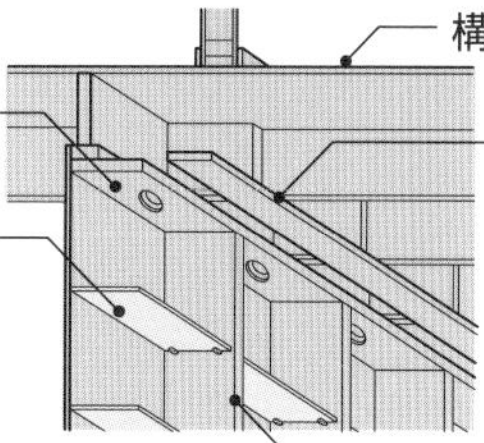
構造用合板㋐12
上枠 210
床根太
210 ＠455
棚ガラス
スタッド 2-210 ＠455
壁のスタッドと照明

2×4工法のデメリットを克服するプランニング

KeyWord 101

Point

◐ 壁と開口部の開放性に工夫したプランニング

◐ 開口部の制約を減らす工夫

2×4工法では、開口部の最大幅に決まりがあり、開口部の上部にはまぐさが取付くために下がり壁となる。

そのため、開口部のデザインに多少の制約を受けることがあるが、開口部にかかる荷重を減らす工夫をすることで、まぐさのサイズを小さくすることや、開口幅を広げることができるようになる。

さらに、耐力壁線上の開口部への制約を受けないようにするため、壁線区画の取り方を工夫することで、自由な開口部を設けることができる。

手法1　構造的制約を少なくするために、開口部に対して床根太や天井根太、垂木などが平行になるようにし、梁などによる荷重もかからないようにする。

手法2　床根太に床梁を入れて上部からの荷重を受け、開口部へかかる荷重を減らす。

手法3　上下階の開口部の幅と位置を一致させ、開口部の中間への荷重を減らす。上階で幅の狭い開口部が連続するような場合は、連続する窓を1つの開口として1本のまぐさを通して入れる。

手法4　室内の開口部で耐力壁線上になく支持壁でもないものは、構造の制約を受けない。部屋の中に簡易な間仕切りを設けるようなものであり、開口幅の制約を受けないし、まぐさを取付ける必要もない。間口いっぱいの幅で、床から天井までの範囲で開口部をつくることができる。ただし、床のたわみや建物の変形などに対応できるように、配慮しておく必要がある。

手法5　建物の外壁部分に構造の制約を受けない開口部を設けるには、耐力壁線区画を外部にまで拡げて設定する。開口部を設置する部分が非耐力壁になることで自由な開口部を設けることができる。

手法1　開口部への荷重を減らす工夫

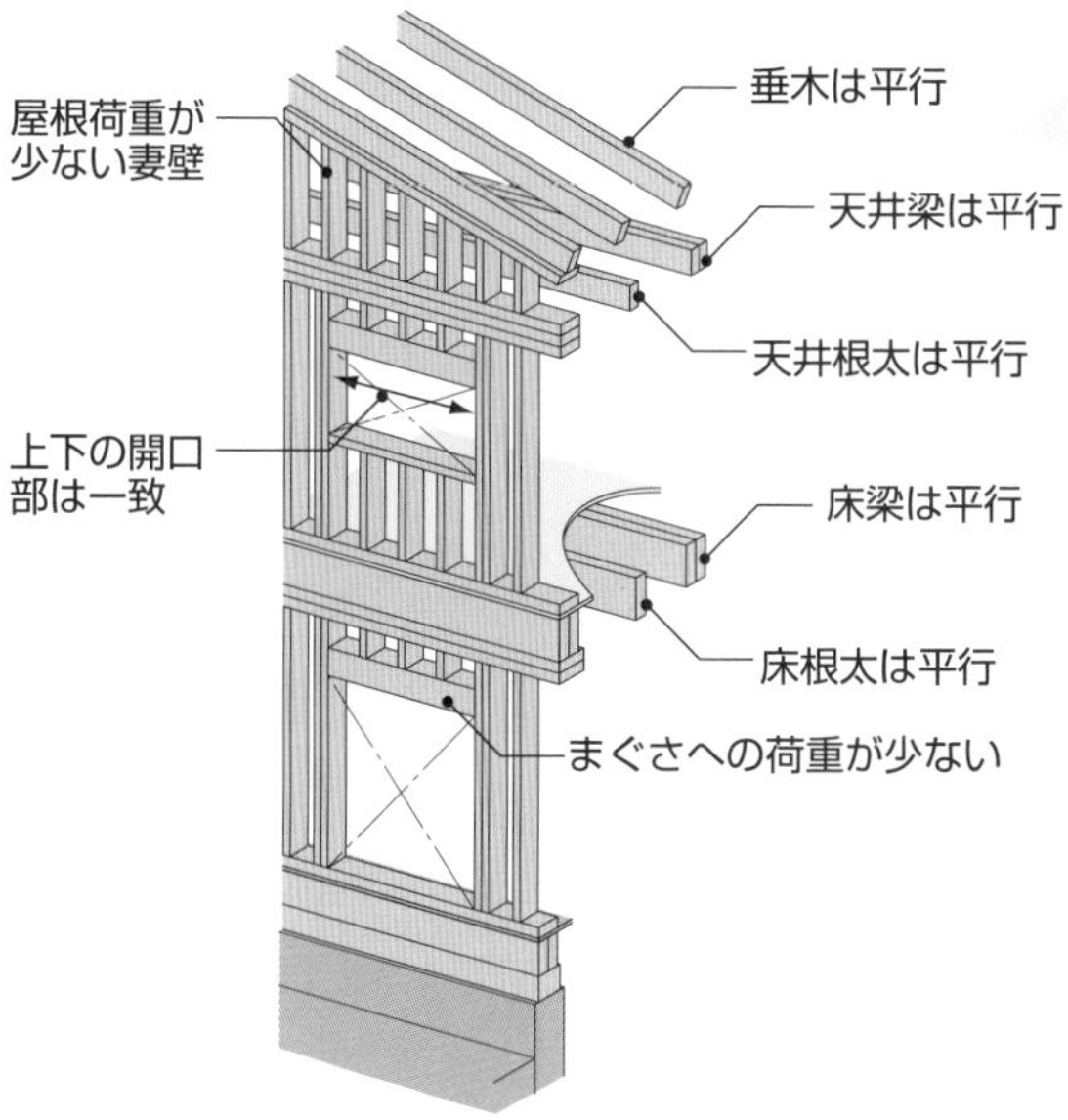

手法2　開口部への荷重を床梁で減らす

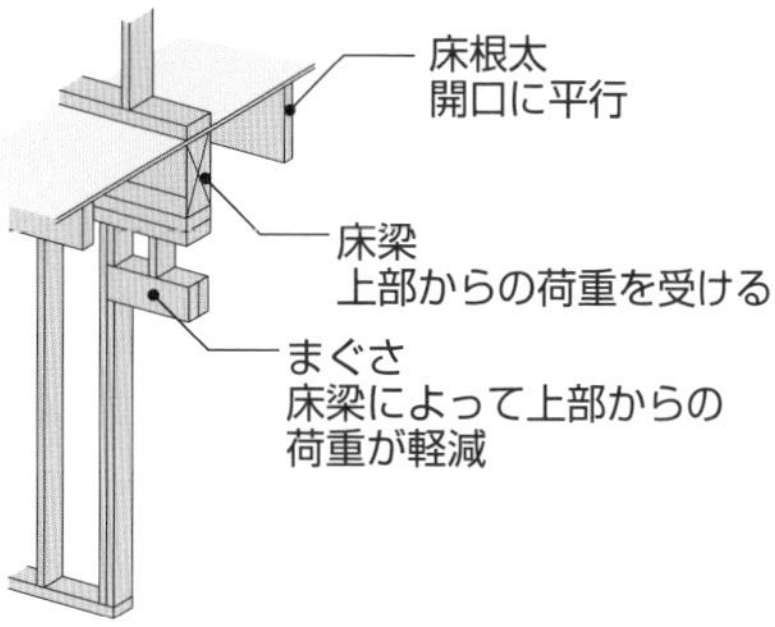

開放的な開口部を取り入れた外観

手法3　上下階の開口部を工夫する

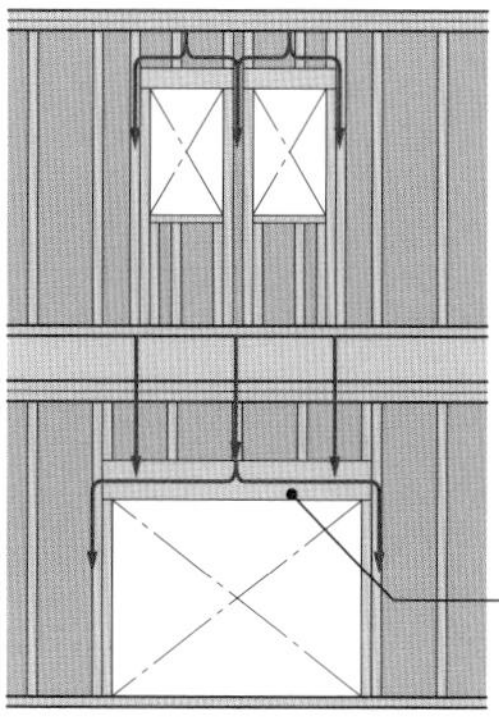
標準的なまぐさの取付
荷重負担が重い

×上下階の開口部位置により下階のまぐさへの荷重負担が重い

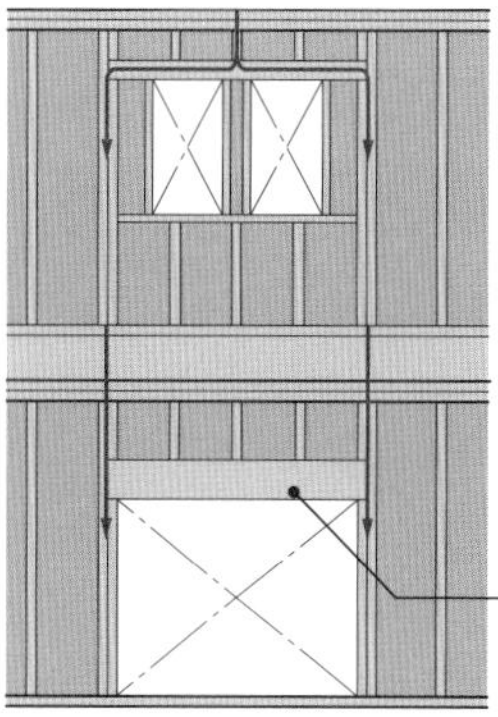
まぐさを工夫して階下
への荷重を軽減
荷重負担が軽い

○上階のまぐさを工夫することで下階のまぐさへの荷重負担が軽くできる

手法4　耐力壁線区画内は非耐力壁にできる

耐力壁線区画内であればまぐさは不要

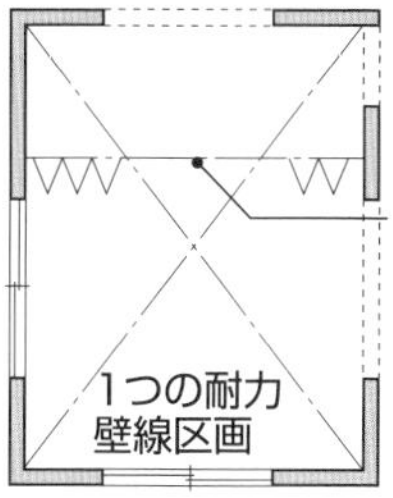
下り壁は必要ない

手法5　耐力壁線区画を工夫して非耐力壁にする

屋外部分も含めて耐力壁線区画とする

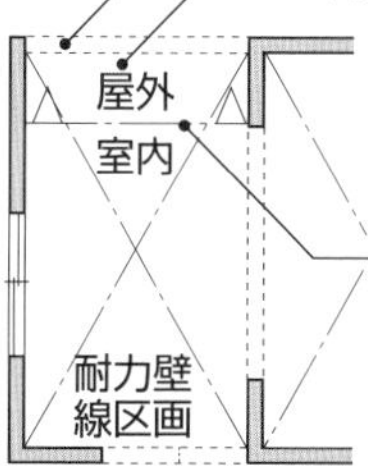
まぐさ＋基礎
上部は2階床やバルコニー、
下屋など
下り壁が必要ない

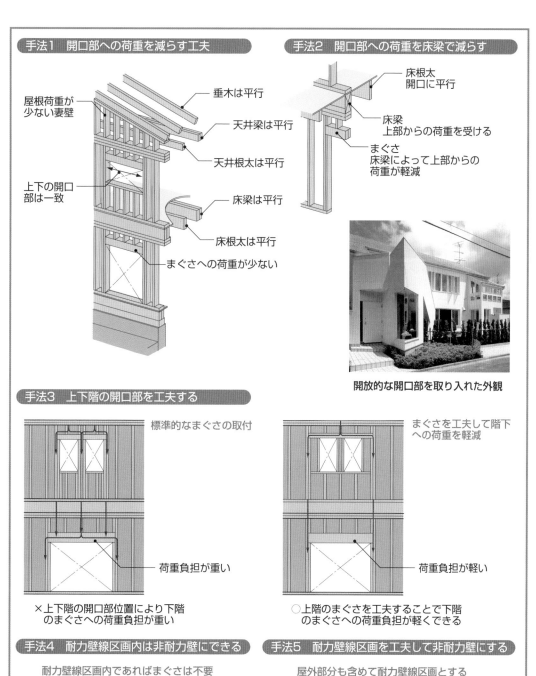

リフォームを考えたプラン

KeyWord 102

Point

◐ 耐力壁線区画を大きく考え、将来のプラン変更に対応した構造計画を行った住宅

◐ 最大72㎡可能な耐力壁線区画

2×4工法の耐力壁線区画は最大で72㎡まで可能である。

一般の住宅であれば40㎡区画で計画すればほとんど問題ないが、将来に大きな空間が必要だったり、間仕切り壁を変更するリフォームを考えている場合は、最初から大きな耐力壁線区画で考えておく必要がある。

この住宅は現在親と同居しているが、将来子供家族だけになった時を想定して螺旋階段を含め大きなワンルームになるように計画されている。

1階の南側は、将来玄関を含めて約45㎡のリビング・ダイニングにしたいので、2階の鉛直力を支持するために螺旋階段の両脇を支持壁（大きな床梁を入れ、下がり壁はつくらない）として設計した。この床梁は背が高くなり天井内には納まらないが、間接照明とからめ、空間を区切らないように工夫をした。将来は玄関を入ったら螺旋階段を中心に大きなリビング・ダイニング空間が広がる。

2階の耐力壁線区画から考えると、支持壁1を内部耐力壁ととらえる方が自然で、現状は問題ないが、将来下がり壁を撤去することができないので、広がりが感じられなくなる。

2階は現在ファミリールームとして大きな空間（16・5畳）で勾配天井になっている。将来子供が2人になって、個々の部屋が必要になった場合は、間仕切壁をつくり部屋を区切ることができる。また、子供が家を出た場合には、同じ広さの空間に戻すこともできる。

2×4工法は耐力壁・支持壁・間仕切壁で同じ断面の材料を使うため、完成すると壁の構造的な重要度がわかりにくく、改築（間仕切りの変更）が難しいと言われがちである。しかし、あらかじめ間仕切りの変更を想定して構造計画をし、施工すれば問題ない。

現在

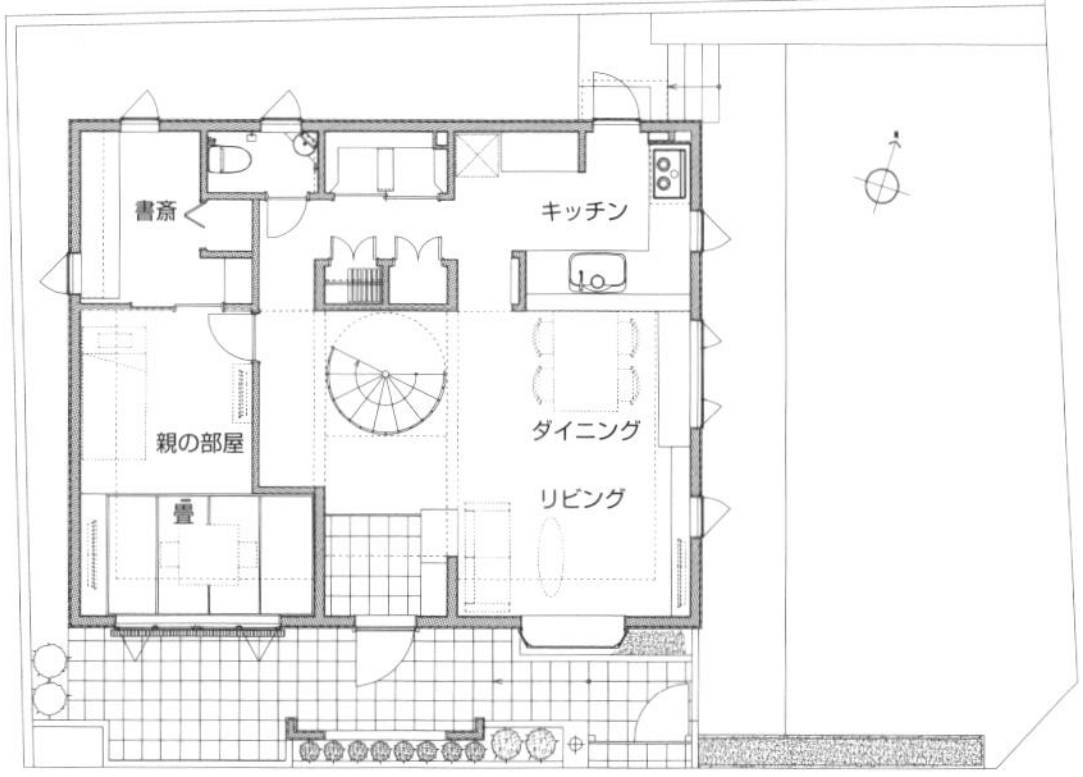
書斎
キッチン
親の部屋
ダイニング
リビング
畳

現在は親と一緒に住んでいる

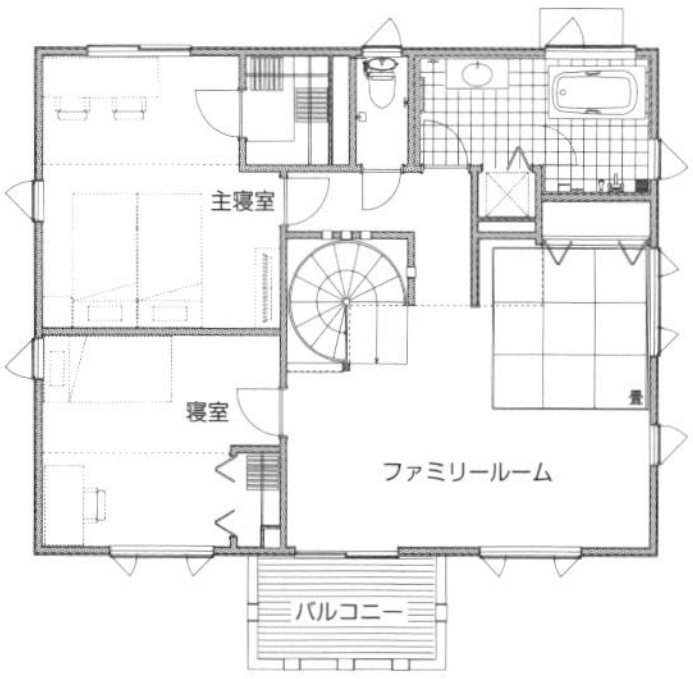
主寝室
寝室
ファミリールーム
バルコニー

現在は子供が１人

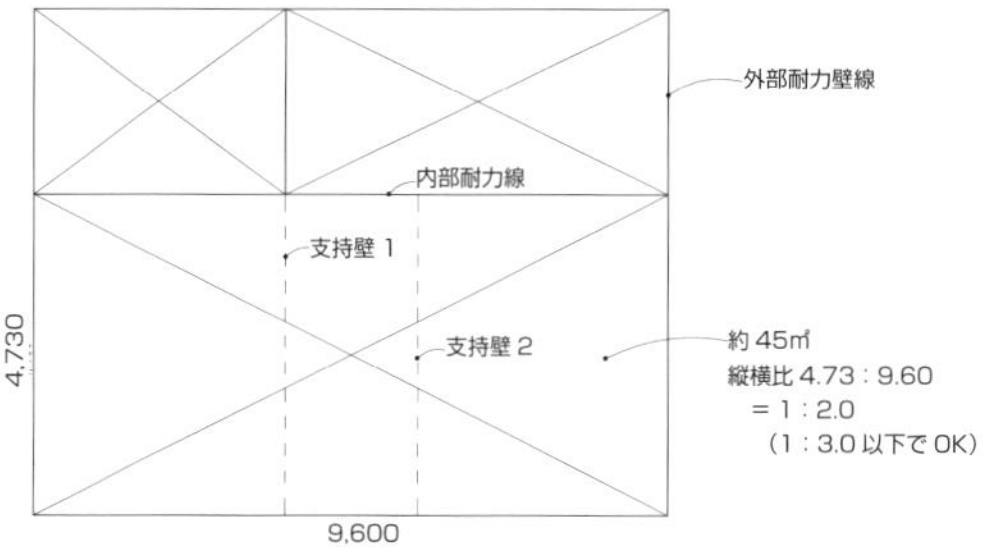
外部耐力壁線
内部耐力線
支持壁１
支持壁２
4,730
約 45㎡
縦横比 4.73：9.60
＝1：2.0
（1：3.0 以下で OK）
9,600

１階耐力壁区画

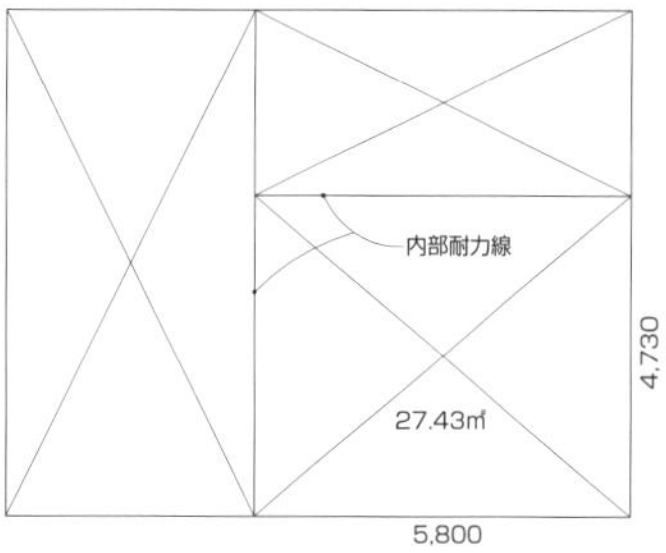
内部耐力線
4,730
27.43㎡
5,800

２階耐力壁区画

将来

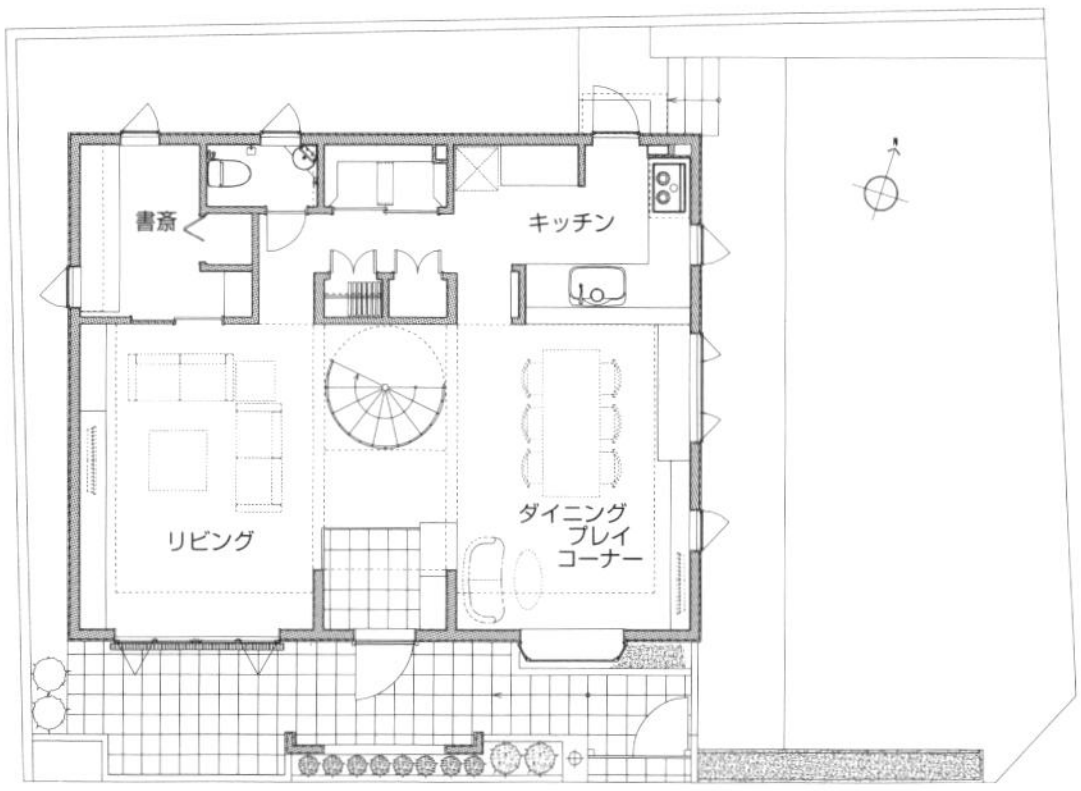
書斎
キッチン
リビング
ダイニング
プレイ
コーナー

子供世帯だけで住むようになった時

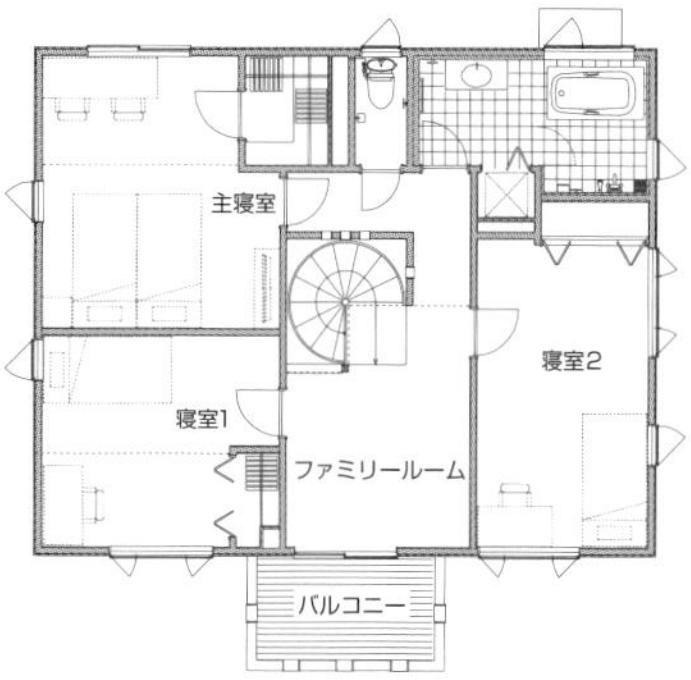
主寝室
寝室2
寝室1
ファミリールーム
バルコニー

子供が増えて個室が必要になった時

１階室内観

２階室内観

ライフサイクルとプランニング

KeyWord 103

Point

- 増築の規模と既存部分の構造計画に気をつける
- 将来計画を考え、耐力壁線区画を考える

住宅をプランニングする場合、構造体の耐久性を考慮することも大切だが、それと同時に家族構成やライフスタイルの変化への対応も考えておく必要がある。

大きな変化とは、例えば子供が増えたり、成長して独立したり、親と同居するようになるケースである。

2×4工法は壁式構造のため、容易に壁を取ったり、開口部を設けたりすることができない。

そのため、増築を予定している場合には、増築部分とつなぐための開口部にあらかじめ「まぐさ」を躯体内に設けておき、増築時に既存部分の構造体をやり直さなくても済むように考えておくのがよい。

また、ふたつの子供部屋を並列に配置し、当初は壁で間仕切らずにひとつの部屋として使い、将来子供たちが大きくなったら、壁や家具で間仕切るという方法もある。

その逆に、当初子供部屋は耐力壁でない壁で間仕切り、子供が独立した時は、壁を撤去して広いひと部屋として使うことも考えられる。

ライフサイクルの変化により増改築をしようとする場合には、建築基準法等も確認しておく必要がある。

当然、増築部分にも壁面後退や斜線制限などの集団規定が適用され、また敷地の面積に対する建ぺい率や容積率の制限があり、その範囲を超える増築はできない。

また、防火指定のない地域で増改築部分が10㎡を超えない場合は、建築確認申請は不要だが、それ以外の場合は確認申請が必要である。

増築しようとする住宅が、現行の法規制に適合しない「既存不適格」の場合は、増改築しようとする部分の規模によって、既存住宅部分にも現行の建築基準法の規定が遡って適用される場合があるので気を付けたい。

時間軸による家族構成の変化

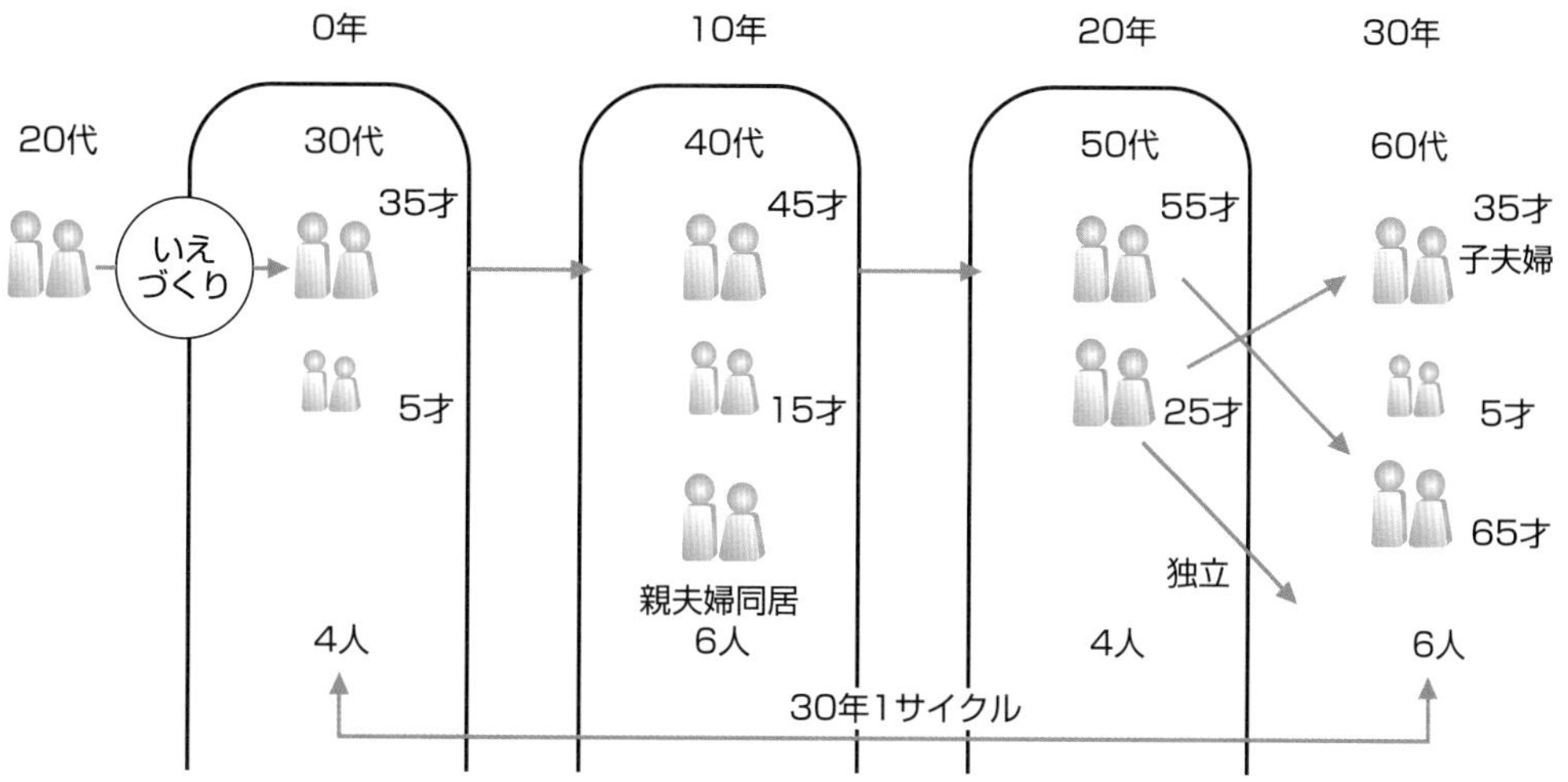

増築のポイント

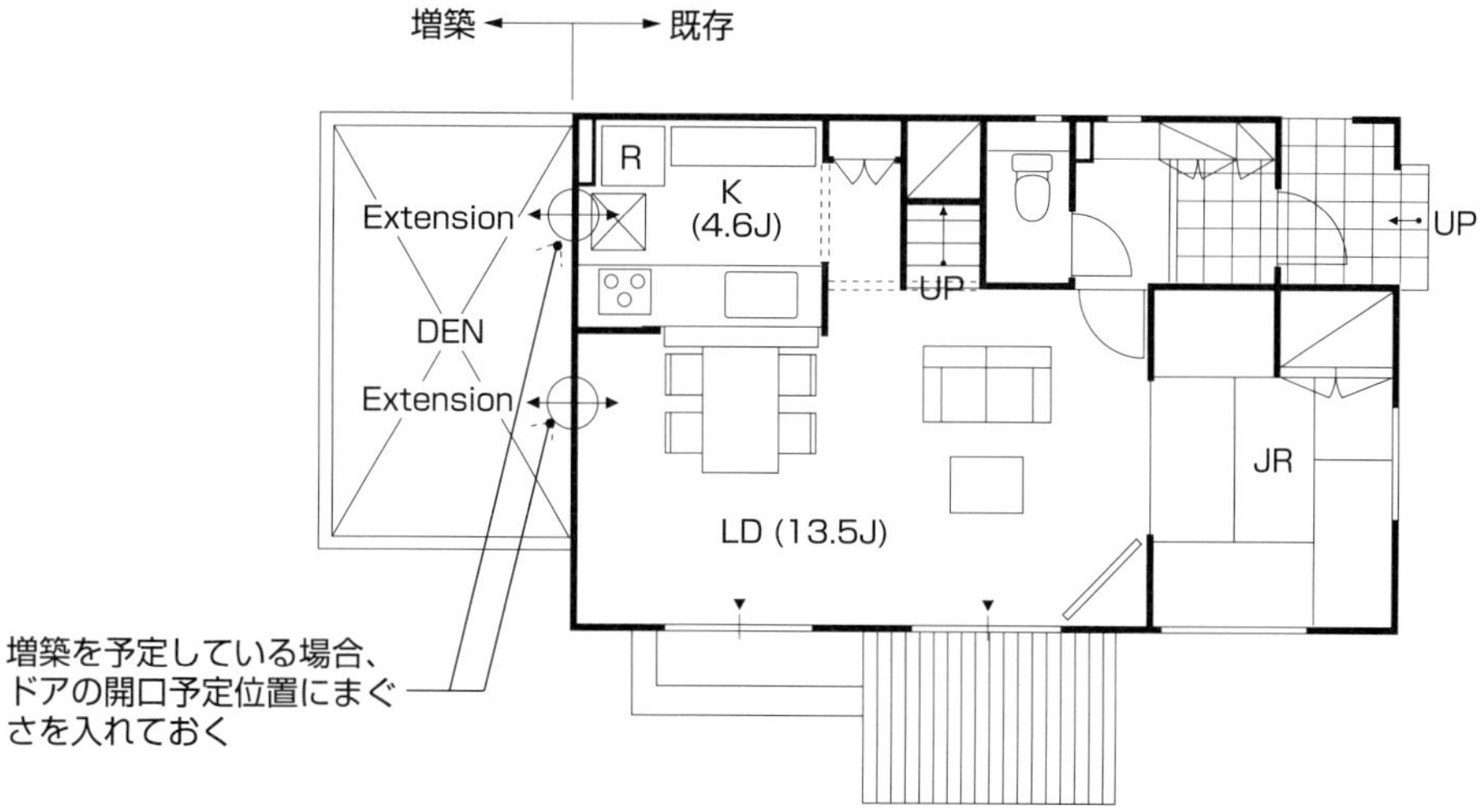

可変型の子供部屋

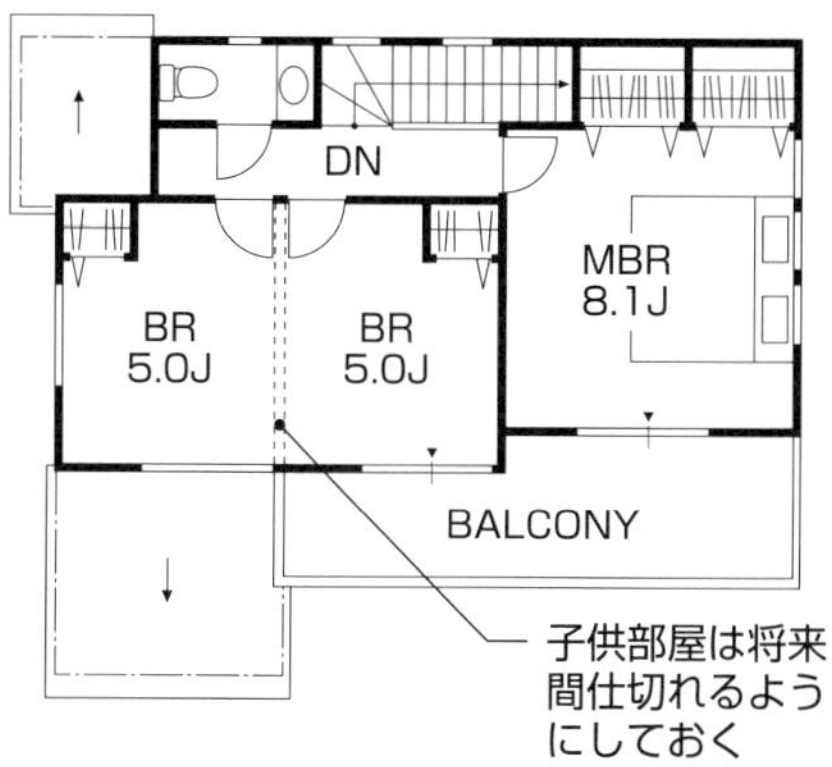

2×4住宅の高断熱化のプラン

KeyWord 104

Point

- 壁を厚くすることによる高断熱化の手法
- 高気密高断熱化することのメリット
- 高気密高断熱化、バリアフリー化された高齢者住宅の事例

2×4工法の住宅で、高断熱化を図る場合、壁躯体の枠組材を204から206にサイズアップすることにより壁の断熱材を厚くするという内断熱方式が効果的である。この方式をとれば、高い断熱性能とともに躯体強度の向上にもつながるからである。また、グラスウールの断熱材は、コストの面でポリスチレンフォーム等の発泡断熱材に比べて安価であるという利点もある。

外壁を206とした場合、16kgの住宅用グラスウールを厚さ140㎜で詰めると、次世代省エネルギー基準で、東北地方（地域Ⅱ）の基準を満たす断熱性能が得られる。さらに16kgの高性能グラスウールを使えば、北海道地方（地域Ⅰ）の基準を満たす断熱性能が確保できる。

高気密高断熱住宅の事例

ここで、紹介するのは、関東地方（地域Ⅳ）に実際に建てられた206の壁をもつ二世帯住宅である。1階の世帯は高齢者世帯であり、1年を通じて体に負担をかけない住環境を目的として設計された。壁を厚くして高断熱化すると同時に高気密仕様とすることにより、室内温度を年間を通じて一定に保っている。さらに外部の騒音が遮断され、非常に静かな室内環境を実現している。また、厚い壁躯体による強度の向上により、内部塗り壁仕上の経年変化によるクラックがほとんど発生していないという効果も得られている。

1階の高齢者住宅の間取りは、書斎入口から室内はすべて段差をなくし、各室への扉を引込戸とすることにより、戸を引き込んで開ければ、車椅子となっても各部屋を自由に行き来できるバリアフリーの空間となっている。高断熱化を図れば、ルームエアコンでも十分に効果は得られるが、このプランニングでは、セントラル空調とすることにより、家のどこでも十分に換気された均質な温度の環境が確保されている。

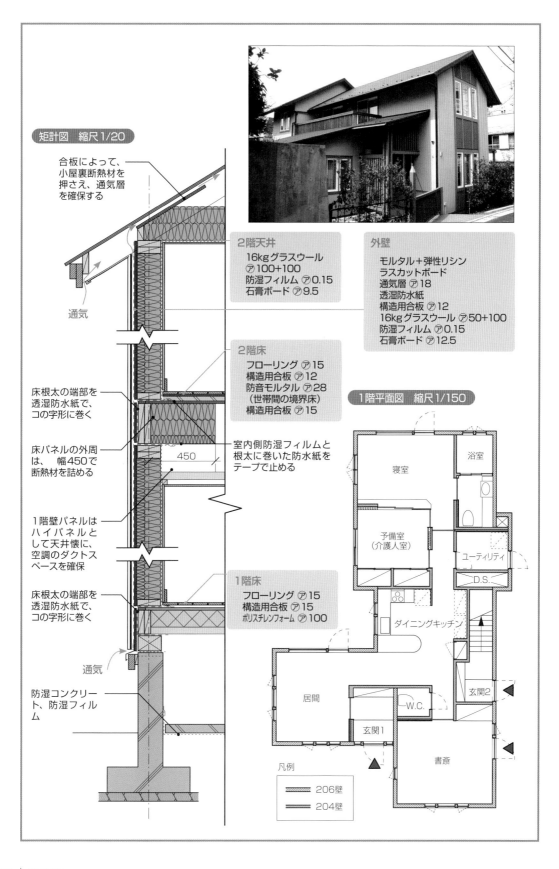

矩計図　縮尺1/20

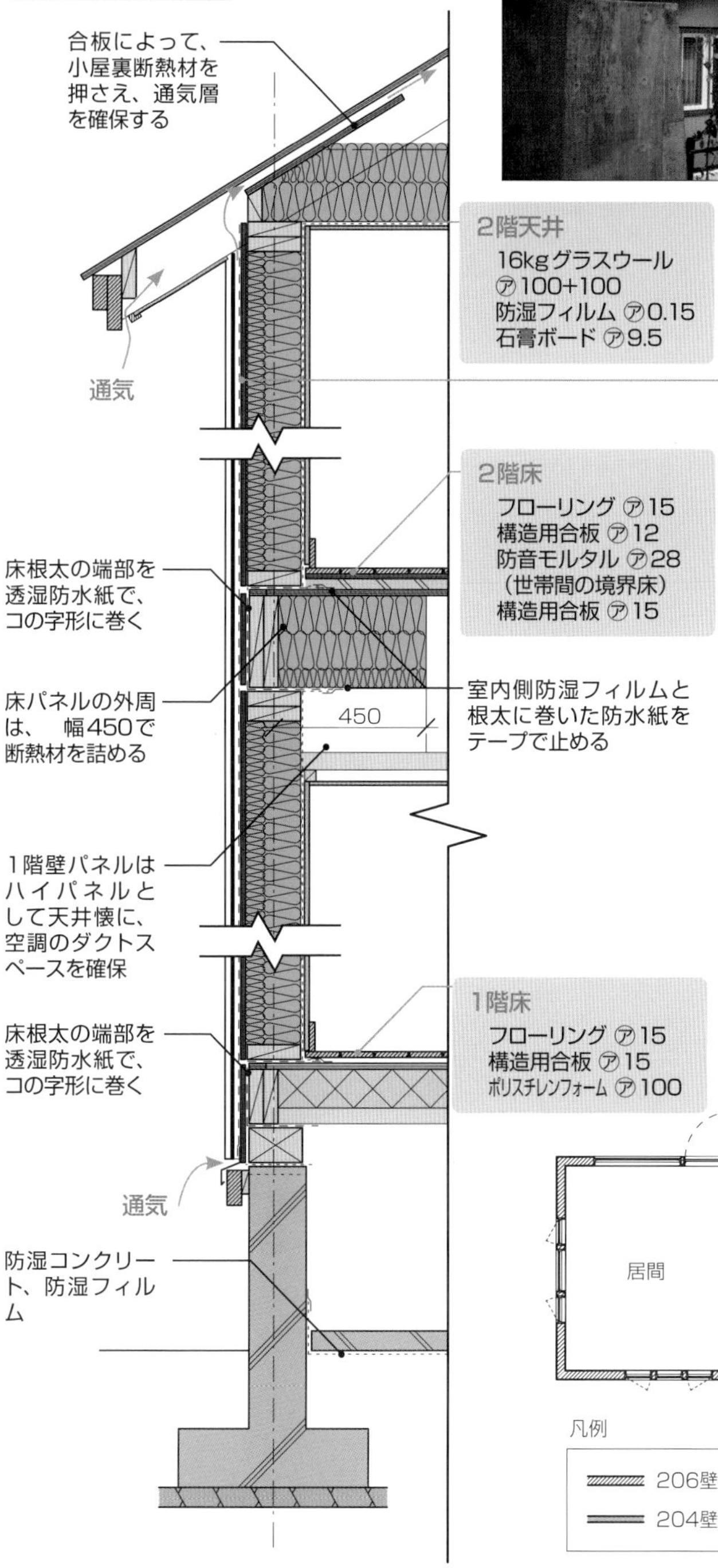
合板によって、小屋裏断熱材を押さえ、通気層を確保する
通気
2階天井
16kgグラスウール ㋐100+100
防湿フィルム ㋐0.15
石膏ボード ㋐9.5
2階床
フローリング ㋐15
構造用合板 ㋐12
防音モルタル ㋐28
（世帯間の境界床）
構造用合板 ㋐15
床根太の端部を透湿防水紙で、コの字形に巻く
床パネルの外周は、 幅450で断熱材を詰める
450
室内側防湿フィルムと根太に巻いた防水紙をテープで止める
1階壁パネルはハイパネルとして天井懐に、空調のダクトスペースを確保
床根太の端部を透湿防水紙で、コの字形に巻く
1階床
フローリング ㋐15
構造用合板 ㋐15
ポリスチレンフォーム ㋐100
通気
防湿コンクリート、防湿フィルム

外壁

モルタル＋弾性リシン
ラスカットボード
通気層 ㋐18
透湿防水紙
構造用合板 ㋐12
16kgグラスウール ㋐50+100
防湿フィルム ㋐0.15
石膏ボード ㋐12.5

1階平面図　縮尺1/150

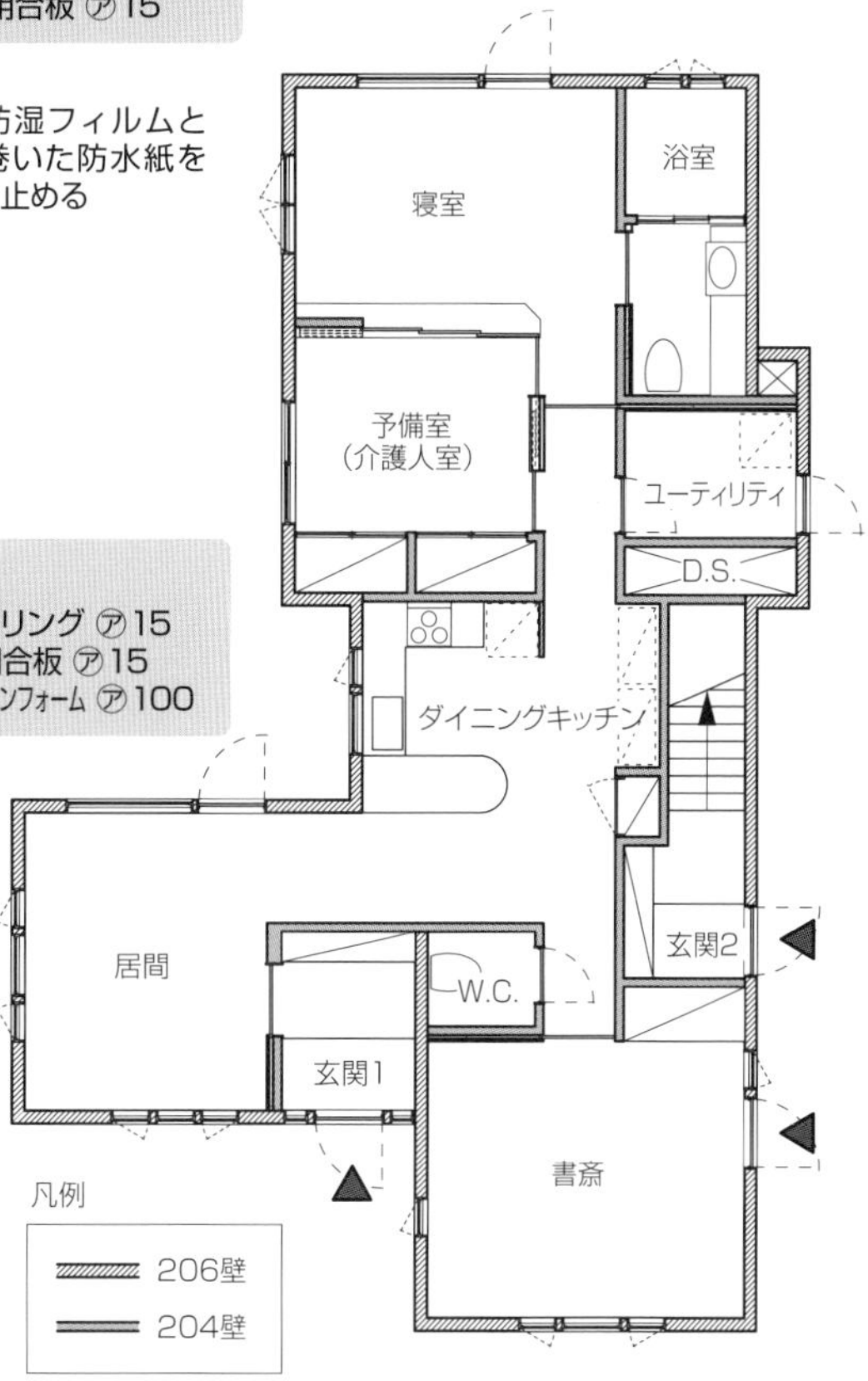
寝室
浴室
予備室
（介護人室）
ユーティリティ
D.S.
ダイニングキッチン
居間
W.C.
玄関2
玄関1
書斎
凡例
206壁
204壁

省エネを考えたプラン

KeyWord 105

Point

◐ パッシブソーラーハウスの考え方

夏の暑さと冬の寒さ対策として、自然の風と太陽の熱という地球上どの地域でも容易に享受できるエネルギーを最大限に利用し、外部からのエネルギー供給をより少なくて済む住まいを2×4工法でプランニングしてみた。

古民家風廃熱システムのプラン

2×4工法でパッシブソーラーハウスを考えるなら、壁をデザインすることだ。「海辺の家」は夏の太陽高度が高い時には軒の出を深くした屋根で昼間の強い太陽光を防ぎ、夏の暑い西日を連続してセットバックしていく壁で防ぐ。吹き抜けがある室内では、天井や壁に設置された換気口と大きく開いたトップサイドライトで自然換気をするパッシブ・クーリングが有効である。

冬の太陽高度が低く移動する時は、南面の屋根まで立ち上がる大きなガラス窓で太陽光を取り込み、室内の断熱で温室効果を高め、暖かさを確保するパッシブヒーティングが有効である。この2つを組合わせればパッシブソーラーハウスである。これは2×4工法だが、夏の排熱システムは日本の古民家にも通じる。

深い軒と連続した壁によるプラン

「中庭の家」も壁を利用したプランだ。ただし、「海辺の家」のように、壁を意識的に際立たせるのとは正反対に、南面の壁の出と軒の深さを意識させないデザインにした。吹き抜けの上にはトップサイドライトを設けた。夏の強い太陽を防ぐ軒の深い屋根と連続した壁で西日を避け、自然換気のパッシブクーリングができる。

町家のように住まいの中心に半戸外空間（中庭）があることでよりパッシブな住まいになる。夏は窓を開けて風の通り道とし、冬は太陽の熱で暖められた空気をほどよく住まいの中心に抱え込むパッシブヒーティングとなる。

古民家風の廃熱システムを利用した「海辺の家」

外観イメージ

1階平面図

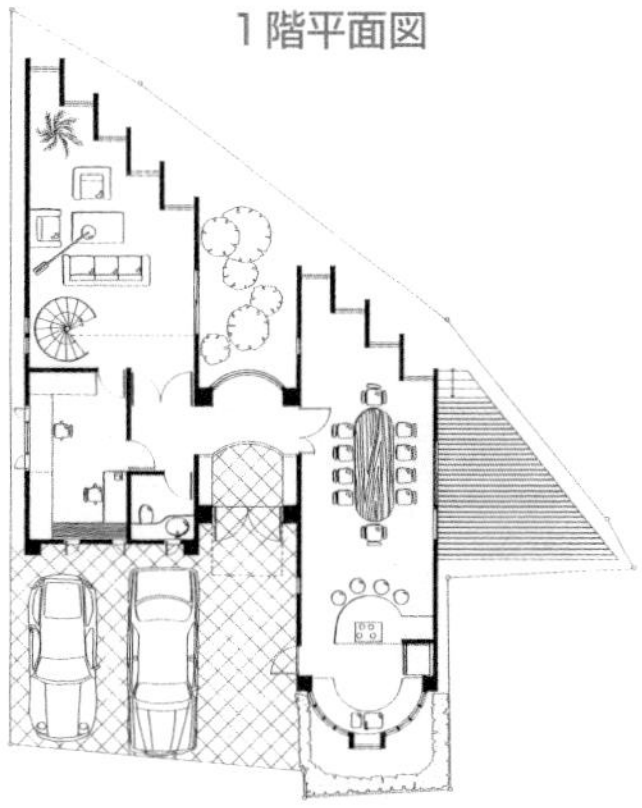

2階平面図

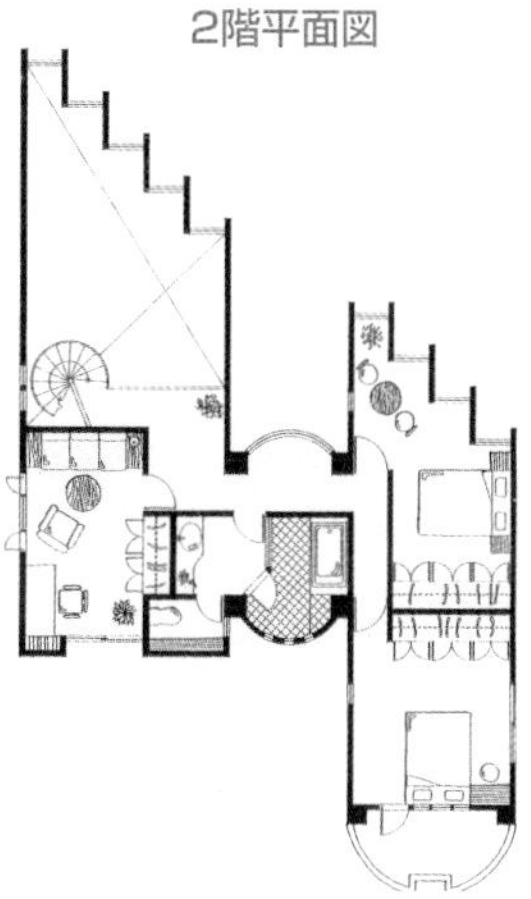

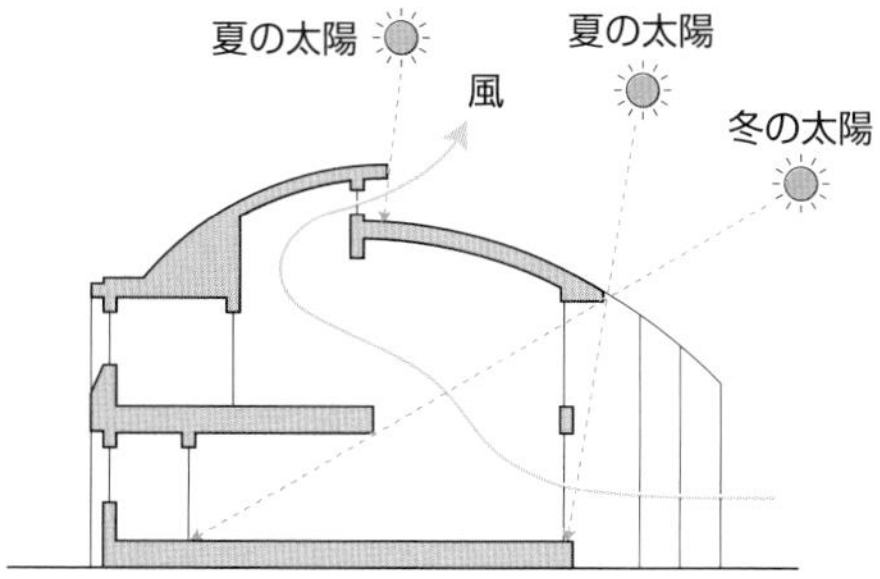
夏の太陽
夏の太陽
風
冬の太陽

「海辺の家」のパッシブソーラーの考え方

夏の太陽には連続してセットバックする壁で西日を避け、天井や壁に設置された換気口と大きく開いたトップサイドライトで自然換気を行う。冬の太陽には南面の屋根まで立ち上がる大きなガラス窓で太陽光を取り込み、2×4工法の断熱性と合わせて温室効果を高めている

「中庭の家」のパッシブソーラーの考え方

外観イメージ

1階平面図

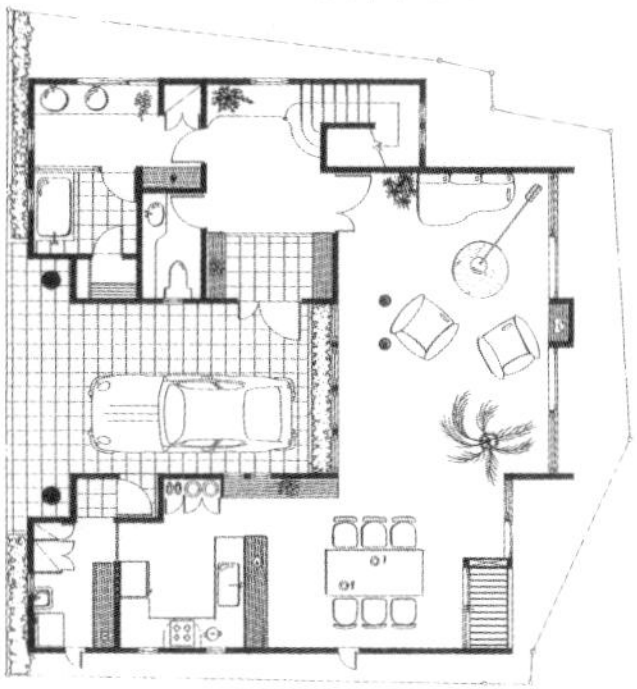

2階平面図

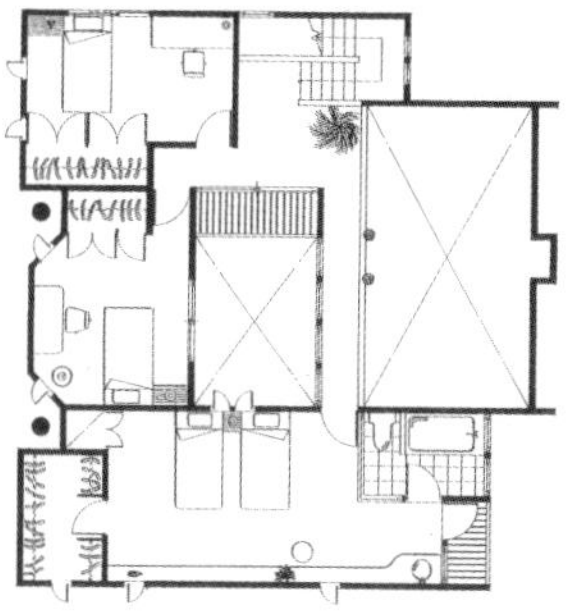

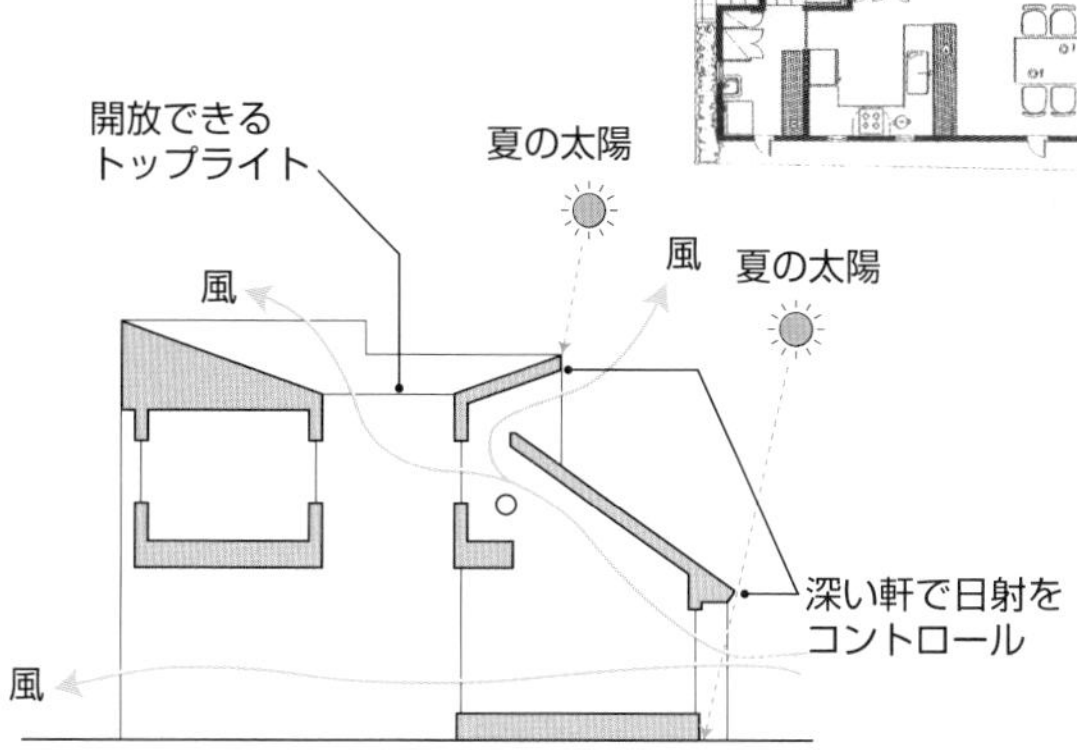
開放できる
トップライト
夏の太陽
風
風
夏の太陽
深い軒で日射を
コントロール
風

「中庭の家」のパッシブソーラーの考え方

壁の出と軒の深さを意識させないデザインにしながら、夏の強い太陽を防ぐ軒の深い屋根と連続した壁を設けて西日を避ける。住まいの中心に半戸外空間(中庭)をもってくることで風が通り、さらにパッシブな住まいになる

柱梁の補強による開放空間のプラン

KeyWord 106

Point

- 耐力壁に代わる柱梁の門型フレームで水平力を負担する
- 開放空間では空調設備に一工夫が必要

眺望への開放空間

2×4はXY方向ともにバランスよく耐力壁を設ける必要があるが、一方向に広がる眺望を取り入れたい、細長い形状の建物でも短辺側に大きく開口を取りたい、などといった場合がある。

このプランは、一方向を耐力壁に代わって水平力を負担することができる柱梁の門型のフレームを用いることで開放的な空間をつくり出した例である。

耐力壁に代わる門型フレーム

眺望を生かしたリビングダイニングとするため、図のように4・8mスパンの門型フレームを2・73mピッチに3構面入れてY方向の少ない壁を補完する構成をとっている。このような補強を行う場合の構造は、告示の定める仕様を遵守し、全体の壁量の簡易計算と門型フレーム部分の外力に対する検証などにより、建物全体の水平耐力と局所的な性能の確認などを行うか、または建物全体に許容応力度などの構造計算を行い確かめるなど、プランに応じた検証を行う。また、耐震時の柱、梁の挙動の違いも考慮する必要がある。

開放空間の構成

このプランでは門型を構成する、柱、梁を仕上げの表わしとし、天井の梁は格子組天井の一部として面で見せることにより全体との調和を図っている。また、眺望を楽しむために大型の上吊りスライド式全開口の外部建具を用い、バルコニーの手摺りはガラス製とし存在感をなくしている。

階段部分や廊下とも一体の連続空間のため、全館空調換気方式を採用している。建物全体を空調する分、エネルギーを必要とするが、断熱性能の高い2×4の躯体を生かし、換気は熱交換型とすることで開放空間における省エネ性を考慮した空調計画の1つである。

柱梁補強による開放空間のプランニング

眺望を取り入れた開放空間
開口部はスライド式の全開口木製サッシ
バルコニーの手すりはガラス製

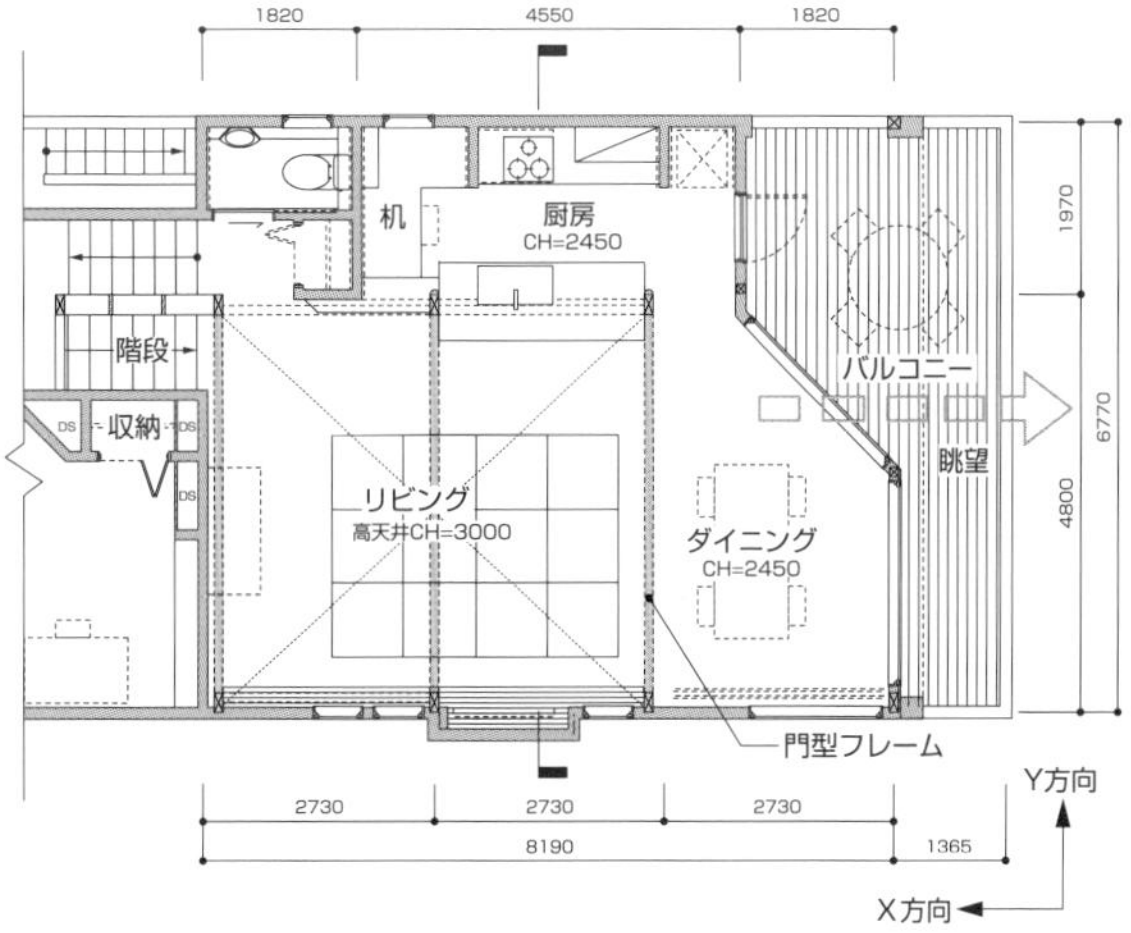

2階平面図
Y方向の耐力壁に代わるものとして門型のフレーム

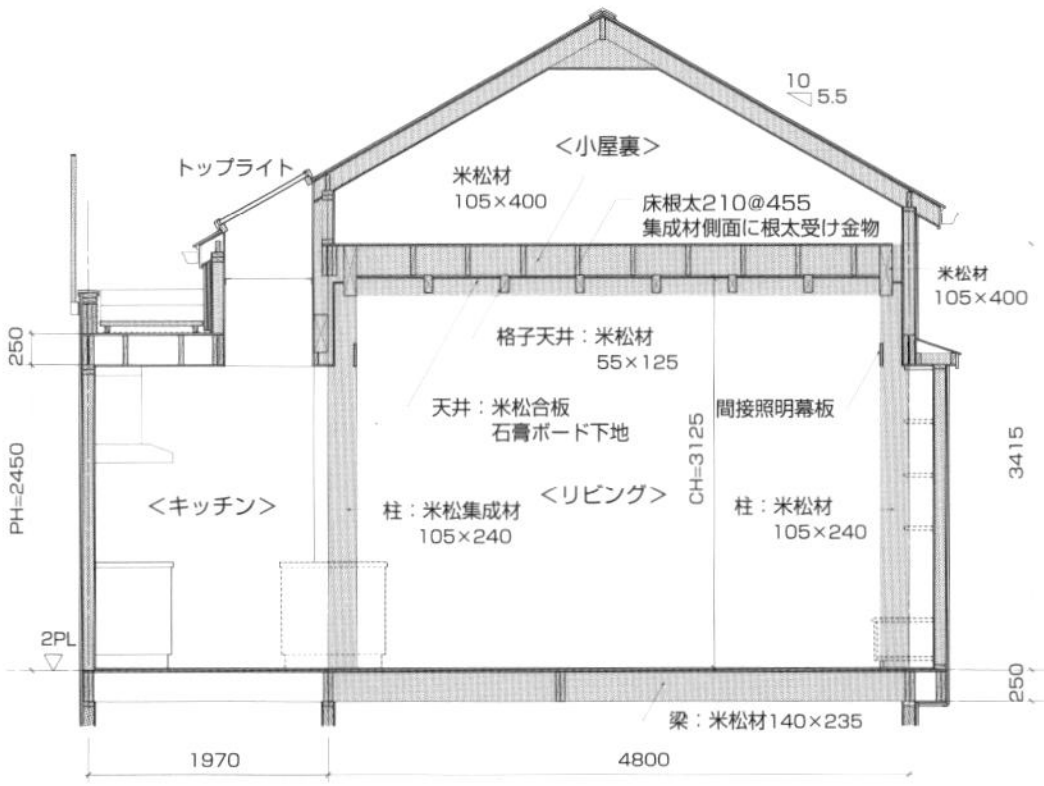

強度のある米松材による
門型フレーム部分の断面詳細図

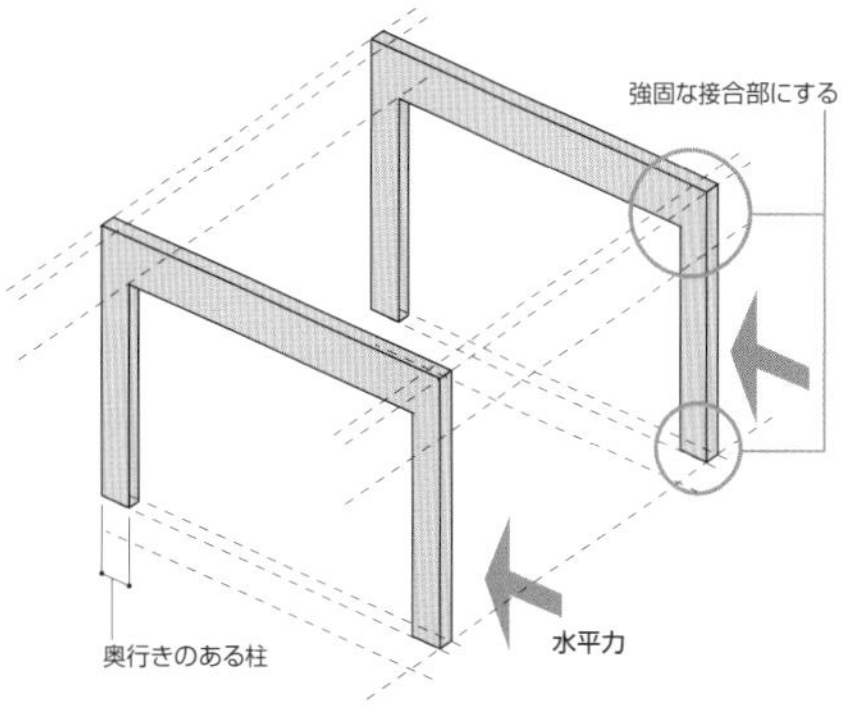

柱と梁の接合部に強度をもたせた門型をつくり
水平力を受ける

門型フレームの梁と一体化した格子天井

門型フレームの柱と壁面の装飾棚

小屋裏３階建てのプラン

KeyWord 107

Point

- 勾配の大きな小屋の内部を使う３階建てプラン
- 勾配天井を生かした空間づくり
- 居住環境として断熱と通風には要注意

勾配屋根の家

２×４工法では、屋根梁と外壁の間に垂木を掛ける小屋組方式により広く小屋裏空間を利用することができる。屋根を架ける大きさによるが、６寸勾配程度は必要で、８～10寸の勾配とすると比較的有効に部屋として利用することが可能である。小屋裏３階建てては構造計算が必要となる。また、２階建てよりも高い防火性能等を要求されるので確認を要する〈KW047〉。

小屋裏空間

小屋裏空間の特徴は勾配天井を伴うことである。意匠的には、勾配天井の高さの変化を生かしトップライトを設けるなどで、子供部屋や隠れ家的な書斎とするなど、広々とした部屋は取りにくいが、こじんまりと囲まれた感じの居心地の良い空間をつくり出せる可能性がある。また２階をリビングとして、吹き抜けとすることでつながりのある一体的な部屋とすることもできる。

住環境においては、通常の部屋と比較し、日射と通風には注意したい。屋根直下により日射熱の影響が大きく、屋根面の通気をしっかりと取り、断熱材は基準値よりも厚めに施工することが重要である。また、こもった熱気を排出できるよう風通りの良い位置に窓やガラリを設け、屋根の制限等で窓の確保が難しい場合は換気扇を併用するなどで通風を確保したい。

外観等

勾配屋根の家とした場合、３階建てとすることで間延びしたプロポーションとなりがちであるが、小屋裏利用の３階建ては、２階建てのイメージをそれほど崩さずに計画できる可能性がある。また、コスト面において、小屋裏の利用といった主旨からは、通常の３階建てよりも軽減することができる。

小屋裏3階建ての参考プラン

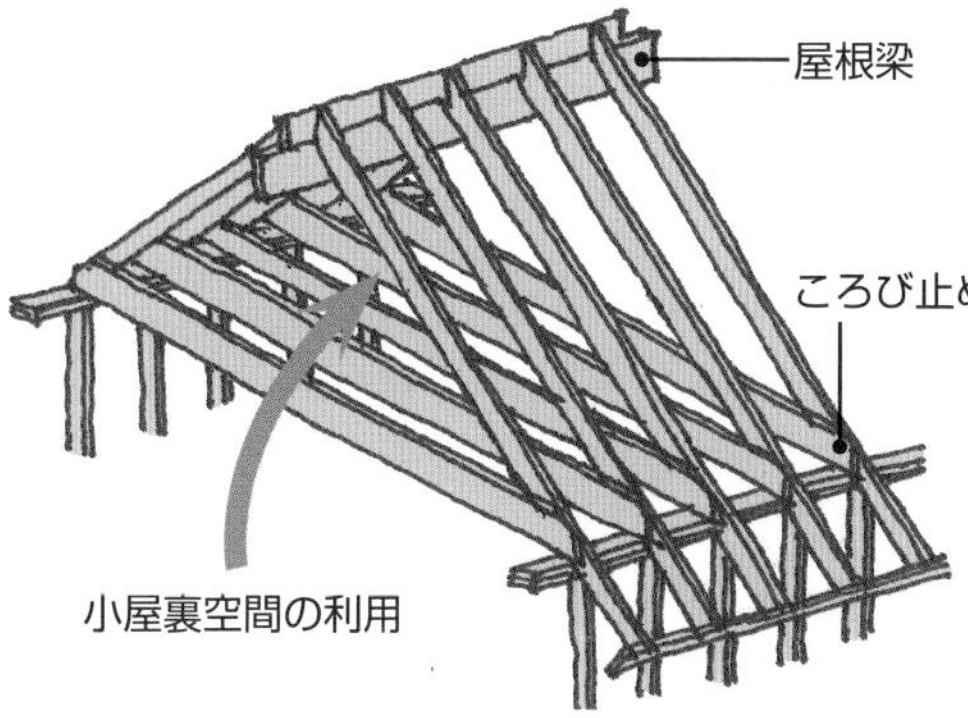

屋根梁方式の小屋組

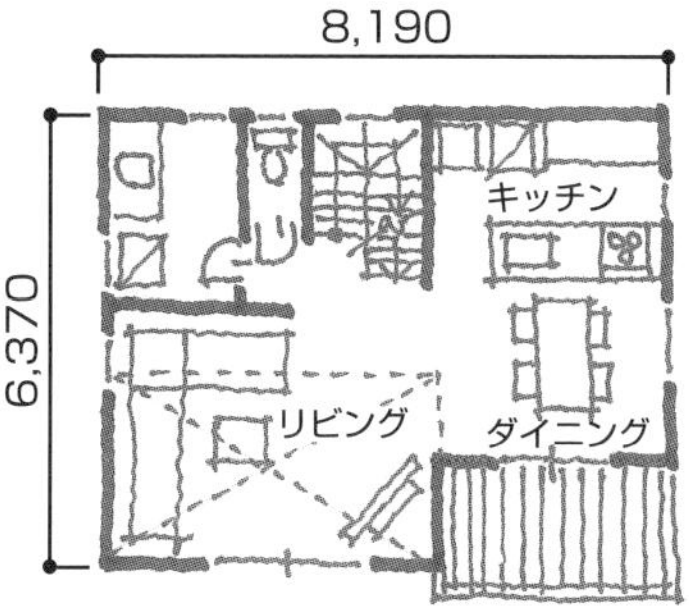
勾配天井との取り合いで
階段の位置に注意

2階平面図

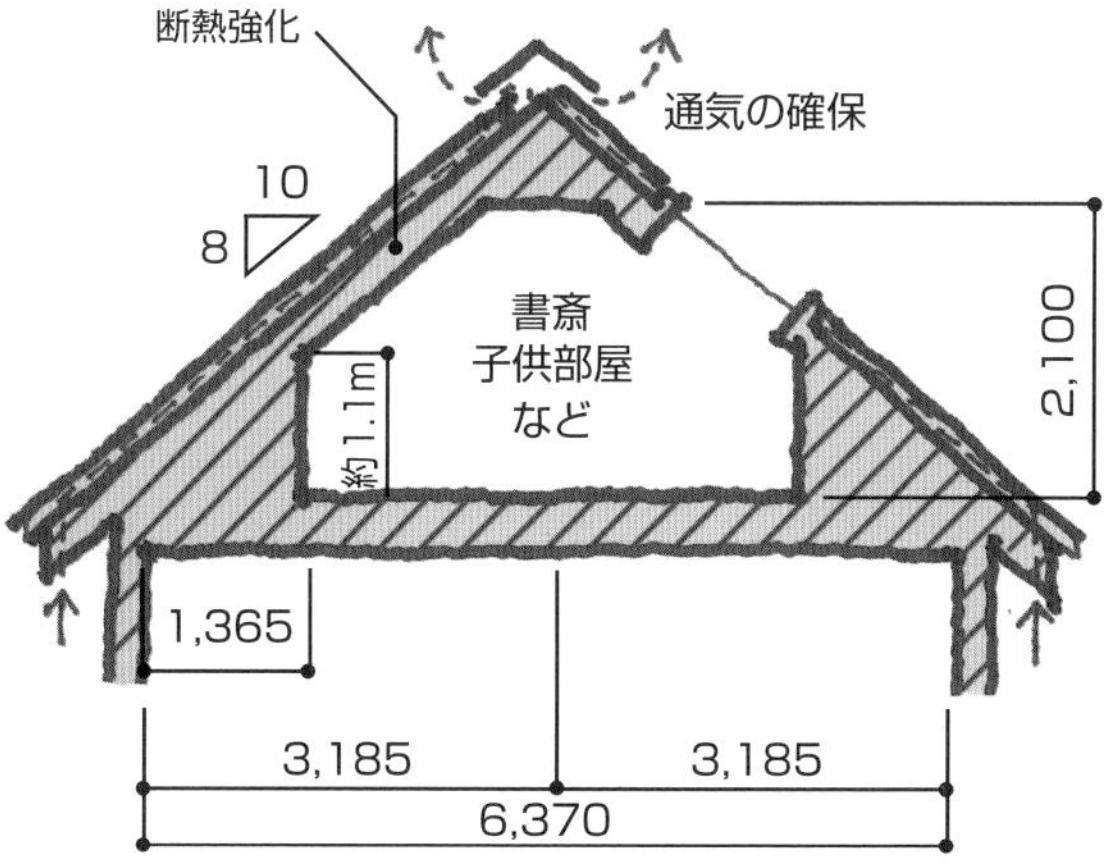

A－A'断面図

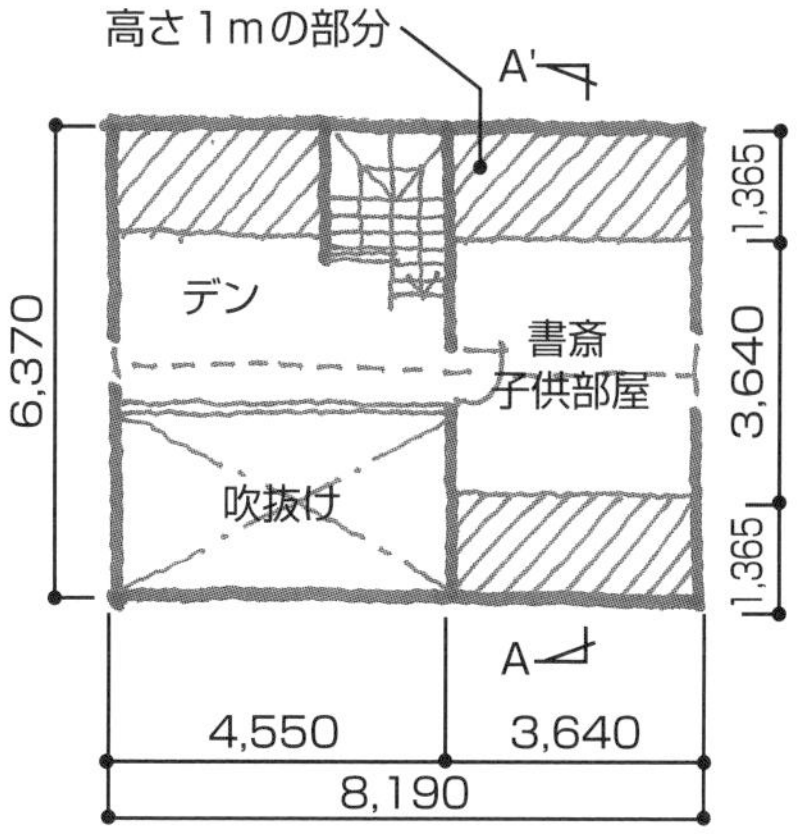
天井高さ1m以下の部分は
収納または壁でふさぐなどする

3階平面図

トップライトから空が見える部屋のイメージ

小屋裏の書斎の例

構造用面材を仕上げとして利用したプラン

KeyWord 108

Point

◐ 構造耐力を上げながら個性的な空間表現を実現

◐ 内装下地に石膏ボードの代わりに構造用合板を下地材兼仕上材として使用した事例

2×4工法の建物は厚さ38㎜の薄い木材を組合せて自立しているため、水平荷重に耐えられるように骨組に張る面材の役割は非常に大きくなる。

内装の面材としては一般的に石膏ボードが使用され、構造耐力を維持しつつクロスや塗装の下地の役割を果たす。この考え方を一歩進めて、下地として使用している石膏ボードを構造用の合板等構造強度のより高い材料に置き換えることにより、より頑丈な建物にすることができる。居室の用途によっては構造用合板の上に仕上げをせず、そのまま仕上材として使用することも可能である。

紹介するA邸は2人の男子小学生の居るお宅の子供部屋である。大人が蹴飛ばしても壊れないOSB合板（※注）によって壁がつくられているため、2人の男の子も気兼ねなく子供部屋で遊ぶことができる。

視覚的にも均質なクロスの表情とは違った山小屋のような特徴的な部屋になる。汚れた場合は、直接塗装をすることも可能である。1階の縫製作業室についても構造用合板を使い、壁一面を掲示用ボードとして利用することができる。

B邸のリビングルームのように、合板のテクスチャー（表情）を活かしながら塗装をして節や木目を消去することにより落ち着いた空間に仕上げることも可能である。

OSB合板も構造用合板も表面からビスまたは釘で止め付けることになるため、ビスや釘の頭が気になる場合は、塗装によりビス頭の色合わせをする。

（※注）OSB合板　1辺が40～80㎜、厚さ0.3～0.8㎜の細長い削片を直交するように配して接着成形したボードで強度性能が高い。

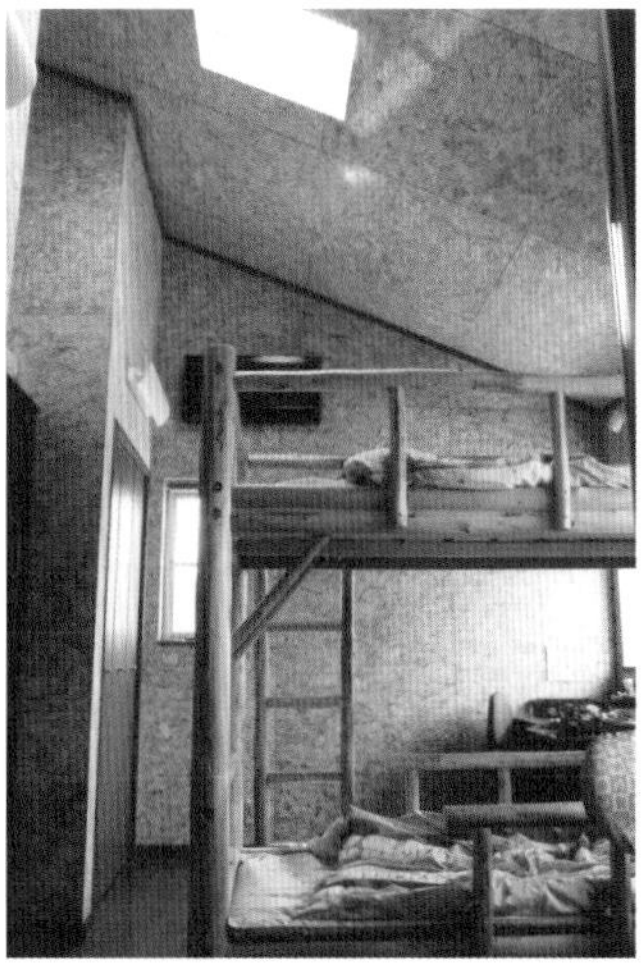

A邸　子供部屋

A邸　縫製作業室

B邸　リビングルーム

OSB合板の製品例

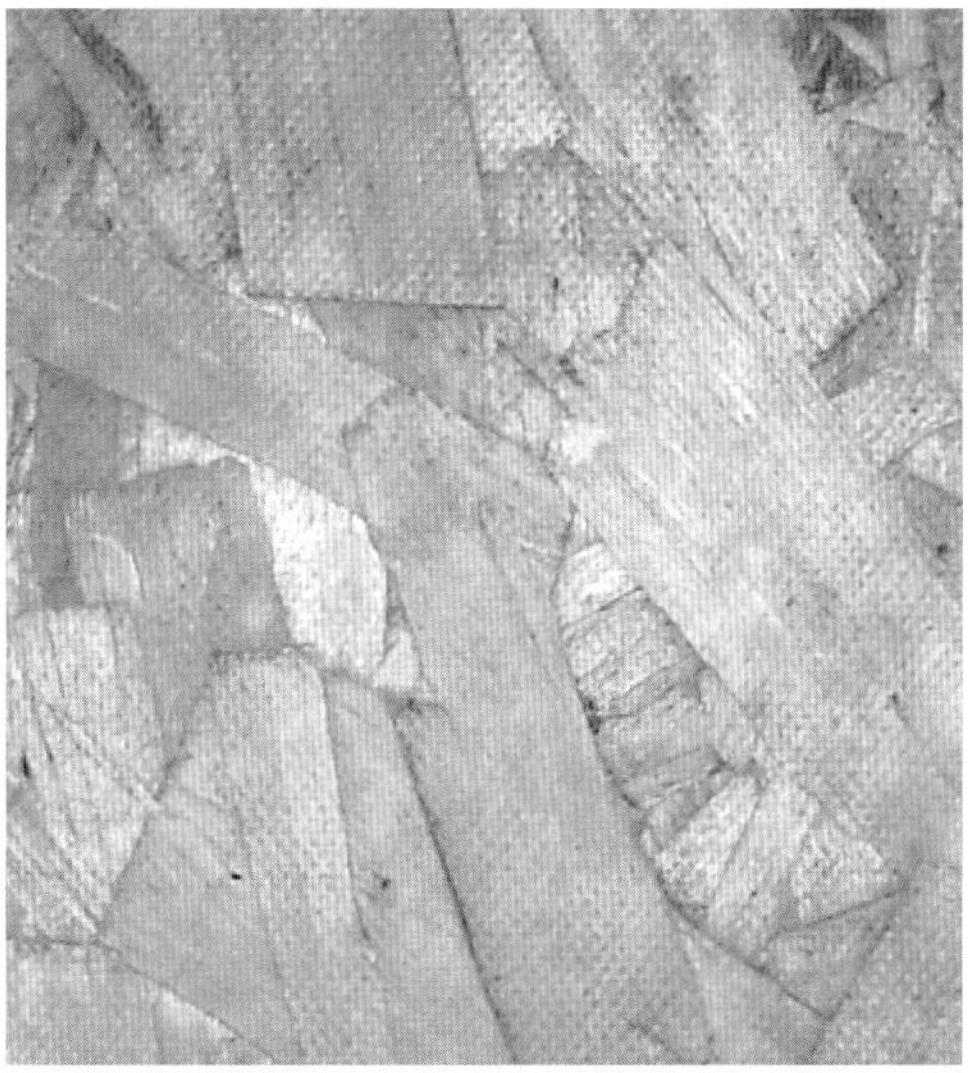

構造用合板の製品例

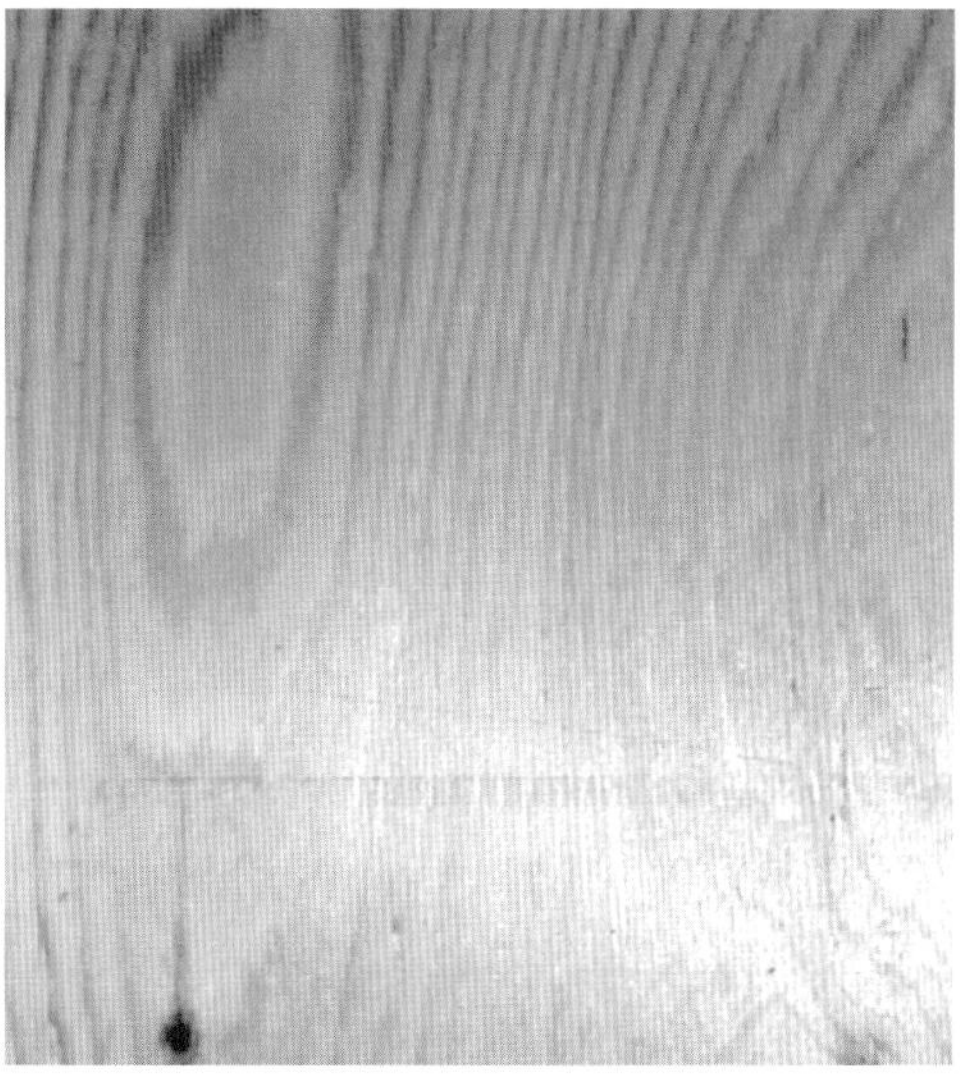

遮音性を生かして建てる集合住宅のプラン

KeyWord 109

Point

- 隣戸の居室どうしが隣接しないように配慮した平面計画
- 計画に合わせた界壁仕様の採用
- 同世帯であっても上下居室の場合は生活音の遮音対策に配慮

施工性、耐火性、耐震性、遮音性に優れた2×4工法は長屋や共同住宅などの集合住宅に適した工法である。

特に、求められる遮音性能に対して優れているため、採用するメリットはある。メゾネット形式の長屋4戸1棟の例を紹介する。

平面計画の工夫

平面計画はできるだけ居室どうしが隣接しないように、収納や水廻りなど非居室どうしを配置する。

長屋であっても、戸建感覚で住めるように、平面をずらし、凹凸をつけることによって中住戸でも3方向から開口部が取れる工夫をしている。

界壁の仕様

集合住宅の設計・施工・監理において界壁は重要である。図面上の仕様に基づいて施工がしっかりなされ、監理することが性能の担保につながる。

建築基準法では、界壁に対し、遮音性能と防火性能が求められている。告示には界壁の構造が定められているが、この計画ではさらに遮音性能を高めるために2重壁を採用している。

2019年6月施行された法改正によって界壁の仕様が緩和され、従前の仕様に加え、天井を一定の性能を満たせば小屋裏又は天井裏まで達していなくてもよくなった。これによって界壁の選択肢が広がり、より計画に適した界壁を採用することも可能となった。

床の遮音仕様

同世帯入居であっても、上下階に居室となる場合は、生活音に配慮する計画が大切である。

床組の太鼓張りは避けること。事例では吊り天井の上に厚さ50㎜以上、かさ比重40K以上のロックウールを敷き詰め、9・5㎜の石膏ボードを2枚張った遮音対策を施している。

図面と建物の実際

1階平面図

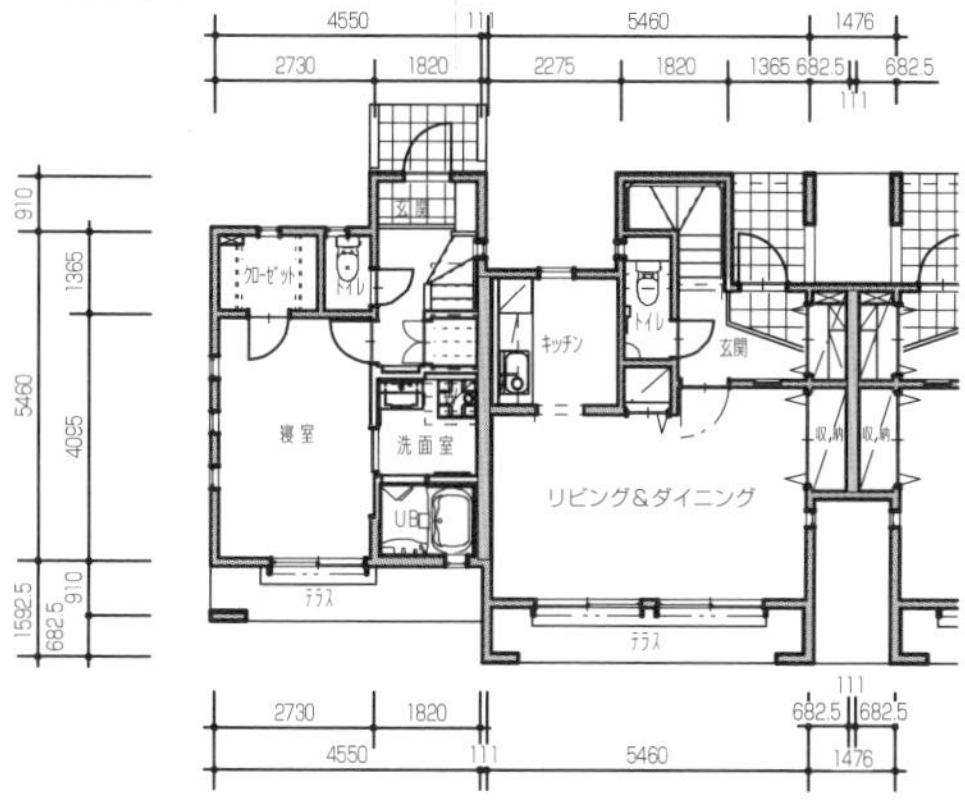

2階平面図

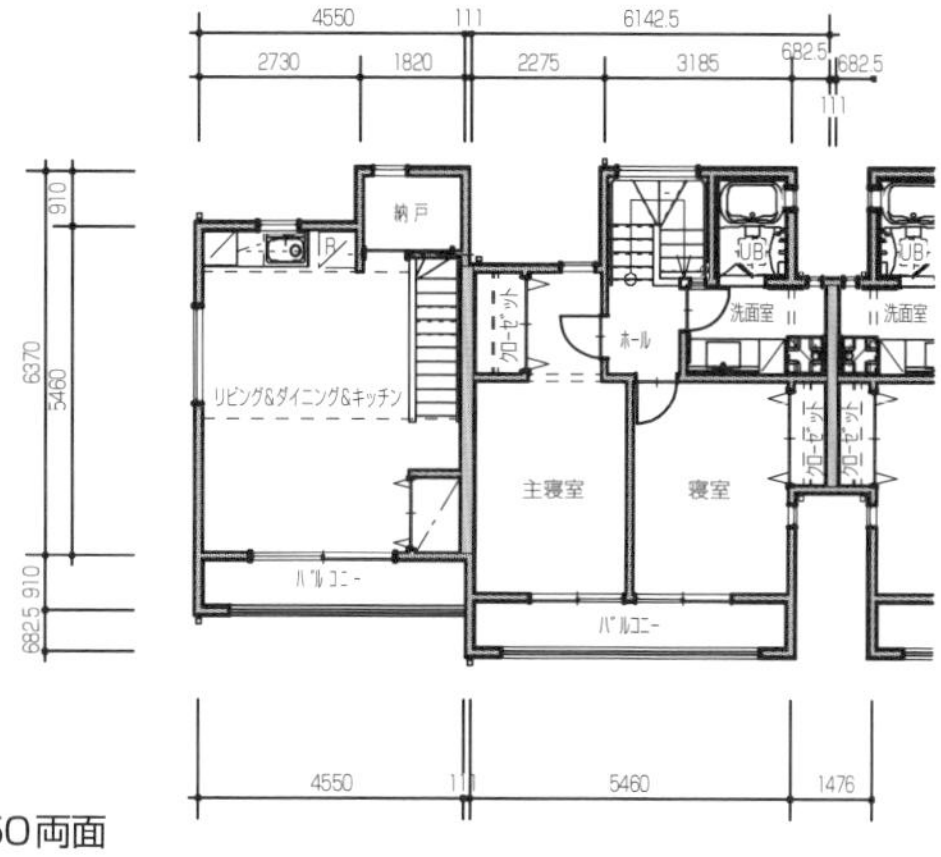

界壁／石膏ボード ㋐12.5×2　ロックウール 40K ㋐50両面

断面図

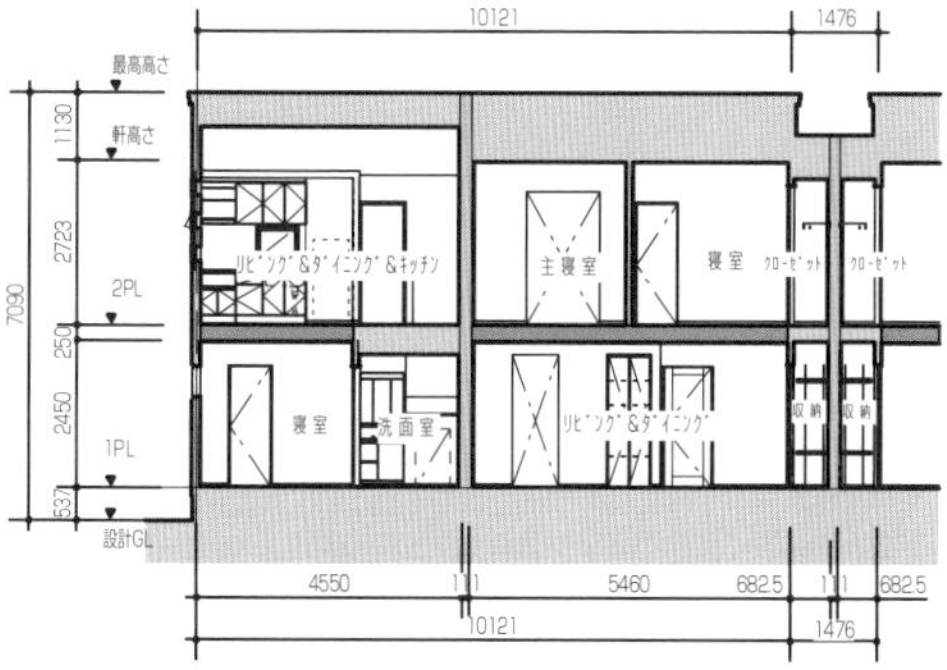

遮音対策を施した部分

建物全体を見る

今回採用した界壁仕様

平面詳細

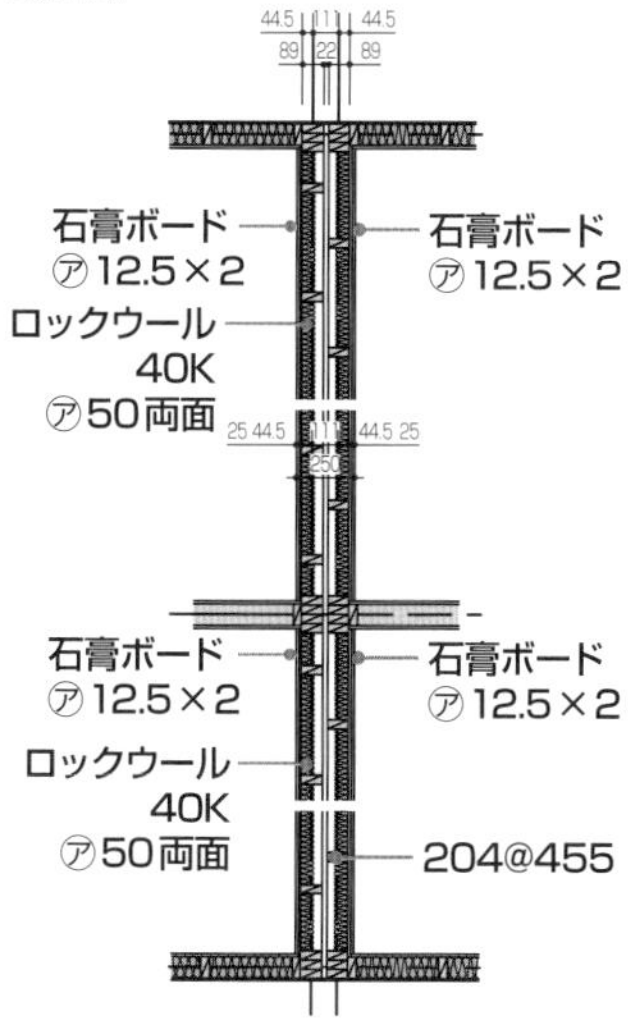

断面詳細

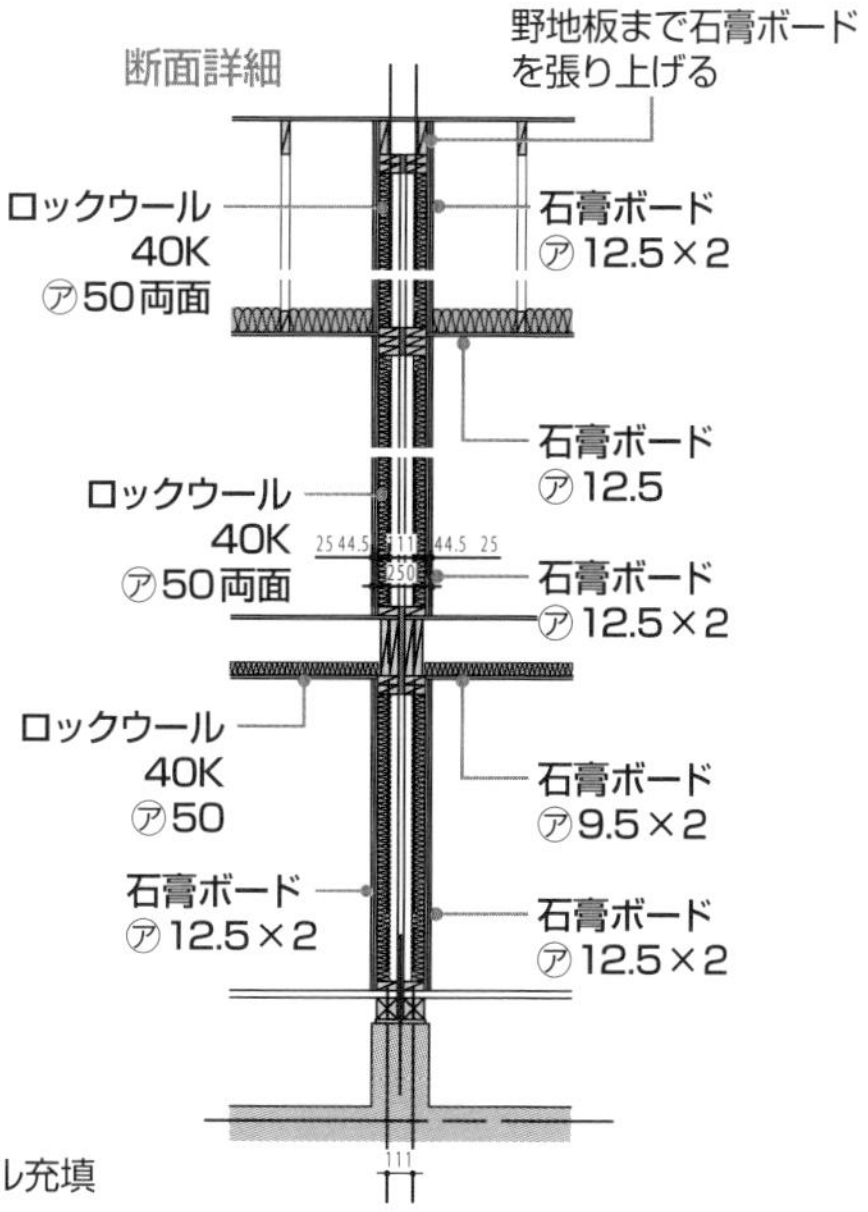

材間ロックウール充填

スキップフロアのプラン

KeyWord 110

Point

- スキップフロアは土地や空間の有効活用ができる
- 傾斜地にも対応しやすい
- 構造検討を慎重に行う

スキップフロアとは、同一平面の一部分の床の高さを変えて平面を構成する手法である。

敷地や前面道路に高低差がある場合、その高低差を利用してプランニングをしたり、一般の部屋とガレージなどとの天井高の違いを使って変化のある空間構成にしたり、また、狭小敷地においての空間の有効利用としても魅力的な解決法となる可能性がある。

2×4工法の場合は、住宅金融支援機構が監修している「枠組壁工法住宅工事仕様書」に壁の構成が例示されており、剛性の高い構造体の特性を活かすことができる。

スキップフロアを計画する際に注意すべきことは、同一階で高さの違う床面が存在するため、それぞれの力の伝達をスムーズに行う必要があることである。床構面の連続性や耐力壁の配置など、通常の住宅以上に慎重に検討する必要がある。また、地域によっては同一の階とみなされない場合も考えられ、自治体や指定確認検査機関などへの事前の確認が必要になる。

具体例として、1階部分にビルトインの車庫を設け、車庫部分と1階の部屋との天井高さの違いによって生ずる高低差を利用してその上部に中2階を配置したプランを紹介する。居室については1階にリビングと和室を、中2階には生活の中心であるダイニングとキッチンを、2階には寝室というふうに、上階になるにつれプライベートの要素が強くなってくる。各階は開放的な階段でつながれており、それぞれに期待される空間的特性を垂直方向のゆるやかな連続性をもって結び付けている。

また、2階の子供室には屋根裏空間を利用したロフトを設けている。ビルトインの車庫は雨に濡れずに車への乗降や荷物の積み下ろしができるのでとても好評である。

スキップフロアの家

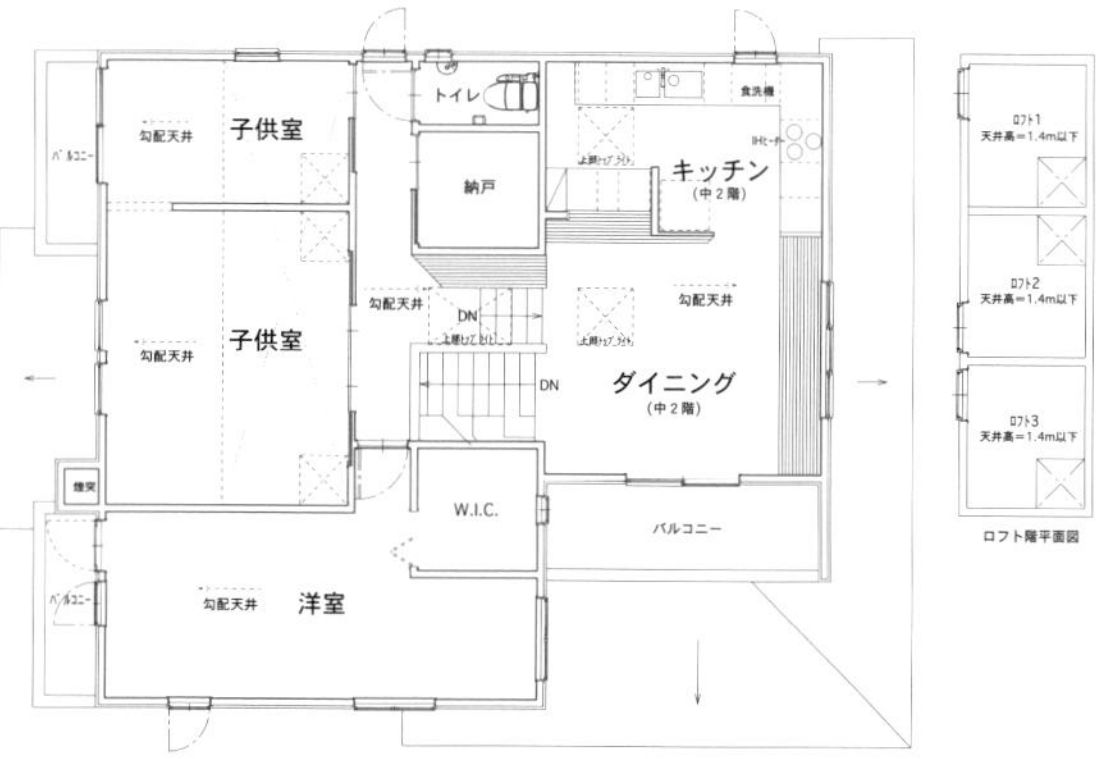

2階平面図・ロフト平面図

1階平面図

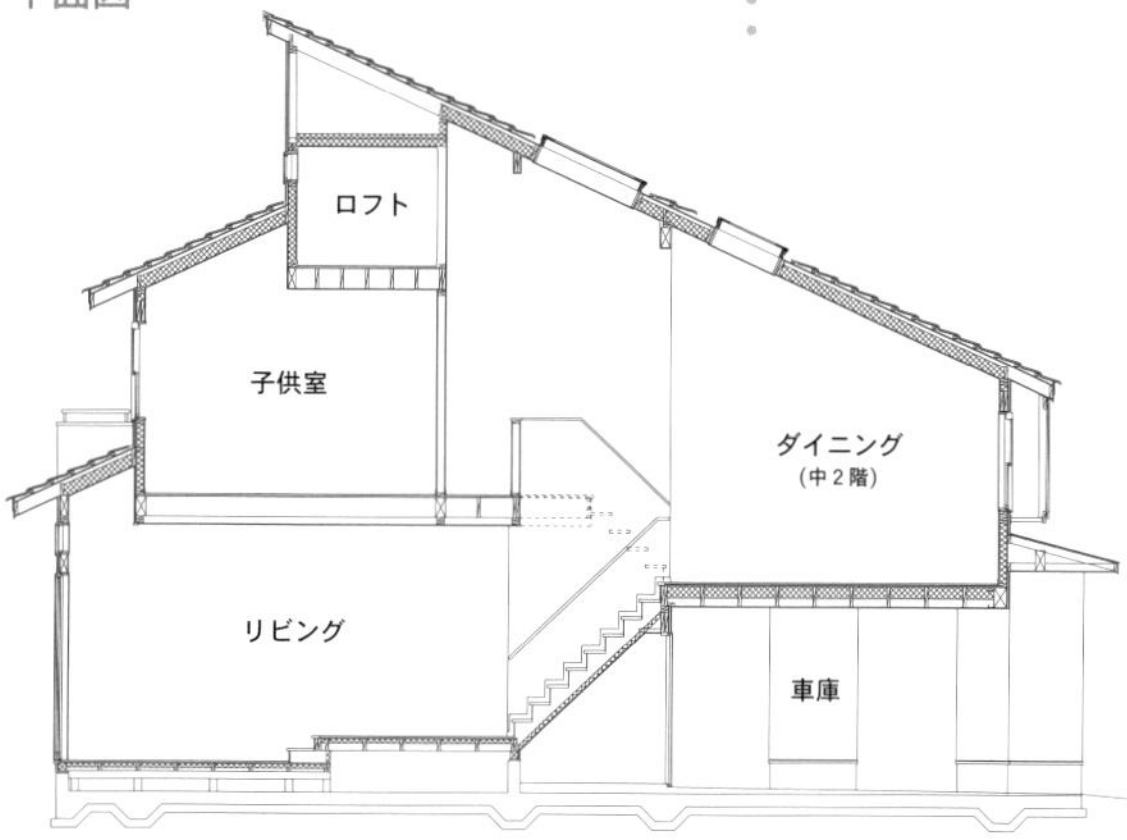

断面図
中2階とロフトを含めると
4層の構成となっている

建物外観
ガレージの上が中2階のダイニングと
キッチンになっている

1階リビングより中2階のダイニング方向を見る

中2階のダイニングより2階子供室方向を見る

◎ **村田 義明（むらた よしあき）**

1967年山口県出身。1990年明治大学工学部建築学科卒業。1990～1995年（株）一色建築設計事務所勤務。建設会社勤務を経て2007年（株）シーディーエス設立、現在に至る

Writing 〈KW084～089, 110〉

◎ **山口 明宏（やまぐち あきひろ）**

1953年福島県出身。1976年工学院大学工学部建築学科卒業。同大学授業助手、地域計画事務所を経て、1978～1982年（株）一色建築設計事務所勤務。1983年（株）アスデザインアソシエイツ設立、現在に至る

Writing 〈KW056～063、105〉

《協力》

青木和壽（和建築設計事務所）
（独）住宅金融支援機構（https://www.jhf.go.jp）
（一社）日本ツーバイフォー建築協会（https://www.2x4assoc.or.jp/）
（株）一色建築設計事務所（http://www.issiki.ne.jp/）

《写真提供》

神奈川県大磯町 ▶ p.7
三井ホーム（株）▶ p.49
（株）オーシカ ▶ p.79、p.125
三菱地所ホーム（株）▶ p.133
（株）ポラリス・ハウジングサービス ▶ p.149
（株）TJMデザイン ▶ p.167
（株）マキタ ▶ p.167
城東テクノ（株）▶ p.175上、中
（株）ザイエンス ▶ p.177上

《参考文献》

『［フラット35］対応　枠組壁工法住宅工事仕様書　2023年度版』
（（独）住宅金融支援機構編著　井上書院刊）
『枠組壁工法　スパン表（2002年）CD-ROM付』
（（一社）日本ツーバイフォー建築協会編　丸善出版刊）（絶版）
『枠組み壁工法の構造計算の手引き：スパン表の解説』（住宅金融公庫監修、住宅金融普及協会刊）（絶版）
『枠組壁工法建築物Q＆A集 2004』（（一社）日本ツーバイフォー建築協会刊）（絶版）
『2018年枠組壁工法建築物設計の手引』（（一社）日本ツーバイフォー建築協会編、丸善出版刊）
『ツーバイフォー住宅の住宅性能表示制度利用の手引 2015』
（（一社）日本ツーバイフォー建築協会刊）（絶版）
『枠組壁工法建築物　防水施工の手引き』（（一社）日本ツーバイフォー建築協会刊）
『石膏ボードハンドブック』（（社）石膏ボード工業会刊）
『３階建て木造住宅の構造設計と防火設計の手引き』（（財）日本住宅・木材技術センター刊）
『防除施工標準仕様書』（（社）日本しろあり対策協会刊）
『実践２×４住宅の設計』納賀雄嗣編（彰国社刊）
『３階建てまでできる記入式２×４の構造設計入門』鈴木雄司（彰国社刊）
『ツーバイフォー輸入住宅建設マニュアル』（井上書院刊）
『ツーバイフォー輸入住宅建材施工マニュアル』高橋憲一郎／服部哲（井上書院刊）
「まもりすまい保険　設計施工基準・同解説（2019年版）」（（株）住宅保証機構）
『木造建築物等防腐・防蟻・防虫処理技術指針・同解説 新版』（（社）日本しろあり対策協会刊）
『木のデザイン図鑑』（エクスナレッジ刊）
『建築知識 1996年６月号』（エクスナレッジ刊）
『建築知識 1989年２月号』（エクスナレッジ刊）

著者プロフィール（五十音順）

◎ **大浦 修二（おおうら しゅうじ）**

1955年東京都出身。1980年日本大学理工学部建築学科卒業。1980～2004年（株）一色建築設計事務所勤務。2005～2017年（株）日栄商会一級建築士事務所勤務。2017年日栄商会一級建築士事務所設立、現在に至る

Writing〈KW019～028, 103〉

◎ **梶山 英幸（かじやま ひでゆき）**

1955年東京都出身。1979年横浜国立大学工学部建築学科卒業。1979～2005年（株）一色建築設計事務所勤務。2005年元所長納賀雄嗣氏の（株）NOGA&COMPANYに参加。2008年にN&C一級建築士事務所設立、現在に至る

Writing〈KW029～033, 102〉

◎ **片岡 保（かたおか たもつ）**

1963年愛知県出身。1989年名古屋大学建築工学科大学院修士課程修了。1989～1991年梓設計勤務。1991～2005年（株）一色建築設計事務所 勤務。2005年スタジオ仙人塚設立、現在に至る

Writing〈KW049～055, 104〉

◎ **菊池 時夫（きくち ときお）**

1947年神奈川県出身。1972年工学院大学建築学科卒業。1973～1993年（株）一色建築設計事務所勤務（取締役副所長）。1993年　菊池建築設計事務所設立、現在に至る

Writing〈KW008～017〉*Column* 2, 4

◎ **齊藤 英富美（さいとう ひでふみ）**

1955年山梨県出身。1978年日本大学理工学部建築学科卒業。1978～1987年（株）一色建築設計事務所勤務。1987年アーキメディア・ラボを主謀、現在に至る

Writing〈KW034～040, 101〉

◎ **志水 隆之（しみず たかゆき）**

1964年愛知県出身。1997年東京工業大学大学院総合理工学研究科修士課程修了。1997～2002年（株）一色建築設計事務所勤務。2002年アトリエアーチ設立。2016年より（株）クライム勤務、現在に至る

Writing〈KW064～071, 108〉

◎ **鈴木 友則（すずき とものり）**

1967年静岡県出身。1993年武蔵工業大学（現東京都市大学）大学院（建築学専攻）修士課程修了。1993～2002年（株）一色建築設計事務所勤務。2002年design studio bAOBab、現在に至る

Writing〈KW078～083, 109〉

◎ **鈴木 雄司（すずき ゆうじ）**

1948年福島県出身。1974年 明治大学工学部建築学科卒業（杉山英男研究室）。1974～1989年遠山一級建築士設計事務所勤務。1989年木構造研究所設立、現在に至る

Writing〈KW018, 044, 090～096〉*Column* 6

◎ **舘野 正明（たての まさあき）**

1972年群馬県出身。1998年名古屋大学工学部建築学科修士課程修了。1998～2018年（株）一色建築設計事務所勤務。2019年に一色アトリエ一級建築士事務所を設立、現在に至る

Writing〈KW047, 048, 072～077, 106, 107〉

◎ **服部 哲（はっとり さとし）代表執筆者**

1950年新潟県出身。1974年武蔵工業大学（現東京都市大学）工学部建築学科卒業。1974～1981年（株）東急設計コンサルタント勤務。1981年より（株）一色建築設計事務所に勤務、現在に至る（代表取締役）

Writing〈KW001～007, 042, 043, 045, 046, 097～100〉*Column* 1, 3, 5

世界で一番やさしい　2×4住宅《ツーバイフォー》
第2版

2023年7月31日　初版第1刷発行

著　者　大浦修二　梶山英幸　片岡　保　菊池時夫
齊藤英富美　志水隆之　鈴木友則　鈴木雄司
舘野正明　服部　哲　村田義明　山口明宏

発行者　澤井聖一

発行所　株式会社エクスナレッジ
〒106-0032
東京都港区六本木7-2-26
https://www.xknowledge.co.jp/

本書に関する問合せ先
●編集部　TEL：03-3403-1381
FAX：03-3403-1345
info@xknowledge.co.jp
●販売部　TEL：03-3403-1321
FAX：03-3403-1829
・本書記事内容の不明な点に関する質問に限り、メール・FAXにて問合せを受け付けております。